L'ANNÉE DU BAC

T^le STMG

Cet ouvrage a été rédigé par une équipe de professeurs de lycée.

Économie-Droit
Xavier Cadoret

Management des organisations
Xavier Cadoret

Mercatique
William Thibault

Gestion et finance
Aline Gondard

Ressources humaines et communication
Jalal Yakine

Systèmes d'information de gestion
Esther Pendaries

Maths
Gabriel Boissière
Fabien Aoustin

Philosophie
Christian Roche

Histoire-Géographie
Georges Riggi

Anglais
Nicole Gandilhon

Espagnol
Lucas Sola Medina

Bordas

www.annee-de.fr

Présentation

Cet ouvrage présente le **nouveau programme** de la classe de T^le^ STMG, applicable en septembre 2013.

Chaque notion est présentée sur une double page, en trois étapes.

COURS Les notions principales pour chaque séance. Il s'agit de **l'essentiel** à apprendre et **à mémoriser**.

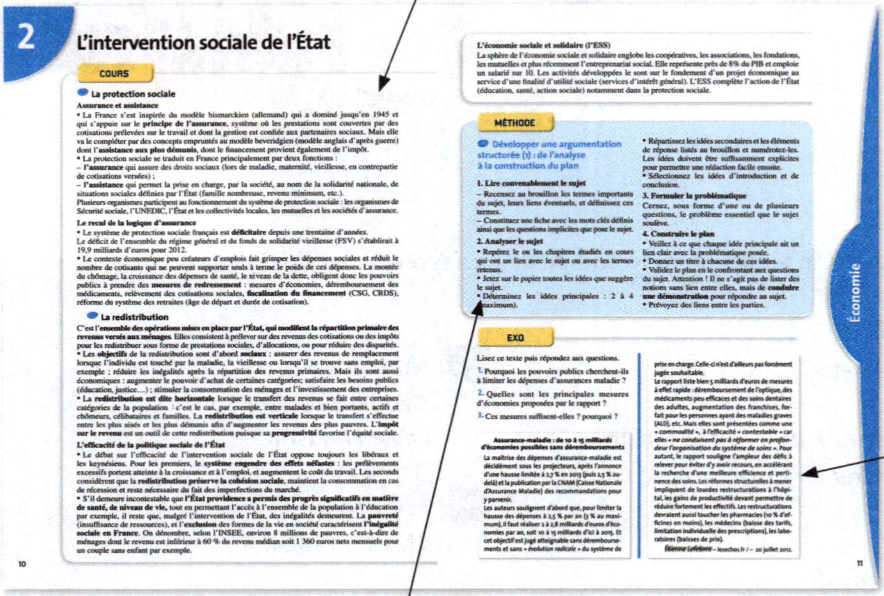

EXOS Toute une série d'**exercices variés**. Ces exercices suivent un ordre progressif. Ils sont tous corrigés.

MÉTHODE Dans cette rubrique, des **méthodes concrètes** pour bien comprendre ce qui vous est demandé en classe.

Adaptation de la maquette : Josiane Sayaphoum. – Mise en page : TyPAO. – Édition : Fabienne Loup-Brunswick (maths). Iconographie : Clémence Zagorski. – Cartographie : Légendes cartographie.

Crédits photos
Page 89 : haut : © Nestlé – bas : © Henkel France. Page 93 : haut : © Toyota France – bas : © L'Arbre Vert ; © Monoprix ; © Jaguar-Land Rover. Page 257: haut : ph © AFP Image-Forum – bas : © Loïc Faujour. Page 277 : ph © ED/RM/Copyright of Sellar/CAMERAPRESS/GAMMA-RAPHO. Page 287 : DR. Page 313 : ph © Album / Oronoz / AKG. Page 314 : ph ©G.M.B. AKASH/PANOS-REA. Page 315 : © ALEX BALLAMAN/LA LIBERTE 01.05.2012.

Sommaire

Point Bac Des infos sur les épreuves au début de chaque matière.

Sujet du Bac Un sujet de Bac à la fin de chaque matière principale.

Pour vous entraîner et en savoir davantage sur **les programmes, les épreuves et l'orientation après le bac**, vous pouvez consulter les sites **www.annee-de.fr** et **www.defibac.fr**.

www.annee-de.fr
Le site d'information sur la collection *L'année de...*

www.defibac.fr
Le site d'entraînement au bac de Bordas

Économie

Droit

Économie Droit

Point Bac

L'épreuve d'économie-droit

Présentation des épreuves

	Durée	Coefficient
Épreuve écrite	3 heures	5
Épreuve orale de contrôle	Préparation : 20 minutes Passage devant l'examinateur : 20 minutes	

L'épreuve écrite

Elle est composée **de deux parties indépendantes** : une partie économique et une partie juridique.

Objectifs

• **La partie économique** vise à évaluer les capacités du candidat à analyser un problème économique d'actualité et à construire une argumentation pertinente au regard du problème posé, c'est-à-dire :
– expliquer les notions et les mécanismes économiques mis en jeu dans le problème considéré;
– identifier les informations pertinentes dans la documentation fournie et les mobiliser dans l'analyse ;
– interpréter des données économiques de différentes natures et à partir de différents supports (tableaux, graphiques, schémas, etc.);
– répondre à une question relative à un thème d'actualité de manière argumentée.

• **La partie juridique** vise à évaluer les capacités du candidat à analyser une ou plusieurs situations juridiques et à construire une argumentation pertinente au regard du problème posé, c'est-à-dire :
– qualifier juridiquement une situation ;
– formuler une problématique juridique ;
– identifier la ou les règles juridiques applicables en l'espèce ;
– indiquer la ou les solutions juridiques possibles ;
– utiliser un vocabulaire juridique adapté.

Nature des sujets

• **Le sujet juridique** remis au candidat est constitué d'un dossier présentant une ou plusieurs situations juridiques concrètes, à l'aide de ressources documentaires, et d'un questionnement en relation avec l'un ou plusieurs des 9 thèmes abordés en classe de première et en classe terminale :
1. Qu'est ce que le droit ? 2. Comment le droit permet-il de régler un litige ? 3. Qui peut faire valoir ses droits ? 4. Quels sont les droits reconnus aux personnes ? 5. Quel est le rôle du contrat ? 6. Qu'est-ce qu'être responsable ? 7. Comment le droit encadre-t-il le travail salarié ? 8. Comment le droit organise-t-il l'activité économique ? 9. Comment entreprendre ?

• Le sujet n'excède pas 4 pages pour cette partie.

• **Le sujet économique** remis au candidat est constitué d'un dossier traitant d'un problème économique d'actualité, présenté à l'aide de plusieurs documents, et d'un questionnement en relation avec un ou plusieurs des 11 thèmes abordés en classe de première et en classe terminale :

1. Quelles sont les grandes questions économiques et leurs enjeux actuels ?
2. Comment se crée et se répartit la richesse ?
3. Comment les ménages décident-ils d'affecter leurs revenus ?
4. Quels modes de financements de l'activité économiques ?
5. Les marchés des biens et services sont-ils concurrentiels ?
6. L'Etat doit-il intervenir sur le marché ?
7. le chômage résulte-t-il de dysfonctionnement sur le marché du travail ?
8. Quelle efficacité à l'intervention sociale de l'Etat ?
9. L'Etat a-t-il des marges de manœuvre en terme de politiques économiques ?
10. Une régulation des échanges internationaux est-elle nécessaire ?
11. Pourquoi mettre en œuvre une croissance soutenable ?

• Le sujet n'excède pas 4 pages pour cette partie.

Le sujet économique **comporte deux types de questions :**

– des questions de méthode, permettant au candidat de démontrer sa compréhension d'un ou plusieurs documents (textes, tableaux, graphiques, etc.) ; il lui est demandé d'identifier une argumentation, de définir une notion ou d'expliquer des mécanismes économiques ;

– des questions d'analyse, en relation avec le problème économique posé, appelant des réponses argumentées et organisées ; le candidat s'appuie sur ses connaissances, les réponses aux questions précédentes et la documentation fournie dans le sujet.

- Chaque partie est prévue pour être traitée en une heure et trente minutes chacune. Toutefois, le candidat est laissé libre de la gestion de son temps.
- Chaque partie est notée sur 10, l'épreuve globale étant notée sur 20 points.

L'épreuve orale de contrôle

D'une durée de 20 minutes, cette épreuve orale dite de contrôle poursuit les mêmes objectifs que l'épreuve écrite.

Pendant le temps de préparation (20 minutes également), le candidat dispose d'un sujet de droit ou d'économie, qu'il a tiré au sort.

Ce sujet n'excède pas deux pages ; il est composé d'un ou plusieurs documents et d'une série de questions relatives à ces documents.

Le candidat dispose de 10 minutes pour présenter les réponses aux questions posées dans le sujet. Ensuite, l'examinateur invite le candidat à expliciter, approfondir et justifier les réponses apportées.

Méthode et conseils

L'épreuve écrite

1. Le temps de l'épreuve

Il est important d'organiser votre temps pour éviter de vous faire surprendre : 1 h 30 pour la partie économique, 1 h 30 pour la partie juridique.

2. Les questions

– Les questions méthodologiques :

- Elles se traduisent par des verbes dont il faut comprendre avec précision le sens pour éviter toute digression, contresens, ou paraphrase inutile : relevez, identifiez, expliquez, analysez, comparez.
- Repérez les sources : elles donnent une indication sur la tonalité des documents.
- Répondez aux questions posées, ce qui signifie qu'il ne faut pas les perdre de vue, afin de ne pas être hors sujet.
- Lisez les documents avec à l'esprit la ou les questions et surlignez ce qui peut constituer des éléments de réponse.
- Utilisez un vocabulaire économique ou juridique adapté.

– Les questions analytiques :

Il s'agit ici de construire une argumentation pertinente, c'est-à-dire une démonstration avec des arguments à l'appui, au regard du problème économique ou de droit posé. Cela suppose donc d'identifier et de formuler d'abord ce problème, puis ensuite de construire votre raisonnement structuré.

3. La rédaction

En général, il faut s'exprimer, dans la mesure du possible, au présent de l'indicatif.

Il faut utiliser un vocabulaire maîtrisé et adapté à la discipline.

Il est important que vous accordiez une attention particulière à l'orthographe. Un temps de relecture doit être prévu dans votre gestion du temps de l'épreuve pour éliminer les fautes.

Enfin votre écriture doit être lisible, aérée, sans abuser de *blanco*, pour soigner la présentation de la copie.

L'épreuve orale de contrôle

Elle poursuit les mêmes objectifs que l'épreuve écrite. Les exigences sont les mêmes, mais avec des réponses orales. Il faut donc soigner votre expression.

Le vocabulaire doit être précis : vous devez absolument éviter le bavardage commun (le truc, etc.) : dites les ménages, les personnes physiques (et non les gens), le contrat (et non le papier), etc.

Compte tenu du temps limité, la délimitation des questions est encore plus importante lors de la préparation ; les réponses doivent aller à l'essentiel, le jury posera des questions complémentaires s'il le souhaite.

1

Le chômage

COURS

Le marché du travail

Définitions

• Le marché du travail traduit une **situation de sous-emploi**, c'est-à-dire de chômage, lorsque les demandes d'emploi ne peuvent être satisfaites. Le **chômage frictionnel** désigne un « chômage volontaire » dû à la mobilité des salariés qui changent d'emploi pour des raisons individuelles. Le **chômage conjoncturel** est lié aux ruptures de la croissance. Le **chômage structurel** traduit une mutation dans les structures de l'économie, des transformations de l'appareil de production.

• Le **Bureau international du travail** (BIT) considère que, pour être **chômeur,** il faut être **sans emploi**, **en âge de travailler**, **rechercher un travail rémunéré et être disponible** dans les 15 jours. Deux types d'indicateurs sont utilisés :

– les **demandes d'emploi de fin de mois** (DEFM), qui recensent toutes les personnes inscrites à l'ANPE à la fin du mois considéré ;

– **l'enquête emploi, réalisée par l'Insee** auprès de la population, en France, fin novembre. Cette estimation s'appuie sur la définition du chômage du BIT.

La population active

• En moyenne en France (y compris Dom), pour le premier trimestre 2012, le **taux de chômage** (demandeurs d'emploi/population active × 100) au sens du BIT s'établit à 10 % de la population active.

Pour la France métropolitaine, avec 2,7 millions de personnes au chômage, le taux de chômage s'élève à 9,6 %. En France métropolitaine, 3,5 millions de personnes ne travaillent pas mais souhaitent travailler.

• La quantité de travail disponible dépend, elle, de la **population active** (en âge de travailler), elle-même fonction de la démographie et du **taux d'activité** (personnes actives d'un groupe par rapport à la population totale de ce groupe).

La population active s'élève à un peu plus de 28 millions en 2010. Le taux d'activité des femmes est de 83,8 %, celui des hommes de 91,7 %, respectivement de 78,1 % et 91,7 % dans l'UE.

Les causes

• **La baisse du nombre des offres d'emploi** correspond à :

– un chômage de crise, déclenché par la rupture du rythme de croissance de la production industrielle ;

– un chômage technologique, dû aux modifications de l'appareil de production.

• **La hausse du nombre des demandes d'emploi** peut être due à l'évolution démographique, aux mutations sociologiques, le travail des femmes notamment.

Il existe **diverses rigidités sur le marché du travail** :

– l'inadaptation qualitative de la main-d'œuvre : de nombreux jeunes quittent le système scolaire sans diplôme et sans qualification ;

– le système d'indemnisation du chômage.

Les analyses du marché du travail

• Selon les **libéraux** (néoclassiques), le marché du travail est un marché comme un autre, où se rencontrent des personnes qui veulent travailler : qui **offrent du travail**, et des entreprises qui veulent les embaucher : qui **demandent du travail**. Cette vision est simplificatrice de la réalité du marché du travail. La rigidité des salaires et le rôle de la négociation collective doivent être pris en compte.

• L'analyse keynésienne réfute l'existence active d'un marché du travail : cela reste une construction théorique. L'emploi résulte avant tout des besoins des entreprises à un taux de salaire déjà fixé lors de négociations collectives.

• D'autres analyses (M. J. Piore, P. B. Doeringer) remettent aussi en cause l'existence d'un marché du travail et considèrent qu'il existe des **segments**, caractérisés par des postes de travail et des individus différents. Ainsi coexistent un **marché primaire** avec des emplois stables, qualifiés, avec des perspectives d'évolution et de bonnes conditions de travail, et un **marché secondaire** qui regroupent des emplois précaires peu rémunérés, sans perspectives de promotion, dans des conditions également peu favorables. C'est dans ce segment que se trouvent les catégories les plus fragiles économiquement, avec des emplois précaires à statut juridique particulier : CDD, CTT, apprentissage, contrat aidés, temps partiel imposé.

Les politiques en matière d'emploi

Les pays industrialisés vont mettre en œuvre des **politiques économiques** pour sortir des crises.

• Les politiques d'inspiration keynésienne relancent l'activité économique en stimulant la demande. Seul l'État, qui dispose d'un budget, peut permettre la reprise, en lançant des grands travaux, en créant des emplois publics, en soutenant la demande et en réduisant la fiscalité.

• Les politiques d'inspiration libérale prônent la réduction des dépenses publiques, la lutte contre l'inflation et une relance par l'offre. On considère que l'importance du poids de l'État et de la fiscalité est responsable du ralentissement de la croissance. De manière plus générale, l'objectif est de débarrasser l'activité économique de toute rigidité qui empêche son adaptabilité et altère le jeu concurrentiel. Il faut également contrôler la masse monétaire afin de stabiliser les prix. Ce n'est que dans ce nouveau contexte que se produira la relance de la consommation et la reprise de l'emploi.

MÉTHODE

Exploiter un texte économique

1. Identifier le document

• Repérez son titre, sa source, son auteur, sa date de parution. Cette première recherche permet de positionner le document dans un contexte précis : approche journalistique, professionnelle ou scientifique, en économie, droit, finances…

2. Déterminer les principales caractéristiques

• Repérez les mots-clés, c'est-à-dire les mots déterminants, en l'absence desquels le texte n'a plus de sens, et définissez-les ;

• Énoncez l'idée ou les idées principales ;

• Énoncez les arguments de l'auteur, son opinion, sa théorie, avancés pour justifier son raisonnement et ses propos.

• Formulez le problème posé par le texte.

Cette première analyse du texte doit vous permettre de répondre aisément aux questions posées.

EXO

Lisez le texte ci-dessous et répondez aux questions suivantes :

1. Quelles sont les conséquences des évolutions démographiques sur l'emploi ?
2. Rappelez quels sont les facteurs d'évolution de la population active.

Projection démographique sur 2060

Selon le rapport de l'INSEE, au 1er janvier 2060, la France métropolitaine comptera 73,6 millions d'habitants, soit 11,8 millions de plus qu'en 2007, date du dernier recensement. Des chiffres basés sur un scénario actuel dit « central ». Si ce scénario perdure, le nombre d'enfants par femme serait de 1,95, le solde migratoire de 100 000 habitants en plus par an et l'espérance de vie progresserait.

Une population active plus âgée

Toujours selon le rapport, en 2060, le nombre de personnes de plus de 60 ans augmentera, à lui seul, de plus de 10 millions, représentant une personne sur trois. 23,6 millions de personnes seraient ainsi âgées de 60 ans ou plus, soit une hausse de 80 % en un demi-siècle.

Avec les réformes des retraites de 1993, 2003 et 2010, les comportements d'activité des seniors ont changé. La tranche des 60-64 ans est la plus touchée par ces mesures. Leur activité en baisse depuis 1975 augmente depuis le début des années 2000. La tendance devrait se confirmer sous l'effet combiné des réformes des retraites et de l'allongement de la durée des études. Jusqu'en 2035, la proportion de personnes âgées de 60 ans ou plus progressera fortement. Ce sont les générations du baby-boom qui arriveront à cet âge mais cette augmentation est transitoire. Après 2035, la part des 60 ans ou plus devrait continuer à croître.

Conséquences sur l'emploi

Ces changements démographiques auraient des conséquences sur l'emploi des jeunes, sur les relations entre les générations et l'économie en général. Selon une étude dévoilée par l'assureur allemand Allianz dans *La Tribune*, le changement démographique touche l'Europe. Le déficit en matière d'emplois en Europe devrait dépasser les 200 000 avec 28,6 millions d'habitants de 15 à 20 ans contre 28,8 millions de 60 à 65 ans. L'étude indique qu'il ne s'agit pas là d'un phénomène purement européen. Au sein du G20, la Russie, le Canada, la Corée du Sud et la Chine connaissent le même phénomène, selon elle. Notons que le rapport de l'INSEE ne prend pas en compte les chômeurs, considérés pourtant comme faisant partie de la population active.

Isabelle Artus, *www.rfi.fr/france*
vendredi 22 avril 2011.

Économie

2 L'intervention sociale de l'État

COURS

La protection sociale

Assurance et assistance

• La France s'est inspirée du modèle bismarckien (allemand) qui a dominé jusqu'en 1945 et qui s'appuie sur le **principe de l'assurance**, système où les prestations sont couvertes par des cotisations prélevées sur le travail et dont la gestion est confiée aux partenaires sociaux. Mais elle va le compléter par des concepts empruntés au modèle beveridgien (modèle anglais d'après guerre) dont l'**assistance aux plus démunis**, dont le financement provient également de l'impôt.

• La protection sociale se traduit en France principalement par deux fonctions :

– **l'assurance** qui assure des droits sociaux (lors de maladie, maternité, vieillesse, en contrepartie de cotisations versées) ;

– **l'assistance** qui permet la prise en charge, par la société, au nom de la solidarité nationale, de situations sociales définies par l'État (famille nombreuse, revenu minimum, etc.).

Plusieurs organismes participent au fonctionnement du système de protection sociale : les organismes de Sécurité sociale, l'UNEDIC, l'État et les collectivités locales, les mutuelles et les sociétés d'assurance.

Le recul de la logique d'assurance

• Le système de protection sociale français est **déficitaire** depuis une trentaine d'années.

Le déficit de l'ensemble du régime général et du fonds de solidarité vieillesse (FSV) s'établirait à 19,9 milliards d'euros pour 2012.

• Le contexte économique peu créateurs d'emplois fait grimper les dépenses sociales et réduit le nombre de cotisants qui ne peuvent supporter seuls à terme le poids de ces dépenses. La montée du chômage, la croissance des dépenses de santé, le niveau de la dette, obligent donc les pouvoirs publics à prendre des **mesures de redressement** : mesures d'économies, déremboursement des médicaments, relèvement des cotisations sociales, **fiscalisation du financement** (CSG, CRDS), réforme du système des retraites (âge de départ et durée de cotisation).

La redistribution

C'est l'**ensemble des opérations mises en place par l'État, qui modifient la répartition primaire des revenus versés aux ménages**. Elles consistent à prélever sur des revenus des cotisations ou des impôts pour les redistribuer sous forme de prestations sociales, d'allocations, ou pour réduire des disparités.

• Les **objectifs** de la redistribution sont d'abord **sociaux** : assurer des revenus de remplacement lorsque l'individu est touché par la maladie, la vieillesse ou lorsqu'il se trouve sans emploi, par exemple ; réduire les inégalités après la répartition des revenus primaires. Mais ils sont aussi économiques : augmenter le pouvoir d'achat de certaines catégories; satisfaire les besoins publics (éducation, justice…) ; stimuler la consommation des ménages et l'investissement des entreprises.

• La **redistribution est dite horizontale** lorsque le transfert des revenus se fait entre certaines catégories de la population : c'est le cas, par exemple, entre malades et bien portants, actifs et chômeurs, célibataires et familles. La **redistribution est verticale** lorsque le transfert s'effectue entre les plus aisés et les plus démunis afin d'augmenter les revenus des plus pauvres. L'**impôt sur le revenu** est un outil de cette redistribution puisque sa **progressivité** favorise l'équité sociale.

L'efficacité de la politique sociale de l'État

• Le débat sur l'efficacité de l'intervention sociale de l'État oppose toujours les libéraux et les keynésiens. Pour les premiers, le **système engendre des effets néfastes** : les prélèvements excessifs portent atteinte à la croissance et à l'emploi, et augmentent le coût du travail. Les seconds considèrent que la **redistribution préserve la cohésion sociale**, maintient la consommation en cas de récession et reste nécessaire du fait des imperfections du marché.

• S'il demeure incontestable que **l'État providence a permis des progrès significatifs en matière de santé, de niveau de vie,** tout en permettant l'accès à l'ensemble de la population à l'éducation par exemple, il reste que, malgré l'intervention de l'État, des inégalités demeurent. La **pauvreté** (insuffisance de ressources), et l'**exclusion** des formes de la vie en société caractérisent **l'inégalité sociale en France**. On dénombre, selon l'INSEE, environ 8 millions de pauvres, c'est-à-dire de ménages dont le revenu est inférieur à 60 % du revenu médian soit 1 360 euros nets mensuels pour un couple sans enfant par exemple.

L'économie sociale et solidaire (l'ESS)

La sphère de l'économie sociale et solidaire englobe les coopératives, les associations, les fondations, les mutuelles et plus récemment l'entreprenariat social. Elle représente près de 8% du PIB et emploie un salarié sur 10. Les activités développées le sont sur le fondement d'un projet économique au service d'une finalité d'utilité sociale (services d'intérêt général). L'ESS complète l'action de l'État (éducation, santé, action sociale) notamment dans la protection sociale.

MÉTHODE

Développer une argumentation structurée (1) : de l'analyse à la construction du plan

1. Lire convenablement le sujet

– Recensez au brouillon les termes importants du sujet, leurs liens éventuels, et définissez ces termes.

– Constituez une fiche avec les mots clés définis ainsi que les questions implicites que pose le sujet.

2. Analyser le sujet

• Repérez le ou les chapitres étudiés en cours qui ont un lien avec le sujet ou avec les termes retenus.

• Jetez sur le papier toutes les idées que suggère le sujet.

• Déterminez les idées principales : 2 à 4 (maximum).

• Répartissez les idées secondaires et les éléments de réponse listés au brouillon et numérotez-les. Les idées doivent être suffisamment explicites pour permettre une rédaction facile ensuite.

• Sélectionnez les idées d'introduction et de conclusion.

3. Formuler la problématique

Cernez, sous forme d'une ou de plusieurs questions, le problème essentiel que le sujet soulève.

4. Construire le plan

• Veillez à ce que chaque idée principale ait un lien clair avec la problématique posée.

• Donnez un titre à chacune de ces idées.

• Validez le plan en le confrontant aux questions du sujet. Attention ! Il ne s'agit pas de lister des notions sans lien entre elles, mais de **conduire une démonstration** pour répondre au sujet.

• Prévoyez des liens entre les parties.

EXO

Lisez ce texte puis répondez aux questions.

1. Pourquoi les pouvoirs publics cherchent-ils à limiter les dépenses d'assurances maladie ?

2. Quelles sont les principales mesures d'économies proposées par le rapport ?

3. Ces mesures suffisent-elles ? pourquoi ?

Assurance-maladie : de 10 à 15 milliards d'économies possibles sans déremboursements

La maîtrise des dépenses d'assurance-maladie est décidément sous les projecteurs, après l'annonce d'une hausse limitée à 2,7 % en 2013 (puis 2,5 % au-delà) et la publication par la CNAM (Caisse Nationale d'Assurance Maladie) des recommandations pour y parvenir.

Les auteurs soulignent d'abord que, pour limiter la hausse des dépenses à 2,5 % par an (3 % au maximum), il faut réaliser 2 à 2,8 milliards d'euros d'économies par an, soit 10 à 15 milliards d'ici à 2015. Et cet objectif est jugé atteignable sans déremboursements et sans « *évolution radicale* » du système de prise en charge. Celle-ci n'est d'ailleurs pas forcément jugée souhaitable.

Le rapport liste bien 5 milliards d'euros de mesures à effet rapide : déremboursement de l'optique, des médicaments peu efficaces et des soins dentaires des adultes, augmentation des franchises, forfait pour les personnes ayant des maladies graves (ALD), etc. Mais elles sont présentées comme une « *commodité* », à l'efficacité « *contestable* » car elles « *ne conduisent pas à réformer en profondeur l'organisation du système de soins* ». Pour autant, le rapport souligne l'ampleur des défis à relever pour éviter d'y avoir recours, en accélérant la recherche d'une meilleure efficience et pertinence des soins. Les réformes structurelles à mener impliquent de lourdes restructurations à l'hôpital, les gains de productivité devant permettre de réduire fortement les effectifs. Les restructurations devraient aussi toucher les pharmacies (10 % d'officines en moins), les médecins (baisse des tarifs, limitation individuelle des prescriptions), les laboratoires (baisses de prix).

Étienne Lefebvre – lesechos.fr / – 20 juillet 2012.

3

La politique économique

COURS

L'intervention de l'État en matière économique

• La politique économique a pour **objectif** de **réguler l'activité économique et** de **l'adapter à son environnement.** L'intensité de cette intervention dépend de la nature de l'État. Deux conceptions de l'intervention de l'État s'opposent :

– l'une, **libérale**, considère que l'État ne doit pas intervenir dans l'économie. Il doit se contenter de veiller au bon fonctionnement du marché. Il est cantonné dans un rôle de « gendarme » : ordre intérieur (police), ordre extérieur (défense nationale) et ordre dans le fonctionnement libre du marché régulé par des mécanismes naturels. C'est la conception classique d'**Adam Smith et David Ricardo** ;

– selon la seconde conception, l'État doit intervenir en matière économique en raison des insuffisances du marché. L'« **État providence** » est chargé de corriger ces déséquilibres. C'est l'approche interventionniste prônée par **J.-M. Keynes**.

• Aujourd'hui, l'État intervient à mi-chemin entre ces deux conceptions. Et les économistes semblent désormais envisager plutôt une **meilleure intervention de l'État** que « plus d'État ».

– L'intervention de l'État peut relever directement du Gouvernement, qui dispose du pouvoir légitime d'agir sur l'économie (décisions fiscales notamment).

– Elle peut également être **contrainte par des règles préétablies**. Par exemple, La France a adopté le pacte de stabilité et de croissance de la zone euro, qui exige qu'elle respecte les règles budgétaires fixées par l'UE.

Dans certains cas, l'État transfère ses compétences à des institutions autonomes. La Banque centrale européenne (BCE) par exemple est seule chargée de la politique monétaire de l'UE.

Les politiques économiques

• La politique conjoncturelle se traduit par un **ensemble de mesures prises par l'État** pour atteindre quatre objectifs macro-économiques à court terme : **la croissance** économique, **le plein-emploi**, **la stabilité des prix** et **une balance commerciale équilibrée**, voire excédentaire. Les composantes de cette politique sont représentées sous la forme d'un carré magique (Kaldor) qui traduit leur réalisation.

• La politique structurelle cherche à **perfectionner les structures** de l'économie sur le long terme pour améliorer la compétitivité du pays. Elle utilise des instruments plus lourds qui auront souvent des effets différés dans le temps, sur les marchés, la recherche, l'environnement, l'industrie…

Les instruments de politique économique

Les instruments utilisés par les pouvoirs publics relèvent de différentes politiques : budgétaire, monétaire, industrielle, de l'emploi, de revenus, de change. Deux sont particulièrement privilégiées dans les politiques conjoncturelles : la politique budgétaire et la politique monétaire.

• La **politique budgétaire** utilise le levier fiscal (prélèvements obligatoires) et la dépense publique pour agir sur les grands équilibres économiques. L'**impôt** sert dans ce cas à modifier la répartition du revenu national, à relancer un secteur économique, à orienter la consommation, notamment. **La dépense publique a pour objectif de produire un effet d'entraînement positif** (multiplicateur) sur l'économie, grâce à un effort soutenu d'investissement public. La France doit cependant respecter les engagements budgétaires fixés par le traité de Maastricht. Le déficit public ne doit pas dépasser 3 % du PIB.

• La **politique monétaire**, comme outil de régulation économique, a pour objectif de **contrôler la masse monétaire afin de préserver la stabilité des prix,** de poursuivre la croissance économique et de réaliser le plein-emploi. Elle adapte, à l'aide de divers instruments (taux d'intérêt, encadrement du crédit), le volume des moyens de paiement aux besoins de l'économie. Dans l'UE, la politique monétaire est dévolue à la Banque centrale européenne (BCE).

La dette souveraine

• C'est l'**ensemble des emprunts réalisés par un État** comprenant les crédits bancaires, les emprunts à d'autres États et les titres émis par le Trésor public. Les titres sont échangés sur le marché des obligations ; les offreurs et demandeurs prennent en compte la capacité des États à rembourser, pour déterminer le taux d'intérêt.

• La **dette de la France** représente près de 90 % du PIB. La situation économique dégradée qui a suivi la crise financière de 2008 oblige les États à soutenir leur économie mais aussi à financer des mesures sociales et réduire leur déficit. Mais emprunter leur coûtent de plus en plus cher (Grèce, Espagne, Portugal, Italie…).

MÉTHODE

Développer une argumentation structurée (2) : préparer la rédaction et rédiger

1. Préparer la rédaction

• Reportez sur une feuille de brouillon, par partie, les différentes idées, en suivant votre plan et en ayant pris soin de les numéroter. Les idées qui n'y trouvent pas de place sont à éliminer.

• Préparez les liens entre les parties et les sous-parties.

2. Préparer l'introduction

Elle doit comporter trois temps :

– une accroche, qui situe le sujet dans l'actualité et montre son intérêt ;

– la problématique, qui va donner votre interprétation du sujet ;

– l'annonce du plan, en évitant les formules du type « dans une première partie, je… ».

3. Rédiger le raisonnement

• Recopiez l'introduction préparée au brouillon.

• Rédigez le développement. Il s'agit de reprendre le plan détaillé et de rédiger correctement chacune des idées recensées. Affirmer ne suffit pas, il faut argumenter, expliquer, justifier.

• Rédigez la conclusion : reprenez l'idée importante de chaque partie liée à la problématique et terminez par une ouverture vers une autre problématique ayant un lien avec le sujet.

EXO

Lisez ce texte et répondez aux questions suivantes :

1. Expliquez la première phrase du texte.
2. Pourquoi la coordination des politiques économiques face à la crise est-elle nécessaire ?

Problèmes et perspectives macroéconomiques

Si la crise économique en cours est mondiale par ses causes et ses ramifications, les ripostes ont été décidées et menées au niveau national. On ne s'est guère intéressé aux externalités ni aux retombées planétaires de ces décisions non coordonnées. Relever le défi de la crise, c'est concevoir le cadre et la feuille de route d'une réaction mondiale coordonnée, qui tienne compte des contraintes différentes auxquelles chaque pays est confronté, notamment les pays en développement les plus vulnérables.

La coordination est essentielle au succès des diverses initiatives des États face à la crise, car l'impact de la politique de chacun dépendra des mesures prises par les autres. Les gouvernements nationaux doivent comprendre qu'ils seront plus efficaces pour protéger leurs citoyens s'ils coordonnent leurs efforts au niveau international.

La non coordination des politiques risque d'aggraver les déséquilibres mondiaux et d'accroître l'instabilité des taux de change et des prix des actifs, donc de compromettre le retour à une croissance forte et durable. [...]

Les pays en développement et les autres marchés émergents sont surexposés à ces effets négatifs. Pour opposer à la crise une riposte mondiale « équilibrée », il faut à la fois coordonner les plans de relance nationaux et accroître substantiellement l'aide officielle aux pays en développement, puisque bon nombre d'entre eux n'ont pas les moyens nécessaires.

L'action publique nationale et internationale doit impulser une reprise rapide et protéger les populations vulnérables, qui seront probablement les plus durement touchées – le tout par des moyens propres à stimuler un développement équitable, démocratique et durable – au double sens environnemental et social. Simultanément, elle doit aussi faciliter la nécessaire restructuration des économies nationales et du système économique mondial.

Joseph E. Stiglitz, *Le Rapport Stiglitz*, traduit de l'américain par F. et P. Chemla, © Éditions Les liens qui libèrent, 2010 (également en Babel n° 1105).

4 Les échanges internationaux

COURS

L'échange international

Pourquoi les nations doivent-elles participer à l'échange international ?

• La pensée économique classique a élaboré une théorie libre-échangiste qui démontre les intérêts d'un développement économique tourné vers l'extérieur. Smith, Ricardo, puis Heckser, Ohlin et Samuelson ont montré que chaque pays devait se spécialiser dans les productions pour lesquelles il détenait une meilleure compétitivité.

• Ces approches théoriques ont jeté les bases de la **division internationale du travail (DIT)**, qui n'envisageait à l'origine que les échanges de biens. Le domaine actuel des relations économiques s'étend, lui, à d'autres flux internationaux : les services, la technologie, les capitaux et les hommes. Dans le cadre du GATT (*General Agreement on Tariffs and Trade*), accord douanier qui élimine progressivement les obstacles aux échanges internationaux, les accords de l'Uruguay Round consacrent la mise en place d'une plus vaste libéralisation du commerce mondial, avec la création en 1995 de l'**Organisation mondiale du commerce (OMC)**. L'OMC est chargée d'organiser les prochaines étapes de libéralisation du commerce multilatéral et de régler les conflits entre pays membres.

• Les échanges internationaux ont connu, jusque dans les années 1970, un essor sans précédent. Mais depuis cette date, l'économie mondiale est entrée dans une **phase de croissance instable**, source de protectionnisme. L'émergence des nouveaux pays industrialisés, les difficultés des pays du tiers-monde (endettement) et l'absence de système monétaire stable ont fragilisé le développement du commerce mondial.

• La **contrainte extérieure** est la conséquence de l'ouverture internationale des pays aux échanges. L'économie devient de plus en plus dépendante de l'extérieur.

Le commerce mondial

• L'évolution sectorielle et géographique du commerce mondial depuis la Deuxième Guerre mondiale connaît deux tendances principales :

– le commerce des produits manufacturés domine (chimie, électromécanique, produits de consommation…) ;

– les échanges de services représentent environ 20 % du commerce mondial. L'évolution du commerce mondial et l'importance des produits manufacturés dans les exportations des pays en voie de développement redistribuent les cartes de la DIT. Les pays développés exportent des produits à haute technologie (énergie atomique, aéronautique, etc.) et possèdent par conséquent le monopole de la recherche et de l'innovation. Les pays en voie de développement, se spécialisent, eux, dans les productions à plus faible technologie.

• **Trois grandes zones commerciales**, situées en Asie, Europe et Amérique, et dominées par des « locomotives », assurent l'essentiel du commerce mondial, sur la base d'un nouveau régionalisme : l'Association des nations du Sud-Est asiatique (ASEAN), permet la réalisation d'une zone de libre-échange entre dix pays. L'accord de libre-échange nord-américain (l'ALENA), prévoit la suppression des barrières douanières entre les États-Unis, le Canada et le Mexique. Le MERCOSUR, marché commun sud-américain, est créé en 1991. L'Union européenne (UE) reste la forme la plus achevée d'intégration économique régionale.

• Les **investissements directs à l'étranger (IDE)** transitent par les pays développés qui sont à la fois les principaux pays d'accueil (65 %) mais aussi ceux qui investissent (90 %) à l'extérieur. Les pays émergents (Chine, Inde, etc.) captent une grande partie des IDE. Ces derniers se traduisent par des acquisitions, des prises de participation dans le capital de firmes, voire des créations.

Le commerce extérieur de la France

• Quatrième ou cinquième puissance commerciale du monde (derrière les États-Unis, le Japon, l'Allemagne et le Royaume-Uni et bientôt derrière la Chine), la France, qui avait une longue tradition protectionniste, s'est ouverte au commerce communautaire et mondial, au prix d'une **adaptation de ses structures économiques**. L'ouverture sur l'extérieur a pour contrepartie la pénétration de produits étrangers sur le marché français.

• La **balance commerciale** traduit le degré de compétitivité du pays. Le déficit commercial cumulé sur les 12 derniers mois en mai 2012 (solde de la balance commerciale française) atteint 67,5 milliards d'euros. Cette détérioration résulte essentiellement de l'alourdissement de la facture énergétique qui augmente. Le solde des échanges de produits manufacturés, traditionnellement excédentaire depuis 1993, devient négatif. Le déficit des biens intermédiaires persiste.

• L'**évolution du commerce extérieur français** sur un plan global est marquée par quelques **traits caractéristiques** :
– déséquilibre de la balance commerciale, dû au poids croissant des importations (gonflement de la facture énergétique) ;
– exportations françaises liées à la signature de grands contrats (avions, centrales nucléaires, etc.) ;
– situation défavorable des échanges extérieurs français : une spécialisation non adaptée à la demande mondiale ;
– intensification des échanges entre la France et ses partenaires de l'UE.

• **La force commerciale d'une nation dépend de la compétitivité** de son industrie, elle-même fonction d'une spécialisation favorable de l'appareil productif et de la productivité du travail.

MÉTHODE

Analyser un graphique

Différents **types de graphiques** sont utilisés :
– les courbes représentent des évolutions ;
– les histogrammes représentent des observations d'une variable dans le temps ;
– les « camemberts » ou graphiques circulaires représentent des répartitions. Toute analyse, sauf si elle est guidée par des questions, doit comporter trois temps :

1. Identifier le type de graphique

• Relevez le titre, définissez ses termes, repérez la source, les éléments déterminants (date, temps, unité de mesure).

2. Dégager les tendances (ou valeurs) générales et leurs caractéristiques

• Les tendances générales traduisent le sens de l'évolution générale. *Exemple* : Les revenus des catégories populaires sont inférieurs au revenu médian et sont proches du niveau de pauvreté.

• Lorsque le graphique présente une répartition, il faut s'intéresser à la part la plus importante. *Exemple :* Les catégories aisées représentent 20 % des ménages, les plus riches ayant un revenu largement supérieur au revenu médian.

• Les écarts significatifs doivent être signalés.

3. Justifier et expliquer les tendances ou valeurs mises en évidence

• Cette étape approfondit les éléments dégagés dans la deuxième étape à l'aide des connaissances. Il faut rechercher ici les causes, les conséquences des tendances et des écarts constatés précédemment. *Exemple* : les écarts se creusent entre les catégories : l'emploi, le niveau de qualification, les compositions des ménages et du patrimoine semblent déterminants dans la hausse des inégalités.

EXO

À partir des deux graphiques ci-dessous et de vos connaissances :

1. Analysez le graphique 1 en évoquant les points faibles du commerce extérieur français.

2. Après avoir défini la notion de « taux de couverture », analysez également le graphique 2.

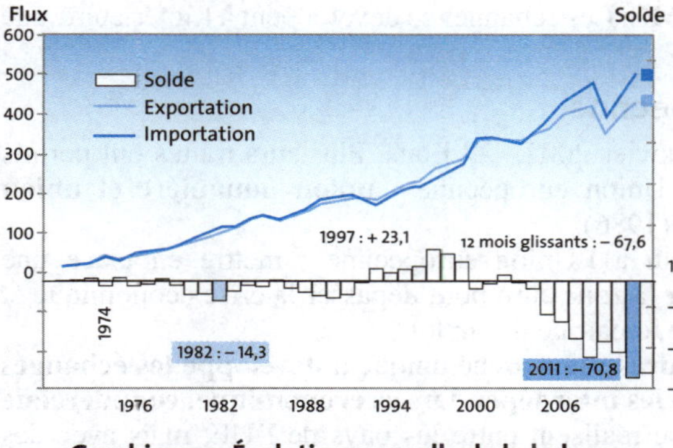

Graphique 1 : Évolution annuelle de la balance commerciale de la France depuis 1971 (en milliard €)

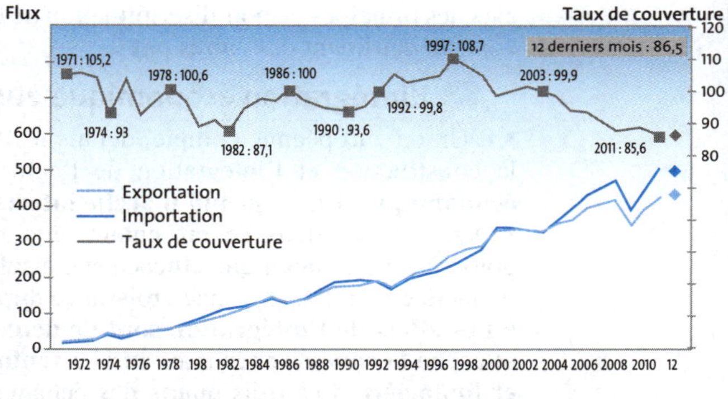

Graphique 2 : Flux et taux de couverture depuis 1972 (en milliard €)

Source : Ministère de l'Économie et des Finances, 2012.

5 La régulation des échanges internationaux

COURS

L'OMC : un cadre de négociation

• Depuis sa création en 1995, l'**Organisation mondiale du commerce** (héritière du GATT) est chargée d'**organiser** les prochaines étapes de libéralisation du commerce multilatéral et de **régler les conflits entre pays membres**. Mais l'ouverture des marchés n'est pas le seul objectif de l'OMC. Elle suit les politiques commerciales nationales, assiste techniquement les pays en développement, y assure des formations et coopère avec d'autres organisations internationales. Les relations commerciales mettant en jeu des intérêts contradictoires, des **négociations** ont lieu pour régler les différends.

Le règlement des différends

• L'**Organisme des Règlements des Différents** (ORD) contribue, par ses recommandations, au développement du commerce multilatéral et donc à la stabilité de l'économie mondiale. En cas de différend, la procédure comporte quatre étapes principales : une phase de **consultation** des parties, la désignation d'un **groupe spécial** qui rend ses conclusions dans les 6 mois, la **mise en application du rapport** qui devient une décision, des **mesures de rétorsion** en cas de non-application des recommandations.

• Depuis la création de l'OMC, 427 différends ont été soumis par les membres de l'OMC. Les plus actifs sont les États-Unis, l'Union Européenne, le Canada et le Brésil. Les demandes de consultations ont essentiellement porté sur la contestation de **mesures antidumping** (Chine-États-Unis, Chine-UE, États-Unis-Corée), la taxation des spiritueux distillés (Ukraine-Moldova) et la taxe environnementale qui affecte les produits importés (Moldova-Ukraine).

Les négociations du cycle de Doha

Les gouvernements membres ont convenu de lancer en 2001 à Doha, au Qatar, un nouveau cycle de négociations commerciales : le programme de Doha pour le développement (PDD), mais les divergences dans le domaine des aides à l'agriculture, des services, de la facilitation des échanges ont mis ces négociations dans l'impasse.

La régionalisation des échanges

Le développement des unions régionales

Des **accords régionaux**, signés par des pays proches géographiquement, se superposent aux accords de l'OMC. Depuis la création de la **CEE** par le traité de Rome en 1957, des accords régionaux se sont développés ; en 1967, l'**ASEAN** regroupe les nations de l'Asie de l'Est ; en 1991, est créé le **MERCOSUR**, marché commun de l'Amérique du Sud, et en 1992, l'**ALENA**, l'accord de libre-échange nord américain. Ces accords régionaux se réalisent avec différents degrés d'intégration économique : zone de libre-échange, union douanière, marché commun, union économique. La forme d'intégration la plus achevée reste l'**Union Européenne** avec une union économique et monétaire.

Les effets du régionalisme

La suppression des droits de douane entre les pays réduit le coût des produits importés et donc les prix à la consommation. Le régionalisme développe les échanges intra-zone. Certains économistes considèrent que la régionalisation est une étape dans le processus de mondialisation.

Les accords régionaux limitent l'ouverture des échanges aux pays signataires, ce qui est contradictoire avec les principes de non-discrimination de l'OMC. Les échanges se développent à l'intérieur d'une zone au détriment des autres pays.

L'intégration économique européenne

• L'Union européenne compte, depuis le 1er janvier 2007, 27 États. Plusieurs traités ont permis la construction et l'intégration de l'actuelle Union européenne : **union douanière** et **union économique** (1957), **grand marché intérieur** (1986).

• Deux grands défis se présentent aujourd'hui à l'Union européenne : mettre en place une gouvernance économique efficace et consolider la zone euro pour dépasser la crise économique et financière afin d'asseoir une croissance durable, créatrice d'emplois.

• **Les effets de l'intégration sont de deux ordres :** le marché unique **a développé les échanges et accru la concurrence** mais aussi **a renforcé les interdépendances économique, commerciale et financière**. Les trois quarts des échanges se réalisent entre les pays de l'UE, mais avec des espaces sociaux et fiscaux différents. L'intégration économique mise en place progressivement reste ambitieuse mais nécessite des instruments de régulation qui, pour l'heure, font défaut.

MÉTHODE

Commenter un tableau

1. Comprendre le tableau

• Lisez attentivement le contenu du tableau et faites attention au titre, souvent très significatif. Le tableau peut être à simple entrée (un critère d'analyse) ou à double entrée (plusieurs critères d'analyse).
• Repérez les signes arithmétiques et essayez de vérifier les calculs sur une seule colonne.

2. Analyser le tableau

• Déterminez les caractéristiques générales, c'est-à-dire les principaux phénomènes et leur évolution.
• Faites apparaître les phénomènes particuliers.
• L'analyse plus précise du tableau dépendra des questions posées et des consignes données. Parfois, des calculs complémentaires sont nécessaires, soit pour juger l'évolution d'une variable (calcul du taux de croissance), soit pour affiner une analyse (privilégier un fait marquant).

3. Rédiger

• Ne perdez pas de vue les questions posées.
• Formulez en quelques lignes une explication du tableau. Si des éléments (texte, notes, renvois…) accompagnent celui-ci, repérez ceux susceptibles de faciliter l'analyse.

EXO

1. Après avoir pris connaissance des objectifs que se donne l'UE, analysez le tableau « Objectifs Europe 2020 » pour les pays présentés.
2. En quoi ces objectifs participent-ils à l'intégration économique des pays de l'UE ?

L'Union européenne en 2020

Les cinq objectifs de l'UE pour 2020 fournissent une vue d'ensemble des progrès que l'Union européenne devrait avoir réalisés dans des domaines clés d'ici à 2020.

1. Emploi : Un emploi pour 75 % de la population âgée de 20 à 64 ans.

2. Recherche et développement : Investissement de 3 % du PIB de l'UE dans la recherche et le développement.

3. Changement climatique et énergie :
– Réduction des émissions de gaz à effet de serre de 20 % (voire de 30 %, si les conditions le permettent) par rapport à 1990 ;
– Utilisation d'énergie provenant de sources renouvelables à hauteur de 20 % ;
– Augmentation de 20 % de l'efficacité énergétique.

4. Éducation :
– Abaissement du taux de décrochage scolaire à moins de 10 % ;
– Un diplôme de l'enseignement supérieur pour au moins 40 % de la population âgée de 30 à 34 ans.

5. Pauvreté et exclusion sociale :
– Réduction d'au moins 20 millions du nombre de personnes touchées ou menacées par la pauvreté et l'exclusion sociale.

Sont liés et se renforcent mutuellement :
– les progrès dans le secteur éducatif contribuent à améliorer les capacités d'insertion professionnelle et à réduire la pauvreté ;
– l'augmentation de la part de la recherche et de l'innovation dans l'économie, conjuguée à une utilisation plus efficace des ressources, nous rend plus compétitifs et crée de l'emploi ;
– les investissements dans les technologies plus propres contribuent à la lutte contre le changement climatique tout en créant de nouveaux débouchés et de nouveaux emplois.

Source : ec.europa.eu – 16 mai 2012.

Objectifs Europe 2020

Objectifs EU/ États membres	Taux d'emploi (en %)	R & D (en % du PIB)	Réduction des émissions de CO²	Énergies renouvelables	Efficacité énergétique (en Mtep)	Déscolarisation précoce (en%)	Enseignement supérieur (en%)	Réduction de la pauvreté (en nombre de personnes)
Objectif principal de l'UE	75 %	3 %	– 20 % (par rapport au niveau de 1990)	20 %	20 % d'accroissement de l'efficacité énergétique équivalant à 368 Mtep	10 %	40 %	20 000 000
DE	77 %	3 %	– 14 %	18 %	38,30 %	< 10 %	42 %	330 000 (chômeurs de longue durée)
FR	75 %	3 %	– 14 %	23 %	34 %	9,50 %	50 %	Réduction d'un tiers du taux de pauvreté

Économie

6 La croissance soutenable

COURS

Le concept de développement

• La **croissance** traduit un phénomène qui modifie quantitativement population et richesses économiques (indicateurs : PIB, revenu par habitant…).

• Le **développement** est un processus de croissance, qui déroule ses effets dans le temps et qui induit des changements économiques et sociaux (structure sociale, mentalité, engendrant à leur tour des transformations). L'articulation de ces changements a connu différentes étapes que l'économiste américain Walt Whitman Rostow a analysées.

La mesure du développement

Puisque le développement s'accompagne de croissance, une première approche consiste à l'évaluer grâce à des indicateurs quantitatifs de la croissance.

• Le **taux de croissance du PNB** en volume (qui tient compte de l'inflation) traduit la dimension quantitative du développement. Les aspects qualitatifs sont négligés dans ce type d'évaluation et restent difficilement quantifiables. Aussi utilise-t-on d'autres outils pour mieux cerner les forces du développement.

• La notion de développement humain fait l'objet d'un indicateur synthétique, l'**indicateur de développement humain (IDH)**, qui tient compte de trois critères : l'espérance de vie à la naissance, le niveau d'instruction (taux d'alphabétisation des adultes et taux de scolarisation des enfants) et le niveau de vie. Cet indicateur est également critiqué en raison du poids prépondérant du PIB dans la mesure du niveau de vie.

• L'**indicateur de pauvreté humaine (IPH)** mesure le niveau de pauvreté caractérisé par des indicateurs spécifiques complémentaires tels que l'accès à l'eau potable et aux soins.

Le développement durable

Croissance et développement durable

• Sous l'égide des Nations unies, l'idée de développement durable a fait l'objet de différents sommets, conférences, protocoles, accords internationaux, dont la conférence de Rio en 1992 qui a établi une « charte de la Terre » avec un programme d'actions pour le XXIe siècle, baptisé « agenda XXI ». Les Nations unies prônent un **développement qui préserve les générations futures, tout en répondant aux besoins des générations présentes**. Le développement doit s'accompagner d'une croissance socialement et écologiquement équilibrée dans le long terme. La lutte contre l'exclusion et la pauvreté et l'avenir de la planète font partie du développement durable qui place l'homme au centre de ses préoccupations.

• Le mode de développement des pays développés n'est pas **soutenable** à long terme sur le plan environnemental en raison notamment de l'épuisement des ressources naturelles (pétrole, poissons, forêts, etc.), d'**externalités négatives** (pollution de l'eau, de l'air du sol) avec, pour conséquences, une disparition des ressources épuisables, le **réchauffement climatique**, la **réduction de la biodiversité**, sans négliger les effets sur la santé humaine.

Indicateurs de développement durable

Deux indicateurs sont utilisés pour apprécier le développement durable :

– le **PIB vert**, qui mesure la richesse produite en prenant en compte les coûts liés à la dégradation de l'environnement ;

– l'**empreinte écologique**, qui évalue la surface terrestre bio-productive nécessaire pour produire les biens et services consommés et pour traiter les déchets. Elle mesure donc l'impact du mode vie et sa pression sur la planète.

Instruments du développement durable

Les moyens utilisés pour inciter les agents économiques à intégrer le développement durable sont de différentes natures :

– la **réglementation**, qui fixe des normes notamment de rejet (dans les eaux, sols et sous-sols) et soumet à autorisation les activités polluantes ;

– la **taxation**, qui touche le pollueur-payeur, avec l'instauration de droits à polluer échangeables qui augmentent les coûts de production ;

– la prise de conscience de la **nécessité de produire et de consommer autrement** en réduisant la pollution et en développant des énergies renouvelables.

Le déséquilibre mondial

Le sous-développement

• La prise de conscience du déséquilibre mondial dans la répartition des richesses conduit à définir des **critères représentatifs du sous-développement** : insuffisance alimentaire, secteur agricole à faible productivité, faible industrialisation, analphabétisme, mortalité infantile, PNB limité, chômage important, inégalités sociales, croissance démographique non maîtrisée.

• Elle permet en outre de considérer le sous-développement comme **une conséquence du développement**, source d'inégalités et d'endettement. La rupture Nord-Sud se traduit par un rapport inversement proportionnel entre population et production. Les États-Unis, le Japon et l'Europe représentent 13 % de la population mondiale et 70 % du PIB. Les pays du Nord recueillent 80 % des flux d'investissement. Le tiers-monde, plus peuplé, ne réalise qu'une faible partie de la production mondiale.

L'échange inégal et l'endettement

• La division internationale du travail (spécialisation) conduit à un développement inégal des pays. La distribution des richesses mondiales, très inéquitable, est aggravée par une détérioration des termes de l'échange (rapport entre les prix moyens des exportations et des importations) aux dépens du tiers-monde.

• Les institutions internationales (FMI, Banque mondiale) ont incité les pays à supprimer toute entrave à la libre circulation des biens et des capitaux. Certains pays, Brésil, Russie, Inde, Chine (BRIC) ont effectivement connu une forte croissance et amélioré le sort de leur population. Parallèlement, les inégalités se sont fortement creusées. Ainsi, les déficits dus aux déséquilibres des échanges internationaux ont obligé les pays à s'endetter.

EXO

1. Après lecture du texte ci-dessous, définissez la notion de croissance verte.
2. Le modèle actuel de croissance est-il toujours adapté ?

Croissance verte : l'économie du futur

Au cours du XXe siècle, le progrès technique et la croissance ont permis une augmentation considérable des niveaux de vie. Mais sur la même période, l'augmentation spectaculaire des gaz à effet de serre conduit à des dérèglements climatiques majeurs qui imposent une mutation considérable pour l'enrayer, alors même que la population mondiale va être multipliée par 1,5 d'ici 40 ans et que la poursuite de la croissance va faire encore augmenter les émissions de gaz à effet de serre.

Dès lors, doit-on en conclure que croissance et préservation de l'environnement sont incompatibles ? Compte tenu de l'augmentation de la population mondiale (+50 % à l'horizon 2050) et de son aspiration légitime au développement, il faut en effet réduire d'un facteur huit le contenu en CO_2 de la croissance (CO_2/PIB), soit un taux moyen annuel de – 4 % par an, pour diviser par deux les émissions de CO_2 à l'horizon 2050. À titre de comparaison, le progrès réalisé sur ce ratio a été à peine supérieur à 1 % par an au cours des trente dernières années, les gains réalisés en efficacité énergétique étant très largement compensés par l'accroissement du parc, des fonctionnalités et de l'utilisation (« effet-rebond ») des équipements consommateurs d'énergie.

Répondre à ces défis nécessite des transformations profondes de notre modèle de croissance, combinant des modifications de comportement, mais aussi un processus très puissant d'innovation et de création de nouveaux produits et services, bouleversant les chaînes actuelles de valeur. Il s'agit donc de mutations structurelles.

On ne peut pas parler de croissance, si l'on ne parle pas de croissance verte.

Nous sommes plus fondamentalement confrontés à l'épuisement d'un modèle de croissance, et son incapacité à satisfaire des besoins essentiels du développement humain, ce qui nécessite un usage plus rationnel des ressources, les services devenant la source principale de la valeur ajoutée. Ainsi le terme de « nouvelles filières » doit être compris dans son sens le plus global. Une vision intégrée et cohérente est nécessaire, et le rôle de la puissance publique dans l'orientation des comportements, la maîtrise des risques, et dans la promotion de nouvelles régulations sera déterminant pour que la croissance verte puisse voir le jour. Les contours du nouveau modèle de croissance verte devront s'appuyer sur une augmentation de la contribution des secteurs producteurs et utilisateurs de nouvelles technologies environnementales (NTE) à la croissance du PIB à tous les échelons, accompagnée de changements structurels.

developpement-durable.gouv.fr novembre 2009.

7

La responsabilité civile

COURS

Le principe de responsabilité civile

• Le principe de **responsabilité civile** résulte de **l'article 1382 du Code civil** : « *Tout fait quelconque de l'homme qui cause à autrui un dommage oblige celui par la faute duquel il est arrivé à le réparer.* » Il oblige à réparer tout dommage causé aux autres (accident de la circulation, propos diffamatoire…).

– La responsabilité est **délictuelle** lorsque l'auteur du dommage a agi avec intention de nuire.

– Elle est **quasi délictuelle** lorsqu'il a agi par négligence ou imprudence. La victime doit prouver une faute de l'auteur.

• La responsabilité civile est distincte de la **responsabilité contractuelle**, conséquence de l'inexécution des obligations du contrat. La faute dépend de la nature de l'obligation qui pèse sur le débiteur. La réparation du préjudice se traduit par l'exécution forcée du contrat ou sa résolution. Des dommages et intérêts peuvent être obtenus. La responsabilité contractuelle s'apprécie donc par rapport aux règles du contrat, et non par application de l'article 1382 du Code civil.

• La responsabilité civile est indépendante de la **responsabilité pénale**. Cette dernière a pour conséquence l'obligation de subir une sanction (emprisonnement, amende) à la suite d'une infraction (prévue par un texte). Il arrive qu'un même fait engage à la fois la responsabilité civile et la responsabilité pénale. La victime peut alors se porter partie civile devant une juridiction pénale.

Les conditions de la responsabilité civile

Pour que la responsabilité civile soit engagée, **trois éléments doivent être réunis** :

– **le dommage**, ou **préjudice** : il peut être matériel (destruction de biens), corporel (atteinte à l'intégrité physique) ou moral (atteintes autres que pécuniaires : honneur, vie privée…). Tout dommage donne droit à réparation dès qu'il a un caractère certain ;

– **le fait générateur :** c'est-à-dire le fait à l'origine du dommage, est constitué par la faute civile, intentionnelle ou non. Le fait générateur doit avoir un caractère fautif. Il constitue une faute civile qui peut être intentionnelle ou non.

– **le lien de causalité** : le dommage doit être relié au fait dommageable (fait générateur) par un rapport certain, c'est-à-dire direct et nettement prouvé. Même quand ce lien existe, la personne responsable peut dégager partiellement ou totalement sa responsabilité dans trois cas : la force majeure, c'est-à-dire un événement imprévisible, insurmontable et externe au responsable présumé, le fait d'un tiers (sabotage d'une machine, par exemple) ou la faute de la victime (par son imprudence).

La réparation doit replacer la victime dans l'état où elle se trouvait initialement. Elle est souvent prise en charge par les assurances qui exercent ensuite un recours contre le responsable.

Les différents cas de responsabilité civile

Cette responsabilité peut être engagée dans trois cas différents : du fait personnel, du fait des personnes dont on doit répondre et du fait des choses.

La responsabilité du fait personnel

Cette responsabilité est précisée par l'article 1383 du Code civil : « *Chacun est responsable du dommage qu'il a causé non seulement de son fait, mais encore par sa négligence ou par son imprudence.* » Elle est délictuelle lorsque l'auteur du dommage a l'intention de nuire, quasi délictuelle quand le dommage est provoqué par imprudence ou par négligence.

La responsabilité du fait d'autrui

L'article 1384 du Code civil prévoit « *qu'on est responsable non seulement de ce que l'on cause par son propre fait, mais encore de celui qui est causé par le fait de personnes dont on doit répondre* ». Cette responsabilité joue pour :

– les parents du fait de leurs enfants : ils sont civilement responsables de tous les dommages causés par leurs enfants mineurs qui habitent chez eux, dès lors qu'ils commettent une faute ;

– les artisans du fait de leurs apprentis : ils ont un devoir de surveillance ; il pèse sur eux une présomption simple de faute (ils peuvent apporter la preuve contraire) ;

– les maîtres et commettants (employeurs) du fait de leurs préposés (employés). Le préposé est quelqu'un qui agit pour le compte de quelqu'un d'autre (le commettant) en vertu du lien de

subordination : le dommage commis par un employé relève d'une faute de choix et de surveillance de l'employeur et entraîne une présomption absolue, ou irréfragable de responsabilité (la preuve contraire ne peut être apportée) ;
– l'État pour les agents de l'Éducation nationale du fait de leurs élèves : la victime doit prouver l'imprudence ou la négligence de l'enseignant. La responsabilité de l'État se substitue à celle de l'enseignant pour indemniser les victimes.

La responsabilité du fait des choses

• Elle est appliquée par la jurisprudence à partir de l'article 1384 du Code civil qui stipule que l'on est responsable « ***du fait des choses que l'on a sous sa garde*** ». Cette responsabilité engage le gardien pour tout bien, tout objet. Elle est assimilée à une responsabilité sans faute. La seule intervention de la chose dans le dommage suffit à engager la responsabilité du gardien. Il existe donc à l'égard du gardien une présomption de responsabilité. Le gardien peut s'en exonérer en démontrant que le dommage est dû à une cause étrangère : la force majeure, le fait d'un tiers ou la faute de la victime.

• La responsabilité des entreprises **du fait de leurs produits défectueux** est régie par de nouvelles dispositions, après la transposition d'une directive communautaire relative au rapprochement des législations des États membres. Huit nouveaux articles sont introduits dans le (art. 1386 et suivants). Un produit est « considéré comme défectueux lorsqu'*il n'offre pas la sécurité à laquelle on peut légitimement s'attendre* ».

Trois catégories de personnes intervenant à titre professionnel peuvent engager leur responsabilité :
– le producteur au sens strict ;
– le quasi-producteur qui se comporte comme un producteur en apposant sur le produit son nom ou sa marque (producteur putatif) ;
– le distributeur, professionnel qui a remis le produit à l'usager final. La responsabilité est engagée envers la victime, qu'elle soit ou non liée par un contrat.

Il y a donc unification des régimes de réparation en matière délictuelle et contractuelle.

MÉTHODE

Déterminer les responsabilités

Dans chaque situation, vous devez :

1. Déterminer la nature de la responsabilité

S'agit-il d'une responsabilité contractuelle, délictuelle ou quasi délictuelle ?
– **contractuelle** : les personnes sont liées par un contrat,
– **délictuelle** : le préjudice est causé par un fait volontaire, **ou**
– **quasi délictuelle** : le préjudice est causé par un fait involontaire ; il n'existe pas de lien contractuel entre les personnes.

2. Déterminer le cas de responsabilité civile

En matière de responsabilité civile délictuelle ou quasi délictuelle, il s'agit de retrouver si celle-ci est engagée du fait personnel, du fait d'autres personnes dont on doit répondre, ou du fait des choses.

3. Vérifier, dans tous les cas, que les trois éléments constitutifs existent :

le dommage, le fait dommageable et le lien de causalité.

En matière de **responsabilité du fait des produits**, le producteur est responsable du dommage causé par un défaut de son produit, qu'il soit lié ou non par un contrat avec la victime.

EXO

Après l'étude des situations juridiques ci-après, déterminez, dans chaque cas, la responsabilité civile mise en jeu, ainsi que ses éléments constitutifs.

1. Lors d'une partie de chasse, un participant blesse mortellement une personne. (N'envisagez que la responsabilité civile.)
2. En classe, un enfant blesse un camarade en gesticulant avec des ciseaux.
3. Deux employés se querellent pendant le temps de travail. Des coups sont échangés et l'un d'eux a le bras fracturé.
4. Un facteur est mordu par un chien.
5. Un boucher chevalin a vendu de la viande contaminée par des larves de trichine et a intoxiqué l'invité d'un client.

8 Le contrat de travail

COURS

Le droit du travail

Définition, évolution

• Le droit du travail ne s'adresse pas à toutes les personnes qui travaillent, mais seulement aux **salariés**, c'est-à-dire aux **personnes liées par un contrat de travail**.
• Le droit du travail désigne l'**ensemble des règles juridiques applicables aux relations individuelles et collectives qui naissent entre les employeurs privés et ceux qui travaillent sous leur autorité, moyennant un salaire.**
• Il protège les intérêts des salariés dans la mesure où ils sont subordonnés à l'employeur. Cependant, le droit du travail essaie de concilier les intérêts des salariés et des employeurs et tend à **promouvoir les relations professionnelles**.
• En matière de contrat de travail, les textes sont nombreux. L'objectif est plus d'apporter des réponses aux problèmes de l'emploi que de protéger les salariés. Aujourd'hui, le droit du travail est aussi un **droit négocié** puisqu'il est le fruit de conventions et d'accords collectifs entre syndicats et employeurs.

Pouvoirs de l'employeur

• L'employeur dispose d'un **pouvoir de commandement** permanent qui lui permet de diriger les salariés dans leur travail, sous la surveillance de l'inspecteur du travail et dans le respect des lois, règlements et conventions collectives. Dans ce cadre, il donne des instructions, des directives de travail (poste de travail, effectif, horaires).
• Ce pouvoir de direction se double d'un **pouvoir réglementaire** (normatif) et **disciplinaire**.
– Dans les entreprises de 20 salariés et plus, l'employeur rédige un **règlement intérieur** dans lequel il précise les règles en matière d'hygiène, de sécurité et de discipline, ainsi que des dispositions relatives au harcèlement sexuel. Le règlement intérieur a force obligatoire et s'impose aux salariés comme à l'employeur.
– Le pouvoir disciplinaire, directement lié au pouvoir de direction, sanctionne le salarié qui ne respecte pas les règles imposées. Il prévoit une échelle de sanctions : avertissement, blâme, mise à pied, rétrogradation, licenciement. Une procédure particulière doit être suivie par l'employeur.

Le contrat de travail

Définition et critères

• Le contrat de travail est **une convention par laquelle une personne s'engage à exercer une activité sous la subordination d'un employeur et moyennant une rémunération**. Trois éléments sont donc essentiels :
– la **prestation de travail** : c'est l'activité du salarié. Il n'a pas une obligation de résultat mais de moyen (il doit mettre en œuvre tous les moyens pour réaliser ses obligations). Son contrat est un contrat à exécution successive ;
– la **rémunération** : un salaire est versé au salarié en contrepartie de son travail ;
– le **lien de subordination** : le salarié est placé sous l'autorité et le contrôle de l'employeur. C'est ce qui le distingue du travailleur indépendant.
• Les **obligations de l'employeur et du salarié** trouvent leur source dans le contrat de travail, dans les conventions ou accords collectifs et dans le règlement intérieur. **L'employeur doit** : fournir au salarié le travail convenu et mettre à sa disposition les moyens nécessaires ; se conformer au droit du travail. **Le salarié**, en contrepartie, **s'engage à** : exécuter le travail voulu par l'employeur de manière « consciencieuse et loyale » ; ne pas dévoiler de secrets professionnels et ne pas porter préjudice à l'entreprise (concurrence déloyale) ; respecter le règlement intérieur et les clauses contractuelles.
• Il existe différents types de contrats : le **contrat à durée indéterminée (CDI)** : est un contrat de droit commun. C'est le contrat le plus favorable au salarié ; sa durée n'est pas limitée dans le temps par convention. L'absence d'écrit n'entraîne pas sa nullité. Les **contrats dérogatoires à durée limitée** : ils dérogent au contrat de droit commun parce qu'ils ont une durée déterminée à l'avance, ou sont conclus pour faire face à une activité temporaire.

MÉTHODE

Lire une décision de justice

Chaque décision de justice est structurée et rédigée selon un vocabulaire juridique spécifique.

• **La structure** : est toujours la même : les faits, les arguments, la solution, le dispositif (cf. annotations en marge du texte ci-dessous).

• **Le vocabulaire** (partiel) :

– l'*arrêt attaqué :* l'arrêt d'une Cour d'appel qui fait l'objet d'un *pourvoi* en cassation.

– *Attendu… que* : vu que, étant donné que, puisque. Un *attendu* introduit les motifs d'un jugement.

– les *dépens* : le dédommagement.

– le *dispositif :* partie d'une décision de justice dans laquelle le juge (ou la Cour) précise la décision judiciaire qui suit les motifs (les raisons invoquées). Pour la Cour de cassation, c'est soit un arrêt de cassation : il casse l'arrêt de la Cour d'appel, soit un arrêt de rejet (le rejet du pourvoi) : il confirme l'arrêt de la Cour d'appel (ou le jugement).

– un *grief* : un reproche ; *faire grief :* reprocher.

– le *moyen* : l'argument. L'auteur du pourvoi présente ses arguments critiques ou moyens contre la décision prise par la Cour d'appel, qu'il conteste. Le moyen peut être divisé en *branches* qui présentent autant de griefs.

– un *pourvoi* : demande d'annulation d'un arrêt ou d'un jugement à une juridiction supérieure (*former un pourvoi :* demander l'annulation d'un arrêt ou d'un jugement ; le *demandeur au pourvoi :* celui qui forme le pourvoi).

Juridiction — Date de l'arrêt

Cour de cassation, chambre sociale, 4 juillet 2012 (extraits)

1er attendu : les faits

Attendu, selon l'arrêt attaqué (Toulouse, 23 février 2011), que M. X... a été engagé le 3 juillet 2006 comme magasinier par la société Lahera Productions ; que le 28 octobre 2008, il a cessé son activité et a envoyé une lettre à son employeur aux termes de laquelle il lui a fait part de son droit de retrait du poste de houssage des palettes en raison de troubles physiques liés à son état de santé ; que le salarié étant membre du comité d'hygiène, de sécurité et des conditions de travail depuis le 10 octobre 2007, la société Lahera Productions a saisi l'inspecteur du travail d'une demande d'autorisation de le licencier ; que cette demande a été refusée par avis du 20 mars 2009 ; que M. X... a pris acte de la rupture de son contrat de travail par lettre du 11 avril 2009 ;

Arguments du demandeur au pourvoi

Attendu que l'employeur fait grief à l'arrêt de dire que la prise d'acte de la rupture du contrat de travail par le salarié s'analyse en un licenciement sans cause réelle et sérieuse et de le condamner à lui payer diverses sommes au titre de la rupture, alors, selon le moyen :

[...]

Solution et Motivation (réponse de la Cour)

Mais attendu que le salarié protégé, qui a pris acte de la rupture de son contrat de travail, peut justifier des manquements de son employeur aux règles applicables au contrat de travail [...] et aux exigences propres à l'exécution des mandats dont il est investi,

peu importent les motifs retenus par l'autorité administrative à l'appui de la décision par laquelle elle a rejeté la demande d'autorisation de licenciement antérieurement à la prise d'acte ;

Et attendu qu'appréciant souverainement les éléments de fait et de preuve produits aux débats, la cour d'appel qui a constaté que M. X..., alors qu'il était affecté jusqu'en octobre 2008, au houssage des palettes un jour sur deux et une semaine sur deux, en alternance avec d'autres membres de l'entreprise, s'était vu imposer par la société Lahera Productions les 19 et 20 janvier 2009 un houssage des palettes toute la matinée, sans qu'une alternance ne soit organisée avec d'autres tâches, contrairement aux préconisations du médecin du travail, a pu retenir que **l'employeur avait modifié les conditions de travail du salarié protégé**, ce dont il résultait un manquement grave à ses obligations justifiant la nullité de la rupture du contrat de travail pour violation du statut protecteur du salarié ;

D'où il suit que le moyen n'est pas fondé ;

Dispositif

Par ces motifs, rejette le pourvoi ; Condamne la société Lahera Productions aux dépens.

EXO

Répondez aux questions en vous appuyant sur la décision de la Cour de cassation ci-dessus :

1. Déterminez le problème de droit posé à la Cour de cassation.

2. Présentez la réponse de la Cour et les arguments à l'appui de cette réponse.

3. Quel est l'intérêt de la distinction entre modification du contrat de travail et modification des conditions de travail ?

9 Le cadre spécifique des contrats précaires

COURS

Le contrat à durée déterminée (CDD)

• Le CDD est, en principe, dérogatoire, le contrat de droit commun restant le Contrat à durée indéterminée (CDI). La recherche de la flexibilité dans l'entreprise a contribué cependant au développement des Contrats à durée déterminée (CDD).
• Le CDD ne peut pourvoir durablement un emploi lié à l'activité normale et permanente de l'entreprise.
• Il ne peut être conclu que si la tâche à exécuter est précise et temporaire et seulement dans les **cas énumérés par la loi**.

Les principaux cas de recours à un CDD

• Ils sont limitativement énumérés par le code du travail. Ce sont :
– **le remplacement d'un salarié absent :** un salarié embauché en CDD peut remplacer tout salarié absent de l'entreprise quel que soit le motif de l'absence (maladie, congés, etc.), sauf s'il s'agit d'une grève.
– **l'accroissement temporaire de l'activité de l'entreprise :** ce CDD ne peut, en principe, être conclu pour ce motif si l'établissement a procédé à un licenciement économique durant un délai de 6 mois pour les postes concernés par ce licenciement ;
– **les travaux saisonniers :** le recours au CDD est possible s'il s'agit de travaux qui sont normalement appelés à se répéter chaque année dans une entreprise à date à peu près fixe, en fonction du rythme des saisons ou des modes de vie collectifs.
– **les travaux urgents :** le recours au CDD concerne les travaux dont l'exécution immédiate est nécessaire pour prévenir des accidents imminents, organiser des mesures de sauvetage ou réparer les insuffisances du matériel, des installations ou des bâtiments de l'entreprise présentant un danger pour les personnes.
• Il est **interdit de recourir à un CDD** pour effectuer des travaux particulièrement dangereux, ou pour remplacer des grévistes.
• Conclu en dehors du cadre légal, le CDD peut être considéré comme un contrat à durée indéterminée (CDI) et soumettre l'employeur à des sanctions pénales.

Protection du salarié et de l'emploi

Les formes du CDD

• le CDD est obligatoirement un **contrat écrit** et doit préciser le motif de recours. À défaut, il est réputé conclu pour une durée indéterminée et peut être requalifié en contrat à durée indéterminée par le Conseil de prud'hommes ;
• le CDD peut être **renouvelé une fois** pour une période qui n'excède pas la durée initiale. La durée totale ne doit pas excéder **18 mois** et exceptionnellement 24 mois dans des cas précis : commande exceptionnelle à l'exportation, remplacement d'un salarié dont le poste est supprimé, etc. ;
• la loi impose des **mentions obligatoires** : l'identité des parties, la date de fin du contrat ou la durée minimale, l'emploi occupé, la convention collective applicable, la durée de la période d'essai prévue, la rémunération et ses composantes, le nom et l'adresse de la caisse de retraite complémentaire ou de prévoyance.
En l'absence d'une de ces mentions obligatoires, le CDD peut être requalifié par le juge en CDI.

Les droits des salariés sous CDD

• Ils sont les mêmes que ceux des autres salariés de l'entreprise. La rémunération doit être au moins égale à celle que percevrait un autre salarié de l'entreprise sous CDI, de qualification équivalente.
• Par ailleurs, le salarié titulaire d'un CDD bénéficie d'indemnités et de mesures particulières pour **compenser la précarité** de son emploi :
– **indemnité de précarité** dont le montant ne peut pas être inférieur à 10 % de la rémunération totale brute perçue ;
– **indemnité compensatrice de congés payés** au titre du travail effectivement accompli ;
– **accès favorisé au congé individuel de formation ;**
– **information des salariés en CDD** des postes en contrat à durée indéterminée (CDI).

L'exécution du CDD

• L'employeur et le salarié sont tenus de respecter leurs obligations jusqu'au terme prévu par le contrat. Cependant le CDD peut être rompu avant son échéance :

– lorsque le salarié justifie d'une embauche en CDI ;
– en cas d'accord des parties ;
– en cas de force majeure ;
– en cas de faute grave de l'employeur ou du salarié.

• La **rupture anticipée injustifiée du CDD** est sanctionnée :
– l'employeur doit verser au salarié des dommages-intérêts d'un montant au moins égal aux rémunérations que le salarié aurait perçues jusqu'au terme du contrat ;
– le salarié est condamné à verser à l'employeur des dommages et intérêts correspondant au préjudice réellement subi par l'entreprise.

Les contrats particuliers

Ils ont été créés pour répondre à la difficulté de certains publics à accéder à l'emploi.

Le contrat de travail temporaire (CTT)

Ce contrat de travail temporaire ne peut être conclu que s'il s'agit d'exécuter une tâche précise et temporaire, dénommée **mission**, et seulement dans les cas énumérés par la loi (CDD). La mission exécutée par le salarié (intérimaire) fait l'objet de deux contrats :
– un **contrat de travail temporaire** entre le salarié et l'entreprise de travail temporaire (ETT) qui est l'employeur ;
– un **contrat de mise à disposition** entre l'ETT et l'entreprise utilisatrice.

La mission prend fin à la date fixée ou, en cas de terme imprécis, lorsque se réalise l'objet pour lequel il a été conclu (retour du salarié remplacé, fin de la saison, etc.)
Pendant sa mission, le salarié intérimaire dispose des mêmes droits que les salariés de l'entreprise. Il est placé sous l'autorité et le contrôle du chef de l'entreprise utilisatrice.
Le cadre juridique applicable reste celui du CDD.

Les autres contrats

• Les embauches effectuées dans le cadre de la **politique de l'emploi** peuvent également être faites à durée déterminée. Les contrats peuvent avoir, sur certains points (suspension, renouvellement, rupture anticipée), des règles particulières. Sont concernés **les contrats de professionnalisation, le contrat unique d'insertion, le contrat emploi d'avenir, le contrat de génération.**

Droit

MÉTHODE

Résoudre un cas pratique (1) : analyser la situation juridique

• Dans la partie introductive, il convient de « poser le décor », avec des termes juridiques précis :
– Qui sont les **acteurs en présence** ?
– Quels sont les **faits ?** à qualifier juridiquement.
– Quelle est la **branche du droit** concernée ?
– Quelle est **la juridiction compétente** si l'action est portée devant le juge ?
– Quel(s) est (sont) le(s) **problème**(s) **juridique**(s) ?

Cette première partie permet d'appréhender la situation exposée dont il faudra trouver la solution.

EXO

Cas pratique

Marie Recadot a été embauchée dans un ensemble résidentiel de vacances pour la saison d'été du 15 juin au 15 septembre en qualité d'hôtesse d'accueil. Elle a commencé à travailler depuis plus d'un mois et n'a toujours rien signé. L'employeur lui a promis verbalement de prolonger son contrat, voire de la garder en CDI si elle remplissait bien ses fonctions. Lasse de toutes ces promesses, elle souhaite rompre le contrat.
Marie Recadot s'interroge sur sa situation juridique et vous demande :
– si l'employeur peut toujours conclure un CDD ;
– si elle peut demander la rupture du contrat et solliciter des indemnités.

Vous répondrez aux questions de cette personne en respectant la méthodologie de **résolution du cas pratique** (ci-dessus + Méthode pages 27 et 29) et en vous appuyant sur le *Code du travail* (http ://www.legifrance.gouv.fr/ rubrique « code du travail », articles L1243-2, L1243-3, L1243-10 et L1243-11).

10 Les libertés individuelles et collectives des salariés

COURS

Les libertés individuelles

• Le droit reconnaît au salarié des **libertés individuelles dans le cadre de son travail**, malgré sa subordination à l'employeur : droit d'expression sur le contenu, les conditions et l'organisation du temps de travail.
• Les **modalités d'exercice de ces libertés sont fixées par un accord** (convention ou accord d'entreprise) entre les employeurs et les syndicats représentatifs.
• Le salarié ne peut en aucun cas faire l'objet d'une mesure discriminatoire lors du recrutement en ce qui concerne la rémunération ou la promotion en raison de son origine, de son sexe, de son âge, de ses opinions politiques, religieuses, syndicales.

Les libertés collectives

La liberté de représentation des salariés s'exprime collectivement par l'intermédiaire des **syndicats** et des **représentants élus du personnel : délégués du personnel** et **comité d'entreprise**.

Les syndicats

• La **liberté syndicale** est reconnue par la Constitution. Les syndicats ont pour objet la **défense exclusive des intérêts professionnels**, tant collectifs qu'individuels, des salariés (syndicats de salariés) et des employeurs (syndicats d'employeurs).
• Est **représentatif** tout syndicat qui satisfait à 7 critères légaux cumulatifs : le respect des valeurs républicaines, la transparence financière, l'ancienneté (2 ans), l'indépendance vis-à-vis de l'employeur, l'action syndicale, l'effectif et les cotisations, l'audience lors des élections professionnelles.

Les délégués du personnel

• Une loi de 1936 a institué les délégués du personnel. Actuellement, leur présence est obligatoire dans les entreprises ou établissements de **plus de 11 salariés**. Le nombre de délégués est fonction de l'effectif. Il est fixé par la loi.
• Les délégués présentent au chef d'entreprise les réclamations du personnel et doivent être consultés en cas de licenciement collectif. Ils peuvent saisir l'inspecteur du travail.

Le comité d'entreprise

• Il est obligatoire dans les entreprises à partir de 50 salariés. Leur composition est tripartite : le chef d'entreprise, des salariés élus pour deux ans et un représentant de chaque syndicat représentatif dans l'entreprise. Il se réunit une fois par mois sur convocation du chef d'entreprise.
• Le comité d'entreprise a la personnalité juridique. Ses attributions impliquent :
– un **pouvoir d'information et de consultation** en matière économique et d'emploi : les documents comptables, le bilan social, le plan de formation lui sont notamment présentés ;
– un **pouvoir de décision** en matière sociale (gestion des œuvres sociales).

Le statut des représentants du personnel

• Les représentants du personnel bénéficient d'une **protection particulière** : ils disposent d'un crédit d'heures leur permettant d'exercer leur fonction ; des panneaux d'affichage sont mis à leur disposition ; ils bénéficient de la liberté de circuler.
• La loi sanctionne toute entrave aux fonctions de représentant du personnel. Le **délit d'entrave** est puni d'un an de prison et/ou d'une amende de 3 810 euros. Les représentants du personnel disposent également de mesures protectrices en cas de licenciement.
• Dans les entreprises de 50 à 200 salariés, une délégation unique pourra représenter le personnel. Dans ce cas, les délégués du personnel sont également les représentants des salariés au comité d'entreprise.

La liberté de négocier et le droit de grève

• La loi affirme le **droit des salariés à la négociation collective** de l'ensemble de leurs conditions d'emploi et de travail, et de leurs garanties sociales. Il est institué deux niveaux de négociation : au niveau de la branche et au niveau de l'entreprise.
La négociation dans l'entreprise est **annuelle et obligatoire** entre l'employeur et les sections syndicales de chaque syndicat représentatif. Il s'agit d'une **obligation de négocier, et non d'une obligation de conclure**.

• La **convention collective**, accord conclu entre des employeurs et un ou plusieurs syndicats représentatifs de salariés, permet d'améliorer ou d'adapter la réglementation sociale sur les conditions d'emploi, de travail et les garanties sociales des salariés d'une branche ou d'un secteur d'activité. Les conventions collectives doivent être écrites, sous peine de nullité. Elles ont une durée déterminée (5 ans) ou indéterminée.
Les **accords collectifs** ne traitent que d'un ou plusieurs sujets déterminés (aménagement du temps de travail, indemnités, etc.)

• Les conflits collectifs du travail ont donné lieu à l'élaboration progressive d'un **droit de grève. La grève est la cessation collective et concertée du travail** par des salariés en vue d'appuyer des revendications professionnelles. Pour les salariés grévistes, la grève ne rompt pas le contrat de travail, mais le suspend. Seule la faute lourde, prouvée par l'employeur, peut entraîner la rupture du contrat de travail.

MÉTHODE

Analyser une décision de justice

Pour analyser une décision de justice, vous devez procéder en 4 étapes :

1. Identifiez les faits.

2. Situez le jugement dans l'ensemble de la procédure.

3. Déterminez le problème de droit soumis à la juridiction : quels sont les moyens (arguments) invoqués par l'auteur du pourvoi ? Identifiez quand vous le pouvez, le visa, c'est-à-dire les textes sur lequel se fonde le pourvoi.

4. Analysez la solution : quels sont les arguments développés par le juge dans la décision ?

EXO

En vous aidant de la Méthode p. 23 et ci-dessus, vous traiterez les points suivants :

1. Analysez la décision de justice de la Cour de cassation ci-après.

2. Définissez la grève. Donnez un exemple de grève illicite.

COUR DE CASSATION, CHAMBRE SOCIALE – 15 février 2006

Sur le moyen unique :
Attendu que ces salariés de la société Lamy Lutti ont saisi la juridiction prud'homale d'une demande tendant au paiement d'une prime d'assiduité pour le premier semestre 2003, prévue par un accord collectif qui en conditionnait le versement à la présence effective des salariés ; que l'employeur ne leur avait pas réglé cette prime en raison de leur participation à un arrêt de travail le 3 juin 2003 ayant pour but d'obtenir la renégociation du projet gouvernemental de réforme de retraites ;
Attendu que l'employeur fait grief aux jugements attaqués (conseil de prud'hommes de Tourcoing, 25 mai 2004) de l'avoir condamné au paiement de la prime d'assiduité, alors, selon le moyen :
que seule une cessation collective et concertée du travail en vue d'appuyer des revendications professionnelles constitue une grève ; qu'en l'espèce, il résulte du jugement que l'arrêt de travail observé par les salariés le 3 juin 2003 avait pour but d'obtenir la renégociation du projet gouvernemental de réforme des retraites ; qu'en affirmant qu'il reposait sur des revendications professionnelles et constituait une grève, le conseil de prud'hommes a violé l'article L. 521-1 du Code du travail ; [....]
Mais attendu, d'abord, que caractérise l'exercice du droit de grève une cessation concertée et collective du travail en vue de soutenir un mot d'ordre national pour la défense des retraites, qui constitue une revendication à caractère professionnel, et, ensuite, que si l'employeur peut tenir compte des absences, même motivées par la grève, pour l'attribution d'une prime destinée à récompenser une assiduité profitable à l'entreprise, c'est à la condition que toutes les absences, autorisées ou non, entraînent les mêmes conséquences ; qu'ayant constaté que les absences pour événements familiaux ou des absences conventionnelles prévues par l'accord d'entreprise ne donnaient pas lieu à retenue, ce dont il résultait que la suppression de la prime d'assiduité en cas de grève constituait une mesure discriminatoire, le conseil de prud'hommes a légalement justifié sa décision, que le moyen n'est pas fondé ;

Par ces motifs rejette le pourvoi et condamne la société Lamy Lutti aux dépens.

11 La rupture du contrat de travail

COURS

Le contrat de travail peut être rompu par les parties selon 3 modalités : la démission, le licenciement ou la rupture conventionnelle.

La démission

La démission est une rupture unilatérale du contrat de travail, à l'initiative du salarié. Elle doit être claire et non équivoque. Le salarié notifie en principe par écrit sa démission. Il doit respecter un délai de préavis (sauf dispense légale ou de l'employeur).

Le licenciement

Le licenciement est une rupture à l'initiative de l'employeur, qui peut reposer sur deux motifs : le motif personnel et le motif économique.

Le licenciement pour motif personnel

• Le licenciement doit répondre à une **cause réelle**, fondée sur des faits concrets et vérifiés, **et sérieuse**, en atteignant un certain degré de gravité. Le licenciement peut reposer sur des fondements différents :

– la **faute grave** résulte de faits imputables au salarié, d'une gravité telle qu'elle rend impossible son maintien dans l'entreprise. Le salarié est privé d'indemnités de licenciement, mais bénéficie des indemnités de chômage ;

– la **faute lourde** est caractérisée par l'intention de nuire à l'entreprise ou à l'employeur. Elle prive le salarié de toute indemnité ;

– l'**absence de faute :** le licenciement sans faute peut être justifié en cas d'insuffisance professionnelle ou de perte de confiance. Le salarié licencié perçoit diverses indemnités. L'employeur doit, en outre, lui délivrer un certificat de travail et une attestation pour l'Assedic.

• Quels que soient l'ancienneté du salarié et l'effectif de l'entreprise, l'employeur doit suivre une **procédure stricte** :

– une **convocation** par lettre recommandée pour un entretien ;

– un **entretien** verbal au cours duquel l'employeur indique au salarié les motifs du licenciement ;

– la **notification** du licenciement par lettre recommandée spécifiant le motif du licenciement.

Le licenciement pour motif économique

Il n'est pas déterminé par la personne du salarié : il doit résulter d'une suppression, d'une transformation d'emploi ou d'une modification substantielle du contrat de travail, consécutives notamment à des difficultés économiques ou à des mutations technologiques.

• Dans le cas d'un licenciement collectif pour motif économique, l'employeur est tenu de respecter une procédure variable selon la taille de l'entreprise et le nombre de licenciements prévus. Il informe, consulte préalablement les institutions représentatives du personnel et notifie le projet à la direction départementale du travail et de l'emploi.

• Le législateur impose des mesures d'accompagnement destinées à prendre en compte le sort des salariés, sous forme de convention de conversion et de plan social.

• En quittant l'entreprise, le salarié a droit, sous certaines conditions, à des indemnités de licenciement, déterminées par la loi ou les conventions collectives.

Conséquences du licenciement

• La loi crée des droits pour le salarié licencié. Le salarié en CDI bénéficie d'une **indemnité de licenciement** en fonction de son ancienneté, à laquelle peut s'ajouter une **indemnité compensatrice de congés payés** que le salarié n'a pas eu le temps de prendre.

• L'employeur doit respecter un **préavis**, c'est-à-dire un délai entre la notification du licenciement et la rupture effective du contrat.

• En cas de licenciement économique, le législateur impose des **mesures d'accompagnement** destinées à prendre en compte le sort du salarié sous forme de **convention de conversion** et de **plan social** (mesures pour limiter le nombre de licenciements).

• Les salariés bénéficient également d'une priorité de réembauchage pendant un an.

La rupture conventionnelle

• Organisée par la loi du 25 juin 2008, elle se traduit par un accord entre le salarié et l'employeur pour rompre à l'amiable le contrat de travail sans qu'il y ait litige. Une procédure doit être suivie : entretien(s), signature de la convention ; une **indemnité conventionnelle** égale ou supérieure à l'indemnité légale de licenciement est due au salarié.
• Les parties disposent d'un **délai de rétractation** de 15 jours à partir de la signature de la convention.
• La convention doit être **homologuée** dans les 15 jours par la Direction régionale des Entreprises de la Concurrence, de la Consommation, du Travail et de l'emploi (DIRECCTE). Elle peut être contestée en justice.

MÉTHODE

Résoudre un cas pratique (2) : analyser la solution

Après avoir analysé la situation d'un point de vue juridique (voir Méthode de la fiche 3 p. 000), il s'agit ensuite d'analyser la solution. Pour ce faire, vous reprendrez les étapes suivantes :

1. L'énoncé de la **règle** : « la règle est… » → **Prémisse majeure**
2. L'application des principes juridiques aux **faits** : « or les faits sont… » → **Prémisse mineure**
3. La Conclusion : « la solution est donc… » → **Solution**

Ce syllogisme permet ainsi de décomposer le raisonnement juridique pour parvenir à la solution.

EXO

En utilisant la **méthode de résolution du cas pratique** (voir Méthode p. 25 et ci-dessus) et en vous aidant de la décision de justice ci-après, vous répondrez à la question que ce salarié vous pose.

Xavier travaille dans une société de sertissage de tuyaux industriels. Ayant des travaux de plomberie à faire chez lui le week-end, il emprunte du matériel de l'entreprise sans autorisation. La sortie de matériel de l'entreprise est strictement interdite par le règlement de l'entreprise. L'employeur, constatant des disparitions et des pannes fréquentes de matériels, avait décidé de mettre en place une surveillance par caméras dissimulées à différents endroits de l'entreprise sans en informer personne. En colère, le chef d'entreprise a licencié Xavier pris sur le fait, sans entretien compte tenu de la gravité de son acte.
Xavier vous demande s'il peut contester le licenciement, puisqu'il a rendu le matériel qui n'a pas fait faute à l'entreprise.

COUR DE CASSATION, CHAMBRE SOCIALE - 4 juillet 2012

Sur le moyen unique :
Attendu, selon l'arrêt attaqué, que Mme X..., employée depuis le 6 août 2001 par la Poste en qualité d'agent de tri-collecte puis de factrice, a été licenciée pour faute grave le 28 avril 2009 pour avoir ouvert une lettre ; qu'elle a saisi la juridiction prud'homale d'une demande de paiement des indemnités de rupture conventionnelles et d'une indemnité pour licenciement sans cause réelle et sérieuse ;
Attendu que, pour débouter la salariée de sa demande, l'arrêt énonce que la Poste, chargée d'une mission de service public, étant tenue de garantir aux usagers le secret et l'intégrité des correspondances confiées, le nombre accru de signalisations relatives à des lettres ouvertes dans le centre dont dépendait la salariée justifiait l'introduction de lettres dites « festives » dans sa tournée, lettres ayant la particularité de diffuser une encre bleue si elles sont ouvertes, afin de mettre fin à des agissements frauduleux ; que ces lettres banalisées ne constituent pas un procédé de surveillance destiné à collecter des informations sur les salariés mais ont vocation à être traitées de la même façon que les autres correspondances et qu'il n'y a donc ni stratagème ni provocation à commettre une infraction, ni utilisation d'un procédé déloyal par l'employeur ;
Attendu cependant que, si l'employeur a le pouvoir de contrôler et de surveiller l'activité de son personnel pendant le temps de travail, il ne peut mettre en œuvre un dispositif de contrôle clandestin et à ce titre déloyal ;
Qu'en statuant comme elle a fait, alors que l'utilisation de lettres piégées à l'insu du personnel constitue un stratagème rendant illicite le moyen de preuve obtenu, la cour d'appel a violé le texte susvisé ;
Par ces motifs : casse et annule, dans toutes ses dispositions, l'arrêt rendu le 15 mars 2011, [...]
Condamne la Poste aux dépens.

12 Le cadre juridique de l'activité économique

COURS

Des libertés économiques pour l'entreprise

Libertés économiques et sociales

• Le droit a mis en place des **libertés économiques** qui se traduisent par la liberté d'entreprendre, de concurrencer et de commercer. Il les encadre pour éviter les abus : protection de l'intérêt général, recherche de l'équilibre dans les relations contractuelles notamment. Ces libertés sont nées avec le capitalisme et trouvent leurs fondements juridiques dans la Constitution, les droits français et européen.

– La **liberté d'entreprendre** est une liberté publique constitutionnelle. C'est un attribut reconnu à tout homme par la Déclaration de l'homme et du citoyen de 1789.

– La **liberté de commerce et d'industrie** (décret d'Allarde, 1791) traduit la liberté accordée à « toute personne de faire tel négoce ou d'exercer telle profession, art ou métier qu'elle trouvera bon ». Cette liberté consacre la liberté d'entreprendre, mais aussi celle de **contracter**, d'**être propriétaire**, de **concurrencer**.

• Le droit communautaire institue la libre circulation des biens, des personnes et des capitaux, favorisant ainsi la liberté d'action des entreprises à l'échelle de l'Union européenne.

Des négociations à l'échelle mondiale se poursuivent au sein de l'Organisation mondiale du commerce (OMC) pour réduire, voire supprimer les barrières à l'échange international et faciliter la circulation des biens et des services.

Le droit de propriété industrielle

C'est l'instrument juridique de la concurrence qui donne à son détenteur :

– le droit d'en tirer profit et de l'exploiter ;

– un monopole d'exploitation qui interdit à d'autres de l'exploiter sans autorisation ;

le droit d'engager une action en contrefaçon contre toute atteinte au droit de propriété. Des sanctions civiles, mais aussi pénales, peuvent être prononcées à l'encontre de toute utilisation irrégulière d'un droit de propriété industrielle.

L'ordre public économique

• Pour garantir ces libertés, le droit les encadre par des dispositions d'ordre public. L'**ordre public de direction** permet de limiter ces libertés au nom de l'intérêt général. Il s'agit de dispositions prises pour assurer l'équilibre concurrentiel, la liberté des prix, la préservation de l'environnement. L'**ordre public de protection**, appelé aussi ordre public social, se soucie de rétablir l'équilibre dans les relations contractuelles au profit des parties les plus faibles : consommateurs, salariés, locataires.

Pratiques anticoncurrentielles et pratiques restrictives de concurrence

Le **droit de la concurrence** permet de réprimer ceux qui entravent le libre jeu de la concurrence ; le **droit de la consommation** protège le consommateur pour éviter que, par ignorance ou par faiblesse, il ne s'engage sans connaissance de cause.

Les ententes et les abus de position dominante

• L'entente et la recherche de position dominante sont interdites lorsqu'elles ont pour but ou pour effet de fausser la concurrence ou de contraindre la fixation des prix.

• Une **entente** se traduit par la volonté de plusieurs entreprises de décider à l'avance, ensemble, de leur comportement sur les marchés avec des effets néfastes sur ces derniers.

• Une ou plusieurs entreprises peuvent exploiter abusivement une **position dominante** ou un état de dépendance économique pour imposer à des clients ou fournisseurs des conditions commerciales discriminatoires, ou injustifiées.

Concurrence déloyale

La concurrence loyale n'est pas contraire aux usages du commerce et aux lois régissant l'activité commerciale. Par contre les **agissements fautifs** destinés à tromper le public ou à discréditer des concurrents constituent une concurrence déloyale et engagent **la responsabilité civile** de l'auteur de ces agissements, avec obligation de réparer les préjudices causés.

Décisions de l'entreprise et ordre public

Pour les décisions affectant l'intérêt général ou des intérêts spécialement protégés, le droit impose des règles particulières.

Information et consultation du comité d'entreprise (CE)

Dans les entreprises de 50 salariés et plus, le droit institue une **obligation d'information et de consultation du CE**. La loi confie à cette représentation élue par les salariés des **attributions économiques** :
– consultation pour avis conforme, lors de la conclusion d'accords sur l'aménagement du temps de travail ;
– consultation pour avis, lors de projets de licenciement pour motif économique ;
– **droit d'alerte**, en cas de connaissance de faits de nature à affecter de manière préoccupante l'activité de l'entreprise ;
– de manière générale, information et consultation sur les questions relatives à l'organisation, la gestion, l'emploi, la formation professionnelle dans l'entreprise.

Le contrôle des décisions par les autorités de régulation

• L'**Autorité de la concurrence**, autorité indépendante, est compétente pour veiller au bon fonctionnement du marché. Elle intervient dès que la concurrence d'un marché est faussée pour assurer le respect de l'ordre public économique. Les opérations de concentration sont soumises à contrôle et autorisation préalable. À l'échelon communautaire, c'est la **Commission européenne** qui est compétente pour les atteintes sur le marché unique.

• L'**intervention du mandataire de justice** peut être sollicitée par les dirigeants de l'entreprise lorsque celle-ci connaît des difficultés qui se traduisent par la cessation de paiement, c'est-à-dire lorsqu'elle ne peut plus faire face à ses dettes. Les dirigeants peuvent demander au tribunal d'engager une procédure collective de sauvegarde ou de redressement judiciaire pour remédier à cette situation. Le tribunal de commerce désigne alors un (ou plusieurs) administrateur(s) comme mandataire(s) de justice chargé(s) d'assister le débiteur ou d'administrer l'entreprise en difficulté.

EXO

Lisez les extraits ci-dessous du rapport annuel de l'Autorité de la concurrence 2011 et répondez aux questions suivantes :

1. Rappelez les libertés économiques dont jouissent les entreprises.
2. Quel est le rôle de l'Autorité de la concurrence ?
3. Identifiez, dans chacun des cas présentés par cette Autorité, les pratiques restrictives de concurrence condamnées.
4. À quel ordre public fait référence l'Autorité de la concurrence ?

1970 PRODUITS HI-FI
Subissant des mesures de rétorsions de la part des fabricants qui n'acceptaient pas sa politique discount de vente de produits hi-fi, Monsieur Chapelle a multiplié les plaintes [...] à partir des années 70. En 1990 et 1993, Sony est sanctionné pour avoir pratiqué des conditions de vente discriminatoires, empêchant la société Chapelle de passer des commandes complémentaires et avoir organisé un système de répartition de la pénurie conduisant à des refus de vente anticoncurrentiels.

[...]

1987 PARAPHARMACIE
Le Conseil de la concurrence s'oppose au principe de la vente exclusive en pharmacie des produits cosmétiques et d'hygiène corporelle : c'est le début de l'entrée des produits parapharmaceutiques en grandes surfaces.

[...]

2005 TÉLÉPHONIE MOBILE
Le Conseil sanctionne à hauteur de 534 millions d'euros les trois opérateurs mobiles, Orange France, SFR et Bouygues Télécom pour avoir échangé des informations stratégiques et s'être partagé le marché.

2006 PARFUMERIE
Le Conseil de la concurrence sanctionne 13 fabricants de parfums de luxe (Chanel, Dior, Guerlain, etc.) et 3 grandes chaînes de distribution (Marionnaud, Nocibé et Séphora) pour entente sur les prix de vente au consommateur.

[...]

2008 IPHONE
Le Conseil de la concurrence s'oppose à l'exclusivité de distribution de l'iPhone conclue entre Apple et Orange, prononce des mesures d'urgence visant à ce que les iPhones puissent être commercialisés par tous les opérateurs. Il obtient par la suite des deux entreprises des engagements confirmant ces mesures.

[...]

2010 BANQUES
L'Autorité sanctionne 11 banques pour avoir mis en place des commissions interbancaires non justifiées lors du passage à la dématérialisation du traitement des chèques.

Extraits du *Rapport annuel 2011 de l'Autorité de la Concurrence* // Synthèse 2011 : *Une économie régulée, un consommateur protégé*, Autorité de la concurrence, 2012.

13 Le statut juridique de l'entreprise

COURS

L'approche juridique de l'entreprise

Définition

• Bien que de nombreuses règles s'appliquent à l'entreprise, le droit ne la définit pas. **L'entreprise est une entité économique**. Elle réunit un ensemble de facteurs dans le but de produire un bien ou un service. Elle n'est pas une entité juridique. Pour combler l'absence de définition juridique, la jurisprudence retient trois critères : l'exercice d'une **activité économique** ; l'existence de **moyens de production** affectés ; une **coordination de ces moyens** au sein d'une organisation.

Unicité et diversité des règles de droit

• Certaines règles sont applicables à l'entreprise quel que soit leur statut juridique (**unicité**), le législateur cherchant à atteindre un champ d'application le plus large possible : droit du travail, fiscalité, concurrence…

• Des règles spécifiques, relatives à la création, à la comptabilité, au fonctionnement, s'appliquent selon le statut juridique choisi par l'entreprise (**diversité**).

Le choix d'une forme juridique

• Les **critères de choix** de la forme juridique relèvent du type d'activité, de la taille de l'entreprise et de la personnalité du chef d'entreprise, ainsi que des risques pris. Cependant, la réponse à certaines questions lui permet d'opter pour la forme la plus adaptée : quel est le nombre d'apporteurs de capitaux ? Veut-il être seul à diriger ? Fait-il appel à l'épargne publique ?

• La question relative à l'exercice du pouvoir reste déterminante.

L'entreprise individuelle

• Elle se confond avec l'entrepreneur ; elle n'a pas de personnalité juridique propre. C'est la forme juridique la plus répandue en France. En conséquence, la garantie des créanciers commerciaux porte sur le patrimoine entier de l'entrepreneur.

L'entreprise individuelle n'a pas la personnalité fiscale et n'a donc pas la qualité de contribuable ; c'est l'entrepreneur qui est le contribuable.

La loi a permis des aménagements, soit pour permettre à une personne physique d'exercer une activité complémentaire (auto-entrepreneur), soit pour réduire les risques auxquels l'entrepreneur s'expose (EURL, EIRL, SASU).

• L'**auto-entrepreneur**, dont le statut juridique est créé par la loi du 5 août 2008, est dispensé d'immatriculation au RCS (registre du commerce et des sociétés) ou au répertoire des métiers. Il doit cependant se déclarer au Centre des formalités des entreprises. Le chiffre d'affaires doit être inférieur à 80 000 euros pour le commerce et 32 000 euros pour les services.

• L'**EURL** – entreprise unipersonnelle à responsabilité limitée – a été instituée par la loi du 11 juillet 1985. Elle a une forme de société à responsabilité limitée ne comportant qu'une seule personne. L'entrepreneur doit réunir un capital de 7 500 €. Cette structure juridique répond à deux objectifs : séparer le patrimoine personnel de l'entrepreneur du patrimoine de l'entreprise et limiter la responsabilité de l'entrepreneur au montant de ses apports.

• L'**EIRL** – entreprise individuelle à responsabilité limitée –, instituée par la loi du 15 juin 2010, permet aux exploitants individuels de protéger leur patrimoine personnel face à leurs créanciers professionnels grâce au mécanisme juridique du **patrimoine d'affectation**. L'entrepreneur sépare son patrimoine personnel du patrimoine affecté à son activité professionnelle et ce, sans création de personne morale.

• La **SASU** – société par actions simplifiée unipersonnelle – a été créée en juillet 1999. L'associé unique est une personne physique ou morale. Il peut être dirigeant ou confier la gestion à un tiers. La responsabilité de l'associé unique est limitée à ses apports.

La société

Le contrat de société

La création d'une société repose sur le **contrat de société**. Plusieurs personnes se réunissent – individus, personnes morales (entreprises, banques) – et forment un contrat de société matérialisé par un écrit : les statuts.

Ce contrat se fonde sur quatre éléments rappelés par l'article 1832 du Code civil :
– **des associés**, au moins deux pour la plupart des entreprises (sauf pour l'EURL et la SASU) ;
– **des apports**, qui peuvent être en numéraire (somme d'argent), en nature (biens immeubles ou meubles) ou en industrie (travail d'un associé) ;
– **un but commun**, qui est la recherche de bénéfices et parfois la recherche d'économies, dans le cas où des sociétés regroupent leurs moyens (groupements d'intérêt économique ou GIE) ;
– la volonté de **collaborer**, de **partager bénéfices ou pertes** (*affectio societatis*).

Les principales formes sociétaires

• La **SARL** – société à responsabilité limitée – est constituée de 2 à 100 associés ; la responsabilité des associés est limitée à leurs apports. Il n'y a pas de minimum de capital à constituer.
• La **SA** – société anonyme –, constituée de 7 associés minimum, a un capital social minimum de 37 000 ou 225 000 euros en cas d'appel public à l'épargne. La responsabilité des associés est également limitée.
• La **SAS**(U) – société par actions simplifiée (unipersonnelle) – est constituée sans minimum de capital avec un ou plusieurs associés dont la responsabilité est également limitée à leurs apports.
• La **SNC** – société en nom collectif – est constituée de 2 associés minimum ; le capital social est fixé librement en fonction de la taille et de l'activité. C'est une société de personnes où les associés sont responsables indéfiniment sur l'ensemble de leurs biens, et solidairement.
• La **SCOP** – société coopérative de production – est formée de 2 ou 7 associés minimum selon la forme choisie (SARL ou SA). Le capital minimum varie de 30 euros (SARL) à 18 500 euros (SA). La responsabilité des associés est limitée à leurs apports.

L'exercice du pouvoir dans la société

• Les propriétaires du capital participent aux décisions collectives prises par l'organe délibérant. Les associés disposent d'un droit de vote lors des assemblées générales (AG).
• Dans les entreprises de petite taille, avec un nombre d'associés réduit, le propriétaire majoritaire est souvent le mandataire social, c'est-à-dire celui qui va exercer le pouvoir de gestion.
• Dans les plus grandes sociétés, le mandataire social sera un tiers, choisi pour ses compétences et ses capacités managériales (gérants, dirigeants, etc.). Dans ce cas de figure, propriété du capital et pouvoir de gestion sont différenciés. Le cadre général de la répartition des pouvoirs de décision repose sur leur équilibre dans l'organisation interne de l'entreprise entre propriétaires du capital social et mandataires sociaux.

EXO

1. En règle générale, quels sont les critères de choix des formes juridiques des entreprises ?
2. À la lecture de ce texte de l'Agence pour la création d'entreprise, justifiez les principales motivations qui poussent un entrepreneur individuel à choisir une forme sociétaire.

Les motivations habituelles

Sur le plan juridique

L'entrepreneur individuel est propriétaire du fonds de commerce qu'il exploite, c'est-à-dire d'un ensemble d'éléments assez divers : clientèle, droit au bail, marque, brevet, licence, matériel, stock, etc. Ils font partie de son patrimoine professionnel. L'entrepreneur est responsable indéfiniment de ses engagements sur tous ses biens.
Il peut aussi protéger sa résidence principale en effectuant une déclaration d'insaisissabilité de ses biens immeubles non affectés à son usage professionnel, devant un notaire. Mais, sauf option pour le régime de l'EIRL, ses autres biens restent engagés.
La société constitue, quant à elle, une entité distincte des associés qui la créent. Elle est dotée d'un patrimoine propre. Les dettes de la SARL ou de la SA ne peuvent pas faire l'objet de poursuites sur le patrimoine personnel des associés ou du dirigeant (sauf faute de gestion pour ce dernier).
Dans la pratique, ce principe de limitation de responsabilité est atténué : le banquier exige, dans la plupart des cas, un engagement personnel du gérant pour accorder un prêt à une SARL aux capitaux faibles.

Sur le plan économique

Le développement de l'entreprise individuelle impose une augmentation des capitaux investis et du crédit bancaire.
En revanche, la société permet de compléter les emprunts en faisant appel à des capitaux privés ou à des investisseurs. Ce cadre favorise également les rapprochements et les alliances entre les entreprises par la création de filiales communes ou de prises de participation.

apce.com, mars 2012.

Droit

Sujet du Bac — Bac blanc

Économie (1 h 30)

Sujet

1. **À partir des Annexes et de vos connaissances vous répondrez aux questions suivantes :**

a. Analysez le graphique intitulé « Davantage de secteurs dans le rouge ».

b. Définissez les termes de « croissance », « récession », « consommation des ménages », « pouvoir d'achat ».

c. Pourquoi la croissance française est-elle en panne ?

2. **Présentez les arguments qui permettent de répondre aux questions suivantes :**

a. La France peut-elle redresser son industrie ?

b. Quelles sont, d'après ces documents, les mesures à prendre ?

Liste des documents

Annexe 1 : Graphique : « Davantage de secteurs dans le rouge », *Challenges* n°327, 10/01/2013.

Annexe 2 : « La croissance française en panne à tous les étages », *Challenges* n°327, 10/01/2013.

Annexe 3 : « Les quatre raisons d'un déclin structurel », *Les Echos*, 08/01/2013.

Annexe 4 : « Au-delà des coûts », *Alternatives économiques* n° 318, 11/ 2012.

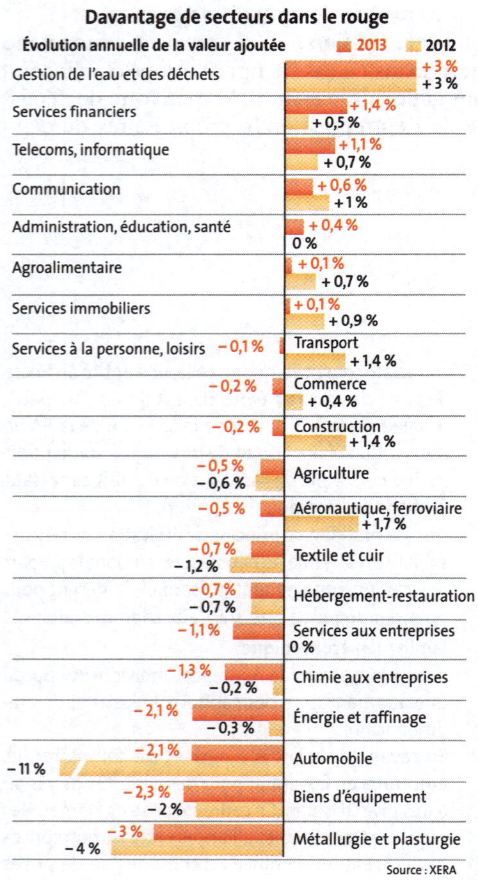

Annexe 1

Davantage de secteurs dans le rouge

L'institut Xerfi décompose ses prévisions sur le PIB (+ 0,1 % en 2012 et – 0,2 % en 2013) par secteur d'activité en prenant en compte l'évolution de la valeur ajoutée, c'est-à-dire la production, une fois déduites les consommations intermédiaires. Olivier Passet, directeur des synthèses économiques de Xerfi, pointe qu'« *en 2013 le recul est plus diffus mais bien plus global* ». Même des secteurs qui, traditionnellement, résistent bien, comme l'aéronautique et la pharmacie, sont mal orientés. Surtout il y aura une inversion de tendance dans le commerce, qui pèse pour 11,3 % du PIB, soit autant que l'industrie manufacturière : « *sa contribution passe pour la première fois dans le rouge, conséquence de l'atonie de la consommation.* »

Gaëlle Macke, *Challenges* n°327, 10 janvier 2013.

Annexe 2

La croissance française en panne à tous les étages

Pour l'économie française, 2013 ne sera pas une bonne année. Notre scénario central est celui d'une récession de 0,4 %. Aucune composante de la demande ne semble en mesure de soutenir la croissance. La consommation serait ainsi en recul de 1 %. Certes, les salaires réels ne baissent pas comme en Italie ou en Espagne. Mais ils ne progressent pas plus, et le marché du travail ne cesse de se dégrader. Du coup, les ménages devraient perdre 1 point de pouvoir d'achat. Vu le contexte, il est peu probable qu'ils puisent dans leur épargne pour maintenir leurs dépenses. Et leurs achats de logement sont en net recul. La production de crédits immobiliers a plongé de 25 % ces douze derniers mois et le nombre de mises en chantier devrait passer de 360 000 à 300 000. La plus grande inquiétude concerne les entreprises. Les industriels interrogés par l'Insee anticipent une baisse de 2% de leurs investissements, contre une hausse de 1 % en 2012. Nous pensons qu'elle pourrait même atteindre de 5 à 7 %. En effet, les profits sont à un niveau historiquement bas : autour de 6% du PIB contre 11% en Allemagne ou au Royaume-Uni. Les chefs d'entreprise commencent aussi à réaliser ce que va leur coûter la nouvelle réforme de l'imposition du capital. Certes, les effets du pacte de compétitivité devraient se faire sentir en partie dès 2013. Mais il y a fort à parier que les entreprises profiteront pour se désendetter plutôt que pour investir. Toujours marquées par le traumatisme de 2009, elles n'ont aucune visibilité sur la demande intérieure et internationale. D'habitude quand l'Europe va mal, elles se rattrapent avec les pays émergeants. Mais la croissance des BRIC (Brésil, Russie, Inde, Chine) marque le pas tandis que l'Europe de l'Est s'enfonce dans la crise. Le commerce mondial ne devrait progresser que de 2,5 % l'an prochain et les exports français de 1 à 1,5 %. La part de marché mondiale de la France (hors énergie) est descendue sous 3 %, contre 6,5 % en 1999.

Si ce scénario central se confirme, le chômage pourrait grimper à 12,5 % en fin d'année. Mais nous n'écartons pas un autre scénario « à risque », marqué par une chute encore plus brutale de l'investissement et une baisse du PIB de 1,2 %. Et encore, nos prévisions reposent sur « un multiplicateur budgétaire » de 0,7 – un effort de réduction du déficit public de 1 point de PIB plombe la croissance de 0,7 point. C'est l'hypothèse retenue par le gouvernement. Le FMI, lui, envisage un multiplicateur pouvant atteindre 1,7 point pour les pays développés. Dans ce cas, la rigueur budgétaire provoquerait une récession bien plus sévère, avec une chute du PIB allant jusqu'à 2 %.

Patrick Artus, *Challenges* n°327, 10 janvier 2013.

Annexe 3

Les quatre raisons d'un déclin structurel

À quoi tient la désindustrialisation chronique de la France depuis 30 ans ?

Complexe, l'explication du phénomène fait intervenir de nombreux facteurs. Il y a tout d'abord le développement de l'externalisation et de l'intérim, qui a mécaniquement transféré une partie des emplois manufacturiers dans les services. Selon le rapport Demmous (2011), ce facteur a généré 25 % des pertes d'emplois sur la période de 1980-2007, mais seulement 5 % depuis 2008.

Le secteur industriel a ensuite connu des gains de productivité plus importants que ceux du reste de l'économie. Ce qui a joué en sa défaveur, car la baisse des prix industriels n'est pas compensée par une demande supplémentaire. Autrement dit, si le prix d'une machine à laver est divisé par deux, les ménages n'en achèteront pas deux exemplaires. Si tous les prix industriels baissent, ils auront tendance à acheter des services.

La mondialisation a également joué un rôle clé, même si l'analyse de son impact ne fait pas vraiment consensus parmi les économistes.

Pour Natixis, la France a été pénalisée par les coûts de production élevés et des produits trop peu différenciés. Le pays a été pris en sandwich entre les pays qui lui ont pris ses productions haut de gamme (Allemagne) et ceux qui la concurrencent dans les produits milieu et bas de gamme (Espagne, pays émergents, etc.). Cette tenaille s'est traduite par un écrasement des marges bénéficiaires du secteur et une capacité moindre à investir. D'autres analyses mettent enfin en avant le rôle de l'euro. « *L'euro a eu deux effets néfastes. Sa surévaluation par rapport aux devises étrangères a pénalisé l'industrie française sur les marchés émergents. Mais surtout elle a permis à l'Allemagne de gagner en compétitivité au sein même de la zone euro* », explique David Cousquer, de la société de veille Trendeo. Auparavant, les partenaires européens de Berlin pouvaient compenser une inflation plus forte en dévaluant régulièrement leur monnaie. Ce n'est plus possible aujourd'hui. Du coup, l'Allemagne peut toucher les dividendes de sa rigueur budgétaire. Sa compétitivité s'accroît du fait d'une inflation moindre. Le tout alors même que la croissance démographique de la France favorise une inflation plus forte de ce côté-ci du Rhin.

Emmanuel Grasland, *Les Echos*, 8 janvier 2013.

Annexe 4

Au-delà des coûts

La montée du débat sur la nécessité d'un « choc de compétitivité » par la baisse du coût de travail a occulté les graves problèmes de compétitivité hors-coûts de l'industrie française. [...]

Les difficultés relevées [...] touchent à la qualité, au contenu en innovation technologique, à l'ergonomie ou au design des produits et/ou à des caractéristiques davantage liées aux entreprises, tels que l'image de marque, l'adaptation au marché local, l'étendue de leur réseau de distribution, leurs délais de livraison, la disponibilité de leur service après-vente ou encore leur réactivité à la demande. Remonter cette pente est une tâche de longue haleine, d'où la nécessité de l'entreprendre au plus vite.

[...] Premier chantier : la qualité et le caractère innovant des produits. Partant du constat que les entreprises françaises dépensaient peu en recherche et développement (R & D), les gouvernements successifs ont tous cherché, depuis les années 2000, à stimuler ce type de dépenses, en espérant qu'elles se traduiraient par la mise sur le marché d'un nombre croissant de produits innovants. D'où les pôles de compétitivité, qui soutiennent financièrement des coopérations entre grands groupes, petites et moyennes entreprises (PME) et centres de recherche, qui permet aux entreprises de déduire une part importante de leurs dépenses de R & D de leur impôts sociétés.

[...] Le recul manque cependant pour apprécier si ces politiques ont eu un réel effet stimulant sur l'innovation, et même simplement sur les dépenses de R & D des entreprises, ou bien si elles ne génèrent pas surtout des effets d'aubaine.

Trop orientés vers le *high-tech* et les grandes entreprises, trop marqués par une conception étroite de l'innovation, tels sont néanmoins les reproches que l'on peut d'ores et déjà adresser à ces dispositifs. Ils ont tendance en effet à laisser de côté les activités de moyenne technologie (c'est-à-dire la plus large partie du tissu industriel) et les PME, alors qu'il serait essentiel pour elles d'innover pour monter en gamme. [...]

Afin de combler certaines de ces lacunes, le gouvernement entend créer un crédit impôt innovation à destination des PME dans le cadre du budget 2013. L'idée est louable, mais encore faut-il que ces PME, moins expertes dans ce domaine que les grands groupes, se saisissent effectivement de ce nouvel outil.

Surtout, innover s'apprend. Il n'est pas forcément nécessaire pour cela d'embaucher une équipe de chercheurs, ce dont la plupart des PME n'ont pas les moyens. Il leur faudrait plutôt s'inscrire dans une démarche d'*open innovation*, c'est-à-dire d'innovation ouverte : « *Les idées de nouveaux produits, de solutions techniques nécessaires à leur mise en œuvre peuvent venir de n'importe où dans l'entreprise : du marketing, des commerciaux, de la production ou même des livreurs,* souligne Christian Travier, directeur de Laval Mayenne Technopole. *Elles peuvent également venir des clients, des fournisseurs, de centres de recherche extérieurs à l'entreprise, voire d'entreprises implantées dans des secteurs totalement différents.* » Si les grands groupes ont souvent intégré déjà cette logique, ce n'est encore que très rarement le cas des PME.

[...] L'innovation n'est cependant pas seulement une affaire de produits ; elle concerne aussi les processus de production. L'innovation de *process**, comme on dit, consiste à mettre en œuvre des méthodes de production permettant de gagner en productivité et en qualité. Le maintien d'une base de production solide dans l'Hexagone n'est possible qu'à la condition de disposer d'équipements et de procédés de fabrication au meilleur niveau. Or, le Symop, le syndicat professionnel des machines de production, qui n'est bien sûr pas désintéressé en la matière, tire la sonnette d'alarme à propos du vieillissement de l'outil de production dans l'Hexagone.

[...] En 2010, le rapport final des Etats généraux de l'industrie estimait le déficit de l'investissement industriel en France à 100 milliards d'euros.

L'Hexagone apparaît en particulier en retard dans une tendance qui pourrait rebattre les cartes à l'échelle mondiale : la robotisation. L'abaissement du coût de ces technologies permet désormais de limiter l'avantage compétitif des pays à bas salaires et pourrait faciliter le maintien, voire le rapatriement, de certaines activités industrielles vers l'Europe. [...]. Comment encourager ce mouvement en France ? Le cabinet de consultants Roland Berger propose de créer un crédit d'allégement de charges patronales qui ne bénéficierait qu'aux entreprises investissant dans la modernisation de leur appareil industriel. [...].

Enfin, le processus de production est aussi affaire d'efficacité de l'organisation. Là encore, le *lean management* (littéralement le management « maigre »), qui vise à éliminer le gaspillage et les opérations inutiles, a conquis les grandes entreprises, mais reste encore trop étranger au monde des PME.

[...] Au-delà des produits et du processus de production, l'accès aisé au financement constitue un des aspects centraux de la compétitivité. Depuis des années déjà, et de manière redoublée depuis le début de la crise, les petites entreprises se plaignent de la frilosité des banques lorsqu'il s'agit de leur prêter, ce qui les freine dans leur développement. Tandis que le capital-risque, celui qui finance les débuts des entreprises, déjà très peu développé en France avant la crise, a vu son activité régresser fortement depuis. [...]

Promesse de campagne de François Hollande, la création le mois dernier de la Banque publique (BPI) dotée d'une capacité de financement de 40 milliards, est donc une bonne nouvelle. [...]. Par ailleurs, la fiscalité de l'épargne privilégiait jusqu'ici largement les investissements dans l'immobilier ou dans la dette publique, via l'assurance-vie. C'est l'un des enjeux majeurs du chantier de la réforme en cours de cette fiscalité de contribuer à réorienter enfin la très abondante épargne des Français vers des investissements productifs.

Ces questions d'accès au capital ne concernent pas que les *start-up*. Un quart des dirigeants de PME françaises souhaiteraient passer la main d'ici à deux ans, selon une étude sans précédent réalisée par la banque BPCE en janvier dernier. Le vieillissement des dirigeants a des conséquences lourdes sur le dynamisme de l'économie française, observe BPCE : au-delà de 55 ans, ils ont tendance à privilégier la consolidation des fonds propres de l'entreprise, plutôt que l'investissement, ce qui entrave leur développement. En facilitant la transmission de ces entreprises à des repreneurs en dehors du cercle familial, l'Etat permettrait de les relancer. Et donc de doper la compétitivité du pays.

[...] Autre levier important : la formation des salariés. De celle-ci dépend en effet étroitement la productivité des entreprises. Or, le système éducatif français cumule les défauts sur ce plan : modèle trop élitiste qui multiplie les « décrocheurs » (qui finalement quittent l'école sans bagage), enseignement professionnel dévalorisé, formation continue pas assez développée et ne profitant pas aux moins qualifiés. Le contraste sur ce plan est particulièrement fort avec l'Allemagne, où l'apprentissage est pris très au sérieux et où les salariés peuvent davantage progresser au sein des entreprises.

Ce souci de faire évoluer les salariés est lui-même le produit d'une culture développée du dialogue social, qui distingue là encore l'Allemagne de la France. La mauvaise qualité des relations sociales dans l'Hexagone est imputable en particulier, selon l'économiste Thomas Philippon, à son système de production des élites : *il « tend à privilégier l'héritage, qu'il soit direct (sous la forme de la transmission successorale) ou sociologique (sous la forme de reproduction sociale par le diplôme et le statut)* ». Avec comme conséquence, des modes de management excessivement hiérarchiques et autoritaires et une capacité limitée à promouvoir les salariés les plus performants. Ce qui génère méfiance, rancœurs et, *in fine*, faibles performances économiques.

Que peut faire l'Etat pour changer la donne sur ce plan ? C'est à coup sûr une priorité de « *refonder l'école* », comme Vincent Peillon en affiche la volonté, pour qu'elle donne à tous une éducation de qualité, et pas seulement à la petite élite qui accède aux grandes écoles. Il faut également démocratiser la formation des élites managériales, en élargissant le recrutement des grandes écoles au-delà des programmes limités de promotion de la diversité qu'elles mènent depuis quelques années dans le sillage de Sciences-Po. Mais surtout, parmi les éléments clés du fameux « modèle allemand », il faut acclimater en priorité en France la codétermination et les pouvoirs très importants qu'elle confère aux représentants des salariés, tant dans les comités d'entreprise que dans les conseils d'administration. [...].

Marc Chevallier, *Alternatives économiques* n°318, novembre 2012.

**Process* : ensemble des étapes ou des transformations nécessaires à la fabrication d'un produit.

Économie
Droit

Sujet

À l'aide de vos connaissances et des ressources documentaires jointes en Annexes 5 et 6, vous analyserez la situation ci-dessous en répondant aux questions posées.

1. La société Charpibat, société à responsabilité limitée employant 15 salariés, a recruté Madame Drumont en contrat à durée indéterminée le 02 janvier 2012, en qualité de secrétaire de direction.

a. Quelles sont les obligations qui découlent du contrat de travail pour l'employeur et pour le salarié ?

b. Vérifiez les conditions de validité du contrat de travail signé par Madame Drumont.

Absente du 4 avril 2012 au 1er mai 2012 pour maladie, Mme Drumont est de nouveau absente pour maladie du 15 septembre 2012 au 2 octobre 2012. Les absences de cette dernière se répétant et causant une perturbation dans le fonctionnement de l'entreprise, l'employeur lui envoie une lettre de licenciement sans autre formalité.

2. Madame Drumont veut contester son licenciement. Pour l'aider, vous répondrez aux questions suivantes :

a. Qualifiez le licenciement de Mme Drumont.

b. Le motif de licenciement est-il valable ?

c. La procédure est-elle régulière ?

d. Quelles sont les sanctions en cas de licenciement illicite ?

Liste des documents

Annexe 5 : Contrat de travail à durée indéterminée conclu entre Madame Drumont et la société Charpibat.

Annexe 6 : Décision de la Cour de cassation de Pau du 24/06/2009.

Annexe 5

Contrat de travail à durée indéterminée conclu entre Madame Drumont et la société Charpibat

ENTRE

La Société Charpibat, dont le siège social est situé 23 rue de Wagram, 92 400 Courbevoie, représentée par M. Jean COLET en sa qualité de gérant, ci-après désigné par la Société, code NAF 722Z, n° SIRET 430 162 296 00 118 d'une part,

ET

Mme Sophie DRUMONT, demeurant 4 rue des Ardennes, 75015 Paris cedex 5, nationalité française, née le 26/01/1956 à Lyon, n° de Sécurité sociale 2560169120233 d'autre part,

Il a été convenu ce qui suit.

Art. 1 Engagement

La Société Charpibat engage Mme DRUMONT Sophie en qualité de secrétaire à compter du 2 janvier 2012.

Art. 2 Période d'essai

Il n'y aura pas de période d'essai.

Art. 3 Fonctions

Mme DRUMONT est engagée en qualité de secrétaire de direction suivant le coefficient 73, sous réserve des résultats de la visite médicale d'embauche.

Mme DRUMONT exercera ses fonctions sous l'autorité et selon les directives de Monsieur Jean COLET, gérant, auquel elle rendra compte de son activité. Dans le cadre de ses fonctions et sans que cette liste soit limitative, Mme DRUMONT sera chargée d'assurer le secrétariat de direction du PDG, l'accueil des visiteurs, l'ouverture et la ventilation du courrier et le standard téléphonique.

Art. 4 Rémunération

Mme DRUMONT percevra une rémunération mensuelle brute de 1702,34 euros, correspondant à la durée collective du travail en vigueur au sein de l'entreprise, pour un horaire hebdomadaire de 35 heures de travail effectif.

Art. 5 Lieu de travail

Le lieu de travail de Mme DRUMONT est actuellement fixé à Courbevoie, étant précisé que celle-ci pourra être amenée à se déplacer partout où les nécessités de son travail l'exigeront. Par ailleurs, en cas de modification du lieu d'établissement de l'entreprise par suite d'un déménagement notamment, ou de modification de la structure juridique de l'entreprise par suite de création d'un nouvel établissement par exemple, le lieu de travail de Mme DRUMONT pourra être modifié sans que celle-ci ne puisse s'y opposer. Cette obligation et son acceptation expresse par Mme DRUMONT constituent un élément déterminant dans la décision de la société de l'embaucher.

Art. 6 Durée du contrat

Le présent contrat est conclu pour une durée indéterminée. Il prendra fin, hormis le cas de faute grave, lourde ou de cas de force majeure, en respectant le préavis conventionnel.

Art. 7 Dispositions diverses

Pour information :

La convention collective actuellement appliquée au sein de l'entreprise est celle du bâtiment et de la construction (dans ses dispositions étendues).

Les frais engagés dans l'exercice des fonctions sont, sur justificatifs, pris en charge ou remboursés aux conditions et selon les modalités en vigueur au sein de la société.

Le personnel de la société bénéficie, en ce qui concerne la protection sociale complémentaire, d'un régime de retraite complémentaire (et supplémentaire) conclu auprès de la Caisse de Retraite Complémentaire AGECOS (85, Boulevard du 11 Novembre, 69810 Villeurbanne) et d'un régime de prévoyance dont la gestion est confiée à l'IGIREL.

S'agissant des congés payés, ceux-ci sont accordés conformément aux dispositions légales (et conventionnelles).

En double exemplaire,

Fait à Courbevoie, le 2 janvier 2012. *(Suivent les signatures des parties)*

Annexe 6

COUR DE CASSATION, CHAMBRE SOCIALE, 24 juin 2009, pourvoi n° 07-44.803.

Sur le moyen unique :

Attendu, selon l'arrêt attaqué (Pau, 15 janvier 2007), que M. de X... engagé le 3 septembre 2001 par la société GAN Prévoyance en qualité de conseiller en prévoyance, a été en arrêt de travail pour maladie du 2 au 25 décembre 2002, puis à compter du 7 février 2003 sans interruption; qu'il a été licencié le 14 juin 2004 en raison des perturbations apportées à l'entreprise par son absence prolongée nécessitant son remplacement ; que le salarié a saisi la juridiction prud'homale ;

Attendu que le salarié fait grief à l'arrêt d'avoir décidé que le licenciement reposait sur une cause réelle et sérieuse et de l'avoir en conséquence débouté de ses demandes en dommages et intérêts, alors selon le moyen que si la maladie prolongée du salarié permet à l'employeur de mettre fin au contrat de travail, il doit néanmoins démontrer que l'absence de cet agent a entraîné des perturbations dans l'entreprise et a nécessité son remplacement définitif ; que si le GAN a fait état, dans la lettre de licenciement, du trouble apporté au bon fonctionnement de l'inspection dont il dépendait par sa maladie prolongée, et de la nécessité de le remplacer, il n'a pas invoqué l'embauche d'un nouveau salarié; que la cour d'appel n'a pas vérifié ni constaté l'existence d'un recrutement effectif ; qu'elle a violé l'article L. 122-14-2 du code du travail ;

Mais attendu qu'est suffisamment motivée la lettre de licenciement qui mentionne expressément, outre la perturbation du fonctionnement de l'entreprise, la nécessité du remplacement du salarié absent en raison de son état de santé, dont le juge doit vérifier le caractère définitif ; que la cour d'appel a constaté que la lettre de licenciement comportait de tels motifs et que le remplacement du salarié par voie interne avait nécessité l'embauche, par contrat de travail à durée indéterminée, d'un nouveau salarié ; que le moyen n'est pas fondé ;

PAR CES MOTIFS :

REJETTE le pourvoi ;

Condamne M. de X... aux dépens.

Management des organisations

Point Bac

L'épreuve de management des organisations

Présentation des épreuves

	Durée	Coefficient
Épreuve écrite	3 heures	5
Épreuve orale de contrôle	Préparation : 20 minutes Passage devant l'examinateur : 20 minutes	

L'épreuve écrite

Objectifs

L'épreuve vise à évaluer la capacité du candidat à analyser des situations managériales en mobilisant les notions et les méthodes figurant dans le programme, c'est-à-dire :

– analyser et exploiter une documentation concernant une ou plusieurs organisations ;

– analyser une organisation, c'est-à-dire identifier ses finalités, ses caractéristiques, son fonctionnement, ses pratiques de management, ses choix et éventuellement son évolution ;

– identifier une situation ou un problème de management et en proposer une analyse ou un diagnostic raisonné et argumenté.

Nature du sujet

Le candidat est conduit à étudier une ou plusieurs situations problématisées et concrètes de management des organisations, concernant une ou plusieurs organisations.

Le sujet remis au candidat est constitué d'un dossier traitant d'un problème managérial, présenté à l'aide de plusieurs documents composés de textes, schémas, tableaux, graphiques, etc., et d'un questionnement en relation avec un ou plusieurs des 7 thèmes abordés en classe de Première et en classe Terminale :

1. Le rôle du management dans la gestion des organisations.
2. les critères de différenciation des organisations.
3. Le management stratégiques : objectifs et contrôle.
4. Le management stratégique : l'organisation de la production.
5. Le management stratégique : animation et mobilisation des hommes.
6. Le processus et le diagnostic stratégiques.
7. La stratégie des organisations.

Le sujet n'excède pas huit pages.

L'épreuve orale de contrôle

D'une durée de 20 minutes, cette épreuve orale dite de contrôle poursuit les mêmes objectifs que l'épreuve écrite.

Pendant le temps de préparation d'une durée de 20 minutes, le candidat dispose d'un sujet de droit ou d'économie, qu'il a tiré au sort.

Le sujet n'excède pas deux pages ; il est composé d'un ou plusieurs documents et d'une série de questions relatives à ces documents.

Le candidat dispose de 10 minutes pour présenter les réponses aux questions posées dans le sujet. Ensuite, l'examinateur invite le candidat à expliciter, approfondir et justifier les réponses apportées.

Méthode et conseils

L'épreuve écrite

1. Le temps de l'épreuve : 3 heures

Il est important d'organiser son temps pour éviter de se faire surprendre : répartissez votre temps entre les différents dossiers.

2. Les questions

– *Les questions méthodologiques :*

- Elles se traduisent par des verbes dont il faut comprendre avec précision le sens pour éviter toute digression, tout contresens ou paraphrase inutile : relevez, identifiez, expliquez, analysez, comparez, établissez (un diagnostic), etc.
- Repérez les sources : elles donnent une indication sur la tonalité des documents.
- Répondez aux questions posées, ce qui signifie qu'il ne faut pas les perdre de vue afin de pas être hors sujet.
- Lisez les documents des dossiers avec, à l'esprit, la ou les questions et surlignez ce qui peut constituer des éléments de réponse. Une bonne exploitation des dossiers permettra de répondre pleinement aux questions posées.
- Utilisez un vocabulaire managérial adapté.

– *Les questions analytiques :*

Il s'agit, pour répondre à ces questions, de construire une argumentation pertinente, c'est-à-dire une démonstration, avec des arguments à l'appui, au regard du problème de management qui vous est soumis. Cela suppose donc d'abord d'identifier et de formuler ce problème dans la situation donnée, puis ensuite de construire votre raisonnement structuré.
Les questions les plus courantes relèvent du diagnostic ou de l'analyse.

3. La rédaction

Outre le vocabulaire adapté que vous devez utiliser, il convient d'accorder une attention particulière à l'orthographe. Un temps de relecture doit être prévu dans la gestion du temps de l'épreuve pour éliminer les fautes encore trop nombreuses.
Dans la mesure du possible, il faut s'exprimer au présent de l'indicatif et utiliser un vocabulaire maîtrisé.
Enfin une écriture lisible aérée, sans abuser de *blanco*, est nécessaire pour soigner la présentation de la copie.

L'épreuve orale de contrôle

Elle poursuit les mêmes objectifs que l'épreuve écrite. Les exigences sont les mêmes avec des réponses orales. Le vocabulaire managérial doit être précis.
Compte tenu du temps limité, la délimitation des questions est encore plus importante lors de la préparation et les réponses doivent aller à l'essentiel pendant les 10 minutes d'exposé. Attention : l'entretien n'est pas fini à l'issue de l'exposé, le jury posera des questions complémentaires. Vous devez être préparé à ce deuxième temps de l'épreuve..

1 Le management et les acteurs de l'organisation

COURS

Diriger : finaliser, animer et contrôler

• La **décision est un processus** par lequel une organisation **fixe des objectifs** (finaliser), **choisit les moyens** à mobiliser pour atteindre ces objectifs (animer) et **contrôle** la conformité des résultats par rapport aux dits objectifs (contrôler).
• L'équipe dirigeante conduira ce processus en s'appuyant sur deux dimensions complémentaires : **l'animation technique**, qui consiste à mettre en œuvre les actes de gestion, comme la production, la mercatique pour une entreprise, ou le service public pour un organisme public ; **l'animation relationnelle**, qui se traduit par la représentation de l'organisation en interne comme en externe.

Diversité des dirigeants et styles de direction

• Dans toute organisation, des **relations d'autorité** s'établissent entre dirigeants et dirigés. Le dirigeant, en vertu de sa position hiérarchique, possède le droit de donner des ordres et de les faire exécuter (autorité). À ce titre, il détient la capacité de décider (pouvoir).
• L'efficacité des décisions est déterminée en grande partie par le **style** adopté par le pouvoir, pour motiver et guider les membres de l'organisation vers un objectif commun. Quel que soit le style de direction, finaliser, animer et contrôler demeurent une constante. On distingue trois grands types de direction :
– le style **autocratique**, autoritaire, où le chef décide seul, les subordonnés ne pouvant qu'accepter ses décisions. Il provoque démotivation et manque d'implication du personnel ;
– le style **paternaliste**. Le patron, en bon père de famille, récompense ou sanctionne les membres de son organisation en fonction de leur comportement et des résultats obtenus ;
– le style **participatif ou démocratique**. Le dirigeant fait participer son personnel à la prise de décision. Ce type de direction repose sur une bonne communication.
• On rencontre une **grande diversité de statuts de dirigeants** selon la nature des liens qu'ils ont avec l'organisation (propriétaires ou gestionnaires), sa taille (petite ou grande) ou son secteur d'activité (industrie, services, etc.) :
– le dirigeant de la petite **entreprise** est souvent à la fois le propriétaire et le gestionnaire. Lorsque l'entreprise atteint une certaine taille, les propriétaires confient la direction de leur entreprise à des **managers** dotés de compétences spécifiques sous le contrôle d'un conseil d'administration. Lorsque l'entreprise est publique, c'est l'État qui désigne son dirigeant (SNCF, Air France, EDF) ;
– l'**association** est dirigée par un Conseil d'administration et un bureau qui préparent les décisions à prendre en Assemblée générale (AG). Les statuts fixent librement les pouvoirs des dirigeants ;
– le fonctionnement et les pouvoirs des **collectivités** sont codifiés par le **Code Général des Collectivités Locales (CGCT)**. En principe le pouvoir exécutif est désigné par les élus (Maire, **Président** de Communautés de Communes, d'Agglomération, du Conseil général, du Conseil régional). L'organe délibérant est représenté par un **Conseil** (municipal, communautaire, général, régional) ;
– le pouvoir des **administrations** est également régi par la loi et les règlements sous l'autorité des Ministres de tutelle.

Les limites du pouvoir managérial

• Les conflits d'intérêts entre **actionnaires, propriétaires et managers** génèrent des tensions au sein des entreprises, des associations, des collectivités et administrations. Des **contre-pouvoirs sont nécessaires** pour éviter l'excès qui nuirait à leur fonctionnement. Cependant, pour mener à bien la réalisation des objectifs fixés, une **gouvernance** est mise en place, c'est-à-dire un gouvernement de l'entreprise avec un contrôle, pour s'assurer que les décisions correspondent aux objectifs.
• Les **syndicats** qui défendent les intérêts des salariés forment un contre-pouvoir face aux décisions des dirigeants (voir la partie « Droit » pour le cadre légal). Les **associations de consommateurs** et d'usagers exercent également une influence sur les décisions des organisations.

MÉTHODE

Identifier et caractériser une organisation

Pour ce faire, vous devez **repérer** les éléments constitutifs de l'organisation en déterminant :

1. sa **finalité**, c'est-à-dire sa raison d'être, son but ;

2. son **activité** concrète : à rechercher, selon l'organisation, dans les statuts, la loi et les règlements ;

3. son **statut** juridique : société, association, collectivité, etc.

4. ses **ressources** : humaines, financières et matérielles ;

5. l'organisation de la **prise de décision**, c'est-à-dire le **pouvoir** : qui le détient ? Comment la prise de décision se fait-elle ?

EXO

1. À l'aide des extraits ci-dessous, donnez le ou les profils des dirigeants de demain.

2. Expliquez la phrase en gras dans le texte : *« Une caractéristique frappante des quadras prometteurs est qu'ils ont intégré une dimension personnelle du management. »*

3. Identifiez et caractérisez l'organisation GDF-Suez à partir de vos recherches sur le site de l'organisation.

Qui sont les futurs patrons français ?

[...] leur ascension est [...] aujourd'hui moins garantie. Plus question de prétendre à la direction générale sans expérience opérationnelle ! [...] « On leur demande, encore plus qu'à leurs prédécesseurs, d'avoir dirigé une usine ou une filiale, encadré des équipes, réussi une expérience commerciale », résume Florence Magne, associée au cabinet de chasseurs de têtes CTPartners. Des profils très complets donc, comme ceux valorisés par Martine Gavelle, directrice du développement des talents chez GdF Suez : « Nos leaders de demain doivent avoir fait de l'opérationnel et du fonctionnel, du *business development* et, de plus en plus, de l'international ! » Dans cette logique, le passage rapide d'un poste à un autre, voire le changement d'entreprise, « est souvent plus vendeur que quinze ans de carrière maison », remarque Florence Magne. « Autrefois, quand on voyait le CV d'un quadra sautant de job en job tous les trois ans, on le jugeait instable. Aujourd'hui, on applaudit la richesse de son expérience ! »

La direction d'une filiale à l'étranger, surtout si elle est basée dans une région en forte croissance (Asie, Amérique du Sud), permet en particulier de « compenser » quelques failles dans le parcours universitaire type [...].

À défaut d'un séjour hors des frontières, une expérience dans une « société tremplin » en début de carrière peut suffire. « Passer [...] dans les grands cabinets de conseil ou la banque d'affaires reste classique mais efficace », décrypte le chasseur de têtes Igor Quézel-Perron. Plus que de développer son entreprise : « Pas facile de revenir à la direction générale d'un grand groupe en France après avoir été son propre chef ! » [...]

Cet environnement peu propice à la promotion des profils atypiques ne produit-il que des clones entièrement dévoués à l'entreprise ? « Il existe souvent une ligne blanche rigide par rapport aux originalités que les grandes organisations peuvent tolérer », regrette Benoît Melet, coach qui suit depuis quinze ans les dirigeants de grands groupes et les hauts fonctionnaires. Selon lui, les quadras ne remettent pas davantage en cause ce carcan que leurs aînés : « Ils s'investissent quasi exclusivement dans l'entreprise, au risque d'être instrumentalisés et de se perdre dans la structure ! » [...]

Michel Zarka, le président France d'Oliver Wyman Delta – dont le programme *CEO Effectiveness* aide à préparer la succession des dirigeants des grands groupes – est plus optimiste. « **Une caractéristique frappante des quadras prometteurs est qu'ils ont intégré une dimension personnelle du management.** Ils s'interrogent sur eux-mêmes et donnent un côté plus authentique, parfois même chaleureux, à l'exercice du pouvoir. Ils sont moins technocrates que leurs prédécesseurs. Ce sont des capitaines qui s'incarnent. » Quitte à laisser aux suivants, la fameuse génération Y, la double tâche de se battre pour un meilleur équilibre entre épanouissement professionnel et réalisation personnelle et de trouver un sens à leur fonction !

Isabelle Lesniak, Enjeux *Les Echos*, n°285, 01 décembre 2011.

Management des organisations

2 Le management : animer et mobiliser des hommes

COURS

De l'organisation scientifique du travail (OST) à la gestion des ressources humaines (GRH)

L'organisation du travail

• Organiser le travail est une préoccupation qui date de la révolution industrielle. Sous le nom d'organisation scientifique du travail (OST), elle a d'abord séparé, sous l'égide de Taylor et de Ford, le travail d'exécution du travail de préparation. Pour **stimuler l'homme au travail par l'argent**, Taylor préconisa un système de rémunération basé sur le rendement et une structure hiérarchique des rôles. La seule recherche de productivité éliminait toute considération sociale du travail.

• Les effets pervers de ce système de production (absentéisme, mauvaises relations humaines, pénibilité des tâches, etc.) ont conduit, à partir des années 1920, certains sociologues (Dubreuil, Mac Gregor, Mayo, Lewin) à proposer une autre **organisation participative**. L'argent seul ne suffit pas à motiver l'individu au travail. Deux idées dominent cette nouvelle manière de travailler :

– la **responsabilité de l'homme au travail** ;

– l'**amélioration des conditions de travail (ACT)**, aussi bien physiques (bruit, éclairage, etc.) qu'organisationnelles (relatives à l'organisation du travail). Les **relations humaines**, c'est-à-dire les rapports sociaux entre les individus dans le cadre de leur travail, sont intégrées dans une **politique d'ensemble de gestion des ressources humaines**, afin d'améliorer leur qualité et de concilier ainsi les finalités économiques et sociales de l'entreprise. Le travail est considéré comme une tâche inférieure et contraignante jusqu'au XVIIIe siècle. Ensuite, il devient une marchandise, puis un simple facteur de production rationnel sous l'influence de l'organisation scientifique du travail (OST). Au XXe siècle, le travail prend une **dimension sociale** associée à la **performance de l'organisation**.

La gestion des ressources humaines

• L'ensemble des tâches d'administration et de gestion du personnel fait partie des missions de la gestion des ressources humaines **(GRH)**.

• L'efficacité de la GRH repose sur une politique d'information et de communication qui favorise l'adaptation de l'entreprise à son environnement. La gestion des ressources humaines a supplanté la traditionnelle administration du personnel. L'homme est davantage considéré comme un capital précieux, un investissement et non comme simple coût de production. La recherche de l'amélioration de la performance humaine conduit les entreprises à instaurer de nouvelles relations entre les hommes et leur travail. Désormais, la compétitivité doit prendre en compte les aspirations et motivations humaines.

La gestion prévisionnelle des emplois et des compétences (GPEC)

C'est une approche d'ensemble qui met en **adéquation** dans le temps les **besoins** et les **ressources en personnel** pour optimiser les ressources humaines aussi bien en termes d'effectifs que de compétences. La GPEC anticipe l'évolution des emplois, prévoit les formations nécessaires et ajuste les effectifs avec les compétences nécessaires. Elle recourt à différents moyens :

– l'**aménagement du temps de travail** (heures supplémentaires, temps partiel, modulation du temps de travail) ;

– le **recrutement** en contrat à durée déterminée (CDD) ou en contrat de travail temporaire (CTT) de salariés ;

– le recours à la **rupture conventionnelle du contrat de travail**, aux **départs négociés**, aux **licenciements pour motif économique**.

Le recrutement

C'est l'opération qui consiste pour l'organisation à trouver le personnel dont elle a besoin. Le processus de recrutement comprend :

– une analyse du poste : en termes de mission, de compétences ;

– la définition du profil du candidat : caractéristiques idéales, exigences ;

– le moyen de recrutement : en **interne**, la promotion (procédé peu coûteux qui favorise la mobilité et la motivation du salarié) ; en **externe** : les annonces, le recours aux organismes spécialisés (Pôle emploi, cabinets de recrutement, agences, etc.) qui permettent de trouver des qualifications qui n'existent pas dans l'organisation ;

– la sélection des candidatures : tests, interviews, analyse graphologique, etc. ;
– l'accueil du candidat retenu : son intégration dans l'organisation.

La formation et la promotion

• Ces activités constituent un **investissement immatériel** favorisant l'adaptation des ressources humaines aux qualifications exigées par l'environnement. La loi soumet l'entreprise à certaines obligations en matière de **formation** :
– consacrer une part de la masse salariale à des actions de formation du personnel ;
– présenter un plan de formation au comité d'entreprise ou aux délégués du personnel ;
– financer en totalité les stages accomplis à l'initiative de l'employeur. Le salarié obtient, sous réserve de certaines conditions (ancienneté, temps écoulé entre deux stages, etc.), un congé de formation.
• **La promotion** permet un changement de niveau hiérarchique. Elle s'inscrit le plus souvent dans le cadre d'une programmation des carrières des salariés et s'appuie sur un bilan des compétences (parcours professionnel, acquis, potentialités, limites) et un plan de formation.

La rémunération

• Le système de rémunération doit répondre à deux exigences pour **concilier impératifs économiques et aspirations du personnel** :
– il doit établir, après concertation avec les différents partenaires sociaux, des modalités de rémunération socialement acceptables et motivantes ;
– le système retenu ne doit pas mettre en danger l'équilibre financier de l'organisation afin de préserver sa compétitivité ou son existence.
Les modes de rémunération tiennent compte de ce double équilibre, économique et social, et respectent la législation en vigueur : SMIC, négociation, etc. Cependant, la gestion des rémunérations dépasse le simple cadre des salaires. Le souci de réduire les coûts salariaux et de motiver le personnel a élargi son champ d'application.
• D'autres rémunérations différées associent le personnel aux résultats de l'entreprise :
– la **participation** est obligatoire (si + de 50 salariés). Elle attribue aux salariés une partie des résultats ;
– l'**intéressement**, facultatif, s'applique aux résultats, aux gains de productivité. Il prend la forme d'accords d'intéressement et varie d'une entreprise à l'autre ;
– le **plan d'épargne d'entreprise** (PEE) facultatif, permet à chaque salarié de se constituer un capital avec l'aide de l'entreprise.

EXO

1. Rappelez les principaux facteurs de motivation des salariés dans l'entreprise.
2. Expliquez pourquoi les salariés sont fiers mais démotivés par leur travail, selon l'auteur.

Managers sous tension, démotivés ? Comment les impliquer ?

« Des managers sous tension », des « 18-24 ans et plus de 55 ans qui s'accrochent à leur emploi », « des salariés fiers mais démotivés par leur travail ».
Tel est le constat que nous révèle le dernier Baromètre Ipsos Edenred publié en avril 2012. Selon cette étude, quelques-uns des enjeux majeurs sont de « promouvoir le mieux vivre en entreprise » et de « redonner confiance à titre individuel et collectif ».
Selon David Maxfield (Stanford University, USA), ces problématiques d'engagement au travail sont en réalité des problèmes d'influence. Influence sur le sens qu'un salarié accorde à son travail et influence sur la *capacité d'impacter* et d'aller au-delà de ce qui est normalement attendu de lui dans son rôle.
Il s'agit là de la capacité d'action dont dispose un salarié, de la possibilité qu'il a dans son travail de faire la différence pour lui, pour son équipe, pour son entreprise, pour les clients.
Le salarié cherche du sens et de la capacité d'action sur les 4 fondamentaux suivants :
– *les clients* : ce que je fais est utile aux clients et apporte quelque chose à la société en général. J'apporte quelque chose et j'impacte sur quelque chose qui compte.
– *la mission* : les missions qui me sont confiées, les taches que je réalise me donnent du plaisir en tant que tel. J'aime ce que je fais.
– *l'entreprise / l'équipe* : J'ai une vie sociale / des amis, j'ai le sentiment d'appartenir à l'entreprise et à une équipe. Si je me dépasse au travail, c'est pour mes collègues, mes amis.
– *le développement* : Mon travail me permet de devenir celui ou celle que je rêve d'être, de progresser et de me développer. Je me réalise.
Pour promouvoir le mieux-vivre en entreprise et redonner confiance, il faut donc agir sur les 2 axes : le Sens et la Capacité d'Action.

Cathia Birac, http ://www.journaldunet.com/ [extraits], 20 août 2012.

3 Le processus stratégique

COURS

La stratégie

• Le terme « **stratégie** » appartient au vocabulaire militaire. Les militaires définissent la stratégie comme la réunion des conditions les plus favorables pour aborder le combat, c'est-à-dire le lieu (où), le moment (quand) et les moyens (comment). La stratégie, longtemps considérée comme une réponse au conflit, permet de **conduire l'action au service de l'organisation.**

• La **mission** d'une organisation traduit les **buts principaux** que celle-ci doit atteindre. Ces derniers correspondent à des **finalités économiques** : profits, croissance, mission de service public, etc. ; **sociales** : distribution de revenus, satisfaction des besoins publics, réalisation des aspirations des salariés notamment.

• Les **objectifs** sont fixés en relation directe avec les missions. Ils **concrétisent les résultats** à atteindre : augmenter sa part de marché de 5 % par exemple, son chiffre d'affaires de 10 %. Les objectifs sont en général interdépendants.

• Le **métier** de l'entreprise correspond à l'**ensemble de ses activités**. Celles-ci se fondent sur des **savoir-faire** qui lui permettent de se différencier de ses concurrents. Il correspond à un ensemble homogène de produits ou de services destinés à un marché déterminé dans un contexte concurrentiel. Une entreprise possède en général plusieurs métiers. Elle découpe son activité en segments, c'est-à-dire en **domaines d'activités stratégiques (DAS)** distincts sur lesquels elle peut se battre isolément. Elle procède ainsi à une **segmentation stratégique**.

La démarche (ou processus) stratégique

• La démarche stratégique comporte **différentes étapes** :
1° La définition des **objectifs** conformes aux finalités de l'organisation.
2° La réalisation d'un **diagnostic** qui prendra en compte les compétences, les ressources, les forces et faiblesses de l'organisation dans un environnement mouvant.
3° Le choix d'une **stratégie** adaptée.

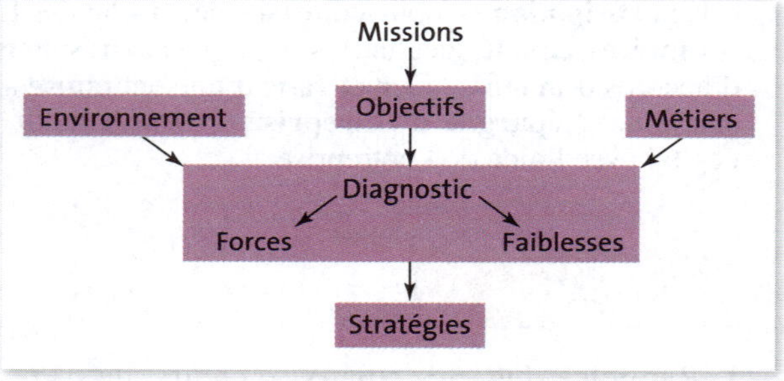

• L'**analyse stratégique** consiste à éclairer les décisions de l'organisation. Dans le **modèle classique de décision**, une double analyse **précède** toute **fixation d'objectifs** :
– diagnostics de l'**environnement** interne et externe pour dégager les contraintes et les opportunités ;
– confrontation des actions stratégiques possibles avec les valeurs personnelles du dirigeant (formation et expérience) et conception des responsabilités sociales (dialogue social, participation à la décision, cogestion).

• La **fixation des objectifs stratégiques** est faite par les **dirigeants** pour les entreprises et par les **pouvoirs publics** pour les organisations publiques. Quant aux associations, les missions définies par les dirigeants doivent être conformes à leurs statuts.

Mise en œuvre de la stratégie

• La stratégie s'inscrit dans la durée et repose sur une planification des ressources, tant humaines que financières et techniques. L'objectif de cette **planification stratégique** est de réduire l'incertitude liée à l'environnement et de prendre en compte les variables sociales telles que les aspirations des salariés et leurs conditions de travail. Elle doit en outre coordonner les actions nécessaires à la réalisation des objectifs et les contrôler.

• Tout écart entre les prévisions et les réalisations déclenchera une correction des actions, voire de la stratégie, pour les adapter au nouvel environnement.

Le processus stratégique public

Il est construit à partir des missions assignées aux organisations publiques par les pouvoirs publics et s'intègre dans leurs finalités. La raison d'être, le but principal de ces organisations est de satisfaire des besoins collectifs que la nation estime indispensables. Cette mission relève de l'intérêt général.

MÉTHODE

Comprendre le processus stratégique

3 aspects doivent être pris en compte :

1. Identifier les objectifs de l'entreprise ou de l'organisation

• L'objectif/les objectifs ne doivent pas être confondus avec les prévisions car ils doivent être atteints.

• Ils peuvent être à court ou long terme.

Vous devez donc repérer les représentations d'un état futur voulu qui poussent l'organisation à agir. *Ex.* : accroître le CA de 10 %, accroître la part de marché de 5 % à une échéance déterminée, etc.

2. Repérer les éléments du diagnostic

• Il s'agit des atouts dont dispose l'organisation par rapport à ses concurrents en terme de ressources et de compétences. Vous devez donc identifier les **forces** et les **faiblesses** aussi bien internes (personnel, finances, savoir-faire, etc.) qu'externes (environnement, concurrence, etc.)

3. Analyser la stratégie adoptée

Quelle est la stratégie choisie par l'organisation ? C'est l'orientation stratégique adoptée pour, en principe, se développer : croissance, spécialisation, diversification, internationalisation, etc.

EXO

1. Quel est le métier de Michelin ?

2. Retrouvez dans le texte le ou les objectifs stratégiques, ainsi que la stratégie adoptée.

3. Identifiez les facteurs de réussite de la stratégie Michelin.

La stratégie de Michelin

Notre stratégie de croissance

Croissance, compétitivité, engagement sont les maîtres mots de la stratégie du Groupe : Michelin vise une croissance forte et diversifiée en valorisant son offre dans les marchés matures et en accélérant sa conquête des nouveaux marchés. Il poursuit l'amélioration de sa compétitivité et réduit ses coûts. L'engagement réciproque de l'Entreprise et du personnel lui permettra d'avancer et de réussir ensemble.

Les objectifs à l'horizon 2015

Une croissance en volume d'au moins 25 % sur la période 2011-2015.

Un résultat opérationnel d'environ 2,5 milliards d'euros en 2015.

Un retour sur capitaux investis (ROCE) supérieur à 9 % chaque année.

Des investissements annuels de l'ordre de 2 milliards d'euros.

Un cash-flow libre positif sur la période 2011-2015.

Un taux de distribution de dividendes de l'ordre de 30 % du résultat net consolidé, hors éléments exceptionnels.

Un des axes majeurs de la stratégie de Michelin est la différenciation de ses produits et de ses services grâce à la technologie et aux innovations, afin de consolider son leadership et de répondre au mieux aux besoins des utilisateurs de pneumatiques. Le Groupe a orienté son innovation vers la mobilité durable il y a plus de vingt ans : il est aujourd'hui n°1 mondial des pneus à basse consommation d'énergie et pionnier de l'économie de la fonctionnalité, qui consiste à faire payer un service ou l'usage d'un bien plutôt que ce bien lui-même. C'est ce que propose Michelin en facturant ses clients professionnels au kilomètre parcouru, à la tonne transportée ou au nombre d'atterrissages assurés avec les pneus que le Groupe met à leur disposition et entretient. Michelin souhaite conforter sa solide avance dans cette nouvelle économie de services par la mise en œuvre d'offres ciblées associant innovation produit et innovation service.

Avec un budget annuel de R&D de près de 600 millions d'euros, 6 000 personnes et un portefeuille de brevets triplé en dix ans, Michelin investit dans l'innovation selon trois axes : l'accélération du développement des nouvelles gammes ; le progrès continu qui consiste à améliorer, de gamme en gamme, les performances des pneumatiques ; les innovations de rupture orientées vers des solutions résolument nouvelles, face aux enjeux de la mobilité.

http ://www.michelin.com/ août 2012.

4 L'avantage concurrentiel

COURS

Chaîne de valeur et avantage concurrentiel

• Michaël Porter, professeur de management à l'université de Harvard aux États-Unis, identifie dans l'entreprise les activités qui génèrent de la valeur, en distinguant les activités principales et les activités de soutien :
– les activités principales recouvrent la production, la logistique, la commercialisation et les services ;
– les activités de soutien sont constituées par les approvisionnements, la gestion des ressources humaines, la recherche et développement, et les innovations.

La chaîne de valeur de l'entreprise

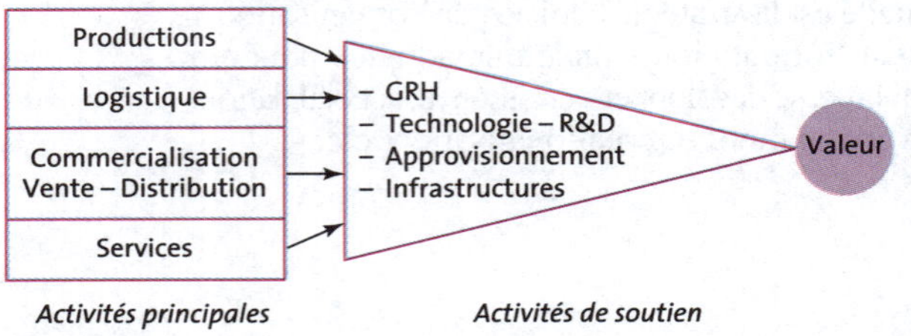

• La chaîne de valeur ainsi décomposée permet d'identifier les sources d'avantages concurrentiels. L'entreprise doit **combiner au mieux les ressources et les compétences** dont elle dispose **pour détenir ou renforcer sa supériorité** par rapport à ses concurrents. Elle valorise les **facteurs clés de succès (FCS)**, c'est-à-dire les éléments qui contribuent à sa réussite.

Les sources de l'avantage concurrentiel

• L'**avantage concurrentiel** repose sur la maîtrise des facteurs clés de succès (FCS), qui dépendent eux-mêmes des ressources et compétences à mettre en œuvre dans un contexte organisationnel adapté. **À chaque métier correspondent des FCS spécifiques** : la technologie (secteur de l'informatique, de l'aéronautique), l'image de marque, le réseau de distribution (secteur du luxe), les capacités managériales, mercatiques.
• Cependant, nous pouvons distinguer **trois grands domaines sources** d'avantages concurrentiels :
– **le domaine d'activité** et les relations avec **l'environnement** : innovation de l'entreprise, rapports de forces vis-à-vis de ses partenaires (fournisseurs, distributeurs), image de marque, partenariat (externalisation, sous-traitance, coopération) ;
– **le positionnement sur le marché** : leader, spécialiste (part de marché, croissance) ;
– **les capacités de l'entreprise** : compétences à mobiliser dans un cadre organisationnel déterminé pour obtenir ou développer un avantage concurrentiel (RH, management, mercatique, techniques, finances).

Recherche de l'avantage concurrentiel

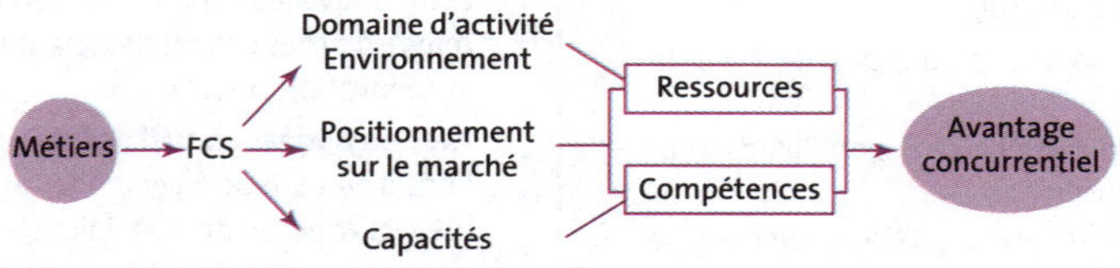

• L'avantage concurrentiel se rapporte aux FCS de l'activité et prend la forme :
– d'un **avantage coût** : produire à des coûts inférieurs à ceux de la concurrence ;
– ou d'une **différenciation** : proposer un produit qui est perçu par le client comme possédant des caractéristiques uniques.
• **L'innovation est source d'avantages concurrentiels**, qu'elle soit technologique (produit, procédé), commerciale (présentation, distribution), organisationnelle (réseaux, flux tendus). Elle accroît la compétitivité de l'entreprise en maîtrisant ses coûts et lui permet de disposer d'un **monopole temporaire**. Elle implique une veille stratégique qui conduit l'entreprise à un **apprentissage organisationnel permanent**, c'est-à-dire à une recherche constante d'amélioration des performances.

On distingue plusieurs technologies :
– les **technologies de base** largement diffusées et connues de tous ;
– les **technologies clés** que l'entreprise maîtrise et qui fondent son avantage concurrentiel ;
– les **technologies émergentes** qui peuvent devenir des technologies clés, mais qui restent encore expérimentales.
Le **potentiel d'innovation** s'appuie sur la maîtrise des technologies clés qui peuvent être remises en cause par les technologiques émergentes.

MÉTHODE

Identifier les facteurs clés de succès (FCS)

1. Identifier le métier de l'entreprise

• Le métier s'apparente au savoir-faire de l'entreprise ; ce sont les activités stratégiques qui lui permettent de se différencier de ses concurrents. *Exemple* : pour le groupe Bouygues, ses activités stratégiques sont la construction, les infrastructures routières, l'audiovisuel (TF1), les télécommunications.

• Vous devez donc repérer **les produits** (homogènes), **le marché** (spécifique), **les concurrents** : ce sont là les 3 caractéristiques du métier à identifier.

2. Mettre en évidence les éléments clés qui favorisent la réussite dans un ou plusieurs domaines d'activités stratégiques (DAS)

C'est-à-dire dans un groupe homogène d'activités sur lequel l'entreprise pourra se battre contre ses concurrents. *Exemple* : Ainsi le groupe Bouygues possède plusieurs DAS : construction, immobilier, routes, téléphonie.

3. Caractériser les FCS en mettant en relief les critères déterminants liés :
– aux DAS : innovation, marque, distribution, etc.
– au marché : croissance, part de marché, positionnement, etc.
– aux ressources : technique, personnel, capitaux, etc.
– à l'influence sur l'environnement : rapports de force, notoriété, image, réseau, etc.

La détermination des FCS reste une étape indispensable du diagnostic stratégique. *Exemple* : Pour l'entreprise Bouygues, les FCS sont l'Innovation et la R et D.

EXO

1. Quel est le métier d'un office notarial ?
2. Quels sont les FCS des notaires sur le marché de la négociation ?
3. En quoi consiste(nt) le ou le(s) avantage(s) concurrentiel(s) des notaires ?

Transaction, la stratégie des notaires

Finie l'euphorie immobilière. Dans ce contexte de crise, les notaires réagissent et veulent augmenter leur part du gâteau de la transaction.

Ils se regroupent, créent des sites Internet, jouent l'effet de proximité auprès de leur clientèle. Trouveront-ils leur place entre les agents immobiliers qui occupent déjà bien le terrain et les particuliers qui détiennent la moitié du marché ?

Notaires comme agents immobiliers subissent en effet la crise de plein fouet avec un nombre de transactions en chute.

Pour justifier de la légitimité de leur activité de négociation, les notaires mettent, bien sûr, en avant leurs compétences juridiques et fiscales.

Le notaire dispose d'outils performants en termes d'expertise. Il peut notamment recourir à *Perval* grâce au logiciel *Synotex*, une base de données qui collecte sept cent mille références par an. Une aide précieuse dans l'estimation du prix d'un bien immobilier quelle que soit sa localisation.

En outre, à l'échelon de son quartier ou de sa ville, le notaire dispose d'une observation permanente du marché immobilier, en particulier au travers des actes qu'il authentifie au quotidien.

Mais, l'argument de poids des notaires tient à leur tarification, en matière de négociation. Par rapport aux tarifs pratiqués par les agents immobiliers, les honoraires de négociation des notaires sont moins élevés.

Pour autant, dans les campagnes, la situation des notaires n'est pas forcément aussi bonne que d'aucuns le prétendent. « Certains notaires, et notamment les ruraux, ne peuvent survivre que grâce à la négociation immobilière du fait de l'exode rural et de la forte baisse du nombre des transactions d'exploitations agricoles », note un directeur d'agence Square Habitat. « En zone urbaine, les notaires préfèrent composer avec les agents immobiliers qui sont des apporteurs d'affaires [...] »

Dans un marché de plus en plus concurrentiel, les notaires négociateurs s'inquiètent non seulement du nombre croissant d'agences immobilières, même si, à l'heure actuelle, on assiste davantage à des fermetures qu'à des ouvertures, mais aussi du développement des réseaux, de l'arrivée des banques sur le marché de la transaction.

Extraits, *Le Journal de l'agence*, n° 20, octobre 2008.

5 Le diagnostic stratégique

COURS

Le diagnostic interne

• Il s'agit de faire l'analyse des **atouts** de l'entreprise **par rapport à ses concurrents**, mais aussi de ses faiblesses. Cette analyse repose sur l'étude des ressources et des compétences.
L'étude des ressources porte sur les **potentiels** humains, financiers, les équipements ; l'étude des compétences, sur les **savoir-faire** et la maîtrise technologique.

L'étude des ressources

• L'évaluation du **potentiel humain** permet d'apprécier quantitativement la main-d'œuvre disponible en prenant en compte sa variation (départs, recrutements, absentéisme, qualification), mais également sa qualité (motivation, climat social). La **gestion prévisionnelle de l'emploi et des compétences (GPEC)** a pour fonction d'ajuster les besoins de l'organisation et les ressources accessibles.
Les modifications de l'environnement obligent les organisations à être plus réactives sans que leur fonctionnement soit perturbé. La flexibilité de la main-d'œuvre, c'est-à-dire sa capacité à s'adapter, devient déterminante.
• Le **potentiel financier** conditionne le degré de liberté stratégique puisqu'il évalue la marge de manœuvre financière. Il comprend les ressources de l'organisation, son autofinancement et les éléments qui sont retracés dans les documents comptables et financiers (bilan, compte de résultats, par exemple). Il prend également en compte des ressources nouvelles : endettement, augmentation du capital (entreprises), aides de l'État, impôts, campagnes de collectes (collectivités publiques, associations).
• La **flexibilité** des équipements traduit la **capacité de l'organisation à faire varier sa « production »** pour répondre à un changement de demande des clients (entreprises), des usagers (services publics) ou des membres de l'organisation (associations), pour passer d'un produit ou d'un service à un autre.

L'étude des compétences

• On appelle « compétence » un savoir ou un **savoir-faire que l'organisation possède et utilise dans ses différents processus**. Ces capacités déployées par les ressources sont déterminantes pour développer un avantage concurrentiel ou une création de valeur.
• Les compétences fondamentales sont celles qui sont utilisables et adaptables à tout secteur d'activité, créatrices de valeurs pour le client ou l'usager et distinctives pour se différencier des autres organisations.

Le diagnostic externe

La veille stratégique face au macro-environnement

• L'environnement recouvre les **forces influentes, sources de menaces** mais aussi **d'opportunités** pour l'organisation. Toute organisation doit rester attentive à cet environnement en mettant en place une veille stratégique capable de capter les signaux provenant de celui-ci (collecte d'informations, intelligence économique). Le macro-environnement recense les facteurs politiques, économiques, technologiques et socioculturels.
• Le **micro-environnement** concerne l'**environnement concurrentiel immédiat** de l'organisation. Michaël Porter, professeur de management à l'université de Harvard aux États-Unis, a élargi cet environnement à d'autres forces considérées également comme concurrentielles. Pour lui, le diagnostic stratégique de l'entreprise doit aussi prendre en compte l'analyse du secteur auquel l'organisation appartient, les produits ou les services qui peuvent se substituer à ceux de l'organisation, ainsi que les concurrents potentiels.
• Le **diagnostic concurrentiel** identifie les menaces et les opportunités pour apprécier le potentiel susceptible de procurer un avantage concurrentiel dans la chaîne de valeurs, c'est-à-dire la coordination de l'ensemble des activités dont l'objectif est de dégager de la valeur pour le client (satisfaction).

MÉTHODE

Réaliser un diagnostic stratégique

À partir de textes ou d'extraits, vous devez réaliser un diagnostic stratégique. Pour cela, vous devez :

1. Identifier la nature, interne ou externe, des facteurs environnementaux fournis par le texte.

- **diagnostic interne** : repérez les ressources humaines, financières et les équipements, puis les compétences fondamentales (savoir, savoir-faire, capacités) ;
- **diagnostic externe** : recensez :
  – les facteurs du macro-environnement de l'organisation présents dans le texte (politiques, économiques, technologiques, socioculturels), puis
  – les forces concurrentielles du micro-environnement (clients, fournisseurs, entrants potentiels, substituts).

2. Traduire le diagnostic interne sous forme de tableau avec les signes « + » et « – » de chaque ressource ou compétence identifiée.

3. Pour le diagnostic externe, utiliser l'analyse des forces concurrentielles.

Attention ! Ce travail préparatoire constitue une aide. Il ne doit pas se substituer systématiquement à la réponse aux questions posées.

EXO

1. Quel est le métier de chacune des deux organisations ?
2. Quelles sont les faiblesses et les atouts mis en relief par chaque diagnostic stratégique ?
3. Quelle sont les stratégies préconisées ?

Les Vignerons de Saint-Pourçain : valoriser le terroir

L'Union des Vignerons représente les deux tiers de la production et de la mise en marché de l'appellation Saint-Pourçain. La cave coopérative fondée en 1952 (CA : 4,5 M€ dont 10 % à l'export, 16 salariés) rassemble 80 vignerons qui cultivent 400 ha. Le groupe des vignerons Saint-Pourcinois commercialise les vins de Saint-Pourçain dans les différents circuits de distribution (grande distribution, caviste, restauration) en France et dans différents pays dont l'Angleterre, la Belgique, le Canada, les USA et le Japon entre autres. « Nous avons développé les ventes à l'international il y a cinq ans par le biais d'agents multicarte. Nous avons connu une réelle progression mais nous venons de perdre, cette année, deux marchés : le Canada et la Belgique », explique Christian Bigot, directeur général. Et pour cause : la viticulture française est malmenée depuis plusieurs années par les vins du Nouveau Monde ou la concurrence européenne. « La représentativité du vin français s'est réellement réduite en 10 ans. Il faut se démarquer non seulement des autres vignobles français mais aussi des vins étrangers. Le vignoble de Saint-Pourçain est l'un des plus anciens de France, il était présent à la table des rois ! C'est un atout qui s'exporte mais cela ne suffit plus. Il faut mettre en avant la qualité du produit. L'AOC que nous avons obtenue depuis 2009 est un gage de qualité que nous souhaitons développer à l'étranger. » Aujourd'hui, l'Union des Vignerons, sous l'impulsion de CCI International Auvergne, souhaite élargir sa prospection à d'autres pays comme la Chine, la Suède, la Hongrie. « Il faut s'armer de patience : pénétrer de nouveaux marchés nécessite plusieurs années. Reste ensuite à s'adapter à la culture locale. Pour conserver le marché anglais, par exemple, nous avons dû investir dans une machine pour capsules à vis. »

Scierie Chignac : le bois « made in France »

La scierie Chignac est spécialisée dans le sciage du chêne. Implantée à l'orée de la forêt de Tronçais, la scierie perpétue un savoir-faire familial dans la transformation du chêne de qualité, sa grande spécialité étant le chêne de tonnellerie (CA : 2,1 M€ dont 40 % à l'export, 15 salariés). Présente à l'export depuis la fin des années 1990 grâce à l'industrie du meuble qui a connu une période florissante, la scierie Chignac traverse une crise sectorielle sérieuse liée à une baisse importante de son activité (environ 20 % depuis 2009). « Nous avons perdu des marchés en Europe et en Amérique du Sud. Nous avons toujours peu de visibilité à l'international. La concurrence directe des pays de l'Europe centrale est redoutable. Nous ne pouvons lutter à armes égales avec la concurrence étrangère qui fait baisser les prix », explique André Chignac, directeur général. Une réalité pour l'industrie du sciage mise à l'épreuve depuis la crise. La solution : orienter son activité vers des produits à plus forte valeur ajoutée. La scierie qui œuvre également dans le domaine des parquets massifs est aussi victime d'une concurrence asiatique féroce. « La concurrence de la Chine est double : elle charge les grumes[1] en conteneurs depuis nos forêts pour ensuite inonder le marché européen - donc français - de parquets "low-cost" souvent présents en grande distribution. Pour subsister, nous devons proposer des produits de haute qualité et relancer les produits alternatifs tels que le chêne pour l'œnologie. » Face à la concurrence des Pays de l'Est comme de l'hémisphère Sud, « la crise du sciage » impose à la filière des changements (reconquête de marchés, investissement dans de nouvelles techniques) et la valorisation d'une matière première qui résiste tant bien que mal sous le poids de l'économie mondiale et du manque de régulation des marchés.

CCI - *ALLIER Magazine*, n°2 - Mars-Avril 2012.

1. Les grumes : les troncs d'arbres non équarris. *Comprendre* : « elle transporte les grumes par conteneurs depuis nos forêts, pour ensuite inonder le marché européen de parquets low-cost... »

6 Les options stratégiques des entreprises

COURS

Les stratégies génériques de base

La stratégie de domination par les coûts

• C'est une **stratégie offensive** dont l'objectif est de **dominer le marché en réduisant au maximum les coûts de production**. Cette stratégie considère que la maîtrise des coûts fonde la **compétitivité**.

• Elle s'appuie sur l'« effet d'expérience », conséquence d'une production cumulée importante et d'économies d'échelle qui réduisent les coûts fixes par produit. Elle exige des ressources importantes et peut entraîner une réaction de la concurrence conduisant à une baisse généralisée des prix.

La stratégie de différenciation

• L'entreprise cherche à se placer dans un autre **champ concurrentiel**. L'offre ainsi différenciée sera valorisée par le marché.

• L'avantage concurrentiel repose sur une **différenciation des sources de la chaîne de valeur**. L'option choisie peut combiner de plusieurs sources : l'innovation technologique (produit, procédé), la nature du produit, la qualité, la marque, les conditions de vente (délai, SAV). L'objectif est de créer de la valeur pour le client par rapport aux produits ou services de référence de la concurrence, sans que les concurrents ne puissent l'imiter à court terme.

Le développement stratégique

La spécialisation

• La croissance de l'entreprise s'inscrit dans son **domaine d'activité au sein du même métier**. L'objectif reste d'atteindre un niveau d'excellence en termes de compétence, qui lui confère un avantage concurrentiel lui assurant une compétitivité. Deux voies sont possibles :
– le développement ou la restriction sur un **segment géographique** ;
– de nouveaux **segments produit / marché**.

• La spécialisation est une option pour les entreprises disposant de ressources limitées pour affronter la concurrence sur tous les marchés. Elle est aussi adoptée par celles qui préfèrent segmenter (découper en sous-ensembles homogènes) le marché.

• La limite principale de la spécialisation réside dans sa **vulnérabilité en cas de retournement du marché**, puisqu'elle ne dépend que d'un seul type de produit.

La diversification

• C'est en quelque sorte une « multispécialisation » puisqu'il s'agit de produire et de commercialiser de **nouveaux produits**, d'élargir le champ d'activité. Cela se traduit souvent par une combinaison des compétences et des savoir-faire maîtrisés, pour développer un avantage concurrentiel.

• L'entreprise s'oriente stratégiquement vers **trois types de diversification** :
– **diversification de confortement** des activités : activités complémentaires grâce au transfert de compétences au sein du métier de base ;
– **diversification de redéploiement** : nouveaux domaines d'activité (nouveaux produits et marchés) ;
– **diversification de survie** : l'avenir du métier n'est plus assuré, il oblige l'entreprise à se diversifier.

Intérêts	Limites
– limitation des risques – acquisition de nouvelles compétences – synergies technologiques, commerciales	– coûts importants – risque d'échec dans le nouveau métier – atteinte à l'identité de l'entreprise – nécessité de maîtriser plusieurs compétences

Les stratégies d'externalisation et d'intégration

L'externalisation

La concurrence n'exclut pas le **partenariat**, la coopération entre entreprises. Pour renforcer sa compétitivité, l'entreprise décide de faire faire à d'autres tout ou partie de sa production ou de ses activités (produit, logistique, informatique, distribution). L'externalisation (*out-sourcing*) prend la forme d'une **sous-traitance**, d'une **concession**, d'une **franchise**, ou de toute autre **alliance** (*impartition*).

L'intégration

L'entreprise prend des positions en amont et en aval de son métier et intègre les activités de la chaîne technique et commerciale. L'**intégration verticale** se traduit par l'acquisition des activités en amont (fournisseurs) et/ou en aval (distributeurs, clients) de son propre métier. Le regroupement des activités liées à un même type de production, la **filière**, favorise la maîtrise du métier ainsi que des perspectives de développement produit/marché/technologie.

MÉTHODE

Identifier la stratégie d'une entreprise

Pour cela il convient de **ne pas confondre diagnostic stratégique et stratégie**.

1. Identifiez la période préstratégique pendant laquelle l'entreprise se prépare à effectuer des choix. La stratégie, elle, ne peut relever que de 4 grandes **orientations** : Croissance – Spécialisation – Diversification – Internationalisation. C'est dans cette palette que se trouvera la stratégie dominante.

2. Repérez les modalités retenues pour mettre en œuvre ces orientations stratégiques, c'est-à-dire ce que l'on nomme **les options stratégiques**.

3. Parmi ces options, vous chercherez à **identifier** celles :

– qui affrontent directement les concurrents : domination par les coûts, différenciation ;

– ou qui débouchent sur des partenariats ou des coopérations : externalisation, intégration.

Votre analyse doit conduire à une **cohérence** entre l'orientation stratégique et l'option stratégique. *Ex.* : Croissance → domination par les coûts. Spécialisation → différenciation. Internationalisation → externalisation.

EXO

Lisez l'article ci-dessous.

1. Quelle est l'orientation stratégique adoptée par l'entreprise Joubert ? Justifiez-la.

2. Sur quelle option stratégique s'appuie l'entreprise Joubert pour atteindre le niveau de performance souhaité ? Expliquez en quoi elle procure un avantage concurrentiel.

3. Quels sont les FCS du leader des chaînes à neige Easy Grip ?

L'entreprise Joubert a imaginé un produit qui tient la route

Basée à Ambert depuis 1928, la société Joubert, spécialisée dans la confection de produits tressés textile/caoutchouc, est devenue le premier fabricant mondial de sandows.

En 2006, Thierry et Xavier Joubert ont lancé un produit, l'Easy Grip®, qui permet à Ambert d'être connu et reconnu pour autre chose que son fromage. « Ce sont des chaînes à neige d'une nouvelle génération, composées en polyamide avec une âme en aramide plus une enduction en polyuréthane. Elles assurent une adhérence parfaite sur sol gelé et enneigé », explique Thierry Joubert, P-DG de Joubert Productions.

Pour cela, les frères Joubert ont associé l'histoire de l'entreprise familiale et leur nom à une autre grande famille industrielle, Michelin, qui adhère au projet. « Travailler avec l'entreprise Michelin est à coup sûr un gage de qualité, c'est s'engager dans une démarche hautement qualitative. Nous n'avons pas vécu ce partenariat comme une contrainte, bien au contraire. Leur exigence nous a poussés à approcher l'excellence », sourit Thierry Joubert.

Depuis 2008, la société a vendu « entre 500 000 et 600 000 paires de ces chaînes à neige nouvelle génération, partout dans le monde ». Tous les composants de l'Easy Grip® sont produits dans les ateliers ambertois. L'assemblage final, seul, est réalisé dans la filiale tunisienne du groupe. « Mais l'idée et tout le concept de l'Easy Grip®, eux, sortent bien d'ici. » L'image de marque du manufacturier clermontois est un plus, en terme de commercialisation. « On a beau être leader mondial dans notre domaine, on réalise que la société est seulement connue dans un rayon de trente kilomètres autour d'Ambert », plaisante Thierry Joubert. Un Bib' au pouce levé sur l'emballage de cette véritable innovation routière, et l'Easy Grip® entre en trombe sur le marché, via le réseau de distributeurs licenciés Michelin. Les avantages par rapport aux chaînes métalliques dites classiques ? « En terme de performance, nous sommes équivalents à ces dispositifs si l'on considère les tests sur glace pure, soit un sol rendu comme une patinoire. Sur neige molle ou dure, nous dépassons leurs performances. »

Mais c'est peut-être sur tapis blanc et en terme de montage que l'affaire se joue véritablement. « Vous avez déjà essayé de mettre des chaînes, hors de votre garage, quand il neige et qu'on vous klaxonne ? C'est un cauchemar. » Le système Easy Grip®, c'est un montage/démontage ultra-facile de deux minutes chrono, assuré. Une sorte de chaîne à neige pour les nuls ? « Oui, c'est un peu ça, l'idée : offrir à tous les automobilistes le confort et la sécurité sur routes hivernales, grâce à un maniement très simplifié. » Une idée qui tient la route.

La Montagne, 20 février 2012.

7 Les stratégies des organisations publiques

COURS

Finalités et missions des organisations publiques

• La raison d'être, le **but principal des organisations publiques** est de **satisfaire des besoins collectifs** que la Nation estime indispensables. Cette mission relève donc de l'**intérêt général**. Les missions sont définies par l'État (gouvernement) pour la fonction publique d'État et hospitalière, par les collectivités (élus) pour la fonction publique territoriale. Le **budget** de ces organisations encadre ces missions puisqu'il prévoit annuellement les recettes et les dépenses nécessaires pour mener les **politiques publiques définies par l'État ou les collectivités**.
• Les **missions des associations** sont **définies dans le cadre de leur assemblée générale (AG) et conformément à leur objet** précisé dans les statuts. Organisations à but non lucratif, elles produisent des services destinés à leurs membres et assurent **différentes missions** au plan local, national ou international. Elles ont **besoin de ressources** pour assurer leurs missions. Ces ressources proviennent des cotisations des membres, des dons, des subventions, des produits de leurs actions et manifestations.

Actions et valorisation des ressources locales

• Les **organisations publiques**, État et collectivités, réalisent les **infrastructures** nécessaires aux besoins publics du citoyen, contribuable, usager et parfois même client. La mise en œuvre de leurs actions se fait, en France, dans le cadre de la décentralisation, c'est-à-dire d'un transfert de compétences de l'État vers les collectivités élues qui décideront de manière autonome, au plus près du citoyen. Les collectivités, outre l'exercice de leurs compétences respectives, cherchent à adopter de véritables **politiques locales de développement** :
– pour attirer de nouvelles populations (ex. : programme défi 2015 du Conseil général de l'Allier) ;
– pour installer des entreprises (ex. : le schéma régional de développement du Conseil régional d'Auvergne) ;
– pour conforter la chaîne de services au public présente sur le territoire (ex. : la mise en place de plateformes de services au public dans le secteur rural – préfecture de l'Allier et collectivités) ;
– pour prévoir et encadrer les saisons culturelles, touristiques…, faire vivre les traditions locales (ex. : foire primée aux bovins à Varennes-sur-Allier, 03).
• Le **développement des compétences spécifiques des associations** se fonde sur leur expérience et les besoins émergents produits par l'évolution de la société. Les domaines relevant de l'humanitaire, du caritatif montrent que les compétences déployées viennent en soutien, en complément des missions des organisations publiques (SDF, myopathie, actions de MSF, Restos du cœur).
• Parfois, c'est l'autorité publique qui confie à une ou plusieurs associations une mission particulière. Le Point Info Famille (PIF), chargé de faciliter l'accès des familles à l'information dans les domaines du droit, de la santé, la consommation, est confiée aux unions départementales de la famille (UDAF).

Les stratégies des organisations publiques

Initialement adopté par les entreprises, le terme de stratégie a progressivement gagné la **sphère publique**.
• Les organisations publiques apparaissent « comme des acteurs disposant d'une certaine autonomie » devant faire face aux évolutions de leur environnement, aux exigences du citoyen, contribuable, client et aux contraintes budgétaires.
L'organisation publique doit donc faire des choix et définir des priorités. Toute stratégie publique s'inscrit dans un **cadre de référence** traduit par une **politique publique** (sociétale, juridique, …) déclinée en **grandes orientations, mission et projet**.
• L'**association** développe aussi une logique stratégique mais pour atteindre les objectifs fixés par son objet social. Le but non lucratif et l'engagement bénévole poussent l'association à **rechercher durablement des ressources** pour agir et se développer.
Le processus stratégique est le même que pour une entreprise puisqu'il s'agit de décrire les phases qui vont aboutir à la définition de la stratégie à adopter. Au lieu d'être centré sur le métier ou les

domaines d'activités stratégiques (DAS), il s'appuie sur l'objet de l'association et débouche sur une des **deux orientations principales** (ou les deux) : **se développer** ; **mobiliser des ressources** financières ou humaines.

• La **reconnaissance d'utilité publique** est un des moyens qui permet à l'association de se procurer plus de ressources, puisque les dons font l'objet de déductions fiscales.

MÉTHODE

Identifier la stratégie d'une organisation publique

Pour cela, il faut :

1. Identifier au préalable le type d'organisation : administration publique, collectivité locale, association, pour bien cerner les finalités et objectifs dans lesquels vont s'inscrire les stratégies : intérêt général, missions, etc.

2. Repérer le cadre de référence, inscrit en général dans une politique définie : par le gouvernement pour l'Etat et ses administrations avec des orientations (lutter contre l'échec scolaire, réduire la pollution, moderniser l'organisation publique, etc.), par les politiques locales pour les collectivités, par son objet pour l'association.

3. Identifier la stratégie proprement dite : elle peut relever des mêmes stratégies adoptées par le secteur privé (voir Méthode p. 55) – croissance, externalisation, partenariat, coopération –, mais adaptée à leurs missions. Elle peut aussi être spécifique aux organisations publiques : décentralisation (Etat, collectivités), reconnaissance d'utilité publique (association).

EXO

1. Identifiez l'organisation publique et rappelez sa mission.
2. Justifiez la nécessité de la démarche stratégique pour le secteur hospitalier.
3. Caractérisez la stratégie retenue.

Les stratégies hospitalières

S'il est un milieu, parmi les entités publiques françaises, au sein duquel la dimension stratégique est largement développée, c'est bien celui du secteur hospitalier. [...] les hôpitaux sont conduits à évoluer vers un mode de gestion à la fois plus rigoureux, plus souple, plus participatif et moins éclaté. En d'autres termes, les hôpitaux doivent être pilotés à partir de choix explicites et cohérents, connus de tous les acteurs concernés et partagés par la majorité d'entre eux. [...] C'est ainsi que les hôpitaux publics ont été incités à développer ou à poursuivre leurs démarches stratégiques, étant entendu que celles-ci sont supposées s'intégrer dans les cadrages nationaux de planification hospitalière (notamment à travers les SROS – schémas régionaux d'organisation sanitaire).

[...]

Les démarches d'analyse stratégiques développées à l'hôpital amènent ainsi les établissements à formuler des choix pour le futur, et à les proposer à leurs organismes de tutelles. C'est alors que sont souvent rappelées des considérations complémentaires, touchant notamment aux politiques de la santé au plan national et aux questions de rationalisation des moyens.

Du coup, stratégies concurrentielles et/ou partenariats inter-hospitaliers se trouvent d'autant plus mis en exergue.

[...]

Parmi les problématiques nouvelles qui se sont développées au cours des années passées en matière de stratégie hospitalière, celle des coopérations ou partenariats inter-hospitaliers semble particulièrement aiguë. [...] avec les resserrements des budgets et des effectifs, le souci de « rationalisation » de la répartition de l'offre de soin au niveau national est de plus en plus marqué dans les politiques publiques. Les établissements ont donc intérêt, plutôt que de « faire cavalier seul » ou de tenter l'affrontement concurrentiel aléatoire, à monter leur contribution aux efforts économiques en se rapprochant de leurs « confrères ». [...]

Aujourd'hui, ce n'est plus tellement de fusion qu'il est question, mais surtout d'un développement de différentes formes de complémentarité, qui pourraient être par exemple :

– la *coopération entre* deux ou plusieurs établissements pour répondre à un besoin local et ponctuel (gestion en commun d'un équipement ou d'une activité) ;

– l'*organisation territoriale de l'offre de soins* dans le cadre d'une planification régionale ;

– la *mise en commun d'activités et de moyens* gérés par une structure de type communautaire (syndicats interhospitaliers...) ;

– diverses autres formes de *partenariat entre établissements publics et/ou privés* (répartition d'activités ou de spécialités...).

Annie Bartoli, *Le Management dans les organisations*, © Éditions Dunod, 2005, p. 272 à 276 (extraits).

Sujet du Bac

Bac blanc

Management des organisations (1 h 30)

Sujet

À partir des Documents joints et de vos connaissances vous répondrez aux questions suivantes :

I. L'organisation : la Communauté d'Agglomération VVA (Vichy Val d'Allier)

1. Qu'elle est la finalité de l'organisation ? Quels sont ses objectifs ?

2. Caractérisez l'organisation présentée. Forme, type et champ d'action.

3. Comment décide-t-on à VVA ?

4. Rappelez quelles sont les principales ressources de VVA. Vérifiez que les dépenses de VVA correspondent bien à sa finalité et à ses objectifs, à la lecture de son budget.

II. La collecte et le traitement des déchets

5. Identifiez le problème de management de VVA.

6. Quelle est la démarche retenue ? Quelles sont les actions mises en œuvre ?

Liste des documents

Document 1 : Fonctionnement de la Communauté d'Agglomération Vichy Val d'Allier (VVA)

Document 2 : Budget de VVA

Document 3 : La gestion des Déchets Ménagers et Assimilés (DMA)

Document 1

Fonctionnement de la Communauté d'Agglomération Vichy Val d'Allier (VVA)

• La Communauté d'Agglomération Vichy Val d'Allier (VVA), créée le 30 décembre 2000, est administrée, dans les conditions prévues à l'article L.5216-3 du Code Général des Collectivités Territoriales, par un **Conseil** composé de délégués des communes membres, répartis de telle manière qu'aucune commune ne puisse détenir seule la majorité des voix.
Les 72 élus représentants les 23 communes de VVA se réunissent une fois par mois en **Conseil Communautaire** pour prendre des délibérations relatives à des dossiers relevant de l'ensemble des compétences statutaires de la Communauté d'Agglomération.
Depuis 2001, 1 Président, 16 Vice-présidents (élus parmi 72 conseillers communautaires titulaires) et 250 agents travaillent ensemble pour donner vie aux projets de la collectivité.

• Vichy Val d'Allier possède les compétences suivantes :
– Développement économique
– Aménagement de l'espace communautaire
– Equilibre social de l'habitat sur le territoire communautaire
– Politique de la ville dans la communauté
– « Incendie et secours »
– Voirie
– Assainissement, environnement
– Construction, aménagement, entretien et gestion d'équipements culturels et sportifs d'intérêt communautaire – Étude, création et gestion des aires d'accueil pour les gens du voyage
– Sécurité et hygiène
– Enseignement
– Enfance et jeunesse
– Loisirs
– Coordination, animation et promotion du tourisme dans l'agglomération en liaison avec l'Office de Tourisme et du Thermalisme de Vichy et les autres Offices et Syndicats d'Initiative de l'agglomération.

• Les **Commissions** énumérées ci-dessous se réunissent, en moyenne, 2 à 3 fois par an :
– Développement Économique
– Aménagement de l'Espace
– Équilibre Social de l'Habitat
– Voirie - Bâtiments
– Assainissement, environnement
– Equipements Culturels et sportifs
– Enseignement, enfance - Jeunesse
– Administration Générale - Personnel, Finances.
Elles se composent chacune d'un Président et de plusieurs membres, représentant les communes adhérentes à l'Agglomération.
Elles donnent les grandes orientations et arrêtent des projets, dans le cadre des compétences de Vichy Val d'Allier.

• Leurs propositions sont soumises au **Bureau communautaire**, qui peut ainsi les présenter en **Conseil Communautaire**, pour une validation definitive, alors soumise au vote des 72 conseillers.
Le Bureau de Vichy Val d'Allier, composé du Président et des 16 Vice-présidents, se réunit chaque semaine afin d'impulser les orientations politiques, d'examiner l'avancement des principaux dossiers et de préparer les débats du Conseil **Communautaire**.

Document 2

Le budget de VVA

Présenté en **Conseil Communautaire**, le budget est voté tous les ans avant fin avril. Il prévoit l'ensemble des **recettes et dépenses** de la collectivité pour l'année à venir.

Il est précédé, deux mois avant l'examen du budget, d'un débat qui permet de définir les grandes lignes de la politique budgétaire de la Communauté d'agglomération.

Les **recettes** du budget de la Communauté comprennent :

- Les recettes fiscales ;
- Les revenus de ses biens meubles et immeubles;
- Les sommes qu'elle reçoit des administrations publiques, associations, particuliers, en échange d'un service rendu ;
- Les dotations, subventions et participations de l'Union Européenne, de l'État, de diverses Collectivités Territoriales et d'autres Institutions ;
- Les produits des dons et legs;
- Le produit des taxes, redevances et contributions correspondant aux services assurés, notamment pour l'assainissement et les ordures ménagères ;
- Le produit des emprunts ;
- Le produit du versement destiné aux transports en commun.

Le **budget 2011** de la Communauté d'Agglomération Vichy Val d'Allier a été adopté par le Conseil communautaire. Il prévoit l'ensemble des dépenses et des recettes pour l'année 2011. Il s'élève globalement à **94,39 millions d'euros**.

– Partie Investissements : 29 millions d'euros
– Partie Fonctionnement : 65,39 millions d'euros

Il poursuit la mise en œuvre du projet territorial adopté par le Conseil communautaire dont les quatre axes prioritaires sont :

– Renforcer l'attractivité de l'agglomération,
– Redynamiser l'économie locale,
– Améliorer la qualité du cadre de vie,
– Promouvoir la solidarité et la cohésion sociale.

Budget primitif 2011 : Dépenses de fonctionnement – Répartition par compétences :

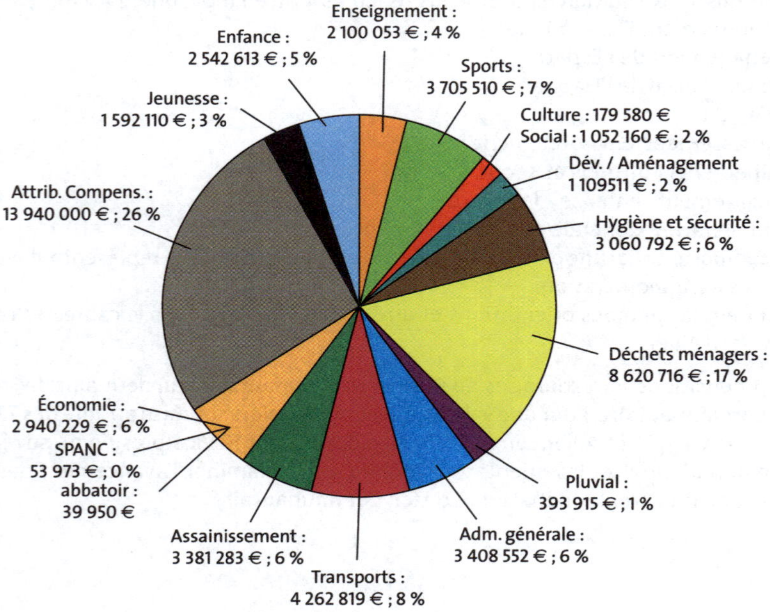

Document 3

La gestion des Déchets ménagers et assimilés (DMA)

VVA s'est engagée dans un Programme local de prévention et gestion des déchets le 30 décembre 2010.
La Communauté d'Agglomération a passé un contrat avec l'Agence De l'Environnement et de la Maîtrise de l'Énergie (ADEME).
Production de Déchets Ménagers et Assimilés = 347 kg/hab./an
Objectifs : réduire de 7 % la quantité de déchets produite sur le territoire en 5 ans – soit 24 kg/hab./an + réduire la toxicité des déchets.

Programme local de prévention et gestion des déchets

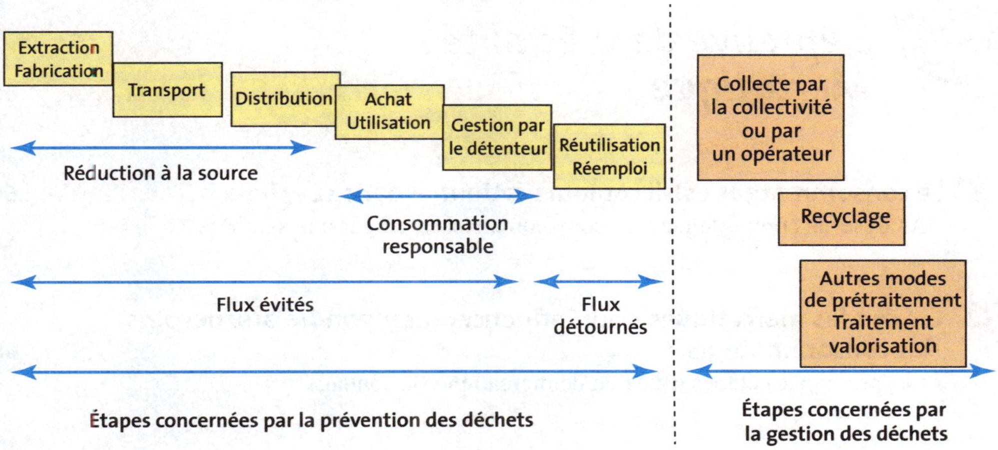

Plan d'actions sur 5 ans

1° Diagnostic socio-économique et environnemental du territoire.
2° Définition du **plan d'actions** à partir des éléments du diagnostic.
18 actions réparties en 5 thématiques obligatoires :

1. Sensibilisation des publics
2. Collectivité éco-exemplaire
3. Actions emblématiques nationales
4. Actions d'évitement des déchets
5. Actions qualitatives

3° Création d'une recyclerie :

• Projet immobilier :
– un bâtiment conforme à la réglementation thermique
– recours aux matériaux recyclés (isolant textile, etc.)
– chaufferie bois
• Budget d'investissement : 1 520 000 € HT
• Missions :

1. Collecter les déchets
2. Valoriser les déchets
3. Revendre les objets
4. Sensibiliser à la consommation responsable et au tri
5. Développer l'insertion professionnelle.

• Moyens mobilisés estimés :
une équipe de 16 salariés dont 3,4 salariés permanents et 12 salariés recrutés en contrats aidés de 26 h hebdomadaires dans le cadre d'un atelier chantier d'insertion.

Management des organisations

Mercatique

Point Bac

L'épreuve de spécialité : Mercatique

Présentation des épreuves

Type	Coefficient	Durée	Notation
Partie écrite	6	4 h	20
Partie pratique	6	10 min de présentation + 10 min d'entretien	Projet : 12 Soutenance : 8
Oral de rattrapage	6	40 min de préparation + 20 min d'entretien	20

• Cet enseignement de spécialité est caractérisé par un ensemble de connaissances et de méthodes, associées à des pratiques dont la maîtrise doit être évaluée à travers une épreuve nécessitant des modalités différenciées, l'une écrite, l'autre pratique.

• La définition de l'épreuve est commune aux quatre spécialités de la série STMG : « gestion et finance », « mercatique (marketing) », « ressources humaines et communication », « systèmes d'information de gestion ». Des sujets distincts sont élaborés pour chaque spécialité.

• L'épreuve porte sur les programmes de sciences de gestion en classe de première et de l'enseignement de spécialité en classe de terminale de la série STMG.

La partie écrite

La partie écrite est composée de deux sous-parties qui peuvent être traitées de manière indépendante :

Première sous-partie

La première sous-partie de l'épreuve écrite vise à évaluer les capacités du candidat à :
– analyser une situation de gestion ;
– produire, utiliser, interpréter et contrôler l'information ;
– proposer, présenter et justifier une solution ;
– mettre en œuvre les outils, les méthodes et les techniques appropriés ;
– montrer l'intérêt et les limites des outils, des méthodes et des techniques employés.

Le candidat doit, à partir de ses connaissances et de la documentation fournie dans le sujet, répondre à des questions et proposer des solutions en tenant compte des contextes et des contraintes définies par le sujet.

Seconde sous-partie

La seconde sous-partie de l'épreuve écrite vise à évaluer les capacités du candidat à :
– raisonner en confrontant ses connaissances générales en gestion à des situations d'organisation ;
– examiner les conditions de transfert des méthodes, des techniques, des outils, à d'autres contextes organisationnels ;
– rédiger une réponse synthétique, cohérente et argumentée.

Le candidat doit répondre à une question relative à une problématique de gestion en lien avec les situations et les thèmes abordés dans la première sous-partie.

EXEMPLES

En quoi les progrès des systèmes d'information peuvent-ils remettre en cause la segmentation traditionnelle ?

Cette question appelle des sous-questions qui seront traitées à partir d'une méthode de résolution de problème de type (QQOQCP). La réponse doit être argumentée, synthétique, structurée et cohérente dans la mesure du possible. Un plan est souhaitable (et non obligatoire) afin de montrer la structuration de sa pensée.

Éléments de réponses

1. La segmentation traditionnelle, un outil au service de la performance commerciale grâce à l'aide du système d'information (SI)

1.1. Les objectifs et principes de la segmentation traditionnelle
– Découper le marché en sous-ensembles homogènes
– Les critères de segmentation
1.2. La segmentation traditionnelle développe ses propres limites
– Elle fige des situations par essence évolutives (la consommation)
– Elle appréhende avec difficulté les préférences des consommateurs
2. Les progrès des SI bouleversent la segmentation traditionnelle
2.1. Les SI améliorent l'intelligence collective
– Elles obligent à une plus grande réactivité
2.2. Les SI au service de la performance commerciale
– Elles permettent de construire des outils de pilotage pour anticiper et créer des besoins aux différentes cibles visées.

La partie pratique

Objectif de l'épreuve

La partie pratique de l'épreuve permet d'évaluer les capacités du candidat à :
– mettre en œuvre une démarche et des outils propres aux sciences de la gestion ;
– maîtriser les technologies de l'information et de la communication ;
– communiquer et argumenter les choix effectués.

Nature de l'épreuve

La partie pratique prend appui sur un **projet mené par le candidat au cours de l'année de terminale**.
Le projet est une production qui mobilise des ressources et des activités coordonnées entre elles, dans un contexte en rapport avec la spécialité de terminale. Il est ancré sur une situation de gestion liée à une organisation inscrite dans un environnement économique et juridique et dont les dimensions managériales sont explicites.

• Les missions nécessaires à la réalisation du projet sont menées dans le cadre de **travaux en équipe** (petit groupe de quelques élèves) en utilisant des technologies de l'information et de la communication. Le projet suscite la mise en œuvre d'activités cohérentes et complémentaires se traduisant par des réalisations répondant à l'objectif visé. Le choix du projet est effectué avec le conseil et sous l'autorité du professeur de spécialité. Dans tous les cas, **la contribution personnelle du candidat au projet doit pouvoir être nettement distinguée**.

• Le projet est décrit dans un dossier composé :
– d'une fiche de travail synthétique, présentant le projet et rendant compte des résultats obtenus au regard des objectifs visés, des méthodes et technologies numériques mises en œuvre, du calendrier observé, de la démarche suivie, de la réalisation des objectifs prévus et de la contribution personnelle du candidat au projet ;
– des supports numériques utilisés, ou éventuellement créés, par le candidat.
La constitution de ce dossier puis son utilisation au cours de la présentation de projet sont obligatoires.

Évaluation de l'épreuve

– **La première sous-partie (12 points)** correspond à l'évaluation de la réalisation du projet et de l'élaboration du dossier support de la présentation ; elle intervient **au cours de l'année scolaire**, en fonction de l'état d'avancement du projet.
Cette évaluation est conduite par l'enseignant responsable du suivi du projet, qui évalue le travail individuel du candidat pendant le déroulement du projet.
– **La seconde sous-partie (8 points)** correspond à l'évaluation de la soutenance du projet. Elle est organisée par le recteur au cours du 3e trimestre. Au cours de cette soutenance, le candidat dispose de 10 minutes pour présenter, à partir de son dossier, le projet et la démarche suivie pour le réaliser, en ayant recours aux outils numériques nécessaires. Cette présentation est suivie d'un entretien d'une durée de 10 minutes avec l'examinateur, entretien au cours duquel il pourra être demandé au candidat d'effectuer une démonstration pratique.
L'évaluation est conduite par un enseignant qui n'a pas suivi l'élève en classe de terminale.

Épreuve orale de rattrapage

• L'épreuve orale de contrôle poursuit les mêmes objectifs que la partie écrite de l'épreuve de spécialité.
• La note obtenue à l'épreuve de contrôle, si elle est supérieure, se substitue à la note obtenue à la partie écrite de l'épreuve de spécialité.
• Le sujet, remis au candidat au début du temps de préparation, est composé d'un ou plusieurs documents et d'une série de questions. Il porte sur les programmes de sciences de gestion de la classe de première et de l'enseignement de spécialité de la classe de terminale.
• Le candidat dispose de 10 minutes pour présenter les réponses aux questions posées dans le sujet puis l'examinateur lui demande d'expliciter, d'approfondir ou de justifier ses réponses.

1 Le consommateur est-il toujours rationnel dans ses choix ?

COURS

En économie libérale, on considère le consommateur **autonome et libre** de ses choix dans toutes les situations de consommation. C'est un *être rationnel*. Pourtant il va subir l'influence d'un certain nombre de variables et acquérir ainsi des expériences de consommation. S'ils étaient rationnels, tous les consommateurs placés dans les mêmes contextes (de ressources par exemple) seraient amenés à faire les mêmes choix. Or, il n'en est rien. D'autres facteurs, notamment la dimension affective de son comportement, sont donc à prendre en compte.

Les facteurs psychologiques

• La **personnalité** renvoie à la manière dont réagit le consommateur face à une sollicitation extérieure. Cette réponse est généralement stable dans le temps.
• Le **concept de soi :** les choix du consommateur sont largement influencés par l'image qu'il a de lui-même. Sa consommation amplifie ou corrige cette image. Généralement, on observe une forte corrélation entre les traits d'une image de marque et les traits de personnalité d'un individu.
• Le **besoin** se traduit par une situation de tension qui naît d'une sensation de manque. A. Maslow a établi une classification des besoins qu'il a hiérarchisé en 6 niveaux : **physiologique / sécurité / appartenance / estime / reconnaissance / réalisation de soi**.
• Les **motivations** sont des **forces positives** conscientes ou non qui poussent à l'achat. Une classification a été établie par Joannis : **hédonistes** (se faire plaisir) ; **oblatives** (faire plaisir aux autres) ; **auto-expression** (consommer en fonction des représentations véhiculées par l'achat).
• Les **freins** sont des **forces négatives** conscientes ou non qui empêchent un individu d'agir (inhibitions / risques / peurs).
• Les **attitudes** sont une prédisposition à agir : c'est un ensemble de jugements, de tendances, un état d'esprit qui pousse à certains comportements. Les attitudes dépendent de la personnalité et de l'éducation, mais aussi de la position sociale, de l'appartenance à des groupes, de l'apprentissage (conditionnement et imitation). Elles résultent des connaissances, croyances, opinions et sentiments d'un individu à l'égard d'un produit, d'une marque, d'un point de vente ou d'une organisation. Leur caractère est **conatif** (faire agir), **cognitif** (faire connaître) ou **affectif** (faire aimer).
• L'**implication** dans l'acte d'achat symbolise l'importance qu'attache un individu à cet acte. Elle varie selon la nature du client et/ou selon le produit.

Les facteurs socio-culturels

• La **classe sociale** est un concept développé par les sociologues qui permet de décomposer la population en groupes d'individus ayant des niveaux de revenus assez proches et évoluant dans un milieu socioprofessionnel de même niveau. De nombreux achats sont dictés par la classe sociale.
• L'**âge** est un déterminant dans l'acte d'achat. La consommation diffère selon l'âge des prospects.
• Le **sexe :** hommes et femmes ne sont pas guidés par le même processus d'achat.
• La **famille** et sa composition va jouer un rôle dans l'acte d'achat. En effet, les enfants vont largement influencer les parents. (Ils sont prescripteurs.)
• La **culture** qui se caractérise par un ensemble de valeurs, normes, croyances, attitudes, coutumes, construit des comportements de consommation qui sont propres à un pays, une région, une religion. Elle influence largement les décisions d'achat.

Les situations commerciales

• Elles sont diverses et ne peuvent donc toutes répondre à un même processus de décision d'achat. Elles dépendent de :
– **l'environnement physique** (les lieux, la situation d'achat, les facteurs d'ambiance…) ;
– **l'environnement humain** (les prospects présents au moment de la transaction et leur humeur) ;
– **l'environnement temporel** (le moment, le matin, le midi, le soir, pendant les soldes…) ;
– Et **de multiples actions mercatiques** des fabricants ou des distributeurs : **promotions, PLV** (publicité sur le lieu de vente) **ou ILV** (information sur le lieu de vente). Ces situations commerciales sont souvent associées aux expériences de consommation réussies ou non qui vont influencer le comportement d'achat du consommateur.

Les expériences de consommation

• L'achat peut également être analysé selon sa nature, c'est-à-dire selon sa réflexion, sa récence, sa fréquence, et son montant. On parlera d'achats **routiniers, réfléchis ou impulsifs**. Il faut donc être en mesure de qualifier le type d'achat dans une situation donnée.
• L'identification des **intervenants** et leur **influence** peut compléter l'analyse d'un acte d'achat. On distingue principalement, le **consommateur**, l'**acheteur**, le **payeur**, le **prescripteur**, le **leader d'opinion** ou **conseiller** et le **distributeur**.

Le processus d'achat

• C'est l'ensemble normatif des étapes successives qui aboutissent pour le consommateur à l'achat d'un bien ou d'un service. L'apparition d'un **besoin** est la première étape, puis vient la recherche d'**information**, l'analyse des forces et faiblesses des produits proposés, leur comparaison et enfin l'**évaluation** puis la **décision**.
• L'ultime étape est **le sentiment post-achat** (satisfaction ou insatisfaction).
Attention, tous les achats n'impliquent pas le respect de toutes les phases.

MÉTHODE

Analyser le comportement du consommateur et rédiger une synthèse

Étape 1 : Lire l'étude, **repérer** et **noter** sur un brouillon les composantes du comportement d'achat du consommateur et les éléments du processus d'achat.
Facteurs **psychologiques** : personnalité / besoins / motivations / freins / attitudes / implications.
Facteurs **socioculturels** : famille / sexe / âge / appartenance à un groupe / leader d'opinion.
Facteurs de **situation** : situations commerciales / nature du produit / actions commerciales.
Expériences de **consommation** : le type d'achat en question : routinier / impulsif / réfléchi.
Influence des **participants** à l'achat : enfants / conjoints / amis / parents…
Étape 2 : Rédiger un paragraphe structuré autour d'un questionnement.

EXO

Une forte sensibilité aux valeurs citoyennes

[...] Le succès de l'agriculture biologique, ou celui du commerce équitable, constituent les preuves tangibles que les consommateurs sont aujourd'hui de plus en plus attentifs au comportement des entreprises et aux modalités de fabrication des produits qu'ils achètent. Mais quelle est l'ampleur réelle de ce phénomène en France [...]

[...] La sensibilité des Français à la « consommation engagée » est relativement affirmée : 44 % déclarent tenir compte, lors de leurs achats, des engagements que prennent les entreprises en matière de « citoyenneté » : ne pas recourir au travail des enfants, ne pas faire souffrir d'animaux, ne pas polluer... Cette attention au comportement des firmes a progressé de 6 points depuis 2002. Toutefois, elle ne s'est pas propagée à la même vitesse dans toutes les franges de la société : elle a gagné 15 points chez les jeunes, tandis qu'elle en perdait 5 chez les personnes de plus de 70 ans. D'une façon générale, ce sont les individus les plus « aisés » (cadres, diplômés du supérieur, titulaires des revenus les plus élevés...) et les urbains qui sont les plus sensibles à l'argumentaire citoyen. [...]

Payer les produits 5 % plus cher

[...] Cet intérêt des consommateurs à l'égard des biens éthiques va jusqu'à inciter 61 % d'entre eux à envisager d'accepter, à qualité de produit identique, un supplément de prix de 5 % pour obtenir des entreprises le respect des engagements de « citoyenneté » auxquels ils sont le plus attachés. Ce taux a au total gagné 9 points depuis 2002. C'est surtout pour éviter le travail des enfants que l'on est prêt à payer plus [...]

CRÉDOC, *Consommation et modes de vie*, n° 201, mars 2007

Rédigez un paragraphe structuré montrant le comportement du consommateur en matière de consommation éthique.

Mercatique

2

Les études mercatiques pour influencer ou répondre aux besoins des consommateurs ?

COURS

Pour agir efficacement, l'entreprise doit s'adapter à l'évolution permanente des besoins du consommateur et doit donc les connaître le plus tôt possible.

La mercatique stratégique

Domaines de l'étude de la demande	Des exemples d'études
Étude de la demande	Étude sur les besoins, les motivations, les freins, les attentes du consommateur Étude sur le comportement d'achat du consommateur (sa fréquence d'achat, ses habitudes, ses lieux…) Étude sur les intentions d'achat Étude de satisfaction
Étude de l'offre	Étude d'image de l'enseigne, du produit Étude de la concurrence Étude de notoriété de l'enseigne, du produit, de la marque Étude de positionnement

La mercatique opérationnelle ou les variables du plan de marchéage = 4 P

Domaines de l'étude mercatique	Des exemples d'études
Le produit (product)	Test du produit, de la matière, du conditionnement, recherche du nom et du logo (qui doivent être euphoniques, mémorisables, évocateurs, lisibles).
Le prix (price)	Relevé de prix Étude comparative des prix Étude du taux de marge, de la marge commerciale
La distribution (place)	Analyse du réseau de distribution ou des moyens de distribution potentiels. Analyse de la zone de chalandise (en cas d'implantation ou d'extension)
La communication (promotion)	Étude des moyens de communication possibles Étude d'impact d'une campagne Étude sur l'audience utile

Les différentes sources d'information

Les informations	Sources internes	Sources externes
Informations primaires : nécessaires à la résolution d'un problème mercatique, elles n'existent pas et doivent être créées. L'étude est conduite par l'entreprise ou une société spécialisée.	Étude conduite au sein de l'organisation (audit de la force de vente)	Enquêtes par questionnaires, entretiens, panels…
Informations secondaires : obtenues par la recherche documentaire, elles existent déjà, il suffit de les chercher.	Le SIM* fournit l'essentiel des informations ainsi que les tableaux de bord, les statistiques des ventes, le journal d'entreprise…	Obtenues auprès des banques de données (CCI, rapports et publications professionnelles…)

*SIM (système d'information mercatique) est un ensemble de ressources (matériels/logiciels/données/procédures) permettant d'acquérir, de traiter, de stocker et de communiquer des informations sur la demande, la concurrence, les clients.

Les informations à recueillir sur le consommateur

Ses caractéristiques	Répartition géographique, par sexe, par catégorie sociale. Nombre, évolution…
Ses comportements	Comportement de **consommation** : qui consomme ? quand ? avec qui ? à quelles occasions ? à quelle fréquence ? comment ? Comportement d'**achat** : qui achète ou participe à l'achat (couple, homme, femme, enfants, grands-parents…), où ? (par unité commerciale virtuelle ou physique) comment ? (Internet, par correspondance) quand ? (période, fréquence)
Ses attitudes	La **notoriété** mesure la présence à l'esprit du nom de la marque, de l'enseigne du produit. On distingue : – la notoriété spontanée : marque(s)/enseigne(s) citées spontanément ; – la notoriété assistée : marque(s)/enseigne(s) connues dans une liste. Le **top of mind** est le pourcentage de personnes qui citent la marque/l'enseigne en premier. L'**image** est l'ensemble des représentations mentales (le **perçu**) que se font les consommateurs d'une marque ou d'une enseigne. Le **degré de satisfaction** mesure la satisfaction post-achat.
Ses processus d'achat et de choix	Motivations et freins Préméditations à l'achat (réfléchi, impulsif, routinier…)

MÉTHODE

Les principales étapes d'une étude mercatique (le sondage)

Préparation de l'enquête
- Détermination des objectifs de l'étude
- ↓ Recherche documentaire
- ↓ Étude qualitative
- ↓ Plan de sondage

Terrain
- ↓ Administration du questionnaire

Exploitation des résultats
- ↓ Dépouillement et traitement des résultats
- ↓ Rédaction du rapport final

EXO

Une entreprise souhaite évaluer auprès des consommateurs le nombre de clients potentiels et mesurer leur intérêt pour le nouveau produit qu'elle est prête à lancer sur le marché français. Elle souhaite ainsi vérifier l'adaptation du produit au marché et aux attentes des clients actuels et potentiels. Présentez les étapes de l'étude qu'elle devra conduire pour s'assurer de la réussite de son produit.

3 L'étude qualitative : une réponse pour influencer ou répondre aux besoins du consommateur

COURS

L'étude qualitative

• L'entreprise commerciale recherche des **informations de nature qualitative** pour mettre en évidence les caractéristiques des différents acheteurs ou prospects.
• Cette étude est réalisée sur de petits échantillons (moins de 30 personnes) et n'a aucune ambition d'exhaustivité ou de représentativité des résultats. On la distingue de **l'étude quantitative**.

Les objectifs	Le questionnement
Connaître les habitudes de consommation, d'achat ou d'utilisation du produit	Pourquoi ce produit est-il consommé plutôt qu'un autre ? Comment est-il consommé ? Dans quelles circonstances ou quels lieux ?
Connaître les habitudes et le processus d'achat	Comment le produit est-il acheté ? (de façon routinière-réfléchie-impulsive)

Comparaison des études qualitative et quantitative

	Étude qualitative	Étude quantitative
Objectifs	Explorer Comprendre Énumérer Interpréter	Identifier Prédire Hiérarchiser Visualiser
Questions d'étude	Pourquoi ? Comment ? Dans quelles conditions ?	Qui consomme quoi ? Avec qui ? Où ? Quand ? Combien ? À quel prix ? Quelles variables expliquent le plus, le mieux la consommation ?
Explications	Interprétation des faits Réalité multiple Interdépendance des faits et observation	Faits mesurables, démontrables, vérifiables, reproductibles Indépendance des faits et de l'observateur Objectivité
Limites	Subjectivité Généralisation des résultats	Approche en surface Rationalisation des discours Mémorisation

E. Vernette, *L'Essentiel du marketing*, 3e édition.

• L'étude qualitative a pour objectif seulement d'identifier les **mécanismes psychologiques** qui vont appuyer sur les motivations et ceux qui vont lever les freins pour favoriser le processus d'achat. On distingue deux types d'analyses.

Les analyses non directives

• Elles permettent de comprendre les motivations et les freins et de **découvrir les valeurs perçues** autour d'une marque, d'une enseigne, d'un logo.
• L'**entretien non directif ou étude de motivation** montre comment le comportement du consommateur est directement influencé par des facteurs dont il n'a pas conscience. Il illustre un paradoxe : « plus on pose de questions directes moins on a de réponses vraies ». Dans chaque consommateur s'exprime une part d'irrationnel, de subjectif, d'affectif, d'émotionnel, que la mercatique prend en compte pour comprendre les pulsions ou les répulsions du consommateur.
• Ces entretiens durent 45 mn entrecoupées de phases de synthèse (Ex. : Vous trouvez donc que les crêpes avec la farine « Francine » sont plus légères ?) et de phases de relance.

• Ces entretiens sont filmés, car le non-verbal prime sur le verbal. L'entretien débute par une question ouverte de l'interviewer (Ex. : Pouvez-vous me dire ce que vous avez ressenti en prenant pour la première fois une gélule de paracétamol plutôt qu'un comprimé effervescent ?)
• **L'entretien semi-directif** permet d'analyser le processus qui conduit le consommateur à acheter un produit plutôt qu'un autre. Il est construit selon une trame définie par l'interviewer qui amène le consommateur à raconter son achat, ou à s'exprimer sur ses représentations mentales.
• **La réunion de groupe** est une technique utilisée pour comprendre le comportement d'achat du décideur soumis à l'influence de son milieu social. Ces entretiens filmés sont centrés sur la dynamique de groupe. Ils ne cherchent pas à faire apparaître la vérité telle qu'elle est mais telle qu'elle est perçue par le groupe. Ils sont utiles pour lancer un nouveau produit, une nouvelle campagne de communication….

Les analyses pour comprendre le processus d'achat

• Elles essaient de comprendre les mécanismes par lesquels se prennent les décisions d'achat. Il s'agit par exemple, dans le choix d'une paire de chaussures de sport, de comprendre comment les jeunes s'orientent sur une marque plutôt qu'une autre, une couleur plutôt qu'une autre.
• Ces analyses mettent en évidence les valeurs perçues et les attributs déterminants pour chacune des marques.
• Elles consistent à observer les consommateurs sur place, devant le rayon ou le produit, pour en analyser les prises en main, les manipulations, les utilisations détournées…

MÉTHODE

Conduire et réussir un entretien non directif

Ce qu'il ne faut pas faire	Ce qu'il faut faire
L'interviewer ne doit pas : – intervenir pour orienter les réponses de la personne interviewée ; – susciter ou orienter les réponses ; – donner son avis ou interpréter les pensées de l'interviewé ; – porter des jugements de valeur ou des opinions ; – blesser ou culpabiliser l'interviewé.	L'interviewer doit : – faciliter les réponses même les plus intimes ; – intervenir pour creuser les réponses et les approfondir ; – reformuler les réponses pour en être sûr et faire préciser le cas échéant ; – faire des synthèses régulières ; – pratiquer l'écoute active.

EXOS

1 Rédigez un entretien non directif pour découvrir les motivations d'une lycéenne qui achète un parfum.

2 Comment éviter le gaspillage de la mayonnaise ? En effet le gaspillage de la mayonnaise en tube d'aluminium dû à des compressions et torsions de tout genre a conduit le groupe UNILEVER à agir auprès de ses fournisseurs de conditionnement pour qu'ils modifient la qualité du tube et adoptent un doseur qui garantit la fraîcheur du produit sans entamer l'aspect esthétique du produit sur la table.

Selon vous, qu'est-ce qui a permis d'identifier le problème du gaspillage ?

4 L'analyse quantitative de la demande : l'enquête par questionnaire

COURS

Le sondage est une enquête ponctuelle qui consiste à interroger un échantillon à l'aide d'un questionnaire afin d'extrapoler (d'étendre) les réponses obtenues à l'ensemble de la population.

Les étapes de réalisation d'une enquête par questionnaire

1. Rédiger le projet d'enquête	
– Déterminer les objectifs de l'enquête.	Que veut-on savoir et pour quoi faire ? Cela va permettre de déterminer les différentes parties du questionnaire et de rédiger des questions adaptées.
– Choisir la population mère et l'échantillon.	Auprès de qui va-t-on collecter les informations ?
– Choisir la méthode d'administration des questionnaires.	◆ **Directement** : interviews dans la rue, en magasin, à domicile, par téléphone… ◆ **Indirectement** : questionnaire envoyé par la poste ou Internet.
– Rédiger le projet de questionnaire, le tester, le corriger.	L'adapter au mode d'administration choisi. Il doit être testé pour modifier les questions si nécessaire.
– Fixer le planning de réalisation et estimer son coût.	Indiquer quand et où procéder à son administration et faire une estimation du coût de l'enquête.
2. Administrer le questionnaire	
– Administrer le questionnaire.	La fiabilité des informations récoltées va dépendre de la manière dont sont posées les questions. Ne pas influencer.
3. Exploiter les résultats	
– Dépouiller l'enquête (logiciel spécialisé).	Traiter une importante somme d'informations.
– Analyser et synthétiser les résultats	Le dépouillement permet d'établir des tableaux ou graphiques représentant **des tris à plat ou croisés** qu'il convient ensuite d'analyser.

La détermination de l'échantillon

• La **population-mère** est l'ensemble de la population à étudier. L'**échantillon** est un sous-ensemble. La **taille de l'échantillon** est le nombre de personnes à interroger.

• La **méthode d'échantillonnage** est la façon dont va être constitué l'échantillon. La **représentativité** de l'échantillon est une condition pour que les résultats obtenus puissent être généralisés. La représentativité est assurée par différentes méthodes.

1. les **méthodes empiriques ou non probabilistes :** les personnes interrogées ne sont pas tirées au sort mais choisies en fonction de certaines caractéristiques :

- la **méthode des quotas** : l'échantillon respecte les proportions de la population de base (CSP, âge, sexe…). Une grille indique le nombre de personnes à interroger par catégorie. Méthode simple et peu onéreuse.
- la **méthode des itinéraires ou du semi-hasard** : l'enquêteur à un itinéraire précis à suivre, il ne doit interroger que les personnes faisant partie de son itinéraire.

2. les **méthodes probabilistes** impliquent de disposer d'une base de sondage (liste de personnes) disponible (liste des clients). Si l'entreprise ne la possède pas, elle doit la constituer (annuaire) ou l'acheter (auprès de CCI).

- L'**échantillon aléatoire simple** : des tables de nombres au hasard permettent d'obtenir une liste de numéros qui constitueront l'échantillon.
- L'**échantillon à plusieurs degrés** : la population est divisée en « degrés » au sein desquels des tirages au sort successifs seront effectués. (Ex. : tirage au sort de la région, puis du département, puis des communes.)

L'élaboration du questionnaire

• Un **questionnaire** est une suite structurée de questions posées à des individus. La démarche est la suivante : **recenser** les thèmes à aborder (en fonction des objectifs de l'enquête : ex. la satisfaction des clients), **hiérarchiser** les thèmes (en montrant les enchaînements), **définir** les informations à obtenir au sein de chaque thème (l'accueil, les horaires d'ouverture, la sympathie…) et **structurer** le questionnaire.

• Quelques **conseils pour formuler les questions** :
– utiliser un **vocabulaire précis et compris** de tous en évitant les termes techniques ;
– rédiger des **phrases courtes** et directes ;
– ne pas proposer de questions pouvant influencer la réponse (éviter les questions faisant appel à la mémoire).

L'analyse des résultats

Le dépouillement permet d'établir des tableaux et des graphiques représentant :
– des **tris à plat**, qui consistent à dépouiller une question en comptant le nombre de fois où chaque modalité de réponse a été choisie. (Ex. : à la question « Pratiquez-vous un sport ? », 34 % des interrogés ont répondu « Oui »).
– des **tris croisés**, qui permettent d'obtenir des réponses à une question en fonction des réponses à une autre question. On parle de **variable expliquée** et de **variable explicative**. (Ex. : Sur les personnes déclarant pratiquer un sport, 76 % sont des femmes. La variable explicative est le sexe et la variable expliquée est la pratique d'un sport.)

MÉTHODE

Rédiger les questions d'un sondage

• **Les questions fermées**

À choix unique	Pratiquez-vous un ou plusieurs sports ? ☐ Oui ☐ Non	Souvent des questions préalables à si oui/si non.
À choix multiples	Parmi les sports suivants, quels sont ceux que vous pratiquez ? ☐ Foot ☐ Tennis ☐ Basket	Facile à dépouiller, nécessite de connaître les alternatives.
De classement	Classez par ordre de préférence les sports suivants ☐ Athlétisme ☐ Ski ☐ Tennis	Le nombre de propositions ne doit pas être trop élevé (5/6).
À échelle	Selon vous, la pratique d'un sport est : ☐ Très importante ☐ Assez importante ☐ Peu importante ☐ Pas du tout importante	Les opinions proposées pourront être interprétées de façon différente selon les sondés.
Filtre	Possédez-vous un surf ? ☐ Oui ☐ Non	Permet de n'interroger que les sondés cibles de l'étude.

• **Les questions ouvertes**

Simple	Quel(s) sport(s) pratiquez-vous toutes les semaines ?	Questions intéressantes mais difficiles à dépouiller, risque de biais statistique.
Numérique	Combien de sports pratiquez-vous ?	

EXOS

1 Rappelez les différents modes d'administration du questionnaire. Présentez-en au moins trois avantages et trois inconvénients.

2 Vous souhaitez réaliser une étude sur la satisfaction des élèves de votre lycée au sujet de la restauration scolaire. Rédigez un questionnaire de 10 questions maximum.

5

L’analyse quantitative de la demande : pour répondre aux besoins ou les influencer ?

COURS

Le consommateur est un être rationnel qui va chercher à acquérir de l’information et la traiter pour réaliser la meilleure combinaison possible et opérer des choix. La mercatique l’a bien compris et va essayer de prévoir le comportement de l’acheteur par le recours à différents outils de recueil, de traitement et de stockage de l’information.

L’analyse quantitative de la demande

Demande totale			
Demande potentielle			NCA
Demande effective ou demande actuelle		NCR	
Clients de l’entreprise	Clients de la concurrence		

Demande totale = population totale.

Demande potentielle = ensemble des personnes susceptibles de consommer le produit.
= demande totale – non-consommateurs absolus (NCA)
ou = demande effective + non-consommateurs relatifs (NCR)

NCA (non-consommateur absolu) = ensemble des personnes qui ne consommeront jamais le produit pour des raisons personnelles ou physiques (Ex. : un shampoing pour les chauves).

NCR (non-consommateur relatif) = ensemble des personnes qui ne consomment pas le produit pour l’instant mais **qui sont susceptibles** de le consommer ultérieurement (Ex. : un rasoir pour adolescents).

Demande effective ou marché actuel ou réel = ensemble des personnes qui consomment actuellement le produit.
= clients de l’entreprise + clients de la concurrence
ou = demande potentielle – NCR

Les indicateurs de la demande

La demande en valeur	C’est le chiffre d’affaires réalisé pour un produit. **CA = quantités vendues × prix de vente hors taxes (PVHT)**
La demande en volume	Elle se calcule à partir du nombre de produits achetés par les consommateurs ou vendus par l’entreprise. Les unités de mesure : tonne, litre, nombre de pièces. Pour les services, les unités sont à définir (nombre de coupes de cheveux pour un coiffeur, kms voyageurs pour les transports…).
La fréquence d’achat	C’est le nombre de fois où le produit est acheté durant une période déterminée.
Le panier moyen	Il représente la dépense moyenne des clients dans un magasin à chaque visite. (Ex. : le Super U de Rennes Bréquigny indique un panier moyen de 45 € en 2011).
Le taux d’équipement ou de possession	C’est le pourcentage d’une population utilisant le produit. (Ex. : en 2011, on estimait le taux d’équipement des ménages français en téléphonie mobile proche de 97 %.)

La contribution du SIM (système d'information mercatique) à la connaissance du consommateur

• Un SIM est un ensemble structuré de moyens et de procédures qui, devant l'amplitude et la profusion des informations, est devenu un soutien essentiel à la prise de décision. Il doit être conçu de façon à fournir des informations pertinentes, claires, exploitables, récentes, fiables et mémorisables sur le comportement du consommateur. Le SIM se compose de **données**, de **personnes** et de **technologies**, de **matériels** et de **procédures** permettant donc d'acquérir, de traiter, de stocker et de communiquer des informations relatives à la demande, aux clients…

• **Enjeu :** le SIM détermine les besoins, le recueil, le stockage, le traitement et le contrôle de l'information, car celle-ci est l'élément majeur de la prise de décision. Les nouvelles technologies de l'information (la communication par les réseaux informatiques) sont déterminantes. L'intranet et l'Internet sont les deux vecteurs de transmission, de collecte et de stockage de l'information.

• Les **data-warehouses** sont des entrepôts qui permettent de stocker les données afin d'être analysées par des logiciels (*data-mining*) suffisamment performants pour aboutir à une prise de décision.

Les informations contenues dans ces énormes ordinateurs sont constituées de deux critères :
– le critère générique qui renvoie à la récence et la fiabilité de l'information ;
– le critère contextuel (les informations doivent être liées au problème à résoudre).

MÉTHODE

Découper un marché et identifier les acteurs : 5 étapes de travail

Étape 1 : **dénombrer le nombre de ménages équipés et non équipés**
Marché total = ménages équipés + ménages non équipés
= marché actuel + non-consommateurs

Étape 2 : **identifier et dénombrer les non-consommateurs absolus (NCA).**
Non-consommateur absolu = individu ne souhaitant définitivement pas consommer

Étape 3 : **présenter la demande effective.**
Demande effective = demande de l'entreprise + demande des concurrents
= ménages équipés

Étape 4 : **dénombrer les non-consommateurs relatifs (NCR).**
Marché total = marché actuel + NCR + NCA
NCR = marché total – marché actuel – NCA

Étape 5 : **dénombrer le marché potentiel.**
Marché potentiel = marché actuel + NCR

EXO

À l'occasion du salon de l'électroménager, le directeur des ventes de la société POOLWHIR communique les informations sur le marché du sèche-linge :
– 4,5 millions de ménages sont équipés d'un sèche-linge (sur la base de 24 millions de ménages en 2011) ;
– 20 % des ménages non équipés n'envisagent pas d'acheter un sèche-linge à l'avenir ;
– L'entreprise POOLWHIR a conquis 875 000 ménages en 2011.

Découpez le marché en demandes totale, potentielle et effective en distinguant les NCR et les NCA.

6 Pourquoi la mercatique influence-t-elle les besoins des consommateurs ?

COURS

Le marché est un lieu de rencontre entre l'offre et la demande. L'étude de marché permet d'appréhender ces composantes dans un environnement économique, social, politique, technologique, juridique et surtout concurrentiel.

La concurrence

• L'étude de la concurrence a pour objet non seulement d'identifier et de dénombrer les produits semblables et/ou de substitution mais aussi d'analyser la stratégie mercatique des autres entreprises en matière de produit, de prix, de distribution et de communication (les 4 P du plan de marchéage). Cette étude dispose d'indicateurs **quantitatifs** (chiffre d'affaires, ventes en volumes, en valeurs, parts de marché (PDM), marges…) et d'indicateurs **qualitatifs** (image, fidélité, qualité…).
• La **concurrence directe** porte sur **des produits de même nature** (Renault Clio et Peugeot 408).
• La **concurrence indirecte** porte sur **des produits de substitution** (sur le marché des loisirs, concurrence entre : bowling, piscine, cinéma, club de sport…).
• Le **calcul de la part de marché (PDM)** permet de déterminer la position concurrentielle des entreprises. Elle est un indicateur majeur.

Position concurrentielle	Définition
Chef de file (leader)	Détient la plus grosse PDM, impose sa stratégie aux concurrents, est un *price maker* (faiseur de prix). Il ne peut y avoir qu'**un seul leader**.
Prétendant (challenger)	Détient une PDM suffisamment importante pour envisager de prendre la place de leader. Il peut y avoir **deux challengers** si les **PDM sont très proches**.
Suiveur	Détient une **faible PDM**, s'adapte aux évolutions du marché et réagit aux actions des concurrents, est un *price taker* (preneur de prix).
Outsider (nouvel arrivant)	Arrivé récemment sur le marché, il enregistre une forte croissance.
Sortant	Perd ses parts de marché depuis **plusieurs années**.
Spécialiste	Est concentré sur un créneau spécifique.

La segmentation

• Elle consiste à découper le marché, par nature hétérogène, en sous-ensembles homogènes mais distincts et composés d'individus ayant des caractéristiques et des comportements proches.
• Ces segments doivent être **accessibles** (par des actions mercatiques) et **rentables** (permettre un retour sur investissement des actions mercatiques). Les critères de segmentation traditionnels sont :
– les critères **sociodémographiques** : le sexe (marché du prêt-à-porter), l'âge (marché des loisirs), la taille du foyer (marché de l'automobile) ;
– les critères **géographiques** : le climat (marché de la climatisation), le type d'habitation (marché du mobilier de jardin) ;
– les critères **comportementaux** : habitudes de consommation, bénéfices recherchés…
• **Critiques :** la segmentation est simplificatrice, temporaire et toujours subjective de l'analyse de la demande. Elle doit évoluer en fonction de la dynamique de l'offre ou celle de la demande. Tout succès mercatique n'est, dès lors, que **provisoire**.

Ciblage, positionnement, couple produit/marché

• L'entreprise ne va pas retenir tous les segments. À partir des attentes de la demande, elle construit son offre, la modifie et la personnalise selon différentes stratégies : mercatique « **one to one** », offre pour tous « **one to many** », offre pour quelques-uns « **one to few** ».
• Le **positionnement** est la place que l'entreprise doit ou devrait occuper dans l'esprit du consommateur par rapport aux concurrents. Il doit y avoir une **cohérence** entre le positionnement **voulu** par l'entreprise et celui **perçu** par le consommateur. L'outil qui permet le mieux d'interpréter ce positionnement est une carte **perceptuelle** ou carte de **positionnement**.
• Il s'agit maintenant de répondre à la question « Quels produits pour quels marchés ? ». L'étude de marché permet donc à l'entreprise de cibler ses clients et de construire ainsi des actions commerciales adaptées à leurs attentes.

MÉTHODE

Principaux éléments d'une analyse de marché.

1. **L'introduction** présente le marché et sa tendance générale : croissance, déclin, maturité, stagnation.
2. **La demande** doit être abordée sous deux angles :
– **Les aspects quantitatifs** : structure de la consommation (Qui consomme quoi ? Quand ? Où ?) ; et estimation du pouvoir d'achat consacré au produit ;
– **Les aspects qualitatifs** : repérage des besoins, motivations, freins et attentes des consommateurs, présentation du profil type, du comportement d'achat.
3. **L'offre** doit tenir compte des éléments suivants :
– L'analyse des **produits vendus** : caractéristiques commerciales, techniques ou psychologiques, position dans le cycle de vie, rôle dans la gamme, segments, capacité à répondre aux besoins ;
– L'analyse des **offreurs** : acteurs, PDM, positionnement et image, politique commerciale ;
– L'analyse de la **distribution** : repérage des différents circuits avec PDM et méthodes de vente.
4. **L'environnement** : repérer l'incidence des éléments environnementaux sur les acteurs du marché.
5. **La conclusion :** donner des pistes pour élaborer un plan de marchéage.

EXO

À l'aide du texte ci-dessous, analysez le marché des produits alimentaires bio.

BIO. Les 5 raisons qui poussent les Français à consommer bio : préserver la santé (91 %), qualité et goût des produits (89 %), sécurité (87 %), préserver l'environnement (87 %), raisons éthiques (62 %).

Et les 2 raisons qui freinent la consommation : prix trop élevés (79 %), manque de réflexe (66 %).

Production : fin 2010, la France comptait, environ, 20 600 agriculteurs bio, soit 50 % de plus qu'en 2008 et 25 % de plus qu'en 2009. Cela représente plus de 4 100 nouveaux agriculteurs engagés en un an. Au total, ce sont 30 000 opérateurs qui travaillent en bio en France, toutes activités confondues (producteurs, préparateurs, distributeurs).

Il impose son rythme. [...] Les ventes de produits alimentaires bio ont affiché une progression de 10 % en France l'an dernier par rapport à 2009, avec un chiffre d'affaires record de 3,3 Mds €. [...] De nouvelles habitudes de consommation sont en train de s'installer. [...] Désormais, ce sont plus de 4 Français sur 10 qui consomment des produits bio au moins une fois par mois. [...] En 2010, comme en 2009 et en 2008, 39 % des Français ont déclaré avoir acheté des produits bio (dans les 4 semaines ayant précédé l'enquête). Qui sont ces consommateurs ? Des femmes, essentiellement. [...] Le nombre de consommateurs-acheteurs n'ayant que 2 ans de consommation ou moins est aujourd'hui de 25 % alors qu'il était de 20 % en 2009 et de 14 % seulement en 2007 ! [...].

L'offre s'élargit. Les produits bio les plus consommés sont les fruits et légumes (par 80 % des consommateurs-acheteurs). Arrivent, ensuite, les produits laitiers [...], les œufs, les produits d'épicerie. Le premier lieu d'achat des produits biologiques reste les GMS (pour 70 % des acheteurs de produits biologiques). Suivent les marchés (41 %), les fermes (24 %). [...].

GMS ET SPÉCIALISTES cultivent leurs différences. [...] La GMS s'affirme comme le circuit économiquement dominant du bio. Le nouveau bio-discount s'illustre dans toutes les enseignes. C'est la gamme « Mieux vivre bio à 1 euro », lancée par Auchan en mai 2010. [...] Parallèlement, l'offre s'étoffe considérablement, de sorte que les GMS font, pour la première fois en 2010, de l'ombre aux circuits spécialisés qui ont connu une année 2010 en demi-teinte. Biocoop qui réalise 450 M€ de CA n'a progressé que de 2 % alors que l'année 2009 s'était conclue par une croissance de 15 %. [...] Même ralentissement en 2010 pour La Vie Claire en croissance tout de même d'environ 10 %.

Double jeu. La concurrence est d'autant plus vive entre les deux types de circuits que le bio reste un marché relativement modeste. Il représente seulement 2 % du total des produits alimentaires vendus en libre-service. [...] Chacun se bat, pour l'instant, avec ses propres armes : les prix et les volumes pour la GMS et la largeur de l'offre et l'éthique pour les spécialistes. [...]. Selecta (leader européen de la restauration d'appoint) [a] installé en test, dans les gares parisiennes, un nouveau distributeur automatique de boissons et de produits de snacks, sains et biologiques [...].

Isabel Gutierrez, *Points de vente n°1093* et *www.pointdevente.fr*, 09/05/2011

7 L'entreprise vend-elle un produit, un service ou une image ?

COURS

Pour répondre aux attentes et aux besoins des clients, la mercatique construit une offre composée à la fois de biens et de services. L'offre doit être en **adéquation** permanente avec le marché (couple produit/marché), être **différenciable** (marque, gamme) et sans cesse **se renouveler** (gamme, assortiment) en raison d'une concurrence toujours plus exacerbée et d'un consommateur exigeant.

L'offre : une combinaison de produits et de services

• Un **produit** est défini comme un bien ou un service que l'entreprise propose sur un marché à un prix donné, pour répondre à un ou plusieurs besoins génériques identifiés (téléphoner, laver son linge…). Le produit possède des **caractéristiques techniques** (forme, poids, performances…) et des **caractéristiques commerciales** qui correspondent à l'image, aux symboles, à la notoriété véhiculée par le produit.
• Un **bien** est un élément matériel, tangible (que l'on peut toucher). Il se classe en fonction de sa durée de vie (bien non durable ou durable) et de sa fréquence d'achat (bien banal acheté régulièrement ou anormal acheté exceptionnellement).
• Un **service** est une activité ou une prestation soumise à un échange, essentiellement intangible, et qui ne donne lieu à aucun transfert de propriété.

Le couple produit/marché

Le produit est une réponse stratégique de l'entreprise au marché. Il est donc nécessaire que l'**offre globale** soit d'abord en adéquation avec les motivations et les attentes du consommateur et qu'elle prenne en compte l'offre des concurrents afin de se différencier. Le produit doit aussi intégrer les contraintes et/ou les opportunités de l'environnement qui sont susceptibles d'entraîner des modifications de l'offre globale.

Le concept d'offre globale

• L'offre globale comprend :
– **le bien ou le service principal** qui correspond directement au besoin principal de la clientèle ;
– **les services associés** qui accompagnent l'offre. Ce sont des prestations gratuites ou payantes, nécessaires ou complémentaires de l'offre principale (livraison, formation, remplacement, réparation, facilités de paiement, garanties supplémentaires…).
• L'intérêt de l'offre globale est de permettre à l'entreprise de se différencier de la concurrence et d'obtenir un avantage concurrentiel, d'**augmenter la valeur perçue de l'offre** et de justifier un prix supérieur par des services associés.

La gamme – la politique de marque

L'offre complète prend son sens dans le cadre d'une gamme.
• **Une gamme** est un ensemble homogène de produits et de services qui ont un lien entre eux car ils satisfont à une même catégorie de besoins. On caractérise une gamme à travers sa dimension (largeur, profondeur, étendue), ses niveaux (entrée de gamme, milieu de gamme, haut de gamme), et sa composition par le type de produit : produits leaders, produits d'appel, produits régulateurs, produits contributeurs (voir MÉTHODE page 79).
• Une gamme est composée d'un plus ou moins grand nombre de produits (ou de services) qu'on peut regrouper en plusieurs **types de lignes** ou **famille de produits**. Une **ligne** est une famille de produits ayant des caractéristiques communes. Chaque ligne est faite de plusieurs modèles généralement développés à partir d'un produit de base. (La gamme de soins pour hommes Nivea se compose de trois lignes de produits : les gels nettoyants visage, les soins du visage et les soins après-rasage).
• **Une adaptation de l'offre à la logique de la gamme** : une gamme équilibrée prend en compte la contribution des différents produits aux objectifs commerciaux et financiers. Les différents produits qui composent la gamme doivent être complémentaires et jouer des rôles différents. L'entreprise doit pouvoir faire évoluer sa gamme et, le cas échéant, mener des actions correctives afin d'assurer la cohérence de son offre : extension (nouveaux modèles), modernisation (rajeunissement des produits anciens), réduction (abandon de certains produits) de la gamme.

MÉTHODE

Caractériser l'offre d'une entreprise commerciale en 4 étapes : la gamme

Étape 1 : poser les définitions : gamme – niveau de gamme – profondeur – largeur – composition.
Caractériser une gamme, c'est prendre en compte sa **largeur** (nombre de lignes de produits ou services), la **profondeur** de chacune de ses lignes ainsi que sa **longueur** :
– **Largeur** d'une gamme : nombre de lignes de produits proposées (Renault a neuf lignes de produits, alors que Smart n'en a que deux).
– **Profondeur** d'une ligne : nombre de modèles ou de références de produits dans une ligne (tous les modèles de la Twingo : cylindrée, couleur, options, etc.).
– **Longueur** dans la gamme : nombre total de modèles dans la gamme, c'est-à-dire somme de tous les modèles de toutes les lignes.
Étape 2 : qualifier la gamme.
Les **niveaux d'une gamme** reposent sur les notions de prix et de qualité. On distingue trois niveaux :
– **Bas** de gamme ou **entrée** de gamme : il est associé au premier prix et à une mauvaise qualité ; il permet de fortes ventes à prix bas.
– **Milieu** de gamme ou **moyenne** gamme : associé à un bon rapport qualité/prix.
– **Haut** de gamme : produits ou services de grande qualité, pas forcément de luxe.
Étape 3 : représenter graphiquement la gamme si possible.
Étape 4 : situer la fonction des produits dans la gamme – structurer la gamme.
– Produits **leaders** : ce sont ceux sur lesquels reposent le CA, la notoriété et l'image de l'entreprise, la rentabilité (Twingo, Clio, Scénic, Mégane).
– Produits **d'avenir** : produits nouveaux destinés à devenir des produits leaders et à assurer la prospérité future de l'entreprise (Captur).
– Produits **d'appel** : produits dont le prix est particulièrement faible, destinés à attirer la clientèle et à faire connaître la gamme par le bas (Twingo, Clio).
– Produits **tactiques** : produits qui sont une réponse à la concurrence (Laguna coupé).
– Produits **régulateurs** : produits qui permettent de compenser les variations saisonnières des ventes de certains produits (glaces l'été et gâteaux glacés à décongeler l'hiver). Ils assurent un chiffre d'affaires régulier.

EXOS

1 La société Mirabelle fabrique des confitures depuis 2007. Madame Mirabelle la dirige depuis sa création. C'est une petite société et ses produits sont surtout distribués dans la région de Saint-Nazaire (44), là où elle est implantée, dans les épiceries fines. Madame Mirabelle est bien consciente qu'elle n'est pas en mesure de rivaliser avec les grandes entreprises du secteur mais elle souhaite développer sa société en innovant. Elle propose 4 familles de produits :
– La « MIRABELLE » : confiture pur fruit ; 3 conditionnements différents. Cette famille génère la plus grosse part de CA.
– La « RAMIBELLE » : confiture au sucre Stevia 0 % (= 0 calorie) avec des morceaux de fruits ; 2 conditionnements différents. Ces produits ont été lancés pour répondre au marché de l'allégé.
– La « BELLEMIRA » : confiture au beurre salé de Guérande ; 1 conditionnement.
– La « MIBELRA » : confiture pour préparations cuisinées ; 1 conditionnement.
Caractérisez l'offre de la société Mirabelle.

2 L'entreprise Glasnosk fabrique et vend des désodorisants. L'analyse des statistiques des ventes est la suivante :

Produits / Années	1	2	3	4
N	460	12 000	8 000	-
N + 1	450	12 200	9 000	100
N + 2	410	12 300	10 000	200
N + 3	380	12 100	20 000	280
N + 4	300	12 150	21 500	300

Indiquez, pour chaque produit, dans quelle phase du cycle de vie il se trouve en précisant pour chacune le niveau des ventes, de la rentabilité, de la concurrence, ainsi que la stratégie marketing adaptée à mettre en œuvre.

8 Comment l'offre cherche-t-elle à asseoir son image ?

COURS

L'offre cherche avant tout à se différencier grâce à différents éléments **matériels** et **immatériels** qui servent de « vendeurs muets » dans sa mise en valeur, mais elle doit être également cohérente avec le positionnement perçu par le consommateur.

Composantes matérielles

• Ce sont les **caractéristiques techniques** du produit : soit physiques (composition, couleur, dimension, puissance), soit fonctionnelles (utilité) ou encore d'identification (conditionnement, nom, étiquette). Elles différencient l'offre.

• **Le nom du produit** est le moyen de désigner, d'identifier un produit ou un service. C'est la dénomination de vente, le nom générique. Certains noms sont imposés ou réglementés selon la nature, la production du produit ou le traitement qu'il a subi. Le nom se différencie de la **marque**.

• **Le conditionnement** est la première enveloppe du produit, en contact avec le produit.

• **L'emballage** peut être le conditionnement ou toute couche supplémentaire ajoutée au conditionnement. Ses fonctions physiques et fonctionnelles sont : protection, conservation, facilité de transport, stockage, présentation en linéaire, identification, utilisation et élimination après usage par les consommateurs.

• L'emballage a des fonctions de communication : il donne des informations (facultatives et obligatoires) et constitue un support de promotion ou de messages de la part du producteur ou du distributeur. Il permet la reconnaissance du produit et la construction d'une image dans l'esprit du consommateur. C'est un élément de différenciation.

• **Le conditionnement et l'emballage** doivent exprimer les attentes, la satisfaction à venir du consommateur en contact avec l'offre. Ainsi, la forme, les matériaux utilisés, les couleurs, le graphisme (dessins, photos, caractères typographiques), l'emplacement et la disposition des textes, le nombre et la forme des étiquettes jouent des rôles essentiels dans cette approche de la demande.

• **Le packaging** joue le **rôle de vendeur muet** dans la vente en libre-service et permet de différencier les produits afin d'éviter la banalisation dans les linéaires.

• **L'étiquette** réunit l'ensemble des mentions obligatoires ou non, figurant sur le conditionnement. Elle permet au consommateur de comparer les produits. Les mentions obligatoires sont : nom, composition, quantité/poids net, date limite d'utilisation, date de fabrication, nom et adresse du fabricant ou du distributeur, lieu de provenance ou origine du produit, mode d'emploi ou de conservation si nécessaire, prix à l'unité et au kilo, code-barres, logo de recyclage.

Composantes immatérielles

• Ce sont tous les éléments symboliques, la perception ou l'image de l'offre dans l'esprit du consommateur. Au-delà d'un produit, l'entreprise vend une image, une dimension sociale, des valeurs, du rêve, un style de vie. Ces dimensions symboliques du produit reposent essentiellement sur la marque et sur la stylique. L'importance des composantes immatérielles de l'offre s'explique par la puissance des facteurs psychosociologiques et comportementaux de la demande.

• **La marque** est le premier média de l'entreprise (cf. Méthode).

• **La stylique ou design** désigne l'esthétique globale du produit obtenue par ses formes, ses couleurs, le choix des matériaux, etc. L'esthétique peut concerner le produit seul et/ou le produit et son conditionnement (Canard WC, CillitBang).

• **Les fonctions du design** sont les suivantes : donner une **personnalité** au produit et viser à concilier efficacité et esthétique (produit non seulement beau mais aussi fonctionnel) ; se **différencier** de la concurrence (iMac d'Apple) ; **véhiculer** une image du produit et de l'entreprise ; **satisfaire** un consommateur qui recherche le beau et le confort ; **réagir** face à la concurrence ; **valoriser** l'offre en justifiant un prix plus élevé et en favorisant la relance des produits qui se trouvent dans la phase de maturité ou de déclin ; **offrir** des opportunités d'innover en adaptant le produit aux évolutions sociologiques (les modes, les attentes des consommateurs, les valeurs, les styles de vie).

MÉTHODE

Analyser et caractériser une marque

Étape 1 : définir la marque et sa raison.
La marque est à la fois un signe distinctif, un moyen d'expression, une signature et une valeur de référence. Le consommateur n'achète pas que le produit mais aussi une **assurance de qualité**. La marque diminue la prise de risque et accroît l'assurance satisfaction. Elle donne de la valeur à l'entreprise. Elle peut prendre des formes variées.

Étape 2 : repérer les types de marques.
– La marque de **producteur** ;
– La marque de **distributeur** ;
– La marque **générique** « sans marque », donne uniquement les informations obligatoires sur l'emballage ;
– La marque **premier prix** correspond aux produits les moins chers ;
– La marque **ombrelle** est un nom unique servant à désigner un ensemble de produits hétérogènes, ayant chacun une promesse spécifique (Samsung : TV, ordinateur, tablette…) ;
– La marque **gamme** donne un nom pour chaque gamme de produits (Nivea for Men, Nivea anti-âge) ;
– La marque **caution** a une notoriété et une image qui suffisent à authentifier le produit (Nescafé) ;
– La marque **produit** donne à chaque produit un nom individuel (Coca zéro, Bonduelle, Nutella).

Étape 3 : identifier les composantes de la marque.
• La marque s'accompagne de codes : visuels, audiovisuels, auditifs (jingle), olfactifs.
• La marque peut être : un nom **patronymique** ou **géographique** (Yves Rocher, Vittel, Évian), un **prénom** (surgelés Marie), une association de **lettres** (KB, OMO, BNP, AXA), une association de **chiffres** (1664), une association de **lettres et de chiffres** (K2R), un terme significatif ou non (SKIP, Taillefine), un personnage fantaisiste (le bibendum Michelin, le clown Mac Donald), un slogan (« Avec Carrefour, je positive », « 0 blabla, 0 tracas », « À fond la forme »).

Étape 4 : repérer les fonctions de la marque.
• La marque a une **valeur globale** qui permet de rassurer le client en **réduisant le risque perçu** : elle garantit un niveau de qualité, gage de performance. Elle facilite le **repérage** du produit par le logo. Elle représente une identification émotionnelle, un **signe de reconnaissance et d'appartenance** à un groupe. Elle contribue enfin à la valorisation de l'offre : le **capital marque**.

Étape 5 : décrire les critères de qualité de la marque.
Pour être efficace, la marque doit avoir des qualités commerciales et juridiques.
• **Les qualités commerciales :** la marque doit être lisible, facile à prononcer pour être utilisable à l'étranger, mémorisable (Danone se décline en Danao, Danette, Dany ; Nestlé en Nescafé, Nesquick), évocatrice du produit ou de la promesse (la marque Soupline évoque la douceur), et véhiculer des valeurs positives.
• **Les qualités juridiques** :
– être disponible auprès de l'INPI (pour assurer une protection contre la contrefaçon) ;
– ne pas être générique (yaourt nature, stylo, réfrigérateur…) ;
– être licite et pour cela ne pas nuire aux bonnes mœurs (mots grossiers, violents) ;
– ne pas comporter de signes interdits (drapeaux, emblèmes officiels) ;
– ne pas induire en erreur sur la nature, les caractéristiques ou la provenance du produit.

EXO

Analysez et caractérisez la marque Apple.

Premier logo, rapidement remplacé par celui imaginé par Rob Janoff.

Deuxième logo, dessiné par Rob Janoff avant l'ajout des couleurs demandé par Steve Jobs.

Troisième logo, les couleurs chaudes au centre insistent visuellement sur la pomme mordue.

Quatrième logo, passage au monochrome et ajout d'un effet de relief avec effet vitré.

Cinquième logo, passage à un effet chrome.

9 Le prix est-il la seule variable importante pour le consommateur ?

COURS

Le prix, variable du plan de marchéage est un **facteur clé** de la pérennité de l'unité commerciale. Il est, dans un contexte hyperconcurrentiel, devenu un élément extrêmement sensible dans sa fixation comme ses variations. La politique de prix est aujourd'hui le résultat d'une **réflexion d'ordre stratégique**. Mais la perception de la valeur de l'offre ne passe-t-elle que par le prix ?

Valeur de l'offre : d'autres variables que le prix

La valeur d'une offre n'est pas la même pour l'entreprise et pour le consommateur.
• **Pour l'entreprise :** la valeur de l'offre repose sur des critères économiques (CA), financiers (profitabilité) et stratégiques (gains de parts de marché, compétitivité).
• **Pour le consommateur :** avant ou après l'achat, le client attribue une valeur à une offre en comparant les avantages attendus et l'importance des sacrifices qu'il doit consentir pour obtenir cette offre. Il s'agit d'une valeur perçue, donc toujours plus ou moins subjective : un même produit a des valeurs différentes d'un individu à l'autre.

Perception de la valeur de l'offre

Qualité, positionnement et image sont les trois éléments de la perception de la valeur d'une offre.
• **La qualité** est la mesure d'une offre globale répondant aux attentes des clients et perçue par eux comme y répondant mieux que les produits concurrents. Différents critères ont été mis en place par les pouvoirs publics ou par les organisations professionnelles pour valoriser ou garantir la qualité des produits : normes, certifications, appellations d'origine…
• **Le positionnement** consiste à concevoir une offre et à lui conférer une position spécifique dans l'esprit des consommateurs. Il contribue à forger l'identité de la marque et crée une personnalité à l'offre.
• **L'image de marque** influence la perception de la valeur de l'offre. Élément de communication, elle véhicule une image auprès du public. Elle peut être définie comme **l'ensemble des représentations mentales** attribuées par les consommateurs à un produit ou à une entreprise.

MÉTHODE

Analyser une politique de prix

Étape 1 : prendre en compte la concurrence.
La fixation des prix dépend des niveaux de prix pratiqués par la concurrence (relevé de prix périodique des concurrents). L'entreprise peut ainsi calculer le prix moyen du marché et connaître l'échelle des prix pratiqués.
Étape 2 : repérer les contraintes juridiques (cf. la protection du consommateur, cours de droit). Ces dispositions cherchent à préserver la loyauté et l'équilibre des relations commerciales entre les partenaires (producteurs et distributeurs) et à protéger le consommateur (affichage des prix, soldes).
Étape 3 : identifier les politiques de prix possibles.

	Définition	Avantages	Inconvénients
Prix unique	Consiste à proposer un **prix unique** pour un produit ou un service.	– Tous les consommateurs payent le même prix : un frein à la consommation est levé.	– Limite les possibilités de rabais quand il est imposé par la loi (prix unique du livre). – Limite la concurrence.
Prix forfaitaire	Consiste à appliquer un prix pour la vente d'un **ensemble de produits** ou services dont la valeur totale peut être inférieure ou supérieure à la somme des prix unitaires de chacun des produits.	– Incite le consommateur à acquérir des produits qu'il n'aurait pas acheté à leur prix habituel. – Génère plus de C.A.	– Pousse le consommateur à acheter des produits qu'il n'aurait pas acquis sans cette offre. – Rend le consommateur captif (le prix engage le consommateur sur une période).

	Définition	Avantages	Inconvénients
Yield Management	– Consiste à proposer de très nombreux **tarifs différenciés variables** au jour le jour. – Permet d'offrir un service qui correspond aux **capacités de paiement de chaque segment** de clientèle. – Offre des **prix évolutifs** en fonction des capacités offertes par l'entreprise en dernière minute.	– Sert à maximaliser la clientèle : l'entreprise fait dépenser le maximum à ceux qui sont en mesure de payer, et inversement, ne perd pas les clients prêts à accepter certaines contraintes pour payer moins cher. – Permet à l'entreprise de calculer en temps réel les meilleurs prix.	Exemple de la surréservation : pour anticiper les défections de dernière minute, les compagnies aériennes vendent plus de places que l'avion ne peut en contenir, ce qui leur permet de proposer des prix attractifs et de remplir leurs avions.
Gratuité	– Nouveau modèle économique développé par le biais de l'économie numérique. – S'appuie sur un **paradoxe** : gagner de l'argent en choisissant de ne rien faire payer.	– Met à contribution les consommateurs : ceux-ci apportent (sur des forums) des réponses aux questions d'autres utilisateurs. – Entretien faible du réseau.	– Rend le consommateur captif (exemple : la vente de l'imprimante à 1 €, financée de fait par la vente de consommables).
Tarification différenciée (modulation des prix)	– Applique un **prix différencié** en fonction de critères tels que le volume de consommation et les caractéristiques de la clientèle (fidélité, fréquence d'achat, âge…). – Cette stratégie de prix s'appuie sur des bases connues, objectives.	– Fidélise les clients. – Permet une marge supérieure et une rentabilité atteinte plus vite. – Personnalise les tarifs. – Atténue le caractère saisonnier des ventes en régulant le flux d'activité grâce à des modulations tarifaires.	– Développement d'un sentiment d'injustice : les clients ne comprennent pas les différences de prix. – Risque de cannibalisation des produits à tarifs classiques par les produits à prix réduits.

EXO

En quoi le prix unique du passe Navigo est-il une source d'avantages pour le consommateur ?

Le passe Navigo à prix unique [...], en clair, la disparition des zones de transport sur le RER, en fonction desquelles varie le prix du fameux pass [...] En effet, depuis le 1er septembre 2012, le passe Navigo à tarif unique est opérationnel tous les week-ends et jours fériés. En 2013, du 14 juillet au 15 août, ces passes Navigo seront dézonés. Les abonnés à deux zones pourront aller aux confins de la zone 5 pour le même prix. « C'est une mesure en faveur de ceux qui ne partent pas en vacances, afin qu'ils puissent se déplacer dans toute l'Île-de-France sans payer plus », explique Pierre Serne, vice-président au Conseil régional (EELV). [...] L'étape suivante est la création d'un passe Navigo multizone qui apportera de nombreux avantages aux utilisateurs. **Baisse tarifaire pour les « 5 zones ».** Pour les abonnés « 5 zones », qui n'ont rien gagné au dézonage le week-end et ne gagneront encore rien à celui de mi-juillet, une baisse de prix sera appliquée sur un mois d'abonnement l'été, entre 5 à 10 %. **Seniors et invalides en profitent aussi.** Les cartes Navigo Améthystes réservées aux personnes âgées et invalides, gratuites ou à des tarifs réduits en fonction des revenus seront aussi dézonées le week-end, à partir du 1er mars 2013. 380 000 personnes sont concernées. Autres avantages, **se réabonner chez soi.** Depuis le début du mois de février, il est possible d'éviter les files d'attente aux bornes de rechargement en se réabonnant chez soi. [...] **Complément de parcours** [...]. Avant 2013, pour aller au-delà des zones de son abonnement, [...] il fallait acheter un ticket complet. Depuis le début de l'année, il suffit de charger le complément (sur son passe). Par exemple, avec un Navigo deux zones [...] le voyageur devait acheter un billet Paris-Roissy pour aller à l'aéroport CDG. À présent, il ne paie que de la zone 3 à la zone 5, c'est-à-dire le « complément ».

www.lejdd.fr/JDD-Paris/Actualite/

10 Le produit a-t-il un prix ?

COURS

La politique de prix traduit les objectifs de profit de l'entreprise mais doit également prendre en compte les fortes contraintes internes et externes qui réduisent les marges de manœuvre du producteur et du distributeur.

La prise en compte de la demande

• Face au prix d'un produit, le comportement d'achat ne sera pas toujours identique ni toujours très rationnel. La connaissance de la sensibilité au prix permet de savoir comment réagit la demande face à une variation de prix : c'est le **calcul de l'élasticité de la demande par rapport au prix** (cf. MÉTHODE).

La prise en compte des coûts

• L'entreprise se fixe un objectif de rentabilité et cherche à réaliser des bénéfices. Pour cela, elle va définir un prix de vente supérieur au **coût de revient**, afin de dégager une **marge**.
• **Le coût de revient** est l'ensemble des charges engagées pour fabriquer et vendre un produit.

Coût de revient = coût d'achat + frais (de fabrication + administratifs + de commercialisation)

• L'activité d'une entreprise doit couvrir ses charges et dégager un excédent, appelé **bénéfice** ou **marge**. L'entreprise détermine cet objectif de marge. La marge est la différence entre le prix de vente HT et le coût de revient. Elle peut s'exprimer en pourcentage.

Le taux de marge est calculé à partir de l'EBE (soit l'excédent brut d'exploitation/VA ×100). Il est exprimé en % du prix d'**achat** HT (PA HT).	Taux de marge (marge/PA HT) × 100 PA HT = PV HT/(1 + taux de marge) PV HT = PA HT × (1 + taux de marge)

• **La taxe sur la valeur ajoutée (TVA)** est un impôt indirect payé par les ménages sur leurs dépenses de consommation. Cette taxe est directement calculée sur le prix de vente des produits.

Prix de vente TTC = PV HT + TVA **ou** PV HT × (1 + taux de TVA).
Montant de la TVA = (PV HT × taux de TVA)/100

• **Le seuil de rentabilité** détermine le montant du chiffre d'affaires à atteindre par l'entreprise et à partir duquel elle commencera à faire du bénéfice. Au seuil de rentabilité, **le résultat est nul** : le montant de la marge sur coût variable (MSCV) est juste suffisant pour couvrir les charges fixes.

Seuil de rentabilité = Charges fixes/Taux de MSCV

• Le compte de résultat différentiel est un compte qui fait apparaître la ventilation des charges supportées par l'organisation en **charges fixes** et **charges variables.** C'est un outil de gestion qui va permettre à l'entreprise de calculer le seuil de rentabilité et le point mort.

Étape 1 : on établit un compte de résultat différentiel.

Éléments	Calculs	Montants	Pourcentage
Chiffre d'affaires (CA)	PV HT × Quantité	-	100 %
Charges variables (CV)		-	
Marge sur coût variable (MSCV)	(CA – CV)	-	TMSCV = MSCV/CA
Charges fixes (CF)		-	
Résultat (R)	CA – CV – CF ou MSCV – CF	-	

Étape 2 : on calcule ensuite :
– la **marge sur coût variable (MSCV)** = Chiffre d'affaires – Charges variables
– le **taux de marge sur coût variable (TMSCV)** = (Marge sur coût variable/CA) × 100
– le **résultat** = MSCV – Charges fixes = (TMSCV x CA) – CF

Étape 3 : on calcule le seuil de rentabilité et le point mort.

- **Calcul du seuil de rentabilité (SR).**

MSCV = Coûts fixes. D'où un SR en valeur de : **SR = (Coûts fixes/Taux de MSCV)**

Remarque : le SR peut aussi être exprimé en quantités par :

SR en volume = SR en valeur/PV HT ou SR en volume = Coût fixes/MSCV unitaire

Le prix de vente HT doit donc être au moins égal au SR pour que la vente ne s'effectue pas à perte.

- **Calcul du point mort :** c'est le nombre de jours (ou la date) nécessaire pour atteindre le seuil de rentabilité et commencer à faire du bénéfice. Pour calculer le point mort, on fait l'hypothèse de proportionnalité du CA avec le temps. Une grande importance est attachée à la rapidité à atteindre le seuil de rentabilité. On part du principe que les ventes sont réparties uniformément au cours de l'année (360 jours).

$$\textbf{Point mort} = \frac{\text{Seuil de rentabilité}}{\text{Chiffre d'affaires}} \times 360$$

Après avoir calculé le nombre de jours, on en déduit la date de réalisation du seuil de rentabilité.

MÉTHODE

Le principe de l'élasticité (Ed/p)

- Le degré de sensibilité des consommateurs aux variations de prix se mesure par le calcul de l'élasticité de la demande par rapport au prix.

Ed/p = variation de la demande en %/variation du prix en %

Exemple : Une paire de lunettes de soleil de marque s'est vendue en année N à 12 000 unités au prix de 106 €. Cette même paire a été vendue en N + 1 à 17 000 exemplaires au prix de 99 €.

Étape 1 : calcul du taux de variation de la demande = (17 000 – 12 000) / 12 000) × 100 = + 41,7 %

Étape 2 : calcul du taux de variation du prix = ((99 – 106)/106) × 100 = – 6,6 %

Étape 3 : calcul de l'élasticité prix = + 41,7 / – 6,6 = – 6,3

- **Interprétation des résultats : le signe de l'élasticité**

– **Si le signe est positif** : la demande augmente lorsque le prix progresse. C'est le cas de certains produits de luxe ou des produits de première nécessité par effet d'anticipation.

– **Si le signe est négatif** : la demande baisse lorsque le prix augmente. C'est le cas des produits de consommation courante ou des biens d'équipement.

- **La valeur de l'élasticité prix**

Ed/p = 0	Demande rigide. Elle n'est pas influencée par les variations des prix (cas des produits de première nécessité comme le pain, l'essence).
0 < Ed/p < 1	Demande peu élastique. Elle varie peu lorsqu'il y a des variations de prix.
Ed/p = 1 ou – 1	Demande qui évolue dans les mêmes proportions que les prix.
Ed/p > 1 ou < – 1	Demande élastique. Le comportement d'achat se modifie en profondeur face à des variations de prix. Ed/p négative : la demande évolue en sens inverse du prix. Ed/p positive : la demande évolue dans le même sens.

EXO

Complétez le tableau que vous remet la direction commerciale sur les trois produits suivants.

	Lunettes de soleil	Spray nettoyant	Étui
Prix d'achat HT	80	1,20	5
Prix de vente HT	106		
Taux de TVA	19,6	19,6	19,6
Prix de vente TTC			
Marge commerciale			
Taux de marge			200

Mercatique

11 La grande distribution est-elle incontournable ?

COURS

La grande distribution joue un rôle d'**intermédiaire** entre le producteur et le consommateur et se distingue du commerce de proximité ou traditionnel par le volume important de ses flux de marchandises. Pour de nombreux producteurs, la grande distribution est un intermédiaire obligé même si de nouvelles tendances semblent se dessiner aujourd'hui.

Objectifs pour le producteur

• Le producteur doit :
– connaître les alternatives qui s'offrent à lui pour distribuer son offre. Les choix qu'il va opérer sont le résultat de contraintes multiples : ressources dont il dispose, volonté de maîtriser le circuit de distribution, pouvoir de négociation, objectifs commerciaux, cohérence du plan de marchéage, pression de la concurrence ;
– assurer la mise à disposition des produits ou des services par une couverture maximale du marché ;
– maîtriser les flux physiques, d'informations ou financiers pour minimiser les coûts ;
– véhiculer, par sa distribution, une image qui sera conforme au positionnement voulu ;
– développer la relation commerciale par la conquête des clients et leur fidélisation.

Différents canaux de distribution

• **Le canal** est présenté comme la **succession d'intermédiaires** physiques ou virtuels reliant le producteur aux consommateurs pour permettre la distribution d'un produit. Parmi les critères qui influencent le choix d'un canal de distribution, on distingue : le lancement d'un nouveau produit, l'arrivée sur un nouveau marché, les insatisfactions des canaux existants…
• Les **unités commerciales** sont diverses. On distingue :
– les unités commerciales **physiques** qui nécessitent le déplacement du client : commerce de proximité, supermarché, hypermarché, hard discounter, grands magasins, magasins populaires…
– les unités commerciales **virtuelles** qui permettent aux consommateurs d'accéder à l'offre sans se déplacer (sites Internet marchands).

Le choix d'un mode de distribution

• Le producteur doit décider s'il fait appel à des intermédiaires spécialisés ou s'il distribue ses produits dans des unités commerciales détenues en propre.
• Il peut ensuite avoir l'une des trois stratégies suivantes :
– stratégie « **Brick and Mortar** » : choix des seules unités commerciales physiques ;
– stratégie « **Pure Player** » : choix des seules unités commerciales virtuelles ;
– stratégie « **Click and Mortar** » : choix des deux types d'unités commerciales physiques et virtuelles. Loin de s'exclure, elles deviennent complémentaires, offrant chacune des avantages et des inconvénients.

Le choix d'une stratégie de distribution

• **La distribution intensive ouverte, ou de masse** se caractérise par un très grand nombre de points de vente afin que le consommateur puisse s'approvisionner facilement.

Avantages	Inconvénients
– Réduction de la force de vente. (Le produit se vend seul car il bénéficie déjà d'une forte notoriété.) – Diffusion rapide du produit du fait de sa notoriété et de sa mise à disposition. – Quasi-absence de frais de transport et de stockage.	Perte de contact avec le client final et donc perte de contrôle du fabricant sur la distribution de ses produits.

• **La distribution sélective** est composée d'un nombre restreint de distributeurs choisis par le producteur en raison de leur image, de leur compétence… Les intermédiaires doivent alors pouvoir assurer une bonne information et un service après-vente efficace, garantir un niveau de qualité constant, promouvoir le prestige de la marque.

Avantages	Inconvénients
– Absence de grossiste à rémunérer, donc réduction des coûts. – Renforcement de l'image de marque. – Reconnaissance des compétences des distributeurs choisis. – Contact avec la clientèle préservé. – Meilleur contrôle du circuit de distribution.	– Fortes charges administratives et logistiques. – Faible couverture du marché. – Difficulté à se faire référencer chez des distributeurs sans équipe commerciale (car c'est l'équipe commerciale du distributeur qui décide du référencement).

• **La distribution exclusive** consiste à n'accorder la revente qu'à un faible nombre de distributeurs.

Avantages	Inconvénients
– Choix des distributeurs par le producteur. – Garantie de l'image de marque et de la notoriété du produit.	– Faible diffusion du produit sur un territoire. – Forte dépendance vis-à-vis du distributeur.

• **La distribution directe** permet au producteur de vendre ses produits directement sur le marché (magasins d'usine). C'est l'absence d'intermédiaire qui la distingue des autres formes de distribution.

Avantages	Inconvénients
– Absence d'intermédiaire à rémunérer. – Bonne connaissance des clients. – Contrôle total du réseau de distribution.	– Connaissance nécessaire de la distribution (pour vendre le bon produit, au bon moment, au bon client). – Investissements importants en temps pour gérer la distribution en plus de la production.

Les relations producteurs-distributeurs

• Les intérêts entre producteurs et distributeurs peuvent être **convergents** pour nouer des partenariats, c'est le **trade marketing**. Il s'agit alors de définir ensemble des lignes de produits et leur qualité, d'échanger des données informatiques (EDI), de choisir l'assortiment, d'élaborer des actions de communication conjointes, ou de créer ensemble un marchandisage…

• Leurs intérêts peuvent aussi être contraires et mener à des actions **antagonistes** ou conflictuelles (exclusivité, pratique des prix de distributeurs). Le rapport de force entre les producteurs et les distributeurs s'est modifié. Ceux-ci ont créé des super-centrales qui exigent et obtiennent des producteurs des conditions particulièrement avantageuses.

MÉTHODE

Comment choisir une stratégie de distribution ?

Étape 1 : **repérer les contraintes internes.** Objectifs de l'UC, chiffre d'affaires prévisionnel, image voulue, nature des produits vendus, moyens financiers disponibles…

Étape 2 : **repérer-identifier les contraintes externes.** Évolutions de la demande, habitudes d'achat, canaux de distribution traditionnels, obligations légales qui pèsent pour certains produits…

Étape 3 : **prendre une décision.** Argumenter son choix pour l'une des trois stratégies « Brick and Mortar », « Pure Player », ou encore « Click and Mortar ».

EXOS

1 Présentez deux avantages et deux inconvénients pour chacun des trois canaux de distribution.

2 Les lignes de la lingerie « La Poule qui picore » sont proposées dans trois canaux de distribution : des succursales (50 % du chiffre d'affaires), des partenaires franchisés (40 % du chiffre d'affaires) et des magasins multimarques (10 % du chiffre d'affaires). « La Poule qui picore » n'a pas développé de site e-commerce, contrairement à certains de ses concurrents comme Aubade ou Lise Charmel.

a. Présentez les enjeux pour « La Poule qui picore » de créer un site marchand.

b. Précisez les éléments sur lesquels « La Poule qui picore » devra insister pour rendre son site marchand attractif.

12 L'entreprise doit-elle nécessairement faire de la publicité ?

COURS

La communication commerciale

• Marchés saturés, consommateurs exigeants, peu fidèles, sont des arguments infaillibles en faveur de la publicité et qui nous laissent croire qu'elle est incontournable. Or la publicité à elle seule ne fait pas la communication. Celle-ci peut prendre la forme de **mercatique directe**, de **parrainage**, de **mécénat**, de **promotion**, d'**événementiel**... Ces moyens de communication peuvent d'ailleurs être complémentaires ou exclusifs.

• Dans tous les cas, le processus de communication suppose un émetteur (l'entreprise, l'annonceur), un **récepteur** (consommateurs, prescripteurs, distributeurs, force de vente), un **canal** (média de masse, hors média) et un **message** à transmettre.

Les objectifs

• Les objectifs de la communication ne doivent pas être confondus avec les **objectifs commerciaux** qui sont de vendre, attirer de nouveaux clients, ou les fidéliser.

• Communiquer consiste à émettre des signaux vers une cible : acheteurs, consommateurs, revendeurs, prescripteurs. Les différents messages (objectifs) permettent de se différencier, construire une image, entretenir une relation, ou induire des comportements d'achat.

– Objectif **cognitif** : faire connaître le produit, la marque, l'enseigne ;
– Objectif **conatif** : agir sur les comportements, pousser le consommateur vers le produit ;
– Objectif **affectif** : faire aimer et créer une attitude positive vis-à-vis du produit ou de la marque.

Les objets

Ils précisent « ce sur quoi » porte la communication. Elle peut ainsi porter sur le produit ou le service, la marque ou le personnel, mais aussi sur l'offre et l'entreprise.

– **Sur l'offre** (bien/services principaux et associés) : l'entreprise communique soit sur les performances du produit (**communication produit**) soit sur la personnalité et les valeurs de la marque (**communication marque**).

– **Sur l'organisation** elle-même (communication **corporate**) : l'entreprise communique sur ses performances économiques, techniques, et financières (communication d'entreprise) ou sur ses valeurs : éthique et citoyenneté par exemple, qui visent à promouvoir l'image de l'entreprise auprès de ses partenaires (communication **institutionnelle**).

Les moyens

• **La communication de masse** est l'ensemble des techniques qui met à la disposition d'un vaste public toutes sortes de messages. Ils ne sont pas personnalisés. On distingue :

– **La publicité** : forme de communication, dont le but est de fixer l'attention d'une cible visée. Elle adresse unilatéralement un message indifférencié à une cible. Elle est destinée à informer et convaincre le consommateur potentiel. Elle utilise les six grands médias (presse, radio, TV, cinéma, affichage et Internet).

– **La communication événementielle :** technique qui consiste à exploiter ou à créer des événements (salons, foires, défilés...) destinés à être spectaculaires afin de susciter l'intérêt et la sympathie.

– **Le mécénat :** soutien (matériel, financier, logistique) apporté sans contrepartie à un artiste, une manifestation, un spectacle, présentant un intérêt général.

– **Le parrainage ou sponsoring :** soutien financier apporté à une action sportive ou humanitaire, dans le but d'améliorer la notoriété ou l'image de marque de l'entreprise.

• **La communication relationnelle** concerne les interactions plus ou moins personnalisées entre l'entreprise et des prospects ou des clients identifiés. Elle instaure une relation directe entre l'émetteur et la cible. Son objectif est clairement la fidélisation et la conquête de nouveaux clients en les incitant à répondre immédiatement (cf. Méthode).

• **Le bouche à oreille (buzz) ou mercatique virale** permet d'attirer l'attention d'une cible ou des médias et ainsi de générer du bouche à oreille grâce à un événement, une parole, ou une action surprenante, parfois provocante, associée à une marque, une entreprise ou une enseigne. La mercatique virale permet d'amplifier l'effet « buzz » en utilisant la puissance des réseaux sociaux.

Elle consiste alors à envoyer des messages en incitant la cible à les diffuser. La cible devient, elle-même émetteur d'une communication.

• **La communication de crise** doit supporter des événements imprévus (accident, pollution, buzz négatif…) mettant en péril l'existence ou la réputation de l'entreprise. Dans ce cas, celle-ci doit réagir vite et communiquer elle-même sur l'événement la mettant en cause (Findus, lors de l'épisode de la viande bovine remplacée par de la viande de cheval dans ses lasagnes surgelées).

MÉTHODE

Identifier les moyens et supports dont dispose l'entreprise pour communiquer

1. **Communication de masse**

a. Communication publicitaire : presse, TV, affichage, radio, cinéma, Internet.

b. Communication événementielle : relations publiques, mécénat, foires et salons, parrainage.

2. **Communication relationnelle**

a. Mercatique directe : publipostage, téléphone, fax, ISA, annonce presse, bus mailing, club client, asile colis, téléachat.

b. Communication par le personnel de contact : **avant** la vente par le personnel d'accueil, **pendant** la vente, par les vendeurs, **après** la vente par le SAV et les centres d'appels.

EXOS

1 TYPE BAC

La publicité est-elle un puissant facteur d'influence ?

2

a. Présentez la publicité Zenίus : l'offre, la cible, le canal et le support. **b.** Analysez le message.

3 **a.** À quel type de communication commerciale appartient le document ? **b.** Caractérisez-le en le décrivant.

Verso

Recto

13 Fidéliser et/ou conquérir, l'entreprise doit-elle choisir ?

COURS

La survie de l'entreprise dans un univers concurrentiel dépend d'une part de sa capacité à conquérir de nouveaux clients (renouveler en permanence son portefeuille clients), et d'autre part de son aptitude à **conserver** ses clients actuels en mettant en œuvre des **outils** (cartes de fidélité, bons d'achat, parrainage…), des **méthodes** (mercatique relationnelle) qui visent à encourager la fidélité. Dans tous les cas, il s'agit d'engager une relation durable et personnalisée avec ses clients.

Les facteurs de fidélité du consommateur

• On peut définir la notion de fidélité comme le résultat des actions menées par l'entreprise pour rendre pérenne sa relation avec ses clients. Elle s'analyse donc au travers du comportement du consommateur.
• D'ordinaire, le comportement de fidélité du consommateur, vis-à-vis d'un produit ou d'un service, s'analyse par la répétition de l'acte d'achat ou la bonne relation qui s'est établie avec le consommateur, celui-ci ayant développé un jugement positif envers la marque.
• Le facteur favorisant le plus la fidélité repose sur la **satisfaction** qu'éprouve le consommateur lors de son acte d'achat. Le produit ou le service consommé répond bien à ses besoins, à ses attentes. Ce facteur dépend d'éléments comme le prix du produit, la qualité, les services associés, la marque, l'image de marque, la notoriété, le marchandisage…

Les stratégies de fidélisation

• Il est assez souvent admis qu'il est moins coûteux pour une entreprise commerciale de **retenir et conserver ses clients actuels** que d'en recruter de nouveaux. Par ailleurs, il est aussi convenu que la rentabilité d'un client augmente, quand sa relation avec l'entreprise s'accroît. On peut en conclure qu'il est indispensable pour une entreprise de développer une relation durable avec ses clients.
• Un client fidèle est peu enclin à répondre aux diverses sollicitations des concurrents. Il est souvent vecteur de la conquête de nouveaux clients par le bouche à oreille qu'il pratique et qui témoigne de son entière satisfaction. La perte de ce type de client est un coût que l'entreprise devra supporter par le recrutement de plusieurs nouveaux clients.
• En clair, l'entreprise doit identifier et sélectionner les meilleurs clients puis choisir une stratégie :
– La **stratégie de récompense (fidélisation recherchée)** offre des avantages aux gros consommateurs (miles des compagnies aériennes). Elle vise à les séduire par des programmes toujours plus ingénieux qui reposent sur une grande variété d'outils (couponnage, cadeaux, magazine d'info, numéro vert, SMS…).
– La **stratégie d'intensification (fidélisation induite)** vise à développer la consommation des clients actuels (réduction supplémentaire pour une durée limitée). Elle réduit la liberté de choix du consommateur qui devient captif de l'entreprise et peu enclin à changer à cause des coûts de changement considérés comme dissuasifs.

La GRC (gestion de la relation client ou customer relationship management)

• Elle permet d'augmenter « le **capital de la valeur client** » qui se définit en fonction de la rentabilité actuelle et potentielle de ce portefeuille clients.
• La GRC s'appuie sur des techniques et des outils qui visent à rassembler des informations détaillées et souvent individualisées sur les clients. Cette collecte d'information se fait par des **jeux concours**, des **cartes de fidélité**, des **contacts avec le service consommateurs**… et permet ainsi d'enrichir les **bases de données** de l'entreprise et finalement mieux satisfaire les attentes du consommateur en adaptant son offre.

La mercatique relationnelle/transactionnelle

• Les deux orientations de la fidélisation (récompense et intensification) étant souvent complémentaires, l'entreprise doit faire un choix qui dépend surtout de la nature du marché et de son intensité concurrentielle.
• La **communication relationnelle** permet d'établir une relation individualisée et interactive avec les clients. Son objectif est donc de maintenir ou de créer une attitude positive vis-à-vis du produit, de la marque, ou de l'enseigne. Elle s'appuie souvent sur le contact interpersonnel et la mercatique directe (cf. chapitre 12).

• La **mercatique transactionnelle** est centré sur la relation, la transaction, c'est-à-dire l'acte d'achat qui s'établit entre l'entreprise et le client. L'objectif est de conquérir de nouveaux clients et de conclure une vente (approche de court terme). On l'oppose au marketing relationnel dont l'objectif est d'engager une relation (approche de long terme) avec le client pour le fidéliser.

• La mercatique transactionnelle a longtemps dominé le marketing car les entreprises ne disposaient pas les moyens d'un marketing relationnel efficace. C'était l'apogée de la communication de masse. Aujourd'hui ces deux formes de marketing ne sont plus opposées mais étroitement liées. La relation entretenue avec le client devient un facteur de transaction.

La valeur à vie du client

• La **rétention du client** est le fait de conserver ses clients sur une période donnée. Elle s'oppose à l'**attrition du client** qui symbolise le fait de perdre un client sur cette même période. Les coûts de rétention du client doivent être supérieurs à ceux de l'attrition pour que l'action de fidélisation soit rentable.

• L'entreprise doit identifier les clients qui méritent le plus d'attention et déterminer la valeur à vie du client qui dépend de sa fidélité. Tous les clients n'ont pas la même valeur, ni la même rentabilité pour l'entreprise.

MÉTHODE

Attendus et limites de la mercatique relationnelle par rapport à la mercatique transactionnelle

Attentes ou effets recherchés	Limites ou effets négatifs provoqués
– Vise à construire une relation durable entre le client et la marque, l'enseigne ou le produit. – Complète la mercatique **transactionnelle** qui cherche à développer le portefeuille clients par une stratégie de conquête.	– Analyse nécessaire du rapport entre le gain réalisé par la rétention du client et les coûts induits pour le conserver. – Effets pervers des stratégies de fidélisation excessives : • risque de saturation du consommateur face à la multiplication des programmes proposés et leur faible différenciation ; • investissement humain et financier important ; • efficacité difficile à mesurer ; • vieillissement du portefeuille clients en l'absence de stratégie de conquête de nouveaux clients.

EXO

La fidélisation des clients reposait autrefois sur une équation relativement simple : segmentation + promotions ou cadeaux = activité régulière. La situation a toutefois bien changé. Dans le monde numérique pluridimensionnel d'aujourd'hui, les moyens et les lieux d'interaction avec les consommateurs – par ailleurs de plus en plus fragmentés – se sont multipliés. À l'heure où la disponibilité de l'information place l'acheteur en position de force face au vendeur, la pertinence des offres revêt une importance capitale. Pour modifier l'équation de la fidélité clients et faire de nouveau pencher la balance en faveur du vendeur, les entreprises doivent rompre définitivement avec les cycles de vente et de service adressés à tous de façon uniforme. La solution consiste à offrir à des segments de clients spécifiques une expérience sur mesure en parfaite adéquation avec leurs besoins – tant sur les points de vente que sur le Web. Une nécessité d'autant plus vitale que les contacts avec les clients sont fréquents, comme dans les secteurs de la téléphonie et de la grande distribution. 1 + 1 = 3.

Mais comment se donner les moyens d'augmenter la valeur de chaque interaction avec un client ? À l'évidence, les programmes de fidélité ne suffisent plus. De fait, proposer à un consommateur une remise alors qu'il achète déjà un produit et ce, pour l'inciter à faire ce qu'il fait déjà, n'est pas seulement absurde, mais c'est la porte ouverte au gaspillage. Les efforts de l'entreprise doivent porter sur les consommateurs qui ne sont pas encore clients...

Lesechos. fr, 7 mars 2011

a. Qu'est-ce que la fidélisation ?
b. Quelles sont, selon vous, les limites de la fidélisation ?
c. Pourquoi est-il important pour une entreprise de fidéliser ses clients ?
d. Vers quelle stratégie doivent s'orienter les entreprises aujourd'hui ?
e. Comment augmenter la valeur client dans le contexte technologique actuel ?

14 La mercatique durable est-elle un mythe ou une réalité ?

COURS

La mercatique durable

• Aujourd'hui, face aux nouveaux comportements des consommateurs eux-mêmes impulsés par des préoccupations sociétales, la mercatique devient **éco-responsable**, verte, écologique, citoyenne…
• Le développement durable a ainsi pénétré la sphère de la mercatique. Les intentions sont parfois détournées de réelles préoccupations écologiques et visent un **comportement opportuniste** car elles se limitent à repeindre un logo, une enseigne ou à réaménager un concept aux couleurs du monde de l'écologie (on parle alors de greenwashing).
• Mais dans la plupart des cas, la démarche de l'entreprise est volontaire et sincère. Quel est le rôle du consommateur ? Est-il prêt à passer de l'éco-citoyen à l'**éco-consommateur** et donc à privilégier les enseignes, les marques, les produits ayant une dimension éthique et responsable ?

L'éco-consommateur

• La mercatique durable est un concept qui est aujourd'hui largement intégré à la stratégie de l'entreprise, car celle-ci sait que le consommateur change de comportement d'achat et devient sensible aux produits et aux marques ayant une **dimension éthique et responsable**.
• Plusieurs raisons poussent les entreprises à s'engager sur le chemin de la mercatique durable : la nécessité de la protection des ressources naturelles et la maîtrise des exploitations pour ne pas remettre en cause la consommation de cette même ressource pour les générations futures.
• L'éco-consommateur va acheter **différemment et mieux** : il va chercher un produit compatible avec une gestion naturelle de la ressource. Ainsi, il réfléchit davantage aux conséquences de son acte d'achat et à sa manière de consommer (achat, utilisation et destruction du bien).
• Le consommateur attend donc des entreprises un réel engagement, une transparence et une cohérence entre ce qu'elles disent et ce qu'elles font réellement en matière d'écologie.
• Mais le consommateur peine lui aussi à s'engager. Il existe souvent des écarts entre ses intentions d'achat de produits écologiques, dits verts, et son comportement d'achat. En effet, il peut connaître des obstacles financiers ou un manque de motivation pour aller jusqu'au bout de ses intentions.

Démarche de création de valeur ou instrument de propagande ?

• La mercatique durable est d'abord un état d'esprit et un processus que l'entreprise doit intégrer dans sa stratégie, car elle présente de nombreux effets positifs mais aussi des contraintes :

Les effets positifs	Les contraintes imposées
La différenciation, l'augmentation de la valeur de la marque (le capital marque), l'amélioration de son image et *in fine* de sa performance économique, un effet d'innovation…	Les lois, les normes européennes, les pressions des consommateurs et celles des concurrents…

• Plusieurs **approches stratégiques** sont envisageables :
– **l'économie de la fonctionnalité** est une approche tirée des conclusions du Grenelle de l'environnement (octobre 2007). L'idée est que, pour le consommateur, la valeur d'un produit réside plus dans les bénéfices qu'il retire de son utilisation que dans la possession du produit lui-même. Cette stratégie consiste à ne plus aborder la production comme une production de biens ou de services mais comme la production d'une **solution** visant à répondre à un besoin (la production de la voiture est remplacée par le besoin de mobilité).
– **la valeur étendue du produit :** le consommateur s'intéresse aux **répercussions que ce produit peut avoir sur l'environnement**. C'est toute la vie du produit qui est prise en compte depuis l'extraction de la matière première jusqu'à sa destruction (approche en termes de cycle de vie).
– **l'éco-conception consiste à intégrer l'environnement dès la phase de conception des produits, qu'il s'agisse de biens, de services.** Elle cherche à réduire au maximum les effets négatifs du produit sur l'environnement et à en démontrer les aspects positifs.

MÉTHODE

Comprendre l'influence de la mercatique écologique sur le marché automobile

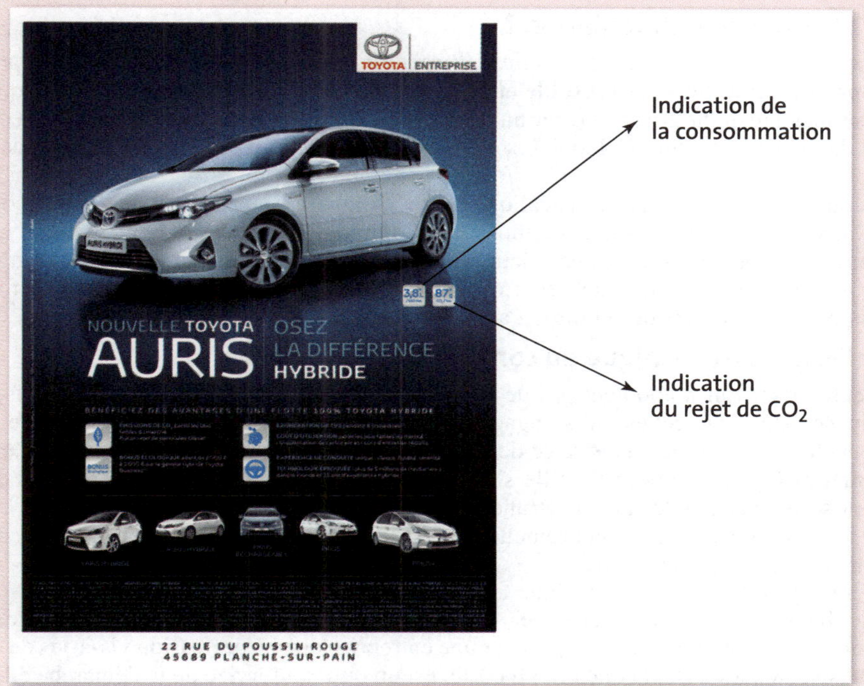

EXO

a. Qu'est-ce que le greenwashing ?
b. Ces publicités répondent-elles à une démarche durable de l'entreprise ? Pourquoi ?

15 La mercatique peut-elle être éthique ?

COURS

Éthique ou manipulation ?

• La mercatique éthique dépasse le cadre de la relation commerciale et de service pour promouvoir une **consommation plus responsable et un consommateur éco-responsable**. Les organisations adoptent une démarche construite sur un **ensemble de valeurs** entre elles-mêmes et leurs clients. En fait, la mercatique éthique définit ce qui devrait ou ne devrait pas être fait au nom de principes moraux.

• Mais on observe aussi, que la mercatique peut s'éloigner de ces principes éthiques pour séduire et convaincre. Ainsi, il est souvent admis dans l'opinion publique que la mercatique est l'art de **manipuler les consommateurs** pour leur faire acheter des biens ou services dont ils n'éprouvent pas le besoin. Des méthodes de vente ou des pratiques commerciales viennent renforcer cette impression. Ce sont alors des pratiques abusives et contestables.

De la charte éthique au commerce équitable

• Les entreprises qui n'adoptent pas de démarche éthique aujourd'hui prennent le risque d'être stigmatisées alors que celles qui s'engagent vont pouvoir communiquer sur ce thème porteur et ainsi bénéficier d'une reconnaissance des consommateurs. La démarche éthique est donc **source d'opportunité** pour l'entreprise. Elle s'inscrit dans la démarche de développement durable de l'entreprise défini dans le rapport Brundtland de 1987 comme « un développement qui répond aux besoins du présent sans compromettre la possibilité, pour les générations futures, de pouvoir répondre à leurs propres besoins ».

• La démarche éthique peut se décliner au travers :

– d'une **charte éthique**, c'est-à-dire une « déclaration écrite, un ensemble d'engagements de pratiques et de comportements choisis et adoptés par une entreprise ou une profession vis-à-vis de ses parties prenantes ». (www.eduscol.education.fr). Elle est un outil au service de la démarche éthique.

– d'une nouvelle forme de commerce, le **commerce équitable** qui « privilégie l'approvisionnement auprès de petits producteurs, localisés principalement dans les pays peu développés et auxquels il vise à procurer, à long terme, un revenu décent, couvrant les coûts de production, mais aussi les coûts sociaux et environnementaux » (www.eduscol.education.fr).

La manipulation des consommateurs

• La **publicité mensongère ou trompeuse** comporte des éléments susceptibles d'induire les consommateurs en erreur. La loi encadre la publicité mensongère au travers de l'article L.121-1 du code de la consommation qui répertorie tous les éléments sur lesquels porte le caractère mensonger.

• La publicité mensongère est une **déformation** de la publicité commerciale et présente le produit sous un jour trompeur et inexact, en vue d'attirer l'adhésion de la clientèle. On distingue :

– la **publicité mensongère** qui repose sur des allégations, indications ou présentations **« fausses »**. Cette qualification correspond à une publicité comportant une information erronée.

– la **publicité trompeuse** qui repose sur des allégations, indications ou présentations **« de nature à induire en erreur »**. Cette qualification est subjective car elle omet de façon volontaire certains éléments dans le message.

Des exemples de publicités mensongères

Ces publicités remettent en cause :

– **l'existence même du bien ou du service :** une publicité pour une maison de campagne déjà vendue ;

– **la nature des biens ou de services :** des œufs pondus « près de chez vous », alors que cette origine ne peut pas être prouvée ;

– **la composition du produit :** un meuble « en chêne », en réalité en bois reconstitué ;

– **les qualités substantielles** ou les **propriétés** du bien ou du service : des poulets « élevés comme autrefois avec nourriture saine et équilibrée », en réalité issus d'une production industrielle ;

– **l'espèce et l'origine :** une société productrice de vin « domiciliée en Bourgogne » mais située à Montreuil (région parisienne) ;

– **le mode de fabrication :** des saucisses sèches « comme autrefois », en réalité issues d'une production industrielle ;

– **le prix** : des remises présentées comme limitées dans le temps sont en réalité renouvelées jusqu'à être permanentes.

La vente agressive (*hard selling* ou vente à l'arraché)

Les formes de sollicitations répétées et insistantes	Des exemples
Sollicitations téléphoniques.	Des appels répétés pour faire plier l'acheteur.
Visites à domicile.	Des visites au domicile du consommateur malgré le refus de celui-ci.
Courriers.	Le bon de commande avec la mention « n'engage à rien ».
Intervention successive de plusieurs vendeurs pour forcer la vente en magasin.	6/7 vendeurs se succèdent, le prix de vente baisse fortement, des cadeaux sont offerts.

MÉTHODE

Étudier le procès d'un cas de publicité mensongère

Analyse d'un cas (Cour de cassation, chambre criminelle, 4 mars 2008, n° 07 83628)

• Un distributeur expose à l'entrée de son magasin deux chariots remplis de produits ménagers et alimentaires dont l'un provient de ses rayons et l'autre d'un établissement concurrent et prétend que les siens sont moins chers. La Cour confirme l'analyse des juges du fond sanctionnant la publicité litigieuse, relevant que « la reproduction des seuls tickets de caisse ne permettait pas au consommateur de s'assurer que les produits comparés, qui, pour certains, présentaient des différences de qualité, de poids, de contenance et de composition, et qui étaient placés dans des chariots recouverts d'un film plastifié, présentaient les mêmes caractéristiques essentielles, de sorte que leur comparaison ne pouvait être opérée de façon objective ».

• En conséquence, le juge exige le détail des éléments de la comparaison et la possibilité donnée au consommateur de vérifier l'exactitude de ceux-ci.

EXO

Pub sauvage aux JO de Londres : le casque de Phelps, la montre de Blake...

« Vous ne pourrez probablement pas rentrer avec un T-shirt Pepsi parce que Coca-Cola est notre sponsor officiel et qu'il a mis des millions d'euros dans ce projet. C'est important de protéger notre sponsor. » À quelques jours de l'ouverture des jeux Olympiques de Londres, Sebastian Coe, grand patron des JO se montre plutôt catégorique. Les sponsors officiels des JO de Londres sont tout-puissants sur les sites olympiques. Le Locog, le comité organisateur, atténue la déclaration quelques heures plus tard, en précisant que les spectateurs peuvent porter ce qu'ils souhaitent. En revanche, gare aux commerçants qui essaieraient de surfer sur la marque aux cinq anneaux.

La « branding police », la police des marques, surveille toutes les utilisations abusives du mot « olympique » ou du logo. En clair, tous ceux qui n'ont pas déboursé des millions d'euros peuvent faire une croix sur un marketing JO.

La règle 40 pour protéger les sponsors

Les sportifs contrevenants risquent gros, eux aussi : la règle 40 de la charte olympique du CIO prévoit des sanctions pour tout athlète qui ferait la promotion de sponsors non adoubés par les organisateurs : « Sauf autorisation de la commission exécutive du CIO, aucun concurrent, entraîneur, instructeur ou officiel qui participe aux jeux Olympiques ne doit permettre que sa personne, son nom, son image ou ses performances sportives soient exploités à des fins publicitaires pendant les jeux Olympiques. »

Malgré les interdits et les risques, certaines marques ont réussi à imposer leurs produits sans signer de gros chèque, grâce à la technique du « ambush marketing », le marketing sauvage. Même sans partenariat officiel, de nombreux groupes ont réussi à se faire de jolis coups de pub durant cette quinzaine olympique.

rue89.com, 12/08/2012

a. Qu'est-ce que l'ambush marketing ?

b. Pourquoi certaines marques l'utilisent-elles ?

c. En quoi le marketing sauvage ne répond-il pas à une démarche éthique ?

d. Pourquoi le CIO (Comité International Olympique) a-t-il mis en place une « branding police » ?

e. Quels sont les objectifs des marques en investissant des millions d'euros pour sponsoriser des événements sportifs comme les jeux Olympiques ?

f. Est-il éthique qu'un sponsor impose une tenue aux spectateurs d'une manifestation ?

16 La merca-éthique protège-t-elle le consommateur ?

COURS

Comme on vient de le voir dans la fiche 15, certaines entreprises peuvent abuser de pratiques peu éthiques. Ces pratiques ont bien entendu conduit :
– l'État à intervenir pour protéger le consommateur et former ainsi un cadre juridique protecteur ;
– à la mise en place d'une contestation collective et sociale qui prend le nom de **consumérisme** ou d'une contestation individuelle qu'on appelle la **réactance psychologique**.

La protection juridique du consommateur

• **La protection directe :** le développement de la mercatique directe, avec notamment l'appui des nouvelles technologies, a conduit à l'amplification des bases de données, voire à la généralisation des informations sur les prospects. La loi est donc intervenue pour protéger les clients tant au niveau de la collecte que de l'utilisation de ces informations (loi Informatique et Liberté du 6 janvier 1978 modifiée pour la dernière fois par une ordonnance du 24/08/2011). Cette loi a ainsi créée la CNIL (Commission nationale informatique et liberté), chargée du respect de la loi.
• **La protection indirecte** repose sur le respect des principes de la concurrence entre entreprises et la lutte contre l'abus de position dominante. La concurrence est autorisée tant qu'elle demeure loyale. L'abus de position dominante consiste à éliminer les concurrents par des moyens non autorisés par la loi afin de les rendre impuissants sur le marché. La DGCCRF (Direction générale du commerce, de la concurrence et de la répression des fraudes), qui dépend du ministère de l'Économie et des Finances, est chargée de ce contrôle.
• **Exemple 1 : Michelin** avait réussi à maintenir une concurrence faible sur le marché des pneumatiques en appliquant des rabais et diverses primes. L'entreprise a été pénalisée pour abus de position dominante le 20 juin 2001, et condamnée à payer 19,76 millions d'euros.
• **Exemple 2 : Microsoft** a été accusé de ne pas communiquer à ses concurrents des informations utiles pour que leurs produits puissent s'aligner avec le système Windows. L'entreprise a été condamnée par le tribunal de Luxembourg, le 24 mars 2004, à payer 497 millions d'euros.

Le consumérisme

• Le consumérisme, encore appelé la « **consom'action** » est un mouvement social issu des années 1970 qui cherche à accroître et à garantir les droits des acheteurs vis-à-vis des vendeurs. Les consommateurs ont réagi face aux pouvoirs des producteurs qui ne se souciaient que de la rentabilité de leurs produits.
• Les droits fondamentaux des consommateurs sont ainsi énoncés dès 1975 : droit à l'**information** sur les produits, droit à la **protection** contre la publicité mensongère, droit à la **santé** et à la **sécurité** dans l'utilisation des produits, droit de **porter plainte** devant les tribunaux, droit d'égalité dans les contrats (protection des clauses léonines) et droit de **participer à l'élaboration** des règles juridiques. L'ensemble est relayé par des associations de consommateurs telles que l'Union Fédérale des Consommateurs (UFC).
• Les principaux moyens d'action des consommateurs sont donc :
– l'**action en justice** : la saisine directe ou la demande d'une instance auprès des pouvoirs publics ;
– la **concertation**, c'est-à-dire la participation à l'élaboration des textes du code de la consommation, le recours au service de la DGCCRF (« boite postale 5000 ») traitant à l'amiable les litiges entre commerçants et particuliers ;
– la **pression directe** : les publications dans les revues spécialisées (*Que choisir*, *60 millions de consommateurs*), les émissions de radio ou reportages TV, la grève des achats, le boycott…

La réactance psychologique

Elle apparaît dès que le consommateur a l'impression d'être menacé et le conduit à tenter de restaurer sa liberté. Elle se manifeste par une **résistance** aux modèles de consommation imposés et une recherche de **différenciation**. Elle prend la forme d'une participation à des mouvements de consom'action ou consommation responsable (achat de produits bio, de proximité, équitables, citoyens) ou encore de boycott, de journée sans achat…

MÉTHODE

Repérer des clauses interdites ou abusives dans un contrat

Analyse de cas : voici des exemples concrets de clauses classées dans la liste noire du code de la consommation, c'est-à-dire déclarées abusives et interdites.

1. Vous n'avez pas pu suivre une leçon d'auto-école pour cause de maladie. Or votre auto-école refuse de reporter cette leçon ou bien de vous la rembourser sous prétexte que vous ne l'avez pas décommandée dans le délai prévu par le contrat. Dans une recommandation de juin 2005, la Cour de cassation a estimé cette clause abusive dans la mesure où le contrat ne prévoit pas la possibilité pour l'élève de justifier d'un motif légitime pour obtenir un report de leçon ou un remboursement.

2. Votre ligne Internet ne fonctionne plus à cause de travaux réalisés sur le réseau. Cette interruption dure pendant plusieurs jours. Pourtant, l'opérateur refuse de vous indemniser du préjudice que vous subissez : son contrat l'exonère en effet de toute responsabilité dans ce type de cas et ne prévoit aucune contrepartie pour le client. Heureusement pour vous, toute clause supprimant ou réduisant « le droit à réparation du préjudice subi par le non-professionnel ou le consommateur en cas de manquement par le professionnel à l'une quelconque de ses obligations » est abusive et interdite. L'opérateur doit donc vous indemniser.

EXOS

1 Les cas cités sont-ils des clauses abusives ? Si, oui pourquoi ?

a. Selon la brochure de l'agence de voyages, votre hôtel était placé en bord de mer. Une fois sur place, déception : la mer a laissé la place à une autoroute. Mais le voyagiste se désengage de sa responsabilité en s'appuyant sur une clause du contrat qui indique que « les photographies, les illustrations et le descriptif des voyages ne peuvent engager la responsabilité du professionnel ».

b. Vous avez commandé un téléviseur via un site de vente en ligne. Une fois la commande livrée, vous changez d'avis et souhaitez exercer votre droit de rétractation. Mais le vendeur en ligne refuse de reprendre l'appareil sous prétexte que l'emballage est endommagé.

2

Scandale de la viande de cheval : Koft mise sur un halal éthique

Le Salon du halal à Paris s'est déroulé du mardi 9 au mercredi 10 avril. Koft, le leader algérien du surgelé, a choisi cet événement pour annoncer publiquement son implantation en France. Alors que Findus, le leader du surgelé en France, fait face à des difficultés après le scandale de la viande chevaline, Koft compte bien surfer sur l'argument de la transparence de sa production pour rassurer les consommateurs musulmans. [...] Début février, la multinationale suédoise est au cœur d'un scandale alimentaire après que de la viande de cheval fut découverte dans ses plats préparés, censés ne contenir que de la viande de bœuf. Les retombées de ce scandale se sont immédiatement fait ressentir pour la marque qui a dû retirer tous les produits incriminés de la vente... à l'exception de sa gamme halal, toujours commercialisée, malgré le scandale qui a récemment éclaté au Maroc. Findus avait déjà subi des pertes « *de plus d'un million d'euros* » sur sa filiale française, indiquait Matthieu Lambeaux, le directeur général de Findus France, le 21 février, soit environ une dizaine de jours seulement après la découverte de la fraude. [...]. Face aux suspicions pesant sur le caractère halal d'aliments en France après des affaires comme celle d'Herta, la crise de confiance - légitime - des musulmans envers la filière agroalimentaire est au plus haut en France. Koft surfe sur cette réalité, en jouant la carte de la transparence la plus totale avec son slogan « *La marque qui ne vous cache rien* » [...] Pour cela, l'entreprise a décidé de mettre en place un système de traçabilité en ligne. Il permet aux consommateurs de connaître le parcours de la bête qu'il consomme : de son élevage à sa transformation. Ce contrôle se fait par le biais du numéro de lot inscrit sur chaque produit vendu. Avec ce numéro le consommateur accède sur le site Internet de Koft aux informations relatives au parcours de l'animal [...] Au-delà des musulmans, Koft dit vouloir viser l'ensemble des clients « *soucieux de l'origine des produits qu'ils consomment et exigeants sur la traçabilité des étapes du processus de production* ». [...]

Maria Magassa-Konaté, *www.saphimews.com*, 11 avril 2013

a. En quoi la démarche de Findus dans la commercialisation de ses plats cuisinés ne relevait pas d'une démarche mercatique éthique ?

b. Quels en sont les conséquences pour la marque Findus ?

c. Pourquoi Koft veut-il s'implanter sur le marché français ?

d. Quels sont les moyens qui prouvent que Koft aura une dimension éthique dans son marketing ?

e. Quels sont les objectifs d'une démarche mercatique éthique ?

Gestion et finance

Thème 3 : Accompagner la prise de décision

Point Bac

L'épreuve de spécialité : Gestion et finance

Présentation des épreuves

Type	Coefficient	Durée	Notation
Partie écrite	6	4 h	20
Partie pratique	6	10 min de présentation + 10 min d'entretien	Projet : 12 Soutenance : 8
Oral de rattrapage	6	10 min de préparation + 10 min d'entretien	20

- La définition de l'épreuve est commune aux quatre spécialités de la série STMG : « gestion et finance », « mercatique (marketing) », « ressources humaines et communication », « systèmes d'information de gestion ». Des sujets distincts sont élaborés pour chaque spécialité.
- L'épreuve porte sur les programmes de sciences de gestion en classe de première et de l'enseignement de spécialité en classe de terminale de la série STMG.

La partie écrite

La partie écrite est composée de deux sous-parties qui peuvent être traitées de manière indépendante.

Première sous-partie

La première sous-partie de l'épreuve écrite vise à évaluer les capacités du candidat à :
– analyser une situation de gestion ;
– produire, utiliser, interpréter et contrôler l'information ;
– proposer, présenter et justifier une solution ;
– mettre en œuvre les outils, les méthodes et les techniques appropriés ;
– montrer l'intérêt et les limites des outils, des méthodes et des techniques employés.
Le candidat doit, à partir de ses connaissances et de la documentation fournie dans le sujet, **répondre à des questions et proposer des solutions en tenant compte des contextes et des contraintes définies par le sujet.**

Seconde sous-partie

La seconde sous-partie de l'épreuve écrite vise à évaluer les capacités du candidat à :
– raisonner en confrontant ses connaissances générales en gestion à des situations d'organisation ;
– examiner les conditions de transfert des méthodes, des techniques, des outils, à d'autres contextes organisationnels ;
– rédiger une réponse synthétique, cohérente et argumentée.
Le candidat doit **répondre à une question relative à une problématique de gestion en lien avec les situations et les thèmes abordés dans la première sous-partie.**

La partie pratique

Objectif de l'épreuve

La partie pratique de l'épreuve permet d'évaluer les capacités du candidat à :
– mettre en œuvre une démarche et des outils propres aux sciences de la gestion ;
– maîtriser les technologies de l'information et de la communication ;
– communiquer et argumenter les choix effectués.

Nature de l'épreuve

La partie pratique prend appui sur un **projet mené par le candidat au cours de l'année de terminale.**

Le projet est ancré sur une situation de gestion liée à une organisation inscrite dans un environnement économique et juridique et dont les dimensions managériales sont explicites.

• Les missions nécessaires à la réalisation du projet sont menées dans le cadre de **travaux en équipe** (petit groupe de quelques élèves) en utilisant des technologies de l'information et de la communication. Dans tous les cas, **la contribution personnelle du candidat au projet doit pouvoir être nettement distinguée**.

• Le projet est décrit dans un dossier composé :
– d'une fiche de travail synthétique, présentant le projet et rendant compte des résultats obtenus au regard des objectifs visés, des méthodes et technologies numériques mises en œuvre, du calendrier observé, de la démarche suivie, de la réalisation des objectifs prévus et de la contribution personnelle du candidat au projet ;
– des supports numériques utilisés, ou éventuellement créés, par le candidat.

Évaluation de l'épreuve

– **La première sous-partie (12 points)** correspond à l'évaluation de la réalisation du projet et de l'élaboration du dossier support de la présentation ; elle intervient **au cours de l'année scolaire**.
– **La seconde sous-partie (8 points)** correspond à l'évaluation de la soutenance du projet. Elle est organisée au cours du 3e trimestre. Au cours de cette soutenance, le candidat dispose de 10 minutes pour présenter, à partir de son dossier, le projet et la démarche suivie. Cette présentation est suivie d'un entretien d'une durée de 10 minutes avec l'examinateur, entretien au cours duquel il pourra être demandé au candidat d'effectuer une démonstration pratique.

Épreuve orale de rattrapage

• La note obtenue à l'épreuve de contrôle, si elle est supérieure, se substitue à la note obtenue à la partie écrite de l'épreuve de spécialité.
• Le sujet, remis au candidat au début du temps de préparation, est composé d'un ou plusieurs documents et d'une série de questions.
• Le candidat dispose de 10 minutes pour présenter les réponses aux questions posées dans le sujet puis l'examinateur lui demande d'expliciter, d'approfondir ou de justifier ses réponses.

Conseils pour réussir l'épreuve

La partie écrite

• Dans un premier temps, prendre connaissance de l'organisation (ou des organisations) dans laquelle (ou lesquelles) est situé le contexte de l'épreuve.
• Lire attentivement l'énoncé des questions afin de répondre à ce qui est précisément demandé.
• Bien gérer le temps imparti et faire en sorte de traiter toutes les questions. À titre indicatif, sachez que le nombre de points attribués à une question est sensiblement proportionnel au temps qui doit être consacré au traitement de la question par rapport à la durée de l'épreuve.
• Ne pas négliger le programme de première qui peut faire l'objet d'une évaluation conséquente.
• Porter une attention particulière à la présentation de la copie (détailler les calculs lorsque cela est nécessaire par exemple), à l'expression écrite et à l'orthographe.

La partie pratique

• C'est une épreuve qui se prépare tout au long de l'année : la note obtenue sera fonction de la qualité du projet et du dossier réalisés.
• Concernant la prestation orale en elle-même : préparer à l'avance la présentation orale en veillant à ce que l'exposé soit bien structuré et que le temps de présentation avoisine les 10 minutes, illustrer l'exposé en ayant recours à des supports numériques et bien maîtriser les fonctionnalités informatiques utilisées en cours d'année.

1 Pourquoi construire une image financière et comment faciliter l'échange d'informations financières ?

COURS

Les finalités du système d'information

Elles sont multiples et relèvent aussi bien d'utilisateurs internes ou externes à l'entreprise.

• Les finalités internes à l'entreprise

Le système d'information est à la **base de décisions de gestion** qu'elles soient opérationnelles, tactiques ou stratégiques.

– Les décisions **opérationnelles** sont des opérations courantes prises par des agents d'exécution ;
– Les décisions **tactiques** sont prises par l'encadrement et attribuent les moyens nécessaires aux différentes fonctions de l'entreprise pour qu'elle atteigne ses objectifs ;
– Les décisions **stratégiques** sont prises au plus haut niveau de l'entreprise, elles sont risquées et l'engagent sur le moyen et long terme.

Les informations servent par ailleurs de **mémoire à l'organisation** : les dirigeants peuvent ainsi suivre l'évolution de l'entreprise et mesurer les effets dans le temps de certaines décisions.

• Les finalités externes à l'entreprise

– Le système d'information produit des informations communiquées aux partenaires de l'entreprise (administration fiscale, banques, fournisseurs, clients, etc.), **pour satisfaire aux obligations légales et servir de moyen de preuve dans le cadre des échanges marchands et de la détermination de l'impôt à payer par l'entreprise notamment**.
– Enfin, le système d'information permet d'**alimenter les bases d'informations** sur les entreprises.

Le cadre comptable et l'image fidèle

La nécessité et les enjeux de la normalisation : afin de permettre des échanges rapides et fiables entre l'entreprise et ses partenaires, la production d'informations financières et de gestion repose sur **des règles et des conventions**.

• La **normalisation comptable** est la fixation d'un ensemble de règles et conventions comptables à suivre. Cette normalisation s'inscrit dans un périmètre donné et doit évoluer dans le temps pour s'adapter aux caractéristiques de l'environnement technologique et économique.

• Le **cadre comptable normalisé** permet ainsi de saisir, classer, enregistrer des données chiffrées et présenter des états et informations reflétant une **image fidèle** des entreprises, c'est-à-dire aussi proche que possible de la réalité.

• Les organismes normalisateurs et leur rôle :

IASB (International Accounting Standards Board)	Organisme international, dont la France est membre, qui élabore des normes comptables internationales, appelées IFRS (International Financial Reporting Standard) (anciennement IAS International Accounting Standards). Le but est d'élaborer des normes acceptées par tous les États membres permettant une meilleure comparaison dans l'espace des documents comptables.
ANC (Autorité des normes comptables)	Organe national français qui élabore des normes comptables nationales (règlements) et contribue à l'évolution des normes internationales.

• La réglementation comptable française : les entreprises françaises sont soumises aux règles du Plan comptable général. Celui-ci a récemment connu des évolutions importantes, suite à des règlements, pour aller progressivement vers une mise en conformité avec les normes internationales.

MÉTHODE

Rechercher une réglementation comptable à l'aide d'Internet

Le site Internet de l'Autorité des normes comptables (www.anc.gouv.fr) recense tous ses travaux et présente dans sa rubrique **Normes privées** la réglementation existante : plan comptable général, règlements et avis notamment.
La barre de recherche du site permet par ailleurs une recherche de réglementation par mots clefs.

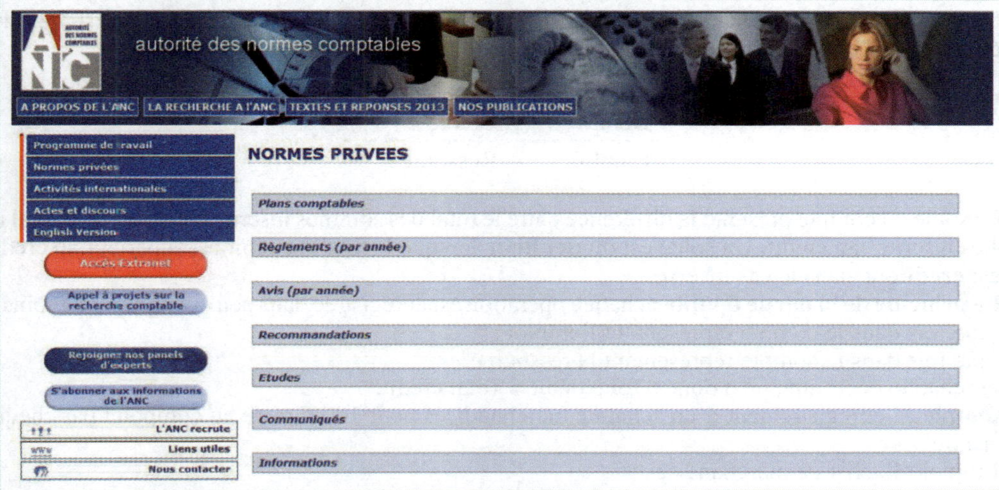

EXOS

1 Énoncez des exemples pertinents d'informations attendues par chacune des catégories d'utilisateurs du système d'information ci-dessous :
- les dirigeants ;
- les associés ;
- les salariés ;
- les fournisseurs ;
- les banques ;
- l'administration fiscale.

2

L'Europe vante ses nouvelles règles comptables

À partir de 2005, toutes les entreprises cotées en Bourse dans l'Union européenne, y compris les banques et assurances, devront présenter des comptes consolidés répondant aux dispositions des normes comptables internationales (International Accounting Standards, IAS). Le Conseil des ministres de l'UE a en effet formellement adopté, le 6 juin, le règlement communautaire à cet égard. Les entreprises de l'Union cotées sur les marchés boursiers des pays tiers [...] auront deux ans de plus pour appliquer le règlement, soit jusqu'à janvier 2007.
Frits Bolkestein, commissaire chargé du marché intérieur, a estimé que « les normes IAS sont les meilleures normes qui existent. Leur application dans toute l'UE mettra fin à ce côté « Tour de Babel » qu'a actuellement l'information financière ». Selon lui, ce règlement contribuera à nous protéger contre les irrégularités ; les investisseurs et les autres parties intéressées pourront comparer des choses comparables. En outre, il aidera les sociétés européennes à affronter leurs concurrents à armes égales et il favorisera la convergence des normes comptables européennes et américaines.

lexpansion. lexpress. fr, 13.06.2002

a. Quelle est la nouvelle règle communautaire entrée en vigueur depuis 2005 qui permet de résoudre le problème de la diversité des normes nationales ?
b. Quels sont les principaux avantages de cette normalisation ?

2 La tenue des comptes et le processus achat-vente

COURS

La tenue des comptes

• **L'enregistrement dans les comptes :** pour chaque opération, la comptabilité regroupe les emplois et les ressources au sein de tableaux à deux colonnes appelés comptes. Les comptes permettent un enregistrement des opérations selon un **classement de nature économique** (comptes de trésorerie, de charges, de produits, etc.).

• Une représentation schématique consiste à établir des comptes en T. La partie gauche est nommée **Débit** et reçoit l'**emploi**, la partie droite est nommée **Crédit** et reçoit la **ressource**.

Numéro et nom du compte	
Débit	Crédit
Emploi	Ressource

• Le solde du compte présente la différence entre le total des sommes inscrites au débit et le total de celles inscrites au crédit. Un solde est dit **débiteur** lorsque le total du débit est supérieur au crédit, il est **créditeur** dans le cas inverse.

• **Le principe de la partie double :** chaque opération est enregistrée dans deux comptes (au moins) :
– une fois dans le compte représentant l'emploi ;
– une fois dans le compte représentant la ressource.

Pour chaque opération, on a donc : Total débit = Total crédit.

Exemple : l'enregistrement d'un achat de marchandises pour 100 € réglé au comptant par chèque bancaire.
– Emploi : l'achat de marchandises ;
– Ressource : l'argent sur le compte bancaire.

Cela se traduit par l'enregistrement suivant :

607 Achats de marchandises		**512 Banque**	
Débit	Crédit	Débit	Crédit
100			100

• **L'enregistrement au journal**

C'est un document sur lequel toutes les opérations sont enregistrées dans **l'ordre chronologique** (cf. MÉTHODE).

Le processus achat-vente

• **La facture de doit** constate le montant qu'un client doit à son fournisseur.

Éléments de la facture de doit

	Montant brut	➜ Montant hors taxes des biens ou services facturés, avant réductions.
–	Réductions commerciales	➜ Rabais ou remises, ces réductions ne font pas l'objet d'un enregistrement distinct en comptabilité.
=	Montant net commercial HT	➜ Montant brut – réductions commerciales : c'est le montant enregistré dans le compte de produits ou charges concerné.
+	Frais de port	➜ Chez le client, ils constituent une charge supplémentaire liée à l'achat. Chez le fournisseur, ils représentent les produits des activités annexes.
+	TVA	➜ Taxe sur la valeur ajoutée, calculée au taux adéquat et représentant une créance sur l'État pour le client et une dette envers l'État pour le fournisseur.
=	Montant net à payer TTC	➜ Montant à payer par le client.

Enregistrements de la facture de doit

➜ **Chez le fournisseur**

d 411 Clients c	d 7. Produit c	d 7085 Port et frais accessoires c	d 44571 TVA collectée c
Net à payer TTC (débit)	Net commercial HT (crédit)	Frais de port (crédit)	TVA (crédit)

➜ **Chez le Client**

d 6. Charges c	d 624 Transport c	d 44566 TVA déductible… c	d 401 Fournisseurs c
Net commercial HT (débit)	Frais de port (débit)	TVA (débit)	Net à payer (crédit)

• **La facture d'avoir sur retour de biens** constate une réduction de la somme due par un client à son fournisseur. Dans ce cas, les éventuelles réductions qui avaient été accordées sur la facture de doit correspondante sont déduites. Le retour de marchandises s'enregistre à l'inverse de la facture de doit correspondante.

MÉTHODE

Enregistrer une écriture au journal

L'entreprise Maupied, spécialisée dans la fabrication de mobilier de bureau, vend le 8.11.N des armoires de rangement au client Delmote. Le comptable de l'entreprise a établi la facture n° BZ3408 correspondante d'un montant de 7 500 € HT (TVA à 19.6 %). 20 % du total TTC est réglé au comptant par chèque n°102064, le reste est à payer sous 30 jours.

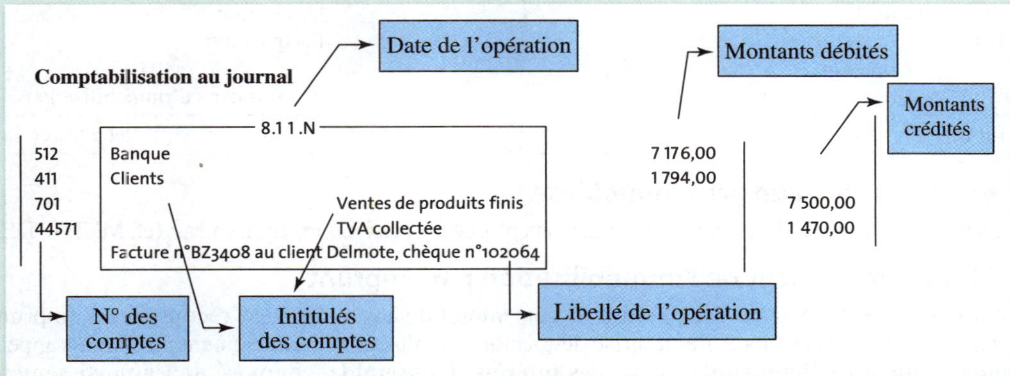

EXO

Enregistrez au journal des entreprises TRI et COLIN, les opérations réalisées par l'entreprise TRI au cours du mois de janvier N (TVA à 19.6 %).

04.01 : Vente de produits finis au client COLIN (facture n° 38) : montant brut HT 2 300 €, frais de transport 100 € HT, règlement sous quinzaine.

15.01 : Vente de produits finis au client COLIN (facture n° 42) : montant brut 4 800 €, remise 3 %, règlement à 60 jours.

20.01 : Réception d'un chèque du client COLIN (chèque n° 23478) : montant 3 722,62 €.

21.01 : Retour de produits finis du client COLIN, pour défaut de conformité, suite à la vente du 15.01 : montant brut des produits retournés 900 € (facture d'avoir n° A129).

Gestion et finance

3 Le processus d'investissement

COURS

L'investissement consiste à acquérir un actif immobilisé.
Un actif est un élément dont l'entreprise est propriétaire et qui génère des flux de trésorerie. Parmi les actifs, on distingue les actifs circulants qui entrent dans le cycle d'exploitation (stocks, créances, disponibilités) et les actifs immobilisés qui désignent les éléments destinés à rester durablement dans l'entreprise.

Trois catégories d'actifs immobilisés
Immobilisations incorporelles : éléments qui n'ont pas d'existence matérielle (ex : logiciels).
Immobilisations corporelles : biens physiques (ex : terrains, constructions, matériels).
Immobilisations financières : titres que l'entreprise souhaite conserver durablement (ex : actions et obligations).

La détermination du coût d'entrée des actifs immobilisés

Voici le principe de calcul du coût d'acquisition d'une immobilisation.

	Prix d'achat **net hors taxes récupérables**	➜ Prix d'achat, y compris les droits de douane et les taxes non récupérables (TVA sur les véhicules de tourisme), après déduction des remises et rabais.
+	Coûts directement attribuables à l'immobilisation	➜ Tous les coûts engagés pour mettre l'actif en place et en état de fonctionner : frais de transport, d'installation, de montage…, et sur option les droits de mutation, honoraires ou commissions et frais d'actes.
=	Coût d'acquisition de l'actif immobilisé	

Remarque : Les immobilisations d'une valeur inférieure à 500 € HT peuvent être comptabilisées en charges.

L'enregistrement de l'acquisition d'une immobilisation corporelle

2. Immobilisations		44562 TVA déductible sur immobilisations		6. Charges	
Coût d'acquisition de l'actif		TVA		Frais non inclus dans le coût d'acquisition	

44566 TVA déductible sur abs		404 Fournisseurs d'immobilisations	
TVA			Net à payer

La cession d'un actif immobilisé

Lorsqu'une entreprise cède un élément d'actif, il faut procéder à plusieurs enregistrements (cf. MÉTHODE).

Le financement de l'immobilisation par emprunt

L'entreprise peut financer l'acquisition d'une immobilisation en ayant recours à un emprunt bancaire. À chaque échéance, l'entreprise devra alors, en plus du remboursement du capital (appelé **amortissement de l'emprunt**), verser des **intérêts**. **L'ensemble, composé de l'amortissement et des intérêts, prend le nom d'annuité**. L'emprunt peut être remboursé par **amortissements constants** (le montant de l'amortissement est le même chaque année) ou par **annuités constantes** (dans ce cas, ce sont les annuités qui sont du même montant).

Le tableau d'amortissement de l'emprunt permet de visualiser la décomposition de l'annuité à chaque échéance.

Exemple : tableau d'amortissement pour un emprunt de 80 000 € sur 4 ans remboursable par annuité constante de 22 560,95 € à un taux d'intérêt de 5 %.

Année	Capital restant dû en début d'année	Amortissement	Intérêt	Annuité
1	80 000	18 560,95 (22 560,95 – 4 000)	4 000 (80 000 × 0,05)	22 560,95
2	61 439,05 (80 000 – 18 560,95)	19 489 (22 560,95 – 3 071,95)	3 071,95 (61 439,05 × 0,05)	22 560,95

Année	Capital restant dû en début d'année	Amortissement	Intérêt	Annuité
3	41 950,05	20 463,45	2 097,50	22 560,95
4	21 486,60	21 486,60	1 074,33	22 560,93

MÉTHODE

Comptabiliser la cession d'une immobilisation et déterminer le résultat de cession

Le 30.06.N, l'entreprise Deflandre a cédé une machine-outil. Le règlement s'est fait le 15.07.N par chèque.

L'entreprise vous fournit les renseignements complémentaires suivants :

Prix de cession : 20 000 € HT
Coût d'acquisition : 45 000 € HT
Date d'acquisition : 01.01.N–6
Durée d'utilisation prévue : 10 ans
Sommes des amortissements pratiqués au 31.12.N–1 : 27 000
Dotation complémentaire pour l'exercice N : 2 250

- **Enregistrements de l'exercice N dans le journal de l'entreprise Deflandre :**

			Débit	Crédit
		30.06.N		
462		Créances sur cessions d'immobilisations	23 920	
	775	Produits des cessions d'éléments d'actif		20 000
	44571	TVA collectée		3 920
		Prix de cession machine-outil		
		15.07.N		
512		Banque	23 920	
	462	Créances sur cessions d'immobilisations		23 920
		Encaissement d'un prix de cession		
		31.12.N		
681		Dotations aux amortissements, dépréciations et provisions	2 250	
	28154	Amortissements du matériel industriel		2 250
		Dotation complémentaire N		
		31.12.N		
28154		Amortissements du matériel industriel	29 250	
675		Valeurs comptables des éléments d'actif cédés	15 750	
	2154	Matériel industriel		45 000
		Sortie de la machine-outil		

Enregistrement du prix de cession TTC dans un compte de tiers.

Collecte de TVA car l'acquisition de la machine-outil avait ouvert droit à déduction de TVA.

Dotation calculée entre le 01.01.N et la date de cession

Σ des amortissements pratiqués : Amortissements au 31.12.N–1 (27 000) + dotation de N (2 250)

Valeur nette comptable = coût d'acquisition (45 000) – Σ des amortissements pratiqués (29 250)

Sortie du bien à sa valeur d'origine.

- **Calcul du résultat de cession :**

Prix de cession (compte 775)	20 000
– Valeur nette comptable (compte 675)	–15 750
= Résultat de cession	**+ 4 250**

Le résultat de cession est positif, l'entreprise Deflandre a donc réalisé une **plus-value** sur la cession de la machine-outil.

EXO

L'entreprise Po a procédé à l'acquisition présentée ci-contre.

a. Déterminez le coût d'acquisition de cette immobilisation.
b. Enregistrez au journal la réception de la facture n° 9862 du 25.10, règlement le 15.11 par chèque.

Facture n° 9862

Machine-outil	17 000,00
Frais de transport	200,00
Frais d'installation	150,00
Formation du personnel	2 000,00
Montant brut HT	19 350,00
TVA 19,6 %	3 792,60
Net à payer	23 142,60

4 Comment organiser les traitements pour répondre aux besoins de l'entreprise ?

COURS

Le plan de comptes

• Au niveau national, le **plan de compte général** (PCG) comprend une liste type de comptes qui doivent être utilisés. Cette liste précise l'intitulé de chaque compte et son numéro. Les comptes sont répartis en 8 classes (exemple : classe 2 → comptes d'immobilisations).

• **Chaque entreprise adapte ces comptes en fonction de ses besoins**. Ainsi, elle peut notamment créer des comptes supplémentaires en créant des divisions des comptes prévus par le PCG. Par exemple, une entreprise possédant deux bâtiments A et B peut subdiviser le compte 2131 Bâtiments en créant les comptes 2131A, Bâtiment A et 2131B, Bâtiment B.

L'articulation des documents comptables

• Les documents comptables sont les **pièces comptables justificatives** (factures, chèques, etc.) qui servent quotidiennement de base à l'enregistrement des opérations au **journal**. Ces enregistrements sont ensuite reportés dans le grand-livre.

– Le **grand-livre** est un document qui regroupe l'ensemble des comptes de l'entreprise. Il permet de visualiser tous les mouvements concernant chaque compte et de déterminer leur solde.

– La **balance** est un tableau périodique qui reprend dans l'ordre tous les comptes du grand-livre, à raison d'une ligne par compte :

L'organisation comptable

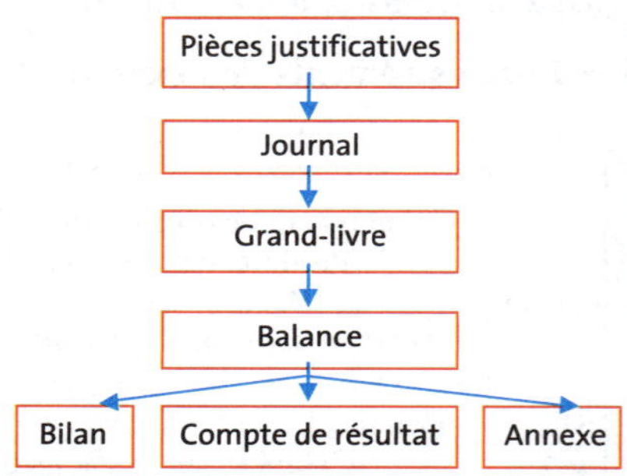

N° des comptes	Intitulé des comptes	Totaux		Soldes	
		débits	crédits	débiteurs	créditeurs
…	…				
411001	Client Alain	3 500,00	2 200,00	1 300,00	
411002	Client Albert	8 253,00	9 000,00		747,00
…	…				
	TOTAUX	623 228,00	623 228,00	35 254,00	35 254,00

La balance est un outil de contrôle qui permet la vérification de la partie double (Totaux débits = Totaux crédits et Soldes débiteurs = Soldes créditeurs).

– Les **documents de synthèse** sont établis une fois par an, à la date de clôture de l'exercice comptable, à partir de la balance. Ils comprennent **le bilan, le compte de résultat et l'annexe**.

– Le **bilan** donne une image de la situation patrimoniale de l'entreprise en regroupant les actifs et les passifs de l'entreprise à une date donnée.

• **Représentation simplifiée du bilan :**

ACTIF	Exercice N			PASSIF	Exercice N
	Brut	Amts. et dépr.	Net		
• **Actif immobilisé** Immobilisations incorporelles Immobilisations corporelles Immobilisations financières • **Actif circulant** Stocks Créances VMP Disponibilités Charges constatées d'avance				• **Capitaux propres** Capital Réserves Report à nouveau Résultat de l'exercice • **Dettes** Dettes financières Dettes d'exploitation Dettes diverses Produits constatés d'avance	
TOTAL				**TOTAL**	

• **Le compte de résultat** regroupe les charges et les produits de l'exercice. Il fait apparaître le résultat de l'exercice. Voici la **représentation simplifiée du compte de résultat** :

CHARGES	Exercice N	PRODUITS	Exercice N
• Charges d'exploitation • Charges financières • Charges exceptionnelles Bénéfice (solde créditeur)		• Produits d'exploitation • Produits financiers • Produits exceptionnels Perte (solde débiteur)	
TOTAL		**TOTAL**	

• **L'annexe** est un ensemble de tableaux qui fournissent des précisions sur les informations données dans le bilan et le compte de résultat. L'annexe comprend notamment le tableau des immobilisations, le tableau des amortissements, le tableau des dépréciations et des provisions.

L'apport de l'automatisation

Les entreprises utilisent aujourd'hui un système comptable automatisé qui facilite les traitements et le contrôle. Par exemple, un logiciel comptable signalera une écriture comptable non équilibrée et refusera de la valider.

MÉTHODE

Lettrer et contrôler un compte client

Le lettrage consiste à rechercher les sommes communes entre le débit et le crédit d'un même compte, en leur attribuant la même lettre. Cela permet de justifier le solde d'un compte et de mettre en évidence les factures impayées.

411CAR – Client CARILLET					
Date	**Libellé**	**Débit**	**L**	**Crédit**	**L**
01.03.N	Report à nouveau	1 567,00	A		
03.03.N	Facture n° 20	237,20	A		
10.03.N	Chèque n° 157			1 804,20	A
15.03.N	Facture n° 26	139,47	B		
16.03.N	Facture avoir n° 13			23,18	B
24.03.N	Facture n°42	712,22	C		
23.03.N	Chèque n°158			116,29	B
27.03.N	Facture n°48	2305,25	C		
29.03.N	Chèque n°164			3017,47	C
29.03.N	Facture n°53	458,10			
30.03.N	Facture avoir n°16			26,12	

Le chèque du 10.03 correspond au règlement du solde à nouveau et de la facture n° 20. (1 567 + 237,20 = 1 804,20)

139,47 – 23,18 = 116,29

712,22 + 2 305,25 = 3 017,47

À la fin du mois, le solde dû par le client correspond au montant de la facture impayée n° 53 duquel il faut déduire la facture d'avoir n° 16. Le solde du compte est de 431,98 €.

EXO

À partir de l'exercice du chapitre 2 :

a. Établissez, pour le mois de janvier, le compte du client COLIN chez le fournisseur TRI selon le modèle présenté dans la rubrique MÉTHODE (le solde initial débiteur du compte COLIN au 01.01.N s'élève à 852,22 €).

b. Lettrez et contrôlez le compte.

c. Calculez le solde du compte COLIN au 31.01 et expliquez à quoi il correspond.

d. Présentez l'intérêt de lettrer et contrôler un compte client.

5 Qu'apporte l'environnement technologique au traitement de l'information financière ?

COURS

Le système d'information comptable

• Le système d'information comptable collecte, conserve et traite les différentes informations de nature comptable et financière afin de les mettre à disposition du système de décision de l'entreprise.
• Dans un **système comptable classique**, les opérations sont enregistrées quotidiennement sur un **journal unique** d'après les pièces justificatives, puis reportées régulièrement au grand-livre et contrôlées grâce à l'édition d'une **balance**. Les travaux d'inventaire réalisés annuellement permettent ensuite l'établissement des documents de synthèse. Ce système peut être utilisé lorsqu'une seule personne est en charge de la tenue de la comptabilité dans une entreprise.
• Dans un **système comptable centralisateur**, le journal est divisé en **journaux auxiliaires divisionnaires** spécialisés dans l'enregistrement d'une catégorie d'opérations (achats, ventes, trésorerie, opérations diverses…). Ce système permet à plusieurs personnes de tenir la même comptabilité en se spécialisant chacune dans un type de tâches. Ainsi, les opérations sont enregistrées quotidiennement dans les journaux divisionnaires et reportées automatiquement au grand-livre.

L'apport des outils informatiques

• La tenue de la comptabilité au moyen de systèmes informatisés entraîne un gain de temps mais permet aussi de s'assurer de la sécurité des traitements et de procéder à des sauvegardes. En fonction de la taille et de l'organisation de l'entreprise, plusieurs systèmes informatiques peuvent être mis en place.

La comptabilité tenue à l'aide d'un progiciel comptable unique

• Un progiciel (contraction de produit et de logiciel) est un logiciel à usage professionnel, généralement standard mais paramétrable selon les besoins spécifiques de l'entreprise. Lorsque l'entreprise utilise un progiciel comptable unique, toutes les opérations comptables doivent être saisies manuellement.

La comptabilité tenue avec un système semi-intégré

• L'entreprise utilise alors **plusieurs progiciels, chacun spécialisé dans une catégorie d'opérations** (paye, immobilisations, achats, ventes, etc.). Généralement, ces progiciels appartiennent à la même gamme logicielle et sont en lien les uns avec les autres, ce qui permet de générer automatiquement des écritures dans un progiciel grâce aux fonctions d'importation et d'exportation à partir des autres progiciels.

La comptabilité tenue à l'aide d'un PGI (progiciel de gestion intégré)

• Un PGI (ou **ERP** en anglais : Enterprise Resource Planning) est organisé sous forme de **modules indépendants** correspondant aux différentes fonctions de l'entreprise (comptabilité, paye, gestion des stocks, etc.) et repose sur le **partage d'une base de données commune** par les différents modules, ce qui permet la communication aisée des données entre les différentes applications. Par exemple, la saisie d'une commande client dans le module « Gestion des commandes » va mettre à jour automatiquement les modules de gestion des stocks et de production.
• Afin que le PGI fonctionne de manière efficace, il est nécessaire de définir les types de droits d'accès et autorisations attribués aux différents utilisateurs du PGI : simple consultation des données, droit de mettre à jour les données, droit de créer de nouveaux enregistrements et enfin droit de supprimer des données.
• Le PGI permet une homogénéisation des données (un seul fichier client par exemple), un traitement de l'information et une aide à la prise de décision plus rapides, ainsi qu'une communication facilitée entre les différents services de l'entreprise tout en évitant la redondance des traitements.

MÉTHODE

Attribuer les droits d'accès à différents utilisateurs dans le cadre d'un PGI

(Extrait de l'épreuve CFE du bac STG, session 2012 (étranger))

• **Présentation de l'entreprise**

L'entreprise « Gourmandises » est une SA au capital de 7 579 000 € située à Saint-Brieuc, dirigée par Monsieur Edouard Herman. Elle fabrique des plats cuisinés traiteurs ainsi que des salades composées. Elle commercialise tous ses produits auprès de la grande distribution ainsi que des chaînes de restauration rapide. […]. Pour s'adapter à la réglementation en vigueur, l'entreprise a adopté une démarche de traçabilité des expéditions. Elle peut ainsi retrouver la provenance d'un lot contaminé, les références des fournisseurs concernés, etc. Pour cela, elle utilise un progiciel de gestion intégré […].

• **L'organisation du PGI**

Le progiciel de gestion intégré (PGI) s'articule autour de plusieurs modules :
– certains sont utilisés dans les bureaux. Ils couvrent les achats, les ventes, la gestion de la production ;
– les autres sont utilisés dans l'usine pour suivre les flux, les emplacements, les stocks, l'identification des lots, les rendements, la préparation des commandes. Ils privilégient la rapidité, la fiabilité de la saisie, en s'adaptant au plus près à chaque poste de travail.

• **La répartition des tâches entre les salariés**

La personne préparant l'expédition scanne le bon de commande qui fournit les informations sur le client, les produits à livrer ainsi que leur destination. Elle prépare la commande en scannant chaque produit ou colis et déclare électroniquement sur son terminal tout produit manquant. Toutes les informations sont automatiquement intégrées dans le progiciel de gestion intégré, ce qui permet de suivre le produit de sa conception à son expédition mais aussi de suivre les stocks de produits finis frais.

• Par ailleurs, l'entreprise a embauché quatre nouveaux salariés dont les postes vous sont précisés :
– Monsieur Demangeot occupant le poste de responsable de production sera chargé de la gestion des flux dans les unités de production. Il réalisera les prévisions d'approvisionnement et les calculs de coûts.
– Madame Natreau occupant le poste d'aide-comptable travaillera sur la facturation à partir des bons de commande et des bons de livraison. Elle réalisera les enregistrements comptables, les bulletins de salaire et les déclarations sociales.
– Madame Renault occupant le poste d'expéditrice de produits frais sera responsable de la préparation des commandes et de la réalisation des bons de livraison.
– Monsieur Raymond occupant le poste de commercial devra superviser l'ensemble des opérations commerciales (prospection clientèle, gestion de la base de données clients, bons de commande).
Seuls les responsables de services peuvent supprimer des informations de la base de données.

Affectation des droits d'accès à Mme Natreau à partir de ses fonctions :

Elle n'a pas en charge les opérations de production et d'expédition. Par conséquent, elle n'a pas besoin d'accéder à ces modules.
Pour réaliser les tâches dont elle est chargée, elle doit pouvoir accéder aux modules commercial, comptabilité et paye. Toutefois, n'étant pas responsable de service, elle ne peut pas supprimer des données.

	Madame NATREAU
Production	Aucun droit
Expédition	Aucun droit
Commercial	C I M
Comptabilité	C I M
Paye	C I M

C : création (droit d'écriture, de créer de nouveaux enregistrements)
I : interrogation (droit de consultation des données)
M : modification (droit de modifier ou de mettre à jour des données)
S : suppression (droit de supprimer des enregistrements)

EXO

a. À partir de la situation décrite ci-dessus dans la rubrique MÉTHODE, indiquez les droits d'accès à attribuer à Monsieur Demangeot.

b. Citez trois avantages de l'utilisation d'un PGI dans l'entreprise « Gourmandises ».

6 L'inventaire et les amortissements

COURS

Exercice comptable et inventaire

• Le découpage de l'activité en **périodes** (exercices comptables) conduit à déterminer le résultat dégagé au cours d'une période donnée et à dresser un état de la situation patrimoniale de l'entreprise à la fin de cette période. La **clôture des comptes**, à la fin de l'exercice comptable, nécessite de faire un **inventaire physique** des actifs et des passifs de l'entreprise et d'opérer un rapprochement entre les éléments figurant dans les comptes et les éléments issus de l'inventaire.

Les principes comptables permettant de donner une image fidèle de l'entreprise

– **Principe de prudence :** tous les éléments susceptibles de diminuer la valeur du patrimoine doivent être pris en compte.
– **Principe d'indépendance des exercices :** les charges et les produits retenus pour déterminer le résultat de l'exercice ne doivent concerner que cet exercice.
– **Principe de continuité de l'exploitation :** les comptes sont réalisés dans l'hypothèse où l'entreprise est présumée poursuivre ses activités.
– **Principe de permanence des méthodes :** la présentation des comptes annuels et les méthodes d'évaluation ne doivent pas (sauf exceptions) être modifiées d'un exercice à un autre.

Les amortissements économiques

• Un **actif amortissable** est un actif dont l'utilisation est limitée dans le temps pour des raisons d'usure, d'évolution technique ou de règles juridiques.

• **La définition et le calcul des amortissements**
L'amortissement est la répartition du **montant d'un actif amortissable** selon le rythme de consommation des avantages économiques attendus en fonction de son utilisation probable.
→ **Valeur amortissable du bien :** coût d'acquisition – valeur résiduelle en fin de vie.
→ **Durée d'utilisation :** se mesure en fonction du temps, en unités d'œuvre (main-d'œuvre, heures-machine, nombre de kilomètres parcourus, nombre de produits...). Elle est propre à chaque entreprise, l'unité la plus significative doit être retenue. À défaut de mode mieux adapté, le mode linéaire est appliqué.

• **Comparaison des modes d'amortissement**

	Utilisation mesurée en unités de temps (amortissement linéaire)	**Utilisation mesurée en unités d'œuvre (u.o.)**
Taux d'amortissement	1/ n avec n = durée d'utilisation	–
Annuité	Valeur amortissable 1/n	Valeur amortissable $\times \frac{\text{Unités d'œuvre de l'exercice N}}{\text{Unités d'œuvre totales}}$
Départ de l'amortissement	Date de mise en service	Date de début de consommation des avantages économiques

• **Enregistrement à la clôture de la dotation aux amortissements de l'exercice**

Un 8 placé en 2e position d'un compte d'actif indique un compte d'amortissement.

Débit	Crédit
6811 Dotations aux amortissements	28. Amortissement

• **Incidence sur le compte de résultat :** les dotations de l'exercice augmentent les charges.

Compte de résultat *(extrait)*

Charges	Produits
Exploitation **Dotations aux amortissements et aux provisions** Sur immobilisations : dotations aux amortissements (← Compte 6811)	

• **Incidences sur le bilan :** les amortissements figurent à l'actif du bilan, ils n'ont aucune incidence sur la trésorerie car ils n'entraînent aucun décaissement, ce sont des charges calculées.

Bilan *(extrait)*

ACTIF	Brut	Amortissements et dépréciations	Net
Actif immobilisé			

Cumul des amortissements

La valeur nette comptable (VNC) est la différence entre la valeur brute et le cumul des amortissements.

MÉTHODE

Élaborer un plan d'amortissement

Le 01.01.N, l'entreprise Borel a fait l'acquisition d'un camion pour une valeur de 180 000 € HT. Il est prévu que, lors du changement du véhicule, le concessionnaire reprendra l'ancien matériel à 5 % de son coût d'acquisition. Le camion parcourt en moyenne 100 000 km pour une durée de vie de 6 ans. Un amortissement en fonction des kilomètres parcourus semble le mieux adapté. Les prévisions de kilométrage sont les suivantes : les 3 premières années : 20 000 km par an ; les 2 années suivantes : 15 000 km par an ; la dernière année : 10 000 km par an.

• **Calcul de la base amortissable :** elle correspond au coût d'acquisition du camion diminué de sa valeur résiduelle, soit 171 000 € (180 000 – 180 000 × 5%).

• **Plan d'amortissement**

Camion

Coût d'acquisition : 180 000 — **Durée d'utilisation : 6 ans**
Valeur résiduelle : 9 000 — **Unité d'œuvre : km parcourus**
Date de mise en service : 01.01.N — **Mode d'amortissement : selon u.o.**

Exercice	Base amortissable	Kilomètres parcourus	Annuité d'amortissement	Amortissements cumulés	VNC
N	171 000	20 000	34 200 *(171000 × 20000/100000)*	34 200	145 800
N+1	171 000	20 000	34 200 *(171000 × 20000/100000)*	68 400	111 600
N+2	171 000	20 000	34 200 *(171000 × 20000/100000)*	102 600	77 400
N+3	171 000	15 000	25 650 *(171000 × 15000/100000)*	128 250	51 750
N+4	171 000	15 000	25 650 *(171000 × 15000/100000)*	153 900	26 100
N+5	171 000	10 000	17 100 *(171000 × 10000/100000)*	171 000	9 000

= coût d'acquisition – amortissements cumulés

La VNC de la dernière année correspond à la valeur résiduelle du bien.

EXO

L'entreprise Chabrand utilise, depuis sa création, deux immobilisations :
– une scie, acquise et mise en service le 01.05.N pour une valeur de 310 000 €, durée de vie : 8 ans, amortissement linéaire, valeur résiduelle :10 000 € ;
– une raboteuse, acquise le 15.03.N pour une valeur de 60 000 € HT, durée de vie : 8 ans, amortissement en fonction du nombre de poutres produites.

Les prévisions de production sont les suivantes :
– la première année N : 200 poutres,
– les quatre années suivantes : 500 poutres,
– les trois dernières années : 600 poutres.

a. Présentez les plans d'amortissement des deux immobilisations.
b. Comptabilisez les dotations aux amortissements au 31.12.N+2.
c. Présentez un extrait du compte de résultat et du bilan au 31.12.N+2.

7

Les tableaux de l'annexe

COURS

L'utilité de l'annexe

• L'annexe complète les informations fournies par le compte de résultat et le bilan et permet de **préciser la composition de certains postes et les évolutions significatives intervenues sur la présentation des comptes depuis le précédent exercice**.

• L'annexe est composée notamment d'un certain nombre de **tableaux** qui permettent d'expliquer le montant d'un poste d'immobilisation, d'amortissement ou de dépréciation à la clôture de l'exercice :

Tableau des immobilisations	Tableau des amortissements	Tableau des dépréciations

• Chaque poste est décrit selon son **montant à l'ouverture de l'exercice**. Les mouvements ayant affecté ce poste au cours de l'exercice sont détaillés : apparaissent **les augmentations et les diminutions au cours de l'exercice. Le montant à la clôture de l'exercice** correspond à :

Montant à l'ouverture de l'exercice + Augmentations – Diminutions

La présentation des tableaux de l'annexe

31.12.N

Situations et mouvements / Postes	A Montant à l'ouverture de l'exercice	B Augmentations	C Diminutions	D Montant à la clôture de l'exercice
	Correspond au montant du poste au 01.01.N.	Correspond aux augmentations du poste au cours de l'exercice N.	Correspond aux diminutions du poste au cours de l'exercice N.	Correspond au montant du poste au 31.12.N : (A + B – C).

MÉTHODE

Comprendre les tableaux de l'annexe

La SA Benayad vous communique les tableaux de l'annexe joints à ses comptes annuels de l'exercice N.

Tableau des immobilisations au 31.12.N

Situations et mouvements / Postes	A Montant à l'ouverture de l'exercice	B Augmentations	C Diminutions	D Montant à la clôture de l'exercice
Terrain	200 000	50 000	–	250 000
Construction	890 000	–	245 000	645 000
Installations techniques	235 465	78 650	56 420	257 695
Total	**1 325 465**	**128 650**	**301 420**	**1 152 695**
	↓ Montant brut des immobilisations au 01.01.N. ⇒ Solde des comptes de classe 2 au 01.01.	↓ Coût d'acquisition des immobilisations acquises en N. ⇒ mouvements débit des comptes de classe 2 au cours de l'exercice.	↓ Valeur d'origine des immobilisations cédées en N. ⇒ mouvements crédit des comptes de classe 2 au cours de l'exercice.	↓ Montant brut des immobilisations au 31.12.N. ⇒ Solde des comptes de classe 2 au 31.12. ⇒ A + B – C.

Tableau des amortissements au 31.12.N

Situations et mouvements / Postes	A Montant à l'ouverture de l'exercice	B Augmentations	C Diminutions	D Montant à la clôture de l'exercice
Amortissement des constructions	412 000	51 000	122 500	340 500
Amortissement des installations	68 410	28 740	9 800	87 350
Total	**480 410**	**79 740**	**132 300**	**427 850**
	↓ Montant des amortissements au 01.01.N. ⇒ Solde des comptes 28 au 01.01.	↓ Dotations aux amortissements en N. ⇒ mouvements crédit des comptes 28 au cours de l'exercice.	↓ Diminutions en N. ⇒ mouvements débit des comptes 28 au cours de l'exercice (en cas notamment de cession d'immobilisation).	↓ Montant des amortissements au 31.12.N. ⇒ Solde des comptes 28 au 31.12 : A + B – C

EXO

À partir des tableaux de l'annexe de la rubrique MÉTHODE, répondez aux questions suivantes :

a. Quelles sont les immobilisations acquises par l'entreprise au cours de l'exercice ? Pour quel montant ?

b. L'entreprise a-t-elle cédé des immobilisations au cours de l'exercice ? Si oui, précisez leur nature.

c. À combien se sont élevées les dotations aux amortissements de l'exercice ?

d. À quoi correspondent les diminutions d'amortissement de 122 500 € et 9 800 € ?

e. Quelle est au 31.12.N la valeur nette du poste Installations techniques ?

f. Présentez l'extrait de l'actif immobilisé du bilan au 31.12.N et du compte de résultat, en complétant les tableaux suivants :

Extrait du bilan

ACTIF	Exercice N		
	Brut	**Amortissements et dépréciations**	**Net**
Actif immobilisé **Immobilisations corporelles** Terrain Construction Installations techniques			

Extrait du compte de résultat

Charges N	Montant
Exploitation **[...]** **Dotations aux amortissements** Sur immobilisations : dotations aux amortissements	

Gestion et finance

8 Les dépréciations

COURS

Le principe de dépréciation des actifs

C'est la constatation que la valeur actuelle d'un actif est inférieure à sa valeur nette comptable :

Montant de la dépréciation = Valeur nette comptable – Valeur actuelle

• La valeur actuelle est la valeur estimée du bien à l'inventaire.

Les dépréciations ne sont pas nécessairement définitives, elles ont un caractère réversible : l'actif peut reprendre de la valeur dans le futur ou en perdre davantage.

• Les dépréciations doivent donc être ajustées lors des exercices ultérieurs :

– si la dépréciation de l'actif a augmenté, la dépréciation doit être complétée ;

– si la dépréciation de l'actif a diminué, la dépréciation doit être réduite, c'est-à-dire partiellement reprise ;

– si la dépréciation de l'actif a disparu, la dépréciation doit être annulée, c'est-à-dire intégralement reprise.

Ex. : un terrain est acquis le 01.03.N pour un coût de 60 000 €. Sa valeur actuelle à l'inventaire de N et N + 1 est respectivement de 45 000 € et 55 000 €. Courant N + 2, le terrain est cédé à une autre entreprise.

Au 31.12.N, une dépréciation de 15 000 € doit être constatée (60 000 – 45 000).

Au 31.12.N + 1, la dépréciation n'est plus que de 5 000 € (60 000 – 55 000). Par conséquent, une reprise sur dépréciation doit être constatée pour 10 000 € (15 000 – 5 000).

Au 31.12.N + 2, le terrain ne fait plus partie du patrimoine de l'entreprise, la dépréciation est donc devenue sans objet. Une reprise sur dépréciation de 5 000 € doit être enregistrée.

La comptabilisation des dépréciations

Lors de la constitution ou de l'augmentation des dépréciations (selon l'article concerné) :

Un 9 placé en 2e position d'un compte d'actif indique un compte de dépréciation.

Nature de la reprise	Débit	Crédit
Dotation aux dépréciations des terrains	6816 – Dotations aux dépréciations des immobilisations corporelles et incorporelles	**2911** – Dépréciations des terrains **297** – Dépréciations des autres immobilisations financières
Dotation aux dépréciations des stocks et créances	6817 – Dotations aux dépréciations des actifs circulants	**39** – Dépréciations des stocks et en-cours **491** – Dépréciations des comptes clients

Lors de la reprise des dépréciations, les comptes de dépréciations sont débités et les comptes de reprises correspondants sont crédités (ex. : 7817 – Reprises sur dépréciations des actifs circulants).

Le cas de la dépréciation des créances clients

• **Transfert des créances douteuses dans un compte distinct :** à la clôture de l'exercice, dès que le recouvrement d'une créance est incertain, cette créance doit être transférée dans le compte ***416 – Clients douteux ou litigieux.***

• **Évaluation des dépréciations et des ajustements nécessaires :** le calcul de la dépréciation s'effectue sur le montant HT de la créance. Les enregistrements constatent le montant des dotations aux dépréciations et des reprises sur dépréciations.

• **Comptabilisation des créances irrécouvrables :** lorsque le non-recouvrement d'une créance devient certain, celle-ci est définitivement perdue. Le montant HT de la créance irrécouvrable fait l'objet d'un enregistrement au débit du compte ***654 – Pertes sur créances irrécouvrables***. La TVA, qui pourra être remboursée à l'entreprise par l'État, est enregistrée au débit du compte ***44571 – TVA collectée***. Par ailleurs, la dépréciation éventuellement constatée sur cette créance devient sans objet et doit être reprise en totalité.

Les incidences des dépréciations et des provisions

• **Incidences sur le compte de résultat :** les dotations de l'exercice sont des charges qui diminuent le résultat de l'exercice. Les reprises sont des produits qui augmentent le résultat de l'exercice.

• **Incidences sur le bilan :** les dépréciations figurent à l'actif du bilan, dans la colonne « amortissements et dépréciations ».
• **Incidence sur la trésorerie :** les dotations et les reprises sont des charges et produits calculés, qui n'ont donc aucune incidence sur la trésorerie de l'entreprise.

MÉTHODE

Calculer les dépréciations des créances clients

La SA Katerine a regroupé les informations relatives aux créances douteuses au 31.12.N (TVA à 19,6%) :

Clients	Créances au 31.12.N		Dépréciation au 31.12.N		Dépréciation	Ajustement		Perte
	TTC	HT	%	Montant	au 31.12.N–1	Dotation	Reprise	irrécouvrable HT
Ane	4 186,00	3 500,00	40	1 400,00	1 750,00		350,00	
Murat	1 315,60	1 100,00	-	-	660,00		660,00	1 100,00
Miossec	5 023,20	4 200,00	30	1 260,00	-	1 260,00		
TOTAL					2 410,00	1 260,00	1 010,00	1 100,00

• **Remarque :** le client Miossec a connu ses premiers incidents de paiement au cours de l'année N.
• **Justification des calculs :**
Ane : Dépréciation au 31.12.N = montant HT de la créance × % de dépréciation = 3 500 × 40 % = 1 400 €. Lors de l'exercice précédent, une dépréciation de 1 750 € avait été comptabilisée. Il faut donc la reprendre partiellement pour ramener la dépréciation à 1 400 €. La reprise s'élève à 350 € (1 750 – 1 400).
Murat : la dépréciation existante est devenue sans objet du fait de l'insolvabilité définitive du client. Il faut la reprendre en totalité (660 €) et constater le montant HT de la créance en perte irrécouvrable (1 100 €).
Miossec : Dépréciation au 31.12.N = 4 200 × 30 % = 1 260 €.
Ce client ayant connu ses premiers incidents de paiement en N, aucune dépréciation n'était constatée en N – 1. La dotation de l'exercice correspond donc à la dépréciation au 31.12.N, soit 1 260 €.

EXOS

1 À partir des données de la rubrique MÉTHODE ci-dessus, procédez aux enregistrements relatifs aux créances clients au 31.12.N.

2 La SA Plan vous communique un extrait du tableau des dépréciations au 31.12.N – 1 :

Situations et mouvements / Rubriques	A Montant à l'ouverture de l'exercice	B Augmentations : dotations de l'exercice	C Diminutions d'amortissement de l'exercice	D Montant à la clôture de l'exercice
Dépréciations des terrains	6 000	2 000		8 000
Dépréciations des stocks	4 000		1 500	2 500

Par ailleurs, la valeur actuelle au 31.12.N d'un terrain acquis 120 000 € en N – 5 n'est plus que de 100 000 €.
Le stock de marchandises d'une valeur d'entrée de 27 200 € a une valeur actuelle de 25 450 € au 31.12.N.

a. Énoncez les principes comptables qui justifient de constater des dépréciations à l'inventaire.
b. Procédez aux enregistrements nécessaires, liés aux dépréciations, au 31.12.N.

Gestion et finance

9 La régularisation des charges, des produits et des stocks

COURS

La régularisation des charges et des produits

Exercice comptable : période retenue pour l'établissement des comptes annuels, en général 12 mois.

• **Les charges constatées d'avance** sont des charges comptabilisées durant l'exercice, mais qui concernent l'exercice suivant.

Exemple : une prime d'assurance de 1 200 € payée (et comptabilisée) le 1.09.N pour une période d'un an. La charge concernant la période du 01.01.N+1 au 30.08.N+1 est constatée d'avance, soit 800 € (1200 × 8/12).

	31.12.N		
486	Charges constatées d'avance	Montant constaté d'avance	
6..	Compte de charges concerné		Montant constaté d'avance

Les régularisations de charges et produits constatés d'avance portent uniquement sur le montant HT, la TVA ne fait pas l'objet de régularisation.

• **Les produits constatés d'avance** sont des produits comptabilisés durant l'exercice mais qui concernent l'exercice suivant.

Exemple : un loyer encaissé le 20.12.N pour la période allant du 01.01.N+1 au 31.03.N+1.

	31.12.N		
7..	Compte de produits concerné	Montant constaté d'avance	
487	Produits constatés d'avance		Montant constaté d'avance

• **Les charges à payer** sont des charges qui concernent l'exercice, mais qui ne sont pas encore comptabilisées.

Exemple : une facture d'électricité relative à la consommation de décembre non reçue.

	31.12.N		
6..	Compte de charges concerné	Montant HT	
4458	TVA à régulariser	TVA	
408	Fournisseurs, factures non parvenues		Montant TTC (ou HT s'il n'y a pas de TVA)
428	Personnel, charges à payer		
438	Organismes sociaux, charges à payer		
448	État, charges à payer		
1688	Intérêts courus		

(Comptes 408 à 1688 : À choisir en fonction du tiers concerné)

• **Les produits à recevoir** sont des produits qui concernent l'exercice, mais qui ne sont pas encore comptabilisés.

Exemple : une prestation de services effectuée le 28.12.N chez un client mais dont la facture n'est pas encore établie.

	31.12.N		
418	Clients, factures à établir	Montant TTC	
7…	Compte de produits concerné		Montant HT
4458	TVA à régulariser		TVA

Remarque : à l'ouverture de l'exercice suivant, toutes les écritures de régularisation de charges et produits doivent faire l'objet d'une contre-passation.

• **Les incidences des régularisations de charges et produits**

Sur le résultat : les régularisations modifient le montant des charges et des produits de l'exercice.

Sur le bilan : les charges constatées d'avance et les produits à recevoir figurent à l'actif du bilan, les produits constatés d'avance et les charges à payer au passif.

La régularisation des stocks

• La mise à jour des comptes de stocks se réalise en annulant le stock initial de début d'exercice et en constatant le stock final de fin d'exercice. Un inventaire physique permet de dénombrer les quantités en stock. Celui-ci est valorisé au coût d'achat pour les matières premières, autres approvisionnements et marchandises et au coût de production pour les produits finis.

	Débit	Crédit
Annulation du stock initial	6031 - Variation des stocks de matières premières	31 - Matières premières
	6032 - Variation des stocks des autres approvisionnements	32 - Autres approvisionnements
	6037- Variation des stocks de marchandises	37 - Stocks de marchandises
	7135 - Variation des stocks de produits	35 - Stocks de produits
Constatation du stock final	Comptes 31, 32, 37, 35	Comptes 6031, 6032, 6037, 7135

MÉTHODE

Mesurer l'incidence de la régularisation des stocks sur le résultat et le bilan

- La SA Goldberg fournit les informations suivantes :

ACTIF au 31.12.N - 1	Brut	Amortissements et dépréciations	Net
Actif circulant Stocks produits finis	68 130	-	68 130

Inventaire extra-comptable au 31.12.N	
Stock de produits finis	74 260
Dépréciations	0

- Les écritures de régularisation des stocks sont les suivantes :

		Débit	Crédit
	31.12.N		
7135	Variation des stocks de produits	68 130	
35	Stocks de produits		68 130
	Annulation du stock initial		
	31.12.N		
35	Stocks de produits	74 260	
7135	Variation des stocks de produits		74 260
	Constatation du stock final		

- Examinons les incidences de ces écritures de régularisation :

Bilan au 31.12.N après inventaire *(extrait)*

ACTIF	Brut	Amts et dépr.	Net
Actif circulant			
Stocks de produits finis	**74 260**	-	**74 260**

Les soldes des comptes de stocks sont reportés et les stocks figurent ainsi à l'actif pour leur valeur finale.

Compte de résultat au 31.12.N *(extrait)*

PRODUITS	
Exploitation	
Production vendue	
Production stockée	**+ 6 130**

Solde du compte 7135
Δ stock PF = **stock final – stock initial** = 74 260 – 68 130 = + 6 130

EXO

Procédez aux enregistrements nécessaires au 31.12.N :

→ des marchandises ont été livrées à un client le 29.12.N, la facture d'un montant HT de 4 560 € n'a été établie que le 02.01.N+1 ;

→ la prime d'assurance annuelle des véhicules a été enregistrée et payée le 01.10.N : montant 3 818 € pour la période allant du 01.10.N au 30.09.N+1 ;

→ des fournitures de bureau non consommées à l'inventaire ont été évaluées à 350 € (l'entreprise ne tient pas de compte de stock) ;

→ stock final de marchandises : 175 943 € (le stock initial au 01.01.N s'élevait à 189 658 €).

10 Analyse de la profitabilité

COURS

L'analyse de la profitabilité

• Analyser la profitabilité consiste à cerner la capacité de l'entreprise à dégager un résultat ou une ressource (capacité d'autofinancement) par son activité.
• Une étude comparative de ces indicateurs peut être menée **dans le temps** (étude chronologique) ou **dans l'espace** (comparaison avec les indicateurs du secteur d'activité de l'entreprise).

Les indicateurs de résultat

• **Valeur ajoutée (VA)** = Production de l'exercice + Marge commerciale – Consommation de l'exercice en provenance des tiers (correspond aux achats de biens et services en provenance de fournisseurs extérieurs (comptes 60 à 62), à l'exception du coût d'achat des marchandises vendues).
– La **production de l'exercice** correspond à l'addition de la production vendue, de la production stockée et de la production immobilisée.
– La **marge commerciale** est la différence entre les ventes de marchandises et le coût d'achat des marchandises vendues.
La valeur ajoutée mesure la **richesse créée par l'entreprise**, qui sera partagée entre tous les participants à l'activité économique (personnel, État, prêteurs, actionnaires, entreprise elle-même).
• **Excédent brut d'exploitation (EBE)** = VA + Subventions d'exploitation – Impôts et taxes – Charges de personnel
C'est un indicateur des performances industrielles et commerciales de l'entreprise, indépendant de sa politique d'investissement et de financement et des éléments exceptionnels.
• **Résultat d'exploitation (RE)** = EBE + Reprises sur dépréciations et transferts de charges + Autres produits – Dotations aux amortissements, dépréciations et provisions – Autres charges
C'est un indicateur des performances liées à l'exploitation de l'entreprise.
• **Résultat courant avant impôts (RCAI)** = Résultat d'exploitation + Produits financiers – Charges financières
C'est le bénéfice ou la perte, réalisé(e) sur les opérations d'exploitation et financières.

La capacité d'autofinancement (CAF)

• **Définition :** La CAF représente la trésorerie potentiellement dégagée par l'activité de l'entreprise. Elle permet d'assurer l'autofinancement de l'entreprise et de distribuer des dividendes :
CAF = Produits encaissables (c'est-à-dire générant des recettes) **– Charges décaissables** (c'est-à-dire générant des dépenses).
• Certaines charges enregistrées en comptabilité ne sont pas décaissables : les dotations aux amortissements et dépréciations (charges calculées) et la valeur comptable des éléments d'actif cédés. De la même manière, certains produits ne sont pas encaissables : les reprises sur amortissements et dépréciations et, par convention, les produits de cessions d'éléments d'actif.
• **Détermination :**

Méthode soustractive (à partir de l'EBE)	Méthode additive (à partir du résultat de l'exercice)
EBE + Autres produits d'exploitation (75) – Autres charges d'exploitation (65) + Produits financiers encaissables (76, hors 786) – Charges financières décaissables (66, hors 686) + Produits exceptionnels encaissables (77 sauf 775, hors 787) – Charges exceptionnelles décaissables (67 sauf 675, hors 687) – Participation des salariés (691) – Impôt sur les bénéfices (695)	Résultat de l'exercice + Dotations aux amortissements, dépréciations et provisions (681, 686, 687) – Reprises sur dépréciations et provisions (781, 786, 787) + Valeur comptable des éléments d'actifs cédés (675) – Produit des cessions d'éléments d'actif (775)

MÉTHODE

Calculer des indicateurs de résultat à partir du compte de résultat

L'entreprise Vadim, spécialisée dans le mobilier en chêne, vous communique son compte de résultat pour l'exercice N.

COMPTE DE RÉSULTAT AU 31.12.N			
CHARGES		**PRODUITS**	
CHARGES D'EXPLOITATION		PRODUITS D'EXPLOITATION	
Achats de marchandises	52 260	Ventes de marchandises	174 436
Variation des stocks de marchandises	3 120	Production vendue	1 294 932
Achats de matières premières et appro.	562 185	Production stockée	129 601
Variation des stocks des matières premières	6 240	Reprises sur amort., dépréc. et prov.	1 014
Autres achats et charges externes	178 035	Autres produits	2 022
Impôts, taxes et versements assimilés	29 718		
Charges de personnel	390 780		
Dotations aux amort., dépréc. et prov.	41 553		
Autres charges	1 439		
CHARGES FINANCIÈRES (1)	41 863	**PRODUITS FINANCIERS** (3)	7 348
CHARGES EXEPTIONNELLES (2)	76 416	**PRODUITS EXCEPTIONNELS** (4)	104 130
Participation des salariés	8 494		
Impôts sur les bénéfices	84 638		
Solde créditeur = bénéfice	236 742	**Solde débiteur = perte**	
TOTAL GÉNÉRAL	1 713 483	**TOTAL GÉNÉRAL**	1 713 483

(1) dont dotations aux amort., dépréc. et prov. : 1 427

(2) dont valeur comptable des éléments d'actif cédés : 70 984 et dont dotations aux amort., dépréc. et prov. : 2 601

(3) dont reprises sur amort. dépréc. et prov : 0

(4) dont produits des cessions d'éléments d'actif : 93 078 et dont reprises sur amort., dépréc. et prov. : 4 036

Il est possible de présenter le calcul des indicateurs de résultat dans un tableau :

TABLEAU DES SOLDES INTERMÉDIAIRES DE GESTION						
Produits (colonne 1)		**Charges (colonne 2)**		**Soldes intermédiaires (col. 2 – col. 1)**	**N**	**N – 1**
Ventes de marchandises	174 436	Coût d'achat des march. vendues	55 370	Marge commerciale	119 056	108 524
Production vendue Production stockée Production immobilisée	1 294 932 129 601 –	ou Destockage de production	–	52 250 + 3 120		
Total	1 424 533	Total	–	**Production de l'exercice**	1 424 533	1 212 335
Production de l'exercice Marge commerciale	1 424 533 119 056	Consommations de l'exercice en provenance des tiers	746 460	562 185 + 6 240 + 178 035		
Total	1 543 589	Total	746 460	**Valeur ajoutée**	797 129	685 123
Valeur ajoutée Suventions d'exploitation	797 129 –	Impôts, taxes et versements assimilés Charges de personnel	29 718 390 780			
Total	797 129	Total	420 498	**Excédent brut (ou insuffisance brute) d'exploitation**	376 631	325 489
Excédent brut d'exploitation Reprises sur amort, dépréc. et prov, transferts de charges Autres produits		ou Insuffisance brute d'exploitation Dotations aux amort., dépré. et prov. Autres charges				
Total		Total		**Résultat d'exploitation**		302 050
Résultat d'exploitation Produits financiers		ou Résultat d'exploitation Charges financières				
Total		Total		**Résultat courant avant impôts**		323 467

EXO

À partir des données de la rubrique MÉTHODE :

a. Achevez de compléter le tableau des soldes intermédiaires de gestion en calculant le résultat d'exploitation et le résultat courant avant impôts.

b. Commentez l'évolution de la situation de l'entreprise dans le temps.

c. Calculez la CAF de l'exercice N selon les deux méthodes.

11 L'affectation du résultat

COURS

L'affectation du résultat

• **Principes :** dans les sociétés, la répartition du bénéfice est soumise à des règles légales, mais aussi aux règles qui sont fixées dans les statuts, et aux décisions prises par les associés lors de l'assemblée générale ordinaire qui statue sur les comptes annuels. Il en résulte que le résultat net de l'exercice est réparti entre :
– **des mises en réserves :** les réserves permettent d'assurer l'autofinancement de l'entreprise ;
– **des distributions de dividendes :** les dividendes rémunèrent les apports effectués par les associés.

L'affectation du résultat peut être synthétisée dans le tableau suivant :

Affectation du résultat	Caractéristiques
Bénéfice de l'exercice N	Correspond au résultat net comptable de l'exercice.
– Report à nouveau débiteur N-1 (ou)	Désigne les éventuelles pertes des exercices antérieurs.
– Dotation à la réserve légale	La loi stipule que, dans les SA et SARL, la dotation annuelle est égale à 5 % du bénéfice diminué des éventuelles pertes antérieures. Elle cesse cependant d'être obligatoire lorsqu'elle atteint 10 % du capital.
– Dotation aux réserves statutaires	Réserves dont le mode d'affectation est précisé dans les statuts.
+ Report à nouveau créditeur N-1 (ou)	Désigne un éventuel reliquat du bénéfice de l'exercice précédent.
= Bénéfice distribuable	Correspond au montant théorique qui pourrait être distribué aux associés.
– Dividendes	Part des bénéfices distribuée aux associés.
– Dotation aux autres réserves	Dotation facultative, décidée en assemblée générale ordinaire.
= Report à nouveau créditeur N	Reliquat éventuel du bénéfice de N mis en report pour être utilisé ultérieurement.

• **Comptabilisation :**

Compte	date de l'A.G.	Débit	Crédit
12	Résultat de l'exercice	X	
110 (ou)	Report à nouveau créditeur N-1	X	
119 (ou)	Report à nouveau débiteur N-1		X
1061	Réserve légale		X
1063	Réserves statutaires		X
1068	Autres réserves		X
457	Associés, dividendes à payer		X
110	Report à nouveau créditeur N		X
	Affectation du résultat de l'exercice N		

MÉTHODE

Déterminer l'affectation du résultat en fonction des règles légales, statutaires et des décisions prises en AGO

La SA PIVOT vous communique un extrait de son bilan au 31.12.N avant répartition du bénéfice.

Postes du passif	31.12.N
Capital (5 000 actions de 100 €)	500 000
Réserve légale	47 000
Autres réserves	123 000
Report à nouveau (créditeur)	500
Résultat de l'exercice	80 000

• Conformément aux statuts de la société, les actionnaires réunis en AGO le 5 juin N + 1 ont décidé de la répartition suivante :
– dotation à la réserve légale dans les conditions fixées par la loi ;
– dotation d'une réserve statutaire de 5 000 € ;
– attribution aux actionnaires d'un dividende de 10,30 € par action ;
– dotation d'une réserve facultative de 20 000 €.
Les sommes non distribuées sont reportées à nouveau.

• **La détermination de la réserve légale**

– Calcul du montant théorique de la réserve légale : la loi stipule que 5 % du bénéfice diminué des pertes antérieures doit être affecté à la réserve légale, soit ici **4 000 €** (80 000 × 5 %) car il n'y a pas de pertes antérieures, le solde étant créditeur à nouveau.

– Calcul du plafond de la réserve obligatoire : la réserve cesse d'être obligatoire lorsqu'elle atteint 10 % du capital soit ici **50 000 €** (500 000 × 10 %).

– Calcul du montant réel de la réserve légale : si on dote la réserve de 4 000 €, elle atteint 51 000 € (47 000 + 4 000), ce qui est supérieur au plafond. Par conséquent, **une dotation à la réserve légale de 3 000 € suffit** (50 000 – 47 000).

• **L'affectation du résultat**

Affectation du résultat	Montant	Détail du calcul
Bénéfice de l'exercice N	80 000	
– Report à nouveau débiteur N - 1	-	
– Dotation à la réserve légale	3 000	50 000 – 47 000
– Dotation aux réserves statutaires	5 000	
+ Report à nouveau créditeur N - 1	500	
= Bénéfice distribuable	72 500	80 000 – 3 000 – 5 000 + 500
– Dividendes	51 500	10,30 x 5 000
– Dotation aux autres réserves	20 000	
= Report à nouveau créditeur N	1 000	72 500 – 51 500 – 20 000

EXO

La SA Pietras vous fournit les données suivantes au 31.12.N

Postes (avant répartition)	31.12.N
Capital (5 000 actions de 200 €)	1 000 000
Réserve légale	88 000
Autres réserves	411 000
Report à nouveau (débiteur)	– 83 000
Résultat de l'exercice	414 740

Autres renseignements :
– le capital est constitué de 5 000 actions de 200 € ;
– les statuts ne prévoient pas la constitution de réserves statutaires ;
– l'assemblée générale des actionnaires du 30.04.N+1 a voté la dotation d'une réserve facultative de 130 000 €, la distribution d'un dividende de 36,80 € par action et le report à nouveau du reliquat.

a. À la lecture des capitaux propres avant répartition, répondez aux questions suivantes : À combien s'élève avant répartition du bénéfice N le montant de la réserve légale et des autres réserves ? Existe-t-il une perte antérieure ?

b. Calculez le montant maximum de la réserve légale. Comparez au montant théorique de la dotation à la réserve légale pour l'exercice N et concluez.

c. Présentez dans un tableau l'affectation du bénéfice de l'exercice N.

d. Procédez à l'enregistrement nécessaire en date du 30.04.N + 1.

e. Présentez les capitaux propres après répartition.

12 Pourquoi la structure financière de l'entreprise doit-elle être équilibrée ?

COURS

Les cycles de fonctionnement de l'entreprise

Analyser la structure financière de l'entreprise consiste à porter un jugement sur la situation de l'entreprise et ses possibilités de développement à travers l'étude de ses différents cycles.

• **Le cycle d'investissement** est un cycle long, constitué par l'ensemble des opérations d'investissement. Il correspond au total de l'actif brut immobilisé.

• **Le cycle de financement** est un cycle long, constitué des ressources stables de financement d'origine interne ou externe.

• **Le cycle d'exploitation** représente l'ensemble des opérations d'approvisionnement, de stockage, de production et de vente de l'entreprise. C'est généralement un cycle court.

La présentation du bilan fonctionnel

Le bilan fonctionnel permet d'apprécier la structure financière de l'entreprise et son équilibre financier à un moment donné. Ses postes sont classés selon les cycles de fonctionnement :

Concours bancaires courants : dettes à court terme contractées auprès d'une banque en raison des besoins de trésorerie qui proviennent de l'exploitation courante ou d'autres opérations d'exploitation de l'entreprise. Ils comprennent les découverts bancaires et les facilités de caisse.

ACTIF	N	PASSIF	N
• Emplois stables Immobilisations incorporelles Immobilisations corporelles Immobilisations financières		**• Ressources stables** Capitaux propres Amortissements et dépréciations Emprunts (hors concours bancaires)	
• Actif circulant Stocks Créances Charges constatées d'avance		**• Passif circulant** Dettes fournisseurs Dettes fiscales et sociales Dettes diverses Produits constatés d'avance	
• Trésorerie active Valeurs mobilières de placement Disponibilités		**• Trésorerie passive** Concours bancaires courants	
TOTAL		**TOTAL**	

L'analyse du bilan fonctionnel

• **Le fonds de roulement net global (FRNG) :** il représente l'excédent des ressources stables sur les emplois stables, qui sert à financer les besoins liés à l'activité courante.

FRNG = Ressources stables – Emplois stables

• **Le besoin en fonds de roulement (BFR) :** il est généré par l'activité courante de l'entreprise. Il naît des décalages qui existent entre le moment où l'entreprise paie les achats et celui où ses clients la règlent et qui entraînent un besoin de financement permanent du fait de son renouvellement continuel.

BFR = Actif circulant – Passif circulant

• **La trésorerie nette = FRNG – BFR ou Trésorerie active – trésorerie passive**

• **L'appréciation de l'équilibre financier :** l'analyse fonctionnelle repose sur l'idée que les emplois stables doivent être financés par des ressources stables. Il est donc souhaitable que le FRNG soit positif, et qu'il soit de plus suffisant pour couvrir le BFR qui entraîne un besoin de financement permanent.

– Si le FRNG est supérieur au BFR, l'entreprise dispose d'une trésorerie nette positive et la situation est équilibrée.

– Si au contraire le FRNG n'est pas suffisant pour financer le BFR, l'entreprise doit utiliser sa trésorerie et recourir à des concours bancaires courants, ce qui peut entraîner des difficultés de solvabilité et des agios importants. Le retour à l'équilibre doit être recherché soit en augmentant le FRNG (nouveaux apports, nouveaux emprunts…), soit en tentant de réduire le BFR (réduction des stocks, diminution du délai de règlement des clients, augmentation du délai de paiement des fournisseurs…). C'est l'analyse de la situation de l'entreprise, de ses particularités et de sa position par rapport au secteur qui aidera à trouver les solutions les plus appropriées.

• **Les ratios d'analyse :** les ratios de rotations des stocks indiquent la durée de stockage. Ceux de rotation des créances ou des dettes expriment la durée moyenne du crédit consenti. Le ratio d'indépendance financière mesure le degré d'indépendance vis-à-vis des banques. Le ratio de capacité de remboursement mesure le risque lié à la capacité de remboursement des dettes.

MÉTHODE

Établir un bilan fonctionnel

L'entreprise Kobilinsky vous fournit son bilan au 31.12.N :

ACTIF	Brut	Amortissements et dépréciations	Net	PASSIF	Net
ACTIF IMMOBILISÉ				**CAPITAUX PROPRES**	
Immobilisations incorporelles				Capital	258 660
Frais d'établissement	5 077	4 513	564	Réserves	59 260
Fonds commercial	13 250		13 250	Résultat de l'exercice	13 339
Immobilisations corporelles					
Terrains				**Total 1**	331 259
Constructions					
Inst., mat. et out. Indus.	344 766	64 000	280 766		
Autres	94 862	19 926	74 936		
Immobilisations financières					
Titres de participation					
Prêts					
Autres	6 290		6 290		
Total 1	464 245	88 439	375 806		
ACTIF CIRCULANT				**DETTES**	
Stocks et en-cours				Dettes financières	
Stock de mat. et approv.	49 937		49 937	Emprunts et dettes auprès	292 740
Stock de produits finis	75 886		75 886	des établissements de crédit (1)	
Créances d'exploitation				Dettes d'exploitation	
Clients et cptes rattachés	272 294		272 294	Fournisseurs et comptes	93 528
Créances diverses	1 210		1 210	rattachés	
VMP	2 430		2 430	Dettes fiscales et sociales	33 642
Disponibilités	1 012		1 012	Dettes diverses (IS)	27 930
Charges constatées d'avance	524		524		
Total 2	403 293		403 293	**Total 2**	447 840
Total général	867 538	88 439	779 099	**Total général**	779 099

(1) dont concours bancaires courants : 68 351

Le bilan fonctionnel condensé en grandes masses se présente comme suit :

BILAN FONCTIONNEL AU 31.12.N

ACTIF		PASSIF	
Emplois stables	464 245	Ressources stables	644 087
Actif circulant	399 851	Passif circulant	155 100
Trésorerie active	3 442	Trésorerie passive	68 351
Total	867 538	**Total**	867 538

- 464 245 → Montant brut de l'actif immobilisé
- 399 851 → 49 937 + 75 886 + 272 294 + 524 + 1 210
- 3 442 → 2 430 + 1012
- 644 087 → 331 259 + 88 439 + 292 740 – 68 351
- 155 100 → 93 528 + 33 642 + 27 930
- 68 351 → Concours bancaires courants

EXO

À partir des données de la rubrique MÉTHODE, répondez aux questions suivantes :

a. Déterminez le montant du FRNG, du BFR et de la trésorerie nette pour l'exercice N.

b. Commentez la situation de l'entreprise Kobilinsky au regard des indicateurs précédents.

c. Calculez le ratio de rotation des créances clients (créances clients/Ventes TTC × 360). Interprétez le résultat et comparez à celui du secteur (Ventes TTC = 3 063 307 €, ratio du secteur = 28 jours).

Gestion et finance

13 Faut-il s'endetter ?

COURS

Les différentes sources de financement

Les investissements doivent être financés par des ressources à long terme. Plusieurs sources de financement sont mobilisables.

• **Les financements internes**

– **L'autofinancement :** l'entreprise finance ses investissements grâce à ses propres ressources (les bénéfices dégagés et mis en réserve). Ce moyen de financement présente l'avantage de n'entraîner aucun frais et aucun remboursement et de ne pas restreindre la capacité d'endettement de l'entreprise.

– **Les comptes courants d'associés** sont des sommes d'argent sous forme d'avances consenties par les associés à l'entreprise afin que celle-ci puisse faire face à ses besoins de trésorerie. Selon les conditions, les sommes déposées en comptes courants peuvent être rémunérées. Contrairement au capital, ces apports peuvent être remboursés à tout moment.

• **Les financements externes**

– **Les emprunts bancaires** ont l'inconvénient d'engendrer un coût : les intérêts à payer. En effet, à chaque échéance, l'entreprise devra, en plus du remboursement du capital (appelé amortissement de l'emprunt), verser des intérêts. Ainsi, l'entreprise doit veiller à ne pas avoir un niveau d'endettement trop élevé qui alourdirait considérablement ses charges financières et qui pourrait inquiéter ses partenaires. En revanche, l'endettement peut accroître la rentabilité financière de l'entreprise lorsque l'effet de levier est positif (voir ci-dessous).

– **L'augmentation de capital :** l'entreprise peut demander à ses associés/actionnaires ou à de nouveaux partenaires de réaliser de nouveaux apports pour financer des investissements. L'entreprise réalise alors une augmentation de capital. Cela n'entraîne aucun endettement et aucun remboursement à effectuer. Toutefois, en échange de ces apports, les associés/actionnaires espéreront une rentabilité suffisante de l'entreprise.

Les critères de choix

Afin de choisir le ou les modes de financement les plus adaptés, l'entreprise doit prendre en compte différents critères :

– les performances passées ou prévues de l'entreprise ;
– le poids et le pouvoir de négociation des associés/actionnaires ;
– la capacité de négociation de l'entreprise avec les établissements bancaires ;
– les conditions d'emprunt et leur impact sur la rentabilité.

L'analyse de la rentabilité

La rentabilité économique mesure la rentabilité des capitaux investis du point de vue économique et la capacité de l'entreprise à générer du profit par rapport à l'ensemble des capitaux engagés, qu'ils soient des capitaux propres ou des capitaux empruntés. Elle est déterminée par le ratio :

$$\frac{\text{Résultat d'exploitation}}{\text{Capitaux investis d'un point de vue économique}} \times 100$$

Plusieurs méthodes permettent de déterminer les capitaux investis d'un point de vue économique : capitaux propres + dettes financières ou actif immobilisé brut + BFR.

• **La rentabilité financière** mesure la capacité de l'entreprise à rémunérer ses associés par rapport aux capitaux qu'ils ont apportés. Elle peut être déterminée par le ratio :

$$\frac{\text{Résultat net (Résultat d'exploitation – Charges d'intérêts)}}{\text{Capitaux propres}} \times 100$$

• **L'effet de levier**

Il existe un lien entre les deux rentabilités qui va dépendre du taux d'intérêt auquel l'entreprise peut prétendre pour s'endetter. Lorsque la rentabilité économique est supérieure au taux d'intérêt auquel l'entreprise peut emprunter, la rentabilité financière s'accroît lorsque l'entreprise s'endette davantage. C'est l'effet de levier positif : l'entreprise a alors intérêt à s'endetter. Au contraire lorsque la rentabilité économique est inférieure au taux d'intérêt, l'endettement dégrade la rentabilité financière.

MÉTHODE

Apprécier les conséquences des choix de financement sur le résultat de l'entreprise et sa rentabilité, et comprendre l'effet de levier

La SA AVELEC souhaite réaliser un nouvel investissement à hauteur de 200 000 €. Les dirigeants hésitent quant aux différentes modalités de financement :
– **hypothèse 1 :** financement intégral par augmentation de capital ;
– **hypothèse 2 :** financement de 130 000 € par augmentation de capital, le reste par emprunt au taux de 5 % ;
– **hypothèse 3 :** financement à 50 % par augmentation de capital et 50 % par emprunt au taux de 5 %.

Le tableau suivant permet de calculer l'impact des choix de financement sur le résultat et la rentabilité de l'entreprise (en faisant abstraction de l'impôt) :

	Hypothèse 1	Hypothèse 2	Hypothèse 3	
Capitaux propres	200 000	130 000	100 000	
Dettes financières	–	70 000	100 000	
Capitaux investis du point de vue économique	200 000	200 000	200 000	→ 100 000 + 100 000
Résultat d'exploitation	20 000	20 000	20 000	
Charges d'intérêt	–	3 500	5 000	← 70 000 × 0,05 (hyp. 2)
Résultat net	20 000	16 500	15 000	← 20 000 – 3 500 (hyp. 2)
Rentabilité économique	**10 %**	**10 %**	**10 %**	← 20 000 / 200 000 × 100 (hyp. 2)
Rentabilité financière	**10 %**	**12,69 %**	**15 %**	→ 15 000 / 100 000 × 100

- **Choix du mode de financement**

Le mode de financement qui assure la meilleure rentabilité aux associés (15 %) est celui de l'**hypothèse 3**, à savoir un autofinancement à hauteur de 100 000 € et un emprunt de 100 000 €.

- **Mise en relation de la rentabilité économique et de la rentabilité financière**

On constate que l'augmentation de l'endettement entraîne une hausse de la rentabilité financière. **L'effet de levier est positif.** Ainsi, l'entreprise a intérêt à s'endetter lorsque la rentabilité économique est supérieure au taux d'intérêt.

EXO

Répondez aux questions suivantes en reprenant les données de la rubrique MÉTHODE mais en considérant que la banque serait disposée à consentir l'emprunt au taux de 12 %.

a. Calculez la rentabilité économique et la rentabilité financière pour les trois hypothèses de financement.

b. Que constatez-vous ? Expliquez et conseillez l'entreprise sur le meilleur financement à choisir.

c. Citez d'autres sources de financement possibles qui permettraient à l'entreprise de financer des investissements.

14 Comment gérer la trésorerie pour faire face à ses engagements ?

COURS

La démarche budgétaire

• Principe de la démarche budgétaire

La démarche budgétaire repose sur trois phases : la phase d'analyse (établissement des prévisions chiffrées), la phase d'action (mise en œuvre des plans d'action) et la phase de contrôle.

• L'articulation des différents budgets

Les différents budgets sont hiérarchisés, c'est à partir des prévisions de ventes que l'entreprise peut élaborer les autres budgets :

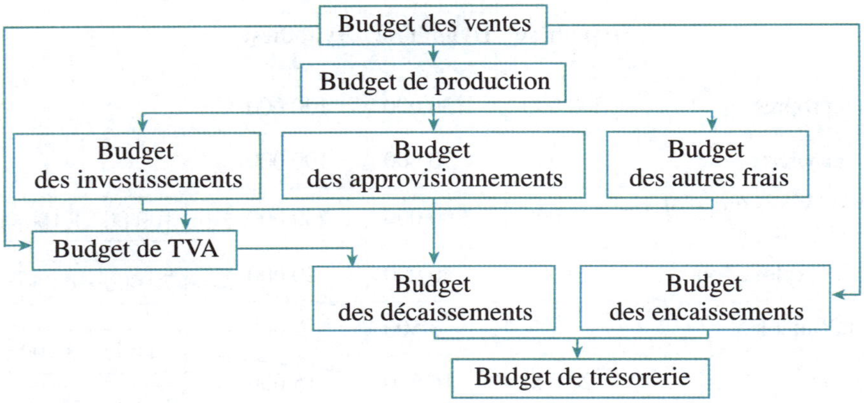

Le budget de trésorerie

• Élaboration du budget de trésorerie

Le budget de trésorerie permet de déterminer la trésorerie disponible à la fin d'une période donnée, par différence entre les encaissements et les décaissements au cours de la période. Les encaissements et les décaissements résultent de l'ensemble des autres budgets et correspondent à des entrées et sorties réelles de trésorerie : ainsi les achats et ventes sont à considérer pour le montant TTC en fonction de la date de paiement et les dotations aux amortissements ne figurent pas dans le budget car ce ne sont pas des charges décaissées.

• La trésorerie de fin de période

Elle peut être positive (l'entreprise prévoit de disposer de disponibilités) ou négative. Dans ce dernier cas, cela signifie que d'après les prévisions de l'entreprise, sa trésorerie ne sera pas suffisante pour faire face à tous les décaissements prévus. Il faut alors prévoir des modalités d'équilibrage de la trésorerie.

• Les modalités d'équilibrage de la trésorerie dépendent du montant et du caractère permanent ou ponctuel du déficit. Selon les cas, l'entreprise peut envisager les solutions suivantes : actions en vue de réduire le besoin en fonds de roulement, recours aux concours bancaires courants et aux comptes courants d'associés, cession de valeurs mobilières de placement…

Le compte de résultat d'exploitation prévisionnel

Il présente l'ensemble des charges et produits prévisionnels pour une période donnée et permet de déterminer le résultat d'exploitation prévisionnel. Les charges et les produits proviennent des budgets des ventes, de production, des approvisionnements et des autres frais. Contrairement au budget de trésorerie, ce ne sont pas les encaissements et les décaissements qui importent mais les charges et les produits HT.

Le bilan prévisionnel

Il présente l'actif et le passif prévisionnels en fin d'exercice comptable. Il se construit à l'aide du bilan de l'année précédente, du budget de trésorerie (pour les disponibilités, créances et dettes), du budget des achats et de production (pour les stocks).

MÉTHODE

Réaliser un budget de trésorerie

L'entreprise Hammerli est spécialisée dans la commercialisation de roulements à bille. Elle vous communique les budgets qu'elle a établis à partir de prévisions pour les trois premiers mois de l'année N + 1 :

Budget des ventes	Janvier	Février	Mars
Ventes de marchandises HT	10 000,00	9 500,00	10 500,00
TVA collectée	1 960,00	1 862,00	2 058,00
Ventes TTC	11 960,00	11 362,00	12 558,00

Budget des achats	Janvier	Février	Mars
Achats de marchandises HT	7 750,00	7 500,00	8 000,00
TVA déductible	1 519,00	1 470,00	1 568,00
Achats TTC	9 269,00	8 970,00	9 568,00

Budget des autres frais	Janvier	Février	Mars
Achats et charges externes HT	1 500,00	1 250,00	1 750,00
TVA déductible	294,00	245,00	343,00
Achats TTC	1 794,00	1 495,00	2 093,00
Charges de personnel	2 000,00	1 900,00	2 100,00
Dotations aux amortissements	400,00	600,00	600,00

Budget des investissements	Janvier	Février	Mars
Acquisitions d'immobilisations HT		25 000,00	
TVA déductible sur immobilisations		4 900,00	
Investissements TTC		29 900,00	

Budget de TVA	Janvier	Février	Mars
TVA collectée	1 960,00	1 862,00	2 058,00
TVA déductible sur achats	1 813,00	1 715,00	1 911,00
TVA déductible sur immobilisations		4 900,00	
Crédit de TVA antérieur	–		4 753,00
TVA à décaisser ou crédit de TVA	147,00	– 4 753,00	– 4 606,00

Renseignements complémentaires :

– les ventes sont réglées 50 % au comptant et 50 % le mois suivant ;
– les achats de marchandises sont payés 40 % le mois suivant, 60 % à 60 jours ;
– les autres achats et charges externes sont réglés au comptant ;
– les charges de personnel sont payées en fin de mois ;
– l'immobilisation sera payée 20 % au comptant, 80 % en août N+1 ;
– la TVA est réglée le 24 du mois suivant.

Le bilan au 31.12.N fait apparaître :
– 6 200 € de créances clients qui seront encaissés en janvier ;
– 10 000 € de dettes fournisseurs, dont 6 000 € seront réglés en janvier et 4 000 € en février ;
– une TVA à décaisser en janvier de 300 € ;
– des disponibilités pour 800 € ;
– un stock final de marchandises de 2 000 €.

À partir des budgets précédents et des informations complémentaires, il est possible de compléter les budgets des encaissements et des décaissements (exemple traité pour le mois de janvier) :

Budget des encaissements	Janvier	Février	Mars
Solde clients	6 200,00		
Ventes de janvier	5 980,00		
Ventes de février			
Ventes de mars			
Total	12 180,00		

6 200,00 → Créances clients réglées en janvier
5 980,00 → 11 960 × 50 %

Budget des décaissements	Janvier	Février	Mars
Solde fournisseurs	6 000,00		
Achats de marchandises de janvier			
Achats de marchandises de février			
Achats de marchandises de mars			
Achats et charges externes	1 794,00		
Charges de personnel	2 000,00		
Acquisitions d'immobilisations			
TVA à décaisser	300,00		
Total	10 094,00		

6 000,00 → Dettes réglées en janvier
1 794,00 → Achats et charges de janvier réglés au comptant
300,00 → TVA à décaisser de décembre réglée en janvier

Le budget de trésorerie est élaboré à partir des budgets précédents :

Budget de trésorerie	Janvier	Février	Mars
Trésorerie initiale	800,00		
Encaissements	12 180,00		
Décaissements	10 094,00		
Trésorerie finale	2 886,00		

800,00 → Trésorerie disponible le 31.12.N
12 180,00 → Total du budget des encaissements de janvier
10 094,00 → Total du budget des décaissements de janvier
2 886,00 → Trésorerie initiale + encaissements – décaissements

Trésorerie au 31.01 à reporter en trésorerie initiale en février

EXO

À partir des données de la rubrique MÉTHODE :

a. Complétez le budget des encaissements, des décaissements et de trésorerie pour les mois de février et mars.

b. Commentez la situation de trésorerie.

c. Élaborez le compte de résultat d'exploitation prévisionnel pour le premier trimestre de l'année N + 1 (le stock de marchandises au 31.03.N+1 s'élève à 2 750 €).

15 Qu'apporte l'analyse des coûts à la prise de décision ?

COURS

Évaluer l'incidence d'une réorganisation des activités de l'entreprise

• Le **coût complet** désigne un coût qui incorpore **toutes les charges** relatives à l'élément concerné.
• Le coût complet comprend les **charges directes et indirectes.**
– Une **charge directe** est une **charge qu'il est possible d'affecter immédiatement au coût d'une activité, d'un produit ou d'un service déterminé**. Par exemple, les achats de matières premières nécessaires à la fabrication d'un produit constituent une charge directe car ils ne concernent que ce produit.
– Une **charge indirecte** est une **charge relative à plusieurs éléments**. Par exemple, dans une entreprise fabriquant deux types de produits, les charges d'administration générale sont des charges indirectes car ce sont des dépenses concernant l'ensemble des activités de l'entreprise.
• **Les charges indirectes** font l'objet d'un calcul intermédiaire avant d'être imputées au coût d'un élément particulier. Ce calcul consiste :
– à répartir les charges indirectes entre les centres d'analyse (divisions comptables de l'entreprise) ;
– à imputer aux coûts les charges réparties dans chaque centre d'analyse.
• La mise en place d'un **calcul de coûts** repose sur une analyse de l'organisation de l'entreprise :

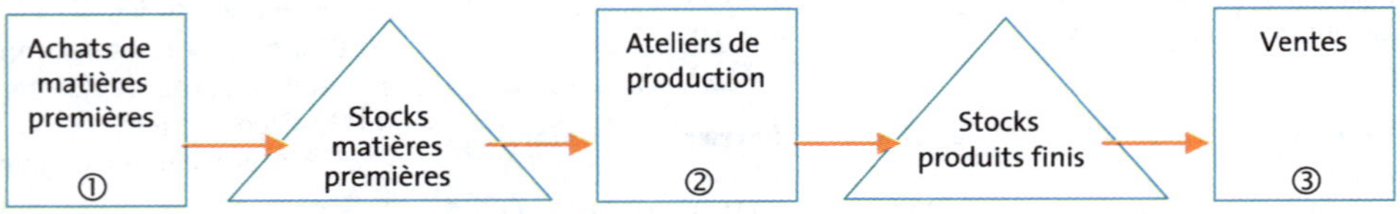

① **Coût d'achat des matières premières achetées** = Prix d'achat + Charges directes d'achat + Charges indirectes d'approvisionnement
② **Coût de production des produits fabriqués** = Coût d'achat des matières premières consommées + Charges directes de production + Charges indirectes de production
③ **Coût de revient des produits vendus** = Coût de production des produits vendus + Charges directes de distribution + Charges indirectes de distribution + Charges d'administration générale
• **Les comptes de stocks**

Stock initial	Sorties évaluées au coût moyen unitaire pondéré
Entrées en stock évaluées au coût d'achat des matières achetées ou au coût de production des produits fabriqués	Stock final

Coût moyen unitaire pondéré (CMUP) $= \dfrac{\text{Stock initial en valeur + Entrées en valeur}}{\text{Stock initial en quantité + Entrées en quantité}}$

• **L'utilité du calcul de coût complet**
Le coût complet permet, entre autres, de déterminer le résultat analytique de l'entreprise.
Résultat analytique = Chiffre d'affaires – Coût de revient des produits vendus

Évaluer l'opportunité d'une prise de commande supplémentaire

• Le niveau d'activité d'une entreprise peut être mesuré par divers indicateurs : quantités produites, quantités vendues, chiffre d'affaires…
• **Les charges variables** sont celles dont le **montant varie en fonction du niveau d'activité** (achats de matières premières).
• **Les charges fixes** sont des **charges indépendantes du niveau d'activité** (loyer payé par l'entreprise pour ses locaux).
• **La détermination du résultat**
Il est possible de mesurer l'impact des charges variables et fixes sur le résultat de l'entreprise. Le résultat peut être présenté sous forme d'un tableau, le **compte de résultat différentiel**.

Compte de résultat différentiel	Montant	%
Chiffre d'affaires – Charges variables		
= Marge sur coût variable – Charges fixes		
= Résultat		

% → Montant/Chiffre d'affaires × 100
Marge sur coût variable (%) → Taux de marge sur coût variable

MÉTHODE

Comprendre le traitement des charges indirectes

La société Designmeubles, qui fabrique et vend deux types de chaises A (en chêne) et B (en sycomore), vous communique son tableau de répartition des charges indirectes pour le mois de mars. Le montant total des charges indirectes pour la période s'élève à 639 600 €. Ce montant a été réparti entre quatre centres d'analyse principaux.

• **Construction du tableau de répartition des charges indirectes**

	Centres d'analyse principaux			
	Achats	**Atelier de découpe**	**Atelier assemblage-finition**	**Ventes**
Montant des charges indirectes	278 400	111 600	81 600	168 000
Nature des unités d'œuvre	Le m^3 de bois acheté	La chaise pré-assemblée	La chaise fabriquée	La chaise vendue
Nombre d'unités d'œuvre	2 400	24 000	24 000	21 000
Coût de l'unité d'œuvre	116	4,65	3,40	8

24 000 chaises ont été pré-assemblées en mars

L'unité d'œuvre est une unité choisie pour mesurer au mieux l'activité d'un centre d'analyse.

Pour une chaise fabriquée il y a 3,40 € (81 600 ÷ 24 000) de charges indirectes du centre assemblage-finition.

• **Imputation des charges indirectes aux coûts**

L'entreprise calcule le coût d'achat du sycomore acheté en mars, sachant qu'elle a acheté pour la période 1 000 m^3 à 450 € le m^3.

Charges	Quantité	Coût unitaire	Montant
Charges directes Achats de sycomore	1 000	450	450 000
Charges indirectes Centre achats	1 000	116	116 000
Coût d'achat du sycomore acheté	**1 000**	**566**	**566 000**

1 000 × 450

Nb d'unités d'œuvre correspondant aux m^3 de sycomore acheté.

Coût de l'unité d'œuvre du centre achats.

Quantité de sycomore acheté.

Le coût d'achat d'1m^3 de sycomore est de 566 € (566 000 ÷ 1 000).

EXO

L'entreprise Victor fabrique un appareil de station météo. Elle a établi des prévisions pour le trimestre à venir : quantités vendues : 3 000 ; coût variable unitaire : 28 € ; charges fixes : 115 000 € ; prix de vente unitaire : 70 €.

a. Présentez le compte de résultat différentiel pour le trimestre à venir.

Une nouvelle commande se présente à l'entreprise. Il s'agirait de produire 500 stations météo supplémentaires mais vendues 50 €. Ceci nécessiterait en plus l'acquisition d'un équipement entraînant une charge d'amortissement pour le trimestre de 2 000 € ainsi que des frais de maintenance associés de 2 000 €. L'entreprise devrait par ailleurs recruter un salarié supplémentaire en CDD, soit une dépense totale de 8 000 €.

b. Quels impacts cette nouvelle commande aurait-elle sur les charges variables et fixes ?

c. Calculez le résultat prévisionnel et concluez sur l'opportunité d'accepter ou non cette commande.

d. D'après vous, quelles sont les limites à fonder sa décision sur le résultat dégagé ?

Ressources humaines et communication

Point Bac

L'épreuve de spécialité : Ressources humaines et communication

Présentation des épreuves

Type	Coefficient	Durée	Notation
Partie écrite	6	4 h	20
Partie pratique	6	10 min de présentation + 10 min d'entretien	Projet : 12 Soutenance : 8
Oral de rattrapage	6	10 min de préparation + 10 min d'entretien	20

- La définition de l'épreuve est commune aux quatre spécialités de la série STMG : « gestion et finance », « mercatique (marketing) », « ressources humaines et communication », « systèmes d'information de gestion ». Des sujets distincts sont élaborés pour chaque spécialité.
- L'épreuve porte sur les programmes de sciences de gestion en classe de première et de l'enseignement de spécialité en classe de terminale de la série STMG.

La partie écrite

La partie écrite est composée de deux sous parties qui peuvent être traitées de manière indépendante :

Première sous-partie

La première sous-partie de l'épreuve écrite vise à évaluer les capacités du candidat à :
– analyser une situation de gestion ;
– produire, utiliser, interpréter et contrôler l'information ;
– proposer, présenter et justifier une solution ;
– mettre en œuvre les outils, les méthodes et les techniques appropriés ;
– montrer l'intérêt et les limites des outils, des méthodes et des techniques employés.

Le candidat doit, à partir de ses connaissances et de la documentation fournie dans le sujet, **répondre à des questions et proposer des solutions en tenant compte des contextes et des contraintes définies par le sujet.**

Seconde sous-partie

La seconde sous-partie de l'épreuve écrite vise à évaluer les capacités du candidat à :
– raisonner en confrontant ses connaissances générales en gestion à des situations d'organisation ;
– examiner les conditions de transfert des méthodes, des techniques, des outils, à d'autres contextes organisationnels ;
– rédiger une réponse synthétique, cohérente et argumentée.

Le candidat doit **répondre à une question relative à une problématique de gestion en lien avec les situations et les thèmes abordés dans la première partie.**

La partie pratique

Objectif de l'épreuve

La partie pratique de l'épreuve permet d'évaluer les capacités du candidat à :
– mettre en œuvre une démarche et des outils propres aux sciences de la gestion ;
– maîtriser les technologies de l'information et de la communication ;
– communiquer et argumenter les choix effectués.

Nature de l'épreuve

La partie pratique prend appui sur un **projet mené par le candidat au cours de l'année de terminale**.

Le projet est ancré sur une situation de gestion liée à une organisation inscrite dans un environnement économique et juridique et dont les dimensions managériales sont explicites.

- Les missions nécessaires à la réalisation du projet sont menées dans le cadre de **travaux en équipe** (petit groupe de quelques élèves) en utilisant des technologies de l'information et de la communication. Dans tous les cas, **la contribution personnelle du candidat au projet doit pouvoir être nettement distinguée.**
- Le projet est décrit dans un dossier composé :

– d'une fiche de travail synthétique, présentant le projet et rendant compte des résultats obtenus au regard des objectifs visés, des méthodes et technologies numériques mises en œuvre, du calendrier observé, de la démarche suivie, de la réalisation des objectifs prévus et de la contribution personnelle du candidat au projet ;

– des supports numériques utilisés, ou éventuellement créés, par le candidat.

Évaluation de l'épreuve

– **La première sous-partie (12 points)** correspond à l'évaluation de la réalisation du projet et de l'élaboration du dossier support de la présentation ; elle intervient **au cours de l'année scolaire.**

– **La seconde sous-partie (8 points)** correspond à l'évaluation de la soutenance du projet. Elle est organisée au cours du 3e trimestre. Au cours de cette soutenance, le candidat dispose de 10 minutes pour présenter, à partir de son dossier, le projet et la démarche suivie. Cette présentation est suivie d'un entretien d'une durée de 10 minutes avec l'examinateur, entretien au cours duquel il pourra être demandé au candidat d'effectuer une démonstration pratique.

Épreuve orale de rattrapage

- La note obtenue à l'épreuve de contrôle, si elle est supérieure, se substitue à la note obtenue à la partie écrite de l'épreuve de spécialité.
- Le sujet, remis au candidat au début du temps de préparation, est composé d'un ou plusieurs documents et d'une série de questions.
- Le candidat dispose de 10 minutes pour présenter les réponses aux questions posées dans le sujet puis l'examinateur lui demande d'expliciter, d'approfondir ou de justifier ses réponses.

Conseils pour réussir l'épreuve

Le PDUC est une épreuve importante pour l'obtention de votre Baccalauréat. C'est en effet une épreuve où vous êtes certain de gagner des points, car les jurys n'hésitent pas à noter au-delà de 16/20 pour un dossier bien soutenu.

Comment réussir son oral de PDUC ?

– Inutile de stresser si votre projet est bien appuyé par une bonne analyse et un bon diagnostic, si vous avez réalisé quelques annexes qui vous permettront d'étoffer votre oral et surtout si vous le maitrisez bien. Venez donc à cet oral avec une attitude positive.

– À l'invitation du jury, asseyez-vous. Inutile de vouloir rester debout.

– Ne cherchez pas à serrer la main des membres du jury, contentez-vous d'un bonjour sobre.

– Soyez organisé avec vos documents : n'envahissez pas la table du jury en vous rapprochant de lui pour essayer de lui montrer une partie de votre dossier.

– Évitez de lire votre dossier. Le jury le connaît et si vous le lisez, il va très vite s'en rendre compte. Il faut donc préparer un résumé de votre dossier (ou idéalement un plan développé) sur des fiches.

– N'oubliez pas les supports numériques.

1 Comment faire du cadre juridique du travail, un facteur de motivation ?

COURS

La motivation est l'ensemble des causes, conscientes ou inconscientes, qui sont à l'origine du comportement individuel. Mais quels sont les **facteurs** de la motivation ?

Facteurs internes : la motivation intrinsèque

• L'individu réalise une activité simplement pour le **plaisir** que celle-ci procure. Il s'agit donc de produire un acte pour en retirer une certaine satisfaction personnelle. Ici, le sujet n'agit en aucun cas pour une quelconque récompense mais bel et bien par une motivation qui lui est **personnelle et intérieure**.

• Le seul but recherché est de mener à bien l'activité elle-même. Certains voient le besoin de curiosité comme une motivation intrinsèque.

• L'engagement peut varier en fonction de la personnalité, de l'histoire personnelle, de l'inconscient, du contexte familial, socioculturel, des connaissances préalables, de la perception identitaire, du degré d'intégration dans le groupe de pairs, de la conception des apprentissages, des buts et projets.

Facteurs externes : la motivation extrinsèque

• Dans ce cas de figure, l'individu va prendre soin de réaliser certaines activités qui lui sont proposées, non pas pour des motifs intérieurs mais bel et bien pour des motifs extrinsèques et donc extérieurs.

• Ainsi, le sujet fera telle ou telle activité tout en espérant avoir quelque chose **en échange de ses efforts** : c'est notamment le cas pour les élèves qui ne travaillent que pour obtenir des bonnes notes ou pour satisfaire le plaisir de leurs parents. Dans ce cas, on peut alors affirmer que l'enfant ne retire aucune satisfaction du geste et de la tâche qu'il accomplit. Il est simplement guidé par des raisons qui lui sont totalement extérieures.

Cadre juridique de la relation de travail

• La relation de travail est le **lien légal** entre les employeurs et les salariés. Elle existe quand une personne exerce une activité ou fournit des services sous certaines conditions et en échange d'une rémunération.

• C'est à travers la relation de travail, quelle qu'en soit la définition, que **des droits et des obligations** réciproques se créent entre le salarié et l'employeur. La relation de travail reste le moyen majeur permettant aux travailleurs d'obtenir les **droits et avantages** liés à l'emploi dans les domaines du droit du travail et de la sécurité sociale. C'est également un **point de référence essentiel** pour déterminer la nature et la portée des **droits et des obligations** des employeurs envers leurs salariés.

Aménagement du temps de travail

– **La durée de référence :** fixée à 35 heures hebdomadaires pour toutes les entreprises quel que soit leur effectif, la durée légale du travail effectif est un **seuil** à partir duquel sont calculées les heures supplémentaires. Il ne s'agit ni d'une durée minimale (les salariés peuvent être employés à temps partiel), ni d'un maximum (des heures supplémentaires peuvent être accomplies dans le respect des durées maximales au-delà desquelles aucun travail ne peut être demandé).

– **Les horaires fixes et variables :** ce principe consiste à donner aux salariés la possibilité de choisir eux-mêmes leurs horaires journaliers de travail dans le cadre de plages mobiles.

– **L'annualisation :** il s'agit de prendre comme référence, pour le calcul de la durée du travail, non pas la semaine mais l'année. En conséquence, les périodes de basse ou de haute activité sont neutralisées au regard notamment de la réglementation des heures supplémentaires. Parmi les modalités d'annualisation du temps de travail, on distingue la **modulation** et la **réduction du temps de travail par attribution de journées ou demi-journées de repos** sur l'année. Ces deux dispositifs, qui obligatoirement sont mis en place par voie d'accord collectif, permettent de retenir comme référence une durée annuelle du travail qui ne peut excéder 1 607 heures (ce maximum était auparavant fixé à 1 600 heures ; le passage à 1 607 heures résulte de la création, par la loi du 30 juin 2004, de la journée de « solidarité »).

– **Le compte épargne temps :** le CET permet au salarié d'accumuler des droits à congé rémunéré ou de bénéficier d'une rémunération, immédiate ou différée, en contrepartie des périodes de congé ou de repos non prises ou des sommes qu'il y a affectées.

Conclusion

Les choix de l'organisation pour définir le cadre de travail, qui sont largement déterminés par les contraintes juridiques et réglementaires, visent à favoriser la mobilisation et accroître la motivation de ses membres. Il en va ainsi de l'aménagement du temps de travail qui constitue un élément essentiel de la performance mais aussi de l'équilibre des individus au travail.

MÉTHODE

V. Vroom et la théorie des attentes (1964)

Il ne suffit plus de connaître les besoins, il faut aider les salariés à connaître leurs attentes qui seront à la source de la motivation. Cette théorie cognitiviste, appelée aussi « la théorie du résultat escompté », repose sur trois concepts :

1. La « **valence** » (V) est la valeur attribuée par l'individu au résultat obtenu par l'adoption d'un comportement. Cette valeur est positive si le comportement adopté engendre une satisfaction en termes de rémunération, d'intérêt au travail… Elle peut aussi être nulle (absence de satisfaction) ou négative (insatisfaction).
2. L' « **instrumentalité** » (I) : la performance est-elle corrélée avec le résultat ? C'est la probabilité perçue du lien entre la performance à atteindre et ce que j'escompte en retour. C'est répondre à la question : « si je fais ceci, alors est-ce que j'obtiendrai cela en retour ? ».
3. L'« **attente** » (E) est le fait de se sentir capable ou non de faire quelque chose. C'est répondre à la question : « Si je me mobilise pour faire cela, est-ce que j'arriverai à cette performance ? ».

Selon Vroom, motiver ses salariés nécessite la présence de ces trois mécanismes psychologiques. Pour que l'individu soit motivé, il faut qu'il se sente capable de réaliser une bonne **performance**. Il faut ensuite que cette performance permette d'obtenir des **récompenses** et que celles-ci soient **valorisées**.

EXOS

1 Commentez la phrase ci-contre et expliquez, dans une situation de travail donnée, la manifestation ou, au contraire, l'absence de motivation.

« Une partie des managers pense que leurs équipes attendent de la reconnaissance sous forme de primes ou de promotions ; les collaborateurs attendraient davantage des signes de reconnaissance plus simples et quotidiens… ».

www.manager-go.com/management-des-hommes/reconnaissance-au-travail-le-grand-malentendu

2 Commentez le schéma ci-contre.

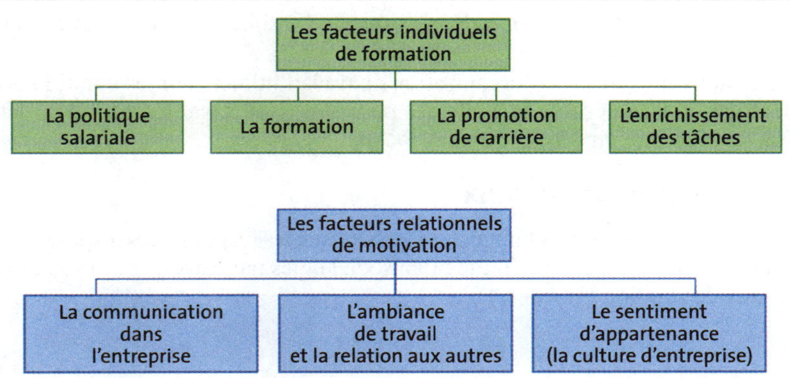

2 La recherche du mieux-vivre au travail est-elle compatible avec les objectifs de performance ?

COURS

CHSCT (comité d'hygiène, de sécurité et des conditions de travail) : constitué dans tous les établissements occupant au moins 50 salariés, le CHSCT a pour mission de contribuer à la protection de la santé et de la sécurité des salariés ainsi qu'à l'amélioration des conditions de travail.

Conditions de travail

• « Les deux choses les plus importantes n'apparaissent pas au bilan de l'entreprise : **sa réputation et ses hommes** », affirmait Henry Ford.

• Les **conditions de travail** désignent d'une manière générale l'environnement dans lequel les employés vivent sur leur lieu de travail. Elles influencent fortement la santé et la motivation des hommes au travail ainsi que leurs performances professionnelles et leur qualité de vie. Ainsi donc, leur amélioration constitue un **avantage social** mais également économique.

• Elles comprennent :
– les conditions **physiques** et **environnementales** (outils, machines, bruit, chaleur…) ;
– les conditions **organisationnelles** (horaires, cadences…) ;
– les conditions **sociales** (rémunération, transport, qualification, relations avec la hiérarchie…) ;
– les conditions **psychologiques** (ambiance de travail…).

Santé et sécurité

CE : dans les entreprises de 50 salariés et plus, il est composé de représentants élus du personnel et éventuellement de représentants syndicaux désignés par les organisations syndicales. Il assume des attributions économiques, sociales et culturelles et dispose, pour ce faire, des moyens matériels et financiers nécessaires. Le chef d'entreprise (ou son représentant) assure les fonctions de président du CE.

• L'**accident du travail** provoque des dommages corporels et survient, quelle qu'en soit la cause, à l'occasion du travail (y compris l'accident qui survient sur le trajet du domicile au lieu de travail).

• La **maladie professionnelle** est la conséquence directe d'une exposition à un risque physique, chimique ou biologique sur le lieu de travail.

• Les **risques psychosociaux** sont une catégorie de modes de qualification et d'évaluation des conditions de travail qui est apparue au cours des années 2000. Ainsi, 47 % des salariés en France déclarent éprouver souvent du **stress** au travail (source CSA/Liaisons sociales) et un tiers des salariés présente des difficultés psychologiques (source IFAS). L'usage de la catégorie de stress et son entrée dans la **logique du risque** ont pour corollaire une logique d'évaluation économique : une étude de l'université de Bourgogne évalue ainsi le coût du stress en France. Parmi les chiffres avancés, le coût médical serait évalué à lui seul à 413 millions d'euros et l'absentéisme à 279 millions d'euros.

• Le terme **handicap** désigne la limitation des possibilités d'interaction d'un individu avec son environnement, causée par une déficience provoquant une incapacité, permanente ou non, menant à un stress et à des difficultés morales, intellectuelles, sociales et/ou physiques.

• La **souffrance mentale** est considérée comme un mal-être, une détresse psychologique. Elle peut prendre la forme d'une dépression, de troubles mentaux graves, du suicide ou d'un stress post-traumatique.

• Les nouvelles formes d'organisation du travail influent sur les conditions de travail, génèrent une détérioration de la santé mentale des personnes qui travaillent. L'OMS définit la santé comme un état de bien-être physique moral et social.

Indicateurs sociaux

La gestion des ressources humaines nécessite que les responsables disposent d'indicateurs d'évaluation et de prévision (cf. chap. 10) : le bilan social et les tableaux de bord sociaux, le taux d'absentéisme, le taux de rotation (*turnover*)…

Ergonomie

L'ergonomie consiste à adapter le travail, les outils et l'environnement à l'homme. C'est donc une approche qui vise à adapter le travail à l'homme et non l'inverse et vise à faciliter la souplesse d'utilisation d'un système par son utilisateur. L'ergonomie fait appel à des connaissances issues de plusieurs disciplines notamment la psychologie, la physiologie, la médecine, l'ingénierie, les sciences cognitives.

Responsabilité sociale de l'entreprise et bien-être au travail

• Une entreprise est dite socialement responsable lorsque sa gestion prend en compte les **enjeux sociaux et environnementaux**. Il existe trois niveaux d'actions.
– Le premier niveau est celui des **entreprises** qui sont en conformité avec la législation, en termes de protection des travailleurs, des clients et aussi de l'environnement.
– Le deuxième niveau implique que l'entreprise décide d'aller **au-delà même du cadre légal**. Elle s'impose volontairement des normes supplémentaires pour, par exemple, faciliter la vie de ses salariés ou un plus grand respect des normes environnementales.
– Dans le troisième et dernier niveau de la RSE, l'entreprise décide de **s'impliquer encore un peu plus** dans le bien-être des différents acteurs de l'entreprise, en développant par exemple, le mécénat d'entreprise.

Conclusion

La performance passe aussi par l'amélioration des conditions de travail car ces dernières sont non seulement un facteur de motivation mais participent à l'image de l'entreprise. Il est habituel d'opposer la recherche des performances économiques à la recherche d'amélioration des conditions de travail. Or la prévention des risques majeurs du travail, relatifs à la santé et à la sécurité, permet non seulement de réduire les coûts cachés du travail mais, plus encore, de faire du bien-être au travail un vecteur de réussite économique.

MÉTHODE

Connaître les règles d'ergonomie au bureau

• Le **mobilier** doit être placé de façon à ce que :
– l'écran soit perpendiculaire aux fenêtres ;
– le poste ne se situe pas sous un plafonnier mais plutôt entre deux rangées de luminaires ;
– aucune lumière ne vienne dans les yeux ;
– rien ne se reflète dans l'écran.
Il doit être choisi et réglé en fonction des caractéristiques physiques de l'utilisateur.
• L'**aménagement** doit permettre une bonne posture, soit :
– les pieds reposent à plat sur le sol ou le repose-pieds ;
– l'angle du coude est droit et légèrement obtus ;
– les avant-bras sont proches du corps ;
– la main est dans le prolongement de l'avant-bras ;
– le dos est droit ou légèrement en arrière et soutenu par le dossier ;
– la tête est droite ou légèrement penchée en avant.
• L'**écran** doit être orientable en hauteur et latéralement. Il faut le pencher légèrement en arrière, le haut du moniteur étant au niveau des yeux.

www.inrs.fr

EXOS

1 D'après le document ci-dessus (Méthode) et vos connaissances, proposez une définition de l'ergonomie.

2 Quelles sont les obligations juridiques qui s'imposent à l'employeur ?

3 Comment passer de la rémunération à la reconnaissance de l'individu au travail ?

COURS

Rémunération

• Parmi les conditions de travail, **le niveau et l'évolution** de la rémunération sont des éléments **déterminants de l'engagement du personnel**. Cette rémunération est un élément clé de la relation entre les salariés et l'organisation qui les emploie ; elle peut être source de conflit ou de stabilité de cette relation et représente des enjeux économiques, sociaux et symboliques majeurs.

• La **rémunération** est la contrepartie du travail fourni par le salarié. Elle se compose du salaire et des accessoires :
– les salaires, traitements ou appointements perçus chaque mois ;
– les primes individuelles ou collectives ;
– les compléments de salaire (intéressement, participation, plan d'épargne entreprise, etc.) ;
– les avantages sociaux (mutuelle, complément de retraite) ;
– les avantages en nature (logement, voiture de fonction, tickets de restaurant, voyages, etc.).

Individualisation de la rémunération

• L'individualisation de la rémunération consiste à adapter et à faire varier le salaire de chaque salarié en fonction de ses caractéristiques propres (diplômes, qualifications, résultats, assiduité, expérience…). L'individualisation est un moyen de motivation. Elle peut s'appuyer sur :
– la **rémunération immédiate des résultats** obtenus à travers des primes diverses (salaire variable) ;
– la **modulation personnelle** du salaire à partir d'une évaluation des performances, des compétences ou du potentiel du salarié ;
– l'attribution d'**avantages sociaux** apportant des compléments de rémunération à certaines catégories de personnes (anciens, cadres…) ou pour certains comportements (assiduité, stabilité…) ;

• **Le salaire variable** : de nombreux systèmes sont utilisés pour rémunérer le personnel en fonction de la **quantité de production** réalisée dans un temps donné. Certains tiennent compte des résultats individuels, d'autres de ceux du groupe de travail :
– Les **primes individuelles** : dans le cadre de la fixation d'objectifs individualisés, des **bonus ou primes variables** se développent dans tous les secteurs d'activité. Ces bonus dépendent de la réalisation d'objectifs préalablement fixés. Leur succès dépend largement de la qualité de la négociation qui a présidé à l'élaboration des objectifs.
– Le **salaire aux pièces** est un autre type de gratification individuelle, observable dans le domaine de la production.
– Les **primes collectives** sont accordées à un groupe de salariés ou à l'ensemble du personnel en raison de la qualité de leur production et de l'amplitude de leur performance collective. Fonction des résultats de l'entreprise ou de l'unité de travail, ces primes visent à intéresser pécuniairement l'ensemble des salariés à la bonne marche et aux résultats de leur unité. Elles développent aussi le **sentiment d'appartenance** à une collectivité et soude les équipes.

• **Les avantages sociaux** peuvent être d'une grande diversité. Il est difficile de faire l'inventaire. On distingue cependant :

– les **primes d'ancienneté** : elles se justifient dans de nombreux emplois par l'acquisition d'une expérience avec chaque année de service. Cette prime peut aussi être considérée dans certains cas comme une compensation à l'absence de perspective de carrière.
– les **avantages particuliers** : il s'agit des avantages liés à l'emploi occupé et dits « **de fonction** » (voiture de fonction, logement de fonction). Il peut s'y ajouter des services annexes (entretien de la voiture, fourniture de courant électrique (EDF), transport gratuit (SNCF), fourniture de vêtements de travail…).

Intéressement, participation et épargne salariale

• L'épargne salariale est un système d'épargne collectif mis en place par une entreprise au bénéfice de ses salariés et qui permet à ces derniers d'être associés aux résultats de l'entreprise. L'épargne salariale regroupe plusieurs dispositifs, fiscalement attractifs, que sont la **participation** aux bénéfices, l'**intéressement** et les **plans d'épargne entreprise**.

• **La participation** consiste à obliger les entreprises à faire participer les salariés aux résultats de l'entreprise en leur versant une fraction du bénéfice. Elle est obligatoire pour toute entreprise de plus de 50 salariés qui réalise un bénéfice net de 5 % de son capital propre.
• **L'intéressement** vient en complément de la participation, il est facultatif et les sommes sont disponibles immédiatement. Leur mode de calcul est libre.
• **Le Plan d'Épargne Entreprise** (PEE) est un dispositif d'épargne collectif, non obligatoire, qui vise à associer les salariés en leur permettant de constituer un portefeuille de titres (actions, obligations…).

Conclusion

La rémunération peut aussi, en tant que signe de reconnaissance de l'individu, devenir un levier puissant de mobilisation et de motivation. À condition toutefois de résoudre le difficile problème de l'individualisation et donc de trouver un équilibre entre les composantes collectives et individuelles de la rémunération.

MÉTHODE

Reconnaissance de l'individu au travail par la rémunération

Les niveaux de satisfaction

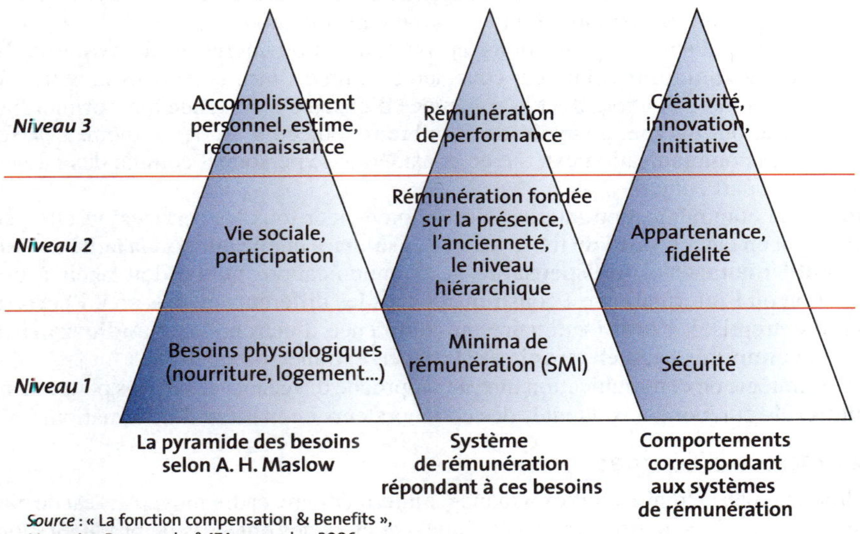

Source : « La fonction compensation & Benefits », Magazine Personnel, n° 474, novembre 2006

EXO

Une étude réalisée par les cabinets Deloitte et Nomination confirme que si la rémunération reste l'une des premières attentes des salariés, elle n'est pas pour autant un levier de motivation.

> Ainsi, sept personnes interrogées sur dix placent la rémunération devant l'intérêt du travail, le développement de carrière ou l'équilibre de vie. [...]
> Au-delà de la rémunération, cette étude montre l'importance grandissante pour les décideurs d'un meilleur équilibre entre vie professionnelle et vie privée : 43 % des décideurs placent ainsi ce critère en deuxième position de leurs attentes. [...]

> L'étude montre que le seuil en dessous duquel la rémunération variable n'est pas suffisamment motivante pour les décideurs est de 22,5 % du salaire de base, soit près de 3 mois de salaire. [...]
>
> www.lemondedudroit.fr
> 13/7/2012

Dans quelle mesure la rémunération peut-elle être ou non un levier de mobilisation et un facteur de motivation ?

4 Communiquer à l'interne suffit-il à mobiliser ?

COURS

Ces dernières années, le rôle de la communication interne s'est complexifié. Elle ne peut plus se contenter d'être l'outil de transmission d'informations de la hiérarchie à l'ensemble des salariés. Son véritable enjeu est celui de **l'adhésion des collaborateurs** à l'entreprise et à ses valeurs. L'objectif : les inciter à s'investir et donc les **motiver**.

Communication interne

La communication interne remplit de multiples fonctions :
- exposer des résultats ;
- transmettre des informations ;
- expliquer une nouvelle orientation ;
- motiver les collaborateurs ;
- rassembler les acteurs autour d'un projet d'entreprise.

• La communication interne regroupe l'ensemble des actions de communication mis en œuvre **au sein d'une entreprise** à destination de ses salariés. Elle s'inspire de plus en plus souvent des techniques de **communication marketing**.
• Ainsi, la définition d'une stratégie de communication interne est très proche de celle qui est faite pour la stratégie de communication externe. Dans certaines organisations, elle est du ressort du **Directeur des ressources humaines**, parce que la politique de communication interne est considérée comme étant liée davantage à la **gestion du personnel** qu'à sa simple information.
• Dans d'autres organisations, la communication interne est du ressort du **Directeur de la communication**, car considérée comme s'inscrivant dans la politique globale de communication, dont la cohérence d'ensemble est tenue pour primordiale.
• La communication interne poursuit de nombreux objectifs et tend même, parfois, à se confondre avec la communication externe en considérant le personnel comme des citoyens et des consommateurs à part entière.
• Comprendre la communication interne, c'est appréhender tous les services qu'elle peut rendre particulièrement en tant qu'**outil de motivation des salariés** quelle que soit la taille de l'entreprise.
• Comme **outil managérial indispensable**, la communication interne doit obéir à un plan de communication où l'information est construite et dont les différents médias sont **l'écrit** (affichage ou journal d'entreprise), **l'oral** (séminaire ou conférence d'entreprise), **l'audiovisuel** (vidéo ou CD-Rom), **la communication électronique** (Intranet, extranet, newsletter).
• Ainsi, une stratégie de communication interne rapproche dirigeants et salariés pour une **meilleure écoute bilatérale** et répond aux attentes des collaborateurs en matière d'information.

Animation d'équipes

• L'encadrement intermédiaire (cadre ou manager intermédiaire, cadre moyen…) est de plus en plus sollicité car en plus d'une performance technique – atteinte des objectifs de production/qualité – il doit être capable de démontrer une forte compétence d'animation de son équipe d'opérationnels.
• L'animation de groupe est l'activité d'une ou plusieurs personnes appelées, selon les contextes, animateurs, co-animateurs, modérateurs etc., visant à faciliter la production d'un groupe en vue de l'atteinte d'un objectif de travail, d'information ou de formation.
• Si la mobilisation de chacun, autour des objectifs de l'organisation, reste centrale dans les opérations de communication interne, encore faut-il que l'animation des groupes puisse constituer un véritable « relais organisationnel ».
• Dans une animation de groupe, trois principales fonctions sont présentes :
– la **production** (surtout assurée par le groupe sauf, bien sûr, dans le cas de réunion d'information « descendante » avec public passif) ;
– la **gestion ou facilitation** : ensemble des procédures et interventions visant à favoriser l'expression, les échanges et l'avancée du travail, elle est surtout l'œuvre de l'animateur (ou des animateurs) ;
– la **régulation** vise à élucider les blocages, conflits ou autres phénomènes qui peuvent empêcher le groupe de progresser. Elle est essentiellement de la responsabilité de l'animateur (ou des animateurs) et requiert une expertise spécifique en matière de dynamique de groupe.
• Pour aider le groupe à progresser vers ses objectifs, l'animateur utilise des techniques d'intervention : le résumé-synthèse, le questionnement, le renvoi, la reformulation, voire l'interprétation.

Conclusion

La mobilisation de chacun autour des objectifs de l'organisation reste centrale dans les opérations de communication interne. Néanmoins cette dernière, pour être efficace, doit faire en sorte que l'animation des groupes puisse constituer un véritable « relais organisationnel ».

MÉTHODE

Savoir identifier un groupe pour adapter sa communication

• Y a-t-il une structure de groupe plus efficace, en termes de communication ?

Les groupes en étoile, en chaîne et en Y réussissent mieux dans les tâches simples. Une fois l'information fournie par les membres de la périphérie et rassemblée par l'individu central (leader), les décisions peuvent être prises rapidement. Néanmoins, dans ce type de réseaux la non-adhésion des individus placés à la périphérie peut être facteur d'inefficacité.

Les groupes tous circuits et en cercle réussissent mieux dans les tâches complexes. Il n'y a aucun leader, le groupe est décentralisé et l'activité de communication y est très importante (mais avec plus d'erreurs). Les membres montrent plus d'intérêt, de motivation au travail et de satisfaction globale.

EXO

Motiver par la communication interne

Suivre l'évolution de l'entreprise dans la société

Dans le contexte actuel très mouvant, marqué par les nombreuses fusions, restructurations et innovations, la relation des salariés à l'entreprise a changé. « Plus et mieux informés, ils sont aussi devenus plus exigeants », analyse Emmanuelle Bravard, administratrice de l'AFCI (Association française de communication interne) et responsable de la communication interne de l'Onera. Une évolution qui s'inscrit dans une transformation plus globale des métiers de la communication, comme le rappelle Jean-Marc Décaudin, auteur de *La Communication interne* [...]

Collaborer étroitement avec les managers

Pour aller au-delà du rôle informatif de leur communication interne, les entreprises doivent la repenser en profondeur. Cela passe en premier lieu par la mise en place d'un étroit partenariat avec les managers. « La communication interne est un vecteur de mobilisation mais le manager occupe une place déterminante pour la motivation individuelle de ses collaborateurs, du fait notamment de la relation qu'il entretient avec eux quotidiennement », insiste Emmanuelle Bravard. [...]

Donner du sens en communiquant sur le projet d'entreprise

Pour réussir à développer l'implication des salariés par la communication, il faut d'abord réfléchir à ce qui crée de la motivation. Un collaborateur sera motivé s'il sait pour quoi et vers quoi il travaille. Il faut donc donner du sens à ce qui lui est demandé, en inscrivant sa contribution dans un projet d'entreprise. [...]

Fédérer les salariés autour de valeurs communes

Il est judicieux d'accompagner la communication autour du projet d'entreprise par la transmission de valeurs propres à la société. « À condition qu'elles reposent sur une réalité, un vécu », met en garde l'administratrice de l'AFCI. [...]

Favoriser l'échange et la reconnaissance du travail

Pour être motivé, le collaborateur a également besoin d'être écouté et de participer à la vie de son entreprise. « C'est le rôle de la communication interne de créer du lien et de dynamiser les échanges en proposant des démarches qui favorisent l'écoute, le décloisonnement et le travail en réseau », note Emmanuelle Bravard.

Savoir saisir les bons moments pour communiquer

Certains moments sont plus propices que d'autres à la transmission de ces messages. « Les événements traditionnels de la vie de l'entreprise comme les vœux de début d'année et les anniversaires sont par exemple très favorables. »

www.journaldunet.com

a. Repérez les objectifs de la communication interne.

b. Quelles sont les conditions de réussite d'une opération de communication interne ?

Ressources humaines et communication

5 Comment répondre aux besoins en compétences de l'organisation ?

COURS

Qualification, emploi, poste

• La **qualification** désigne principalement la **capacité** à exercer un métier ou à occuper un poste déterminé. Elle est « mesurée » par les diplômes acquis ou l'expérience. La notion de qualification renvoie à deux approches selon que l'on se place du côté de l'emploi à occuper ou du côté du salarié qui occupera cet emploi :
– lorsqu'il s'agit de la **qualification d'un emploi**, on repère les qualités et capacités humaines nécessaires pour occuper ce poste de travail. L'ensemble des savoir-faire dans l'entreprise doit ainsi être détaillé et répertorié. Ceci permet notamment d'obtenir des grilles de qualification nécessaires à l'établissement des salaires.
– lorsqu'il s'agit de la **qualification d'un travailleur**, il faut distinguer deux significations : la **formation initiale** validée par un diplôme (on parle alors de qualification personnelle, acquise par l'enseignement essentiellement) ; et/ou l'**expérience**, c'est-à-dire la qualification acquise au sein de l'entreprise.
• L'**emploi** est une situation de travail dans laquelle un ensemble de personnes effectue des activités faisant appel à des compétences communes (ex. : un assistant de gestion).
• Un **poste** est l'ensemble des tâches effectuées par une personne. Il est précisé sur l'organigramme de l'organisation.

Compétences, potentiel et parcours professionnel

• La **compétence** est un « ensemble stabilisé de savoirs et de savoir-faire que l'on peut mettre en œuvre sans apprentissage nouveau » (De Montmollin, 1984). La compétence répond à une **attente d'immédiateté**. C'est donc une combinaison de savoir-faire, expériences et comportements qui s'exercent dans un contexte précis et qui se constate lors de sa mise en situation. C'est à l'entreprise de la repérer, de l'évaluer, de la valider et de la faire évoluer. Depuis le milieu des années 1980, la notion de compétence s'est imposée face à celle de qualification.
• Au contraire, le **potentiel**, une fois reconnu comme tel, se doit de répondre à des attentes mais de **manière différée**, en ce sens que l'individu est considéré comme destiné à progresser : le propre du potentiel réside néanmoins dans la rapidité d'acquisition des compétences visées.
• Au niveau de l'organisation, la gestion du **parcours professionnel** de chaque salarié englobe toutes les **procédures** qui conduisent de son recrutement à son départ.

Recrutement

Le recrutement est l'opération par laquelle une entreprise satisfait ses besoins en personnel, aux niveaux quantitatif et qualitatif. Il comporte deux enjeux : choisir le meilleur candidat et réduire les coûts (annonces, cabinet…).
• Le **processus de recrutement** ne se limite pas à faire signer le contrat du nouveau salarié, mais comprend également la période d'intégration. Pour réussir celle-ci, il faut permettre au nouveau salarié de s'acclimater à l'entreprise et de devenir opérationnel rapidement. Cette période d'accueil commence dès le premier contact entre le nouveau recruté et les collaborateurs de la société. Elle repose sur l'élaboration d'un plan d'intégration bien structuré afin de maximiser l'efficacité du nouvel entrant.

1. Les principales phases du recrutement
– Définition du poste ;
– Définition du profil du candidat ;
– Recherche de candidature ;
– Sélection ;
– Décision d'embauche ;
– Intégration du nouveau venu dans l'entreprise.

2. Les modes de recrutement
Le **recrutement interne** consiste à trouver le bon candidat au sein de l'entreprise, parmi le personnel.
Le **recrutement externe** consiste à rechercher le candidat sur le marché du travail, par l'entreprise elle-même (annonces, cooptation…), par des organismes extérieurs ou par candidatures spontanées.

3. Les moyens de sélection
– Analyse des curriculum vitæ (CV) et lettres de motivation ;
– Pour les candidatures retenues : entretien(s), tests graphologiques, tests d'intelligence, de personnalité, d'aptitude, discussion de groupe, simulation…

• La **mise en place d'un plan d'intégration** s'avère la dernière étape du recrutement d'un nouveau collaborateur. Le processus d'intégration se compose de :
– l'accueil du nouveau salarié ;
– la présentation de l'entreprise (ses valeurs, son règlement intérieur, sa culture, son environnement…) ;
– la prise de connaissance de l'arrivée d'un nouveau salarié par les collaborateurs ;
– la visite des lieux, des services, et des départements ;
– la mise à disposition des différents outils de communication ;
– la fixation des objectifs et les tâches à accomplir ;
– l'établissement des rapports de hiérarchie ;
– la remise d'un livret d'accueil.
• À la fin de la période d'intégration, le tuteur ou le responsable hiérarchique procède à une **évaluation** du nouveau recruté pour établir un bilan global de cette période, et pour évaluer ses compétences ainsi que sa capacité d'adaptation.

Type de documents reçus en phase d'accueil
– Contrat de travail ;
– Fiche de poste ;
– Organigramme ;
– Règlement intérieur ;
– Documents relatifs à l'affiliation aux organismes sociaux ;
– Livret d'accueil.

Livret d'accueil
Le livret d'accueil fait partie des documents officiels remis à un salarié lors de son arrivée dans l'entreprise, quel que soit le type du contrat (CDI, CDD ou intérimaire). C'est un moyen efficace de communication qui a pour but d'orienter le nouveau collaborateur dans son intégration et de le rendre opérationnel dans les meilleures conditions.
Le livret d'accueil regroupe :
– Une brève présentation de la société ;
– Les horaires de travail ;
– Les contacts internes ;
– La politique de formation ;
– Les avantages sociaux.

Conclusion

Le fonctionnement et la performance de l'organisation reposent notamment sur les compétences qui sont mobilisées. La satisfaction des besoins en travail de l'organisation dépend de la qualité du processus de recrutement, de la mobilisation des compétences et du potentiel dans un cadre général de la gestion prévisionnelle des emplois et compétences (GPEC). La définition des emplois, en termes de compétences attendues et de qualifications recherchées, constitue un préalable incontournable.

MÉTHODE

Distinguer qualification et compétence

Qualification	Compétence
Est basée sur des faits observables et sur des objectifs précis : – niveau d'études complété ; – nombre d'années d'expérience ; – certificat de compétences…	Est basée sur des connaissances, des habiletés et des attitudes : – capacité de supervision ; – faire preuve de leadership ; – esprit d'analyse et de synthèse…

EXO

Recruter, c'est assurer l'adéquation entre les exigences du poste et le potentiel individuel. Il est donc important de réaliser un profil de poste en amont d'un recrutement. La plupart du temps, le profil de poste comprend la définition de fonction (ou fiche de poste).
D'après vous, à quoi servent les fiches et profils de poste ?

6 Peut-on évaluer les compétences mais aussi le potentiel d'un individu ?

COURS

Potentiel

• L'évaluation du potentiel est une **démarche structurée**, destinée à positionner les qualités et les compétences de gestion d'une personne, en fonction d'un profil de compétences donné. Les qualités et les compétences évaluées se rapportent habituellement aux :
– valeurs, champs d'intérêt et motivation ;
– habiletés personnelles ;
– habiletés intellectuelles ;
– habiletés relationnelles ;
– habiletés administratives ;
– habiletés organisationnelles.

• L'évaluation de potentiel ne peut, en aucun cas, se substituer à une démarche organisationnelle d'évaluation du rendement de la personne.

Modes d'évaluation

À l'exception de **l'entretien annuel** (qui a pour but de recenser et analyser les activités du collaborateur, d'évaluer ses points forts et ses axes de progrès quant à la réalisation des missions, et de fixer des objectifs à atteindre), il existe plusieurs méthodes d'évaluation pratiquées aujourd'hui en entreprise.

• **L'évaluation écrite** est l'étape préalable à tout entretien en général. Elle est effectuée par le supérieur au moyen d'un formulaire, d'un questionnaire ou d'une grille créée par l'entreprise ou un établissement extérieur. Elle peut donner lieu à une notation consolidée lors de l'entretien. Cette évaluation est effectuée 2 à 3 semaines avant l'entretien.

• **L'entretien collectif** est plus rare. Il est toujours précédé ou suivi par un entretien individuel. Il nécessite plus de temps que l'entretien individuel et une organisation plus complexe du point de vue de la disponibilité de chacun. L'évaluation collective au travers d'un entretien collectif est envisageable dans le cadre d'un projet ou pour une équipe autonome de travail.

• **L'auto-évaluation**, réalisée par le salarié lui-même, n'est pas systématique dans les entreprises. Elle peut accompagner l'évaluation. La méthode est d'ailleurs similaire, à travers un questionnaire ou un formulaire rempli cette fois par l'évalué. Ce document est avant tout un guide ouvert pour se poser les bonnes questions avant une rencontre avec le supérieur.

• **Le 360° :** en règle générale le salarié évalué l'est tout d'abord par lui-même, puis par ses collaborateurs et son supérieur. Cette évaluation s'effectue à partir d'un formulaire, de 40 à 120 questions, distribué au maximum à une quinzaine de personnes. Cette méthode se décline aussi en 180° (plus restreint) ou 540°, qui implique alors les clients et fournisseurs. Il s'agit donc d'une démarche engageante, tant pour l'évalué que pour l'entreprise.

• **L'*assessment center*** est une démarche assez marginale. Davantage utilisée pour le recrutement, elle permet également d'évaluer la performance, les comportements, les compétences et les potentiels des individus dans des situations données. L'évaluation, réalisée en interne ou non, est individuelle mais les simulations (3 à 12) sont individuelles, en face-à-face ou en groupe (4 à 10 personnes).

• **Le *forced-ranking*** consiste à évaluer le rendement des employés par rapport à leurs collègues et non en fonction d'objectifs prédéterminés. Ce concept principalement utilisé dans les pays anglo-saxons, a d'ailleurs été surnommé le *rank and yank* (classer et se débarrasser), ce qui suppose que des employés soient licenciés s'ils sont, à plusieurs reprises, mal notés.

Bilan professionnel

• Le bilan professionnel ou bilan de carrière est une **analyse personnelle** que le salarié fait à un moment précis de sa vie. L'objectif est d'évaluer ses acquis passés afin de l'aider sur son orientation future. La réalisation d'un bilan professionnel est une étape incontournable dans la recherche d'un emploi. Il permet de se lancer sur le marché du travail en connaissant par avance ses acquis, ses atouts et les possibilités qui s'offrent.

• Les buts du bilan : en connaissant bien ses points forts, l'individu dispose de meilleurs arguments pour pouvoir **soutenir sa candidature**. Le bilan sera ensuite utile pour la réalisation du CV, la rédaction des lettres de motivation ainsi que pour la préparation des entretiens. Certaines entreprises demandent souvent de remplir des dossiers de candidature, cette tâche sera grandement facilitée par cette réflexion préalable.

Bilan de compétences

• Le bilan de compétences permet à un salarié de faire le point sur ses aptitudes et motivations et de définir un projet professionnel ou de formation. Il est réalisé par un prestataire extérieur à l'entreprise, selon des étapes bien précises, et peut être décidé par l'employeur ou mis en œuvre à l'initiative du salarié, dans le cadre d'un congé spécifique.

• Le bilan de compétences s'effectue en trois étapes :
– un **entretien individuel** pour définir les besoins et présenter les conditions de déroulement ;
– une **phase d'investigation** qui permet d'analyser les aptitudes et les centres d'intérêt ;
– une conclusion avec remise d'un document de synthèse, reprenant le projet et définissant les étapes envisagées de sa mise en œuvre.

• Les actions sont conduites, sauf exception, de manière individuelle, et le salarié est seul destinataire des conclusions du bilan.

Conclusion

Évaluer les compétences d'un individu en prenant en compte son potentiel nécessite la mise en place de protocoles d'entretiens, de bilans permettant ainsi une évaluation objective de ces compétences tant pour l'organisation que pour les individus.

MÉTHODE

Méthodologie du bilan professionnel

La finalité du bilan est d'aider le salarié à définir :

1. Son « **savoir être** » : personnalité, qualités, défauts, tout ce qui caractérise son comportement ;
2. Son « **savoir** » : l'ensemble des connaissances théoriques acquises lors de formations ou d'expériences professionnelles. Ces connaissances peuvent être des matières étudiées, des connaissances théoriques sur certaines techniques (ex. : la gestion des stocks, la gestion du fret, le transport) ;
3. Son « **savoir-faire** » : aptitudes, compétences techniques. Tout ce qu'il est capable de faire. Il doit ici passer en revue les différents postes occupés et déterminer pour chacun les compétences mises en œuvre, en détaillant tous les aspects : technique, administratif, humain, financier, matériel, etc. ;
4. Ses **motivations**, ses **valeurs** : ce qui le motive, ce qui le pousse à agir.

EXO

Dans un contexte de sélection à fin de recrutement, il importe d'évaluer le potentiel que possède un individu pour exercer avec succès les tâches reliées à une fonction de gestion...

La GRH Publique en questions : une perspective internationale, Éd. l'Harmattan
Collection RECEMAP Dirigée par Gérald Orange et Jacques Spendler

Quels sont les avantages pour l'individu et pour l'organisation de l'évaluation du potentiel et des compétences en gestion ?

7 La gestion des compétences permet-elle de garantir l'employabilité de l'individu ?

COURS

La gestion des compétences est une méthode, voire un outil de GRH qui vise à optimiser la compétitivité d'une entreprise en recherchant la meilleure adéquation possible entre les compétences nécessaires et celles qui sont disponibles dans le capital humain de l'entreprise : savoirs, savoir-faire et savoir être individuels et collectifs.

Formation professionnelle continue

• La formation professionnelle est le processus d'apprentissage qui permet à un individu d'acquérir le savoir et les savoir-faire (habiletés et compétences) nécessaires à l'exercice d'un métier ou d'une activité professionnelle.

• La formation professionnelle continue est un droit. Elle permet, une fois entré dans la vie active, de continuer à se former pour acquérir de nouvelles compétences, de nouvelles techniques, et ainsi envisager une promotion sociale ou un changement de métier.

• La formation professionnelle continue a pour objet notamment de :
– favoriser l'insertion ou la réinsertion professionnelle des travailleurs ;
– permettre leur maintien dans l'emploi ;
– favoriser le développement de leurs compétences et l'accès aux différents niveaux de la qualification professionnelle ;
– contribuer au développement économique et culturel et à leur promotion sociale.

• La politique de formation professionnelle en France est élaborée **de façon conjointe** par l'État, les régions et les partenaires sociaux.
– **L'État** fixe le cadre réglementaire et met en place des dispositifs au niveau national.
– **Les régions** accompagnent l'État dans le déploiement de ces dispositifs. Elles élaborent et mettent aussi en œuvre leur propre politique de formation, en fonction des besoins locaux.
– **Les organisations professionnelles et syndicales** (partenaires sociaux) participent à l'élaboration des dispositions relatives à la formation professionnelle continue, concourent à leur mise en œuvre et à la gestion des contributions des entreprises, collectées par les organismes paritaires créés à leur initiative.

Gestion de carrière

• La gestion de carrière se définit comme une politique de développement du capital humain de l'entreprise pour tendre à l'optimisation de son efficacité. Concrètement, elle se traduit par la mise en place d'un suivi du parcours professionnel des collaborateurs pour améliorer leurs compétences, développer leur employabilité et les fidéliser à l'entreprise.

• Aujourd'hui, la notion de gestion des carrières pour un titulaire d'emploi s'effectue en termes d'**employabilité**. Cela s'accompagne d'une évolution en termes de rémunération. Ainsi, dans les structures où cette philosophie est assez poussée, on peut trouver, par exemple, un collaborateur qui est mieux rémunéré que son directeur, vu ses compétences ou encore l'expertise dont il fait preuve. Il dispose alors d'un salaire d'expert plus un salaire de manager.

• La gestion du potentiel et le pilotage des carrières de l'entreprise consiste en :
– l'adaptation du personnel ;
– la flexibilité humaine ;
– le développement du potentiel humain ;
– l'amélioration du climat social ;
– l'amélioration de la productivité.

Mobilité professionnelle

• La mobilité professionnelle consiste pour un salarié à changer de poste et/ou de grade, dans une même branche professionnelle ou dans une autre. À ne pas confondre avec la mobilité géographique.
• Le terme de mobilité professionnelle peut recouvrir différents types de changements de situation professionnelle. On distingue :
– le changement de poste sans changement d'établissement ;
– le changement d'établissement (de site) au sein de la même entreprise ;
– le passage d'une entreprise à une autre.
• La mobilité professionnelle peut être **un choix du salarié**, désireux d'obtenir une meilleure rémunération, de meilleures conditions de travail ou un nouveau poste. Elle peut aussi être proposée voire imposée par l'employeur, par exemple :
– lors d'une promotion sous condition d'accepter de changer de lieu de travail ;
– lors d'une délocalisation ou d'une restructuration de l'entreprise (fusion, regroupement des activités...).
• La mobilité professionnelle et géographique offre des possibilités d'évolution de carrière et de promotion sociale. Dans certains cas, elle constitue pour le salarié une protection contre la perte de son emploi.

Conclusion

L'employabilité peut constituer une ambition partagée par tous (individu et organisation). Ainsi donc, la formation professionnelle répond à la nécessité d'adapter les compétences des individus en fonction des évolutions économiques et technologiques et *in fine*, le maintien de l'employabilité.

MÉTHODE

Connaître les trois leviers de l'employabilité

Pour « être employable, c'est-à-dire posséder des compétences recherchées et être à même de saisir les occasions d'emploi appropriées pour les mettre en œuvre », le salarié doit développer trois capacités :

1. La **capacité d'apprentissage**

• « L'apprentissage est le processus par lequel la connaissance est créée à travers la transformation de l'expérience. La connaissance résulte de la combinaison de l'acquisition et de la transformation de la connaissance. » (Kolb, 1984).
• Au fil des apprentissages, on devient quelqu'un d'autre, on transforme sa vision du monde et des problèmes, car apprendre favorise le changement intellectuel mais aussi identitaire.
Développer la capacité d'apprentissage, c'est développer la capacité à s'adapter, à saisir les occasions de se former, de changer, d'évoluer.

2. La **capacité d'auto-évaluation**

L'auto-évaluation est le processus qui permet en référence à un résultat attendu de porter un jugement sur sa propre action pour prendre des décisions et donc développer une vision objective des compétences.

3. La **capacité de veille**

L'employabilité est une démarche individuelle quotidienne de veille sur ses compétences, son métier, son environnement professionnel, le marché de l'emploi. Cette veille permet d'identifier un projet professionnel ou, tout du moins, un devenir réaliste.

EXO

D'après la MÉTHODE et le COURS, proposez des moyens permettant d'agir sur les capacités d'apprentissage, d'auto-évaluation et de veille.

8 En quoi la dynamique d'un groupe peut-elle construire sa cohésion ?

COURS

La dynamique de groupe s'intéresse aux processus relationnels internes à un groupe, aux phénomènes d'influence qui le traversent, guident ses prises de décision et les positions de ses membres. Le groupe restreint vit un ensemble de phénomènes qui influent sur son efficacité : les processus de cohésion, de décision et de leadership.

Dynamique de groupe

Le **leader** est la personne qui exerce une autorité sur le groupe. Il se caractérise souvent par sa capacité naturelle à influencer les autres dans le sens qu'il désire, son engagement au travail et sa faculté à communiquer. Le **leadership** est la manière dont s'exerce cette autorité.
Les leaders et les membres des groupes avec lesquels ils travaillent s'influencent mutuellement.

• Le leader tient souvent son autorité de son statut (leadership de droit), mais il peut aussi émerger du groupe en raison de sa personnalité et de l'influence qu'il exerce sur les autres membres (leadership de fait).
• **Les styles de leadership :**
– Le style **autoritaire** : les décisions concernant le travail et l'organisation du groupe sont prises par le leader seul.
– Le style **participatif ou démocratique** : les décisions résultent des discussions provoquées par le leader et tiennent compte de l'avis du groupe.
– Le style **« laisser-faire »** : après avoir précisé les moyens dont dispose le groupe, le chef adopte un comportement passif.
• Chaque type de leadership produit un **climat** particulier au sein du groupe. En général, le leadership « participatif » entraîne la satisfaction des membres du groupe, une cohésion forte entre les membres et une performance élevée. Néanmoins, l'efficacité du style de leadership est fonction de plusieurs facteurs (la taille du groupe, sa maturité, la nature des tâches…).
• Les **processus d'influence** portent sur les modifications qu'entraîne, dans les jugements/opinions/attitudes, le fait de prendre connaissance des jugements/opinions/attitudes d'autres personnes sur le même sujet.
• L'objectif du principe d'influence n'est pas seulement de favoriser le changement (et la valorisation des idées neuves) mais aussi d'appliquer un « contrôle social » sur l'entreprise, permettant d'éviter les conflits et d'inciter les employés à respecter un certain nombre de règles en vigueur dans l'entreprise.
• Le groupe produit une **décision commune** alors que chacun de ses membres peut avoir, au départ, un avis différent. Cette prise de décision dépend de l'existence de types de relations formelles ou informelles entre les membres ainsi que des normes implicites ou explicites.
• **Prise de décision collective**

Les avantages	Les risques
– L'information collectée est suffisante et de qualité ; – Meilleure compréhension ; – Engagement plus important à l'égard des décisions ; – Adhésion plus forte ; – Responsabilité et motivation des membres du groupe.	– Problèmes d'influences et de pressions entre les membres du groupe ; – Contrainte du temps qui peut être long pour sa mise en place : expliquer, négocier, dialoguer… ; – Sens critique affaibli si la cohésion est forte.

• Le **mode de décision** est la manière dont le groupe prend une décision, ainsi les décisions peuvent être prises par vote, par accord, par un leader ou l'individu qui possède l'autorité.

Cohésion des groupes

• Le degré de cohésion du groupe a un impact sur son efficacité. Elle dépend de plusieurs facteurs :
– La **taille du groupe** dépend en grande partie du but poursuivi. Si la taille du groupe augmente, les relations deviennent impersonnelles et un système de communication adapté, souvent très sophistiqué, est nécessaire pour maintenir cette cohésion.
– La **création d'un réseau de communication** (humain), c'est-à-dire l'ensemble des relations existant entre les membres d'un groupe. Ce réseau structure les relations entre les individus et, selon le type de structure, la cohésion de groupe pourra être favorisée ou non.

– La **qualité des relations socioaffectives** au sein du groupe (attraction ou rejet, sympathie ou antipathie, indifférence) peut souder ou diviser le groupe. La cohésion du groupe et la satisfaction des membres sont associées. Ainsi, plus le sentiment d'appartenance au groupe est élevé, plus les membres se sentent heureux de vivre dans le groupe et privilégiés d'en faire partie.

• Les groupes qui présentent une cohésion interne forte peuvent avoir une plus grande influence sur leurs membres. Ceux-ci accepteront ainsi plus facilement les buts, les objectifs et les normes imposés par un leader ou par l'ensemble des autres participants. Si la cohésion est forte ainsi que l'adhésion aux normes de production, alors la **performance** sera optimale.

Conclusion

La qualité du groupe se construit à partir de la dynamique et des relations qui s'y développent. La prise en charge du groupe, le traitement des phénomènes d'influence et la prise de décision collective sont autant de variables conduisant, ou non, à la cohésion. Le travail en groupe n'est pas, en lui-même, une garantie de plus grande efficacité ni même de cohésion.

MÉTHODE

Le rôle du leader dans la dynamique de groupe

Critères	Leader autocratique	Leader démocratique	Leader laisser-faire
Rendement	Apathie vis-à-vis de la tâche	Supérieur - travail efficace, original	Assez faible
Relations entre membres	Tension, agressivité, égoïsme	Coopération, cohésion, collaboration	Désordre, rivalité, découragement
Influence du meneur	Soumission, ordre, loyauté, approbation	Auto-direction (suggestion de procédés – réalisme)	Désordre
Conclusion	Agrément au groupe démocratique, tant du point de vue de l'efficacité du travail que de la volonté des participants à œuvrer ensemble.		

L'Animation des groupes, B. Sené, DR, 2003

EXO

Les clés d'un bon management par projet

Le management par projet offre une réelle opportunité d'innover et de rassembler des compétences parfois peu habituées à travailler ensemble. Mais cette organisation parallèle à la hiérarchie classique ne doit pas être mise en place à la légère. Un nouveau produit à développer, un changement d'organisation ? Depuis une vingtaine d'années, les entreprises ont adopté la formule magique qui consiste à faire travailler ensemble, au sein d'une équipe temporaire, des personnes de métiers différents pour produire plus vite. Cette organisation, le management par projet, se greffe à la hiérarchie déjà en place et peut donc se révéler périlleuse, sauf à respecter quelques règles révélées par Mathilde Bertrand, directrice associée du cabinet de conseil Agissens et intervenante pour Demos : définir le projet, choisir le chef de projet, construire l'équipe, communiquer, capitaliser.

www.lentreprise.com, 24/11/2006

a. Quels sont les déterminants du choix du chef de projet ?
b. Quels sont les avantages de la prise de décision dans ce style de management ?
c. Caractérisez ce groupe de management par projet.

9 Les tensions professionnelles peuvent-elles renforcer la cohésion ?

COURS

Climat relationnel

• Le climat relationnel est l'**ambiance** qui émane des relations entre les individus au sein d'un groupe. Les personnes du groupe peuvent percevoir différemment ce climat.
• Ce climat dépend de plusieurs **facteurs**. En effet, il peut être déterminé par le style de management et les attitudes des membres du groupe.
• Le manager a le choix entre différents styles de management. Le **style de management** définit la manière dont le dirigeant (d'une entreprise, d'un service, d'une équipe) va gérer les relations au sein de son groupe et la façon dont vont être prises les décisions.

Communication et réseaux informels

• La **communication informelle** découle de la tendance naturelle à créer de la relation interpersonnelle y compris au sein des structures de travail. Elle ne suit aucune règle, ni dans la forme, ni dans le fond. Elle véhicule des informations officieuses, en empruntant des voies « réseaux » souvent sans lien avec l'organisation structurée. Elle véhicule aussi des rumeurs, qu'elles soient spontanées ou orchestrées. La communication informelle est par nature **imprévisible** et **incontrôlable**.
• Une grande partie du travail réel des organisations se fait à l'**extérieur** de l'organisation formelle. Les réseaux informels de communication sont constitués par les **relations personnelles et sociales** dans l'organisation. Ces réseaux ne sont pas réglementés et ne respectent pas le lien hiérarchique mais ses membres partagent des activités, des besoins, des valeurs, des affinités.

Rumeur

• C'est une « information non vérifiée qui circule généralement de bouche à oreille (bruits qui courent). La rumeur circule suivant des processus que l'on cherche à déterminer (vitesse, expansion, déformation progressive…) ». (*Grand Dictionnaire de la communication*). C'est « le plus vieux média du monde » (J.-N. Kapferer).
• La rumeur peut être :
– **spontanée**, lorsqu'elle n'est pas provoquée par une information descendante ;
– **orchestrée**, lorsqu'elle fait suite à une information descendante.
Et/ou :
– **négative**, lorsqu'elle diffuse des informations à l'origine d'une situation de crise, avec des effets dommageables ;
– **positive**, lorsqu'elle permet la création de lien social entre les personnes par la discussion, la critique, la moquerie, la connivence voire la complicité.
• Dans les organisations, la communication **raisonnée** et la communication **informelle** cohabitent et sont complémentaires. Il est donc important pour un dirigeant de maîtriser cette dernière et surtout les rumeurs naissant au sein de son organisation afin d'éviter que l'information ne soit déformée et manipulée.

Conflits et résolution de conflits

• Un conflit est une situation d'opposition entre deux ou plusieurs personnes (ou entre deux groupes). L'émergence de **conflits dans un groupe** est naturelle et les désaccords entre les membres sont tout aussi naturels. Ainsi, différents types de conflits peuvent surgir dans un groupe (conflit ouvert/latent, conflit d'intérêts, de pouvoirs, d'identités, d'idéologies) et leurs sources peuvent être liées à une **interprétation erronée**, une **tentative d'influence** exagérée ou une **défense excessive** du territoire, par exemple.
• Si le **conflit passager** dans un groupe restreint peut faire l'objet d'une attitude de temporisation, le **conflit ancré** gagne à être dépassé par le recours soit à l'**arbitrage** (le plus souvent hiérarchique), soit à la **médiation** d'un tiers ou à la **négociation** directe entre les parties.
– **L'arbitrage** est souvent hiérarchique : un responsable intervient pour enrayer les rapports conflictuels.
– L'intervention d'un **médiateur** peut être une solution pour gérer un conflit, il peut appartenir ou non au groupe.

– Dans tous les cas, l'objectif de la **négociation**, qu'elle soit directe ou avec un **médiateur**, est d'aboutir à un accord qui suppose des ajustements, des concessions et des compromis éventuels. Elle constitue une alternative au recours à la force et à l'autorité dans la vie sociale en général et dans les organisations en particulier.

• Les conflits peuvent détruire un groupe mais ils peuvent également **renforcer le sentiment d'appartenance** de ses membres et permettre au groupe d'être plus fort et en meilleure posture pour faire face aux problèmes qu'il rencontre. Lorsque les conflits sont résolus, un sentiment de cohésion et de franche camaraderie peut s'installer. Ainsi les effets sont : l'unité, la stabilité, la satisfaction et donc la cohésion du groupe et la dynamique interne.

Conclusion

Les relations professionnelles se caractérisent par une multitude d'interactions, de dialogues, de tensions, d'ajustements, de compromis qui sont propices à l'émergence de conflits. Néanmoins, la gestion du conflit consiste non seulement à le résoudre mais, plus encore, à tenter d'en faire un moment privilégié de renforcement de la cohésion.

MÉTHODE

Reconnaître les étapes de la résolution efficace des conflits

Étape 1 : **Définir la situation, les faits, l'objectif ou le résultat visé**
– étudier l'environnement immédiat,
– recueillir l'information,
– décrire la situation,
– préciser les résultats.

Étape 2 : **Envisager des solutions de rechange et leurs répercussions**
– créer un choix (aller au-delà des solutions sans nuances),
– identifier autant de solutions réalisables que possibles,
– définir les critères qui serviront à évaluer les différentes options,
– évaluer les solutions de rechange : avantages, inconvénients, incidences et conséquences.

Étape 3 : **Prendre une décision**
– choisir la solution qui convient le mieux,
– dresser les plans de mise en œuvre : Qui fait quoi ? Où ? Quand ?
– faire le suivi des tâches assignées ou convenues,
– évaluer si la solution donne les résultats escomptés.

EXO

Le conflit est partie prenante de la vie sociale. On le retrouve dans les relations interpersonnelles comme dans les organisations du fait des enjeux importants qu'exige la performance. [...]
Se poser la question des conflits revient à considérer qu'une situation dérange, qu'elle perturbe ou bien que nous nous sentons démunis sans savoir comment la gérer. Une des particularités de la gestion des conflits est que, dès l'instant où nous nous y intéressons, nous prenons la mesure de la complexité de la question. Il est rare qu'un conflit interpersonnel ne soit qu'une incompatibilité d'humeur entre deux personnes.
L'entreprise est elle-même fort complexe et il n'existe aucun élément qui la compose qui vive en autarcie. Chaque personne, chaque relation comme chaque décision ou enjeu stratégique sont en interaction avec une autre personne, une autre entreprise, une autre institution, d'autres acteurs économiques, politiques, etc.
C'est pourquoi, afin d'être efficace dans la gestion quotidienne des conflits, il est impératif d'en comprendre les ressorts, les composantes, les différentes dimensions à l'œuvre, de découvrir qu'il existe des conflits de nature distincte et ce n'est qu'en fonction de cette capacité accrue de discernement que leur résolution sera à la fois possible et performante. Plus nous serons avertis de la multiplicité des causes et origines des conflits, plus il sera possible, également, de les anticiper, de relever les signes avant-coureurs, de distinguer les situations tendues risquant d'évoluer à coup sûr vers des conflits latents ou ouverts.

Christine Marsan, *Gérer et surmonter les conflits*, Coll. Fonctions de l'entreprise, 2e édition, © Dunod, 2010

a. Quels sont les éléments déterminants pour une gestion efficace des conflits ?
b. Les conflits sont-ils bénéfiques à l'organisation ?

10 Le dialogue social suffit-il à la cohésion de l'organisation ?

COURS

Le climat social est l'ambiance, l'atmosphère, qui règne dans l'entreprise. Des facteurs extérieurs (crise économique, augmentation du chômage, baisse de la consommation ou inversement…) comme des facteurs internes à l'entreprise (satisfaction des salariés, stress…) peuvent influer sur le climat social.

Dialogue social

• Loin de se cantonner à la seule négociation, le dialogue social désigne plus largement l'**ensemble des relations et des interactions** qui existent au sein de l'entreprise entre la direction, l'encadrement, les représentants du personnel et les salariés. Ce dialogue est présent au quotidien, dans les relations entre collègues et avec la hiérarchie.

• Il permet de se concerter, de négocier sur le terrain et d'agir. Il concerne les grandes comme les petites entreprises.

• Le dialogue social englobe également les débats et les échanges ayant lieu au cours des groupes de travail, comités de pilotage, groupes de projet et autres espaces de discussion rassemblant des salariés et divers niveaux hiérarchiques.

• Autrement dit, le dialogue social ne se joue pas seulement au niveau des obligations réglementaires et des représentants du personnel, mais aussi dans la participation directe des salariés à la vie de l'entreprise.

Bilan social

• Le bilan social, outil contributif au dialogue social interne, est un **état des lieux de la situation du personnel** dans une organisation. Il apporte une vue d'ensemble des caractéristiques du personnel et de leurs conditions de travail. Il permet ensuite de repérer les problèmes et dysfonctionnements pour y remédier et d'anticiper une politique de gestion des ressources humaines.

• Le bilan social est **obligatoire** dans les entreprises de plus de 300 salariés (depuis 1977). Comme document de synthèse et d'analyse, il devient alors un **outil de gestion** des ressources humaines et permet à l'employeur de disposer d'informations chiffrées régulières.

• Toutefois, le bilan social doit s'enrichir d'outils de gestion tels que les **tableaux de bord** afin de contribuer au système d'aide à la décision. Ainsi donc, ces outils contribuent au pilotage des ressources humaines : informer, prévoir, organiser, décider, mettre en œuvre, évaluer.

• Le bilan social regroupe un ensemble d'indicateurs. Un indicateur est une **information chiffrée** visant à mesurer une variable. Son caractère purement informatif et comptable est primordial et constitue le préalable nécessaire à toute analyse ultérieure. Les indicateurs doivent être **pertinents, fidèles et constants**, **justes et précis**. Ils ne doivent comporter que des **informations nécessaires** à la compréhension et à l'action. Le choix d'un indicateur doit **préciser** sur quoi et sur qui porte l'étude. Il est indispensable de mettre en place des **fiches techniques** de description des indicateurs.

• Le **processus d'élaboration d'un indicateur** est le suivant :

1. Définir le **périmètre** de l'indicateur :
– quel en est précisément l'objet ?
– que cherche-t-on à mesurer ?
– l'objectif fixé est-il assez précis pour être traduit par la construction d'un indicateur ?
– quelle est la population concernée ?
– quelle est l'unité géographique à prendre en compte ?
2. Définir la **durée** de l'action envisagée, la date à laquelle les résultats sont escomptés.
3. Définir **qui** met en place l'indicateur :
– le DRH si l'objet porte sur l'ensemble de la collectivité ;
– le DRH et le management à un niveau plus fin, pour que celui-ci soit associé et se reconnaisse dans la mise en place de l'indicateur.

Conclusion

L'organisation est composée d'un ensemble de sous-unités et de partenaires, à la culture et aux objectifs différents. Toute prise de décision résulte d'un compromis entre les intérêts de chaque sous-unité où le dialogue améliore le climat social et *in fine* la cohésion.

MÉTHODE

Connaître les indicateurs du climat social

Les indicateurs quantitatifs	Les indicateurs perceptibles
Le taux d'absentéisme Le taux de rotation du personnel Le taux d'accidents du travail Le taux de conflits La baisse de productivité Les retards fréquents Les absences courtes répétées	Le manque d'engagement Le manque de motivation Le manque d'initiative Une ambiance lourde ou qui se dégrade Des comportements délicats Des dérapages professionnels Les non-dits

EXOS

1 Expliquez le lien entre dialogue social et climat social.

La Poste : 4 500 à 5 000 recrutements préconisés pour améliorer le climat social

Jean Kaspar, chargé d'un rapport sur les conditions de travail à La Poste à la suite de deux suicides, a préconisé mardi entre 4 500 et 5 000 recrutements pour améliorer le climat social dans le groupe.

« J'ai fait un calcul qui n'engage que moi », a déclaré Jean Kaspar devant la presse, après avoir remis son rapport. « Il faudrait 2 000 emplois pour le dialogue social et 2 700 à 3 000 pour la formation, donc le chiffre varie autour de 4 500 à 5 000 au total », a estimé l'ancien responsable de la CFDT.

Présenté mardi à la direction, le rapport de la commission mise en place par le PDG Jean-Paul Bailly, et présidée par M. Kaspar, suggère de « desserrer les contraintes sur les effectifs », mais ne propose pas de chiffres.

Selon M. Kaspar, « il y a la réalité d'un mal-être, même s'il n'est que partiel, dans l'entreprise. Il y a la réalité des suicides, il faut répondre à tout cela. [...] Je dis simplement qu'on est en train d'innover en disant que ce qui relève de la formation et ce qui relève du dialogue social doit être sanctuarisé en termes d'effectifs », a-t-il ajouté.

De son côté, la direction de La Poste a indiqué que M. Bailly ferait des propositions « dans les prochains jours ».

Le malaise social à La Poste, qui emploie 240 000 personnes, avait éclaté au grand jour après les suicides sur leur lieu de travail de deux cadres en Bretagne, le 29 février et le 11 mars. C'est à la suite de ces deux décès que M. Bailly avait lancé un « grand dialogue ».

nouvelobs. com, 11/09/2012, AFP

2 Le dialogue social est-il la réponse aux craintes développées par la crise sur le marché du travail ?

Le dialogue social en réponse à la crise

Six organisations patronales et syndicales viennent de signer l'Accord national interprofessionnel (ANI) du 11 janvier 2013 sur la sécurisation de l'emploi. **« Un bel et grand accord »**, c'est l'expression qu'a utilisée Michel Sapin pour qualifier l'ANI sur la sécurisation de l'emploi. [...]

De leur côté, les syndicats paraissent adhérer à la méthode. La CFDT écrit à propos de l'ANI sur la sécurisation de l'emploi **« qu'au-delà de son contenu, il permet d'ancrer le rôle de la démocratie sociale dans la modernisation de notre pays. Il fait la démonstration que la négociation collective entre syndicats et patronat produit des avancées importantes conjuguant acquis sociaux et efficacité économique »**.

Ouest-France, Adeline Fabre, 12/03/2013

11 À quelles conditions l'organisation du travail favorise-t-elle la coopération ?

COURS

L'organisation du travail est : « la somme totale des moyens employés pour diviser le travail entre des tâches distinctes et pour ensuite assurer la coordination nécessaire entre ces tâches ». (Mintzberg)

Poste de travail

Le poste de travail est l'ensemble des moyens et équipements mis à disposition du salarié pour exécuter un travail déterminé. Ainsi donc, le salarié embauché doit correspondre à un profil de poste qui représente le profil du candidat idéal pour ce poste.

Les fiches de fonctions

• **La fiche de poste** sera déterminée lors d'un entretien entre l'agent et son supérieur hiérarchique direct. Élaborée à deux, la fiche de poste doit permettre de clarifier les activités, les responsabilités et le mode d'organisation du service, bureau, laboratoire au sein duquel est affecté l'individu. Cette fiche de poste sera adaptée au service et à l'individu. Elle doit donner lieu à un dialogue ouvert et constructif et être perçue par tous comme un moment de communication privilégié.
La fiche de poste comprend :
1. L'identité du poste et de son occupant ;
2. La présentation du poste : intitulé du poste, situation du poste, place du poste dans l'organisation, missions principales, contexte et spécificités, champ des relations liées au poste, compétences ;
3. L'évolution prévisionnelle du poste ;
4. Les objectifs : un objectif mesurable qualitativement et quantitativement. Si tel n'est pas le cas, un objectif avec une échéance.

• **La fiche de description de fonction** concerne les postes à responsabilité, essentiellement les cadres et les agents de maîtrise. Elle est personnalisée.
• **La fiche d'attribution** concerne les postes d'exécution et à tâches répétitives.

Analyse et répartition des tâches

• Pour organiser un travail, il faut au préalable identifier l'ensemble des tâches qui lui sont liées, les planifier et attribuer les responsabilités nécessaires à leur réalisation. Si on ignore qui fait quoi et pour quelle date, il y a peu de chances que quelque chose se fasse ! Une bonne organisation – individuelle et en équipe – permet au projet d'avancer. Il s'agit d'un facteur de motivation important.
• Si l'organisation du travail relève des responsabilités du chef de projet, les modalités d'organisation seront négociées et décidées avec les partenaires. L'idée est d'atteindre – de la manière la plus efficace et confortable possible – le but fixé.
• Le **tableau de répartition des tâches** (TRT) est un outil qui permet de représenter et/ou d'améliorer la répartition des tâches entre les acteurs dans un domaine ou un processus. Ses finalités sont les suivantes :
– clarifier le « QUI FAIT QUOI » dans un domaine ou dans un processus ;
– vérifier si la répartition actuelle est optimale ou non et l'améliorer si nécessaire via une nouvelle répartition plus pertinente ;
– vérifier la cohérence entre l'activité principale et la mission d'un service (et la cohérence avec les fiches de poste) ;
– identifier les tâches non effectuées ;
– repérer la dispersion ou la redondance des tâches ;
– repérer les surcharges ou sous-charges de travail ;
– guider la construction d'une nouvelle répartition (recherche de solutions) ;
– servir de support à une communication synthétique sur l'activité.

Avantages	– Vue générale de la répartition des tâches et des responsabilités. – Vue claire des coopérations nécessaires entre les acteurs.
Inconvénients	– Décomposition parfois difficile à élaborer. – Normalisation des processus habituels sans prise en compte des exceptions. – Vision limitée à un temps donné.

Communication opérationnelle

– La communication opérationnelle vise à renforcer **l'efficacité** du système par l'information de ses membres et par le développement de la participation et de l'adhésion du personnel aux objectifs de l'organisation.
– À cet effet, divers supports sont utilisés : exposé, boîte à idées, enquête interne, livret d'accueil, journal interne, tableau d'affichage, notes (de service, d'information), fiches de procédures, comptes rendus de réunions, courriers, courriels, moyens les plus communs de la communication opérationnelle.

Conclusion

L'organisation du travail a pour objectif la performance via la rationalisation et la répartition des tâches. Néanmoins, ceci nécessite une communication opérationnelle légitimant ces choix auprès de chacun et créant les conditions véritables de mise en œuvre par la coopération.

MÉTHODE

Identifier les critères de répartition des tâches

• Sept critères sont envisagés pour **répartir les tâches** entre les différents acteurs de l'entreprise :
– la fonction concernée ;
– le niveau de qualité requis ;
– le temps de réalisation (fréquence et durée) ;
– l'expertise requise ;
– la compétence requise ;
– la productivité au volume ;
– l'attrait de la réalisation.

• Le **rôle du responsable** (manager, directeur, chef d'équipe) occupe une place centrale. C'est le responsable qui est tenu :
– de fixer les objectifs ;
– de motiver son équipe pour atteindre les objectifs ;
– de répartir les tâches entre ses subordonnés ;
– de déléguer ses pouvoirs de décision ;
– de stimuler ses subordonnés, afin d'accroître leur créativité en vue de les valoriser.

EXO

Le TRT (tableau de répartition des tâches) d'une équipe de vendeurs d'un magasin peut se présenter ainsi :

Activités	Tâches	Temps passé par semaine pour chaque vendeur (h)				Temps total par tâche
		V1	V2	V3	V4	
Accueil, conseil	Accueil téléphonique	3	3	1	0	7
	Accueil physique	4	1	3	1	9
Vente en rayon	Contact avec le client	11	25	21	20	77
	Remise en place du rayon	6	2	3	3	14
Administratif	Vérification des stocks, commandes	3	0	3	4	10
	Administration des commandes clients (bordereaux…)	8	4	4	7	23
	Total par vendeur	**35**	**35**	**35**	**35**	

Identifiez les critères de répartition des tâches de l'équipe de vendeurs de ce magasin.

12 Travailler ensemble suffit-il à coopérer ?

COURS

Coopération

• La coopération est l'action de participer à une œuvre, à un projet commun. C'est la capacité de collaborer à cette action commune et de tisser des liens pour la réaliser.
• La coopération est un mode d'organisation sociale qui permet à des individus ayant des intérêts communs de travailler ensemble dans le souci de l'objectif général. Elle nécessite un certain degré de confiance et de compréhension.
• La coopération peut prendre des formes multiples :
– spontanée et informelle entre deux ou plusieurs individus ;
– des structures économiques (coopératives, mutuelles) ;
– des comportements d'économie solidaire ;
– des réseaux à distance : développement de logiciels (Linux), encyclopédie libre (Wikipédia).
• La coopération est antagoniste à la concurrence.

Groupe de projet

• Le groupe de projet réunit temporairement des personnes pour leurs compétences, et est chargé d'étudier un projet pour répondre à un problème précis, lui donner une solution rapide et en suivre de près l'exécution.
• « Le projet est un ensemble d'actions à réaliser avec des ressources données, pour satisfaire un objectif défini, dans le cadre d'une mission précise, et pour la réalisation desquelles on a identifié non seulement un début, mais aussi une fin. » (définition de l'Association francophone de management de projet, AFITEP)

Le **management par projet** désigne le choix fait dans certaines entreprises de manager sous la forme de projets un ensemble significatif d'activités innovantes qui doivent déboucher sur un produit spécifique, livré à un client identifié, dans un délai donné et à un coût objectif fixé.

• Les problèmes rencontrés, lors de la construction d'un groupe de projet, sont de deux ordres :
– risque de conflit entre les personnes, issues de domaines différents et jugées par des hiérarchies différentes ;
– difficulté à instaurer la coopération entre des partenaires : la maîtrise des risques des projets repose sur la transparence des échanges, la confiance et la solidarité entre les protagonistes du projet : coopérer est un processus collectif qui doit être inventé, construit, compris.

Réunion

Une réunion de travail permet de traiter en groupe un ou plusieurs problèmes qui, s'ils étaient traités par des individus isolés, auraient peu de chances d'être résolus dans les délais impartis et de répondre au niveau d'exigence requis. Par ailleurs, la prise de décision, dans la mesure où les différents acteurs sont présents, est extrêmement rapide.

Quelques exemples de techniques :
– Les check-lists
– Le jeu du « pourquoi »
– Le « pourquoi » et le « comment »
– Le FAST (Bytheway)
– L'arborescence des principes, du général au particulier : l'arbre des voies technologiques (Apte)
– La pensée latérale : méthode des 6 chapeaux (De Bono)

Techniques de créativité

• La créativité décrit, de façon générale, la capacité d'un individu ou d'un groupe à imaginer ou construire et mettre en œuvre un concept neuf, un objet nouveau ou à découvrir une solution originale à un problème.
• Pour favoriser la créativité, il faut donc à la fois encourager l'imagination et aider à la transformer en production, en création. Les « techniques de créativité » sont des outils de stimulation de nos activités inconscientes.

Technologies coopératives

• Le travail coopératif suppose l'utilisation des TIC (technologies de l'information et de la communication) et la connaissance d'un certain nombre de notions techniques : espace numérique de travail (ENT), portail, workflow (flux de travail ou gestion électronique de processus métier), wiki, blog, serveur, FTP, vidéoconférence, Internet, intranet, extranet, liste de diffusion, forum…

Conclusion

Travailler ensemble n'est pas toujours synonyme de coopération. En effet, cette dernière n'est pas toujours spontanée. Toutefois elle peut être organisée en impliquant les acteurs dans des modes d'action spécifiquement coopératifs.

MÉTHODE

Savoir conduire une réunion

1. Avant la réunion

– définir : l'objectif et l'opportunité de la réunion, l'ordre du jour, la durée, le nombre et la qualité des participants, la date ;
– réserver la salle ;
– prévenir les participants (convocation et/ou invitation).

2. Pendant la réunion

– faire un tour de table des participants, les mettre à l'aise ;
– désigner un rapporteur pour rédiger le relevé de décisions (les décisions essentielles prises au cours des échanges) ;
– récapituler le relevé de décisions précédent ;
– rappeler l'ordre du jour ;
– prévoir la date de la prochaine réunion.

3. Après la réunion

– rédiger le compte rendu qui doit faire apparaître les points suivants : objet de la réunion, date, participants (et excusés), ordre du jour, résumé de chaque point, relevé de décisions.
– diffuser le compte rendu à l'ensemble des participants, pour validation.

Le compte rendu de la réunion a plusieurs objectifs :
– acter des décisions ;
– formaliser le travail réalisé pour permettre par exemple aux excusés ou à des personnes non présentes à la réunion de pouvoir en connaître les tenants et aboutissants ;
– capitaliser l'information, pour mémoire.

EXO

Les catégories d'outils collaboratifs

Que recouvre le collaboratif, d'un point de vue organisationnel et d'un point de vue fonctionnel ?

Introduction et présentation des différentes catégories d'outils

Il y a plus de deux siècles, Adam Smith soulignait le rôle du travail collaboratif dans un fameux texte sur la « fabrique d'épingles » : dix ouvriers travaillant chacun de leur côté ne parviennent pas à produire plus de 20 épingles par jour et par ouvrier. S'ils se spécialisent chacun dans une étape de la fabrication, les cadences montent à 4 800 épingles par ouvrier et par jour. […]

La révolution informatique ?

« Tout a commencé avec l'apparition de Lotus Notes à la fin des années 1980 », explique Laurent Binard, PDG de Mediapps, et employé de Lotus à l'époque. « On doit le concept de TCAO (travail collaboratif assisté par ordinateur) à Ray Ozzie, un véritable visionnaire, qui est passé récemment dans les rangs de Microsoft. » Aujourd'hui, toutes les entreprises - ou presque - utilisent des outils de TCAO. Certaines se contentent d'améliorer leur communication grâce à l'e-mail, d'autres vont beaucoup plus loin en confiant la supervision et la coordination de leurs projets à un ordinateur.

Le travail collaboratif assisté par ordinateur rassemble une galaxie d'outils plus ou moins efficaces […] de quatre grandes familles d'outils de TCAO :

Les outils de communication de base : le mail, le chat, le tableau blanc, la visio-conférence, l'Instant Messaging ;

Les outils de travail partagé : le partage d'applications (exemple : plusieurs personnes travaillent sur le même plan de la future voiture d'un constructeur automobile), l'édition partagée, les forums et outils apparentés ;

Les outils d'accès au savoir - ou de knowledge management : les bibliothèques, les outils de peer to peer, les portails, la cartographie des compétences, les annuaires électroniques, les listes de diffusion, les FAQ, les wiki, les moteurs de recherche ;

Les outils de workflow : les outils de synchronisation, les outils de gestion des tâches, les agendas partagés.

www.journaldunet.com

a. Quel est le rôle des outils de communication de base dans le TCAO ?
b. Quel est l'intérêt des outils de travail partagé ?
c. Quel est l'intérêt des outils d'accès au savoir ou de knowledge management ?

13 Le document peut-il être vecteur de coopération ?

COURS

Document : notion, typologie et cycle de vie

• Le document est un ensemble formé par un support (support papier, support magnétique et analogique, support numérique) et une information (orale, écrite, visuelle ; textes, images, données…) qui peut être lu par l'homme ou la machine.
• Le cycle de vie d'un document dépend de son utilité et de contraintes légales :
– la création : conception et production du document ;
– l'enrichissement : amélioration éventuelle du document ;
– la diffusion : transmission du document aux personnes intéressées ;
– l'archivage : stockage et conservation du document ;
– la destruction (ou effacement sur un support informatique), quand le document n'a plus d'utilité.

Dématérialisation des documents

• « Dématérialiser », en informatique, signifie transférer sur un support numérique des informations qui existent sous forme analogique (papier, film, microfilm). Dans ce cas précis, on parle de la numérisation d'un document. Dans un autre cas, le document est directement créé sous forme numérique et traité comme tel.
• La dématérialisation peut servir à gérer de façon totalement électronique des données ou des documents qui transitent au sein des entreprises et/ou dans le cadre d'échanges avec des partenaires (administrations, clients, fournisseurs…).

Gestion électronique de documents (GED)

• La gestion documentaire recouvre les activités d'acquisition, de classement, de stockage et de diffusion des documents liés à l'activité de l'entreprise. Ces documents sont dématérialisés pour les intégrer dans le système de gestion électronique de l'organisation.
• L'**acquisition des documents numériques** s'effectue par capture. Il peut être nécessaire d'adapter ou de modifier le format du document pour en permettre la lecture par d'autres applications. L'acquisition des documents papier s'effectue par numérisation à l'aide d'un scanner.
• L'accès aux documents stockés est facilité par **une classification et un rangement** adaptés aux utilisations prévues. L'**indexation** est l'opération qui permet de décrire le document en vue de son exploitation ultérieure. Il faut distinguer la description formelle du document (type, auteur, date, etc.) de la description de son contenu (mots-clés).
• Le **stockage des documents** répond à plusieurs problématiques :
– le support de stockage doit être adapté au volume des documents et au temps d'accès (fonction de leur fréquence de consultation, de l'importance de l'information, de l'intérêt d'en disposer en ligne ou non) ;
– l'organisation du stockage doit être hiérarchisée en fonction des types de documents, ou de leur utilisation. Il s'agit de construire une navigation et une organisation de stockage logique, créer des liens hypertextes au sein de tous types de documents et entre les documents, organiser sur un support de stockage une arborescence en respectant un cahier des charges.
• La **diffusion des documents**, en interne comme en externe, mobilise les technologies de l'information et de la communication notamment le portail de l'organisation, les sites Internet et intranet.

Partage, mutualisation et sécurisation des documents

• L'accès à l'information est un **gage de compétitivité** pour les entreprises. Il est donc nécessaire de s'y intéresser et de repérer **les enjeux de la gestion électronique des données** afin :
– d'accélérer et développer le partage des documents ;
– de maîtriser le flux des documents papier et électroniques reçus quotidiennement ;
– d'améliorer la fluidité de circulation et de traitement de l'information ;
– d'augmenter les gains de productivité en réduisant le temps consacré au traitement des processus ;
– d'améliorer la traçabilité des documents et de leur contenu lors de leur traitement ;
– d'assurer la confidentialité de l'information ;
– d'éviter la multiplication des documents pour faciliter leur mise à jour ;
– de sécuriser le stockage et l'accès aux documents et aux dossiers ;
– de favoriser la sauvegarde des documents sensibles.

Conclusion

L'organisation accorde une place prépondérante aux outils du travail coopératif ; elle leur confère parfois un rôle d'impulsion de la coopération. Le document devient dès lors moyen et résultat d'une volonté de coopérer. Il représente, par son contenu, sa forme et son support, la traduction d'enjeux collectifs et de relations de travail transversales orientées principalement vers la coopération.

MÉTHODE

Savoir pratiquer la GED

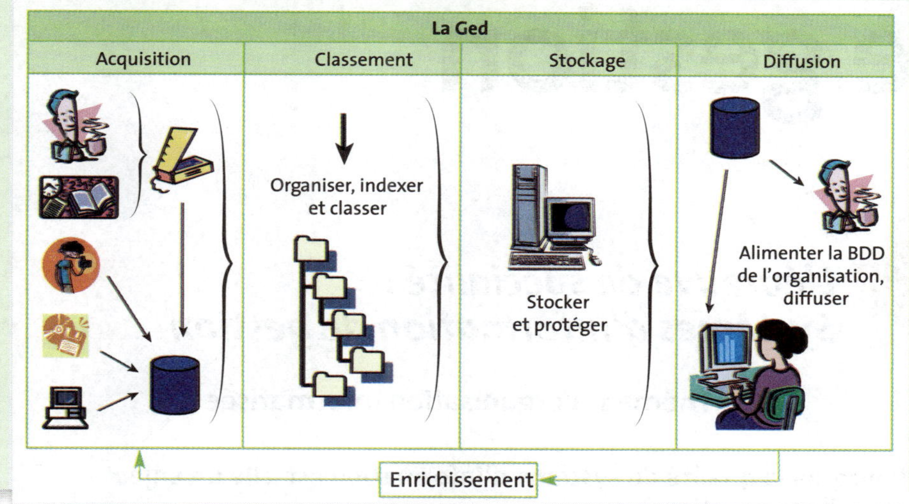

EXO

ACMN Vie : solution unique pour double problématique

Avec plus de 500 000 clients, ACMN Vie, filiale assurance vie du Crédit Mutuel Nord Europe, envoie près d'un million de courriers par an, soit trois millions de pages. Autant dire que ses exigences en matière d'éditique sont grandes et ses besoins aussi nombreux que pointus. La compagnie d'assurances a opté en 2003 pour Bdoc-Suite.

« Il était nécessaire pour nous de rationaliser les dépenses liées à la maintenance et à l'enrichissement des documents », explique Patrick Leroy, directeur des systèmes d'information de ACMN Vie. Avec une double problématique. Tout d'abord, il s'agissait de palier les carences du progiciel métier Master A (édité par LineData) en termes de production de documents, notamment batch, car celui-ci s'appuie en natif sur des fusions de fichiers texte avec Word. « La maintenance des documents était devenue complexe puisque nous disposions de 2 000 modèles Word, sans automatisation possible pour les évolutions. Par ailleurs, nous étions dans l'obligation d'externaliser les envois de masse auprès d'un prestataire qui se chargeait de la mise en page des informations brutes et de l'envoi des courriers. Les allers-retours jusqu'au bon à tirer final étaient source de perte de temps et les coûts non négligeables. » [...]
Les formulaires remplis en néerlandais par notre réseau en Belgique étant ressaisis par des collaborateurs francophones, le taux d'erreur était important. « Nous étions donc à la recherche d'une solution permettant la gestion multipartenaire, certes, mais aussi multilingue. »

Une solution unique qui couvre tous les besoins, présents et futurs.

Au terme d'une étude des solutions présentes sur le marché, ACMN Vie retient finalement deux prestataires parmi lesquels Business Document. « Nous avons choisi Bdoc-Suite car cette solution permet d'une part de générer des documents aussi bien au format Word qu'au format PDF... » Mais ce n'est pas tout, Bdoc-Suite intègre une gestion multilingue en natif ainsi que la notion de hiérarchisation par domaine, essentielle pour le réseau de partenaires. Enfin, les éditions de masse et l'industrialisation du processus documentaire sont rendues possibles.

Business document

a. Qu'apporte le logiciel « Bdoc-Suite » à la gestion documentaire ?
b. Pourquoi ACMN VIE investit-elle dans ce type d'outils ?
c. Quel est l'intérêt de générer des documents aussi bien au format Word qu'au format PDF ?

Systèmes d'information de gestion

Thème 3 : Communiquer pour collaborer

Thème 4 : Rechercher la performance du système d'information

Point Bac

L'épreuve de spécialité : Systèmes d'information de gestion

Présentation des épreuves

Type	Coefficient	Durée	Notation
Partie écrite	6	4 h	20
Partie pratique	6	10 min de présentation + 10 min d'entretien	Projet : 12 Soutenance : 8
Oral de rattrapage	6	40 min de préparation + 20 min d'entretien	20

- La définition de l'épreuve est commune aux quatre spécialités de la série STMG : « gestion et finance », « mercatique (marketing) », « ressources humaines et communication », « systèmes d'information de gestion ». Des sujets distincts sont élaborés pour chaque spécialité.
- L'épreuve porte sur les programmes de sciences de gestion en classe de première et de l'enseignement de spécialité en classe de terminale de la série STMG.

La partie écrite

La partie écrite est composée de deux sous-parties qui peuvent être traitées de manière indépendante :

Première sous-partie

La première sous-partie de l'épreuve écrite vise à évaluer les capacités du candidat à :
– analyser une situation de gestion ;
– produire, utiliser, interpréter et contrôler l'information ;
– proposer, présenter et justifier une solution ;
– mettre en œuvre les outils, les méthodes et les techniques appropriés ;
– montrer l'intérêt et les limites des outils, des méthodes et des techniques employés.

Le candidat doit, à partir de ses connaissances et de la documentation fournie dans le sujet, **répondre à des questions et proposer des solutions en tenant compte des contextes et des contraintes définies par le sujet.**

Seconde sous-partie

La seconde sous-partie de l'épreuve écrite vise à évaluer les capacités du candidat à :
– raisonner en confrontant ses connaissances générales en gestion à des situations d'organisation ;
– examiner les conditions de transfert des méthodes, des techniques, des outils, à d'autres contextes organisationnels ;
– rédiger une réponse synthétique, cohérente et argumentée.

Le candidat doit **répondre à une question relative à une problématique de gestion en lien avec les situations et les thèmes abordés dans la première partie.**

La partie pratique

Objectif de l'épreuve

La partie pratique de l'épreuve permet d'évaluer les capacités du candidat à :
– mettre en œuvre une démarche et des outils propres aux sciences de la gestion ;
– maîtriser les technologies de l'information et de la communication ;
– communiquer et argumenter les choix effectués.

Nature de l'épreuve

La partie pratique prend appui sur un **projet mené par le candidat au cours de l'année de terminale.**

Le projet est une production qui mobilise des ressources et des activités coordonnées entre elles, dans un contexte en rapport avec la spécialité de terminale. Il est ancré sur une situation de gestion liée à une organisation inscrite dans un environnement économique et juridique et dont les dimensions managériales sont explicites.

• Les missions nécessaires à la réalisation du projet sont menées dans le cadre de **travaux en équipe** (petit groupe de quelques élèves) en utilisant des technologies de l'information et de la communication. Dans tous les cas, **la contribution personnelle du candidat au projet doit pouvoir être nettement distinguée.**

• Le projet est décrit dans un dossier composé :

– d'une fiche de travail synthétique, présentant le projet et rendant compte des résultats obtenus au regard des objectifs visés, des méthodes et technologies numériques mises en œuvre, du calendrier observé, de la démarche suivie, de la réalisation des objectifs prévus et de la contribution personnelle du candidat au projet ;

– des supports numériques utilisés, ou éventuellement créés, par le candidat.

Évaluation de l'épreuve

– **La première sous-partie (12 points)** correspond à l'évaluation de la réalisation du projet et de l'élaboration du dossier support de la présentation ; elle intervient **au cours de l'année scolaire.**

– **La seconde sous-partie (8 points)** correspond à l'évaluation de la soutenance du projet. Elle est organisée au cours du 3e trimestre.

Au cours de cette soutenance, le candidat dispose de 10 minutes pour présenter, à partir de son dossier, le projet et la démarche suivie pour le réaliser, en ayant recours aux outils numériques nécessaires. Cette présentation est suivie d'un entretien d'une durée de 10 minutes avec l'examinateur, entretien au cours duquel il pourra être demandé au candidat d'effectuer une démonstration pratique.

Épreuve orale de rattrapage

• La note obtenue à l'épreuve de contrôle, si elle est supérieure, se substitue à la note obtenue à la partie écrite de l'épreuve de spécialité.

• Le sujet, remis au candidat au début du temps de préparation, est composé d'un ou plusieurs documents et d'une série de questions. Il porte sur les programmes de sciences de gestion de la classe de première et de l'enseignement de spécialité de la classe de terminale.

• Le candidat dispose de 10 minutes pour présenter les réponses aux questions posées dans le sujet puis l'examinateur lui demande d'expliciter, d'approfondir ou de justifier ses réponses.

Conseils pour réussir l'épreuve pratique

Pour les candidats libres, l'épreuve pratique dure 30 min (10 min de soutenance et 20 min d'entretien). L'évaluation de l'épreuve donne une note sur 20.

Il est conseillé au candidat de se constituer un dossier personnel à apporter le jour de l'épreuve et contenant par exemple :

– Un diagramme de GANTT de répartition des tâches

– Le schéma relationnel des bases de données utilisées

– Les graphes d'enchaînement des pages de l'application développée

– Les maquettes des interfaces

– Une copie des codes développés

– Les jeux d'essais de l'application

– ...

Ces documents facultatifs peuvent servir de support visuel lors de la soutenance de projet et viennent en complément des documents officiels exigés.

Préparez un plan de votre intervention qui doit comprendre les éléments suivants : contexte du projet, présentation des besoins, répartition du travail, contraintes organisationnelles et techniques à prendre en compte, réalisation des tâches (contribution personnelle du candidat), bilan du travail effectué (difficultés, solutions envisagées,...) et extensions possibles du projet.

1 Pourquoi la qualité du système d'information est-elle un enjeu pour l'organisation ? (1)

COURS

Les organisations utilisent de plus en plus des solutions informatisées pour mener à bien leurs activités opérationnelles et stratégiques. Des équipements obsolètes, des logiciels inadaptés ou mal utilisés, des processus de gestion non optimisés sont autant de risques qui peuvent conduire à la production d'informations de qualité variable, entraînant des décisions préjudiciables pour l'organisation. Il est donc essentiel d'assurer la qualité du système d'information à travers **ses composantes informationnelle, technologique et organisationnelle.**

Qualité d'une donnée et d'une information (composante informationnelle)

• Une information est constituée de données et comporte un sens dans un contexte précis qui lui est attribué par son destinataire. Elle peut être structurée (dans une base de données par exemple) ou non structurée (un courriel, un compte-rendu, un tweet…).
• Une donnée est une valeur représentée dans un format particulier (ex. : une date de naissance : JJ/MM/AA). C'est donc l'interprétation de cette donnée dans un contexte déterminé qui devient un renseignement utile pour l'organisation.
• La qualité d'une donnée s'évalue en fonction de son exactitude conditionnée par les critères suivants :
– **Fiabilité de la source :** il faut s'interroger sur la provenance de la donnée et sur la réputation de son auteur (renommée) ou de sa légitimité.
– **Vraisemblance de son contenu :** il faut s'assurer que la donnée est objective, qu'elle respecte un format exact et qu'elle est cohérente avec d'autres données possédées par l'entreprise.
– **Acquisition récente** : la durée de vie d'une donnée est inséparable de sa nature (on conservera une donnée comptable, alors qu'un numéro de téléphone devra être régulièrement mis à jour).
– **Accessibilité :** il est nécessaire de déterminer quels sont les acteurs de l'organisation qui ont accès à une donnée et de sécuriser les traitements qui pourraient compromettre son intégrité.
• La qualité d'une information va donc dépendre :
– de sa validité : les données sont exactes et le processus d'interprétation est rationnel ;
– de sa pertinence : elle est utile pour l'organisation.

Système informatique : matériel, infrastructure de communication, logiciel (composante technologique)

• **Le système informatique se compose d'éléments matériels, de logiciels et d'une infrastructure de communication** qui permet aux différents acteurs de l'organisation de collecter, stocker, traiter et diffuser l'information.
• Le matériel informatique regroupe les ordinateurs, les serveurs, les imprimantes, les smartphones, les tablettes tactiles… L'évolution dans ce secteur est si rapide qu'il est nécessaire de le renouveler régulièrement pour éviter tout risque de ralentissement de l'activité (pannes) ou de perte de qualité du système d'information (matériel obsolète, problèmes de connectivité).
• L'infrastructure de communication englobe l'ensemble des équipements d'interconnexion (commutateurs, câbles, connecteurs WiFi…) qui permettent la mise en réseau des équipements matériels (cf. chapitre 6).
• Les logiciel permettent d'automatiser un traitement de l'information. Parmi eux se trouvent :
– les **systèmes d'exploitation** qui sont chargés d'assurer la liaison entre le matériel, l'utilisateur et les différentes applications (Windows 7, Windows 8, Linux…) ;
– les **logiciels d'applications** qui regroupent les utilitaires (antivirus, navigateur…), les systèmes de gestion de base de données (Access, MySQL…) et les logiciels applicatifs.
• Les logiciels applicatifs se décomposent en plusieurs familles :
– les **applications bureautiques** (Open Office, Microsoft Office…) ;
– les **applications de conception** utilisées pour la production (outils de PAO) ;
– les **applications métier** qui correspondent aux grandes fonctions de l'organisation (comptabilité, GRH, gestion de la relation client…) comme par exemple Ciel Compta.
• **Un progiciel de gestion est un logiciel applicatif standard paramétrable en fonction de l'entreprise** dans laquelle il est installé. Il permet de réaliser plusieurs activités voir de couvrir

tous les domaines de gestion de l'entreprise : la gestion de la relation client, la gestion de la chaîne logistique, la gestion des ressources humaines ou encore la gestion comptable et financière.
Un progiciel de gestion est intégré (PGI ou ERP en anglais) lorsqu'il est construit autour d'une base de données commune aux différents modules qui le compose (ex. : SAGE, OpenERP, CEGID…). Les PGI permettent d'améliorer les processus de l'entreprise en optimisant la coordination entre les différents services : réduction des délais de traitement, accès à des données actualisées en temps réel, transparence de l'information…

MÉTHODE

Analyser un système informatisé (questionnement non exhaustif)

	Équipements informatiques	Logiciels installés	Infrastructure réseau
Le système informatique	Liste du matériel ? Date d'achat ? Taux de pannes ?	Liste des logiciels ? Utilisation ? Adéquation avec les besoins de l'entreprise…	Les postes sont-ils en réseau ? Câblage et/ou WiFi ? Télétravail possible ?
	Facilité d'utilisation	**Niveau de formation**	**Avantages / inconvénients**
Les utilisateurs	Utilisation satisfaisante ?	Type de formation proposé ? Avis des utilisateurs ?	Partage, collaboration… Gains en productivité ? Problèmes générés ?
	Stockage de l'information	**Collecte et traitement de l'information**	**Diffusion et communication de l'information**
Circulation de l'information	Où est stockée l'information ? Quel est le format retenu ? Quelles sont les données stockées ?	Comment est collectée l'information ? Comment est traitée l'information ? Par quels moyens ?	Comment (intranet, mail, Web..) ? Accès sécurisé ?

EXO

Ardèche-photo est une entreprise spécialisée dans la vente de photos-souvenirs de la descente des gorges de l'Ardèche. Elle emploie 3 salariés à l'année et une dizaine de saisonniers de mai à septembre (photographes, vendeurs, laborantins). L'entreprise dispose d'un local commercial et d'un laboratoire de développement situé à 60 km du magasin. Le local est équipé de 15 bornes interactives (ordinateurs avec écran tactile) reliées à un serveur. Le magasin dispose également de 2 bornes situées à l'extérieur du local et connectées en WiFi. Les machines de développement sont situées dans le laboratoire et sont reliées au magasin par une ligne sécurisée. L'entreprise dispose également d'un site Internet. Le logiciel Photo Pro permet aux clients de chercher leurs photos selon des critères définis (date de la descente, nom de la location de canoë…), de les commander et de les payer. Ils enregistrent ensuite leurs coordonnées pour l'expédition de leur commande. Les vendeurs sont là pour les guider dans leurs achats. Certaines commandes se font depuis le site Internet. Les photos comme les données concernant les clients sont stockées sur un serveur de base de données.
Certains dysfonctionnements peuvent arriver, erreurs de saisie des utilisateurs, photos mal référencées et donc introuvables. Une fois, c'est le serveur qui est tombé en panne, mais la plupart du temps tout fonctionne normalement.

a. Analysez le système informatisé d'Ardèche-photo.
b. Quelles sont les données récoltées auprès des clients ? Sont-elles de qualité ?
c. Quel est l'enjeu pour l'entreprise d'avoir un système d'information efficace ?

2 Pourquoi la qualité du système d'information est-elle un enjeu pour l'organisation ? (2)

COURS

Processus de gestion, activité, acteur (composante organisationnelle)

• Une organisation a pour objectif de satisfaire la demande de ses clients grâce à la production de biens ou de services qui met en œuvre **une gestion par les processus organisationnels**. Le développement des TIC (technologies de l'information et de la communication) améliore ces processus et donc la qualité du système d'information des organisations.
• **Un processus est un enchaînement défini et ordonné d'activités réalisées par des personnes (acteurs) qui disposent de ressources et dont l'objectif est la satisfaction du client.** Ce client peut être interne ou externe à l'organisation.
• La notion d'**activité** : dès qu'une demande est exprimée par un client, l'organisation développe des activités pour produire le résultat attendu. Chaque activité est déclenchée par de l'information (la commande du client par exemple) et va produire un résultat qui peut déclencher une autre activité (l'expédition du produit). La condition qui détermine l'adéquation de la réponse avec la demande est la bonne coordination des activités entre elles grâce aux flux d'informations. **Une activité est donc un ensemble de traitements qui transforme et/ou manipule des données pour aboutir à un résultat.**
• Les **flux d'informations** qui déclenchent une activité sont appelés **événements déclencheurs**, ceux qui résultent d'une activité sont les **événements résultats**.
• La notion d'**acteur organisationnel** : **chaque activité est prise en charge par un acteur** de l'organisation (acteur interne) ou par un partenaire comme un fournisseur par exemple (acteur externe). **C'est le rôle organisationnel de l'acteur qui est retenu** (exemple : une secrétaire) et non l'acteur humain (Mme Dupond).

Processus métier ou support ?

• Les processus peuvent intégrer des activités réalisées par différents services et sont donc transversaux. On distingue les **types de processus** selon leur nature :
– **les processus métiers** (ou de réalisation) qui délivrent directement un bien ou un service (y compris une information) au client (ex. : le processus de vente de livres dans une librairie) ;
– **les processus support** (ou de soutien) qui contribuent au bon fonctionnement des processus métier en fournissant les ressources nécessaires à leur exécution sans délivrer directement un bien ou un service au client (ex. : le processus d'approvisionnement en livres d'une librairie).
• La **nature du processus** dépend du contexte étudié, par exemple la gestion du transport est :
– un processus de support dans un supermarché : il s'agit de permettre aux processus métiers (la vente) de disposer des ressources (produits) nécessaires ;
– un processus métier dans une société de logistique car son activité consiste à proposer à ses clients des services de transport.

Modélisation d'un processus

• La modélisation est l'opération schématique par laquelle on définit comment une partie du monde réel est représentée. Elle nécessite de simplifier la réalité et permet de comprendre le fonctionnement du processus afin d'évaluer la qualité du système d'information.
• La modélisation doit faire apparaître : le titre du processus, les acteurs internes ou externes, les activités des acteurs internes, les événements déclencheurs, l'équation de synchronisation, les conditions d'émission et les événements résultats.
• **L'équation de synchronisation** traduit la règle de gestion établie lorsque plusieurs flux déclenchent une activité. On utilise pour la traduire les opérateurs logiques ET / OU.
• **Les conditions d'émission des résultats** : si une activité produit plusieurs événements résultats, on précise pour chacun d'eux dans quel cas ils sont émis (critère 1, résultat 1 ; critère 2, résultat 2).
• Chaque événement déclencheur a un **émetteur** (ou est un événement temporel), chaque événement résultat a un **destinataire** (un autre acteur interne ou un acteur externe).
Un exemple de formalisme possible est présenté page suivante.

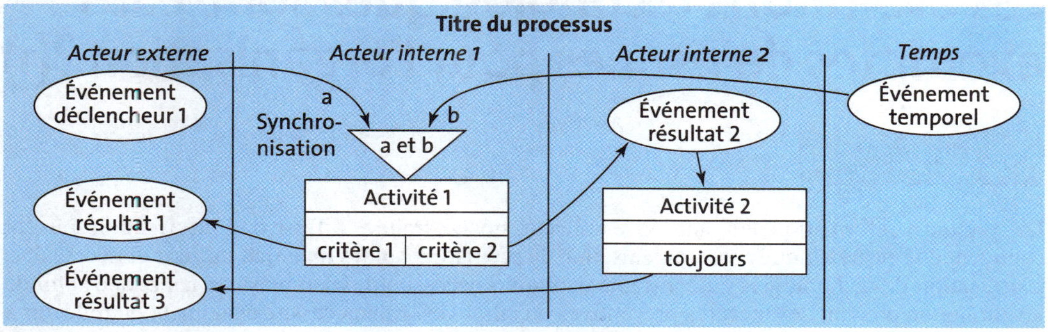

MÉTHODE

Comment analyser un processus ?

Pour bien comprendre comment un processus est réalisé afin, soit de le modéliser, soit de l'analyser, il faut se poser les questions suivantes :

– **Quel est le contexte étudié** ? Délimiter le domaine d'étude du processus, c'est-à-dire les services ou sous-ensembles de l'organisation concernés. Cela permettra de dire si un acteur est interne ou externe au processus.

– **Quel est l'objectif de ce processus ?** Déterminer quel est le résultat attendu par ce processus c'est-à-dire quel bien, quel service ou quelle information il délivre.

– **Qui fait quoi ?** Repérer les acteurs internes ou externes au domaine d'étude qui participent au processus et quelles activités ils réalisent. Attention, on ne modélise pas les activités des acteurs externes !

– **Quand ?** Se demander si des événements temporels interviennent (échéances, délais…).

– **Avec quelles ressources ?** Lister les flux d'informations qui déclenchent une activité (arrivée d'un document, appel téléphonique…).

– **À quelles conditions ?** Déterminer les règles de gestion qui établissent la condition de synchronisation entre les flux déclencheurs d'une activité.

– **Pour quels résultats** ? Lister les flux d'informations qui résultent de l'activité et leurs critères d'émission.

EXO

Procédure de recrutement chez SAEnergy, société de vente de panneaux solaires.

Le site SAEnergy-recrute.com propose un chat où les futurs postulants peuvent demander des précisions sur la procédure de recrutement du groupe.

Jean : Comment ça se passe si on postule en ligne, puis-je vous rencontrer ?

Animateur du chat : Il suffit de remplir son dossier de candidature en ligne pour postuler sur une offre d'emploi... Ensuite, notre responsable RH étudie si vos compétences correspondent au profil recherché, vous serez alors contacté par un cabinet de recrutement mandaté par SAEnergy.

Jean : Et que se passe-t-il après ?

Animateur du chat : Si vous réussissez votre entretien, alors le manager opérationnel vous recevra pour un entretien sur cet emploi. C'est lui qui prendra la décision de vous recruter... ou pas !

Jean : On signe son contrat d'embauche ensuite ?

Animateur du chat : Vous allez un peu vite... Ce n'est pas le même service qui prend en charge la signature des contrats et l'intégration des nouvelles recrues !

Jean : Est-ce que je suis sûr d'obtenir une réponse à mon dossier de candidature ?

Animateur du chat : Nous nous engageons à répondre par mail à tous les candidats qui postulent sur une offre dans un délai de 3 semaines après la date limite de candidature.

Adapté du chat du site EDFrecrute.com

a. Quel est l'objectif de ce processus ? Quel est le domaine d'étude concerné ?

b. Repérez les acteurs internes et externes de ce processus.

c. Modélisez la première activité de ce processus.

d. Si on veut décrire l'intégralité du processus, faut-il modéliser l'activité réalisée par le cabinet de recrutement ?

e. Ce processus est-il un processus support ou métier pour SAEnergy ?

f. Quels sont les avantages d'utiliser un dossier de candidature électronique ?

3 Les évolutions technologiques sont-elles exemptes de risques pour l'organisation ?(1)

COURS

Le système d'information de l'entreprise collecte, stocke, traite et diffuse de l'information souvent confidentielle et stratégique pour l'organisation, **la sécurité est alors un enjeu majeur et nécessaire**. L'utilisation de technologies en constante évolution nécessite de bien mesurer les risques afin de les limiter en prenant des mesures préventives ou curatives. Elle nécessite également de réfléchir à l'impact des déchets technologiques sur l'environnement.

Informatique et innovation technologique

• En informatique, l'innovation technologique est un changement qui peut modifier certains processus organisationnels par la mise en place de nouveaux outils d'automatisation des traitements ou d'échanges de données. Certaines innovations offrent de nouvelles perspectives d'évolution pour l'organisation mais cela se fait parfois au détriment de certains de ses acteurs.

• **Le développement de la mobilité :** l'informatique mobile regroupe toutes les technologies permettant le travail à distance (télétravail, visioconférence, travail collaboratif à distance...). La mobilité a été rendue possible par des technologies telles que la géolocalisation ou encore les smartphones et le développement des réseaux de télécommunication. Si les organisations ont gagné en flexibilité, la mobilité pose des problèmes juridiques, sécuritaires et parfois de cohésion lorsque les équipes sont dispersées.

• **Les systèmes embarqués** sont des systèmes informatiques matériels et logiciels autonomes, dédiés à une tâche précise, et qui présentent souvent des qualités de faible encombrement ou de faible consommation. On retrouve ces systèmes dans les GPS, les PDA, les téléphones portables, les distributeurs automatiques de billets... Ils permettent à l'organisation de se différencier, de s'adapter et d'améliorer sa compétitivité. Ils peuvent permettre de contrôler certains processus en temps réel, et de voir ou de savoir qui fait quoi et à quel moment...

• **Le Cloud Computing** ou « informatique en nuage » permet à l'organisation de stocker des données ou des services sur un serveur distant, accessible via Internet plutôt que dans sa propre infrastructure. Souvent, la gestion de ces ressources distantes se fait par l'intermédiaire d'un prestataire externe. Les avantages sont nombreux pour l'entreprise : recentrage sur son cœur de métier, simplicité d'accès... mais pose le problème de la sécurité et de la confidentialité des données hébergées.

Identité numérique et image sur les réseaux

• Avec le développement des réseaux sociaux et la multiplication des ressources informatiques en entreprise, chaque individu laisse des traces numériques que ce soit lors d'activités personnelles ou professionnelles. Ces empreintes constituent **l'identité numérique** d'un individu. L'identité numérique va donc au-delà de simples identifiants de connexions (login, mots de passe ou caractéristiques biométriques).

• Pour une organisation, **l'identité numérique peut conditionner sa e-réputation**, c'est-à-dire l'image que donne l'entreprise à travers le Web (blog, forum, sites...).

TIC et responsabilités sociales et environnementales des organisations

• Les facteurs de nuisance :

– **La multiplication de l'offre** dans le secteur du numérique fait exploser la consommation de matières premières.

– Les équipements informatiques ont **une durée de vie très courte** (actuellement de 2 ans pour un ordinateur) avant qu'une nouvelle innovation ou une technologie plus performante ne viennent les remplacer. Le coût élevé de réparation de ces produits incite souvent au remplacement du matériel.

– **La demande des pays émergents** ne fait que croître avec l'augmentation de leur niveau de vie.

– La multiplication des équipements entraîne une **augmentation de la consommation énergétique** et une **augmentation des émissions carbone**.

• Les effets :

– **Épuisement des ressources naturelles :** certains composants informatiques nécessitent des ressources qui ne sont pas inépuisables (argent, cuivre, or, zinc...), ainsi qu'une forte consommation en eau et en électricité.

– **Pollution :** l'accumulation de déchets électroniques pose le problème de leur recyclage. Les sites de retraitement sont souvent situés dans des pays émergents avec de graves répercutions sur la santé des populations locales. Une très grande partie de ces déchets est ensevelie sans retraitement.
• Ces empreintes environnementales peuvent être réduites grâce aux mesures suivantes :
– La **mise en place de normes réglementaires** (les normes ISO 14000 concernent le management environnemental dans l'entreprise) ;
– La **création d'éco-labels** qui distinguent les produits ou les services plus respectueux de l'environnement (Éco-label européen, Blue Angel, TCO…) ;
– **L'amélioration de l'efficacité énergétique grâce aux innovations technologiques** qui permettent, par exemple, de réduire la consommation électrique (écolabel ENERGIE STAR) ou de développer des logiciels moins gourmands en ressources ;
– **Le développement de l'éco-responsabilité des organisations** grâce à des formations spécifiques du personnel, des mesures d'économie d'énergie, un plan de réduction des déchets…

MÉTHODE

Analyser si un système d'information est éco-responsable

– Le projet de système d'information comporte-t-il une dimension développement durable ?
– L'organisation a-t-elle mis en place une charte de bonnes pratiques précisant des éco-gestes (économie de papier, limitation des consommations énergétiques...) ?
– L'organisation valorise-t-elle au niveau social les compétences et la diversité des collaborateurs (accessibilité des outils pour les travailleurs handicapés, accueil de stagiaires...) ?
– Y a-t-il un engagement avec des fournisseurs IT (papiers recyclés, produits éco-labélisés) ?
– Le parc informatique est-il rationalisé (virtualisation des serveurs, optimisation du volume de données stockées...) ?

d'après www.cigref.fr

EXO

L'impact des TIC sur les conditions de travail

Les TIC sont aujourd'hui présentes dans la totalité des établissements de plus de 20 salariés. Près de 2 travailleurs sur 3 les utilisent régulièrement dans le cadre de leur activité professionnelle. Si l'on mesure facilement les améliorations apportées par les TIC dans l'entreprise, leur impact sur les conditions de travail a été peu étudié. Un récent rapport réalisé par le Centre d'analyse stratégique et la Direction générale du travail apporte des éclairages sur la question. Le rapport pointe notamment les effets négatifs liés au développement mal contrôlé des TIC dans l'entreprise : intensification du travail, surinformation, baisse de l'autonomie liée au renforcement du contrôle de l'activité, affaiblissement des relations interpersonnelles et des collectifs de travail... Chez les cadres, les TIC peuvent contribuer à une plus grande autonomie mais au prix d'une modification de leurs habitudes de travail et d'un brouillage des limites entre vie professionnelle et vie personnelle... Selon les auteurs, plus que les outils eux-mêmes, ce sont les choix de management qui orientent (favorablement ou défavorablement) l'influence des TIC sur les conditions de travail, les technologies venant amplifier les effets négatifs de certains types d'organisations.

Pour limiter les risques, il est essentiel de donner à l'utilisateur une place centrale. Le rapport propose une série de bonnes pratiques pour favoriser l'intégration harmonieuse des TIC dans l'entreprise :
– considérer le système d'information comme un outil d'aide au travail des salariés. Il est notamment nécessaire que les organisations élaborent un mode d'encadrement de l'usage des TIC ;
– intégrer systématiquement les utilisateurs et les DRH dans la définition des besoins et la mise en œuvre des projets et associer les représentants du personnel à leur conception et pilotage ;
– renforcer l'accompagnement des salariés face aux évolutions du système d'information.

www.inrs.fr, 23/5/2012

a. Donnez des exemples de nouvelles technologies utilisées dans les entreprises.
b. Quelles sont les transformations apportées par les TIC dans le domaine du travail ?
c. Quels sont les risques liés aux TIC qui concernent les conditions de travail ?
d. Donnez des exemples de mise en œuvre en entreprise des bonnes pratiques préconisées.

4 Les évolutions technologiques sont-elles exemptes de risques pour l'organisation ?(2)

COURS

Les risques informatiques

• Le système d'information de l'entreprise manipule de l'information souvent confidentielle et stratégique. L'utilisation de technologies en constante évolution nécessite donc de bien mesurer les risques afin de les limiter en prenant des mesures préventives ou curatives.

• Les principales menaces peuvent être :

– **humaines :** les erreurs, l'ignorance, le vol, l'espionnage (notamment industriel), l'ingénierie sociale (méthode pour obtenir des informations confidentielles), l'usurpation d'identité numérique…

– **techniques :** défaillance matérielle ou logicielle, événements naturels…

• Les menaces peuvent aussi venir de programmes malveillants :

– **au niveau de l'ordinateur :** virus (programme se dupliquant sur d'autres ordinateurs), ver (reproduction de vos ressources informatiques), cheval de Troie (exécutions de routines nuisibles sans autorisation), *spyware* (logiciel espion qui collecte des informations personnelles à votre insu)…

– **au niveau de la messagerie :** spam (courriels indésirables), hameçonnage (mail frauduleux dont l'objectif est de récupérer des données sensibles comme un numéro de compte ou de carte bleue)…

– **au niveau du réseau de l'entreprise :** *sniffing* (technique de récupération de données circulant sur un réseau comme des mots de passe), déni de service (génération d'arrêts de service empêchant le bon fonctionnement du système), mystification (vol d'identité numérique pour récupérer des données sensibles).

• Ces menaces créent des risques pour l'organisation.

– **Les risques juridiques :** le responsable du SI de l'entreprise doit démontrer que toutes les mesures nécessaires ont été prises pour sécuriser les données contre un acte malveillant (obligation de moyens). Tout manquement à ce principe peut mettre en cause la responsabilité juridique de l'organisation lors d'un sinistre ou d'une fraude.

– **Les risques économiques :** le SI de l'organisation est composé de données stratégiques et confidentielles dont la divulgation peut entraîner une perte de crédibilité, ou pire, servir la concurrence et remettre en cause la pérennité de l'entreprise. La protection contre les différentes menaces représente également un coût important pour l'organisation.

La protection des données

• En matière de protection des données, il faut faire la distinction entre :

– **les données personnelles** qui permettent une identification directe ou indirecte (nom, prénom, adresse, téléphone…) ;

– **les données sensibles** qui nécessitent votre consentement explicite pour être recueillies (opinion politique, appartenance syndicale, santé, opinion religieuse…).

• Les informations détenues par les organisations peuvent porter atteinte à la vie privée, à la fois des salariés et des clients. La CNIL (Commission nationale de l'informatique et des libertés) pose un cadre juridique à l'utilisation des données personnelles dans le cadre de la loi « informatique et libertés » du 6 janvier 1978. Dans son article premier, la loi stipule que : **« L'informatique doit être au service de chaque citoyen. […] Elle ne doit porter atteinte ni à l'identité humaine, ni aux droits de l'homme, ni à la vie privée, ni aux libertés individuelles ou publiques. »**

• Les utilisateurs de données personnelles ont diverses obligations à respecter. Le non-respect des obligations est sanctionné pénalement. Les obligations portent sur les points suivants :

– **L'autorisation de la CNIL :** les fichiers contenant des données personnelles sensibles doivent faire l'objet d'une demande d'autorisation.

– **La sécurité des fichiers :** des mesures de sécurité physique (sécurisation des locaux) et logiques (sécurité des systèmes d'information) doivent être adoptées.

– **La confidentialité des données :** seules les personnes autorisées ont accès aux données.

– **La durée de conservation des informations :** une durée de conservation raisonnable doit être fixée par le responsable du SI.

– **L'information des personnes :** un responsable de fichier doit permettre aux personnes d'exercer leur droit concernant les données collectées. Pour cela il doit fournir son identité, les finalités du traitement, les destinataires des informations, l'existence d'un droit de rectification…
– **La finalité des traitements :** les données ne doivent être utilisées que pour la finalité pour laquelle elles ont été collectées.

MÉTHODE

Comment évaluer les risques informatiques ?

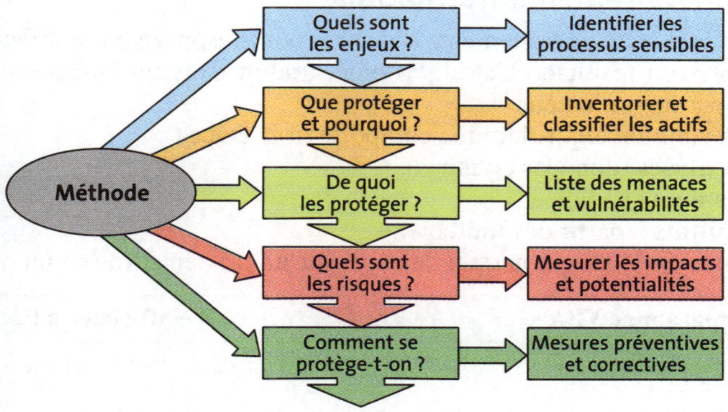

Pierre-Yves Ducas et Jean-Louis Martin, www.clusir-rha.fr, 2009

EXO

Attaque informatique de Bercy

L'attaque informatique contre les PC des fonctionnaires du ministère des Finances chargés du dossier G20 a été lancée via un cheval de Troie logé dans un fichier PDF.

Selon Patrick Pailloux, directeur général de l'Agence nationale de la sécurité des systèmes d'information (Anssi) interrogé par l'AFP, la première alerte remonte au début du mois de janvier. « Nous avons décelé des mouvements bizarres dans la messagerie de Bercy et c'est là que nous avons commencé à tirer les fils de la bobine. Ils sont parvenus à franchir les barrières de sécurité et à pénétrer dans la messagerie des services centraux de Bercy. Ils émettaient des messages à la place des utilisateurs. Il s'agissait de mails piégés par des chevaux de Troie. Mais, dans le cas présent, il s'agissait d'attaques ciblées utilisant des virus dédiés, conçus à cette fin et indétectables par la plupart des antivirus. »

Le chiffre de 150 PC infectés et sous le contrôle des pirates, sur un parc de 170 000 machines, est maintenu.

Le procédé utilisé, bien connu des spécialistes de la sécurité informatique, s'appuie sur une pratique de « social engineering ». Plusieurs personnes travaillant sur la préparation du sommet du G20 au sein du ministère des Finances ont reçu un courrier électronique, usurpant l'identité de hauts fonctionnaires du Trésor, qui comportait la pièce jointe infectée.

Ce sont ces derniers, qui ayant constaté la manipulation, ont alerté le service informatique du ministère. Mais le cheval de Troie s'était propagé depuis plusieurs semaines.

Mais derrière la question sur l'identité des assaillants, se pose celle des moyens mobilisés par la France pour se défendre face à ces attaques. Quels sont-ils ? Aujourd'hui, la sécurité informatique est confiée à l'ANSSI, logée au Secrétariat général de la Défense et de la sécurité nationale. Mais ses moyens sont très limités : elle ne comptait que six ingénieurs en 2004. « Ils sont une trentaine aujourd'hui », répond Bernard Carayon. Un effectif dérisoire pour lutter contre des bataillons nombreux et très compétents.

Philippe Leroy, www.zdnet.fr, 7/3/2011

a. Quelles sont les informations sensibles détenues par le ministère des Finances ?
b. Quels moyens les cybercriminels ont-ils utilisé pour attaquer Bercy ? Expliquez-les.
c. Quels sont les risques d'une telle attaque pour le ministère des Finances ?
d. Quelle faille dans le système d'information cette attaque révèle-t-elle ?

5 La résolution de tous les problèmes de gestion est-elle automatisable ? (1)

COURS

L'introduction des TIC dans les systèmes d'information permet d'accompagner les acteurs de l'organisation dans la prise de décision. Les programmes informatiques permettent d'apporter une réponse performante et rapide à un problème de gestion. Les outils de simulation rendent possible l'étude de plusieurs scénarios dans un environnement complexe, facilitant ainsi les décisions à plus ou moins long terme.

Objets d'un traitement informatique

• Un algorithme est une suite de traitements à réaliser pour résoudre un problème en transformant des données entrantes en résultats. Cet algorithme, traduit dans un langage de programmation, devient exécutable par un ordinateur.
• La démarche de résolution algorithmique comporte trois étapes :
1. Déterminer les entrées (données connues).
2. Établir les traitements à réaliser.
3. Produire les résultats à partir des traitements.
Exemple : programme en VBA qui permet de convertir un prix en euros en un prix en dollars.

	Programme VBA	Affichage à l'écran

1
 	
2
3
 	
4
 	
5
 	
6
 	
7
	`Private Sub convertir_Click ()`
	`'déclaration des variables`
	`Dim PrixEuros As Double`
	`Dim PrixDollars As Double`
	`'déclaration de la constante`
	`Const TauxChange = 1.31`
	`'Saisie de la donnée en entrée`
	`PrixEuros = InputBox (« Saisir votre prix en euros »)`
	`'calcul du prix en dollar (traitement)`
	`PrixDollars = PrixEuros * TauxChange`
	`'affichage du résultat`
	`MsgBox « votre prix en dollars est : » & PrixDollars`
	`End Sub`
		Entrée : saisie du prix en euros dans une boîte de dialogue.
		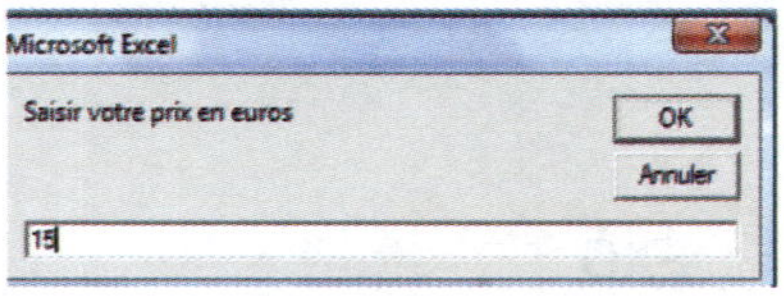
		
		Résultat : affichage du prix en dollars dans une boîte de dialogue.
		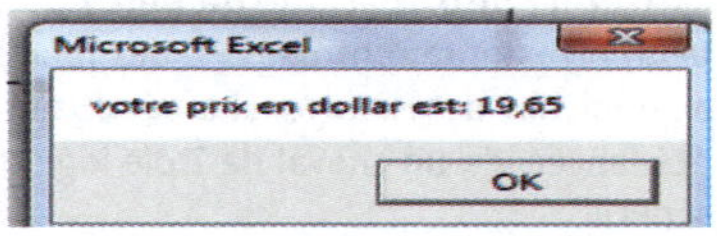

Variables et constantes d'un programme

• **Les variables** sont des données manipulées par un programme. La donnée en entrée (PrixEuros) est stockée dans une variable réutilisée dans les traitements. Le résultat (PrixDollars) utilise aussi une variable. Des variables intermédiaires peuvent être utilisées pour les traitements.
• **Une constante** est une donnée du programme qui ne varie pas (ex. : TauxChange).

Les types scalaires

• **Le type de donnée** définit les valeurs que peut prendre une donnée (variable ou constante) et détermine les opérations qui peuvent lui être associées.
• Les principaux types de données sont : numérique (entiers, réels), alphanumérique (caractères, chaîne de caractères), date/heure, booléen (type particulier ne prenant que 2 valeurs logiques : vrai ou faux).
• Chaque langage de programmation adopte son propre vocabulaire pour définir les types de données (en VBA : Integer (entier), String (chaîne de caractères), Double (réel), Boolean, date…).

Déclaration et affectation

• **La déclaration des variables** est l'opération par laquelle on attribue un type à une variable (ex. : lignes 2 et 3). Cette opération n'est pas utile dans certains langages qui utilisent un typage dynamique (automatique) comme PHP.
• **L'affectation** consiste à attribuer une valeur à une variable : NomVariable = valeur (ou expression arithmétique) (ex. : ligne 6).

Logique d'un traitement informatique

• **Les opérateurs arithmétiques :** + (addition), * (multiplication), – (soustraction), / (division).
• **Les opérateurs de comparaison :** >, >=, <, <=, =, <> (différent de) permettent de créer des expressions logiques (ou booléennes).
• **Les opérateurs logiques : ET, OU**
• Une opération logique (ou booléenne) a pour résultat soit VRAI, soit FAUX.

MÉTHODE

Comment utiliser des scénarios et la simulation pour répondre à un problème de gestion à l'aide d'Excel 2007 ?

1. Affichez la fenêtre « **Gestionnaire de scénarios** » : vous la trouvez sous l'onglet « **Données** ». Dans le groupe « **Outils de données** », activez le bouton « **Analyse de scénarios** » puis « **Gestionnaire de scénarios** ». Cliquez sur le bouton « **Ajouter** », pour ajouter un scénario.
2. Dans la fenêtre « **Ajouter un scénario** » : attribuez un nom au scénario, et précisez les cellules variables, en les sélectionnant.
Saisissez éventuellement un commentaire au scénario. Validez.
3. La fenêtre « **Valeurs de scénarios** » s'affiche. Saisissez les valeurs à tester. Validez ou ajoutez un autre scénario (ce qui validera le scénario précédent).
4. Un rapport de synthèse affiche pour chaque scénario les valeurs testées dans les *cellules variables* et les résultats obtenus dans les *cellules résultantes*. Il est créé automatiquement sur une nouvelle feuille de calcul. Pour le créer, affichez la fenêtre « **Synthèse de scénarios** » en activant le bouton « **Synthèse** » de la fenêtre « **Gestionnaire de scénarios** ».

EXO

Une entreprise spécialisée dans la vente d'articles de sport organise régulièrement des formations pour ses commerciaux. Ceux-ci se rendent aux stages en utilisant leur véhicule personnel. Le responsable des ressources humaines utilise le programme suivant pour les défrayer :

a. Quelles sont les variables de ce programme ? Précisez leur rôle.
b. Comment ont été typées ces variables ?
c. Quel est le résultat de ce programme ? Quel traitement permet-il d'automatiser ?
d. Le responsable des ressources humaines souhaite également prendre en compte les nuitées que les commerciaux passent sur leur lieu de stage. Le CoûtNuitées est calculé en fonction du nombre de nuits et d'un forfait par nuit de 75 €, qui s'ajoute au coût de la distance parcourue. Donnez les instructions à ajouter ou modifier en précisant les lignes du programme où vous les insérez.

```
1   Private Sub EXO1_Click ()
2   'Déclaration des variables
3   Dim distanceAR As Double
4   Dim CoûtParcours As Double
5   Dim PrixAuLitre As Double
6   Dim Consommation As Double
.
10  Const ConsoParKm = 0.06
.
15  'Saisie de la distance aller et retour
16  distanceAR = InputBox (»Saisir le nombre de kilomètres parcourus »)
17  'Saisie du prix au litre du carburant
18  PrixAuLitre = InputBox (»Saisir le prix au litre de votre carburant »)
.
25  'Calcul de la consommation
26  Consommation = distanceAR * ConsoParKm
27  'Calcul du coût du parcours
28  CoûtParcours = Consommation * PrixAuLitre
.
35  'Affichage des résultats
36  MsgBox « Le coût de votre parcours est de : » & CoûtParcours & « € »
.
40  End Sub
```

6 La résolution de tous les problèmes de gestion est-elle automatisable ? (2)

COURS

La structure alternative

• L'alternative permet en fonction d'un test (condition) de déterminer quelle séquence d'instructions sera exécutée. Sa syntaxe est : Si… Alors… Sinon… Fin Si.

Exemple : afficher le plus grand nombre entre 2 nombres a et b saisis au clavier.

SI a > = b **ALORS** AFFICHER (a) **SINON** AFFICHER (b) **FIN SI**	**a > = b est la condition** qui prend la valeur vrai ou faux. Si **la condition est vraie**, on exécute les instructions du **ALORS** c'est-à-dire AFFICHER (a). Si **la condition est fausse**, on exécute les instructions du **SINON** c'est-à-dire AFFICHER (b).

• Les structures alternatives peuvent être imbriquées pour répondre à des situations plus complexes.

La structure répétitive (ou itérative)

POUR : cette structure permet de répéter un bloc d'instructions pour un nombre de répétitions défini à l'avance.

```
POUR compteur = 1 jusqu'à n FAIRE
 instructions(s)
Fin Pour
(suite du programme)
```

Lorsque la limite du bloc est atteinte (Fin Pour), le programme incrémente le compteur (de 1 par défaut), puis retourne à la ligne « Pour » afin de comparer la valeur du compteur à la borne supérieure, et ainsi de suite jusqu'au dépassement de la valeur finale.

Exemple : afficher 5 étoiles.

Pour i = 1 jusqu'à 5 FAIRE AFFICHER (*) FIN POUR	Résultat à l'écran : *****

• **TANT QUE** : tant que le test (condition) est vérifié, la liste d'instructions à l'intérieur du TANT QUE est réitérée. Dès que la condition est fausse, on exécute les instructions situées après le « Fin Tant que ». Contrairement à la structure POUR, on ne connaît pas à l'avance le nombre de fois où le bloc d'instruction va être répété.

```
Tant Que condition Faire
  instructions (s)
Fin Tant Que
(suite du programme)
```

La syntaxe des structures de contrôle dépend du langage de programmation utilisé mais la logique est toujours la même.

Les fonctions

• Ce sont **des sous-programmes qui peuvent être exécutés de manière autonome** plusieurs fois dans un même programme. Ces sous-programmes communiquent avec le programme qui les appelle par l'intermédiaire de paramètres et renvoie un résultat.

• **Un paramètre** est une variable qui transmet des données du programme appelant vers le sous-programme appelé et qui peut également transmettre un résultat du sous-programme appelé vers le programme appelant.

Exemple : programmons un traitement qui permet de calculer un prix TTC. Dans la bibliothèque des fonctions, on définit :

FONCTION CalculTva (a : réel, b : réel) : réel Résultat : réel Début Résultat = a*b Retourner (résultat) FIN	a et b sont des paramètres en entrée de type réel. La fonction renvoie une valeur de type réel.

Dans le programme principal :

Algorithme PRIX 'déclaration des variables PrixHT : réel PrixTTC : réel TauxTva = 1.196 Début SAISIR (PrixHT) **PrixTTC = CalculTva (PrixHT, TauxTva)** AFFICHER (PrixTTC) FIN	La fonction CalculTva est appelée avec comme paramètres d'entrée : PrixHT et TauxTva. Elle renvoie un résultat qui est affecté à la variable PrixTTC.

Les fonctions peuvent être prédéfinies dans un langage de programmation ou être créées par le programmeur. Attention : le type des paramètres doit toujours être celui défini dans la fonction appelée (exemple ci-dessus PrixHT est un réel).

Les procédures

Une procédure est un sous-programme qui peut être défini comme une fonction particulière qui ne renvoie pas de résultat.

MÉTHODE

Comment tester un programme ?

La phase de test d'un programme est essentielle. Elle permet de s'assurer que le programme développé répond bien aux besoins de l'utilisateur et respecte bien les régles de gestion en vigueur dans l'organisation.

Étape 1 : les tests unitaires

Il s'agit de vérifier que chaque partie du programme est juste (elle répond bien aux besoins), est fiable (absence de bugs), est précise (par rapport au résultat produit) et est lisible (le code est commenté, les variables utilisées sont bien nommées).

Une méthode pour valider l'étape 1 est de créer **des jeux d'essais**. Ce sont des groupes de données qui vont permettre de vérifier chaque situation de fonctionnement.

Exemple : dans le cours, nous avons utilisé des jeux d'essais pour tester l'algorithme de conversion d'un prix (fiche 5).

Étape 2 : les tests d'intégration

Il s'agit de vérifier que toutes les parties du programme développées séparément fonctionnent ensemble et que l'application finale répond bien aux besoins exprimés dans le cahier des charges.

EXO

Une entreprise de vente à domicile DomAchat utilise le programme suivant en VBA pour calculer la prime mensuelle à verser à ses commerciaux.

a. Repérez une structure alternative (donnez les lignes correspondantes) et expliquez le test et les calculs effectués.

b. Repérez une structure répétitive (donnez les lignes correspondantes) et expliquez à quoi elle sert.

c. Expliquez à quoi servent les lignes 21 (i = 1) et 51 (i = i + 1).

d. L'entreprise a une nouvelle règle de gestion : les commerciaux qui gagnent plus de 2 500 € ont une prime de 30 % de leur salaire. Effectuez les modifications nécessaires en précisant les lignes modifiées.

```
1   Private Sub CalculPrime_Click ()
2   'déclaration des variables
3   Dim i As Integer
4   Dim n As Integer
5   Dim prime As Double
6   Dim Salaire As Double
.
10  Const taux1 = 0.1
11  Const Taux2 = 0.2
.
15  n = InputBox (« Entrez le nombre de salarié »)
.
20  'initialisation du test
21  i = 1
.
25  Do While i < = n
26
27  Salaire = InputBox (« Entrez le salaire du : » & i & « salarié »)
.
35  'calcul de la prime
36  If Salaire < 2000 Then
37  prime = Salaire * taux1
38  Else
39  prime = Salaire * Taux2
40  End If
41  MsgBox « la prime du » & i & « ième salarié est de : » & prime & « € »
.
50  'Incrémentation du compteur
51  i = i + 1
52  Loop
.
60  End Sub
```

7 Comment peut-on produire de l'information à partir de données contenues dans une base ? (1)

COURS

Les entreprises stockent de plus en plus de données grâce à des outils de plus en plus performants. Un système de gestion de bases de données relationnelles (SGBDR) est un logiciel qui permet à l'organisation non seulement de stocker des données, mais également d'établir des liens logiques entre ces données pour extraire, grâce à des requêtes, des informations pertinentes.

Le modèle relationnel

• Le **schéma relationnel** définit comment une base de données est structurée. Il se présente sous la forme d'un ensemble de relations liées entre elles. Chaque relation est une abstraction d'entités du monde réel.

• **Notation**

```
CLIENT (NumClient, nom, prénom, adresse, téléphone)
         Clé primaire : NumClient
COMMANDE (NumCommande, Libellé, TotalTTC, NumCli)
         Clé primaire : NumCommande
        Clé étrangère : NumCli en référence à NumClient de CLIENT
```

• Chaque entité, ou lien entre entités, est représentée sous la forme d'une **relation** constituée d'attributs (CLIENT (NumClient, nom, prénom, adresse, téléphone)). Chaque valorisation de ces attributs est appelée un **n-uplet** (2512, « Martin », « Antoine », « 12, rue… », « 01 73… »).

• **Un attribut** représente une caractéristique (nom) d'une entité (CLIENT). Cet attribut peut prendre plusieurs valeurs possibles (le nom est une chaîne de caractères) que l'on appelle **domaine**.

Les clés

• La **clé primaire** est constituée d'un ou plusieurs attributs qui identifient de façon unique chaque n-uplet d'une relation. **Exemple :** dans la relation CLIENT, NumClient est clé primaire.

• La **clé étrangère** d'une relation est un attribut qui est clé primaire dans une autre relation. La clé étrangère exprime donc les liens existants entre les relations.

Exemple : dans la relation COMMANDE, NumCli est clé étrangère en référence à NumClient de la relation CLIENT.

• Une **dépendance fonctionnelle** exprime un lien entre deux attributs d'une relation : la connaissance d'une valeur du premier détermine la valeur du second. Tous les attributs d'une relation sont en dépendance fonctionnelle avec la clé primaire.

Exemple : à un numéro de client correspond un et un seul nom. NumClient → nom.

Les contraintes d'intégrité

• Une **contrainte d'intégrité** est une propriété que tous les n-uplets composant les relations doivent respecter. Certaines de ces contraintes sont liées aux règles de gestion du système d'information représenté.

• D'autres contraintes sont liées au modèle relationnel :

– **La contrainte de relation ou de clé :** une clé primaire doit être **stable** (ne pas être modifiée dans le temps), **unique** (elle ne doit pas comporter de doublon) et **non nulle** (elle doit toujours avoir une valeur pour un n-uplet donné).

– **La contrainte d'intégrité de domaine :** dans un n-uplet donné, un attribut a une valeur qui doit obligatoirement correspondre au domaine de définition de l'attribut.

– **La contrainte d'intégrité référentielle (ou de clé étrangère) :** la valeur d'une clé étrangère doit obligatoirement être comprise dans les valeurs de la clé primaire, dans la relation à laquelle elle fait référence.

Exemple : Si NumCli vaut 2563 dans la relation COMMANDE, alors il doit obligatoirement exister un n-uplet dont la clé primaire vaut 2563 dans la relation CLIENT.

MÉTHODE

Comment implémenter un schéma relationnel dans une base de données ?

Dans une base de données, chaque table correspond à une relation, chaque champ (colonne) correspond à un attribut et chaque enregistrement correspond à un n-uplet.

Le langage SQL de définition des données permet d'implémenter une base de données à l'aide de requêtes, les exembles sont donnés sous le SGBD MySql.

1. La création des tables

Pour créer une table, il est nécessaire d'identifier le type (domaine) de chaque champ. La syntaxe d'un type dépend du SGBDR dans lequel on exécute la requête.

Exemple de type sous MySql : CHAR (n), VARCHAR (n), INTEGER, DATE.

2. La requête SQL de création de table

```
CREATE TABLE NOMTABLE
	NOMCHAMP1 TYPECHAMP1 NOT NULL
	NOMCHAMP2 TYPECHAMP2
	…
PRIMARY KEY (NOMCHAMP1)
FOREIGN KEY (NOMCHAMP2) REFERENCES NOMTABLE2 (NOMCHAMP2)
```

Exemple :

```
CREATE TABLE COMMANDE (
	NumCommande CHAR(5) NOT NULL
	Libellé VARCHAR(50)
	TotalTTC NUMBER(6,2) CHECK (TotalTTC > 0)
	NumCli CHAR(5)
	PRIMARY KEY (NumCommande)
FOREIGN KEY (NumCli) REFERENCES CLIENT (NumClient),
```

– `NOT NULL` (oblige à saisir une valeur pour un champ)
– `CHECK` (permet de préciser un domaine de valeurs)

3. La modification d'une table

	Syntaxe	Exemple
Ajout d'un champ	`ALTER TABLE NOMTABLE ADD COLUMN NOMCHAMP1 TYPECHAMP1, …`	`ALTER TABLE CLIENT ADD COLUMN Courriel VARCHAR (30)`
Renommer une table	`RENAME NOMTABLEANCIEN TO NOMTABLENOUVEAU`	`RENAME CLIENT TO CLIENTFIDELITE`
Supprimer un champ	`ALTER TABLE NOMTABLE DROP COLUMN NOMCHAMP1, NOMCHAMP2 …`	`ALTER TABLE COMMANDE DROP COLUMN Libellé`
Supprimer une table	`DROP TABLE NOMTABLE`	`DROP TABLE COMMANDE`

EXO

Une compagnie aérienne utilise le modèle relationnel suivant pour la gestion des vols.

```
PILOTE (nopil, nom, prénom, CP, ville, tel)
	Clé primaire : nopil
AVION (noavion, typeavion, localitéaff, PO)
	Clé primaire : noavion
/* PO : Avion qui nécessite la mise en place d'une passerelle. Booléen prenant pour valeur
0 ou 1 *\
VOL (novol, villedep, heuredep, villear, heurear)
	Clé primaire : novol
EFFECTUER (novol, noavion, nopil)
Clé primaire : novol, noavion, nopil
Clé étrangère : noavion en référence à noavion de la relation AVION.
		nopil en référence à nopil de la relation PILOTE.
		novol en référence à novol de la relation VOL.
```

En utilisant les contraintes d'intégrité et les dépendances fonctionnelles, répondez aux questions suivantes :

a. Un pilote peut-il avoir plusieurs numéros de téléphone ?
b. Un avion peut-il être affecté à plusieurs vols ?
c. Un vol peut-il être effectué par un pilote qui n'est par référencé par la compagnie ?
d. Un technicien souhaite ajouter la valeur 2 pour l'attribut PO dans AVION. Est-ce possible ?
e. Écrire la requête de création de la table PILOTE.

Systèmes d'information de gestion

8 Comment peut-on produire de l'information à partir de données contenues dans une base ? (2)

COURS

Le langage d'interrogation des données en SQL (Structured Query Langage)

• Le langage SQL est basé sur l'utilisation de **clauses (commandes)** qui structurent une requête en fonction de critères permettant de satisfaire un besoin d'information.
On reprend l'exemple de la fiche 7 avec les relations CLIENT et COMMANDE.

Les clauses de projection et de restriction

Elles permettent de sélectionner les champs d'une table en fonction de conditions.

Syntaxe	Exemple
SELECT [DISTINCT] nomchamp1, nomchamp2… **FROM** nomtable1, nomtable 2… **WHERE** condition1 or/and condition2…	**SELECT** NumClient **FROM** CLIENT **WHERE** nom = « Leplus » **AND** prénom = « Martin »
DISTINCT dans le SELECT permet d'éviter l'affichage de doublons.	SELECT DISTINCT nom FROM CLIENT

• Une **condition** utilise les opérateurs de comparaison suivants :
=, <> (différent), <, >, <=, >=, BETWEEN… AND… (entre valeur1 et valeur2), LIKE « cc*…» (contient une chaîne de caractères cc, l'* remplace la partie de la chaîne manquante), IN (valeur1, valeur2, valeur3).
• **NULL** est utilisé lorsqu'un champ n'a pas été renseigné. SELECT * FROM CLIENT WHERE téléphone IS NULL.

Le tri

La clause **ORDER BY** permet de trier l'affichage des données selon un champ ordonné de façon croissante (ASC) ou décroissante (DESC).
Exemple : SELECT * FROM CLIENT ORDER BY nom ASC, prénom DESC.

Les fonctions d'agrégats

• Ce sont des fonctions qui prennent comme paramètre le champ d'une table et qui permettent d'obtenir de nouvelles informations.
– **COUNT(nomchamp)** : permet de dénombrer le nombre de valeurs contenues dans un champ.
• Les fonctions suivantes ne s'appliquent que sur des champs de type numérique :
– **SUM(nomchamp)** : additionne les valeurs contenues dans un champ.
– **AVG(nomchamp)** : fait la moyenne des valeurs contenues dans un champ.
– **MAX(nomchamp)** : renvoie la valeur maximale contenue dans un champ.
– **MIN(nomchamp)** : renvoie la valeur minimale contenue dans un champ.
Exemple : SELECT COUNT(NumClient) FROM CLIENT.

Le regroupement

• On utilise la clause **GROUP BY** pour regrouper les données selon un champ défini. Le regroupement s'utilise généralement avec les fonctions d'agrégats.
Exemple : SELECT NumCli, SUM(TotalTTC) FROM COMMANDE GROUP BY NumCli.
• La clause **HAVING** permet de faire une restriction sur une fonction d'agrégat du SELECT.
Exemple : SELECT NumCli, SUM(TotalTTC) FROM COMMANDE GROUP BY NumCli HAVING SUM(TotalTTC) > 1000.

Les jointures

• Une **jointure exprime le lien entre deux relations** mis en évidence par la contrainte d'intégrité référentielle. On utilise donc la clé étrangère d'une table pour la lier à une autre table où ce champ est clé primaire. Lorsque le lien n'est pas direct, on peut utiliser une autre table intermédiaire qui figurera alors dans le FROM. Pour n tables, on a n-1 jointures.
La syntaxe est : NOMTABLE1.cléétrangère = NOMTABLE2.cléprimaireliée.
Exemple : SELECT NumCommande, Libellé FROM COMMANDE, CLIENT WHERE COMMANDE. NumCli = CLIENT. NumClient AND nom = « Leplus » ;
→ sélectionne tous les numéros de commande avec leur libellé pour le client nommé « Leplus ».
Le nombre de jointures à faire est fonction du nombre de tables dans le WHERE (n tables, n – 1 jointures).

Le langage de modification des données

Il permet de faire évoluer le contenu d'une table.

	Syntaxe
INSERT : ajouter des enregistrements dans une table.	**INSERT INTO** Nomtable **VALUES** (valeur 1, valeur 2…)
UPDATE : mettre à jour les enregistrements d'une table.	**UPDATE** Nomtable **SET** nomchamp1 = Valeur ou expression ou sous_requête [, nomchamp 2,…] [**WHERE** condition de restriction]
DELETE : supprimer les enregistrements d'une table.	**DELETE FROM** nom_table [**WHERE** condition de restriction] ;

MÉTHODE

Comprendre comment les requêtes sont utilisées dans une application Web

L'extrait ci-dessous est un script PHP qui permet aux salariés de l'entreprise TopAchat de consulter les commandes des clients. Les commandes seront affichées sur une page Web. La base de données utilisée est construite autour du modèle relationnel du cours (les relations CLIENT et COMMANDE).

```
8   <?
9   //Connection à la base de donnée CommandeClient hébergée sous mysql
10  $maconnexion =mysql_connect("serveurBD","login","mot de passe")
11      or die("Connexion au serveur impossible");
12  $db=mysql_select_db("CommandeClient",$maconnexion)
13      or die("Sélection de la base de données impossible");
14  //requête sélection sur la table COMMANDE
15  $reqselection="select * from COMMANDE order by NumCli ;";
16  //exécution de la requête
17  $rs=mysql_query($reqselection) or die("erreur consultation! ".mysql_error());
18  //affichage des résultats
19  echo "<ul>";
20  while($ligne=mysql_fetch_array($rs))
21  {
22  $NumCommande = $ligne['NumCommande'];
23  $Libellé= $ligne['Libellé'];
24  $TotalTTC= $ligne['TotalTTC'];
25  $NumClient = $ligne['NumCli'];
26  echo "<li>Nom du client : $NumClient<br>";
27  echo "Commande : $NumCommande<br>";
28  echo "Libellé : $Libellé<br>";
29  echo "Total TTC de la commande : $TotalTTC</li>";
```

Ligne 12 : l'application se connecte à la base de données CommandeClient.
Ligne 15 : la requête de sélection des commandes est affectée à une variable $reqselection.
Ligne 17 : la requête est exécutée dans la base de données et le résultat est affecté à la variable $rs sous forme d'un jeu d'enregistrement.
Ligne 20 : structure répétitive qui parcourt le jeu d'enregistrements contenus dans $rs.
Lignes 22 à 25 : les champs de chaque ligne d'enregistrement sont affectés à des variables.
Lignes 26 à 29 : les variables contenant les données sont affichées sur la page Web.

EXO

À partir du modèle relationnel de l'exercice du chapitre 7, réalisez les requêtes qui répondent aux besoins suivants :

a. Affichez les nom, prénom et ville de tous les pilotes de la compagnie.

b. Sélectionnez tous les avions qui nécessitent la mise en place d'une passerelle.

c. Affichez le nombre de pilotes dont le nom commence par BA.

d. Trouvez le type de l'avion ayant assuré le vol 5120.

e. Sélectionnez les noms des pilotes qui assurent un vol au départ de Paris après 18 h.

f. Sélectionnez tous les numéros d'avion qui effectuent au moins trois vols au départ de Toulouse.

g. L'avion 1857 est désormais affecté à Marseille. Faites la modification.

9 La numérisation suffit-elle à valoriser l'information ?

COURS

Le développement des technologies de l'information et de la communication procure une abondance de données de natures diverses que l'organisation doit interpréter pour prendre des décisions. Cette interprétation passe par différents traitements comme l'indexation documentaire, le classement ou encore la création de liens sémantiques.

Documents : numérisation, indexation, structuration

• Un ensemble de données devient un document après avoir été numérisé, indexé et structuré. Un document est un objet écrit, iconographique, sonore ou audiovisuel qui contient des informations. Certains documents nécessitent d'être numérisés afin de pouvoir être classés, archivés, exploités ou encore diffusés de façon automatisée.

• La **numérisation** est le procédé qui permet de stocker un document sur un support électronique. Cette numérisation peut être directe pour des textes ou des images grâce à l'utilisation d'un scanner. Elle peut aussi être réalisée par une source (webcam, appareil photo numérique, micro…), ou encore par des convertisseurs dans le cadre d'un signal analogique (carte d'acquisition numérique). Le **coût de numérisation** comporte le coût de la main-d'œuvre nécessaire et le coût de stockage de l'information numérisée.

• L'**indexation** est le procédé par lequel on crée un outil de recherche documentaire (un index) qui permettra de retrouver rapidement un document ou un groupe de documents. **L'indexation linguistique** repose sur l'analyse textuelle d'un document, elle consiste à repérer des mots ou expressions significatives dans un contexte particulier. **L'indexation structurelle** consiste à fournir un marquage du document interprétable par une machine.

• La **structuration** d'un document éditable se fait grâce à l'application d'un marquage descriptif (balise) qui permet de différencier la forme du document de son contenu. (Cf. Méthode).

Structuration de contenu documentaire : hyperliens, métadonnées, syndication, référencement

Les étapes de la structuration d'un contenu documentaire qui permettent de le valoriser sont les suivantes :

– **La hiérarchisation grâce aux hyperliens** permet de créer un système de navigation entre les documents, ou par l'intermédiaire de moteurs de recherche, et donc d'accéder à des informations pertinentes.

– **La description par un système de métadonnées** : les métadonnées sont des données qui décrivent un document. Elles sont utilisées dans les balises META des pages Web pour en faciliter le référencement. Elles sont aussi utilisées sous la forme de tags ou de mots-clés associés à un document.

– **La syndication à l'aide d'un agrégateur de contenu** permet de créer une veille informationnelle à partir de documents publiés sur des sites Web. Cette veille est réalisée grâce à un lecteur de flux ou agrégateur (RSS, Atom) qui vous avertit automatiquement des mises à jour en consultant le flux de syndication (souvent un fichier XML) hébergé sur les sites Web que vous souhaitez suivre.

– **Le référencement sur des moteurs de recherche** consiste à indexer vos documents de façon pertinente afin qu'ils soient facilement accessibles depuis un moteur de recherche.

Gestion de contenu documentaire : fonctions et outils

• Les dispositifs de gestion de contenu documentaire ont pour objectif de faciliter la recherche et le partage d'informations souvent non structurées et de nature différente. Ils participent à l'émergence d'une intelligence collective au sein de l'organisation.

• Cette gestion documentaire est prise en charge par des outils tels que :

– les **logiciels de GED** (Gestion électronique de documents) : ils couvrent l'ensemble des fonctions de collecte, stockage, diffusion de l'information en facilitant le classement et la recherche documentaire (Open Text) ;

– les **WCMS** (Web Content Management System) : ils facilitent la gestion des contenus de site web comme la validation d'articles, la gestion éditoriale… (SPIP, Joomla) ;

– les outils de **DAM** (Digital Asset Management, gestion des médias numériques) : ils permettent l'archivage, le partage et l'exploitation de ressources numériques (Cumulus).

MÉTHODE

Comprendre la structuration documentaire grâce à un langage de définition de documents : le XML

Le XML est une méthode qui permet de présenter des données. Celles-ci sont écrites entre des balises organisées sous une forme arborescente.

Exemple : le document ① présente le flux RSS du site Web d'un lycée qui utilise le XML.

– La première ligne du document est appelée le **prologue**, elle donne la version XML utilisée.

– Les balises sont construites sous forme arborescente. Il n'y a qu'une seule balise racine (doc. ②) < rss > ligne 2 qui englobe toutes les autres balises.

– Chaque balise ouverte doit être refermée. L'ordre d'imbrication des balises est essentiel. Ainsi, on ferme </description > ligne 15 avant de fermer </item > ligne 16.

– La balise < channel > décrit le canal qui crée le flux RSS, ici c'est le lycée DE BAUDRE à Agen dont l'URL est donné dans la balise < link >.

– Chaque balise < item > présente une actualité du site qui donne un hyperlien, soit vers un autre site Web (www.infosup-agen.com), soit vers une page contenue dans le site Web (www.lyceedebaudre.net/conference_decentralisation). On peut créer autant de balises < item > qu'il y a d'actualités.

①

flux RSS.xml

```
1  <?xml version="1.0" ?>
2  <rss version="2.0">
3  <channel>
4    <title>Site du Lycée Jean Baptiste DE BAUDRE</title>
5    <link>http://www.lyceedebaudre.net/</link>
6    <description>Présentation du lycée et des filières etc...</description>
7    <item>
8      <title>Actualités orientation</title>
9      <link>http://www.infosup-agen.com/</link>
10     <description>Les dates du salon infosup à Agen</description>
11   </item>
12   <item>
13     <title>Actualité lycée de tous les savoirs</title>
14     <link>http://www.lyceedebaudre.net/conference_decentralisation</link>
15     <description>Informations sur la prochaine conférence </description>
16   </item>
17 </channel>
18 </rss>
```

②

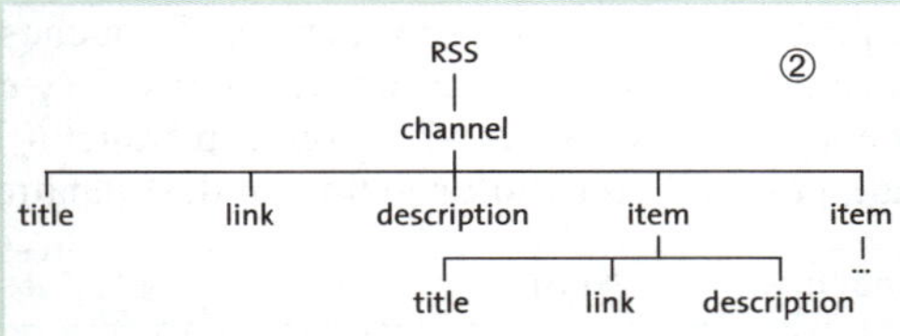

EXOS

1

La suite FORMULARY est un catalogue de solutions logicielles dédiées à la valorisation des documents et des flux numériques.

L'offre couvre les domaines de l'Éditique (Output-Management), de la Gestion Électronique de Documents (GED/GEIDE), du workflow et de la Lecture Automatique de Documents (LAD).

L'éditeur ADDPI, en tant que membre de l'APROGED et acteur du marché de la dématérialisation, porte un intérêt tout particulier aux demandes qui se situent dans le cadre de ce qu'il est courant de désigner par « archivage légal », c'est-à-dire l'archivage à valeur probatoire.

Le cadre législatif

« [...] L'écrit sous forme électronique est admis en preuve au même titre que l'écrit sur support papier, sous réserve que puisse être dûment identifiée la personne dont il émane et qu'il soit établi et conservé dans des conditions de nature à en garantir l'intégrité. [...] » (Article 1316-1 du code civil).

L'objectif d'un SAE (Système d'Archivage Électronique) à vocation probatoire est donc de répondre aux exigences de la législation exprimées en termes de « copie fidèle et durable », d'« identification » et d'« intégrité ».

Les formats PDF/A en résumé

L'archivage à vocation probatoire est en partie axé sur la capacité technique à reconstituer toute l'information nécessaire aux usages auxquels le document d'origine était destiné. Dans cet objectif, les PDF/A définis par la norme ISO 19005-1 sont des formats de PDF destinés à encapsuler, dans le fichier, tous les éléments utiles à la lecture du document (polices, images, espaces colorimétriques) et à garantir que le document pourra être restitué à l'identique dans les années à venir sans aucune dépendance vis-à-vis de lecteurs propriétaires ou d'objets externes.

www.addpi.com

a. Expliquez le terme workflow et le terme GED.

b. Expliquez l'expression « archivage à valeur probatoire ».

c. Pourquoi le format PDF peut-il répondre aux exigences de la législation en matière d'archivage ?

2 Le webmaster du lycée De Baudre a mis en ligne une actualité concernant la date limite des inscriptions dans l'enseignement supérieur pour les terminales sur le site www.admission-postbac.fr.

Modifiez le fichier XML donné dans la méthode pour inclure cette nouvelle actualité dans le flux RSS. Vous préciserez à quelle ligne votre code doit être inséré.

10 Comment les technologies répondent-elles aux besoins de collaboration ? (1)

COURS

Les technologies permettent de partager des ressources de façon locale ou internationale et de travailler de manière synchrone ou asynchrone, avec parfois un nombre important de collaborateurs. Cet échange est rendu possible grâce au développement des réseaux locaux mais surtout grâce à Internet qui s'appuie sur des technologies normalisées communes à tous les pays.

Normalisation des échanges (protocoles et services réseau)

• **Un réseau** est un ensemble interconnecté d'ordinateurs et de périphériques (imprimantes, scanners…) qui échangent des informations sous forme de données numériques grâce à des technologies (logiciels, équipements…) normalisées.

• **Le modèle OSI** (Interconnexion des systèmes ouverts) normalise la manière dont les matériels et les logiciels communiquent sur un réseau. Le modèle OSI permet donc de faire coopérer des équipements hétérogènes grâce à un découpage en 7 couches successives spécialisées dans une tâche précise.

Comment lire le modèle OSI ?

• L'échange d'information entre deux ordinateurs se passe de la manière suivante : les données du poste émetteur vont traverser les 7 couches (du haut vers le bas) du modèle OSI avant d'être transmises sous forme de trames, grâce aux équipements d'interconnexion du réseau, au poste récepteur. Elles vont alors à nouveau franchir les 7 couches du modèle OSI, mais du bas vers le haut, pour délivrer l'information au destinataire.

Couche n°	Nom	Rôle – Fonctionnalité
7	**Application**	Elle permet à une application lancée, par l'utilisateur ou par le système, d'utiliser les services du réseau.
6	**Présentation**	Elle prépare les données : formatage, conversion, compression et cryptage.
5	**Session**	Elle assure l'authentification du poste : établissement de la session, contrôle des accès…
4	**Transport**	Elle contrôle le transport des données dans tout le réseau : – découpage du message sortant en **paquets** (et inversement : réassemblage des paquets entrants en message) ; – gestion de la connexion.
3	**Réseau**	Elle est responsable de **l'acheminement** des données de manière à ce qu'elles arrivent à la bonne adresse (routage, contrôle des flux).
2	**Liaison**	Elle structure les données en **trames** et vérifie leur transmission sans erreur.
1	**Physique**	Tout ce qui constitue le support physique qui assure le transport des données. Envoi et réception des séquences de **bits**.

La normalisation des protocoles et des services

À chaque couche du modèle OSI correspondent des protocoles normalisés et des services qui permettent de mettre en œuvre les fonctionnalités nécessaires à l'échange d'information sur des réseaux hétérogènes.

Application	**HTTP** (HyperText Transfer Protocol)	Il permet, grâce aux URL, de récupérer des fichiers au format HTML (ou XML) sur un serveur Web et de les afficher dans un navigateur.
	HTTPS (HTTP sécurisé) – **SSL** (Secure Sockets Layers)	Procédé de sécurisation des transactions effectuées via Internet. Il repose sur un procédé de cryptographie par clef publique afin de garantir la sécurité de la transmission de données sur Internet.
	SMTP (Simple Mail Transfert Protocol)	Il prend en charge le transfert de courrier électronique d'un serveur de courrier à un autre.
	POP (POP3)	Il permet la récupération de son courrier électronique sur un serveur distant pour le consulter localement.
	IMAP (Interactive Message Access Protocol)	Il permet de travailler en ligne : le courrier n'est pas téléchargé et offre des possibilités comme la gestion d'accès simultanés à une même boîte aux lettres, la gestion de plusieurs boîtes aux lettres, le tri de courrier selon plusieurs critères…
	DNS (Domain Name Server)	Il associe les noms de sites (URL comme www.google.fr) ou de machines à leurs adresses IP.
	DHCP (Dynamic Host Configuration Protocol)	Il est utilisé afin de permettre aux hôtes d'un réseau d'obtenir automatiquement leur configuration IP (adresse IP, masque, adresse de la passerelle…).

Transport	**TCP** (Transmission Control Protocol)	Il s'occupe de la communication entre les applications : il fragmente les messages et établit un contrôle de transmission des données pendant une communication établie entre deux machines (la machine réceptrice envoie des accusés de réception à la machine émettrice). TCP reconstitue également les messages entrants.
Réseau	**IP** (Internet Protocol)	Il permet l'acheminement des paquets (regroupant données et autres informations) jusqu'à destination sur le réseau grâce à l'adressage des trames (cf. adressage d'une ressource fiche 11).
Liaison	**Ethernet**	Il permet à toute machine de transmettre des données sur une ligne sans notion de priorité entre les machines. Ethernet fonctionne sur les réseaux filaires câblés en double paire torsadée ou en fibre optique.
	WiFi (IEE 802.11)	Technologie qui permet de créer des réseaux sans fil fonctionnant de deux manières différentes : – **le mode Ad-Hoc :** chaque membre du réseau retransmet les informations qu'il reçoit aux autres membres du réseau ; – **le mode Infrastructure :** tout est géré par un point d'accès, les données qu'un hôte émet lui sont transmises et lui seul les renvoie aux autres membres du réseau.

MÉTHODE

Analyser quels sont les protocoles mis en œuvre lors de l'utilisation d'un service de messagerie électronique

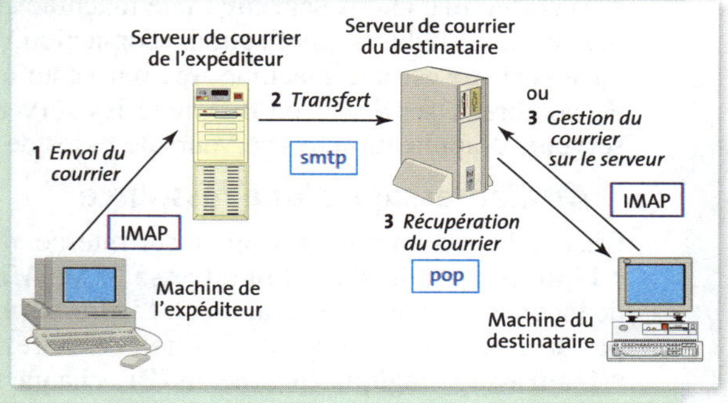

Les organisations utilisent de plus en plus les services de messagerie pour communiquer. Les fonctionnalités offertes permettent de consulter ou d'envoyer des messages, de gérer les contacts, de trier et classer les courriels… Elles reposent sur différents protocoles qui collaborent entre eux.

1. L'expéditeur écrit son courriel en ligne grâce au protocole IMAP.
2. Le serveur de courrier du poste émetteur transfère le courriel au serveur de courrier du destinataire grâce à SMTP.
3. Le serveur destinataire transmet le courrier au poste destinataire grâce au protocole POP, ou alors le récepteur se connecte à son serveur de messagerie pour le consulter en ligne grâce au protocole IMAP.

EXO

Les acteurs de la Gouvernance de l'Internet

La « Gouvernance de l'Internet » est une notion complexe, oscillant entre l'administration technique du réseau des réseaux et son « gouvernement » avec toutes les implications politiques du terme. Selon la définition du groupe de travail sur la gouvernance d'Internet, créé dans le cadre du Sommet Mondial des Nations-Unies sur la Société de l'Information (SMSI), il faut entendre par Gouvernance de l'Internet « l'élaboration et l'application par les États, le secteur privé, et la société civile, dans le cadre de leurs rôles respectifs, de principes, normes, règles, procédures de prises de décisions et programmes communs propres à modeler l'évolution et l'usage de l'Internet ».

Cette complexité est renforcée par la multiplicité des acteurs associés à cette gouvernance et leurs natures souvent très différentes, selon qu'ils sont issus du monde technique, du secteur privé, des pouvoirs publics ou de la société civile.

On peut par exemple, citer l'ICANN (Internet Corporation for Assigned Names and Numbers), la FGI (Forum pour la Gouvernance de l'Internet) et l'ISOC (Internet Society).

www.afnic.fr

a. Quels sont les acteurs de la gouvernance d'Internet ?
b. Pourquoi est-il nécessaire de mettre en place une gouvernance ?
c. Quels sont les objectifs de cette gouvernance ?
d. Quelles sont les difficultés à surmonter pour rendre possible cette gouvernance ?
e. À l'aide de recherches sur Internet, précisez les rôles de l'ICANN, de la FGI et de l'ISOC dans la gouvernance de l'Internet.

11 Comment les technologies répondent-elles aux besoins de collaboration ? (2)

COURS

Adressage d'une ressource (client-serveur)

• Toute ressource partagée à des fins de collaboration doit être facilement accessible que ce soit sur le réseau local ou sur Internet. L'accès aux ressources ou aux applications est rendu possible grâce aux équipements d'interconnexion du réseau, et grâce à la mise en œuvre des protocoles de communication.

• **Les équipements d'interconnexion d'un réseau local :**

• La **carte réseau** assure l'interface entre l'équipement ou la machine dans lequel elle est montée, et un ensemble d'autres équipements connectés sur le même réseau.

• **Le commutateur** est un élément matériel qui permet de relier plusieurs hôtes-réseaux entre eux. Il possède autant de ports qu'il peut connecter de machines (4, 8, 16 ou 32).

• **Le routeur** est un équipement d'interconnexion de réseaux informatiques permettant d'assurer le routage des paquets IP entre deux réseaux ou plus. Il possède une adresse IP sur chacun des réseaux qu'il interconnecte.

• **La passerelle** applicative (en anglais « gateway ») est un système matériel et logiciel permettant de faire la liaison entre deux réseaux utilisant **des protocoles réseaux différents**.

• **Architecture client-serveur :** une machine cliente du réseau contacte un serveur qui lui fournit des services (fichiers, applications, connexion…).

• **Le serveur** est une machine très puissante en termes de traitement et de stockage qui fournit de nombreux services : on distingue les serveurs de fichiers, les serveurs d'authentification, les serveurs d'application, les serveurs de bases de données…

L'adressage d'une ressource

Chaque hôte d'un réseau local ou sur Internet doit être adressé pour être joignable.

• **L'adressage physique (ou adresse MAC Media Access Control)** identifie chaque carte réseau de façon unique au niveau mondial. L'adresse physique est attribuée par le fabricant mais ne permet pas de gérer un réseau local. En effet, ces adresses sont très complexes à manipuler.

• **L'adressage logique (protocole IP)** : chaque hôte d'un réseau doit être adressé logiquement. On utilise actuellement le protocole IPv4 (Internet Protocol version 4) constitué de 4 nombres de 0 à 255.

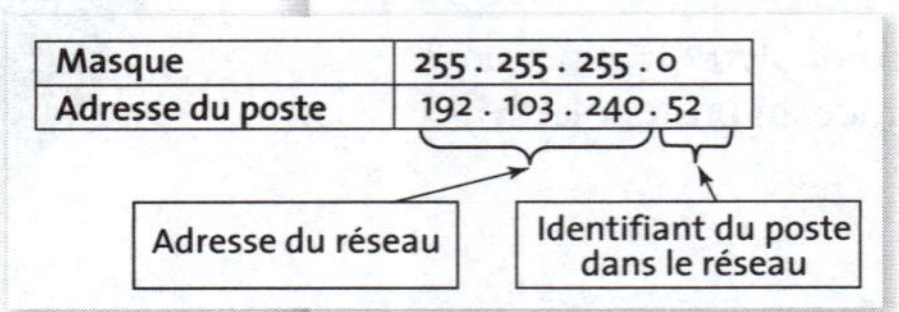

• **Le rôle du masque de sous-réseau** permet de déterminer quelle est l'adresse-réseau du poste. Il permet également de fractionner un réseau en sous-réseaux.

Exemple : soit le poste 1 qui a pour adresse IP : 192.103.240.52. Chaque fois qu'il y a 255 dans le masque, on garde le nombre correspondant pour l'adresse-réseau dans l'adresse IP du poste.

Le poste 1 a donc pour identifiant 52 dans le réseau 192.103.240.0.

• **Les classes :** les adresses logiques sont regroupées par classe en fonction de la valeur du 1er octet. À chaque classe correspond un masque conseillé.

Exemples : classe A (octet 1 à 126, masque : 255.0.0.0), classe B (octet 128 à 191, masque : 255.255.0.0), classe C (octet 192 à 223, masque : 255.255.255.0).

• **Les adresses privées** sont librement utilisables à l'intérieur d'un réseau local. **Les adresses publiques,** visibles sur Internet, sont attribuées par une autorité mandatée (RIPE, Réseaux IP Européens). **L'adressage IPv6 :** la version 6 du protocole IP permet de coder les adresses sur 16 octets au lieu de 4 et donc, de procurer de façon quasi illimitée des adresses Internet.

• **Configuration d'un poste :** un poste doit obligatoirement avoir **une adresse IP ET un masque de sous-réseau**. Pour accéder à Internet ou à un autre réseau, il faut en plus **l'adresse IP d'une passerelle/routeur ET l'adresse d'un serveur DNS**.

Ressources et services distants

La sécurité du réseau doit être assurée pour garantir aux utilisateurs un accès sûr et continu aux ressources et services distants dont ils ont besoin. Quatre critères de sécurité informatiques peuvent être définis :

– **La disponibilité :** une ressource ou un service distant doivent pouvoir être utilisés à chaque instant et sans interruption.

– **L’intégrité :** le contenu d’une ressource ne doit pas être altéré par une application malveillante ou par une personne non autorisée.
– **La confidentialité :** seules les personnes autorisées ont accès à une information donnée.
– **L’imputabilité :** il est nécessaire de pouvoir prouver qu’une personne est bien à l’origine d’une opération à un instant donné.

MÉTHODE

Comment décrypter la configuration IP de mon ordinateur ?

Vous pouvez accéder à la configuration de votre poste en utilisant la commande **ipconfig/all** dans l’invite de commande sous Windows ou en tapant **ifconfig** dans l’interpréteur de commande sous Linux.

```
Carte réseau sans fil Wi-Fi :

   Suffixe DNS propre à la connexion. . . :
   Description. . . . . . . . . . . . . . : Dell Wireless 1704 802.11b/g/n (2,4
GHz)
   Adresse physique . . . . . . . . . . . : 64-27-37-FD-C1-4F
   DHCP activé. . . . . . . . . . . . . . : Oui
   Configuration automatique activée. . . : Oui
   Adresse IPv6 de liaison locale. . . . .: fe80::dc4d:9be8:73c2:fc7c%12(préféré
)
   Adresse IPv4. . . . . . . . . . . . . .: 192.168.1.36(préféré)
   Masque de sous-réseau. . . . . . . . . : 255.255.255.0
   Bail obtenu. . . . . . . . . . . . . . : samedi 2 mars 2013 14:20:13
   Bail expirant. . . . . . . . . . . . . : dimanche 3 mars 2013 02:55:17
   Passerelle par défaut. . . . . . . . . : 192.168.1.254
   Serveur DHCP . . . . . . . . . . . . . : 192.168.1.254
   IAID DHCPv6 . . . . . . . . . . . : 258221879
   DUID de client DHCPv6. . . . . . . . : 00-01-00-01-18-78-8E-2B-64-27-37-FD-C1
-4F
   Serveurs DNS. . . . . . . . . . . . . : 192.168.1.254
   NetBIOS sur Tcpip. . . . . . . . . . . : Activé
```

– Cet ordinateur utilise une connexion Wi-Fi 802.11. L’adresse physique (MAC) de sa carte réseau est 64-27-37-FD-C1-4F.
– Le serveur DHCP est activé : cet ordinateur obtient automatiquement une adresse IP dont le bail est d’environ 24 h au bout desquelles l’adresse IP est renouvelée.
– L’adresse IPv4 de l’ordinateur est 192.168.1.36 et le masque de sous-réseau est 255.255.255.0. Le poste appartient donc au réseau 192.168.1.0 qui est de classe C.
– Le poste accède à Internet ou à un autre réseau grâce à une passerelle dont l’adresse est 192.168.1.254 (elle est bien sur le même réseau que le poste) et le serveur DNS est aussi hébergé à l’adresse 192.168.1.254.
– La configuration de ce poste est donc complète. On peut remarquer que l’adresse IPv6 du poste est également donnée (ligne 7).

EXO

L’entreprise YAGO Voyage a créé un réseau local divisé en deux sous-réseaux (côté administratif et côté magasin clientèle). Elle possède également un accès à Internet.
La configuration du routeur ADSL avec trois interfaces est la suivante :
– côté réseau administratif : adresse IP de l’interface : 192.170.20.254/255.255.255.0
– côté réseau du magasin : adresse IP de l’interface : 192.170.10.254/255.255.255.0
– côté Internet : adresse IP de l’interface : 83.165.152.24/255.0.0.0

a. Donnez l’adresse du réseau administratif. À quelle classe appartient-il ?
b. Donnez une adresse IP possible pour le poste de la secrétaire administrative.
c. La secrétaire veut communiquer avec le poste du vendeur, quelle interface du routeur doit-elle configurer sur son poste ? Pourquoi ?
d. Quelle est la particularité de l’adresse IP côté Internet pour le routeur ?
e. Le vendeur souhaite consulter les tarifs d’un transporteur aérien sur un site Web. Quels sont les protocoles mis en œuvre ?

12 En quoi les systèmes d'information transforment-ils les échanges entre les acteurs des organisations ?

COURS

Les nouvelles technologies font évoluer les modes de communication intra et inter organisations qui sont dorénavant articulés autour d'Internet. Les acteurs s'offrent des échanges plus participatifs sans contraintes spatiales ou temporelles. Si ces nouveaux modes de communication rendent les organisations plus performantes et dynamiques, les risques générés ne sont pas négligeables et peuvent parfois porter atteinte à la vie privée.

Coordination et collaboration

La collaboration permet aux acteurs de travailler ensemble grâce à des outils numériques dans la poursuite d'un objectif commun. Les outils de travail collaboratif regroupent tous les moyens organisationnels et techniques qui permettent de communiquer, de coopérer et de se coordonner (messagerie, Web meeting, espaces collaboratifs de travail…).
Lorsque des personnes collaborent, il est nécessaire de mettre en place **une coordination** grâce à des outils de gestion du temps (agendas partagés), des outils de gestion des tâches (gestion des accusés de réception) et des outils de gestion des flux (workflow).

Sécurité des échanges

Comme nous l'avons vu dans la fiche 11, les acteurs de l'organisation collaborent grâce à l'explosion des échanges rendus possibles grâce aux réseaux. Cependant, les risques liés à ces échanges peuvent nuire à la sécurité des données échangées et donc au respect de la vie privée. Certaines opérations permettent de réduire ces risques :
– **L'authentification :** chaque utilisateur, ou chaque machine sur un réseau, doit être authentifié pour accéder à une ressource. La méthode la plus répandue repose sur l'attribution par l'administrateur du réseau d'un login et d'un mot de passe mais d'autres techniques d'identification basées sur la biométrie sont désormais possibles (empreinte digitale ou rétinienne).
– **L'habilitation :** chaque utilisateur qui s'authentifie sur un réseau se voit attribuer un droit d'accès à certaines ressources en fonction de son activité dans l'entreprise. Exemple : un comptable pourra accéder aux fiches de paie des salariés avec un droit de lecture et de modification, alors qu'un vendeur n'aura accès qu'à sa propre fiche de paie en mode lecture seule.
– **Le chiffrement** est une technique qui permet de crypter un message afin d'en assurer l'intégrité et l'authentification. Pour cela, une clé de chiffrement associée à un algorithme transforme le message émis qui sera décrypté par une clé de déchiffrement à réception (chiffrement asymétrique).
– **Le tiers de confiance** est un organisme qui garantit la sécurisation des échanges entre certains acteurs en mettant à disposition des outils qui assurent la confidentialité, l'authenticité, l'intégrité des échanges et l'imputabilité. Exemple d'outils mis en œuvre par le tiers : la signature électronique, l'horodatage, les certificats électroniques…

Les outils de l'informatique sociale et leurs usages

• Ce sont des technologies liées au Web 2.0 qui permettent de nouvelles formes de collaboration développées autour du numérique.
• **Les réseaux sociaux** sont des communautés d'individus ou d'organisations regroupées autour d'intérêts communs et créant des interactions sociales. On parle de services de réseautage social soit à destination du grand public (Facebook, Twitter, MySpace) soit à des fins professionnelles pour rechercher de nouveaux clients (Viadeo) ou de nouveaux partenaires commerciaux (Linkedln).
• **Les espaces numériques de travail ou ENT** sont des environnements collaboratifs proposant à un groupe d'individus un ensemble de services (messagerie, agenda partagé, blog, wiki, forum, partage de documents).
• **Les communautés de pratique** sont des espaces d'échange qui permettent à des acteurs (experts, individus, entreprises) ayant un intérêt commun (domaine d'activité, pratique professionnelle) de partager leurs savoirs et d'apprendre les uns des autres. Elles sont définies par « La théorie des communautés de pratique » (Wenger, 2005).

Traces numériques

• L'utilisation d'outils numériques en ligne génère des traces pouvant être classées en 4 catégories (d'après L. Merzeau enseignante – chercheuse à Paris X) :
– Les traces **profilaires** : « Ce que je dis de moi » (profils Facebook) ;
– Les traces **navigationnelles** : les informations issues de mon comportement sur Internet (pages visitées, recherches effectuées) et qui peuvent être utilisées par des outils de ciblage comportemental ;
– Les traces **agissantes** : « Ce que je dis et produis » (tweet, commentaires) ;
– Les traces **calculées** : toutes les informations qui peuvent être quantifiables (nombre de connexions, nombre de contacts).

• Toutes ces traces concourent, que ce soit pour un individu ou une entreprise, à créer **une e-réputation** dont les conséquences peuvent être négatives (licenciement suite à des propos désobligeants sur Facebook, dégradation de l'image de marque de l'entreprise). En 2010, une charte **du Droit à l'oubli numérique** a été signée. Elle permet d'effacer les données collectées de manière passive (traces navigationnelles) ou de manière active (traces profilaires ou agissantes) de la mémoire collective.

MÉTHODE

Identifier les traces de votre passage sur Internet

Sur votre ordinateur	Les adresses des pages consultées sont stockées dans l'historique de navigation. Le cache de votre navigateur garde une copie des pages visitées. Les cookies déposés par vos sites Web préférés reposent dans des fichiers texte ou flash.
Dans les équipements réseau de votre organisation	Les journaux de connexion (fichiers logs) tracent vos actions sur la toile.
Sur les serveurs des sites Web distants	Votre adresse IP et votre fournisseur d'accès sont reconnus : on peut donc vous géolocaliser. Vos variables d'environnement sont transmises (système d'exploitation, type de navigateur). Vos recherches en ligne sont enregistrées afin de vous proposer une publicité adaptée.

www.cnil.fr/vos-libertes/vos-traces

EXO

Les dispositions techniques de sécurité du système DMP

À l'heure du « tout numérique », le DMP (Dossier Médical Personnel) s'installe dans le monde de la santé. Électronique, ce dossier rassemble les informations médicales relatives à un patient, strictement nécessaires à la coordination des soins (allergies, résultats d'analyse). Outil de coordination, il contribue à l'amélioration de la qualité et de la continuité des soins.

• **Des règles strictes sur l'authentification et l'identification** des personnes habilitées à accéder à l'application sont suivies, dans la gestion des droits et des habilitations.

• **Confidentialité des données :** des mesures pour assurer la confidentialité des données, lors du développement de l'application informatique ou lors des opérations de maintenance des logiciels et des équipements ont été définies.

• **Sécurité des locaux et des équipements :** les accès physiques aux serveurs du DMP sont protégés grâce à plusieurs mécanismes techniques et humains.

• **Protection contre les intrusions :** les accès aux différents systèmes du DMP sont strictement contrôlés et permettent de détecter, via des procédures formalisées, les accès non autorisés et les intrusions type virus informatique.

• **Conservation des données :** la solution d'archivage permet de garantir l'intégrité des éléments archivés, grâce à un dispositif incluant trois écritures sur deux supports différents (disques et bandes), sur deux sites locaux bien distincts.

• **Intégrité des données :** la plate-forme technique est conçue pour assurer le « zéro perte » d'information. Cette exigence repose notamment sur des dispositifs de contrôle d'intégrité, et d'antivirus, de pare-feux et d'IPS.

• **Sauvegarde des données :** des dispositifs de sauvegarde des données sont mis en place sur les deux sites de production.

• **Performances :** le taux de disponibilité exigé est de 99,5 %. Le respect de ces exigences fait l'objet de vérifications constantes par l'ASIP Santé.

esante. gouv. fr

a. Quels types de données sont manipulés dans le dossier médical ? Pourquoi ce dossier doit-il être sécurisé ?
b. Pourquoi le DMP peut-il être considéré comme un outil de travail collaboratif ?
c. Comment la sécurité des échanges est-elle assurée ?
d. Classez les solutions de sécurité adoptées par type de menace (cf. fiche 4).

13 Comment la fonction « système d'information » accompagne-t-elle les choix de l'organisation ?

COURS

La fonction « système d'information » ou « direction des systèmes d'information » a pour objectif de rendre le SI le plus performant possible afin de pérenniser l'organisation. Cette performance peut être mesurée grâce à des tableaux de bord de gestion. Elle nécessite une bonne gestion des compétences et des moyens financiers qui permettent de mettre en œuvre les projets d'évolution du système d'information.

SI : ses métiers et la gestion des compétences

• Chaque organisation doit gérer ses ressources humaines en fonction des objectifs de son système d'information et en fonction de caractéristiques qui lui sont propres. Les compétences en informatique peuvent cependant être découpées en deux familles qui dépendent des types d'entreprises auxquels elles se rapportent.

Type d'entreprise	Métiers
Entreprise utilisatrice et SSII*	– développeur – gestionnaire de bases de données – architecte des systèmes d'information – métiers d'assistance aux utilisateurs – métiers d'exploitation spécialisés dans l'exploitation des machines, réseaux et logiciels de base
Constructeur informatique et éditeur de logiciels	– électronicien – concepteur et réalisateur des logiciels standards – personnel de maintenance – ingénieur technico-commercial

*SSII : société de services et d'ingénierie en informatique

• La **direction des systèmes d'information** fait évoluer le SI suivant les besoins de l'entreprise en respectant les contraintes budgétaires et les objectifs stratégiques. Elle assure la qualité du système d'information tout en adaptant les compétences informatiques aux projets développés.

Veille technologique

La veille technologique consiste à s'informer de l'évolution des technologies en mettant en place des dispositifs de surveillance (flux RSS, revue de presse) et des outils d'analyse de l'information récoltée (comparaisons techniques). Elle permet de lancer de nouveaux projets qui permettront à l'organisation de profiter de technologies nouvelles, porteuses d'opportunités. Par exemple, une entreprise qui souhaite accroître ses parts de marché peut choisir de développer un site de e-commerce.

Externalisation

• La recherche de la performance nécessite pour l'organisation de bien gérer les compétences. Se pose alors la question d'externaliser certaines fonctions du SI ou au contraire de recruter en interne du personnel compétent.
• La notion d'**externalisation** désigne l'opération qui consiste à déléguer certaines activités à une entreprise extérieure. On peut recourir à la tierce maintenance pour la gestion d'une application ou pour la maintenance du parc informatique. L'externalisation peut aussi se faire sous la forme de l'**infogérance** qui consiste à déléguer toute une partie voire l'ensemble du système d'information à un prestataire spécialisé (une SSII, par exemple).

Budget

• Dans une organisation, tout projet (informatique ou autre) nécessite d'établir un budget rigoureux qui sera contrôlé. Une étude de rentabilité prévisionnelle permettra aux décideurs de réaliser ou non le projet.

• Les coûts à prendre en compte dans un budget de système d'information :
– **Les coûts d'investissement** sont tous les coûts liés à l'acquisition de biens durables (ordinateurs, câbles, serveurs, droits de licence des logiciels). Dans certains projets d'informatisation, on peut aussi ajouter **les coûts de développement** des applications (frais de conception, de codage, de documentation).
– **Les coûts de fonctionnement** sont les dépenses nécessaires au fonctionnement quotidien du projet. On classe les coûts de fonctionnement en deux familles :
  – **Les frais variables** sont des coûts qui varient en fonction de l'activité de l'entreprise (consommation énergétique, encre d'imprimantes) ;
  – **Les frais fixes** sont des coûts indépendants de l'activité de l'entreprise (location des locaux, abonnement ADSL).
– Pour définir si un projet est rentable sur une période donnée, il faut rapporter ces coûts aux gains attendus et conclure sur l'opportunité de sa mise en œuvre.

MÉTHODE

Comment lire un tableau de bord opérationnel ?

Le système d'information produit lui-même les outils nécessaires à sa surveillance, comme les tableaux de bord opérationnels qui suivent une activité en fonction d'un besoin de l'entreprise.
Un site Web utilise le tableau de bord ci-contre pour connaître l'origine des connexions sur sa page d'accueil durant un mois donné. Pour lire ce tableau, il faut :

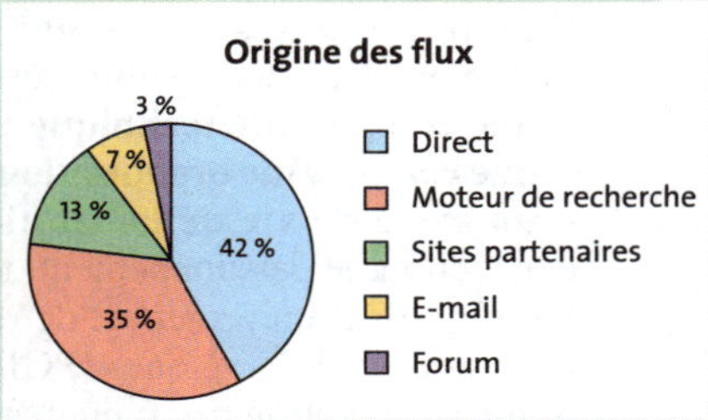

1. Comprendre le contexte (ici un flux est direct si l'internaute a tapé directement l'URL du site).
2. Identifier les indicateurs utilisés (pourcentages des flux de connexion, nature des flux).
3. Déterminer le niveau de détail des indicateurs (les moteurs de recherche ne sont pas différenciés) : les indicateurs sont-ils pertinents ? Suffisants ?
4. Comprendre les finalités du tableau : quels sont les besoins d'information comblés ? À quoi peut servir cet outil ? À qui est-il destiné ?

EXOS

1 L'entreprise TopV a lancé depuis le mois de juin un site de vente en ligne. Elle a signé un partenariat avec des sites d'achats comparatifs et d'achats groupés pour attirer des clients. Elle a également réalisé une campagne publicitaire sur des forums. Le responsable du système d'information souhaite savoir si les mesures prises attirent plus de monde sur le site. Il doit pour cela analyser le tableau de bord de la méthode.

a. Dressez un bilan de la situation au mois de novembre en étudiant le tableau de bord.

b. Trouvez-vous que le tableau de bord est suffisant ? Justifiez. Proposez d'autres indicateurs pertinents.

2 TYPE BAC

Une société de vente de billets de concert souhaite investir dans un progiciel de gestion qui lui permettrait de vendre des billets électroniques sur son site Web.
Contenu de l'offre progiciel :
– Droit de licence initial : 4 500 €.
– Licence annuelle (à partir de la 2e année) : 500 €.
– Coût journée de maintenance/installation : 250 €.
– Assistance téléphonique (abonnement annuel) : 145 €.
Il faut en moyenne trois journées par an d'intervention-maintenance.
Afin de savoir si le projet est rentable, une étude économique a été menée qui révèle les éléments suivants :
– 4 000 billets électroniques pourraient être vendus la première année et une augmentation des ventes de 15 % est espérée chacune des années suivantes par rapport à l'année précédente ;
– le montant moyen d'un billet est de 20 € ;
– la billetterie électronique devrait permettre un gain en coût de traitement de 3 % du prix de ces billets par rapport à des billets « papier ».

a. Calculez les ventes de billets espérées (en nombre) pour les trois prochaines années.

b. En déduire les gains espérés sur trois années.

c. Calculez le coût total du progiciel en détaillant les coûts d'investissement et les coûts de fonctionnement sur 3 ans. Concluez sur l'opportunité du projet.

d. La société peut-elle envisager une autre solution ? Argumentez.

14 En quoi un projet de système d'information est-il une réponse au besoin d'évolution de l'organisation ?

COURS

Les organisations sont soumises à des **contraintes externes** comme les réglementations juridiques, les fluctuations du marché ou les innovations technologiques et à des **contraintes internes** comme les processus organisationnels. Elles doivent s'adapter pour rester concurrentielles et performantes. Le système d'information doit évoluer pour accompagner les objectifs stratégiques de l'entreprise grâce à la mise en place de projets.

Projet de système d'information

• Un projet de système d'information est un ensemble coordonné d'activités qui permettent de mettre en place une solution technique dans un contexte organisationnel et humain. Il comporte :
– **une composante technique :** matériels et logiciels nécessaires ;
– **une composante organisationnelle :** nouvelles procédures ou méthodes de travail mises en œuvre ;
– **un cycle de vie de la solution :** ce sont les étapes de sa réalisation : l'analyse préalable, la conception, le développement, le déploiement, l'exploitation, la maintenance et l'arrêt.
• L'objectif d'un projet est de rendre le système d'information plus performant en y intégrant les évolutions technologiques (PGI, extranet, ENT). Les résultats attendus peuvent être :
– une accélération des traitements qui va permettre à l'organisation d'être plus réactive ;
– une amélioration de la collaboration entre les différents acteurs internes et externes de l'organisation ;
– une augmentation de la productivité grâce à des échanges plus fiables et moins coûteux ;
– une meilleure organisation autour de processus formalisés.
Un projet peut se dérouler sur une longue période et doit donc être planifié et organisé, il s'agit d'un travail d'équipe soumis à des contraintes de coût, de qualité et de délai.

Coût, qualité, délai

• On représente les contraintes de coût, de qualité et de délais dans un univers à trois dimensions :

La dimension **technique** représente la qualité de la solution développée. Elle s'évalue en fonction de critères de bonnes pratiques ou de normes suivies lors du projet. On évalue également les résultats grâce à des critères d'appréciation qui peuvent apparaître dans des tableaux de bord opérationnels (nombre de pannes, nombre de réclamations clients)
La dimension **temps** prend en compte l'écart entre les délais prévus et réalisés.
La dimension **coût** est liée à la charge que représente chaque activité du projet évaluée en jours/homme le plus souvent.

• Un projet doit respecter des contraintes qui sont évaluées en début de projet. Des ajustements vont être opérés en cours de réalisation grâce aux données qualitatives et quantitatives fournies par les outils de pilotage du projet. À la fin du projet, il faudra vérifier que le triangle coût-qualité-délai n'a pas dévié de sa forme équilatérale.

Synchronisation et coopération

• La réalisation du projet nécessite d'avoir recours à des outils de collaboration (cf. fiche 12) qui vont permettre de synchroniser les activités entre elles et de faire coopérer les acteurs.
• Le **chef de projet** a la mission de coordonner le travail des intervenants en animant le projet (réunion de coordination, planification, contrôles des tâches effectuées). Il suit le projet et fait les ajustements nécessaires pour tenir les délais et le budget (évaluer les ressources utiles, réaffecter les compétences en fonction de contraintes nouvelles).

Recette

• C'est l'étape qui permet de vérifier, à l'aide de tests approfondis, que la solution technique livrée répond bien aux spécifications (à la commande). La recette fait partie intégrante de la norme qualité que doit respecter le projet. La livraison donne lieu à l'établissement d'un procès-verbal qui recense les points de conformités à respecter. Si des réserves sont émises, alors le projet est reconduit et la planification est modifiée.

MÉTHODE

Comment planifier un projet ?

• La planification consiste à découper le projet en plusieurs tâches et à les coordonner en fonction de certaines contraintes : disponibilité des ressources et antériorité de certaines tâches. La planification va permettre de définir les tâches critiques du projet (celles pour lesquelles tout retard entraîne un retard de tout le projet) et de répartir les ressources de façon optimale dans le temps.

Exemple : découpage des tâches pour la création d'une nouvelle salle informatique dans un lycée.

Tâche	Durée en jours/homme	Contrainte d'antériorité
A Câblage de la salle	3	–
B Réception de la commande	2	–
C Installation des ordinateurs	2	A, B
D Distribution des clients	2	E
E Configuration du serveur	1	C
F Tests	3	D

La contrainte d'antériorité exprime la tâche immédiatement précédente : il faut avoir terminé la tâche E pour faire la D. La tâche A n'a pas de tâche antérieure, elle peut démarrer directement.

• Le **diagramme de GANTT** est un outil de planification qui peut être utilisé pour représenter :
– verticalement : les tâches du projet dans l'ordre de leur déroulement ;
– horizontalement : le temps.

La réalisation des tâches est matérialisée par un rectangle dont la longueur est proportionnelle au temps consacré à la tâche.

Exemple : diagramme de Gantt prévisionnel pour la création de la salle informatique

Le **suivi de projet** consiste à ajuster le diagramme de Gantt aux durées effectives de réalisation des tâches au fur et à mesure de l'avancement du projet.

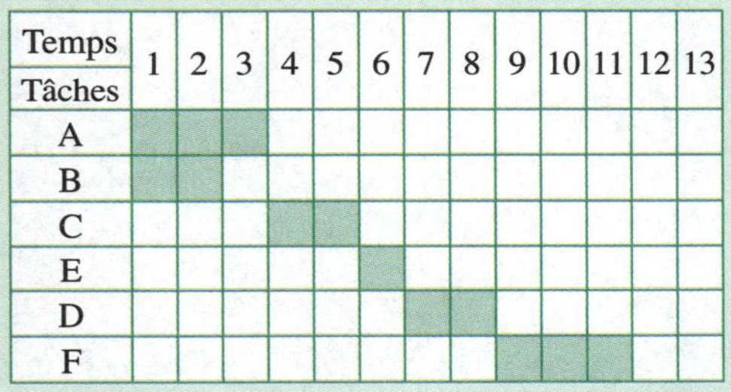

EXO

Offre d'emploi
Chef de projet informatique (92)
H/F

SSII en plein développement spécialisée dans le domaine de la banque et de l'assurance : pour un de nos clients, grand compte du domaine de l'Épargne et de la Prévoyance, nous recherchons un *chef de projet informatique*.

Descriptif du poste : gérer les différentes phases du projet, de l'expression de besoin jusqu'au déploiement de la solution applicative, à savoir :
– Clarification de l'expression de besoin,
– Réalisation et rédaction de l'étude préalable,
– Rédaction des exigences applicatives,
– Suivi des développements applicatifs confiés à une Tierce Maintenance Applicative (TMA),
– Vérification applicative des développements,
– Suivi de la recette et correction des incidents détectés au cours de cette phase,
– Suivi du déploiement applicatif en production,
– Suivi de la période de garantie.

Profil recherché :
– Chef de projet informatique expérimenté dans le domaine de l'épargne et/ou de la prévoyance, ayant déjà évolué dans un contexte « Progiciel »,
– Aptitude forte à clarifier une expression de besoin,
– Capacité à organiser des ateliers de travail,
– Qualités rédactionnelles élevées,
– Autonome.

www.cadres.apec.fr

a. Repérez, à l'aide d'exemples issus de l'annonce, les composantes d'un projet d'informatisation.
b. Relevez, en les justifiant, les éléments de l'annonce concernant le rôle de coordination du chef de projet.
c. Quelle étape du projet est externalisée ?

Maths

Point Bac

L'épreuve de maths

Présentation des épreuves

	Durée	Coefficient
Épreuve écrite	3 heures	3
Épreuve orale de contrôle	Préparation : 20 minutes Passage devant l'examinateur : 20 minutes	3

L'épreuve écrite

Objectifs de l'épreuve

L'épreuve est destinée à évaluer la façon dont les candidats ont atteint les grands objectifs de formation mathématique visée par le programme de la série STMG :
– acquérir des connaissances et les organiser ;
– mettre en œuvre une recherche de façon autonome ;
– mener des raisonnements.
– avoir une attitude critique vis-à-vis des résultats obtenus ;
– communiquer à l'écrit.

Nature du sujet

Le sujet comporte trois ou quatre exercices indépendants les uns des autres, notés chacun sur 3 à 10 points ; ils abordent une grande variété de domaines du programme de mathématiques de la série STMG.

Calculatrices et formulaires

L'autorisation ou l'interdiction de l'usage de la calculatrice est indiquée sur la première page du sujet.

Il n'y a pas de formulaire de mathématiques pour cette épreuve. En fonction de la nature des exercices, des formules peuvent être données dans le corps du sujet ou en annexe.

L'épreuve orale de contrôle

L'épreuve consiste en un entretien entre le candidat et un examinateur. Cet entretien porte sur plusieurs questions relatives au programme de mathématiques de la classe terminale.

Pour préparer l'entretien, l'examinateur propose au moins deux questions au candidat, relatives à des parties différentes du programme. L'usage de la calculatrice est autorisé.

Méthodes et conseils

L'épreuve écrite

Gérer le temps

L'épreuve dure 3 heures.
– Commencez par lire le sujet en entier ; repérez l'exercice ou les questions qui vous paraissent les plus faciles.
– Évaluez le temps nécessaire pour chercher, rédiger, relire chaque exercice. (En fonction des indications du barème, environ 40 minutes pour un exercice sur 5 points.)
– Gardez 20 minutes à la fin de l'épreuve pour relire vote copie, numéroter les pages, vérifier qu'il ne manque pas de feuilles avec les figures, ni de réponse à un QCM ou à un Vrai-faux.

Résoudre un exercice

Prenez le temps de lire, d'analyser et de comprendre l'énoncé. Relisez chaque question, retenez les consignes.
– Mobilisez et énoncez complètement les résultats du cours (définitions, formules, propriétés) que vous devez restituer pour éventuellement argumenter vos réponses.
– Un brouillon est souvent indispensable pour écrire vos idées, commencer un calcul, essayer une méthode.
– Une question qui commence par « en déduire » a pour solution une déduction des résultats précédents.
– Restez lucide et cohérent ; faites preuve de rigueur dans vos calculs et vos raisonnements.
– Argumentez toujours vos réponses (sauf pour les QCM ou les Vrai-faux pour lesquels l'énoncé précise de ne pas justifier).
Si vous ne trouvez pas de démonstration rigoureuse pour justifier un résultat, écrivez sur votre copie vos idées, calculs, réponses partielles, observations sur la calculatrice, faites un dessin. Montrez que vous avez pris des initiatives en indiquant toutes vos démarches même non abouties ; explicitez vos idées, vos recherches, indiquez votre stratégie.
– Lorsque vous rédigez, respectez les notations de l'énoncé, veillez à utiliser le vocabulaire adapté, numérotez les questions, présentez soigneusement les figures et les tableaux.

Relire à la fin

– Relisez attentivement votre copie, corrigez les fautes d'orthographe, vérifiez les formules et vos calculs (attention aux étourderies dans les signes), soulignez vos réponses.
– Si vous vous rendez compte de contradictions, d'incohérences, d'oublis, signalez-le et expliquez brièvement ce qui vous pose problème.
– Vérifiez la numérotation des pages et veillez à ne pas oublier les figures ou les documents à joindre à votre copie.

L'épreuve orale de contrôle

Informations générales

– L'examinateur vous remet une feuille sur laquelle figurent les énoncés de plusieurs exercices ou questions à préparer. (Le nombre d'exercices ou de questions peut varier selon les examinateurs.) Il vous indique comment se déroulera le début de l'entretien et il vous précise s'il regardera ou non votre brouillon.
– Le sujet à préparer n'est qu'un des éléments de l'épreuve. Lors de l'entretien, l'examinateur peut vous poser de nouvelles questions sur d'autres sujets ou proposer un nouvel exercice et vous demander d'indiquer des démarches possibles pour le résoudre. Il peut vous interrompre dans l'exposé d'une solution pour vous demander de donner directement la réponse.
– Lorsque vous fournissez une réponse, l'examinateur peut ne pas vous dire si elle est correcte ou non.

Conseils

– Écoutez attentivement les indications données par l'examinateur en même temps que le sujet de la préparation.
– Pendant la préparation, ne rédigez pas les solutions, prévoyez les démarches possibles, mobilisez vos connaissances sur les thèmes proposés. Vous expliquerez oralement vos solutions.
– Pensez à parler distinctement, à articuler, à regarder votre examinateur.
– L'examinateur n'est pas là pour vous faire un cours, mais pour mettre une note, en essayant de vous interroger sur le champ le plus large possible. Ne tirez donc aucune conclusion si vous ne répondez pas à certaines questions et ne paniquez pas. Les réponses aux nouvelles questions posées lors de l'entretien entrent dans l'attribution de la note.
– Il est inutile de demander à l'examinateur la note qu'il mettra ; la note définitive ne sera attribuée qu'après l'examen du livret scolaire et lors des délibérations du jury.

1 Taux d'évolution

COURS

Racine n-ième d'un nombre réel positif

Soit a un nombre réel strictement positif.
L'équation $x^n = a$ admet une unique solution dans l'intervalle $]0 ; +\infty[$. C'est la **racine n-ième** de a. On la note : $a^{\frac{1}{n}}$.

Exemple : La racine quatrième de 81 est : $81^{\frac{1}{4}} = 3$. Pour obtenir ce résultat, on tape sur la calculatrice : $81 \wedge (1 \div 4)$. On peut vérifier que $3^4 = 81$.

Taux d'évolution moyen

• On considère deux nombres réels positifs y_1 et y_2, y_1 étant non nul.
On appelle **taux d'évolution de y_1 à y_2** le nombre : $\frac{y_2 - y_1}{y_1}$.

On note t le taux d'évolution de y_1 à y_2. Le **coefficient multiplicateur** associé à t est le nombre k tel que : $k = 1 + t = \frac{y_2}{y_1}$. On a donc : $y_2 = k \times y_1$ et $y_1 = \frac{y_2}{k}$. On a aussi : $t = k - 1$.

• On considère maintenant les nombres réels positifs $y_0, y_1, y_2, \dots y_n$.
On note $t_1, t_2, \dots t_n$ les taux d'évolution de y_0 à y_1, de y_1 à y_2, …, de y_{n-1} à y_n.
Le taux d'évolution global T de y_0 à y_n est donné par $1 + T = (1 + t_1)(1 + t_2)\dots(1 + t_n)$.
Le **taux d'évolution moyen** des n évolutions successives est le taux t vérifiant : $(1 + t)^n = 1 + T$.
Autrement dit, appliquer n fois le taux t revient à appliquer successivement les taux $t_1, t_2, \dots t_n$.
Comme $(1 + t)^n = 1 + T$, on en déduit que : $1 + t = ((1 + t_1)(1 + t_2)\dots(1 + t_n))^{\frac{1}{n}}$.

Indice simple en base 100

• On appelle **indice simple en base 100 de y_2 par rapport à y_1** le nombre $I = 100 \times \frac{y_2}{y_1}$.

• Si t est le taux d'évolution de y_1 à y_2 et I est l'indice simple en base 100 de y_2 par rapport à y_1, alors : $I = 100(1 + t)$ et $t = \frac{I - 100}{100}$.

MÉTHODE

Calculer un taux moyen connaissant un taux global

Suite à l'implantation d'une grande usine, la population d'un village a augmenté de 60 % en un an.
Calculez le taux d'évolution mensuel moyen de la population de ce village au cours de cette année.
Le coefficient multiplicateur global est égal à : $1 + 60\ \% = 1 + 0{,}6 = 1{,}6$.
Soit t le taux d'évolution mensuel moyen. On a donc $(1 + t)^{12} = 1{,}6$.

On en déduit que $1 + t = 1{,}6^{\frac{1}{12}}$ et que $t = 1{,}6^{\frac{1}{12}} - 1 \approx 0{,}0399$.
Le taux d'évolution mensuel moyen cherché est donc d'environ 3,99 %.

Calculer le taux moyen de n évolutions successives

Le prix du litre de gazole a augmenté de 18 % de 2007 à 2008. Il a baissé de 22 % en 2009, puis augmenté de 12 % en 2010, de 19 % en 2011 et de 11 % en 2012.
Calculez le taux d'évolution moyen annuel t.
Le prix du litre de pétrole a été multiplié par 1,18 puis par 0,78, 1,12, 1,19 et enfin 1,11.
Le coefficient multiplicateur global est donc de : $1{,}18 \times 0{,}78 \times 1{,}12 \times 1{,}19 \times 1{,}11 \approx 1{,}3616$.

On a donc : $(1 + t)^5 = 1{,}3616$. On en déduit que $1 + t = 1{,}3616^{\frac{1}{5}}$.

Finalement, on a : $t = 1{,}3616^{\frac{1}{5}} - 1 \approx 0{,}0637$.
De 2007 à 2012, le prix du litre de gazole a augmenté en moyenne de 6,37 % par an.

1 Résolvez les équations suivantes à l'aide de la calculatrice. On donnera les résultats à 0,01 près.

a. $x^8 = 12$ **b.** $x^6 = 1{,}35$
c. $x^3 = 40$ **d.** $x^7 = 3{,}5$

2 À quatre mois de grossesse, le futur petit Arthur mesurait 10 cm. Cinq mois plus tard, à la naissance, il mesurait 53 cm.

a. Calculez le taux de croissance mensuel moyen t de la taille d'Arthur sur les cinq derniers mois à 0,01 % près.

b. Quelle serait la taille d'Arthur lors de son premier anniversaire s'il continuait à grandir au même rythme ?

3 La population mondiale a été multipliée par 4 au cours du XXe siècle.

Calculez le taux d'évolution annuel moyen de la population mondiale au cours du XXe siècle à 0,1 % près.

4 En février 1998, la superficie de la banquise arctique était de 16 millions de km². En février 2010, elle était de 15 millions de km².

a. Calculez le taux d'évolution de la superficie de la banquise de 1990 à 2010.

b. Montrez que le taux d'évolution annuel moyen de la superficie de la banquise sur ces douze années est de – 0,536 %.

c. Quelle sera la superficie de la banquise en février 2030 si la banquise fond toujours à la même vitesse ?

5 Claire fait ses comptes tous les mois. Elle observe que le budget qu'elle consacre à l'alimentation a augmenté de 3 %, baissé de 6 %, augmenté de 5 %, augmenté de 4 %, augmenté de 6,5 % et augmenté de 1 %.

a. Montrez que le taux d'évolution global du budget que Claire a consacré à l'alimentation sur ces derniers mois est de 13,73 %.

b. Déduisez-en que le taux d'évolution mensuel moyen est de 2,17 %.

6 Dans chaque cas, indiquez le taux mensuel moyen équivalent au taux annuel donné. On donnera les résultats à 0,01 % près.

a. + 20 % **b.** + 15 %
c. – 13 % **d.** – 25 %

7 En 2003, le prix moyen d'un livre était de 10,27 €. En 2009, il était de 10,90 €.

a. Calculez le taux d'évolution du prix moyen d'un livre de 2003 à 2009 à 0,01 % près.

b. Calculez l'indice du prix moyen d'un livre en 2009 par rapport à 2003 à 0,01 près.

8 Le tableau ci-dessous donne le nombre d'articles (en milliers) d'une encyclopédie en ligne.

Année	Nombre d'articles (en milliers)	Indice
2006	220	100
2007	420	
2008	610	
2009	750	
2010	900	
2011	1 060	
2012	1 200	

Complétez le tableau en prenant pour base 100 le nombre d'articles en 2006.

9 On donne un indice simple en base 100 de y_2 par rapport à y_1. Dans chaque cas, donnez le taux d'évolution de y_1 à y_2 correspondant.

a. 123,5 **b.** 114,7 **c.** 100,4 **d.** 84,5

10 On donne le taux d'évolution de y_1 à y_2. Dans chaque cas, donnez l'indice simple en base 100 de y_2 par rapport à y_1.

a. + 13,7 % **b.** + 150 %
c. – 14,8 % **d.** – 47,6 %

11 TYPE BAC Le tableau ci-dessous donne le prix moyen, en euros, du litre de gazole et du litre de sans plomb 95 en France de 2008 à 2012.

	Gazole		Sans plomb 95	
Année	Prix	Indice	Prix	Indice
2008	1,22	100	1,37	100
2009	0,95		1,04	
2010	1,06		1,26	
2011	1,26		1,44	
2012	1,40		1,56	

a. Complétez le tableau en prenant pour base 100 les prix de 2008 à l'unité près.

b. Calculez le taux d'évolution du prix du litre de gazole de 2008 à 2012 à 0,01 % près.

c. Calculez le taux d'évolution annuel moyen du litre de gazole de 2008 à 2012 à 0,01 % près.

2 Suites arithmétiques et suites géométriques

COURS

Définitions

- Une suite u est une fonction définie sur $\mathbb{N}$ ou sur une partie de $\mathbb{N}$.
- La suite u est **croissante** si pour tout $n \in \mathbb{N}$, on a : $u_n \leqslant u_{n+1}$.
- La suite u est **décroissante** si pour tout $n \in \mathbb{N}$, on a : $u_n \geqslant u_{n+1}$.

Suites arithmétiques

- Une suite est dite **arithmétique** s'il existe un réel r tel que pour tout $n \in \mathbb{N}$, on ait : $u_{n+1} = u_n + r$.
Le réel r est la **raison** de la suite u.
- Pour tous entiers n et p, on a : $u_n = u_p + (n - p)r$. En particulier : $u_n = u_0 + nr$.
- Une suite arithmétique de raison r est croissante si $r > 0$ et décroissante si $r < 0$.

Suites géométriques

- Une suite est dite **géométrique** s'il existe un réel q tel que pour tout $n \in \mathbb{N}$, on ait : $u_{n+1} = qu_n$.
Le réel q est la **raison** de la suite u.
- Pour tous entiers n et p, on a : $u_n = u_p q^{n-p}$. En particulier : $u_n = u_0 q^n$.
- Une suite géométrique de raison q est croissante si $q > 1$ et décroissante si $0 < q < 1$.

MÉTHODE

Déterminer un seuil

Soit u la suite géométrique de raison 1,3 et de premier terme $u_0 = 10$.
Déterminez le premier terme de la suite qui est supérieur à 100.
On détermine l'expression explicite de u : $u_n = 10 \times 1{,}3^n$.
En utilisant la calculatrice (ou un tableur), on dresse un tableau de valeurs.
On peut lire dans le tableau que le terme cherché est le terme de rang 9.

Comparer deux suites

On considère la suite arithmétique u de premier terme $u_0 = 10$ et de raison 0,5, et la suite géométrique v de premier terme $v_0 = 2$ et de raison 1,2.
Déterminez le plus petit rang à partir duquel on a $u_n \leqslant v_n$.
On détermine l'expression explicite de u : $u_n = 10 + 0{,}5n$.
On détermine l'expression explicite de v : $v_n = 2 \times 1{,}2^n$.
En utilisant la calculatrice (ou un tableur), on dresse un tableau de valeurs.
Ici, on a affiché les termes de la suite u dans la première colonne et ceux de la suite v dans la deuxième.
On peut lire dans le tableau que le terme cherché est le terme de rang 12.

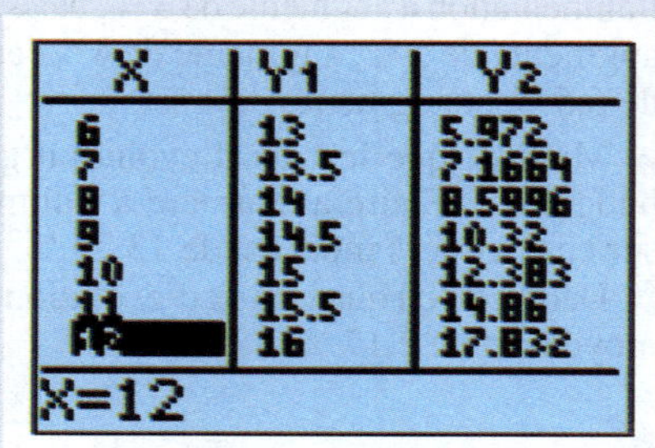

1 Soit u la suite arithmétique de premier terme $u_0 = 4$ et de raison 5.

a. Exprimez u_n en fonction de n.

b. Quel est le sens de variation de u ? Justifiez.

c. Calculez u_{24} et u_{153}.

2 Soit u la suite géométrique de premier terme $u_1 = 20\,000$ et de raison 0,8.

a. Exprimez u_n en fonction de n.

b. Quel est le sens de variation de u ? Justifiez.

c. Calculez u_{10} et u_{57} à 0,01 près.

3 Thierry mange actuellement 80 carrés de chocolat par mois. Pour se ménager, il décide de diminuer sa quantité de 3 carrés par mois. On note u_n le nombre de carrés de chocolat qu'il mangera dans n mois.

1. a. Donnez la nature de la suite u et exprimez u_n en fonction de n.

b. Combien Thierry mangera-t-il de carrés de chocolat dans un an ?

2. On modélise la situation à l'aide d'un tableur.

	A	B	C
1	**Mois**	**Nombre de carrés**	**Nombre total de carrés**
2	0	80	80
3	1	77	157
4	2	74	231
5	3	71	302
6	4	68	370
7	5	65	435
8	6	62	497

a. Quelle formule a pu être entrée en B3 et copiée vers le bas pour compléter la colonne B ?

b. Quelle formule a pu être entrée en C3 et copiée vers le bas pour compléter la colonne C ?

4 Claire enseigne l'anglais à des élèves de sixième. En septembre, ses élèves ont appris 40 nouveaux mots. Chaque mois, le nombre de nouveaux mots appris par ses élèves augmente de 10 %. On note u_n le nombre de nouveaux mots appris au bout de n mois, $n = 0$ correspondant au mois de septembre.

1. a. Donnez la nature de la suite u et exprimez u_n en fonction de n.

b. Combien de nouveaux mots les élèves apprendront-ils en juin ?

2. On modélise la situation à l'aide d'un tableur.

	A	B	C
1	**Mois**	**Rang**	**Nombre de mots**
2	Septembre	0	40
3	Octobre	1	44
4	Novembre	2	48
5	Décembre	3	53
6	Janvier	4	59
7	Février	5	64
8	Mars	6	71
9	Avril	7	78
10	Mai	8	86
11	Juin	9	94
12	Total		

a. Quelle formule a pu être entrée en C2 et copiée vers le bas pour compléter la colonne C ?

b. Quelle formule peut-on entrer en C12 pour obtenir le nombre total de mots appris par les élèves à la fin de l'année ?

5 On considère une grande feuille de papier de 0,1 mm d'épaisseur. On suppose qu'elle est assez grande pour être pliée en deux de nombreuses fois. On note e_n l'épaisseur du papier plié en millimètres après n pliages. On a donc $e_0 = 0{,}1$.

a. Quelle est la nature de la suite e ?

b. Complétez l'algorithme ci-dessous qui permet de déterminer combien de fois il faut plier la feuille pour atteindre ou dépasser une épaisseur E donnée, exprimée en millimètres.

```
Début de l'algorithme
    épaisseur prend la valeur 0,1
    nb_pliage prend la valeur 0
    TANT QUE épaisseur ≤ E FAIRE
        épaisseur prend la valeur ________
        nb_pliage prend la valeur ________
    Fin TANT QUE.
    Afficher : « Il faut plier la feuille ______ fois. »
Fin de l'algorithme.
```

c. Déterminez à l'aide de la calculatrice combien de fois il faut plier la feuille pour dépasser une épaisseur de 13 mètres.

6 Claire et Marie ont été embauchées toutes les deux le 1er janvier 2011. À cette date, le salaire annuel de Claire était de 16 800 € et celui de Marie de 16 000 €.

Tous les ans, le salaire annuel de Claire augmente de 2 % et celui de Marie augmente de 2,5 %. On note u_n le salaire annuel de Claire et v_n celui de Marie en l'année $2011 + n$.

a. Donnez la nature des suites u et v, et exprimez u_n et v_n en fonction de n.

b. À l'aide de la calculatrice, déterminez la première année où le salaire de Marie sera supérieur à celui de Claire.

Maths

3 Dérivation

COURS

Tangente à une courbe et nombre dérivé

Soit C_f la courbe représentative d'une fonction f. On considère un point A d'abscisse x_A sur cette courbe.

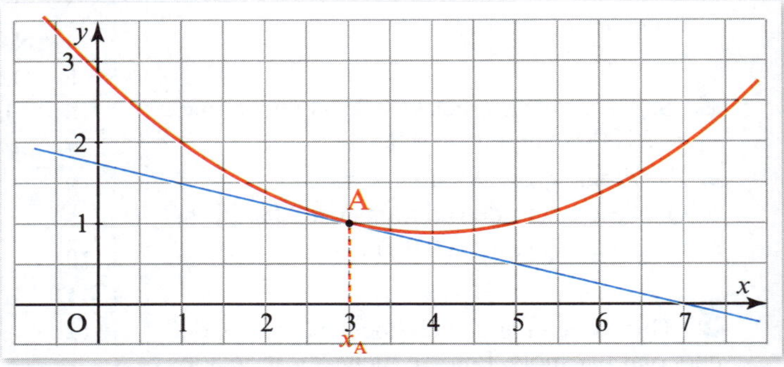

• Si l'on est très proche de A, on peut approcher la courbe par une droite passant par A. Cette droite est appelée **tangente à C_f au point d'abscisse x_A**.

• On appelle **nombre dérivé** de f en x_A, et on note $f'(x_A)$, le coefficient directeur de la tangente à C_f au point d'abscisse x_A.

• La fonction qui à x_A associe le nombre dérivé $f'(x_A)$ est appelée **fonction dérivée** de f.

• Une équation de la tangente à C_f en A est :

$$y = f'(x_A)(x - x_A) + f(x_A).$$

Dérivées des fonctions usuelles

$f(x)$	$f'(x)$	Intervalle de validité
k, k réel fixé	0	$\mathbb{R}$
x	1	$\mathbb{R}$
$ax + b$	a	$\mathbb{R}$
$ax^2 + bx + c$	$2ax + b$	$\mathbb{R}$
$ax^3 + bx^2 + cx + d$	$3ax^2 + 2bx + c$	$\mathbb{R}$
x^n, $n > 0$	nx^{n-1}	$\mathbb{R}$
$\frac{1}{x}$	$-\frac{1}{x^2}$	$]-\infty\,; 0[$ ou $]0\,; +\infty[$

Dérivées et opérations sur les fonctions

On considère deux fonctions u et v dérivables sur un intervalle I et un nombre réel k.

• $(u + v)' = u' + v'$ • $(ku)' = ku'$ • $(uv)' = u'v + uv'$

Si, de plus, v ne s'annule pas sur I, on a :

• $\left(\frac{1}{v}\right)' = -\frac{v'}{v^2}$ • $\left(\frac{u}{v}\right)' = \frac{u'v - uv'}{v^2}$

MÉTHODE

Dériver un quotient

Soit f la fonction définie sur $]-0{,}5\,; +\infty[$ par $f(x) = \frac{5x + 7}{2x + 1}$.

Déterminez la dérivée de f.

f est de la forme $\frac{u}{v}$ avec $u(x) = 5x + 7$ et $v(x) = 2x + 1$. On applique la formule $\left(\frac{u}{v}\right)' = \frac{u'v - uv'}{v^2}$.

On a $u'(x) = 5$ et $v'(x) = 2$; donc :

$$f'(x) = \frac{5 \times (2x + 1) - (5x + 7) \times 2}{(2x + 1)^2} = \frac{10x + 5 - (10x + 14)}{(2x + 1)^2} = \frac{10x + 5 - 10x - 14}{(2x + 1)^2}.$$

Finalement, $f'(x) = \frac{-9}{(2x + 1)^2}$.

Déterminer l'équation réduite de la tangente à une courbe

Soit f la fonction définie sur $\mathbb{R}$ par $f(x) = x^3 - 4x^2 + 2x + 1$. On appelle C_f sa courbe représentative.
Déterminez l'équation réduite de la tangente T à C_f au point d'abscisse 2.
On a : $f(2) = 2^3 - 4 \times 2^2 + 2 \times 2 + 1 = 8 - 16 + 4 + 1 = -3$.
On a : $f'(x) = 3x^2 - 8x + 2$; donc : $f'(2) = 3 \times 2^2 - 8 \times 2 + 2 = 12 - 16 + 2 = -2$.
Une équation de T est donc :
$y = f'(2)(x - 2) + f(2)$
$y = -2(x - 2) - 3$
$y = -2x + 4 - 3$
$y = -2x + 1$.
L'équation réduite de T est donc : $y = -2x + 1$.

EXOS

1 Donnez la dérivée de chacune des fonctions suivantes, définies sur $\mathbb{R}$.

a. $f(x) = 4x^5 + 3x^4 + 2x + 1$
b. $f(x) = 7x^8 - x^6 + 5x - 3$

2 On considère la fonction définie sur $]0\,;+\infty[$ par $f(x) = 2x + 1 - \dfrac{8}{x}$.

a. Calculez $f(4)$.
b. Calculez la dérivée de f.
c. Calculez $f'(4)$.
d. Donnez l'équation réduite de la tangente à la courbe représentative de f au point d'abscisse 4.

3 Calculez la dérivée de chacune des fonctions suivantes sur son ensemble de définition.

a. $f(x) = \dfrac{10x}{7} - \dfrac{10}{7x}$
b. $f(x) = 4x + \dfrac{1}{4x}$
c. $f(x) = \dfrac{1}{2x + 3}$

4 Soit n un entier naturel non nul.
Montrez que la dérivée de la fonction définie par $f(x) = \dfrac{1}{x^n}$ est $f'(x) = \dfrac{-n}{x^{n+1}}$.

5 Soit f la fonction définie sur $\mathbb{R}$ par :
$$f(x) = (x^2 + 3x + 1)(x^2 + 3x - 5).$$
En considérant f comme un produit de deux fonctions, montrez que :
$$f'(x) = (2x + 3)(2x^2 + 6x - 4).$$

6 Donnez la dérivée de chacune des fonctions suivantes sur son ensemble de définition.

a. $f(x) = \dfrac{4x - 5}{3x + 4}$ **b.** $f(x) = \dfrac{2x}{x^2 + 1}$

7 On donne ci-dessous une partie de la courbe C_f représentant une fonction f définie sur $\mathbb{R}$. Les droites T_1, T_2 et T_3 sont des tangentes à C_f.

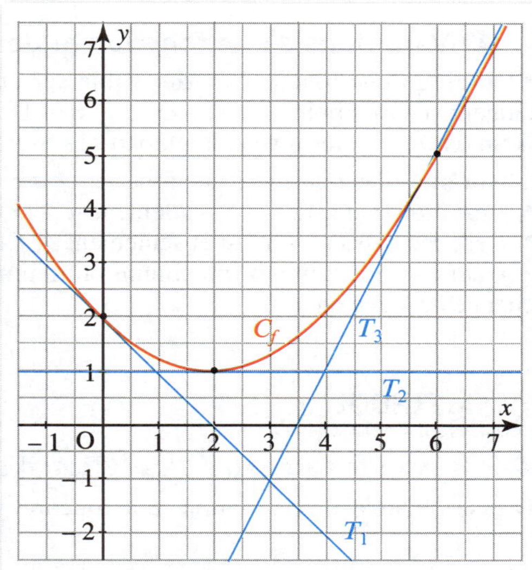

Déterminez graphiquement les valeurs de :

a. $f(0)$, $f(2)$ et $f(6)$.
b. $f'(0)$, $f'(2)$ et $f'(6)$.

8 On considère la fonction f définie sur $\mathbb{R}$ par $f(x) = x^3 + 3x^2 + 4x - 5$. On note C_f la courbe représentative de f.

a. Calculez la dérivée de la fonction f.
b. Existe-t-il des tangentes à la courbe C_f qui sont horizontales ? Justifiez.

4 Étude de fonctions

COURS

Rappel sur les fonctions affines

Une **fonction affine** est une fonction définie sur $\mathbb{R}$ par $f(x) = ax + b$ où a et b sont des nombres réels. Sa représentation graphique est une droite qui coupe l'axe des ordonnées.

- Si $a > 0$, alors la fonction est croissante.
- Si $a < 0$, alors la fonction est décroissante.

x	$-\infty$	$-\frac{b}{a}$	$-\infty$
signe de $ax + b$	$-$	0	$+$

x	$-\infty$	$-\frac{b}{a}$	$-\infty$
signe de $ax + b$	$+$	0	$-$

Rappels sur les équations du second degré

Soit a, b et c trois réels ($a \neq 0$) et $\Delta = b^2 - 4ac$. On considère l'équation (E) $ax^2 + bx + c = 0$.

- Si $\Delta > 0$, l'équation (E) admet deux solutions, $x_1 = \dfrac{-b-\sqrt{\Delta}}{2a}$ et $x_2 = \dfrac{-b+\sqrt{\Delta}}{2a}$, et $ax^2 + bx + c = a(x - x_1)(x - x_2)$.
- Si $\Delta = 0$, l'équation (E) admet une solution, $x_0 = \dfrac{-b}{2a}$, et $ax^2 + bx + c = a(x - x_0)^2$.
- Si $\Delta < 0$, l'équation (E) n'admet aucune solution et $ax^2 + bx + c$ est du signe de a.

Variations d'une fonction et dérivée

- On dit qu'une fonction est **dérivable** sur un intervalle I si sa courbe représentative admet une tangente en tout point d'abscisse a, où $a \in$ I.

Remarque : En terminale, la plupart des fonctions rencontrées sont dérivables.

Théorème : On considère une fonction f dérivable sur un intervalle I.
- f est croissante sur I si et seulement si $f'(x) \geqslant 0$ pour tout réel x appartenant à I.
- f est décroissante sur I si et seulement si $f'(x) \leqslant 0$ pour tout réel x appartenant à I.
- f admet un extremum (maximum ou minimum) en $a \in$ I si et seulement si $f'(a) = 0$ et si f' change de signe en a.

MÉTHODE

Dresser le tableau de variation d'une fonction

Dressez le tableau de variation de la fonction f définie sur [0 ; 8] par $f(x) = \dfrac{x^2 - 3x + 5}{x + 1}$.

$$f'(x) = \frac{(2x-3)(x+1) - (x^2 - 3x + 5) \times 1}{(x+1)^2} = \frac{2x^2 + 2x - 3x - 3 - x^2 + 3x - 5}{(x+1)^2} = \frac{x^2 + 2x - 8}{(x+1)^2}.$$

Factorisons le polynôme $x^2 + 2x - 8$. On a $a = 1$, $b = 2$ et $c = -8$.

$\Delta = b^2 - 4ac = 2^2 - 4 \times 1 \times (-8) = 36$.

$\Delta > 0$, donc les deux racines du polynôme sont :

$$x_1 = \frac{-b-\sqrt{\Delta}}{2a} = \frac{-2-\sqrt{36}}{2 \times 1} = -4 \quad \text{et} \quad x_2 = \frac{-b+\sqrt{\Delta}}{2a} = \frac{-2+\sqrt{36}}{2 \times 1} = 2.$$

On a donc $x^2 + 2x - 8 = (x+4)(x-2)$ et $f'(x) = \dfrac{(x+4)(x-2)}{(x+1)^2}$.

On a obtenu les valeurs indiquées dans le tableau de variation en calculant $f(0)$, $f(2)$ et $f(8)$:

$$f(0) = \frac{0^2 - 3 \times 0 + 5}{0 + 1} = \frac{5}{1} = 5\,;$$

$$f(2) = \frac{2^2 - 3 \times 2 + 5}{2 + 1} = \frac{4 - 6 + 5}{3} = \frac{3}{3} = 1\,;$$

$$f(8) = \frac{8^2 - 3 \times 8 + 5}{8 + 1} = \frac{64 - 24 + 5}{9} = \frac{45}{9} = 5.$$

x	0		2		8
Signe de $x + 4$		$+$		$+$	
Signe de $x - 2$		$-$	0	$+$	
Signe de $(x + 1)^2$		$+$		$+$	
Signe de $f'(x)$		$-$	0	$+$	
Variations de f	5	↘	1	↗	5

EXOS

1 *D'après BAC STG CGRH, Antilles-Guyane, septembre 2011.*

Une entreprise décide de fabriquer et commercialiser un produit. Sa capacité maximale de production mensuelle est de 25 tonnes. Le coût moyen, en euros par tonne, d'une production mensuelle de x tonnes est modélisé par $C_M(x) = x^2 - 36x + 432$ sur l'intervalle $[0 ; 25]$.

a. Calculez $C'_M(x)$.

b. Étudiez le signe de $C'_M(x)$, puis en déduire les variations de C_M sur $[0 ; 25]$.

c. Déduisez-en le coût moyen minimum en euros par tonne.

2 *D'après BAC STG CGRH, Métropole, septembre 2011.*

Voici la courbe représentative de la fonction f définie sur l'intervalle $[0 ; 20]$ par :

$f(x) = 15 - 285 \times \dfrac{1}{3x + 20}$.

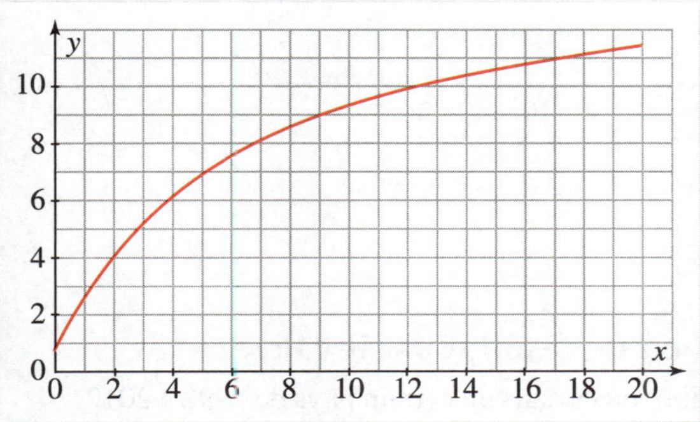

1. a. Complétez à l'aide de la calculatrice le tableau suivant. On arrondira les résultats au centième.

x	0	1	2	3	4	5	6	7	8	9	10
$f(x)$	0,75	2,61									

b. Quelle conjecture peut-on faire concernant le sens de variation de f sur l'intervalle $[0 ; 20]$?

c. Vérifiez que $f'(x) = \dfrac{855}{(3x + 20)^2}$.

d. Utilisez la question précédente pour valider ou non la conjecture émise à la question **1. b.**.

2. On admettra dans la suite que la fonction f peut être considérée comme une modélisation valable des ventes, en millions d'unités, d'une boisson énergisante jusqu'en 2020, l'année 2002 étant prise comme année de rang 0.

a. À l'aide de la fonction f, faites une prévision des ventes pour l'année 2015.

b. À partir de quelle année la quantité de boissons vendues sera-t-elle supérieure à 10,8 millions ?

3 *D'après BAC STG Mercatique, La Réunion, juin 2007.*

Le coût moyen journalier, en euros, d'un équipement industriel en fonction de la durée d'utilisation est modélisé par la fonction C_m définie sur l'intervalle $[200 ; 4\,000]$ par $C_m(x) = 1\,500 + 2x + \dfrac{2\,000\,000}{x}$, où x est exprimé en jours.

1. Sur la calculatrice, faites apparaître la courbe représentant C_m dans la fenêtre $200 \leqslant x \leqslant 4\,000$ et $5\,000 \leqslant y \leqslant 12\,000$.
Reproduisez l'allure de la courbe dans la fenêtre considérée.

2. On note C'_m la fonction dérivée de la fonction C_m sur l'intervalle $[200 ; 4\,000]$.

a. Calculez $C'_m(x)$.

b. Déterminez le signe de la fonction C'_m sur l'intervalle $[200 ; 4\,000]$.

c. Donnez le tableau de variation de la fonction C_m sur l'intervalle $[200 ; 4\,000]$.

d. Déduisez-en, en jours, la durée d'utilisation de l'équipement qui correspond à un coût moyen journalier minimal et donnez, en euros, ce coût moyen journalier minimal.

5 Statistiques à deux variables

COURS

Nuage de points d'une série statistique à deux variables

• On considère des séries statistiques à deux variables X et Y. Les valeurs prises par X et Y sont respectivement notées x_i et y_i, et on présente souvent ces données sous la forme d'un tableau.

X	x_1	x_2	x_3	…	x_n
Y	y_1	y_2	y_3	…	y_n

Si la première variable X est le temps (années, mois, jours, etc.), on dit que la série statistique à deux variables est une série **chronologique**.

• On se place dans un repère orthogonal. L'ensemble des points M_i de coordonnées $(x_i\ ;\ y_i)$ est le **nuage de points** associé à la série statistique.

• Le **point moyen** de ce nuage de points est le point G de coordonnées $(\overline{x}\ ;\ \overline{y})$ où $\overline{x}$ et $\overline{y}$ sont les moyennes respectives des variables X et Y.

Ajustement affine

La forme du nuage de points permet, dans certains cas, de modéliser un lien entre les deux caractères étudiés. Lorsque les points sont sensiblement alignés, on cherche une fonction affine qui exprime de façon approchée y en fonction de x. Cela revient à chercher une droite ajustant au mieux le nuage de points.

• **Méthode graphique**

On trace une droite « au jugé » en essayant de passer le plus près possible des points ; on repère deux points particuliers de cette droite et on détermine son équation réduite.

• **Méthode des moindres carrés avec une calculatrice**

Cette méthode donne une droite D minimisant la somme $M_1P_1^2 + M_2P_2^2 + \cdots + M_nP_n^2$. La droite d'ajustement est alors appelée droite de régression de y en x.

Cette droite passe par le point moyen du nuage.

Les coefficients de l'équation réduite $y = ax + b$ de D sont obtenus avec une calculatrice.

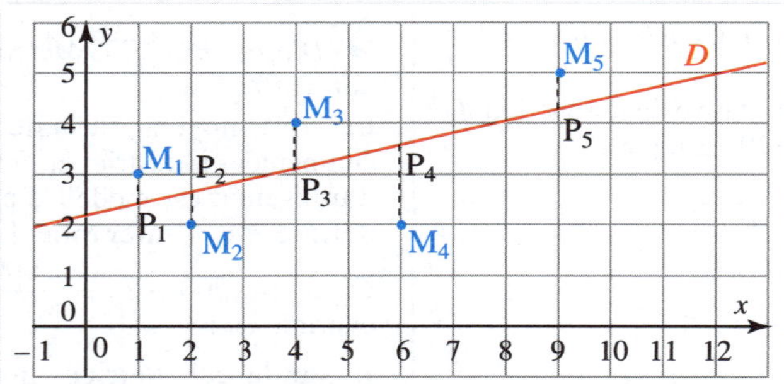

MÉTHODE

Utiliser un ajustement affine pour prévoir un résultat par le calcul

Le tableau suivant donne le taux de personnes sous-alimentées dans un certain pays de 1992 à 2012.

Année	1992	1997	2002	2007	2012
Rang de l'année x_i	0	5	10	15	20
Taux (en %) y_i	26,1	23,2	20,5	16,8	14,7

Déterminez l'équation réduite de la droite d'ajustement affine de cette série par la méthode des moindres carrés.

Déduisez-en le taux de personnes sous-alimentées en 2017 et l'année au cours de laquelle ce taux passera sous la barre de 5 %.

À l'aide de la calculatrice, on trouve que l'équation de la droite de régression est $y = -0{,}584x + 26{,}1$.
L'année 2017 correspond au rang $x = 25$. Le taux de personnes sous-alimentées sera alors de : $-0{,}584 \times 25 + 26{,}1 = 11{,}5$ soit 11,5 %.
On cherche ensuite x tel que $y \leqslant 5$.

$$y \leqslant 5 \Leftrightarrow -0{,}584x + 26{,}1 \leqslant 5 \Leftrightarrow -0{,}584x \leqslant -21{,}1 \Leftrightarrow x \geqslant \frac{-21{,}1}{-0{,}584}.$$

Or $\frac{-21{,}1}{-0{,}584} \approx 36{,}1$. Le rang de l'année cherché est donc 36. Autrement dit, le taux de personnes sous-alimentées passera sous la barre de 5 % au cours de l'année 2028.

EXOS

1 Le tableau ci-dessous donne la population du Costa Rica, en milliers d'habitants, de 1992 à 2010.

Année	1992	1997	2002	2007	2010
Rang de l'année x_i	0	5			
Population (milliers) y_i	3 225	3 648	4 083	4 453	4 659

1. Complétez le tableau.
2. On admet qu'un ajustement affine est envisageable.
a. Déterminez, à l'aide de la calculatrice, l'équation réduite de la droite d'ajustement par la méthode des moindres carrés. On arrondira les coefficients à l'unité près.
b. Déterminez la population du Costa Rica en 2020, au millier près.
c. Selon ce modèle, au cours de quelle année la population du Costa Rica dépassera-t-elle les 10 millions d'habitants ?

2 Le tableau ci-dessous donne le taux de la superficie totale cultivée de 1992 à 2009 au Burkina Faso.

Année	1992	1997	2002	2007	2009
Rang de l'année x_i	1	6			
Taux (en %) y_i	12,85	13,86	17,14	19,18	21,75

1. Complétez le tableau.
2. On admet qu'un ajustement affine est envisageable.
a. Déterminez, à l'aide de la calculatrice, l'équation réduite de la droite d'ajustement par la méthode des moindres carrés. On arrondira les coefficients à 0,01 près.
b. Déterminez le taux de la superficie cultivée en 2015.
c. Au cours de quelle année le taux de la superficie cultivée dépassera-t-il les 40 % ?

3 TYPE BAC Le tableau ci-dessous donne le prix moyen des livres vendus en France entre 2003 et 2009.

Année	Indice de l'année : x_i	Prix moyen d'un livre (en €) : y_i
2003	3	10,27
2004	4	10,40
2005	5	10,49
2006	6	10,62
2007	7	10,72
2008	8	10,82
2009	9	10,90

Source : Service du livre et de la lecture, Ministère de la Culture et de la Communication.

a. Représentez cette série statistique par un nuage de points.
Unités : 1 carreau pour une unité pour l'axe des abscisses, de 0 à 15 ; 1 carreau pour 10 centimes pour l'axe des ordonnées, de 10 à 11,50.
Intersection des axes en (0 ; 10).
b. Calculez les coordonnées du point moyen G à 0,1 près. Placez ce point sur le graphique.
c. Pourquoi un ajustement affine semble-t-il approprié pour cette série statistique ?
d. À l'aide d'une calculatrice, déterminez une équation de la droite d'ajustement obtenue par la méthode des moindres carrés. On arrondira les coefficients au dixième.
e. Dessinez cette droite sur le graphique.
On suppose que cet ajustement reste valable jusqu'en 2020.
f. Déterminez graphiquement le prix moyen du livre en 2013. On laissera les traits de construction sur la figure.
g. Vérifiez ce résultat par le calcul.
h. Déterminez par le calcul l'année à partir de laquelle le prix moyen d'un livre sera supérieur ou égal à 11,50 euros.
i. Vérifiez graphiquement ce résultat. On laissera les traits de construction sur la figure.

6 Rappels sur la loi binomiale

COURS

Schéma de Bernoulli

• Une **épreuve de Bernoulli** est une expérience aléatoire n'ayant que deux issues possibles notées S « succès » de probabilité p et E ou $\overline{S}$ « échec » de probabilité $1 - p$.
• Un **schéma de Bernoulli** est la répétition de n épreuves de Bernoulli identiques et indépendantes. Les issues d'une répétition sont des listes de résultats.
• On représente un schéma de Bernoulli par un **arbre pondéré** :
– on inscrit la probabilité d'une issue sur la branche de l'arbre qui conduit à cette issue ;
– à chaque embranchement la somme des probabilités est égale à 1 ;
– la probabilité d'une liste de résultats est le produit des probabilités de chaque résultat.

Variable aléatoire

• Si on note X le nombre de succès dans un schéma de Bernoulli à n répétitions, on dit que X est une **variable aléatoire**. X prend les valeurs 0, 1, 2,... n.
• Soit k un nombre entier compris entre 0 et n.
– On note $\{X = k\}$ l'événement « X prend la valeur k ».
La probabilité $P(X = k)$ de l'événement $\{X = k\}$ s'obtient à l'aide de l'arbre pondéré qui représente le schéma de Bernoulli.
– On note $\{X < k\}$ l'événement « X prend des valeurs strictement inférieures à k ». Sa probabilité est : $P(X < k) = P(X = 0) + P(X = 1) + ... + P(X = k - 1)$.

Loi binomiale $\mathscr{B}(n, p)$

• La **loi binomiale de paramètres n et p, notée $\mathscr{B}(n, p)$**, est la loi de probabilité suivie par une variable aléatoire X associée au nombre de succès dans un schéma de Bernoulli à n répétitions, où p est la probabilité de succès dans chaque épreuve.
• Soit k un nombre entier compris entre 0 et n.
– Un arbre pondéré permet, pour $n \leqslant 4$, de dénombrer les façons d'obtenir k succès et de calculer la probabilité de l'événement $\{X = k\}$.
– Pour $n > 4$, on effectue directement les calculs de probabilité à l'aide de la calculatrice ou d'un tableur.

Espérance et écart-type de la loi binomiale $\mathscr{B}(n, p)$

• L'espérance mathématique $E(X)$ d'une variable aléatoire X est la moyenne des valeurs prises par X, pondérées par les probabilités correspondantes.
• L'écart-type est une caractéristique de dispersion autour de la moyenne. (On calcule la racine carrée de la moyenne arithmétique des carrés des écarts à la moyenne.)
L'écart-type d'une variable aléatoire X est noté $\sigma(X)$.
• Si X suit la loi binomiale $\mathscr{B}(n, p)$, l'espérance et l'écart-type de X sont donnés par les formules :

$$E(X) = n\,p \quad \text{et} \quad \sigma(X) = \sqrt{np(1 - p)}.$$

MÉTHODE

Déterminer une loi binomiale avec un arbre pondéré ($n \leqslant 4$)

On lance 3 fois une pièce de monnaie bien équilibrée. Soit X la variable aléatoire égale au nombre de côtés « Pile » obtenus.
Déterminez la loi de probabilité de X. Calculez l'espérance et l'écart-type de X.
On reconnaît un schéma de Bernoulli. Le nombre de répétitions est $n = 3$; la probabilité de succès S à chaque tirage est $p = 0{,}5$. La variable aléatoire X égale au nombre de succès suit donc la loi binomiale de paramètres $n = 3$ et $p = 0{,}5$.

On construit un arbre pondéré :

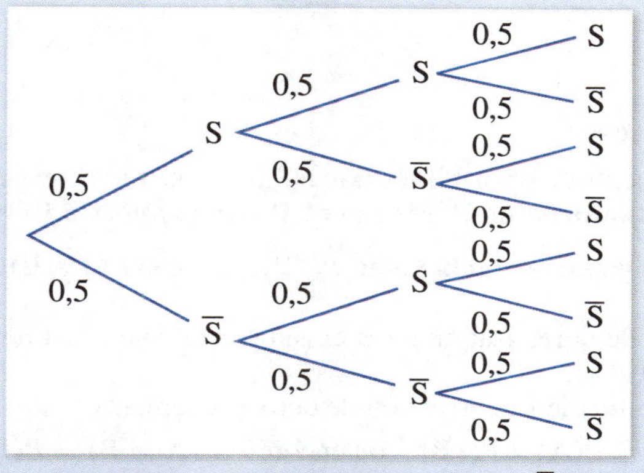

D'après l'arbre, l'événement $\{X = 1\}$ contient les issues : $\{S ; S ; \overline{S}\}$, $\{S ; \overline{S} ; S\}$, $\{\overline{S} ; S ; S\}$;
donc $P(X = 1) = 3 \times 0{,}5^2 \times 0{,}5 = 0{,}375$.
De même, on obtient : $P(X = 2) = 3 \times 0{,}5 \times 0{,}5^2 = 0{,}375$;
$P(X = 0) = 0{,}5^3 = 0{,}125$ et $P(X = 3) = 0{,}5^3 = 0{,}125$.
D'où le tableau donnant la loi de probabilité de X :

k	0	1	2	3
$P(X = k)$	0,125	0,375	0,375	0,125

L'espérance et l'écart-type de X sont :
$E(X) = np = 3 \times 0{,}5 = 1{,}5$ et $\sigma(X) = \sqrt{np(1-p)} = \sqrt{3 \times 0{,}5 \times 0{,}5} = \sqrt{0{,}75} \approx 0{,}866$.

Déterminer une loi binomiale avec un tableur ($n > 4$)

On effectue 10 lancers de la pièce. Soit X la variable aléatoire égale au nombre de « Pile » obtenus.
Calculez $P(X = 5)$ et $P(X < 3)$.
Calculez l'espérance et l'écart-type de X.
Dans une feuille de calcul d'un tableur, on entre dans une cellule : `=LOI.BINOMIALE(5 ;10 ;0,5 ;0)`.
On obtient : $P(X = 5) \approx 0{,}246\,1$.
$P(X < 3) = P(X = 0) + P(X = 1) + P(X = 2)$.
On entre dans une cellule : `=LOI.BINOMIALE(2 ;10 ;0,5 ;1)`.
On obtient : $P(X < 3) \approx 0{,}0547$.
L'espérance et l'écart-type de X sont :
$E(X) = 10 \times 0{,}5 = 5$ et $\sigma(X) = \sqrt{10 \times 0{,}5 \times 0{,}5} = \sqrt{2{,}5} \approx 1{,}581$.

EXOS

1 Un élève répond au hasard à un QCM qui comporte trois questions. Il répond à toutes les questions. À chaque question, trois réponses sont proposées, une seule est correcte.
Soit X la variable aléatoire égale au nombre de bonnes réponses.
Déterminez la loi de probabilité, l'espérance et l'écart-type de X.

2 On tire successivement avec remise 5 cartes dans un jeu de 32 cartes.
Soit X la variable aléatoire égale au nombre d'as tirés.
a. Déterminez la loi de probabilité et l'espérance de X.
b. Calculez la probabilité de l'événement $\{X < 2\}$.

3 TYPE BAC **QCM**
Une seule des réponses proposées est exacte.
On considère 100 appareils identiques, de même garantie, fonctionnant indépendamment les uns des autres. La probabilité pour chaque appareil de tomber en panne durant la période de garantie est égale à 0,2.
La probabilité que plus de 91 appareils soient en parfait état de marche à l'issue de la période de garantie est égale à :
a. 0,182
b. environ 0,002 3
c. environ 0,001 48

Maths

7

Conditionnement

COURS

Conditionnement

Soit A et B deux événements de probabilités non nulles d'une même expérience aléatoire.

• **La probabilité conditionnelle de l'événement B par rapport à l'événement A** (ou encore : probabilité de B sachant A) est le nombre noté $P_A(B)$, défini par : $P_A(B) = \dfrac{P(A \cap B)}{P(A)}$.

$P_A(B)$ est la probabilité de la réalisation de B en supposant que A est déjà réalisé (ce nombre est toujours compris entre 0 et 1).

• On en déduit la probabilité de l'intersection de deux événements :

$$P(A \cap B) = P(A) \times P_A(B) \quad \text{ou encore} \quad P(A \cap B) = P(B) \times P_B(A).$$

Remarque : Lorsque $P(A \cap B) = P(A) \times P(B)$, ce qui signifie que $P_A(B) = P(B)$ et $P_B(A) = P(A)$, on dit que les événements A et B sont **indépendants**.

Formule des probabilités totales

• Dire que des événements B, C et D constituent une partition d'un ensemble E signifie que les sous-ensembles B, C et D sont incompatibles deux à deux et que $B \cup C \cup D = E$.

• Lorsqu'on connaît la probabilité conditionnelle d'un événement A par rapport à des événements B, C et D constituant une partition de l'univers E, on calcule la probabilité de A par la formule suivante, appelée formule des probabilités totales :

$$\boldsymbol{P(A) = P(B) \times P_B(A) + P(C) \times P_C(A) + P(D) \times P_D(A).}$$

MÉTHODE

Utiliser un arbre pondéré

Dans un magasin, un stock de composants électroniques est constitué auprès de deux usines A et B. On note : A l'événement « Le composant vient de l'usine A », B l'événement « Le composant vient de l'usine B » et D l'événement « Le composant est défectueux ».

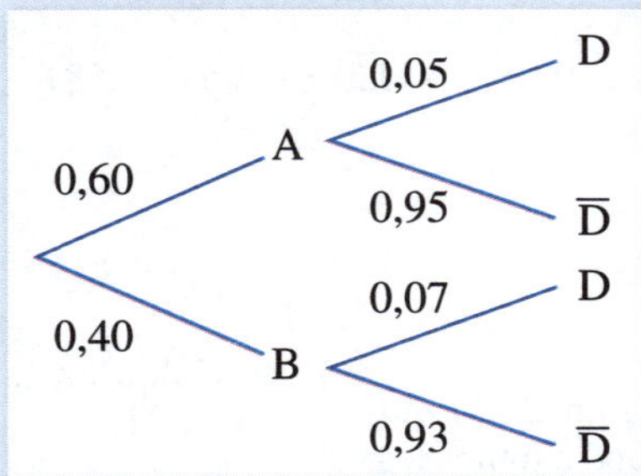

1. Lisez les probabilités données dans l'arbre pondéré ci-dessus.

$P(A) = 0{,}6$ et $P(B) = 0{,}4$; donc la proportion de composants venant de A est de 60 %, celle venant de B est de 40 %.

$P_A(D) = 0{,}05$ et $P_B(D) = 0{,}07$; donc la proportion de composants défectueux est de 5 % chez A et de 7 % chez B.

2. Calculez $P(A \cap D)$ et P(D) ; déduisez-en la proportion de composants défectueux en stock.

$P(A \cap D) = P(A) \times P_A(D) = 0{,}6 \times 0{,}05 = 0{,}03.$

$P(D) = P(A) \times P_A(D) + P(B) \times P_B(D) = 0{,}03 + 0{,}4 \times 0{,}07 = 0{,}058.$

La proportion de composants défectueux en stock est de 5,8 %.

3. Sachant qu'un composant est défectueux, quelle est la probabilité qu'il provienne de A ?

$P_D(A) = \dfrac{P(A \cap D)}{P(D)} = \dfrac{0{,}03}{0{,}058}$, donc $P_D(A) \approx 0{,}52.$

EXOS

1 Une urne A contient quatre boules rouges et six boules noires. Une urne B contient une boule rouge et neuf boules noires. Les boules sont indiscernables au toucher.

Un joueur dispose d'un dé tétraédrique, parfaitement équilibré, dont les faces sont numérotées de 1 à 4.
Il le lance une fois : si la face non visible est 1, il tire au hasard une boule de l'urne A ; sinon il tire au hasard une boule de l'urne B.
On note : A l'événement « Le joueur tire une boule de l'urne A », B l'événement « Le joueur tire une boule de l'urne B », R l'événement « Le joueur obtient une boule rouge ».

a. Complétez l'arbre pondéré ci-dessous.

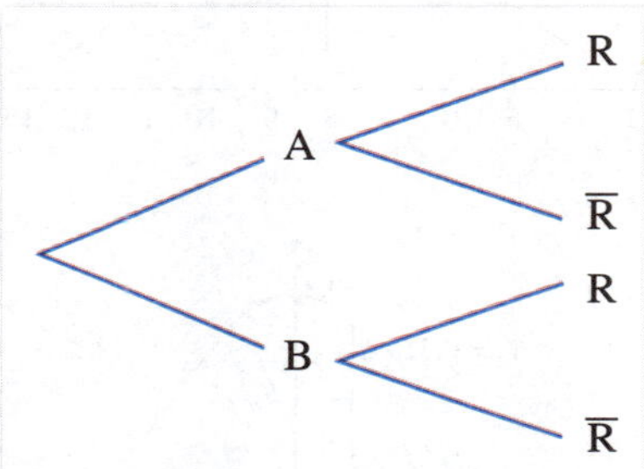

b. Montrez que $P(R) = 0{,}175$.

c. Si le joueur obtient une boule rouge, la probabilité qu'elle provienne de A est-elle supérieure à la probabilité qu'elle provienne de B ?

2 Un atelier fabrique des pièces détachées pour l'industrie aéronautique. Une étude statistique a montré que 2 % de la production est défectueuse. Chaque pièce est soumise à un contrôle de fabrication. Ce contrôle refuse 99 % des pièces défectueuses et accepte 97 % des pièces non défectueuses. On choisit au hasard une pièce avant son passage au contrôle.

On note A l'événement « La pièce est acceptée ». Calculez la probabilité de A.

3 Le CVL (Conseil de vie lycéenne) d'un lycée fait une enquête sur un projet de décoration de la cafeteria. 320 élèves ont répondu, 200 filles et 120 garçons.

50 filles et 24 garçons sont d'accord avec le projet.

On note respectivement F, G et A les événements « Être une fille », « Être un garçon » et « Être d'accord avec le projet ».

a. On interroge de nouveau l'un des 320 élèves. Quelle est la probabilité que ce soit une fille d'accord avec le projet ?

b. Calculez la probabilité de A.

c. Les événements « Être une fille » et « Être d'accord avec le projet » sont-ils indépendants ?

4 Aricia et Lise jouent l'une après l'autre à un jeu video.

La probabilité qu'Aricia gagne est 0,6.

Si Aricia a gagné, la probabilité que Lise gagne est 0,7.

Si Aricia a perdu, la probabilité que Lise perde est 0,55.

On note : A l'événement « Aricia gagne », B l'événement « Aricia perd » et L l'événement « Lise gagne ».

Lise dit qu'elle a gagné. Calculez :

a. la probabilité de l'événement $A \cap L$.

b. la probabilité de l'événement L.

c. la probabilité de A sachant L.

d. la probabilité de l'événement $A \cup L$.

5 TYPE BAC On dispose d'un test pour dépister une maladie. Le fabricant du test fournit les caractéristiques suivantes :

– la probabilité qu'un individu malade ait un test positif est 0,99 ;

– la probabilité qu'un individu non malade ait un test négatif est 0,98.

On envisage le dépistage systématique sur une population dans laquelle on estime à 20 % la proportion de gens malades.

Pour un individu de cette population, on note M l'événement « L'individu est malade » et T l'événement « L'individu a un test positif ».

a. Traduisez les informations données dans l'énoncé en langage de probabilité.

b. Construisez un arbre représentant la situation.

c. Calculez la probabilité de l'événement T.

d. Calculez la probabilité qu'un individu de la population dont le test est positif soit malade. Un tel test de dépistage est-il adapté ?

8 Loi normale $\mathcal{N}(\mu, \sigma^2)$

COURS

Loi normale d'espérance μ et d'écart type σ

• On observe les deux graphiques ci-contre créés sur un logiciel.
Le diagramme en bâtons représente la loi binomiale de paramètres $n = 16$ et $p = 0,5$.
La courbe représente la loi normale d'espérance $\mu = 8$ et d'écart-type $\sigma = 2$.
La courbe est une **courbe en cloche** ; elle admet pour axe de symétrie la droite d'équation $x = \mu$.
La fonction f qu'elle représente est appelée **fonction de densité**.
Les valeurs prises par cette fonction pour des abscisses entières sont très proches des probabilités calculées avec la loi binomiale.

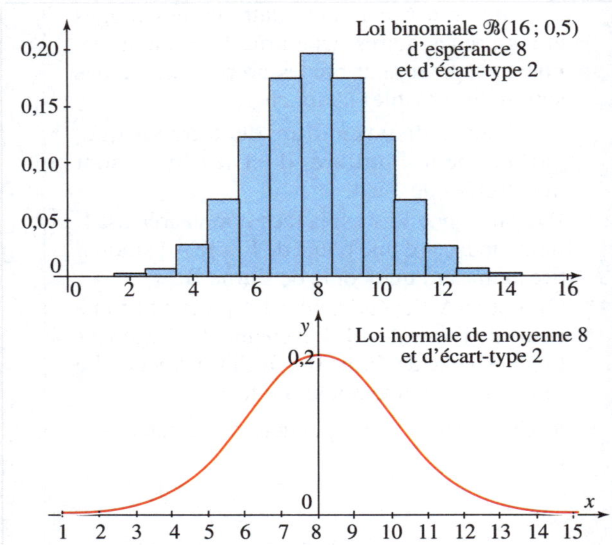

Définition

• Une variable aléatoire X suit une **loi normale** $\mathcal{N}(\mu, \sigma^2)$ d'espérance μ et d'écart-type σ si la courbe de sa fonction de densité est une courbe en cloche.
La valeur de μ donne l'axe de symétrie de la courbe, celle de σ son aplatissement.
• Soit a et b deux nombres réels. On visualise les événements $(X \leqslant a)$ et $(a \leqslant X \leqslant b)$ en coloriant les zones concernées sous la courbe en cloche.

Remarque : L'écriture de la fonction de densité et le calcul des probabilités ne peuvent pas se faire simplement. Une calculatrice ou un tableur sont indispensables pour obtenir des valeurs approchées des probabilités des deux événements $(X < a)$ et $(a < X < b)$.
On admet que $P(X = a) = 0$, ce qui permet d'écrire : $P(X \leqslant a) = P(X < a)$.

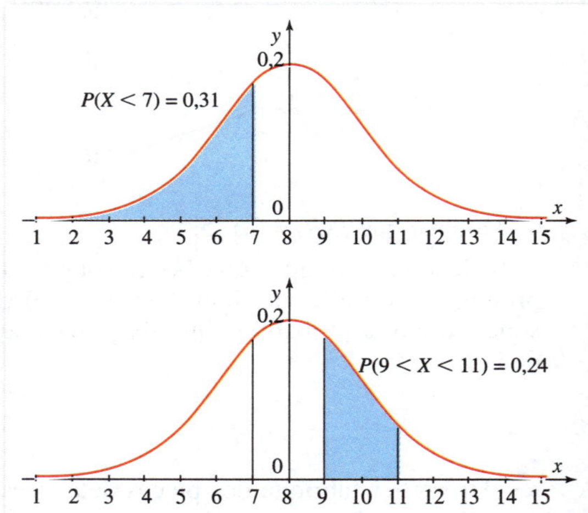

Propriétés

Lorsque X suit la loi normale $\mathcal{N}(\mu, \sigma^2)$, alors :
• $P(\mu - \sigma \leqslant X \leqslant \mu + \sigma) \approx 0,683$;
• $P(\mu - 2\sigma \leqslant X \leqslant \mu + 2\sigma) \approx 0,954$;
• $P(\mu - 3\sigma \leqslant X \leqslant \mu + 3\sigma) \approx 0,997$.

MÉTHODE

Utiliser un tableur pour calculer une probabilité d'une loi normale

Soit la variable aléatoire X suivant une loi normale d'espérance $\mu = 2$ et d'écart-type $\sigma = 1,5$.
On donne un extrait de tableur de la loi $\mathcal{N}(2 ; 1,5^2)$ sur l'intervalle $[-1 ; 5]$ avec un pas de 0,5.
Les formules écrites dans les cellules sont :
en B2 : `LOI.NORMALE(A2 ; 2 ; 1,5 ; 0)`
en C2 : `LOI.NORMALE(A2 ; 2 ; 1,5 ; 1)`
Calculez les probabilités $P(X \leqslant 0)$ et $P(2 < X \leqslant 3)$.

Dans la cellule C4, on lit : $P(X \leqslant 0) = 0{,}091$.
$P(2 < X \leqslant 3) = P(X \leqslant 3) - P(X \leqslant 2)$.
En C8, $P(X \leqslant 2) = 0{,}5$; en C10, $P(X \leqslant 3) = 0{,}748$; donc $P(2 < X \leqslant 3) = 0{,}748 - 0{,}5 = 0{,}248$.

	A	B	C
1	a	$f(a)$	$P(X < a)$
2	– 1	0,036	0,023
3	– 0,5	0,066	0,048
4	0	0,109	0,091
5	0,5	0,161	0,159
6	1	0,213	0,252
7	1,5	0,252	0,369
8	2	0,266	0,500
9	2,5	0,252	0,631
10	3	0,213	0,748
11	3,5	0,161	0,841
12	4	0,109	0,909
13	4,5	0,066	0,952
14	5	0,036	0,977

EXOS

1 Soit la variable aléatoire X suivant une loi normale d'espérance $\mu = 2$ et d'écart-type $\sigma = 1{,}5$. Calculez les probabilités :

$$P(X \leqslant 1) \text{ et } P(1 < X \leqslant 4).$$

2 On donne les courbes des fonctions de densité et un extrait du tableur des lois normales $\mathcal{N}(2 ; 3^2)$, $\mathcal{N}(2 ; 1{,}5^2)$ et $\mathcal{N}(2 ; 0{,}5^2)$.

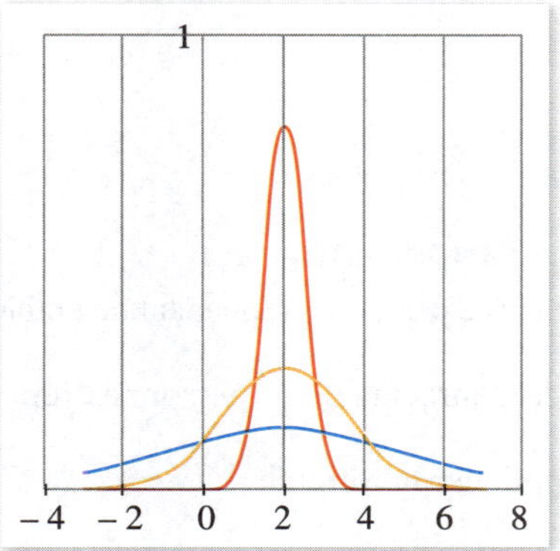

	A	B	C	D
1	**Lois normales**			
2		$\mathcal{N}(2 ; 3^2)$	$\mathcal{N}(2 ; 1{,}5^2)$	$\mathcal{N}(2 ; 0{,}5^2)$
3	a	$P(X < a)$	$P(X < a)$	$P(X < a)$
4	– 1	0,159	0,023	0,000
5	– 0,5	0,202	0,048	0,000
6	0	0,252	0,091	0,000
7	0,5	0,309	0,159	0,001
8	1	0,369	0,252	0,023
9	1,5	0,434	0,369	0,159
10	2	0,500	0,500	0,500
11	2,5	0,566	0,631	0,841
12	3	0,631	0,748	0,977
13	3,5	0,691	0,841	0,999
14	4	0,748	0,909	1,000
15	4,5	0,798	0,952	1,000
16	5	0,841	0,977	1,000

a. Associez chaque courbe à la loi normale qui lui correspond.

b. Soit la variable aléatoire X suivant une loi normale d'espérance $\mu = 2$ et d'écart-type $\sigma = 3$. Calculez les probabilités :

$$P(X \leqslant 1),\ P(1 < X \leqslant 4),\ P(-1 < X \leqslant 5).$$

c. Soit la variable aléatoire X suivant une loi normale d'espérance $\mu = 2$ et d'écart-type $\sigma = 1{,}5$. Calculez la probabilité $P(-2{,}5 < X \leqslant 6{,}5)$.

d. Soit la variable aléatoire X suivant une loi normale d'espérance $\mu = 2$ et d'écart-type $\sigma = 0{,}5$. Calculez la probabilité $P(1 < X \leqslant 3)$ de deux manières.

3 TYPE BAC 1 850 candidats se sont présentés à un examen. La note moyenne est 11,2 et l'écart-type 2,8. La distribution des notes permet l'ajustement par la loi normale $\mathcal{N}(11{,}2 ; 2{,}8^2)$.

a. Calculez la probabilité des événements A « La note est inférieure à 10 » et B « La note est supérieure à 15 ».

b. Évaluez le nombre de candidats ayant eu une note : inférieure à 10 ; supérieure à 15.

4 TYPE BAC Philippe, commercial chevronné, a constaté que son salaire mensuel en euros est modélisé par une variable aléatoire X qui suit la loi normale $\mathcal{N}(4\,500 ; 1\,200^2)$.

Calculez la probabilité que Philippe gagne plus de 6 000 euros en un mois.

9 Intervalle de fluctuation Intervalle de confiance

COURS

Intervalle de fluctuation d'une fréquence

Vous avez vu en classe de Première que l'intervalle de fluctuation à 95 % d'une fréquence correspondant à la réalisation, sur un échantillon aléatoire de taille n, d'une variable aléatoire X suivant une loi binomiale, est l'intervalle $\left[\frac{a}{n} ; \frac{b}{n}\right]$ où a est le plus petit entier tel que $P(X \leqslant a) > 0{,}025$ et b le plus petit entier tel que $P(X \leqslant b) > 0{,}975$.

On considère un échantillon de taille n issu d'un tirage aléatoire dans une population. On note p la proportion (connue ou conjecturée) d'individus possédant le caractère étudié dans la population.

À l'aide de la loi normale, on montre qu'un **intervalle de fluctuation à environ 95 %** d'une fréquence f sur un échantillon aléatoire de taille n est :

$$\left[p - 1{,}96\frac{\sqrt{p(1-p)}}{\sqrt{n}} ; p + 1{,}96\frac{\sqrt{p(1-p)}}{\sqrt{n}}\right].$$

Cet intervalle est proche de celui déterminé avec la loi binomiale dès que $n \geqslant 30$, $np \geqslant 5$ et $n(1-p) \geqslant 5$.

Intervalle de confiance d'une proportion

Soit p une proportion inconnue dans une population.

Si f est la fréquence observée sur un échantillon de taille n, la proportion p appartient à l'intervalle $\left[f - 1{,}96\frac{\sqrt{f(1-f)}}{\sqrt{n}} ; f + 1{,}96\frac{\sqrt{f(1-f)}}{\sqrt{n}}\right]$ avec un niveau de confiance d'environ 95 %.

Cet intervalle est l'**intervalle de confiance** de p au seuil de 0,95.

MÉTHODE

Déterminer l'intervalle de fluctuation d'une proportion

Des statistiques antérieures laissent supposer que le pourcentage de personnes répondant favorablement à une question posée au téléphone est 18 %.

On effectue un sondage sur 75 personnes. Déterminez le pourcentage de personnes répondant favorablement que l'on doit s'attendre à trouver.

$n \geqslant 30$, $np = 13{,}5 \geqslant 5$ et $n(1-p) = 61{,}5 \geqslant 5$. On peut appliquer la formule :

$$\left[p - 1{,}96\frac{\sqrt{p(1-p)}}{\sqrt{n}} ; p + 1{,}96\frac{\sqrt{p(1-p)}}{\sqrt{n}}\right]$$

$$= \left[0{,}18 - 1{,}96\frac{\sqrt{0{,}18(1-0{,}18)}}{\sqrt{75}} ; 0{,}18 + 1{,}96\frac{\sqrt{0{,}18(1-0{,}18)}}{\sqrt{75}}\right].$$

L'intervalle de fluctuation est environ [0,09 ; 0,27] (soit entre 7 et 20 personnes).

Estimer une proportion inconnue à partir d'un échantillon

En 2011, 750 000 jeunes (filles et garçons) ont passé un test de détection des difficultés de lecture lors de la Journée défense et citoyenneté.

Les résultats de ce test montrent que 4,8 % de ces jeunes ont de « sérieuses difficultés face à l'écrit » et peuvent être considérés en situation d'illettrisme.

Estimez la proportion de jeunes illettrés sur l'ensemble de la population.

La fréquence observée f de jeunes illettrés pour cet échantillon est : $f = 0{,}048$.
Soit p la proportion de jeunes illettrés. L'intervalle de confiance est :

$$\left[f - 1{,}96\frac{\sqrt{f(1-f)}}{\sqrt{n}} \,;\, f + 1{,}96\frac{\sqrt{f(1-f)}}{\sqrt{n}}\right]$$

$$= \left[0{,}048 - 1{,}96\frac{\sqrt{0{,}048 \times 0{,}952}}{\sqrt{750\,000}} \,;\, 0{,}048 + 1{,}96\frac{\sqrt{0{,}048 \times 0{,}952}}{\sqrt{750\,000}}\right],$$

soit [0,047 7 ; 0,048 3].
L'intervalle [0,047 7 ; 0,048 3] contient la proportion de jeunes illettrés avec une probabilité de 0,95.

EXOS

1 D'après une enquête de la DGAC (consultable sur *developpement-durable.gouv.fr*), 60 % des 18-24 ans n'ont jamais pris l'avion.

a. Déterminez l'intervalle de fluctuation à environ 95 % de la fréquence d'étudiants susceptibles de n'avoir jamais pris l'avion dans une classe de BTS de 35 élèves (tous les élèves ont entre 18 et 24 ans).

b. Déterminez l'intervalle de fluctuation à environ 95 % de la fréquence d'individus susceptibles de n'avoir jamais pris l'avion dans un échantillon de 350 personnes ayant entre 18 et 24 ans.

2 On garde l'hypothèse que 60 % des 18-24 ans n'ont jamais pris l'avion. Dans un échantillon des 18-24 ans de taille $n = 125$, on a observé 86 personnes n'ayant jamais pris l'avion. La fréquence observée dans cet échantillon appartient-elle à l'intervalle de fluctuation de la fréquence à environ 95 % ? Que peut-on en conclure ?

3 TYPE BAC En 2011, 80 000 passagers ont été transportés sur une ligne aérienne. On a constaté que 30 % d'entre eux réservent par internet.

Un jour de grande affluence, un étudiant a effectué un sondage auprès des personnes prêtes à embarquer dans le hall d'un aéroport. Il a interrogé 350 personnes.`

a. Déterminez l'intervalle de fluctuation à environ 95 % de la fréquence d'individus ayant réservé par internet dans l'échantillon.

b. Déduisez-en un encadrement du nombre de personnes susceptibles d'avoir réservé par internet dans l'échantillon.

4 TYPE BAC 750 personnes sont contrôlées trois mois après une vaccination contre la grippe. Parmi elles, 78 déclarent avoir eu la grippe.
Calculez la proportion observée f de personnes vaccinées ayant contracté la grippe dans cet échantillon.
Estimez la proportion p de personnes vaccinées dans la population totale ayant contracté la grippe à environ 95 %.

5 TYPE BAC Dans un atelier, on contrôle la production d'une machine.
On prélève 144 pièces dont 18 sont défectueuses.
Calculez la proportion f de pièces défectueuses dans cet échantillon.
Estimez la proportion p de pièces défectueuses que l'on peut attendre sur cette machine à environ 95 %.

6 TYPE BAC **QCM**
Une seule réponse est exacte.
Sur un échantillon de 196 enfants âgés de 10 à 15 ans, 49 sont en surpoids. L'intervalle de confiance de la proportion d'enfants en surpoids dans la population totale est :

a. [0,189 ; 0,311]
b. [0,20 ; 0,30]
c. [0,225 ; 0,275]

Maths

Sujet du Bac

Bac blanc

Exercice 1 D'après Bac STG CGRH, Antilles-Guyane, juin 2012 (7 points)

Le but de cet exercice est de comparer l'évolution de la population de deux quartiers d'une même ville : le quartier Uranus et le quartier Saturne.

En 2012, Uranus compte 2 000 habitants et Saturne en compte 2 700. On fait l'hypothèse que, chaque année, la population d'Uranus augmente de 250 habitants et celle de Saturne augmente de 4 %.

On note u_0 la population d'Uranus en 2010, u_1 sa population en 2011 et plus généralement u_n sa population en l'an 2010 + n.

On note s_0 la population de Saturne en 2010, s_1 sa population en 2011 et plus généralement s_n sa population en l'an 2010 + n.

1. Quelle est la nature de la suite (u_n) ? Justifier.

2. a. Démontrer que la suite (s_n) est géométrique de raison 1,04.

b. Exprimer s_n en fonction de n.

3. Afin de prévoir l'évolution de la population de ces deux quartiers, on a réalisé une feuille de calcul. (*Les valeurs ont été arrondies à l'unité.*)

a. Indiquer la formule saisie en C3 qui, recopiée vers le bas, permet d'obtenir les termes consécutifs de la suite (s_n) dans la colonne C.

b. Compléter les colonnes B et C.

c. D'après cette feuille de calcul, en quelle année la population d'Uranus dépassera-t-elle pour la première fois celle de Saturne ?

	A	B	C
1	n	u_n	v_n
2	0	2 000	2 700
3	1	2 250	2 808
4	2	2 500	2 920
5	3	2 750	3 037
6	4	3 000	3 159
7	5		
8	6		
9	7		
10	8		

Exercice 2 D'après Bac STG SGRH, Métropole, juin 2011 (8 points)

Le tableau ci-dessous indique les effectifs de population en France et en Allemagne du 1er janvier 2000 au 1er janvier 2009. Ces effectifs sont donnés en millions d'habitants, arrondis à 0,01.

Effectifs au 1er janvier	2000	2001	2002	2003	2004	2005	2006	2007	2008	2009
France	58,86	59,27	59,69	60,10	60,51	60,96	61,40	61,80	62,13	62,47
Allemagne	82,16	82,26	82,44	82,54	82,53	82,50	82,44	82,31	82,22	82,00

Source : Institut national d'études démographiques – Base de données des pays développés.

Partie A. Évolution de la démographie en France

	A	B	C
1	Année	Population (en millions d'habitants)	Taux d'évolution (en %)
2	2000	58,86	
3	2001	59,27	0,7
4	2002	59,69	
5	2003	60,1	
6	2004	60,51	
7	2005	60,96	
8	2006	61,4	
9	2007	61,8	
10	2008	62,13	
11	2009	62,47	

1. Quelle formule peut-on entrer dans la cellule C3 et recopier sur la plage C4:C11 pour obtenir les taux annuels d'évolution de la population française ?

2. Calculer le taux global d'augmentation de la population française entre les années 2000 et 2009. *On arrondira le résultat à 0,01 %.*

3. Calculer le taux d'augmentation annuel moyen de la population française sur cette même période. *On arrondira le résultat à 0,01%.*

Partie B. Prévision de la démographie en France

Année	2000	2001	2002	2003	2004	2005	2006	2007	2008	2009
Rang (x_i)	0	1	2	3	4	5	6	7	8	9
Population (y_i)	58,86	59,27	59,69	60,10	60,51	60,96	61,40	61,80	62,13	62,47

Une représentation graphique du nuage de points de coordonnées $(x_i\ ;\ y_i)$ est donnée ci-dessous.

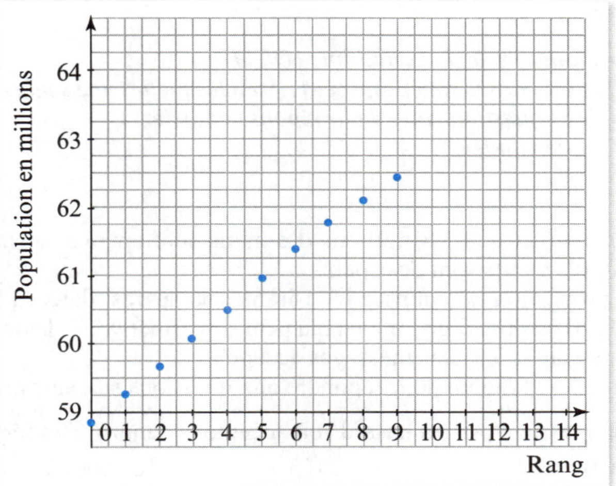

1. a. À l'aide de la calculatrice, donner une équation de la droite D qui réalise un ajustement affine du nuage de points $(x_i\ ;\ y_i)$ obtenu par la méthode des moindres carrés.

b. Construire la droite D sur le graphique.

2. En utilisant la droite D, déterminer graphiquement ou par le calcul une estimation de la population française en 2012.

Maths

Partie C. Prévision de la démographie en Allemagne

Année	2000	2001	2002	2003	2004	2005	2006	2007	2008	2009
Rang (x_i)	0	1	2	3	4	5	6	7	8	9
Population (y_i)	82,16	82,26	82,44	82,54	82,53	82,50	82,44	82,31	82,22	82,00

Une représentation graphique du nuage de points de coordonnées $(x_i\ ;\ y_i)$ est donnée ci-dessous.

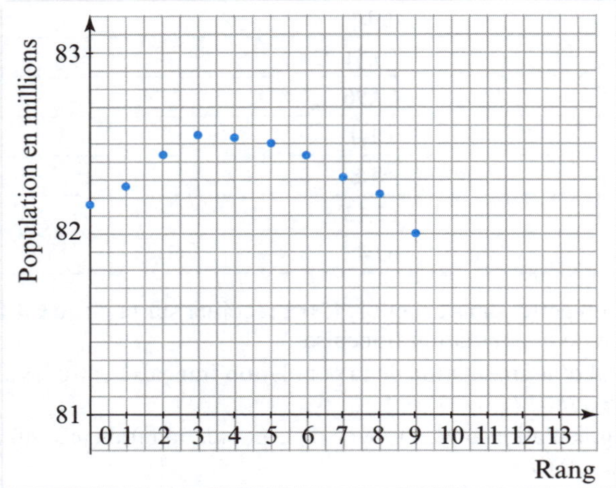

1. Pourquoi n'envisage-t-on pas d'ajustement affine de ce nuage de points ?

2. Soit f la fonction définie sur [0 ; 13] par $f(x) = -0{,}02x^2 + 0{,}16x + 82{,}18$.

a. Calculer $f'(x)$. En déduire les variations de la fonction f.

b. Construire la courbe représentative de la fonction f sur le graphique.

c. On suppose que la courbe représentative de la fonction f réalise un ajustement fiable de ce nuage de points. Déterminer une estimation de la population allemande en 2012.

Exercice 3 (5 points)

Cet exercice est un questionnaire à choix multiple (QCM).
Pour chaque question, trois réponses sont proposées parmi lesquelles une seule est correcte. Indiquer sur la copie le numéro de la question suivi de la réponse choisie.
Aucune justification n'est demandée.

Partie A

Début 2012, on lit sur Internet que 3,4 millions d'e-mails sont envoyés chaque seconde dans le monde et que plus des trois quarts sont des spams.
Jérôme estime que la proportion de courrier indésirable, ou spams, dans sa boîte de messagerie électronique est de 75 %. Il dispose d'un logiciel qui peut supprimer 95 % des messages indésirables mais ce logiciel supprime aussi 3 % des messages acceptés.
On pourra s'aider d'un arbre pondéré pour répondre aux questions suivantes.

1. La probabilité qu'un message pris au hasard soit accepté et supprimé est égale à :

a. 0,03 **b.** 0,2425 **c.** 0,0075

2. La probabilité qu'un message pris au hasard soit supprimé est égale à :

a. 0,72 **b.** 0,7125 **c.** 0,95

3. La probabilité qu'un message pris au hasard soit accepté ou non supprimé est égale à :

a. 0,53 **b.** 0,2875 **c.** 0,22

Partie B

Samuel a calculé que son trajet domicile-travail durait en moyenne 27 minutes avec un écart-type de 4 minutes. Pour être à son bureau à 8 h 00, il part de chez lui à 7 h 30.

	A	B
1	a	$P(X < a)$
2	20	0,040
3	21	0,067
4	22	0,106
5	23	0,159
6	24	0,227
7	25	0,309
8	26	0,401
9	27	0,500
10	28	0,599
11	29	0,691
12	30	0,773
13	31	0,841
14	32	0,894
15	33	0,933
16	34	0,960

Soit X la variable aléatoire égale au temps de trajet de Samuel. On admet que X suit la loi normale d'espérance $\mu = 27$ et d'écart-type $\sigma = 4$.
On donne un extrait du tableur de la loi $\mathcal{N}(27, 4^2)$ sur l'intervalle [20 ; 34] avec un pas de 1.

4. La probabilité que Samuel arrive à l'heure est égale à :

a. 0,5 **b.** 0,773 **c.** 0,841

5. La probabilité que Samuel ait plus de 4 minutes de retard est égale à :

a. 0,04 **b.** 0,96 **c.** 0,841

Philosophie

Point Bac

L'épreuve de philosophie

Présentation des épreuves

	Durée	Coefficient
Épreuve écrite	4 heures	2
Épreuve orale	Préparation : 20 minutes Passage devant l'examinateur : 20 minutes	2

L'épreuve écrite

Elle propose, au choix, 2 sujets de dissertation et 1 explication de texte. Les sujets peuvent porter sur toutes les parties du programme. L'épreuve permet de « vérifier l'aptitude de l'élève à utiliser les concepts élaborés et les réflexions développées ; à transposer dans un travail philosophique personnel et vivant les connaissances acquises par l'étude des notions et des œuvres ».

L'épreuve orale

Cette épreuve de contrôle ou de rattrapage a lieu si le candidat obtient entre 8 et 10 de moyenne sur l'ensemble des épreuves du baccalauréat.

Elle consiste en une explication de texte et/ou un exposé sur une question du programme. Le candidat présente à l'examinateur la liste des oeuvres philosophiques étudiées dans l'année.

Un extrait d'une œuvre devra être expliqué. L'exposé du candidat est suivi d'un entretien à partir de questions destinées soit à approfondir ou à préciser l'interprétation du texte, soit à élargir la réflexion autour de la question choisie.

Méthodes et conseils

La dissertation philosophique

La dissertation philosophique « est l'étude méthodique et progressive des diverses dimensions d'une question donnée ». Ce n'est donc pas une question de cours mais l'examen d'un problème philosophique. Il ne s'agit donc pas de réciter le cours, mais de repenser les connaissances acquises en fonction du problème – appelé aussi problématique – posé par le sujet.

1. Comprendre le sujet (15 mn)

– Repérez les mots clés et définissez-les.

– Recherchez ensuite les concepts associés ou opposés à ces mots clés : ils doivent permettre d'énoncer une ou plusieurs questions qui vous aideront à comprendre le sujet et à dégager le problème philosophique posé.

2. Dégager le problème philosophique (20 mn)

Il y a « problème philosophique » (on dit aussi « question philosophique » ou « problématique philosophique ») parce qu'on peut énoncer une contradiction. Soit le sujet : « *Qu'est-ce que la liberté* ? ». Ce sujet contient en lui-même des thèses contradictoires que vous devez examiner puis reformuler sous forme de question(s). Les deux thèses contradictoires doivent être également démontrables.

Pour cela, vous devez :

– partir de la définition généralement admise de la liberté, c'est-à-dire celle de l'opinion commune (thèse) : *la liberté est absence de contrainte. Être libre, c'est faire ce qui nous plaît* ;

– examiner la thèse contraire (antithèse) : *la liberté c'est l'acceptation des contraintes*, ou bien encore la thèse stoïcienne, qui définit la liberté comme l'acceptation de toutes les choses sur lesquelles nous ne pouvons pas agir.

– formuler la synthèse : *ne faut-il pas mettre des limites pour rendre la vie sociale vivable ? La liberté est construite sur un paradoxe : il faut des limites pour être libres.*

La problématique formulera donc, sous forme de questions, les interrogations contradictoires qui sous-tendent le sujet : *Être libre, est-ce refuser toute contrainte* (sens commun) *ou bien n'y a-t-il pas certaines limites à notre liberté qui nous rendent plus libres ? Qu'est-ce que la liberté ?* (reprise du sujet lui-même)

3. Rechercher les idées, faire l'inventaire de ses connaissances (45 mn)

Il s'agit de noter au brouillon toutes les idées qui viennent à l'esprit, les connaissances vues pendant l'année liées au sujet et les éventuels exemples qui viendront étayer la démonstration.

4. Ébaucher le plan (1 h)

– Envisager une introduction dans laquelle le problème doit être posé clairement.
– Classer et organiser les idées de façon à tracer les grandes lignes du développement. Il comprend 3 parties au cours duquel le problème doit être examiné : la thèse, l'antithèse et la synthèse.
– La conclusion doit faire le bilan et exposer de manière explicite et brève la réponse au problème posé dans l'introduction.

5. Rédiger les différentes parties (1 h 30)

• **L'introduction** doit comprendre :
– un bref exposé de l'opinion commune : *L'opinion commune pense que la liberté est synonyme d'absence de contrainte, qu'être libre, c'est faire ce que l'on veut* ;
– une objection qui va dans le sens de la thèse, opposée à l'opinion et qui fait problème ; *Mais être libre, est-ce être soumis à ses désirs ? En quoi notre volonté est-elle libre ?*
– l'énoncé de la question, du problème philosophique dégagé, qui résulte de la contradiction entre l'opinion commune et l'objection. *N'est-ce pas au contraire les limites que nous nous mettons en connaissance de cause, les règles que l'on a choisies soi-même, qui nous font éprouver notre véritable liberté ?*

• **Le développement (ou l'examen du problème)**
L'examen du problème comporte trois parties :
– la thèse et son argumentation ;
– la réfutation de la thèse (développement de la thèse opposée) ;
– la solution de la contradiction.
Chaque partie doit être ordonnée et construite en des paragraphes articulés les uns aux autres. Le candidat doit, dans l'argumentation, aller du plus simple au plus complexe. Les citations ou les références ne peuvent en aucun cas tenir lieu de preuves ou d'arguments, mais doivent venir à l'appui de la pensée du candidat.

• **La conclusion** peut comporter deux temps : l'un pour dresser le bilan de l'étude, l'autre pour « ouvrir » ce bilan sur une perspective d'enrichissement de la réflexion.

• Prévoir 10 mn pour vous relire.

L'explication de texte avec questions

Le troisième sujet est une explication de texte. Le texte proposé est extrait de l'oeuvre d'un auteur du programme et se rapporte toujours à un problème philosophique important, lié à une ou plusieurs notions du programme.
Il est accompagné de deux ou trois questions avec la consigne suivante : « Pour expliquer ce texte, vous répondrez aux questions suivantes, qui sont destinées principalement à guider votre rédaction. Elles ne sont pas indépendantes les unes des autres et demandent que le texte soit d'abord étudié dans son ensemble ».

La question 1

Elle se présente souvent sous la forme suivante : « Dégagez l'idée principale du texte et les étapes de son argumentation ».
• <u>Dégager l'idée principale du texte.</u> C'est elle qui articule les différents moments dont se compose le texte. Pour la mettre en lumière, il ne faut pas décrire le contenu du texte, mais exposer clairement ce que l'on a compris après sa lecture. Cela implique une approche synthétique, une appréhension globale du texte ;
• <u>Dégager les étapes de l'argumentation.</u> Cela suppose une approche analytique du texte que l'on va diviser en éléments qui sont autant d'étapes de l'argumentation. Il faudra repérer ici les différentes unités de signification dont se compose le texte et leur assigner un rôle dans la construction de l'idée générale.

La question 2

La deuxième question invite à expliquer deux ou trois point particuliers : mots, expressions ou phrases « en incitant l'élève à préciser leur rapport à l'idée générale et à l'organisation du passage ». Se livrer à ces explications revient à approfondir le sens du texte. Pour mener à bien cet exercice, il convient de :
– porter la plus grande attention au contexte pour éviter les interprétations absurdes ou simplement fantaisistes ;
– repérer précisément l'enchaînement des idées pour ne pas faire de contresens.
Le texte doit toujours être considéré comme un tout. Aucun auteur ne pose une phrase après une autre sans lien entre elles ; les idées s'enchaînent toujours les unes aux autres.

La question 3

« En proposant de discuter l'idée centrale du texte, [la question] devra permettre au candidat d'en préciser la signification et de faire apparaître le problème dont il est question ». Elle « problématise » donc l'idée directrice du texte.
Il est ainsi demandé de rédiger une courte dissertation qui se présentera de la manière suivante :
– une introduction qui analyse la question et expose clairement le problème ;
– un développement construit en deux ou trois paragraphes dans lesquels on envisage, de façon critique et argumentée, les réponses que l'on peut apporter à la question.

1 L'art et la technique

COURS

L'art, l'artisanat, la technique

• La racine indo-européenne *ar* signifie « arrangement ». Or, cet « arrangement » peut viser l'utilité : c'est le cas de l'**artisanat** ; mais il peut aussi viser le beau : c'est le cas des Beaux-Arts. Avant le développement de la civilisation industrielle, l'**art** et l'artisanat (l'artiste et l'artisan) tendent ainsi à se confondre. Le terme « art » désigne alors la forme de la production artisanale. Ce sens ancien du mot subsiste dans l'expression « école des Arts et Métiers ».

• **La technique**, *teknê*, signifie également en grec aussi bien la technique que l'art et ne distingue pas production et création. C'est ce sens de « savoir-faire » que nous avons conservé. Du soc de la charrue à internet, la technique est un moyen par lequel l'homme cherche à maîtriser la matière. Elle vise donc d'abord l'utilité.

• C'est à partir du XVIIIe siècle que l'art se distingue aussi bien de l'artisanat que de la technique et acquiert ainsi un statut spécifique. Aujourd'hui, quand on parle des arts, on entend les Beaux-Arts : l'architecture, la sculpture, la peinture, la musique, la danse, le théâtre, la poésie.

Mais l'art se distingue de l'artisanat et de la technique par sa finalité

• Le propre de l'artisanat et de la technique est donc de produire des objets qui ont pour fin l'**utilité** et qui, de ce fait, plaisent comme moyens. Une table, une automobile servent à quelque chose.

• L'objet artisanal cependant, à la différence du produit industriel, porte la marque de l'habileté et du talent d'un individu. Mais, si l'ébéniste qui fabrique une table crée autant une œuvre ornementale qu'un objet utilitaire, cela n'en fait pas pour autant une œuvre d'art. L'objet artisanal tire d'abord son sens de sa fonction utilitaire et de l'activité marchande qui en sous-tend l'exécution.

• En revanche, en sculptant, en composant ou en peignant, l'artiste crée des œuvres qui n'ont aucune utilité précise, mais la beauté de leur représentation – liée à la lumière, aux couleurs, aux agencements dans la toile, etc. – peut nous procurer un grand plaisir esthétique. L'art ne répond donc à aucune finalité utilitaire. Il trouve son sens et sa fin en lui-même et procure un **plaisir « désintéressé »** dit **Kant** dans *Critique de la faculté de juger* (1790).

Les Beaux-Arts, « arts du génie » selon Kant

• L'art se distingue aussi radicalement de la technique par son mode de production. Depuis le XVIIIe siècle, la technique n'a cessé de se perfectionner : par exemple, souder des morceaux d'acier les uns aux autres, effacer les jointures, recouvrir les raccords, etc. Toute technique, aussi complexe soit-elle, obéit à des règles précises d'exécution qui peuvent être enseignées, puis répétées par l'homme, voire aujourd'hui par la machine.

• L'art, au contraire, affirme **Kant**, nécessite autre chose que la simple « aptitude à ce qui peut être appris d'après une règle quelconque » (*ibid.*) Si, dans les ateliers d'artistes, les élèves pouvaient apprendre les règles de l'art du maître, ils en restaient souvent à l'imitation. Seuls les véritables créateurs ont su se dégager de l'imitation pour inventer de nouvelles formes ou donner une signification nouvelle aux procédés hérités. Aussi Kant définit-il les Beaux-Arts comme les « arts du génie ».

La technique libère l'art de la recherche du beau

• À son époque déjà, **Hegel** constatait que l'art, en tant qu'expression intime de l'absolu, du divin, était mort. Ce constat a trouvé une confirmation dans cette part de l'art moderne et contemporain qui a fait de la technique une source d'inspiration. L'art ne reflète plus, en effet, un ordre naturel harmonieux, transcendant et sacré. A l'opposé de l'art ancien qui cherchait à effacer l'artifice au profit du naturel, cet art « nouveau » revendique au contraire son caractère artificiel.

• L'œuvre d'art n'est ainsi plus que le produit d'un artefact (manipulation humaine). N'importe quel objet, pourvu qu'il soit dégagé de sa fonction utilitaire, peut devenir une œuvre d'art : il suffit que l'artiste en décide ainsi. Telle fut la provocation, en 1917, du dadaïste Marcel Duchamp exposant un urinoir (dénommé « *Fountain* ») comme s'il s'agissait d'une œuvre d'art. Ce que Duchamp avec sa plaisanterie de mauvais goût a cherché à mettre en question, c'est l'idée même du goût, entendu comme bon goût. Si l'urinoir finit alors par être élevé à la dignité d'une œuvre, l'objet d'art, comme savoir-faire porté par une inspiration, comme lente médiation matérielle conduisant au beau, est totalement dévalorisé. S'y substituent, dérisoirement, les objets tout faits, les *ready made*, produits standardisés de l'usinage industriel.

• Qu'en est-il alors du « beau » dans tout cela ? Il faut reconnaître que la connivence établie jusqu'alors entre les Beaux-Arts et le beau se désagrège au xxe siècle. Si l'œuvre d'art n'est plus à contempler, c'est que notre rapport au monde, avec le développement de la techno-science, a changé : il n'est plus celui de la contemplation mais celui d'une volonté de manipuler la matière pour la soumettre à nos exigences.

MÉTHODE

Explication de texte : dégager l'idée principale du texte et les étapes de l'argumentation

« Il reste à dire en quoi l'artiste diffère de l'artisan.

Toutes les fois que l'idée précède et règle l'exécution, c'est industrie. Et encore est-il vrai que l'œuvre souvent, même dans l'industrie, redresse l'idée en ce sens que l'artisan trouve mieux qu'il n'avait pensé dès qu'il essaie ; en cela il est artiste, mais par éclairs. Toujours est-il que la représentation d'une idée dans une chose, je dis même d'une idée bien définie comme le dessin d'une maison, est une œuvre mécanique seulement, en ce sens qu'une machine bien réglée d'abord ferait l'œuvre à mille exemplaires. Pensons maintenant au travail de peintre de portrait ; il est clair qu'il ne peut avoir le projet de toutes les couleurs qu'il emploiera à l'œuvre qu'il commence ; l'idée lui vient à mesure qu'il fait ; il serait même rigoureux de dire que l'idée lui vient ensuite, comme au spectateur, et qu'il est aussi spectateur de son idée en train de naître. Et c'est là le propre de l'artiste. Il faut que le génie ait la grâce de la nature et s'étonne lui-même. Un beau vers n'est pas d'abord en projet, et ensuite fait ; mais il se montre beau au poète ; et la belle statue se montre belle au sculpteur à mesure qu'il la fait ; et le portrait naît sous le pinceau. [...] Ainsi la règle du beau n'apparaît que dans l'œuvre et y reste prise, en sorte qu'elle ne peut servir jamais, d'aucune manière, à faire une autre œuvre. »

Alain, *Système des Beaux-Arts*, © éd. Gallimard.

Sujet : Dégagez l'idée principale du texte et les étapes de l'armumentation.
Cette question correspond à la première question de l'explication de texte (voir p. 225).

1. L'idée principale d'un texte est celle qui fait l'objet de la démonstration de l'auteur : c'est la **thèse de l'auteur**, l'idée directrice autour de laquelle s'articule le texte. Vous devez la repérer et la formuler clairement.

→ L'idée principale du texte : *Seul l'artiste est créateur. Il réalise des œuvres qui ne sont pas l'application de règles antérieurement définies.*

2. Les étapes de l'argumentation

Repérer la structure du texte et ses articulations :

– lignes 2 à 6 (de « Toutes les fois… » à « … mille exemplaires. ») : première idée, premier moment de l'argumentation : *en quoi consiste la production artisanale ou technique* ;

– lignes 6 à 11 (de « Pensons <u>maintenant</u>… » à « … pinceau. [...] ») : deuxième idée ou deuxième moment de l'argumentation : *ce qui fait qu'une œuvre est une œuvre d'art* ;

– lignes 11-12 : conclusion de l'argumentation : « <u>Ainsi</u> la règle du beau… » : *L'œuvre d'art est unique.*

Ici on peut montrer, en outre, que chacune des 2 idées développées se déroule en 3 temps : principe / exception ou exemple / conséquence.

→ Les étapes de l'argumentation :

• <u>Premier moment : analyse de la production artisanale ou technique</u>

– Principe qui règle la production artisanale ou technique : avant de travailler le matériau, l'artisan connaît à l'avance la forme à réaliser, les procédés à utiliser. L'activité artisanale exige d'ailleurs un savoir acquis par apprentissage.

– Une exception : il arrive à l'occasion que l'artisan soit un artiste lorsque, dans le cours de l'exécution, il trouve mieux que ce qu'il avait pensé d'abord.

– Conséquence : l'antériorité de l'idée par rapport à l'exécution, la représentation précise des procédés à utiliser, de la forme à réaliser expliquent que l'œuvre puisse être reproduite en autant d'exemplaires que l'artisan voudra.

• <u>Deuxième moment : analyse de la création artistique</u>

– Principe qui règle la création artistique : contrairement à l'activité de l'artisan ou du technicien, l'activité de l'artiste n'est pas conduite par un projet préalablement défini.

– Exemple : Alain donne l'exemple du peintre de portrait qui ne sait pas à l'avance quel sera le résultat de son activité. Il ne sait pas exactement quelles couleurs il utilisera ; c'est à mesure qu'il fait, que le choix des couleurs lui vient. L'idée est donc contemporaine de l'exécution.

– Première conséquence : le caractère simultané de l'idée et de l'exécution entraîne le dédoublement de l'artiste : il est en même temps exécutant et spectateur de son œuvre en train de naître sous ses yeux.

– Deuxième conséquence : puisque l'idée vient à l'artiste au fur et à mesure qu'il fait, le résultat de son activité ne peut être reproduit.

<u>Conclusion</u> : l'œuvre d'art est unique, individuelle.

2 Les échanges

COURS

Les échanges, comme moyen et fin de la vie en société

Les échanges ont contraint les hommes à vivre en société et ont permis d'éviter la dispersion des individus et des groupes, qui aurait pu être mortelle pour l'espèce humaine. Ils ont ainsi favorisé toute cette diversité d'occupations et de talents que nos sociétés connaissent.

Du troc à l'apparition de la monnaie

• Les premiers échanges, selon **Aristote**, ont eu lieu sous la forme du troc. Ils correspondent à une division géographique du travail. Ainsi, par exemple, sur les bords de la Méditerranée, on échangeait le blé des montagnes contre le vin des plaines côtières.

• Mais lorsque les groupes humains s'agrandissent, la division du travail s'instaure en leur sein et les différents travailleurs sont amenés à échanger entre eux les produits de leur travail. Dès lors apparaît une autre forme de l'échange : le commerce par « achat » et « vente ». Ce commerce intérieur suppose la propriété privée. De plus, il exige des commerçants, un marché et une monnaie.

L'argent comme moyen terme de l'échange

• La monnaie permet de résoudre le problème de l'équivalence entre des marchandises de valeur inégale. Par exemple, si la maison vaut plus que des chaussures, la différence sera compensée en argent.

• Mais si l'argent permet de comparer les produits à échanger, il n'est en aucun cas le fondement de la valeur. À l'origine, l'argent n'est jamais qu'une marchandise parmi d'autres, un objet d'usage, par exemple du fer. Par la suite, les pièces de métal sont frappées d'un signe indiquant la quantité de métal. Ce signe peut être manipulé. Quoi qu'il en soit, l'argent exprime la valeur des autres marchandises mais vaut comme toute autre marchandise.

L'échange comme moyen d'acquérir des objets utiles à la vie

• Pour **Aristote**, le véritable fondement de la valeur d'un produit est l'usage qu'on peut en faire. Si aucun besoin ne se faisait sentir, il n'y aurait nul échange. Mais on peut objecter qu'il y a des biens d'usage gratuit, l'air par exemple. D'autre part, on constate, dans les sociétés développées, qu'une marchandise qui trouve peu d'acquéreurs ne perd pas pour autant sa valeur qui peut être symbolique.

• Il revient à **Adam Smith** d'avoir découvert le fondement de la valeur. Dans *La Richesse des nations* (1776), il affirme que la valeur de chaque chose est le travail que coûte sa production. Voilà pourquoi certains biens d'usage sont gratuits, tandis que d'autres de peu d'usage, comme l'or, sont très chers. Le prix peut osciller en dessous ou au-dessus de la valeur selon l'offre et la demande.

• L'échange n'est d'abord qu'un moyen de se procurer des objets nécessaires à la vie et utiles à la communauté. Pour **Aristote**, cet art d'acquérir, propre à l'économie domestique, est conforme à la nature. Mais, avec l'introduction de la monnaie, une nouvelle forme d'échange apparaît.

L'échange chrématistique ou l'enrichissement sans limites

• Dans l'échange propre à l'économie domestique, l'argent (A) n'est qu'un moyen terme dans l'échange entre marchandises (M). On a ainsi la formule MAM, selon **Marx** (*Le Capital*).

• Dans l'échange chrématistique, l'argent devient le terme de l'échange. On a la formule AMA. Le « négoce », par exemple, consiste à revendre les marchandises de manière à se procurer une somme d'argent supérieure à celle dépensée pour les acheter. La limite de cette forme d'échange est l'usure ou « prêt à intérêt », ou, de nos jours, la spéculation boursière. Là, dit **Aristote**, « l'argent produit de l'argent », de telle sorte que « cette manière d'acquérir des richesses [est] la plus contraire à la nature ». L'accumulation de l'argent est un processus sans limites dans lequel on peut perdre sa vie à la gagner. L'argent finit par dénaturer le travail lui-même, qui ne se définit plus d'après son résultat mais d'après le gain qu'il procure.

Les échanges divisent les hommes

• Avec le développement des échanges, s'établit alors un dualisme entre les activités intellectuelles, capables de développer la vie personnelle, et le travail, imposé par la force ou la nécessité, qui transforme la personne en simple moyen au profit d'autres personnes. Le travail manuel, jugé dans l'Antiquité indigne d'un homme libre, a alors comme conséquence l'institution de l'esclavage.

• Avec **Marx**, l'opposition passe entre ceux qui possèdent et ceux qui travaillent : les seconds sont dans une situation d'infériorité et reçoivent sous forme de salaire moins que ce qu'ils produisent. Marx dénonce une nouvelle forme d'esclavage qui a vu le jour avec l'essor du capitalisme.

MÉTHODE

Dissertation : analyser le sujet

Sujet : « Le don peut-il être désintéressé ? »

1. Comprendre le sujet

a. Repérer et définir les mots clés :
« le don » ; « désintéressé » ; Par ailleurs la phrase dit « le don peut-il être désintéressé », ce qui suppose qu'en général le don ne l'est pas. Pourquoi ne l'est-il pas ?

b. rechercher les concepts associés ou opposés : ils doivent permettre d'énoncer une ou plusieurs questions qui aideront à dégager le problème philosophique posé.

– *Le don* : action de donner sans contrepartie apparente ; le don se veut « désintéressé », « gratuit », il n'appelle pas un acte en retour : cadeau, legs, acte détaché de toute attente personnelle, bienfait / échange ;

– *Désintéressement* : gratuité, générosité, absence de calcul / Intérêt : échange, transfert, commerce.

→ *Puis-je donner sans attendre aucun retour ?*

Chercher ce que dit le sens commun, par exemple : 1) Donner, c'est être généreux. 2) mais le don appelle le plus souvent le « renvoi d'ascenseur » → Don et contre-don

– ***Le don est par définition désintéressé*** : il est gratuit, sans contrepartie. Je te donne ce cadeau et n'attends rien de toi en retour.

Le don ici est d'abord un signe : la chose que l'on donne perd de son importance au profit du signe qu'elle représente : l'acte de donner est sa propre fin. Le don est un acte à perte. Le don d'amour d'Elvire avec Dom Juan est un acte à perte. De manière plus extrême, le don de sa vie, comme celui de certains partisans pendant la seconde guerre mondiale, est le don suprême par excellence.

– ***Mais le don ne peut pas être un acte gratuit lorsqu'il est lourd d'attentes*** : don en retour, gratitude, etc. ; lorsque c'est la satisfaction personnelle qui le motive (cf. bénéfice secondaire de Freud), voire l'orgueil ; lorsqu'il marque une emprise, un pouvoir sur l'autre, une volonté de dépendance, qui oblige l'autre à être redevable, etc.

→ Le don est aussi la conséquence d'une identification à l'autre : on se reconnaît soi-même dans l'autre (cf. Dolto et Le Bon Samaritain) : le don est un don à soi-même.

→ Le don appelle une certaine forme de réciprocité, un désir de reconnaissance : c'est cette relation à l'autre qui nous fait exister.

2. Dégager le problème philosophique

– Le sens commun dit que le don suppose nécessairement la générosité. Il implique par ailleurs très souvent de « renvoyer l'ascenseur ». Le don appelle-t-il le contre-don ?

– Donner, est-ce être nécessairement être généreux, désintéressé ?

→ **la problématique :** *Le don n'est-il qu'une forme de l'échange ou peut-il être gratuit ? Autrement dit, peut-il y avoir une générosité totalement désintéressée ?*

3. Rechercher les idées, faire l'inventaire de ses connaissances

Il s'agit de noter au brouillon toutes les idées qui viennent à l'esprit, les connaissances vues pendant l'année liées au sujet, et les éventuels exemples qui viendront étayer la démonstration.

4. Ébaucher le plan

– Envisager **une introduction** dans laquelle le problème doit être posé clairement : don et contre-don, acte gratuit et intérêt, avec la problématique : *Le don n'est-il qu'une forme de l'échange ou peut-il être gratuit ?*

– **Classer et organiser les idées** de façon à tracer les grandes lignes **du développement**. Il comprendra 3 parties :

- la thèse : *le don est, par définition, un acte désintéressé, un acte de perte.*
- l'antithèse : *le don ne peut pas être gratuit ; il attend nécessairement quelque chose en retour, ne serait-ce que de la reconnaissance.*
- la synthèse : *le don est toujours lié à l'autre : il est une forme subtile de l'échange.*

– **La conclusion** expose de manière explicite et brève la réponse au problème posé dans l'introduction. *Si le don n'est pas toujours gratuit, il est un signe envers l'autre, il témoigne donc d'une relation à l'autre, d'un lien, et d'une plus ou moins grande réciprocité.*

– Ouverture : *C'est aussi parce que l'on m'a donné et c'est grâce à ce que j'ai reçu que je suis ce que je suis. Pour pouvoir me poser comme sujet de ma liberté, j'ai à reconnaître que celle-ci est le fruit de tout ce que j'ai reçu des autres qui m'ont pris en charge et fait naître à la liberté.*

EXO

Soit le **sujet de dissertation suivant** : « Que gagne-t-on à échanger ? »

Vous préparerez les éléments d'analyse et l'ébauche du plan, selon la méthode ci-dessus.

3 La raison et la croyance

COURS

La raison exige l'accord avec soi-même, avec le réel, avec autrui

• La raison cherche à lier nos idées, à les rendre cohérentes. « L'œuvre du raisonnement est de systématiser notre pensée, de la rendre cohérente et logique », nous rappelle Ferdinand Alquié dans ses *Leçons de Philosophie* (t. 1, 1939). En ce sens, elle est une exigence d'accord avec soi-même.
• La raison est aussi l'exigence d'un accord avec le réel. Il s'agit de ne pas se laisser leurrer par nos désirs et donc d'éprouver nos idées, de les vérifier.
• La raison est enfin la recherche d'un accord avec autrui. Vivant en société, l'homme recherche des affirmations valables pour tous.

La raison s'oppose à la croyance

• La **raison** est nécessaire à la connaissance, à l'élaboration du savoir. Elle exige arguments, démonstrations et preuves car elle vise l'objectivité, l'universalité. Elle fait prendre conscience que la vérité est problématique et doit se rechercher méthodiquement.
• En cela, elle s'oppose radicalement à la **croyance**, à l'opinion, à tout ce qui est de l'ordre du préjugé, qui est l'affirmation de la vérité d'une proposition ou d'un fait sans preuve. Les *Dialogues* de **Platon** cherchent ainsi à mettre au jour ces croyances : je croyais disposer d'un savoir, or je m'aperçois que je n'avais qu'une opinion infondée.
• L'**opinion**, en effet, se croit particulière mais elle est, en fait, générale, commune, comme le sont les besoins, les appétits et les passions de l'homme. Elle peut être vraie ou fausse mais, dans tous les cas, elle est sans intelligence d'elle-même et de ses objets. Elle est aveugle, elle affirme sans raison. Elle est de l'ordre de la conviction, non d'un savoir raisonné. C'est une croyance irraisonnée. Ceux qui prétendent être maîtres de leurs opinions en sont, en fait, les esclaves. L'opinion dispense de penser.
• D'une manière générale, le sujet qui croit tient le discours qu'il tient en fonction de ce qu'il croit savoir, mais son discours est déterminé par ses désirs et ses passions, qui ne sont pas rationnels.

La raison doit s'interroger sur elle-même

• La raison peut toutefois se fourvoyer, lorsqu'elle croit à ses résultats et les transforme en opinions en oubliant de les questionner. La raison doit donc elle-même s'interroger sur la validité de ses méthodes et de ses résultats, si elle ne veut pas devenir une croyance qui s'ignore.
• Les sciences formelles (mathématiques, logique) apparaissent comme certaines parce qu'elles sont rationnelles dans leurs conclusions mathématiques qui offrent une certitude complète. Les sciences expérimentales aussi (physique, chimie, sciences de la nature, biologie, etc.), du fait de leurs méthodes mêmes qui vérifient que les lois énoncées sont en accord avec le réel. Cependant même dans le domaine des mathématiques, la vérité est liée à des prémisses, à des hypothèses de départ qui ne sont pas démontrées.
• Aussi l'histoire des sciences montre-t-elle qu'aucune théorie n'est jamais définitive. Les progrès se font par erreurs et tâtonnements, par conjectures et réfutations. On ne peut souscrire à une théorie que provisoirement, c'est-à-dire tant qu'elle survit aux tests destinés à l'invalider, affirme Karl **Popper** dans *La logique de la découverte scientifique* (1935).
• En outre, les découvertes posent souvent plus de problèmes qu'elles n'en résolvent. D'où le sentiment qu'il y a toujours de l'inexpliqué. Le problème reste ouvert de savoir si cet inexpliqué n'est que du provisoirement inexpliqué ou s'il y a de l'inexplicable. N'y a-t-il pas, au sein du réel, une certaine opacité ? La raison ne se limite-t-elle pas à ce qui est rationnel ? Ne laisse-t-elle pas de côté, du même coup, ce qui lui échappe ?

La raison est à elle-même son plus grand mystère

• La raison nous permet de dégager des relations mathématiques, des relations de causalité entre les choses ou les êtres, mais elle est impuissante à rendre compte de l'être lui-même, de ce qui est. Elle ne saurait, en particulier, rendre compte de sa propre existence ni de ses propres structures. En ce sens, la raison demeure à elle-même son plus grand mystère. « La dernière démarche de la raison est de reconnaître qu'il y a une infinité de choses qui la dépassent. », écrit **Pascal** dans Les *Pensées*.
• C'est pourquoi, la raison ne peut avoir réponse à tout et est en but à ses propres insuffisances. Elle ne sert à rien pour comprendre la foi, qui, selon Pascal, n'a pas besoin de preuve mais « s'éprouve » (*De l'esprit géométrique*, 1658). C'est dans cette « épreuve » que réside la vérité de la foi.
• La raison ne saurait donc remplacer ni la foi religieuse, ni l'amour, ni l'art dont, à chaque fois, l'expérience (religieuse, amoureuse, artistique), comme épreuve existentielle, éclaire différemment notre vérité.

MÉTHODE

Dissertation : faire le plan détaillé du développement : thèse, antithèse, synthèse

Sujet : « Le savoir s'oppose-t-il à la croyance ? »

1. Comprendre le sujet

Le savoir : le fruit de la pensée rationnelle, les connaissances accumulées

La croyance : l'opinion commune, les présupposés, les préjugés, l'irrationnel [croire à] ; la religion, la foi, la confiance [croire en]

S'opposer à : être le contraire de, être incompatible avec *versus* être compatible avec

→ Savoir et croyance sont-ils à opposer terme à terme ? Le savoir peut-il être aussi une croyance ? Et n'y a-t-il pas de la croyance dans tout savoir ?

2. Dégager le problème philosophique

Le savoir « rationnel » n'est-il pas compatible avec une forme de croyance ? ou

Le savoir exclut-il toute forme de croyance ?

3. Rechercher les idées

Auteurs auxquels faire appel :

– Pascal, *De l'esprit géométrique*, 1658 : Pascal montre qu'il est impossible de tout définir et de tout démontrer en mathématiques. Les premiers principes relève du cœur, du sentiment immédiat du vrai. La foi est donc supérieure au savoir.

– Schopenhauer, *L'Art d'avoir toujours raison*, 1864 : Schopenhauer développe un art de la controverse et montre que, ce qui domine le plus souvent, dans le dialogue, c'est la volonté de s'affirmer, voire de s'imposer. Il s'agit non pas de rechercher une vérité objective, mais d'avoir raison.

4. Plan détaillé du développement

[I. (Thèse) Le savoir s'oppose à l'opinion.]

[1. Le savoir s'oppose à l'opinion.]

Le savoir est objectif et rationnel. L'opinion, qui est la croyance du grand nombre, ne se préoccupe pas de la vérité. Comme le souligne Schopenhauer dans *L'Art d'avoir toujours raison* (1864), l'opinion est d'abord celle de quelques hommes auxquels on fait la politesse de croire qu'ils l'ont examinée à fond.

[2. En se répandant, l'opinion acquiert une apparence de légitimité.]

L'opinion c'est la contamination d'un jugement emprunté à autrui et répété à l'envi.

[3. Le savoir s'oppose à toute croyance irrationnelle.]

Rares sont ceux qui font l'effort de penser par eux-mêmes, mais beaucoup veulent avoir des opinions. La paresse intellectuelle que favorise l'opinion commune constitue un obstacle à la recherche de la vérité. Notamment à la religion, lorsque cette dernière s'impose de manière démagogique, sans jamais faire appel à la capacité de réflexion.

[II. (Antithèse) Mais le savoir est aussi une forme de croyance.]

[1. Le savoir peut être aussi une forme d'opinion.]

Le savoir est un véritable savoir si je le mets à l'épreuve, si je le soumets à la controverse, à la critique, au débat, sans quoi il peut se fossiliser dans une croyance. Croire dans le savoir, c'est donc l'interroger sans cesse.

[2. Et toute croyance ne s'oppose pas au savoir.]

La foi peut être en accord avec le savoir existant. On peut, par exemple, croire en Dieu tout en acceptant les théories scientifiques existantes.

[3. Il n'y a pas de savoir sans croyance.]

Par exemple, les mathématiques reposent sur des axiomes, sur des propositions indémontrables et sont donc impuissantes à se fonder : la raison est ici suspendue au sentiment que nous pouvons avoir de la vérité des axiomes, des postulats. La croyance est donc au cœur même du savoir, y compris scientifique.

[III. (Synthèse) La croyance peut être compatible avec la raison]

[1. Le savoir admet certaines croyances.]

Si le savoir peut condamner les formes de croyance incompatibles avec ses exigences (les superstitions, par exemple), il admet certaines croyances qu'il ne peut réfuter. La foi en est un exemple.

[2. La croyance ne peut faire fi du savoir.]

La croyance ne peut pas se dispenser du savoir scientifique si elle veut rester vivace.

[3. Il y a une place pour la foi au-delà de la raison.]

Un monde uniquement informé par la pensée rationnelle ne peut satisfaire le besoin de sens de l'être humain. Parce que les religions, par exemple, cherchent à donner du sens aux sociétés humaines, Il y aura toujours une place pour une forme de croyance, à condition qu'elle ne soit pas gouvernée par le fanatisme ou l'obscurantisme. Le doute, la mise en question constituent l'épreuve commune de la croyance et du savoir pour permettre de les penser.

EXO

Soit le sujet de dissertation suivant : « La raison peut-elle en finir avec les préjugés ? ».

Faites-en le plan détaillé (thèse, antithèse, synthèse), comme dans la méthode ci-dessus.

4 L'expérience

COURS

Le terme « expérience » – du latin *experiri* qui signifie « éprouver » – désigne plusieurs choses : quand on évoque quelqu'un qui « a de l'expérience » ou bien qui « fait l'expérience de quelque chose » (de la solitude, de la soif, etc.), le terme se rapporte à l'action, à la vie. Quand on parle d'« expérience scientifique », cela réfère à la connaissance, au savoir.

L'expérience du point de vue de l'action et de la vie

• Avoir de l'expérience : on entend ici par « expérience » l'aptitude de chacun à dominer de plus en plus la matière sur laquelle il travaille, ou bien à évoluer de plus en plus aisément dans les diverses circonstances où il est placé, à se comporter avec plus de liberté. L'homme dont on dit qu'il a de l'expérience s'est frotté à la vie. Ce qu'il sait pour l'avoir éprouvé vaudrait plus que toute théorie.
• L'expérience, selon **Bachelard**, concentre les données concrètes et sensibles à partir desquelles l'homme peut construire une connaissance du monde.
• Contrairement aux animaux, qui disposent de l'instinct, les hommes doivent d'abord tâtonner. C'est à la suite de maladresses, d'échecs, de corrections successives, donc d'un **apprentissage** plus ou moins long que les hommes parviennent peu à peu à améliorer leurs tâches. L'habitude est donc nécessaire à l'expérience.
• Mais l'expérience comme fruit de l'habitude peut empêcher de penser et engendrer des préjugés. C'est pourquoi l'expérience n'est jamais suffisante si elle ne s'accompagne de **raison**.

L'expérience comme point de départ et cadre de la connaissance scientifique

• Mais l'expérience joue aussi un rôle déterminant dans la connaissance scientifique. Elle en constitue d'abord le point de départ et le cadre. D'une manière générale, les sciences, au sens rigoureux du terme, sont fondées sur l'expérience. Elles refusent de s'occuper de tout problème qui ne concerne pas l'ordre des faits, ce que les sciences positives avec **Auguste Comte** avaient déjà énoncé.
• Ce sont donc les faits, avec leur diversité, leur complexité plus ou moins grande, qui sont le terreau sur lequel s'exercent les différentes sciences. Si des faits nouveaux viennent à être observés, la pensée s'en saisit et construit des théories ou des sciences nouvelles : c'est ainsi que la sociologie a vu le jour lorsqu'on a cessé d'expliquer le suicide, le crime, les inégalités sociales, la religion uniquement par des causes naturelles (biologiques) ou par la psychologie individuelle. La naissance de la sociologie est liée à la découverte des faits sociaux.
• Dans les sciences physiques (physique, chimie, biologie), l'expérience revêt, en outre, un aspect méthodologique : elle devient l'**expérimentation scientifique**. Claude Bernard, dans son *Introduction à la médecin expérimentale* (1865), en systématise la méthode : observation des faits – hypothèse – vérification – loi. La démarche expérimentale est donc avant tout active : ses investigations, sous forme de tests et de contrôles, questionnent la nature. Le but de ces sciences est de trouver des lois, des relations nécessaires et universelles qui lient les faits.
• Mais les lois ne sont pas données avec les faits observés. C'est à l'esprit qu'il appartient de les supposer : c'est là le rôle de l'hypothèse. Cette hypothèse doit ensuite, dans le cadre d'une expérimentation scientifique, être vérifiée. Une fois contrôlée, reconnue comme répondant à la réalité, l'hypothèse est alors considérée comme vraie et devient une loi.

Expérience et raison sont intimement liées

• Un trait commun justifie cependant l'emploi d'un seul mot : l'expérience désigne toujours le contact direct de la raison avec ce que nous appelons la « réalité ».
• On oppose souvent à l'expérience la théorie. Celle-ci, conformément à l'étymologie (du grec *theorein* : « contempler »), est alors assimilée à une simple vue de l'esprit à laquelle ne correspond aucune réalité. Mais cette opposition radicale ne recouvre pas les rapports complexes que nouent théorie et expérience. Aucune théorie ne doit perdre de vue la réalité. Sans l'expérience, une théorie est vide, selon **Kant**. Quant à l'expérience, elle n'est jamais suffisante. Sans le concours de la raison, elle est aveugle.
• **Popper** a montré qu'une théorie qui ne résiste pas aux tests sera dite « falsifiée », c'est-à-dire « réfutée » par l'expérience. C'est par ce qu'elle aura été soumise à un dispositif expérimental qui pourra la réfuter que la théorie sera reconnue comme scientifique (ou non scientifique si on ne peut pas la réfuter).

MÉTHODE

Explication de texte : discuter l'idée centrale du texte

Le pain que j'ai mangé précédemment m'a nourri ; c'est-à-dire un corps doué de telles qualités sensibles était à cette époque doué de tels pouvoirs cachés ; mais s'ensuit-il qu'il faille que l'autre pain me nourrisse en une autre époque et que des qualités semblables s'accompagnent toujours de semblables pouvoirs cachés ? La conséquence ne semble en rien nécessaire. Du moins faut-il reconnaître que l'esprit tire une conséquence ; qu'il fait un certain pas ; qu'il y a un progrès de la pensée et une inférence qui réclame une explication. Les deux propositions que voici sont loin d'être les mêmes : " J'ai trouvé qu'un tel objet a toujours été accompagné d'un tel effet et je prévois que d'autres objets qui lui sont semblables s'accompagneront d'effets semblables." J'accorderai, s'il vous plaît, que l'une des propositions peut justement se conclure de l'autre : en fait, je le sais, elle s'en conclut toujours. Mais si vous insistez sur ce que la conclusion se tire par une chaîne de raisonnements, je désire que vous produisiez ce raisonnement. La connexion entre ces deux propositions n'est pas intuitive. On réclame un moyen terme qui puisse rendre l'esprit capable de tirer une telle conclusion si, en vérité, il la tire par raisonnement et argumentation.
Quel est ce moyen terme ? Il me faut l'avouer, cela dépasse ma compréhension.

David Hume, *Traité de la nature humaine*, 1739-1740.

Question : « Quelles conséquences peut-on tirer de la critique de l'induction ? »

Cette question correspond à la question 3 de l'explication de texte. Il s'agit de discuter l'idée centrale du texte sous forme de courte dissertation.

1. Comprendre le texte

– *inférer* : tirer une conséquence, conclure, arguer
– l'*inférence* : opération logique portant sur des propositions tenues pour vraies (les prémisses) et concluant à la vérité d'une nouvelle proposition du fait de sa liaison avec les premières.
– l'*induction* : opération qui consiste à remonter des faits à la loi, du particulier au général. Le contraire est la *déduction* qui va de la loi générale vers le particulier, les faits : les conséquences sont donc déjà inscrites dans les prémisses.
– *La connexion n'est pas... intuitive* : elle n'est pas immédiate.

2. Mobiliser son savoir

– Différence entre l'expérience personnelle, singulière, et l'expérimentation scientifique ; qu'est-ce qu'une expérience « scientifique » ? Quand est-elle validée ?
– Cours : par exemple Popper et sa critique des théories scientifiques.

I. Explication (partielle)

Dans ce texte, Hume critique l'induction qui consiste à déduire une règle universelle à partir d'une multitude de cas particuliers.

Il commence par donner un exemple de raisonnement par induction. Soit un cas particulier : « *un pain que j'ai mangé m'a nourri* » (proposition). *J'en conclus que si je mange d'autres pains semblables, ces derniers me nourriront aussi* (2de proposition).

Hume s'interroge : Peut-on, d'une expérience particulière, en conclure une règle générale ?

Aucun raisonnement ne me permet de conclure pour autant que des objets semblables s'accompagneront des mêmes effets. La seconde proposition n'étant pas contenue dans la première, comme dans le raisonnement déductif où la loi générale englobe le singulier, je ne peux pas lier logiquement les deux propositions.

II. Les conséquences que l'on peut tirer de cette critique

– **Première conséquence :** la science ne peut déduire des lois générales de l'observation et de l'expérimentation.

La science se distinguait des autres disciplines par le caractère empirique de sa méthode : le savant tirait de ses observations et expériences des lois qu'il considérait comme nécessaires et universellement valides. Mais selon le philosophe d'origine autrichienne, Karl Popper, dans son ouvrage *La Logique de la découverte scientifique* (1934), l'induction, qui consiste à inférer une règle universelle à partir d'une multitude de cas particuliers est une démarche logiquement inadmissible : *« Peu importe le grand nombre de cygnes blancs que nous puissions avoir observé, il ne justifie pas la conclusion que tous les cygnes sont blancs. »* En effet, le « grand nombre » ne sera jamais « tous ». Popper affirme que les lois et les théories scientifiques ne peuvent jamais être totalement vérifiées.

– **Deuxième conséquence :** toute théorie n'est valide que provisoirement.

Si les théories scientifiques ne sont pas vérifiables, on peut exiger qu'elles soient testées dans l'expérimentation. Une théorie qui ne résiste pas aux tests sera dite « falsifiée » ou « réfutée » par l'expérience, selon Popper. Si elle les réussit, elle sera considérée comme provisoirement valide, jusqu'à ce qu'elle échoue à des tests ultérieurs ou qu'une théorie plus avantageuse apparaisse.

[Conclusion] L'histoire des sciences physiques montre que des faits polémiques ont pu réfuter les théories les mieux établies. Elles ne sont alors plus que partiellement vraies. La théorie de Newton, par exemple, n'est plus qu'un cas particulier de la théorie de la relativité d'Einstein.

5 La Justice et la loi

COURS

Qu'est-ce qui fonde la Justice ?

• Existe-t-il un principe absolu de Justice, à l'origine de la Loi et du droit ? Ou la Justice est-elle ce qui, au moyen du Droit, recouvre un ensemble de lois, dites positives ?
• Selon **Hobbes**, la Justice est l'œuvre du souverain, de Léviathan : c'est lui qui établit les lois et dicte le juste et l'injuste. La loi de la nature étant « la guerre de chacun contre chacun » (*Léviathan*, XIII), Hobbes prône un ordre du droit entre les mains d'un souverain puissant (la « souveraine puissance »). La justice est alors un appareil de règles destiné avant tout à garantir l'ordre public.
• Si seules les lois positives ordonnent ce qui juste et injuste, il en résulte alors que la Justice n'a besoin d'aucun principe supérieur. Elle implique seulement l'élaboration d'un code civil et d'un code pénal, et l'existence de tribunaux et de fonctionnaires pour faire observer la Loi. Mais certaines lois peuvent cependant nous paraître injustes. N'y a-t-il pas une exigence de Justice au-delà des lois ?

La justice est à la fois une valeur et une institution

• La vraie justice transcende la loi. « Plaisante justice qu'une rivière borne ! Vérité en deçà des Pyrénées, erreur au-delà » : ce propos de **Pascal** (*Pensées*, 294) nous rappelle que les lois diffèrent d'un pays à l'autre et que tout dispositif juridique positif est marqué par la relativité. Dès lors, si rien ne préside à l'élaboration de ces règles, qui puisse entraîner, par la raison, un respect immédiat, toutes les pressions exercées sur les hommes ne pourront endiguer leur liberté. Si la justice sans la force est impuissante, la force sans la justice est tyrannique et donc mise en accusation.
• Pour **Platon**, la justice repose à la fois sur une disposition de l'âme, une vertu et sur une bonne organisation politique. Comme il le souligne dans *La République*, il ne sert à rien de multiplier les lois et les sanctions, si on n'a pas pris soin, au préalable, de **donner une éducation** qui rende les citoyens responsables. On voit donc que la justice institutionnelle ne peut s'auto-instituer sans en référer à un horizon de valeurs transcendant.
• La justice n'est pas une réalité donnée mais un idéal qui se conquière, entre autres par la médiation des pratiques juridiques et politiques. Élaborer des lois justes, substituer la prévention à la répression, favoriser l'autonomie des citoyens, ces idéaux doivent inspirer la réflexion sur la justice et guider le pouvoir du législateur, des juges et des éducateurs.

La justice comme équité

• **Aristote** distingue la « justice générale » et la « justice particulière » : la première réside dans la conformité à la loi et dans des actes vertueux ; la seconde est l'équité.
• En ce qui concerne les transactions entre les individus, l'équité consiste en ce que les objets échangés doivent avoir la même valeur. Derrière cette équivalence des objets échangés, se profile évidemment l'égalité en droit des personnes. Telle est la **justice commutative**.
• En revanche, en ce qui concerne l'application de la loi générale aux cas particuliers, la vraie justice est la **justice distributive**, qui donne à chacun selon ses mérites. Sous cette forme, l'équité permet la rencontre entre les formulations générales du code pénal et un verdict particulier. Elle permet de pallier les lacunes de la loi. Sur le plan social, la justice *distributive* doit veiller à ce que les inégalités naturelles ne soient pas aggravées par d'autres inégalités qui proviendraient d'une organisation défectueuse ne permettant pas à chacun de s'épanouir selon son mérite.
• La vraie justice ne se réduit donc pas à la simple légalité, mais elle exige une intelligence pratique du juste, et une clairvoyance qui concilie le général et les mouvances du particulier, du concret.

La vraie justice ne saurait être enfermée dans les lois

• La justice définie par les lois a quelque chose d'insuffisant. Dans *Fondements de la métaphysique des mœurs*, **Kant** se demande si celui qui agit conformément à la légalité, par peur du châtiment ou par simple souci d'être en paix avec autrui, est vraiment juste. La morale des Évangiles considère, en tout cas, que la poursuite unilatérale de la justice n'est que pharisaïsme lorsqu'elle ne s'accompagne pas de la sincérité du cœur et de l'amour.
• *Summum jus, summum injuria* : « Le droit sacralisé est injuste ». La loi doit être relativisée et doit respecter la personne qui ne saurait être enfermée dans aucune relation juridique.
• Chez **Kant**, l'idée de la personne raisonnable, c'est-à-dire d'un sujet de droit, est au centre de sa réflexion morale et lui permet de définir la notion de justice. La justice est d'abord le respect de la dignité humaine.

La vraie justice ne peut s'accomplir que dans l'amour

Le rôle premier des lois est d'établir entre les hommes des rapports qui impliquent extériorité et distance. De tels rapports sont encore impersonnels, mais ils facilitent et préparent les rapports de personnes. La réconciliation de l'humanité avec elle-même, c'est-à-dire la réconciliation de chacun avec tous, est le but ultime de la Justice, jamais parfaitement atteint, toujours visé. Une telle fin exige que la Loi porte en elle-même le pressentiment d'un au-delà d'elle-même. La vraie justice ne peut s'accomplir que dans le respect mutuel et l'amour.

MÉTHODE

Explication de texte : expliquer des expressions du texte. Rédiger un court texte

> Il n'y a donc point de liberté sans lois,
> ni où quelqu'un est au-dessus des lois : dans l'état même de nature, l'homme n'est libre qu'à la faveur de la loi naturelle qui commande à tous. Un peuple libre obéit, mais il ne sert pas ; il a des chefs et non pas des maîtres ; il obéit aux lois, mais il n'obéit qu'aux lois et c'est par la force des lois qu'il n'obéit pas aux hommes. Toutes les barrières qu'on donne dans les républiques au pouvoir des magistrats ne sont établies que pour garantir de leurs atteintes l'enceinte sacrée des lois : ils en sont les ministres, non les arbitres, ils doivent les garder, non les enfreindre. Un peuple est libre, quelque forme qu'ait son gouvernement, quand dans celui qui le gouverne il ne voit point l'homme, mais l'organe de la loi. En un mot, la liberté suit toujours le sort des lois, elle règne ou périt avec elles. Je ne sache rien de plus certain.
>
> Rousseau, *Lettres écrites de la montagne* (1764), Huitième Lettre, dans *Œuvres complètes*, tome III, Gallimard, « Bibliothèque de la Pléiade », 1964.

I. **Expliquez :**
a. « ils en sont les ministres, non les arbitres » ;
b. « Un peuple est libre, quelque forme qu'ait son gouvernement, quand dans celui qui le gouverne il ne voit point l'homme, mais l'organe de la loi. »

II. **Dans un texte court et argumenté, vous discuterez cette idée :**
« Qu'est-ce qu'un peuple, selon Rousseau ? »

1 a. « ils en sont les ministres, non les arbitres » : « ils » c'est-à-dire les magistrats. Ici, « ministre » est à prendre au sens plein de son étymologie : « au service de ».
Les magistrats doivent servir les lois, et non se servir d'elles à leur profit. Personne n'étant au-dessus de la loi, la loi est au centre, et le pouvoir exécutif des magistrats à la périphérie : ils ne sont pas les arbitres des lois mais sont à leur service.
b. « Un peuple est libre, quelque forme qu'ait son gouvernement, quand, dans celui qui le gouverne, il ne voit point l'homme, mais l'organe de la loi. » Un gouvernement doit être un organe de la loi, un moyen, un outil, un représentant au service du tout, selon ce principe que la loi est le seul pouvoir. Il en résulte que l'exécutif est dépendant du législatif.

2 Vous devez mettre en relief les deux représentations du peuple qui se dégagent du texte :
– La première figure possible du peuple, condamnée par Rousseau, est celle du peuple asservi, c'est-à-dire lorsque quelqu'un – ou quelques-uns – sont au-dessus des lois. Celui qui se met au-dessus des lois s'érige, non en chef, mais en maître. Dès lors il n'y a plus un peuple uni de citoyens, mais un ensemble disparate d'individus asservis. Le rapport à la loi est un rapport où l'obéissance de tous est remplacée par la servitude du plus grand nombre.
– L'autre figure du peuple, prônée par Rousseau, est celle du « peuple libre » : c'est-à-dire celui qui obéit aux lois, car chacun obéit librement aux lois qu'il s'est prescrites. La loi permet un lien social qui n'est plus marqué par la relation individuelle d'individus occupant des positions particulières dans un rapport de force (esclaves ou maîtres). Au contraire le rapport, valorisé par l'obéissance à la loi, est un rapport de droit qui, en soustrayant la personne au rapport de force, le libère. Tous les sujets forment le peuple des citoyens. Les législateurs sont des chefs et non des maîtres. L'obéissance de tous à la loi est bien la condition de la formation d'un peuple.

EXO

Expliquez la phrase : « Dans l'état de nature, l'homme n'est libre qu'à la faveur de la loi naturelle qui commande à tous. »

6 Le bonheur

COURS

Le bonheur est une affaire privée

• L'homme, pour être heureux, doit se sentir en sécurité. C'est le cas dans un État de droit, où l'homme est sous la protection des lois, à condition que règne une certaine justice sociale.
• Mais l'homme ne peut s'en remettre à l'État pour son bonheur. Le rôle de ce dernier n'est pas de veiller au bonheur de ses sujets. L'amour de l'État pour le peuple est, au premier abord, séduisant. Mais l'histoire montre que le paternalisme est, au fond, l'alibi du despotisme. L'État paternaliste ne peut qu'empêcher le peuple de devenir majeur. Ce dernier ne peut mûrir pour la liberté qu'en étant placé dans la liberté. C'est ce que souligne **Kant** dans *Doctrine du Droit* (chap. II, 1re section).
Le bonheur est une affaire personnelle.

Le bonheur est un idéal de l'imagination

• Ce que les hommes nomment le bonheur n'est souvent que l'objet temporaire et accidentel de leur désir. Comme le souligne **Kant** dans *Fondements de la métaphysique des mœurs*, « malgré le désir qu'a tout homme d'arriver à être heureux, personne ne peut dire en termes précis et cohérents ce que véritablement il désire et il veut ». Le bonheur, selon l'expression de Kant, est « un idéal, non de la raison, mais de l'imagination ».
• Et Kant de se moquer longuement des alternatives où il est impossible de trancher. L'homme veut la richesse ? Mais que de soucis, d'envies, de pièges cela ne va-t-il pas provoquer. L'homme veut la connaissance ? Cela risque de lui donner une vue plus claire des maux qui le menacent. L'homme veut une longue vie ? Ne sera-ce pas un cortège de longues souffrances ? L'homme veut la santé ? Ne va-t-il pas en user pour se livrer à des excès.

Le bonheur est dans l'attention au présent et dans l'action

• La plupart des hommes ne sont pas heureux parce qu'ils espèrent l'être. L'impossibilité où est l'homme de se fixer dans le présent est dénoncée par Pascal dans les *Pensées* : « Le présent n'est jamais notre fin : le passé et le présent sont nos moyens ; le seul avenir est notre fin. Ainsi nous ne vivons jamais, mais nous espérons de vivre ; et, nous disposant toujours à être heureux, il est inévitable que nous ne le soyons jamais. »
• Le plus grand ennemi du bonheur est l'affairement, selon **Pascal**. L'homme affairé ne cesse de s'agiter, de se jeter dans le monde, dans les prouesses sportives, les plaisirs variés. En un mot, il ne recherche qu'une chose : le divertissement. Frénésie de l'action qui ne vise qu'à s'oublier soi-même, en sortant sans cesse de soi.
• Si l'on en cherche les raisons, on les trouve dans la nature même de l'homme. Il y a, dit Pascal, un « malheur naturel de notre condition faible et mortelle, et si misérable, que rien ne peut nous consoler, lorsque nous y pensons de près ». Dans sa situation misérable d'humaine condition, l'homme s'étourdit de son passé et plus encore de son avenir supposé, mais il ne peut, en réalité, jamais être heureux.
• Beaucoup d'hommes ne vivent pas, parce qu'ils ne vivent pas dans le présent, mais sont toujours hors d'eux-mêmes, tirés en arrière ou en avant par le passé ou l'avenir. Ils ignorent que le présent est le seul temps où ils soient réellement eux-mêmes, libres, le seul point aussi qui nous donne, grâce à l'action et à la conscience, accès à la totalité du monde.

Se soucier de soi

• Dans l'Antiquité, la recherche du bonheur est l'effort pour se libérer des inquiétudes extérieures à soi, afin de se concentrer sur la question essentielle qui est celle de soi-même. Chez **Platon**, on trouve l'image du dieu Glaucos, vivant dans les profondeurs de la mer, recouvert de vase, d'algues, de coquillages et de cailloux. Son corps est une sorte de croûte épaisse et grossière qui défigure son esprit : sa vraie nature apparaîtrait si elle sortait de la mer en rejetant loin d'elle tout ce qui lui est étranger.
• Revenons donc à notre véritable moi, enfin libéré de l'aliénation où nous avaient entraînés les soucis, les passions, les désirs vains et superflus, comme le préconise **Épicure** dans sa *Lettre à Ménécée*.

MÉTHODE

Dissertation : Analyser le sujet, dégager la problématique, faire le plan, rédiger

Sujet : « Faut-il séparer le plaisir et le bonheur ? »

I. Analyse (partielle) **des termes**

– *Séparer* : dissocier ; son contraire : lier

– *Le plaisir* : de l'ordre de la satisfaction concrète et immédiate : plaisir du corps – de l'alimentation, de la sexualité –, etc : éphémère

– *Le bonheur* : il est de nature empirique, on le connaît par l'expérience. Il a donc à voir avec des expériences du plaisir, mais pas uniquement. Qu'appelle-t-on « le bonheur » ? S'il est associé à la quête d'une forme de paix, de sérénité, n'est-il pas nécessairement éphémère ? un « bonheur permanent », ce serait quoi ?

Donc un bonheur, même éphémère, n'est-ce pas cela, le bonheur ?

– Séparer le plaisir du bonheur = une forme de sérénité, de paix, d'absence de désirs et de passions.

– Lier plaisir et bonheur = Est-ce le *Carpe Diem* du poète latin Horace : « Jouis du jour présent ». Maintenant. Tout de suite, « car demain nous mourons ». Si on fait du plaisir le seul objet de ses désirs, ce peut être un asservissement.

Si le plaisir joue sa part dans le bonheur, il ne saurait le résumer.

II. Dégager la problématique

Si le plaisir est par nature éphémère, le bonheur est-il lié à la permanence ? Est-ce seulement ce qui dure qui a de la valeur et nous rend heureux ? Faut-il séparer le plaisir du bonheur ?

III. Faire le plan

Introduction

I. (Thèse) Le bonheur est dans la renonciation aux plaisirs

II. (Antithèse) Il y a un lien nécessaire entre le bonheur et le plaisir

III. (Synthèse) Le bonheur n'est ni l'absence de douleur ni la pleine satisfaction

Conclusion

[Introduction]

On affirme souvent qu'il faut remplir sa vie le plus intensément possible, selon l'impératif matérialiste du *carpe diem* du poète latin Horace : « Jouis du jour présent », maintenant, tout de suite, « car demain nous mourrons ». Mais la quête des plaisirs ne nous éparpille-t-elle pas ? Et permet-elle à l'être de surmonter véritablement l'angoisse de la mort ? *A contrario*, le bonheur est-il alors dans la permanence et la sécurité, dans l'absence de souffrance ?

Or le bonheur, c'est aussi ici et maintenant. Vivre à l'écart de l'instant, c'est se priver de ce qui se présente, de l'offrande de la vie. Un instant peut comporter l'éternité, au point qu'on puisse, pour revivre cet instant, dire oui à la vie, en acceptant même de revivre la part de souffrance qu'il recèle.

Un bonheur, même éphémère, n'est-ce pas tout le bonheur ? Faut-il vraiment séparer le bonheur et le plaisir ?

I. Le bonheur est dans la renonciation aux plaisirs.

1. Une vie vouée aux plaisirs est source de souffrance.
2. Rechercher les plaisirs, c'est se détourner de la vérité.
3. Vouer sa vie au plaisir, c'est ne pouvoir surmonter l'angoisse de la mort.

II. Il y a un lien nécessaire entre le bonheur et le plaisir.

1. Le plaisir bien compris peut conduire au bonheur.
2. Prendre du plaisir accroît notre puissance d'exister.

III. Le bonheur n'est ni l'absence de douleur ni la pleine satisfaction.

1. L'expérience faite par l'homme est celle du malheur.
2. C'est l'alternance de la peine et du plaisir qui est la moindre souffrance.

[Conclusion]

Identifier le bonheur au plaisir, c'est renoncer à créer quelque chose de durable, c'est se vouer à l'éparpillement et perdre sa vie à vouloir la vivre intensément. Mais fuir le plaisir, c'est renoncer au présent, au seul temps qui nous est donné de vivre. Reporter le bonheur dans l'avenir, n'est-ce pas le plus sûr moyen de ne jamais être heureux ? Le bonheur est à la fois dans l'attention au présent et dans la tension vers l'avenir. Une complète satisfaction dans le présent est impossible. La douleur est l'aiguillon qui nous pousse à aller de l'avant. Le futur, c'est le temps de la liberté, de l'accomplissement de soi.

EXO

Dissertation : « Y a-t-il opposition entre le bonheur et la morale ? »
Analysez le sujet, dégagez la problématique, faites le plan et rédigez les grandes lignes du développement.

Sujet du Bac — Bac blanc

Sujets

Sujet 1 : dissertation

« L'expérience individuelle instruit-elle ? »

1. Vous montrerez d'abord en quoi l'expérience individuelle peut instruire.
2. Puis vous montrerez en quoi elle n'est pas suffisante.
3. Enfin, vous montrerez en quoi elle peut être un obstacle à la recherche de la vérité.

Sujet 2 : dissertation

« La technique a-t-elle libéré l'homme du travail ? »

Sujet 3 : explication de texte

> Entre les désirs et leurs réalisations s'écoule toute la vie humaine. Le désir, par nature, est souffrance ; la satisfaction engendre rapidement la satiété : le but étant illusoire, la possession lui ôte son attrait ; sous une forme nouvelle renaît le désir, et avec lui le besoin : sans quoi, c'est le dégoût, le vide, l'ennui, adversaires plus rudes encore que le besoin. Quand le désir et sa satisfaction se succèdent à des intervalles qui ne sont ni trop longs, ni trop courts, la souffrance, produit commun de l'un et de l'autre, baisse à son niveau le plus bas : et c'est là la plus heureuse vie.
>
> Schopenhauer, *Le Monde comme volonté et comme représentation* (1818), *livre IV*, trad. A. Burdeau, © PUF, 1966.

1. Dégagez l'idée principale du texte et les étapes de l'argumentation.
2. Expliquez :
   a. « Le désir, par nature, est souffrance. »
   b. « Le but étant illusoire, la possession lui ôte son attrait. »
3. Faut-il renoncer à être heureux ?

Corrigés

Sujet 1 : dissertation :

1. L'expérience individuelle semble instruire.

« Avoir de l'expérience », c'est posséder un ensemble de connaissances acquises au cours de la vie. L'homme d'expérience sait que celle-ci vaut mieux que toute théorie. Il a acquis une sagesse pratique qui le rend capable de sauvegarder ses intérêts, un bon sens qui fait qu'il s'accommode de l'existence, apprécie les biens qu'elle offre sans lui demander ce qu'elle ne peut pas lui donner.

2. L'expérience n'est jamais suffisante. Elle a besoin d'être accompagnée par la raison.

Toutefois l'habitude peut engendrer des préjugés. Or, rien ne nous éblouit plus qu'un préjugé, et il arrive fréquemment que notre certitude ne soit pas le fait de la raison mais seulement de nos désirs. En outre, sur le plan de l'action, les situations rencontrées sont parfois si singulières que les leçons du passé ne servent à rien sans la capacité d'analyser rapidement les données du problème. C'est pourquoi l'expérience n'est jamais suffisante si elle ne s'accompagne de la raison.

3. L'expérience individuelle peut être un obstacle quand il s'agit de rechercher la vérité.

Sur le plan de la pensée, on peut même soutenir, avec Descartes, que l'expérience n'est d'aucun secours. Dans l'action, le voyageur égaré dans la forêt, qui hésite sur la direction à suivre, doit prendre des décisions qui lui permettront de sortir de son doute. La loi de l'action est d'être raisonnable quand elle ne peut pas être rationnelle. Et le raisonnable est de ne pas trop hésiter sur la direction à suivre. Il faut choisir, même si c'est un choix irrationnel qui met fin à la délibération. Aussi Descartes, dans le *Discours de la méthode*, conseille-t-il au voyageur égaré de marcher le plus droit qu'il peut vers un même côté. Dans la vie, il faut parfois prendre des décisions rapides et on n'est pas toujours sûr de faire le bon choix. Mais, une fois la décision prise, il faut agir comme si le choix que l'on a fait était le bon.

En revanche, la quête de vérité doit provoquer des raisons de douter. Le plus grand danger est la séduction du probable. Car il peut arriver que ce qui nous paraît probable soit faux et que ce qui est vrai ne nous paraisse pas probable. Dans le domaine de la pensée, la méthode sceptique a pour fin ultime la découverte de la vérité. Elle permet de découvrir ce qui résiste au doute, ce qu'il est impossible de nier. Il s'agit d'une suspension méthodique du jugement en vue d'atteindre des jugements certains et indubitables. Comme le souligne Alain, une pensée qui ne doute plus verse dans le fanatisme.

Sujet 2

Introduction

La technique a libéré l'homme de l'esclavage. Elle a aussi permis une élévation générale du niveau de vie. Mais, nous sommes dans des sociétés où règne la seule course aux profits. C'est pourquoi loin d'être libéré du travail, l'ouvrier est réduit à une fonction parcellaire et vit dans la crainte permanente d'être licencié.

À quelles conditions la technique pourrait-elle libérer l'homme du travail ?

• La technique a libéré l'homme de l'esclavage

Dans l'Antiquité, le domaine de la production matérielle et de la technique est réservé aux esclaves. Ces derniers sont une propriété instrumentale des maîtres, comme le souligne Aristote, toujours disponibles et indispensables pour le bien-être du maître. Toutefois, dans *Politique*, il imagine l'hypothèse d'une humanité libérée de l'esclavage grâce aux progrès de la technique et, en particulier, de l'automation. Ce vieux rêve d'Aristote s'est, en un sens, réalisé sous le capitalisme avec l'apparition de la machine-outil.

• La technique contribue à l'aliénation du travailleur

Pour autant, la machine-outil n'a pas libéré l'homme du travail. La primitive division entre maître et esclave s'est, d'une certaine manière, prolongée. L'opposition passe désormais entre ceux qui possèdent des biens et ceux qui ne possèdent que leur force de travail et reçoivent sous forme de salaire moins que ce qu'ils produisent.

À quoi il faut ajouter qu'avec le développement du machinisme, toute la partie proprement scientifique et coordinatrice du travail industriel exige des aptitudes, des connaissances qui ne sont pas à la disposition des ouvriers, ce qui s'est traduit par la rupture entre le savoir technique et la maîtise des conditions d'utilisation.

Enfin, l'exécution mécanique d'une tâche de plus en plus simple et répétitive a rendu le travail monotone.

L'ouvrier est donc dépossédé des moyens de production, du produit de son travail et de son travail lui-même.

Le capitalisme a bouleversé les conditions techniques et sociales de la production. Il a libéré l'humanité de l'esclavage, réalisant ainsi le rêve d'Aristote. Il a contribué à l'élévation du niveau de vie de chacun. Mais son but n'a jamais été d'émanciper le travailleur ni d'alléger le labeur mais de maintenir le taux de profit. C'est pourquoi la division du travail et les progrès technologiques ont, dans les faits, réduit le travailleur à n'être qu'un rouage d'un mécanisme qui le dépasse.

Enfin, le capitalisme qui assure la formation de la main-d'œuvre à moindre frais est toujours pris de court par ses propres transformations technologiques et licencie les travailleurs au lieu de leur donner de nouvelles qualifications. Ce qui fait que chaque progrès apparaît aussi comme une « calamité publique ».

• Une possible libération du travail ?

Mais, dit Marx, ces catastrophes mêmes que provoque la grande industrie imposent de « remplacer l'individu morcelé, porte douleur d'une fonction productive de détail, par l'individu intégral qui sache tenir tête aux exigences les plus diversifiées du travail » (*Le Capital*). En effet, les progrès de la grande industrie exigent des travailleurs hautement qualifiés et polyvalents. Les machines, les chaînes de montage automatiques requièrent les compétences les plus complexes. On peut donc imaginer que les formes parcellaires et aliénantes de la production ne sont qu'une étape de son évolution à long terme et que des formes nouvelles du travail pourront développer l'homme social intégral qui saura « tenir tête aux exigences les plus diversifiées du travail ».

Conclusion

Le développement des techniques n'a pas libéré le travail. Cela n'est pas dû aux progrès technologiques eux-mêmes, mais aux choix d'une société dans laquelle le souci de la productivité et de la rentabilité l'emporte sur l'aspiration légitime des hommes à l'épanouissement.

Sujet 3

1. L'idée principale de ce texte est qu'il n'y a point de vrai bonheur.

Étapes de l'argumentation

• Dans un premier moment du texte, Schopenhauer analyse le désir. C'est un effort incessant, jamais satisfait, qui fait toute l'existence de l'homme. Souffrance quand le désir n'est pas satisfait, ennui quand la volonté vient à manquer d'objet ou quand une prompte satisfaction vient lui enlever tout motif de désirer.

• Dans un deuxième moment du texte, Schopenhauer tire les conséquences de cette analyse. La vie la plus heureuse est la moins douloureuse. C'est celle où « *le désir et sa satisfaction se succèdent à des intervalles qui ne sont ni trop longs, ni trop courts* », celle qui comporte le moins de souffrance.

2. a. « Le désir est par nature souffrance » car, comme l'avait déjà montré Platon dans *Le Banquet*, tout désir naît d'un manque, d'un état qui ne nous satisfait pas ; il est souffrance, tant qu'il n'est pas satisfait. « Avoir ce que l'on désire » est-il, dès lors la formule du bonheur ? Non, car si on ne peut désirer que ce qu'on n'a pas, il est évident qu'on ne peut jamais avoir ce qu'on désire. Comme je serais heureux si... Mais le « si » réalisé, nous découvrons que le bonheur n'est pas là et nous désirons encore.

b. Le but du désir est illusoire car, une fois atteint, il ne procure pas une satisfaction définitive : il perd tout son attrait. L'homme est-il arrêté par quelque obstacle dressé entre lui et son but immédiat ? Voilà la souffrance. Atteint-il son but ? C'est la satisfaction. Soit, mais pour combien de temps ? La douleur ne s'interrompt pas, pour autant. L'homme ne peut, en fait, vivre que dans un état perpétuel de douleur.

3. Nous sommes toujours relancés dans nos désirs. Ce qui distingue le désir du simple besoin, c'est qu'il ne cesse pas lorsqu'on obtient ce que l'on croyait désirer et qu'il renaît aussitôt, comme l'oiseau Phénix de ses cendres. Le bonheur serait alors obtenu par la limitation des désirs aux seuls désirs naturels et nécessaires, ou besoins, selon Épicure : ne pas souffrir de la faim, de la soif et du froid.

Mais rabattre le désir sur le besoin, vouloir jouir pleinement et simplement de l'existence comme peuvent le faire les animaux, n'est-ce pas ignorer ce qui fait la spécificité de l'être humain ? L'homme n'est-il pas avant tout un être de culture ? Le désir, moins immédiat que les besoins, n'est-il pas ce qui arrache l'homme aux strictes nécessités imposées par la nature, manifestant ainsi sa liberté, mais aussi le rôle de son imagination et de sa raison ?

Lorsque je désire, tout ce passe comme si l'objet même de mon désir était de mettre fin au désir, condition du bonheur. Mais ce que nous désirons vraiment, est-ce de ne plus désirer ou au contraire de désirer toujours ?

Il est vrai que la plupart des hommes espèrent être heureux et que c'est là, d'une certaine manière, l'assurance de ne jamais l'être, car ils ne peuvent alors échapper au cycle sans fin du désir et de sa satisfaction. Mais renoncer aux désirs pour échapper à la souffrance, n'est-ce pas installer la mort dans sa vie ? N'oublions pas que la douleur est l'aiguillon de l'activité. Sans elle la vie viendrait à s'éteindre. Si une complète satisfaction est impossible, le bonheur ne saurait résider, pour autant, dans l'absence totale de douleur. Au lieu de nous réfugier dans le néant, comme le propose Schopenhauer, vivons le présent, temps de l'action et du bonheur. Le présent est ce qui se présente à nous, l'offrande de la vie.

Histoire

Géographie

Histoire Géographie

Point Bac

L'épreuve d'Histoire-Géographie

Présentation des épreuves

	Durée	Coefficient
Épreuve écrite	2 h 30	2

L'épreuve écrite

L'épreuve comporte deux parties évaluées de manière identique (10 points chacune) et qui portent sur les programmes des deux disciplines de la classe de terminale.

L'épreuve évalue cependant aussi les capacités acquises en histoire et en géographie au long de la scolarité secondaire (comme « Lire et utiliser différents langages », « Situer dans le temps et l'espace », « Mobiliser des connaissances », « Analyser et mettre en relation des documents »...).

La première partie de l'épreuve écrite (10 points)

Elle porte sur les « **questions obligatoires** » soit **cinq à sept questions** maximum qui nécessitent des réponses courtes. La notation de cette première partie est encadrée par un barème (chaque réponse étant notée sur 1,5 à 3 points maximum, en fonction du nombre de questions au total).

La seconde partie de l'épreuve écrite (10 points)

Elle porte sur les « sujets d'étude aux choix » (à chaque thème général du programme, tant en histoire qu'en géographie, sont associés deux « sujets d'étude ») : **quatre exercices sont donc proposés au choix du candidat qui en choisit un et un seul**. L'exercice comporte un ou deux documents. L'explication du ou des documents qui est demandée est guidée par une série de questions.

Méthodes et conseils

La préparation de l'écrit

1. Une lecture attentive

L'épreuve dure 2h30 : le temps est donc compté ; même s'il est largement suffisant, il doit être correctement géré.

Il importe en priorité de **bien lire la totalité des sujets**, c'est-à-dire les consignes des questions de la première partie, les sujets et les documents proposés en seconde partie. Cette première étape ne doit pas être sacrifiée : elle permet de délimiter et de mobiliser rigoureusement les connaissances nécessaires, de bien choisir le sujet de la seconde partie. **Il ne faut pas hésiter à consacrer les 10 premières minutes de l'examen à cette lecture attentive.**

2. La répartition du temps

Elle doit tenir compte du déséquilibre des types d'épreuve : **la première partie de l'écrit** nécessite des réponses courtes mais précises ; elle ne doit pas être « expédiée » toutefois, **on lui consacrera donc au maximum 50 à 60 minutes.** **La seconde partie** requiert la lecture d'un ou deux documents et donc une démarche un peu plus analytique : **on lui consacrera donc environ 60 à 75 minutes.** On gardera 10 minutes pour se relire et se corriger.

Comment travailler la première partie de l'épreuve ?

L'objectif de cette partie est d'évaluer la maîtrise des connaissances fondamentales du programme par le candidat. Ainsi la typologie des questions a été volontairement limitée pour faciliter le travail de préparation. Les questions visent à évaluer si vous savez :

– caractériser un espace, une période, un événement, une situation ou un personnage ;

– citer des acteurs ;
– justifier une affirmation en proposant ou en choisissant des arguments ;
– localiser ou compléter un croquis ;
– proposer ou choisir les dates clés ou les périodes clés d'une évolution ;
– proposer une définition pour une notion.

On le voit, les réponses n'impliquent pas une réflexion approfondie ni un traitement documentaire. Leur longueur est d'environ 10 lignes pour pouvoir gérer l'ensemble de l'épreuve. **Toutes les réponses doivent être rédigées :** il faut donc exclure le style télégraphique ou les abréviations.

Les qualités requises pour réussir cette première partie

Vous devez avant tout faire preuve de précision dans la maîtrise des connaissances, de rigueur dans l'application des consignes et d'une capacité à rédiger de manière synthétique et claire. Enfin l'épreuve peut proposer des questions de repérage ou de localisation : cela peut se présenter sous la forme d'une frise chronologique à compléter pour un thème d'histoire ; ou sous la forme d'un fond de carte à légender et à localiser en géographie.

Le travail d'apprentissage

Il est important d'**apprendre par cœur** les éléments fondamentaux (chronologie, biographies, notions majeures, localisations essentielles des espaces cartographiés ou étudiés en géographie). Le plan de la leçon et l'argumentation mise en œuvre doivent être maîtrisés : il est donc important, pour apprendre et s'entraîner à la rédaction de réponses concises, de **constituer des fiches de synthèse,** utiles pour les révisions, car elles récapitulent sur une page de notes les informations fondamentales, **et de les apprendre** !

Enfin, on n'oubliera pas de **s'entraîner à la localisation** par la réalisation de quelques croquis ou fond de carte toujours disponibles dans les manuels.

Le travail au brouillon

Les réponses aux questions peuvent nécessiter une brève préparation au brouillon : il est impératif de faire la liste des informations requises, afin d'éliminer les digressions, et d'élaborer une formulation efficace. Ce travail préparatoire très rapide n'implique pas une rédaction aboutie et peut se limiter à des annotations personnelles ; il n'excèdera pas 10 à 15 minutes du temps prévu pour cette épreuve, le reste étant consacré à la transcription au propre des informations.

Comment travailler les questions de la seconde partie de l'écrit ?

L'objectif est d'évaluer votre capacité à analyser le ou les documents, à dégager leur apport au regard du « sujet d'étude » **et à mettre en relation ces documents.** L'explication des documents est guidée par trois ou quatre questions. L'analyse documentaire est privilégiée : les questions sont précises et ne sont pas un prétexte pour évaluer des connaissances générales. Elles vous invitent à citer des éléments du ou des documents, vous conduisent à dégager une notion fondamentale ou à comparer les documents et à tirer des informations de cette comparaison. Les réponses doivent être entièrement rédigées et s'appuyer sur le ou les documents d'étude. Elles sont plus développées que pour l'épreuve précédente (15 à 25 lignes de rédaction).

Les qualités requises pour réussir cette seconde partie

Il est évidemment nécessaire de **maîtriser les connaissances du cours**, mais ce qui prévaut, c'est la capacité du candidat à réfléchir avec un document : identifier sa nature, ses destinataires, le localiser dans le temps et l'espace, le replacer dans son contexte. Pour se familiariser avec l'exercice, on privilégiera **la lecture et l'étude réfléchie des documents** étudiés en cours et disponibles dans les manuels autour des « sujets d'étude » : certains d'entre eux sont incontournables comme « Les accords d'Evian » de 1962 pour L'Algérie depuis l'indépendance en histoire ou les cartes de L'organisation de l'espace par la mondialisation ou de La Chine en géographie.

Le travail au brouillon

Un petit travail préparatoire au brouillon peut être tout autant nécessaire ici mais il sera différent. Il s'agit, par exemple, dans un texte, de repérer rapidement les éléments de citation utiles pour étayer la réponse à une question. Afin de repérer les éléments de réponses aux différentes questions, le plus simple est de souligner le texte en utilisant une couleur par réponse.

Pour comparer deux documents, le mieux est d'utiliser un tableau à double entrée pour récapituler points communs et différences. En tout état de cause, la nature de l'épreuve incite à un travail rapide et implique une bonne maîtrise de la langue française pour être efficace.

1 Les débuts de la guerre froide : 1945-1955

COURS

La rupture

• En 1945, la Grande Alliance (États-Unis, Royaume-Uni, URSS) organise la dénazification de l'Allemagne (procès de Nuremberg) et les conférences interalliées (San Francisco, juin 1945 ; Postdam, août 1945), mais elle échoue à reconstruire pacifiquement le monde.
• Les relations américano-soviétiques se crispent à propos des réparations allemandes et du tracé des frontières en Europe. **Churchill** prédit la rupture dans le télégramme secret qu'il expédie à **Truman** en 1945. L'URSS contrôle toute l'Europe orientale et s'agrandit de près de 483 000 km² ; **Staline** y impose le modèle communiste grâce à sa puissance militaire. En face, les Américains organisent la riposte en s'appuyant sur la suprématie du dollar et sur l'arme atomique.
• Les tensions s'accumulent entre 1946 et 1947. Les communistes imposent des dirigeants sans élection libre en Europe de l'est. Le 5 mars 1946, à Fulton, Churchill dénonce la situation dans le discours du « Rideau de fer ». La rupture est inéluctable et définitive en 1947 lorsque Truman présente, devant le Congrès américain, sa doctrine de l'endiguement (*containment*) du communisme en Europe, complétée par le plan Marshall le 5 juin 1947 (une aide de près de 13 milliards de dollars à la reconstruction européenne, conditionnée par le retour à un système libéral et pluraliste). En septembre, Staline réplique en créant le *Kominform* (organisme de contrôle par Moscou du mouvement communiste international) ; le rapport Jdanov énonce la division du monde en deux camps inconciliables.
• En 1948, tous les pays d'Europe centrale et orientale deviennent des « démocraties populaires ». Ce processus culmine en Tchécoslovaquie avec le « coup de Prague » : la coalition dirigée par le président Benes est contrainte à démissionner sous la pression des communistes. En mai 1949, le blocus de Berlin-Ouest organisé par Staline échoue ; l'Allemagne est divisée : en mai naît la RFA, en octobre, la RDA. En 1949, Mao Zédong proclame la République populaire de Chine. Avec la guerre de Corée (1950-1953) la guerre froide devient mondiale.

Le monde bipolaire de la guerre froide

• Entre 1949 et 1955 le monde s'organise de façon bipolaire.
– Les États-Unis prennent la tête du **monde libre capitaliste**. Le Pacte atlantique, en avril 1949, crée un commandement intégré des forces alliées, confié aux États-Unis au sein de l'**OTAN** (Organisation du traité de l'Atlantique Nord, opérationnelle en 1950). Les États-Unis se disent prêts à utiliser l'arme nucléaire avec la stratégie des « représailles massives » en 1954.
– L'URSS a plus de mal à organiser le **bloc de l'Est**. Dès 1948, la Yougoslavie de Tito proclame son neutralisme. Le *Kominform* coordonne la propagande ; le CAEM (conseil d'assistance économique mutuelle – ou COMECON) organise en 1949 les échanges entre les démocraties populaires et l'URSS. Ce n'est qu'en 1955 qu'est créé le **pacte de Varsovie** (alliance militaire à commandement soviétique).
• Les États-Unis et l'URSS imposent tacitement les règles du conflit : leur superpuissance les oblige à se livrer un combat indirect, par nations interposées, et sur des terrains (armement, propagande) qui n'obligent pas l'adversaire à une riposte militaire directe. C'est une **guerre idéologique** où les valeurs du libéralisme affrontent celles du communisme ; elle divise le monde en deux blocs nucléaires hostiles, ouvrant les perspectives d'une nouvelle guerre mondiale.

MÉTHODE

Replacer un document dans son contexte historique

La seconde partie de l'épreuve écrite prévoit un travail sur document(s), guidé par des questions. La plus grande difficulté consiste à contextualiser ce ou ces documents en vue de leur interprétation et de leur confrontation.
Le sens de chaque document doit être clarifié en cherchant le sens des allusions, explicites et implicites.
Sujet : « La guerre froide après 1945. »
Questions : À la lecture de ce document, vous répondrez aux questions suivantes :
1. Qui est Harry S.Truman ?
2. Quelle est alors la situation en Europe ?

Document : « La doctrine Truman »

« Les États-Unis doivent soutenir les peuples libres qui résistent à des tentatives d'asservissement par des minorités armées, ou des pressions venues de l'extérieur. [...] Notre aide doit consister essentiellement en un soutien économique et financier [...] Chaque nation se trouve désormais en face d'un choix à faire entre deux modes de vie opposés. *L'un d'eux repose sur la volonté de la majorité et il est caractérisé par des institutions libres, un gouvernement représentatif, des élections libres, des garanties assurant la liberté individuelle, la liberté de parole et de religion et l'absence de toute oppression politique.* Quant à l'autre, il repose sur la volonté d'une minorité imposée par la force à la majorité. Il s'appuie sur la terreur et sur l'oppression, une presse et une radio contrôlée, des élections truquées et la suppression des libertés personnelles.

Les semences des régimes totalitaires sont semées par la misère et le dénuement. [...] Elles atteignent leur développement maximum lorsque l'espoir d'un peuple en une vie meilleure est mort. Cet espoir, il faut que nous le maintenions en vie. [...] »

Extrait des *Mémoires* de Harry S. Truman, t. 1. *L'Année des décisions*, traduction de Denise Meunier, © éd. Plon, 1955.

1. Comprendre la consigne

Beaucoup d'erreurs proviennent d'une lecture trop rapide des consignes. *Exemple* : « Quelle est alors la situation en Europe » : il s'agit ici de la situation en 1947, à la date où a été prononcé le discours, et non en 1955.

2. Identifier le document

- Repérez la nature du document : article, extrait d'une œuvre, d'un discours, document officiel, etc.
- Identifiez l'auteur et ses intentions.

3. Mobiliser ses connaissances – Structurer sa réponse

a. Où en est l'Europe au lendemain de la guerre ? b. Quelles sont les relations Est-Ouest ? c. Comment s'inscrit la « doctrine Truman » dans ce contexte ?

Réponse 1.

Harry S. Truman est le vice-président de F.D. Roosevelt depuis les élections présidentielles de 1944. Après la mort de ce dernier, en avril 1945, Truman assume la présidence en pleine guerre et ordonne l'usage de l'arme atomique contre le Japon. Dans ce discours **prononcé** devant le Congrès américain le 12 mars **1947** et **rapporté** ici dans ses *Mémoires*, Truman expose les raisons de sa politique de lutte contre l'avancée du communisme en Europe : sa doctrine du *containment* ou endiguement. Il est réélu en 1948.

Réponse 2.

a. L'Europe sort très affaiblie de la guerre : plus de 40 millions de morts, dont 10 millions de victimes du système concentrationnaire nazi ; le continent est totalement détruit, ruiné et endetté auprès des États-Unis. Les productions s'effondrent et le rationnement est aggravé.

b. Depuis le 12 mai 1945, Truman est alerté de la situation politique par Churchill : l'URSS occupe presque toute l'Europe de l'Est et Berlin est enclavée en zone soviétique. Or, à Yalta, en février 1945, Staline s'est engagé, dans la « déclaration sur l'Europe libérée », à organiser des élections libres dans les territoires occupés par l'Armée rouge. A Potsdam (juillet-août 1945), les tensions montent entre Staline et Truman à propos des réparations allemandes exigées par l'URSS, du climat de grèves entretenues par les communistes à l'Ouest, de la « tactique du salami hongrois » qui impose des dirigeants communistes sans élection à l'Est. Le 5 mars 1946, invité par Truman à Fulton, Churchill dénonce publiquement la situation dans le discours du « Rideau de fer ».

c. En 1947, après les élections polonaises manipulées, Truman présente sa doctrine de l'endiguement (*containment*) : ce discours est un point charnière qui marque la rupture avec le bloc de l'Est et le début de la guerre froide. Cette doctrine sera complétée par le plan Marshall le 5 juin 1947 : les États-Unis proposent une aide conditionnelle à la reconstruction économique de l'Europe que seuls les pays occidentaux acceptent.

EXO

Répondez aux questions suivantes en vous appuyant sur des citations du document ci-dessus.

a. Quel est le « mode de vie » décrit par Truman dans la phrase en italique ?

b. Relevez les expressions qui, dans ce discours, désignent le « mode de vie » communiste ; pourquoi la doctrine Truman est-elle considérée comme l'une des ruptures de la guerre froide ?

2 Depuis la fin de la guerre froide

COURS

L'effondrement du bloc de l'Est

• L'arrivée au pouvoir de **Gorbatchev** (1931, dernier secrétaire du PCUS et président de l'URSS jusqu'en 1991) en 1985 marque un tournant dans la guerre froide : celui-ci interrompt l'affrontement américano-soviétique afin de résoudre les difficultés internes de son pays et réformer la constitution.
• Après le traité de Washington en 1987 (retrait des missiles soviétiques en Europe), l'URSS évacue l'Afghanistan en 1989. Puis le bloc de l'Est s'effondre : en Pologne, en Hongrie, en Tchécoslovaquie la démocratie s'installe, au cours de l' « automne des peuples » en 1989 ; la destruction du mur de Berlin (9 novembre 1989) prépare la réunification de l'Allemagne en 1990. La même année, le mouvement gagne les républiques baltes de l'URSS qui proclament leur indépendance. Au cours de l'été 1991 une tentative de putsch contre Gorbatchev échoue, et l'**URSS est dissoute en décembre 1991**.
• Après 1991, une vingtaine de pays deviennent indépendants en Europe centrale et orientale. De 1991 à 1995, au cours de la guerre en Yougoslavie, le crime contre l'humanité resurgit ; le conflit fait 800 000 morts. Il ne s'apaise qu'avec l'intervention de l'OTAN. En Russie, la Tchétchénie réclame son indépendance, mais Poutine, au pouvoir depuis 2000, écrase la révolte tchétchène.

L'hégémonie américaine contestée

• Les États-Unis se retrouvent en situation d'« hyperpuissance » et tentent d'imposer une vision unipolaire du monde après l'élection de **George W. Bush** en 2000. En 2003, l'intervention américaine en Irak outrepasse le véto français au Conseil de sécurité, déstabilisant l'ONU et l'Union Européenne qui, malgré son élargissement à 28 en 2013, peine toujours à s'imposer.
• Mais de nouvelles puissances émergent désormais. Profitant de ses atouts énergétiques, la Russie de Poutine retrouve un rôle international majeur. La **Chine** est surtout le grand vainqueur de cette « nouvelle donne » internationale : elle adhère à l'OMC et devient la **première puissance économique mondiale en 2012**. Elle ne dissimule plus ses ambitions en investissant massivement en Afrique ou en rachetant les dettes européennes. Pourtant elle occupe toujours le Tibet, menace d'annexion Taiwan et multiplie les frictions avec le Japon.
• L'**islamisme** est une autre forme de contestation émergeante. Cette idéologie fondée sur un Islam radical accroît son audience dans le monde musulman depuis la révolution iranienne de 1978. Les courants se multiplient et recourent au terrorisme : le réseau *al-Qaida* (la « base »), à la tête d'une croisade contre les États-Unis, revendique les attentats du 11 septembre 2001, entraînant les interventions américaines en Afghanistan en 2002 puis en Irak en 2003. Son chef, Ben Laden, est tué par les forces américaines au Pakistan en 2011, mais de nombreuses mouvances islamistes continuent de déstabiliser les relations internationales, comme *al-AQMI* (al-Qaida maghreb islamique) dans la zone saharienne.

MÉTHODE

Croiser les informations de deux documents

Pour comprendre une notion ou une situation à l'aide de plusieurs documents, vous devez :

1. Identifier les documents

• Repérez la nature de chaque document (articles scientifiques, journalistiques, extraits d'œuvres, de discours, etc.), les titres, sources, dates de parution de ces documents, etc. (voir méthode fiche 1, p. 242).
• Repérez les auteurs et leurs intentions, leurs objectifs.
• Selon les questions, situez le contexte de ces documents.

2. Identifier dans les documents, les éléments de réponse à la consigne

Pour plus d'efficacité, utilisez un code couleur selon les questions.

3. Noter l'idée / les idées essentielles du texte

S'il y a plusieurs idées, la structure du texte : comment est-il construit ? Y a-t-il une progression ?

<u>Sujet</u> : « L'Islamisme et ses conséquences internationales »

<u>Questions</u> : D'après les documents 1 et 2 :

1. Comment peut-on définir la notion d' « islamisme » ?
2. Qualifiez le projet politique de cette idéologie et sa conception de la liberté.

Document 1

« Nous appelons « islamistes » les mouvements qui voient dans l'Islam une idéologie politique et qui considèrent que l'islamisation de la société passe par l'instauration d'un État islamique, et pas seulement par la mise en œuvre de la charia* [...]. Parallèlement au développement de l'islamisme, un autre mouvement de fond, moins voyant, s'est développé : son objectif n'est pas d'établir un État islamique, mais de travailler au retour de musulmans [...] à la stricte pratique de l'islam [...]. »

Extraits de « Les trois âges de la révolution islamiste », Olivier Roy, dans *L'Histoire*, n° 281, novembre 2003.

*Charia : loi islamique imposée par la tradition et le Coran.

Document 2

« La grande terreur des musulmans en général, et des Arabes en particulier, a été [...] de ne pas avoir écrasé dès le début les agents de l'impérialisme et du sionisme*. [...] Si nous avions brisé les plumes empoisonnées de la presse corrompue, [...] si nous avions encore interdit [...] tous les partis politiques qui complotent contre la révolution, pendu leurs dirigeants à des potences [...], nous n'aurions pas connu les difficultés auxquelles nous faisons face aujourd'hui [...]. Il faut créer un parti unique, car il ne peut y avoir qu'un seul parti, celui des déshérités, celui de Dieu [...]. Les journalistes, écrivains, intellectuels ont abusé de la liberté qui leur a été accordée. Nous voulons qu'il ne soit plus désormais permis à ces gens d'écrire quelque part [...] et que leurs écrits soient déchirés [...]. »

Extraits du discours de Qom du 17 août 1979, Pensées politiques de l'ayatollah Khomeyni, 1980.

*Sionisme : mouvement favorable à la création d'un état juif en Palestine.

Réponse 1.

L'Islamisme est une idéologie religieuse fondée sur une interprétation radicale de l'Islam : elle s'appuie sur le Coran pour réclamer l'application stricte de la loi islamique (la *charia*).

Réponse 2.

Mais cette idéologie n'est pas qu'un simple fondamentalisme ; son projet est politique : l'objectif est de créer une *théocratie*, c'est-à-dire un État religieux, comme le dit l'article de la revue *L'Histoire* de 2003 (document 1) : « l'islamisation de la société passe par l'instauration d'un État islamique ». Ce courant réactionnaire trouve ses origines dans la « révolution islamique » iranienne de 1978, imposée par l'imam Khomeyni (1902-1989), ayatollah chiite qui a triomphé en Iran et imposé en 1979 une République islamique. Comme il l'affirme clairement dans son discours de 1979 d'où est extrait le document 2, il est en lutte contre l'occidentalisation des sociétés musulmanes[, qui] et renie les principes de la démocratie pluraliste et de la liberté d'expression : « *...il ne peut y avoir qu'un seul parti* [...] *celui de Dieu* [...]. *Les journalistes, écrivains, intellectuels ont abusé de la liberté* [...]. *Nous voulons qu'il ne soit plus désormais permis à ces gens d'écrire.* »

EXOS

1 Quels sont les ennemis désignés de l'islamisme, selon le document 2 ? Quelles sont ses principales cibles d'après le document 3 ?

2 Vous compléterez l'argumentation ébauchée dans la question 2 de la méthode, montrant quelle entreprise est à l'œuvre.

Document 3 :
Principaux attentats islamistes depuis 2001

- 11 septembre 2001 – New York - Washington (États-Unis) : 2 985 morts
- 12 octobre 2002 – Bali (Indonésie) : 202 morts
- 16 mai 2003 – Casablanca (Maroc) : 45 morts
- 11 mars 2004 – Madrid (Espagne) : 191 morts
- 7 juillet 2005 – Londres (Royaume Uni) : 56 morts
- 24 avril 2006 – Dahab (Egypte) : 18 morts
- 27 décembre 2007 – Rawalpindi (Pakistan) : mort de Benazir Bhutto, 20 morts
- 26 novembre 2008 – Bombay (Inde) : 155 morts
- 21 juin 2009 – Kirkouk (Irak) : 72 morts
- 1er janvier 2010 – Shah Hassan Khel (Pakistan) : 101 morts
- 29 mars 2010 – (métro de) Moscou (Russie) : 39 morts
- 13 mai 2011 – Shabqadar (Pakistan) : (attentat des Talibans) : 80 morts
- 13 décembre 2011 – Liège (Belgique) : (attentat de N. Amrani) : 5 morts.
- mars 2012 – Toulouse - Montauban (France) : (attentat de M. Merah) : 7 morts, parmi lesquels 3 enfants devant une école juive.

3 Proche-Orient – Amérique latine depuis 1945

COURS

Pétrole et tensions israélo-arabes bloquent le Moyen-Orient

• Depuis 1928, l'extraction pétrolière au Moyen-Orient est monopolisée par les compagnies occidentales ; mais après 1945, les États producteurs récupèrent son contrôle. En 1960, l'**OPEP** (Organisation des Pays Exportateurs de Pétrole) soutient la cause palestinienne contre Israël en utilisant le pétrole comme moyen de pression : le prix du baril augmente de 1973 à 1978, engendrant une récession mondiale. Depuis 1991, la forte demande en pétrole des économies émergentes suscite de nouvelles tensions : le cours du baril est passé de 3$ en 1973 à 100$ en 2011 ; le Moyen-Orient assure environ 30 % de la production mondiale.

• Depuis sa création en 1948, Israël affronte les États arabes et palestinien.

– De 1956 à 1973, l'Égypte et la Syrie s'y opposent sans succès et, après 1967, Israël refuse d'évacuer les territoires occupés ; l'**OLP** (Organisation de Libération de la Palestine) utilise alors le terrorisme.

– En 1979, après la **guerre du Kippour**, des accords entre Israël et l'Égypte aboutissent. Se sentant isolée, l'OLP lance en 1987 l'*Intifada* (la « révolte des pierres ») et multiplie les attentats. Mais **Arafat** (1929-2004), chef de l'OLP, reconnaît Israël et signe les accords de Washington en 1993. Israël évacue la Cisjordanie en 1998 et reconnaît en 2003 le futur État palestinien, mais édifie un mur de séparation à Jérusalem qui déclenche une seconde *Intifada*.

– La mort d'Arafat en 2004 engendre une crise de succession. Opposé au chef de l'Autorité palestinienne, Mahmoud Abbas, le *Hamas* – une milice palestinienne – prend le contrôle de la bande de Gaza en 2007 ; Israël y lance plusieurs raids en 2008 puis en 2012, bloquant le processus de paix.

L'Amérique latine tente de s'émanciper des États-Unis depuis 1945

• Au cours de la guerre froide, les États-Unis soutiennent les dictatures sud-américaines contre les révolutions marxistes. **Castro**, dès 1959, nationalise l'économie cubaine ; les États-Unis ripostent en 1962 par le blocus de l'île. En 1970, **Allende** au Chili, nationalise les mines de cuivre ; il est assassiné en 1973 par le général Pinochet. Les dictatures militaires s'imposent également au Brésil en 1964 et en Argentine en 1973. Malgré le soutien des États-Unis aux régimes contre-révolutionnaires, la poussée démocratique l'emporte : les juntes militaires disparaissent à la fin de la guerre froide.

• Cependant les économies sud-américaines sont durement frappées par la crise. Certains états choisissent un protectionnisme très anti-américain comme le Venezuela de **Chavez**. D'autres, s'ouvrent aux investissements étrangers et s'organisent au sein du MERCOSUR (*Mercado Comun del Sur*). Depuis 2002, le **Brésil** devient la locomotive d'une économie sud-américaine émergente.

MÉTHODE

Utiliser une carte historique en document d'appui

Une carte ne vous est jamais donnée seule ; elle vient souvent en appui d'une question, afin que vous puissiez étayer votre réponse. Elle fournit donc des informations partielles, qu'il faut savoir lire, remettre en contexte et utiliser à bon escient dans votre commentaire.

Pour répondre à la question qui vous est posée, il vous faut :

1. **Délimiter le contexte.**
2. **Présenter la situation et les protagonistes.**
3. **Présenter le déroulement de la crise.**
4. **Analyser la portée historique de l'événement.**

Sujet : Quelle est l'importance de la crise de Cuba dans la guerre froide et dans l'histoire de l'Amérique latine ?

Vous proposerez une réponse organisée à l'aide du document ci-dessous et de vos connaissances.

Réponse organisée :

[1. Délimiter le contexte] Durant les années 1960, les relations Est-Ouest sont tendues (construction du mur de Berlin en 1961) ; Cuba est située à moins de 150 km de Miami (Floride) et est considérée par les Américains comme stratégique ; Castro y a renversé le dictateur Batista en 1959 qui avait le soutien des États-Unis, et y instaure un régime communiste.

[2. Présenter la situation et les protagonistes en tenant compte des éléments apportés par la carte]
En 1960, il nationalise toutes les entreprises contrôlées par des firmes américaines. En 1961, il fait échouer le débarquement contre-révolutionnaire dans la Baie des Cochons. Il se tourne alors vers l'URSS qui y installe des missiles au printemps 1962 ; les avions espions américains repèrent les installations. L'équilibre de la terreur est rompu car l'URSS a les moyens d'une frappe nucléaire directe sur le territoire américain, comme nous le montre le document.
Fidel Castro (1926-) : révolutionnaire cubain engagé dans la lutte pour l'indépendance depuis 1952 ;
John F. Kennedy (1917-1963) : jeune président démocrate élu en 1960 ;
Nikita Khrouchtchev : dirigeant de l'URSS depuis 1953.

[3. Présenter le déroulement de la crise]
Le 22 octobre 1962, dans un discours télévisé en direct, John F. Kennedy annonce une série de mesures contre Cuba et l'URSS : le **blocus** de l'île, la menace de représailles nucléaires directes contre l'URSS, la convocation du Conseil de sécurité ; il appelle Khrouchtchev à des négociations.

[4. Analyser la portée historique de la crise]
Le 29 octobre 1962, devant la fermeté de Kennedy, les cargos soviétiques font demi-tour ; Khrouchtchev perd le pouvoir en 1964. Mais Castro reste au pouvoir et l'embargo sur le commerce cubain se poursuit. La crise de Cuba constitue un apogée de la guerre froide mais elle a ouvert une période de Détente entre les deux grands jusqu'en 1979.
En revanche, la crise de Cuba est à l'origine d'un renforcement du contrôle étasunien sur l'Amérique latine : Che Guevara, ami de Castro est assassiné en Bolivie en 1967. La CIA renforce alors son soutien aux dictateurs sud-américains.

La crise de Cuba en 1962

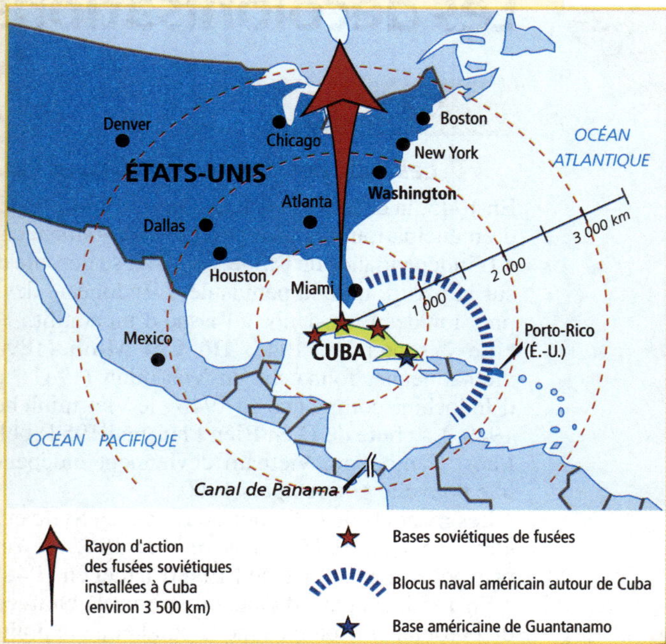

EXO

Selon la méthode ci-dessus, vous répondrez au sujet suivant :
« Quelle est la place de la crise de Suez dans les relations internationales et les tensions israélo-arabes ? »
Vous proposerez une réponse organisée à l'aide du document ci-dessous et de vos connaissances.

La crise de Suez : 1956

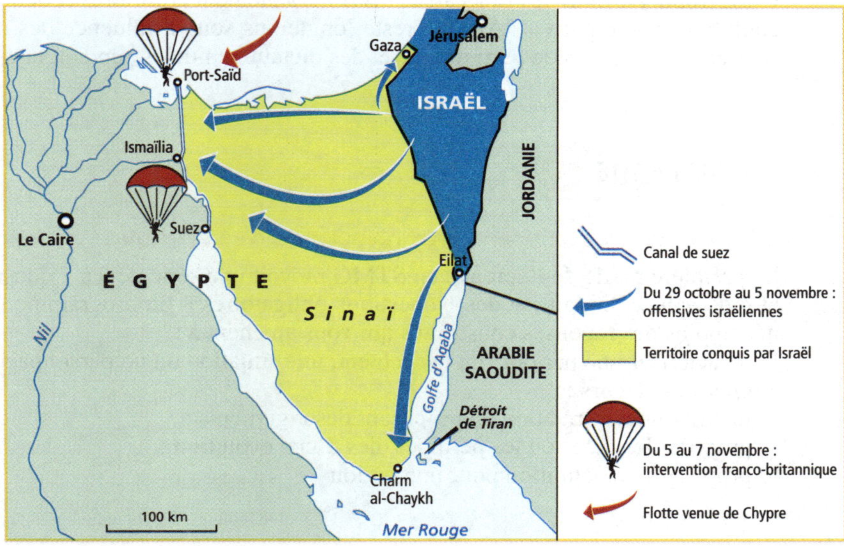

4 Les décolonisations

COURS

Les indépendances asiatiques (1945-1955)

En 1945, la charte des Nations unies (juin), les États-Unis et l'URSS soutiennent les mouvements d'émancipation. Les indépendances commencent dès 1947 en Asie.

• L'indépendance de l'Inde, en 1947, se déroule dans un violent climat de guerre civile et débouche sur la partition de la péninsule. L'Indonésie devient indépendante des Pays-Bas en 1949, sous la pression des États-Unis, à l'issue d'un conflit.

• Le 2 septembre 1945, **Hô Chi Minh** (1890-1969), leader communiste de l'indépendance vietnamienne, fondateur du Viêt-minh (1941), proclame l'indépendance du Vietnam : la guerre d'Indochine commence en 1946 ; le Viêt-minh bénéficie du soutien de la Chine communiste après 1949. La chute de Diên Biên Phu (mai 1954) oblige la France à négocier les **accords de Genève** : Laos, Cambodge, Vietnam deviennent indépendants, mais l'intervention américaine déclenche une nouvelle guerre après 1960.

• Les mandats de la France au Liban, en Syrie et du Royaume-Uni en Palestine et en Transjordanie s'achèvent en 1945. En novembre 1947, le refus du plan de partage onusien de la Palestine provoque la naissance de l'État d'Israël en 1948 et le premier conflit israélo-arabe.

• En 1955, les pays d'Asie organisent la **conférence de Bandung** (Indonésie) qui appelle à la fin du colonialisme en Afrique et condamne la politique française en Algérie.

Les indépendances africaines (1954-1977)

• Au Maroc et en Tunisie, les mouvements indépendantistes sont d'abord réprimés au cours des années 1950. Mais, devant les révoltes, la France accorde les indépendances en 1956. Elle refuse toutefois l'indépendance de l'Algérie : la guerre de 1954 à 1962 la contraint à concéder l'indépendance par les **accords d'Évian** (1962).

• L'Afrique anglophone connaît d'autres difficultés : le Nigeria, indépendant en 1960, écrase la sécession du Biafra (1967-1970), la Rhodésie du Sud, indépendante en 1965, établit l'apartheid jusqu'en 1979.

• La décolonisation de l'Afrique francophone est plus pacifique : la loi-cadre Deferre (1956) – du nom de **Gaston Defferre** (1910-1986), ministre socialiste de la France d'Outremer de 1956 à 1957– établit une transition vers l'indépendance. En 1958, seule la Guinée de Sékou Touré choisit une indépendance immédiate. Toutes les colonies francophones d'Afrique sont indépendantes en 1960, sauf Djibouti (en 1977). Cette décolonisation négociée n'exclut pas le maintien de relations néocoloniales.

• L'indépendance du Congo belge en 1960 est perturbée par les enjeux de la guerre froide et débouche sur une guerre civile. La Belgique soutient la sécession du Katanga (riche en uranium et en cuivre) ; Mobutu impose sa dictature de 1967 à 1997.

• Les frontières entre les États africains sont totalement arbitraires et débouchent sur de nombreux conflits postcoloniaux. L'Afrique reste longtemps sous l'influence des métropoles : la France y soutient des régimes de parti unique et des dictatures fidèles pendant la guerre froide.

MÉTHODE

Répondre aux premières questions de l'épreuve

La première partie de l'épreuve en STMG prévoit une série de 5 à 7 questions à réponses courtes, afin d'évaluer la maîtrise des « questions obligatoires » du programme. Ces questions appellent néanmoins des réponses construites qui vous amènent à :

1. caractériser une période, un événement, une situation ou un personnage ;
2. citer des acteurs ;
3. justifier une affirmation en proposant des arguments ;
4. proposer les dates ou les périodes clés d'une évolution ;
5. proposer une définition pour une notion.

Sujet : questionnaire ouvert sur le thème des décolonisations.

Question 1 (de type argumentatif) : Quelles ont été les différentes modalités de l'accession aux indépendances après 1945 ? Appuyez votre réponse sur des exemples précis à partir de la décolonisation française.

Réponse construite et rédigée :

Les indépendances sont accordées après 1945 suivant des modalités souvent violentes, car elles sont en général refusées par les métropoles européennes qui s'accrochent à leurs empires. Plus rarement, ces indépendances sont négociées et pacifiques.

La France illustre les deux cas de figure ; par deux fois elle refuse de décoloniser : en Indochine d'abord, où elle mène une guerre contre le Viêt-Minh – le parti nationaliste vietnamien fondé par Ho Chi Minh – de décembre 1946 à juillet 1954 (accords de Genève) ; en Algérie, ensuite, où « les événements » commencent après les attentats de la « Toussaint rouge » menés par le FLN (Front de Libération nationale) et s'achèvent avec les accords d'Evian en mars 1962, signés par le général de Gaulle.

La France illustre aussi le cas des indépendances négociées : la loi cadre Defferre, du nom du ministre de la France d'outremer du « Front républicain », en 1956 , organise la transition des colonies de l'Afrique équatoriale et occidentale française vers l'indépendance, en prévoyant un régime transitoire d'autonomie avec l'élection d'une représentation locale consultative et de pouvoirs locaux au suffrage universel. Les élites africaines sont initiées à la gestion politique des futurs états comme L.S. Senghor pour le Sénégal ou F. Houphouët-Boigny pour la Côte d'Ivoire.

Question 2 (de type cognitif) : Définissez les notions d' « impérialisme » et de « colonisation ».

Réponse :

La notion d'impérialisme traduit la domination d'un État sur un autre ou plusieurs autres, sans perte de souveraineté des dominés qui conservent leur représentants politiques .Dans la réalité cette domination peut recouvrir des formes plus ou moins autoritaires : le néocolonialisme est une forme d'impérialisme colonial, maintenu en Afrique après les indépendances ; l'hégémonie des États Unis sur l'Amérique latine depuis le XIXe siècle se manifeste par un soutien aux dictatures. Enfin un impérialisme peut être culturel ou économique.

La notion de colonisation est une forme de domination d'un État sur d'autres qui perdent leur souveraineté politique au profit de la métropole. Les territoires et les populations colonisées sont donc entièrement administrés par la puissance coloniale. La colonisation au XIXe s. est essentiellement constituée de colonies d'exploitation, c'est à dire de territoires destinés à fournir des matières premières et des produits tropicaux aux métropoles britanniques et françaises. Elle n'exclue ni la mise en valeur des territoires, ni le développement d'infrastructures sanitaires et éducatives, destinées à une minorité locale.

EXO

Révisez votre cours à l'aide d'un questionnaire à choix multiple :

a. Comment appelle-t-on une ancienne colonie britannique ayant obtenue l'autonomie interne puis l'indépendance ?
1. un mandat
2. une tutelle
3. un dominion

b. Qui fut le leader de l'indépendance vietnamienne ?
1. Le général Giap
2. Ngo Din Diêm
3. Ho Chi Minh

c. L'Istiqlal est un mouvement d'indépendance :
1. marocain
2. tunisien
3. algérien

Histoire

5 Du tiers-monde aux « Suds »

COURS

Le tiers-monde des années 1960

• La notion de « tiers-monde », créée par l'économiste Alfred Sauvy en 1952, désigne un groupe revendicatif de pays indépendants mais pauvres. Cette vision unitaire aboutit au mouvement des non-alignés de la **conférence de Bandung en 1955** qui organise la défense des pays du Sud. Mais le tiers-monde se divise rapidement avec la montée des nationalismes et de la misère.

• En 1960, les problèmes du sous-développement sont immenses : insuffisance des productions alimentaires, explosion démographique. Les modèles de développement préconisent des solutions inadaptées : les stratégies communistes isolent les pays dans une forme d'autarcie inefficace, comme à Cuba ou à Madagascar ; les stratégies capitalistes misent sur les exportations et sur une main-d'œuvre bon marché, comme en Asie du Sud-Est ou au Brésil, leur faisant perdre le contrôle de leur économie nationale.

Le tiers-monde des années 1970-80

• Après l'indépendance, le tiers-monde reste donc sous contrôle : les anciennes métropoles y soutiennent des régimes de parti unique, qui bloquent le processus démocratique. La guerre froide profite aux dictateurs (Mobutu au Zaïre ; Pol Pot au Cambodge). Ces situations prolongent dramatiquement les **guerres de décolonisation** : guerre du Vietnam (1963-1975), guerre civile en Angola (1975-2002).

• L'incohérence des États nations issus de la colonisation, dont les frontières ont été fixées en dépit des réalités ethniques, déclenche des **guerres civiles** (guerre du Biafra en 1967-1970 ; guerres au Cachemire entre le Pakistan et l'Inde après 1965). De nombreux régimes d'apartheid subsistent, comme en Afrique du Sud jusqu'en 1990.

• L'**effondrement des cours des matières premières** durant les années 1980 provoque la faillite de nombreuses économies qui vivent de leurs exportations (pétrole, café, cacao). Cette crise aggrave la dette globale du tiers-monde, permettant aux pays du Nord de conserver le contrôle des ressources du Sud.

Les « Suds » depuis les années 1990

• Ces difficultés économiques, conjuguées aux graves crises politiques des années 1990, perturbent la mise en place de régimes démocratiques stables : ainsi, au Rwanda, en 1994, le **génocide des Tutsis par les Hutus** fait 800 000 morts. Le multipartisme progresse, comme en République démocratique du Congo (ex-Zaïre) depuis 1997, ou en Côte d'Ivoire depuis 2000, mais au prix de graves guerres civiles.

• Pourtant l'accélération du processus de mondialisation stimule les économies des pays du Sud : l'**Asie du Sud-Est, la Chine ou l'Inde** connaissent des croissances élevées. Mais d'immenses régions, déjà en retard (Mali, Bangladesh…), sont toujours délaissées.

• Ainsi, pendant qu'un groupe de pays d'Asie et d'Amérique latine émerge, un autre en Afrique semble stagner dans le sous-développement : sur 50 PMA (pays les moins avancés) recensés par l'ONU, plus de 35 sont africains. Des signes favorables sont toutefois perceptibles : l'Afrique attire de nouveaux investisseurs (pays du Golfe, Chine) qui convoitent ses ressources stratégiques (terres rares) et délocalisent pour utiliser sa main-d'œuvre bon marché (au Kenya, au Maroc…).

MÉTHODE

Mettre en relation un document avec vos connaissances

Sujet : Décolonisation et indépendance de l'Inde : la conférence de Bandung en 1955.
Question : Quelles revendications et quels espoirs suscite la conférence de Bandung d'après le document ci-dessous ?

Document 1. Extraits du communiqué final de la Conférence de Bandung (avril 1955)

« La Conférence est d'accord :
1- Pour déclarer que le colonialisme... est un mal auquel il doit être mis fin rapidement.
2- Pour déclarer que la question des peuples soumis à l'assujettissement à l'étranger, [...] à son exploitation, constitue une négation des droits fondamentaux de l'homme [...].
3- Pour appuyer la cause de la liberté et de l'indépendance de ces peuples.
[...] La conférence afro-asiatique déplore la politique et les pratiques de ségrégation et de discrimination raciales qui forment la base du système politique et des rapports humains dans de vastes régions d'Afrique et dans d'autres parties du monde.
[...] Concernant la tension existante au Moyen-Orient, [...] causée par la situation en Palestine, et considérant le danger que cette tension constitue pour la paix mondiale, la conférence afro-asiatique déclare appuyer les droits du peuple arabe de Palestine [...].
En ce qui concerne la situation instable en Afrique du nord [...], la conférence [...] déclare appuyer les droits des peuples d'Algérie, du Maroc et de Tunisie à disposer d'eux-mêmes et à être indépendants [...]. »

Réponse construite :

[1. Le contexte de la conférence de Bandung]
La conférence de Bandung se tient en avril 1955 en Indonésie ; elle réunit les représentants de 29 nations asiatiques et africaines, dont Zhou Enlai pour la Chine populaire, Nasser pour l'Égypte, et Nehru pour l'Inde, mais aussi des représentants du FLN algérien. En 1955, le conflit indochinois vient de s'achever (accords de Genève, juillet 1954) tandis que, depuis novembre 1954, des tensions se font jour en Algérie.

[2. Les principales revendications]
Cette déclaration est un appel à la décolonisation en Afrique au nom des Droits de l'Homme (l.4) et de la Charte des Nations unies ; un appel à la lutte contre la ségrégation et le racisme, qui persiste en Afrique du Sud avec l'apartheid, mais aussi aux États-Unis (l.8) (1954, la Cour suprême condamne le maintien de la ségrégation scolaire) ; un soutien explicite au peuple Palestinien et aux peuples du Maghreb (l. 9-11), contre Israël et contre la France.

[3. Les espoirs]
Ces déclarations sont porteuses d'espoirs car l'Asie apporte clairement son soutien aux peuples d'Afrique (l.12-14). Cette solidarité affichée fait de Bandung la proclamation de l'existence politique du tiers-monde. Ce soutien est suivi d'effet : la France accorde l'indépendance au Maroc et à la Tunisie en 1956.

EXO

a. Quelles différences peut-on établir entre le texte ci-contre et le document précédent ? Quelles solutions préconisent le premier ministre de l'Inde Nehru en 1955 ?
b. Sont-elles suivies d'effet ?

Document 2. Extraits du discours de clôture de Nehru à la conférence de Bandung, 24 avril 1955 (1er paragraphe).

« Nous sommes résolus à n'être d'aucune façon dominés par aucun pays [...]. Nous attachons de l'importance à l'amitié des grandes puissances, mais [...] à l'avenir, nous ne coopérerons avec [elles] que sur un pied d'égalité. C'est pourquoi nous élevons notre voix contre l'hégémonie et le colonialisme [...]. Nous voulons être amis avec l'Ouest, avec l'Est, avec tout le monde. [...] Je pense qu'il n'y a rien de plus terrible que l'immense tragédie qu'a vécue l'Afrique [...]. Malheureusement même aujourd'hui, le drame de l'Afrique est plus grand que celui d'aucun autre continent tant au point de vue racial que politique. Il appartient à l'Asie d'aider l'Afrique [...]. »

6 L'Inde et l'Algérie depuis l'indépendance

COURS

L'Inde depuis 1947

• Le 15 août 1947, les Britanniques accordent l'indépendance à trois États de leur empire colonial des Indes : à l'Union indienne de Gandhi (1869-1948, leader pacifiste de l'Indépendance, assassiné en 1948), et aux deux Pakistan musulmans : le Pakistan occidental (l'actuel Pakistan) et le Pakistan oriental (l'actuel Bengladesh).

• Le Congrès, ancien parti indépendantiste fondé en 1884, s'affirme comme parti unique ; en 1950, la Constitution fait de l'Inde (ou Union indienne) une république fédérale laïque. **Nehru** (1889-1964), chef du parti du Congrès en 1928 et Premier ministre de 1947 à 1964, choisit une voie socialiste qui mise d'abord sur le développement industriel ; puis la « révolution verte » lui permet de surmonter ses difficultés agroalimentaires. Mais en 1964 Nehru meurt et la guerre éclate avec le Pakistan.

• **Indira Gandhi**, sa fille, lui succède en 1966 dans un contexte de crise. L'Inde devient en 1974 une puissance nucléaire, mais les difficultés économiques s'accumulent. Contestée, Indira fait arrêter les chefs de l'opposition en 1975. Son second gouvernement, en 1980, réprime les mouvements séparatistes sikhs qui la font assassiner en 1983. Rajiv, son fils aîné, plus libéral, lui succède de 1984 à 1989, mais il est aussi assassiné en 1991.

• Malgré ces troubles, l'Inde maintient son unité et s'ouvre à la mondialisation ; toutefois les violences perdurent et le conflit reprend au Cachemire en 1995. Les partis régionaux hindouistes arrivent au pouvoir en 1998 mais, contre leur politique ultranationaliste, un gouvernement congressiste, élu en 2004, négocie avec le Pakistan en 2006 ; il est toujours au pouvoir depuis 2012.

L'Algérie depuis 1954

• En 1954, les attentats du **FLN** (Front de libération nationale) déclenchent la guerre d'indépendance. Les violences françaises (tortures, répression mortelle d'octobre 1961) provoquent l'hostilité internationale ; de Gaulle négocie les accords d'Evian en 1962.

• Le 3 juillet 1962 l'Algérie devient indépendante. **Ben Bella** (1916-2012, premier président algérien en 1962) fonde en septembre une République algérienne communiste, mais il est renversé en 1965 par le général **Boumediene** qui établit sa dictature jusqu'en 1978. Les exportations d'hydrocarbures financent le développement industriel tandis que l'agriculture est sacrifiée.

• En 1979, le FLN confie les pleins pouvoirs au président **Chadli**. Les émeutes d'Alger, en 1988, l'obligent à concéder le multipartisme en 1989, mais le **FIS** (Front islamique du salut) remporte les élections législatives. Chadli démissionne en 1992, l'état d'urgence est instauré et le FIS est dissout ; l'Algérie entre en guerre civile.

• Face aux attentats islamistes, le général **Zeroual**, après 1993, réplique par une répression systématique mais il démissionne en 1999. Son successeur, **Bouteflika** (1937- ancien ministre des affaires étrangères de Boumediene, il dirige l'Algérie depuis 1999), s'appuie sur l'armée et le FLN ; avec lui l'Algérie s'ouvre aux investissements chinois. Réélu en 2004, son référendum pour la réconciliation nationale en 2005 – qui assure l'impunité aux islamistes repentis – lui permet d'être à nouveau élu en 2009, mais n'écarte pas le danger islamiste.

MÉTHODE

Dégager l'apport d'un document

__Question__ : D'après le document, expliquez le contexte colonial britannique en Inde (voir document ci-contre, haut de page).

1. Préparer les éléments de réponse au brouillon

• Les acteurs en 1947 : Clement Attlee ; Winston Churchill ; Nehru ; Gandhi.

Document. Extraits de la déclaration de Cl. Attlee, Premier ministre britannique, devant la Chambre des Communes, 27 février 1947.

« Depuis longtemps, la politique des gouvernements britanniques successifs a été de travailler à la réalisation du self-government dans l'Inde. En fonction de cette politique, une responsabilité croissante a été dévolue aux Indiens et, aujourd'hui, l'administration civile et les forces armées indiennes sont dans une large mesure aux mains de fonctionnaires et d'officiers indiens. [...] En 1940, le gouvernement britannique reconnut que les Indiens devaient reconstruire eux-mêmes une nouvelle Constitution pour une Inde pleinement autonome, et par l'offre de 1942, ils l'invitèrent à établir une assemblée constituante dans ce but, aussitôt que la guerre serait terminée. [...]Le gouvernement de Sa Majesté désire transmettre ses responsabilités à des autorités établies par une Constitution approuvée par toutes les parties de l'Inde [...] Malheureusement, il n'existe pas actuellement de perspectives nette qu'une telle constitution et de telles autorités puissent apparaître. [...] »

• Le mot à définir : le « self-government », autonomie complète réservée aux seuls dominions, est promis à l'Inde en 1939 sous la pression de Gandhi.

2. Construire et rédiger la réponse

Votre réponse doit ainsi clarifier les informations exposées par l'auteur à l'aide de vos connaissances.

Réponse :

• À partir de 1918, Les Britanniques sont favorables à une gestion autonome des colonies, l'« *indirect rule* » (gouvernement indirect), qui permet de faire l'économie d'une administration centrale ; ils s'appuient en Inde sur l'autorité de maharadjahs. Le « *self-government* » (l.2), c'est-à-dire l'autonomie complète, réservée aux seuls dominions, n'est promis qu'en 1939, sous la pression du mouvement de désobéissance civile engagé par Gandhi et le parti du Congrès depuis 1930.

• Comment évolue la position britannique après 1940, selon Attlee ?

Les Britanniques reculent longtemps devant les exigences indiennes ; les conservateurs comme Churchill s'opposent au mot d'ordre « *Quit India* » (« quittez l'Inde ») proclamé par Gandhi et Nehru qui menacent de boycotter l'effort de guerre pour obliger les Britanniques à faire d'autres concessions : « *... par l'offre de 1942, ils l'invitèrent à établir une assemblée constituante* [...] *aussitôt que la guerre serait terminée* » (l.6-7).

• En réalité, c'est contraint et forcé que le Royaume-Uni négociera l'indépendance quelques mois plus tard, le 15 août 1947, lors de la Conférence de New Delhi. L'indépendance de l'Inde est troublée par les affrontements entre hindous et musulmans. Gandhi défend seul l'idée d'une indépendance unitaire et se heurte à la fois aux nationalistes hindous et à la Ligue musulmane d'Ali Jinnah qui réclament une partition. En 1947, le contexte est celui d'une guerre civile.

EXO

À la lecture du document ci-contre :

a. Quelles sont les conceptions de la colonisation française, d'après F. Mitterrand en 1954 ?

b. Pourquoi la situation de l'Algérie est-elle particulière ?

c. Quel est le contexte des « événements d'Algérie » depuis 1945 ?

d. Quelles sont les grandes phases de la guerre d'indépendance ?

Document. Extraits de la déclaration du ministre de l'Intérieur, F. Mitterrand, 12 novembre 1954.

« Faut-il que l'Algérie ferme la boucle de cette ceinture du monde en révolte depuis quinze ans contre les nations qui prétendaient les tenir en tutelle ? Eh bien ! Non, cela ne sera pas, parce qu'il se trouve que l'Algérie, c'est la France, parce qu'il se trouve que les départements de l'Algérie sont les départements de la République française. Des Flandres jusqu'au Congo [...], partout la loi s'impose et cette loi est la loi française ; c'est-à-dire que vous votez parce qu'il n'y a qu'un seul Parlement et qu'une nation, dans les territoires d'outremer comme dans les départements d'Algérie comme dans la métropole [...]. »

La Ve République

COURS

La fondation de la Ve République

La IVe République s'effondre avec l'investiture, en 1958, de Charles **de Gaulle** (1890-1970) : l'homme de l'appel du 18 juin devient le premier Président de la Ve République et sera réélu en 1965. Il impose une nouvelle Constitution qui renforce le pouvoir présidentiel : élu pour 7 ans (5 ans depuis 2000), au suffrage universel direct à partir de 1965, il peut dissoudre l'Assemblée nationale. Le pouvoir législatif appartient à l'Assemblée nationale élue pour 5 ans et au Sénat, élu pour 6 ans depuis 2003, qui votent les lois et contrôlent l'exécutif.

La république gaullienne

• Le gaullisme domine la vie politique de 1958 à 1974. Le règlement de la crise algérienne occupe le premier septennat. Après 1965, de Gaulle se consacre à la restauration de la croissance et de la puissance internationale de la France (bombe H en 1968). Mais la crise de mai 1968 montre l'usure du pouvoir et le pousse vers la sortie en 1969.

• Georges **Pompidou** (1911-1974) – ancien premier ministre –, élu en 1969, doit faire face au premier choc pétrolier et à la bipolarisation de la vie politique avec une opposition de gauche unie après 1972. Il meurt avant la fin de son mandat le 2 avril 1974.

Alternance et cohabitation

• Valéry **Giscard d'Estaing** (1926 – fondateur des Républicains indépendants, ancien ministre de Pompidou), président de 1974 à 1981, fait adopter le droit de vote à 18 ans en 1974, l'interruption volontaire de grossesse (IVG) en 1975, mais échoue contre le chômage et l'inflation.

• Avec François **Mitterrand** (1916-1996), plusieurs fois ministres sous la IVe République, socialiste, élu président en 1981 et réélu jusqu'en 1995, c'est l'alternance. La peine de mort est abolie en 1981, la retraite est abaissée à 60 ans en 1982 mais les déficits obligent à une politique de rigueur. J. Chirac, à la tête du nouveau parti gaulliste du RPR (Rassemblement pour la République), devient premier ministre lors de la première cohabitation en 1986 ; sa politique libérale profite à F. Mitterrand, réélu en 1988. Au cours du second septennat, sont adoptés le RMI (revenu minimum d'insertion) en 1988, l'élargissement de l'accès au lycée en 1991, mais la montée du chômage – 3 millions de chômeurs fin 1992 – n'est pas endiguée. E. Balladur, membre du RPR, dirige une seconde cohabitation en 1993, sans plus de succès.

• Sous les présidences de Jacques **Chirac** de 1995 à 2007, le gaullisme est de retour. L'impopularité des politiques de rigueur d'A. Juppé le pousse à dissoudre l'Assemblée en 1997, ouvrant une inattendue troisième cohabitation avec la « gauche plurielle » de L. Jospin : les emplois jeunes, les 35 heures amorcent alors une baisse du chômage. Pourtant, en 2002, J. Chirac est réélu pour le premier quinquennat de la Ve République ; ses ministres accélèrent la désétatisation, et la droite se maintient en 2007 avec l'élection de Nicolas **Sarkozy**. Mais la crise américaine des *subprimes* rattrape la France en 2008 : en 2012 pour la troisième fois sous la Ve République les Français élisent un socialiste, François **Hollande**.

MÉTHODE

Comparer deux documents de nature différente

Sujet : Le renforcement de l'exécutif présidentiel dans les institutions de la Ve République.

Document 1 : Extrait de Ch. de Gaulle, *Mémoires d'espoir*, 1958-1970, t.1 *Le Renouveau*, © éd. Plon, 1970.

Que, désormais, le chef de l'État soit réellement à la tête du pouvoir, qu'il réponde réellement de la France et de la République, qu'il désigne réellement le gouvernement et en préside les réunions, qu'il nomme réellement le chef de l'armée, bref qu'émanent réellement de lui toute décision importante aussi bien que toute autorité, qu'il puisse de par son seul gré dissoudre l'Assemblée nationale, qu'il ait la faculté de proposer au pays par voie de référendum tout projet de loi portant sur l'organisation des pouvoirs publics, qu'en cas de crise grave, intérieure ou extérieure, il lui appartienne de prendre les mesures exigées par les circonstances, enfin qu'il doive être élu par un collège beaucoup plus large que le Parlement, cela est admis par chacune des instances consultées.

C'est aussi le cas pour l'institution du Premier ministre, ayant [...] à déterminer et à conduire la politique, [...] [elle ne doit procéder] que du Président [et] d'après ses directives. [...]

Questions :

1. Par quels moyens les institutions de 1958 renforcent-elles le pouvoir présidentiel ?
2. En comparant les deux documents, les conceptions du général de Gaulle sont elles intégralement respectées par Michel Debré, principal rédacteur de la Constitution et futur Premier ministre ?

Réponse 1

La Constitution montre que désormais le Président de la République est le véritable détenteur de l'exécutif : il définit les grandes orientations politiques, il nomme le Premier ministre (« … *qu'il désigne réellement le gouvernement et en préside les réunions* »), il peut dissoudre l'Assemblée, il est le chef suprême des armées (« … *qu'il nomme réellement le chef de l'armée…* »), il dispose, en cas de crise grave, de l'article 16 qui lui attribue les pleins pouvoirs. Enfin, lui seul peut directement consulter l'opinion nationale par le référendum (doc.2). Tous ces attributs n'existaient pas sous la IVe République dans laquelle le Président n'exerçait aucun pouvoir réel.

Document 2.
Organigramme de la constitution de la Ve République

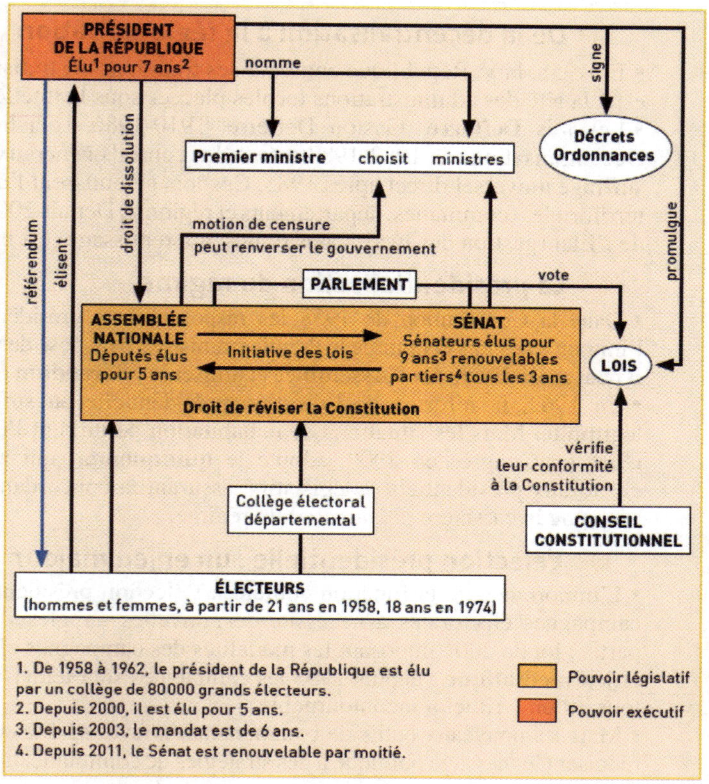

Réponse 2

La comparaison des deux documents montre que les volontés du général ne sont pas tout à fait respectées. Le Président reste élu par le Parlement en 1958 – il faut attendre la réforme de 1962, adoptée par référendum, pour que le suffrage universel direct légitime véritablement le pouvoir exécutif ; les premières élections présidentielles au suffrage universel direct ont lieu en 1965. Contrairement aux conceptions du général, le « … *Premier ministre, ayant* […] *à conduire la politique,* […] » ne procède pas que du Président ; la Constitution de la Ve République introduit une dyarchie, c'est-*à*-dire un pouvoir exécutif *à deux têtes*. Car, même si le Président peut démettre son Premier ministre de ses fonctions, ayant toujours besoin d'une majorité à l'Assemblée nationale pour conduire le gouvernement, sa désignation relève aussi du pouvoir législatif qui peut renverser un gouvernement en votant une motion de censure contre lui (c'est le cas en octobre 1962 contre Georges Pompidou, par exemple).

EXO

Répondez aux questions suivantes en poursuivant la comparaison et en exploitant le cours p. 254.

a. Pourquoi peut-on parler de régime semi-présidentiel ?

b. Qu'est ce qu'une « cohabitation » ? Comment l'expliquer ?

8 Décentralisation, élection présidentielle et place des femmes

COURS

De la décentralisation à la régionalisation

• En 1958, la Vᵉ République conserve ses traditions centralisatrices : le président de la République est à la tête des administrations locales placées sous la tutelle d'un préfet nommé.

• Les lois **Defferre** (Gaston Defferre, 1910-1986, socialiste, ministre de l'Intérieur et de la Décentralisation) de 1982-1983 créent des conseils généraux (départements) et régionaux, élus au suffrage universel direct après 1985. Ces lois garantissent l'autonomie de gestion des collectivités territoriales (communes, départements et régions). Depuis 2003 une part croissante des compétences de l'État (gestion des lycées, des routes, apprentissage) est transférée aux régions.

La présidentialisation du régime

• Dans la Constitution de 1958 les responsabilités présidentielles sont étendues : le président a l'initiative des lois et nomme le Premier ministre ; il dispose des pleins pouvoirs en vertu de l'article 16. Il peut aussi **dissoudre l'Assemblée** et utiliser le **référendum** pour court-circuiter le pouvoir législatif.

• En 1962, la réforme de l'élection présidentielle au suffrage universel direct renforce cette légitimité. Mais les situations de cohabitation perturbent l'efficacité de l'exécutif. Le Parlement, réuni en Congrès en 2000, adopte le **quinquennat** qui aligne les mandats et les calendriers électoraux présidentiels et législatifs, assurant la concordance des deux majorités. Cette réforme accentue le caractère présidentiel du régime.

L'élection présidentielle : un enjeu majeur

• L'importance de la fonction confère à l'élection présidentielle une place majeure. Le coût des campagnes électorales a nécessité de nouvelles « règles » (loi de 1995 sur le financement des partis ; loi de 2001 imposant les modalités des campagnes électorales). L'élection devient aussi un **enjeu médiatique** : depuis 1965 les campagnes sont télévisées et depuis 1974 le débat du second tour est un « rituel » incontournable.

• Mais les nouveaux outils de communication favorisent la surexposition médiatique des candidats, réduisant le message politique à des stratégies de communication. Ces dérives font craindre une « crise de la représentativité » et obligent les partis politiques à imaginer de nouvelles pratiques (primaires).

La place des femmes dans la société française

• L'émancipation politique des Françaises est assez tardive, elles ne votent pour la première fois qu'aux municipales de **1945**. Après 1974 un secrétariat d'État à la Condition féminine confié à Françoise Giroud ouvre la voie à plus de responsabilités gouvernementales. En 1991, Edith Cresson devient la première femme Premier ministre. Mais leur carrière électorale est souvent bridée par les partis : depuis 2000, la loi sur la parité contraint ces derniers à présenter un nombre égal de candidats des deux genres aux législatives ; en 2012 l'Assemblée nationale comporte 26,9 % de femmes, contre 5 % en 1981.

• La création du **planning familial** en 1960, la légalisation de la **contraception** en 1967, puis de l'**IVG** (interruption volontaire de grossesse) en 1975 rendent aux femmes le contrôle de leur sexualité et de leur fécondité. Cette émancipation est renforcée par la conquête de nouveaux droits : depuis 1965 les femmes sont financièrement autonomes et bénéficient de leurs revenus. Les femmes françaises se libèrent lentement des représentations collectives qui les « enfermaient » au foyer.

MÉTHODE

Confronter les informations de plusieurs documents

Pour évaluer la portée des informations fournies par les documents, il est nécessaire de **développer son sens critique** ; « critiquer » un document signifie évaluer ses limites puis estimer sa portée – c'est-à-dire sa validité. Toutes les informations des documents ne se valent pas : un document peut omettre, promouvoir, déformer, renier des faits.

Sujet : « Les élections de 1974 et l'enjeu du débat télévisé du second tour »

Question : Plusieurs documents permettent d'étudier le déroulement d'une élection et de l'interpréter : les résultats officiels, les sondages d'opinion, les archives (consultez le site de l'INA : http ://www.ina.fr/video/VDD12002058/duels-presidentiels.fr.html).

Document 1. **Le 10 mai 1974**
V. Giscard d'Estaing : « Vous n'avez pas le monopole du cœur »

Valéry Giscard d'Estaing (G) et François Mitterrand (D) lors du face à face télévisé avant les élections présidentielles du 19 mai 1974.

Document 2. **Résultats du second tour des élections présidentielles de 1974**

	Suffrages	% des inscrits	% des exprimés
Inscrits	30 600 775	100,0	
Votants	26 724 595	87,3	
Suffrages exprimés	26 367 807	86,1	100,0
Valéry Giscard d'Estaing	13 396 203	43,8	50,8
François Mitterrand	12 971 604	42,4	49,2

Source : Ladocumentationfrançaise.fr

Réponse :

Nature, origine des documents et contexte : Le document 1 est un vidéogramme de l'Ina (Institut national de l'audiovisuel) qui illustre la confrontation télévisée du 10 mai 1974 entre V. Giscard d'Estaing et F. Mitterrand. Il met en évidence la mise en scène rudimentaire de ce premier duel. Le document 2 est un tableau statistique des résultats officiels du second tour le 19 mai.
Le 2 avril 1974 le président Pompidou meurt en cours de mandat. Le président du sénat, A. Poher, assure alors l'intérim.

La situation à l'issue du premier tour : À droite, le gaulliste Jacques Chaban-Delmas est battu par Valéry Giscard d'Estaing, fondateur des Républicains indépendants, avec 32,6 % des voix. Mais à gauche avec 43,2 % des suffrages, F. Mitterrand, à la tête du PS depuis 1971, domine le premier tour. Il est donné favori par les sondages.

L'organisation du premier débat télévisé en 1974 : L'idée d'un débat télévisé d'entre deux tours est importée des États-Unis – où un premier duel opposa Kennedy et Nixon en 1960. L'émission est animée par deux journalistes, A. Duhamel et J. Baudrier : Giscard, plus à l'aise devant les caméras, interpelle son adversaire, mal à l'aise, en lui rappelant par la formule « …*vous êtes l'homme du passé*… », qu'il a été l'adversaire résolu d'une Ve République qu'il prétend diriger.

L'impact du débat : Le 19 mai Giscard d'Estaing est élu 3e Président de la Ve république avec 50,8 % des suffrages. Politologues et spécialistes restent partagés sur l'impact réel de ce débat : la moindre « faiblesse » a pesé dans la balance, mais les dissensions au sein de l'Union de la gauche ont empêché un report efficace des voix pour Mitterrand.

EXO

Sujet : « La décentralisation »

Confrontez les informations des deux documents.

Document 1. **« Une nouvelle étape de la décentralisation »**

La loi du 13 août 2004 […] détaille les nouveaux transferts de compétences décidés au profit des collectivités territoriales et de leurs groupements. Ces transferts interviennent en matière de développement économique, de transport, d'action sociale, de logement, de santé, d'éducation… Ils seront mis en œuvre, entre le 1er janvier 2005 et le 31 décembre 2008, via le recours à de nombreuses conventions qui partageront diverses compétences entre l'État et les collectivités. […] Mais la véritable pomme de discorde entre l'État et les élus locaux concerne le financement des compétences transférées. Les lois du 28 mars 2003 et 29 juillet 2004 précisent pourtant que tout transfert de compétences sera accompagné de l'attribution (de) moyens […], soit environ 4,58 Mds € et 130 000 agents. Malgré ces garanties, des élus locaux craignent de devoir, à terme, augmenter les impôts locaux […].

Extrait de l'éditorial de *Regards sur l'actualité* n° 308, La Documentation française, 2005.

Document 2. **Une critique de la réforme de l'État**

Caricature parue dans *Rouge*, 2005.

9 L'organisation de l'espace mondial

COURS

Trois centres d'impulsion

La mondialisation est dominée par trois pôles – États-Unis, Union européenne, Japon – qui contrôlent **60 % des échanges mondiaux** mais n'abritent que 15 % de la population planétaire. Ces espaces monopolisent les investissements et la richesse, ils contrôlent les instances de décision internationale (ONU à New York, FMI et Banque mondiale à Washington). Les États-Unis, disposant de tous les atouts – économique, technologique, diplomatique –, supplantent l'Europe occidentale et le Japon, mais ils doivent compter avec l'émergence de la Chine, première puissance économique mondiale en 2012.

Zones dynamisées et hypercentres

• Chacun de ces centres exerce son influence sur des périphéries, partenaires privilégiées : Canada et Mexique au sein de l'ALENA, PECO (Pays d'Europe Centrale et Orientale) dans l'Union Européenne, NPI d'Asie (Nouveaux Pays Industrialisés : Taiwan, Corée du Sud, Singapour) et littoral chinois pour l'ASEAN (Association des Nations de l'Asie du Sud-est) depuis 2010. La Russie retrouve aussi une place internationale dans cet ensemble de plus en plus multipolaire.

• En réalité, la mondialisation privilégie des hypercentres : ce sont les **mégapoles** (agglomérations de plus de 7 millions d'habitants, au rayonnement mondial : New York, Londres, Shanghai) et les **mégalopoles** (gigantesques réseaux de métropoles reliées par des flux intenses : BosWash américaine, Tokaïdo japonais, mégalopole rhénane). Là se situent les fonctions de commandement, les places boursières, les hubs aéroportuaires, les plates-formes multimodales, vers lesquels convergent investissements et flux.

La diversification des pays du Sud

La mondialisation discrimine les espaces du Sud ; certains sont valorisés en fonction de leur capacité à ouvrir leurs marchés aux investissements. Ainsi de nombreux pays profitent de fortes croissances comme des puissances régionales (Chine, Inde, Brésil), des NNPI (Nouveaux « Nouveaux Pays Industrialisés ») d'Asie du Sud-Est (Indonésie, Philippines, Vietnam), des pays d'Amérique latine (Chili), de nombreux pays pétroliers (Arabie saoudite, Qatar) ainsi que l'Afrique du Sud. Mais, très souvent, les espaces affectés par cet essor économique se limitent aux métropoles ou aux littoraux.

De nombreux territoires sont exclus

• Certains espaces sont délaissé au sein de la Triade : les diagonales intérieures américaines ou européennes (espaces d'agriculture en déclin), les anciennes régions industrielles abandonnées (Massif central en France, Midlands au Royaume-Uni) ; d'autres territoires sont en reconversion (Appalaches, Ruhr, Lorraine).

• La majorité des périphéries exclues se situe au Sud : l'Afrique subsaharienne, le Tibet, le Bangladesh, Haïti ne bénéficient pas de la mondialisation. Ces pays cumulent **enclavement, surendettement, insécurité politique et guerres civiles** ; ils forment le groupe des PMA (50 pays parmi les Pays les Moins Avancés) ; d'immenses territoires peuplés sont marginalisés, parce qu'ils n'ont aucun avantage spécifique à proposer sur le marché mondial.

• Enfin, il existe des « angles morts » de l'économie mondiale tels le Sahara, le Xinjiang (Chine) ; mais à tout moment la mise en valeur de ces territoires relégués peut démarrer, comme l'illustre le cas de la Sibérie, de l'Amazonie ou plus récemment de la Mongolie.

MÉTHODE

Utiliser une carte pour localiser et identifier des notions

Pour maîtriser l'outil qu'est une carte géographique, il faut savoir :

1. S'orienter dans l'espace : savoir lire les points cardinaux, les latitudes.

2. Identifier l'espace grâce aux échelles de réduction : une carte à très « petite échelle » permet de visualiser de vastes territoires (planisphère) ; une carte à « grande échelle » permet de visualiser précisément l'espace local (carte topographique).

3. Localiser l'espace
– connaître les grands ensembles continentaux et leur données naturelles : relief, climat, océans et mers ;
– maîtriser les données de la géographie politique : identifier les frontières, les États ; de la géographie humaine : placer les agglomérations, les mégapoles, les mégalopoles, les foyers de peuplement.
4. Utiliser la légende
– les figurés étendus (aplats de couleurs ou hiérarchisation par des dégradés ou des hachures) sont utilisés pour caractériser des régions ;
– les figurés ponctuels (symboles, points) permettent de localiser précisément ;
– es figurés linéaires délimitent des territoires (lignes, pointillés) ou mettent en relation des régions (flèches, axes).
Dans la légende, les informations sont classées en rubriques cohérentes. La hiérarchie des informations vous apprend aussi la manière de classer des données lorsque vous aurez à réaliser une carte ou un croquis par vous-même.

EXO

Compléter la légende de la carte ci-dessous en utilisant les informations de la partie cours et localisez les territoires.

a. Organisez la légende en créant des rubriques cohérentes et complétez les titres.

b. Localisez les associations économiques et les pays : ASEAN, ALENA, UE.

c. Localisez les mégapoles suivantes : New York, Tokyo, Londres, Paris, Francfort, Chicago, Los Angeles, Singapour, Shanghai, Séoul, Bombay, Durban, Sao Paulo, Moscou.

Mondialisation et organisation de l'espace mondial

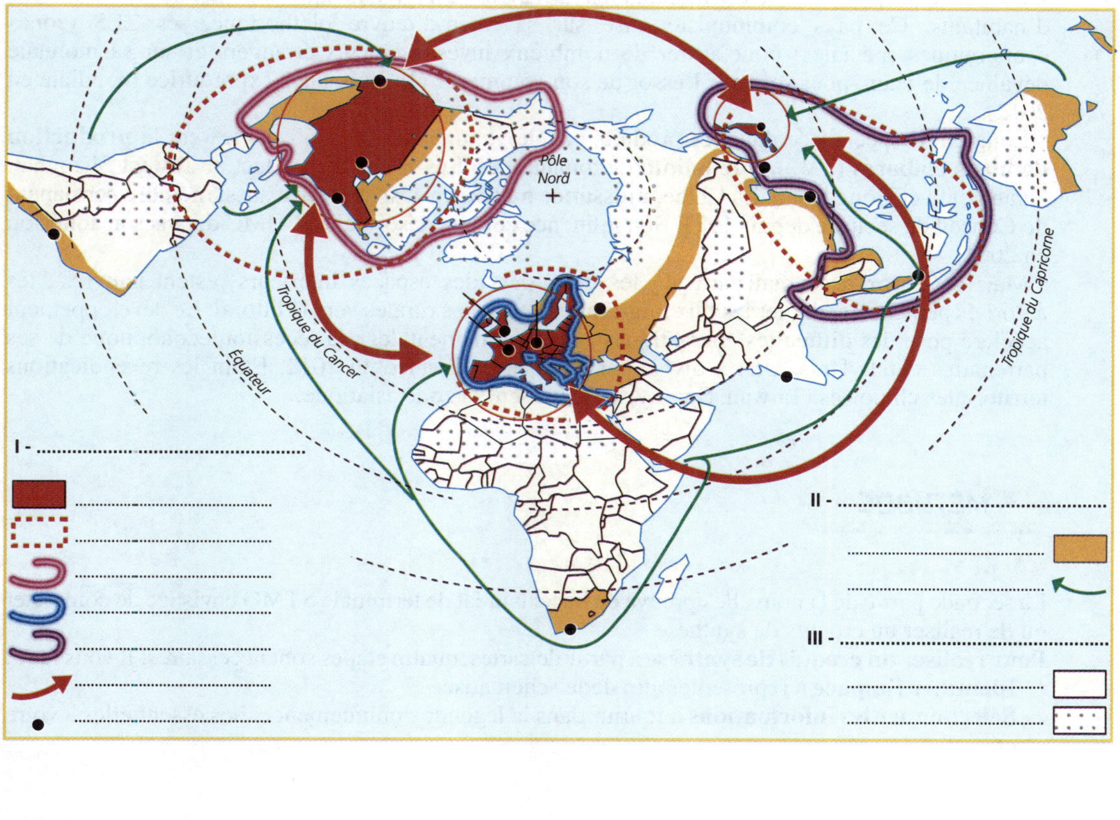

10 Trois aires de puissance

COURS

Les États-Unis : un déclin relatif

• Les États-Unis assurent 21 % du RNB mondial en 2012. Leur récession récente ne doit pas faire oublier leurs atouts : un marché intérieur de plus de 314 millions de consommateurs (450 millions avec l'ALENA), une suprématie technologique, des moyens de diffusion et d'information planétaires, une puissance militaire et une influence diplomatique incontestables.
• Mais cette puissance est **territorialement déséquilibrée**. Son économie extravertie se focalise sur ses mégapoles et ses interfaces littorales ou transfrontalières (Canada). Elle relègue au second plan les hinterlands (arrière-pays) : espaces agricoles (Midwest) ou territoires de réserves (Wyoming, Alaska).
• Cette puissance est contestée. Les États-Unis ont dû admettre le multilatéralisme et ses nouveaux interlocuteurs (Chine, Brésil). Cette situation explique les **rééquilibrages en cours** : une partie des activités sont relocalisées pour limiter la dépendance et les transferts de technologie vers l'Asie.

L'Union européenne : une puissance économique

• L'UE, élargie à 28 en 2013, avec 500 millions d'habitants, 25 % du RNB mondial et 35 % des exportations, représente le **premier pôle économique mondial**. Son endettement, son relatif déclin commercial, sont compensés par ses capacités financières. L'IDH (indice de développement humain, partout supérieur à 950), l'espérance de vie (supérieure à 76 ans) et le niveau de vie restent forts.
• Cet espace est en réalité contrasté. Londres et Paris cumulent les fonctions internationales (bourses, institutions, universités) mais doivent compter avec la mégalopole rhénane, région la plus peuplée qui regroupe les capitales de l'Union (Bruxelles, Luxembourg, Strasbourg, Francfort) ; la façade Nord-Ouest, centrée sur Rotterdam, reste une interface maritime majeure. Ces régions dominent une Europe orientale plus pauvre et des périphéries méridionales marginalisées.
• Mais l'UE souffre surtout d'une construction politique en panne. Cet **effacement international** limite la puissance du 2e pôle de la Triade.

La Chine : une puissance asiatique

• La Chine (10,5 % du RNB mondial en 2012) est un gigantesque marché de 1,3 milliards d'habitants. Ce pays communiste mise sur sa main-d'œuvre pléthorique, ses ZES (zones économiques spéciales) pour attirer de nombreux investissements étrangers et sur sa monnaie dévaluée, le yuan, pour soutenir l'essor de son commerce (1re puissance exportatrice mondiale en 2012).
• Longtemps spécialisée dans les produits bas de gamme, la Chine s'oriente vers la **production de biens élaborés** (TV) **ou de pointe** (aéronautique). Les zones de production restent Shanghai, Guangzhou et Hong Kong. La Chine, **puissance nucléaire** et spatiale, est aussi membre permanent du Conseil de sécurité depuis 1971. Son influence compte désormais à l'OMC depuis son adhésion en 2001.
• Mais cet essor reste mal partagé : les deux tiers des espaces intérieurs restent pauvres ; les autorités peinent à endiguer les flux migratoires des zones rurales vers le littoral. Le développement accéléré pose des difficultés énergétiques et environnementales ; la récession économique de ses partenaires (États-Unis, UE) a divisé par deux la croissance en 2012. Enfin les revendications territoriales chinoises (Taiwan, Spratly) déstabilisent la zone asiatique.

MÉTHODE

Réaliser un croquis de synthèse à partir de cartes

La seconde partie de la nouvelle épreuve du baccalauréat de terminale STMG envisage de compléter ou de réaliser un croquis de synthèse.
Pour réaliser un croquis de synthèse à partir de cartes, quatre étapes sont nécessaires. Il vous faut :
1. **Identifier l'espace** à représenter afin de le schématiser.
2. **Sélectionner les informations** à fournir dans la légende : uniquement celles essentielles à votre sujet.

3. **Les organiser** en rubriques cohérentes.
4. **Choisir les figurés** adaptés pour représenter ces informations.
Veiller enfin à la lisibilité de l'ensemble.

EXO

Réalisez un croquis sur le sujet suivant à l'aide de la carte et de la forme simplifiée ci-dessous.
Sujet : Les inégalités régionales de développement en Chine.

Document d'appui : Les contrastes de développement en Chine

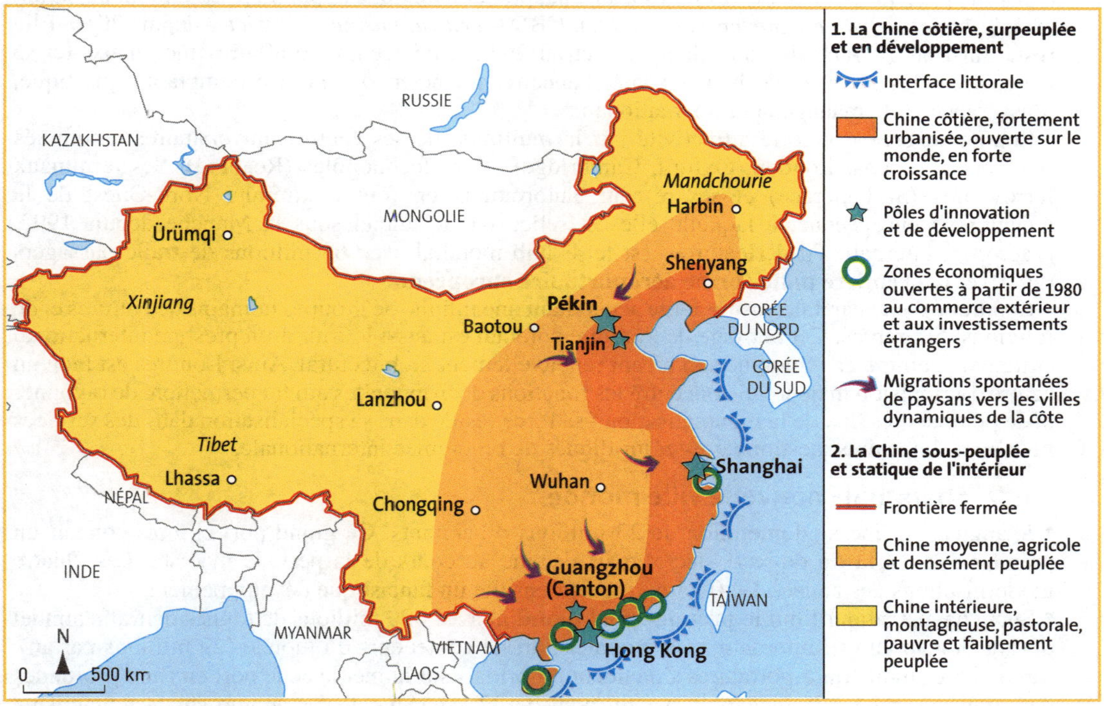

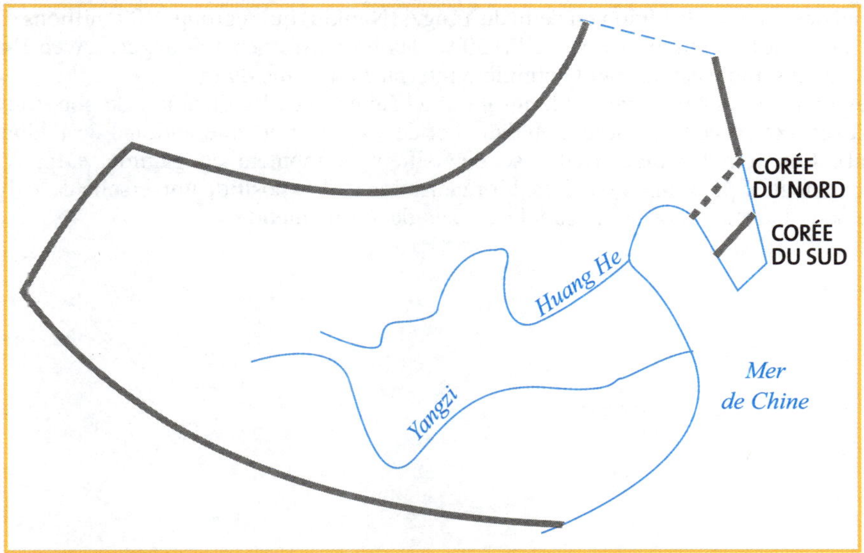

11 Deux villes mondiales : Londres et Shanghai

COURS

Londres : première des villes mondiales

• Capitale politique du Royaume-Uni, Londres est une agglomération de 12 millions d'habitants qui concentre les instances de décision internationale (Marlborough House, siège du Commonwealth) et nationale (Downing Street ; Westminster). Ce riche passé, ses sites renommés et renouvelés (British Museum ; Tate Modern) attirent 27 millions de touristes par an.
• Mais Londres reste avant tout une **capitale financière et boursière**. Si la « vieille » City n'en constitue plus qu'un symbole, Londres a su s'adapter afin de mieux appréhender la mondialisation avec le *London Bridge Quarter*, son nouveau CBD – *central business district* – depuis 2010. Elle reste ainsi au 1er rang des flux financiers et au 2e rang des centres d'affaires mondiaux. Ici se concentrent les services de haut niveau : bancaire, financier, d'expertise comptable, juridique, d'assurance et de management internationaux.
• Londres exerce une forte attractivité par la multitude de ses centres universitaires renommés (University of East London, Oxford, Cambridge) et ses technopôles (Reading). Ses terminaux ferroviaires (St Pancrace) et ses réseaux autoroutiers en font l'extrémité Nord-Ouest de la mégalopole européenne, à laquelle elle est reliée par le tunnel sous la Manche depuis 1992. L'aéroport international d'Heathrow est le 4e hub mondial avec 65 millions de trafic passagers (2010) et la **première plate-forme aéroportuaire européenne**.
• Londres est une capitale cosmopolite accueillant une infinité de groupes humains de cultures et de religions différentes. Cet héritage de l'empire colonial est aussi le fruit d'un prestige international entretenu, comme en témoigne son récent renouvellement architectural. Ainsi Londres est bien un centre d'impulsion majeur qui concentre les fonctions décisionnelles qui lui permettent de rayonner et de polariser les flux de la mondialisation ; sa force réside dans sa spécialisation dans des services financiers, bancaires, gestionnaires et juridiques de renommée internationale.

Shanghai : nouvelle ville monde

• Shanghai est une agglomération de 23 millions d'habitants. Ce grand port chinois connaît un premier essor à la fin du XIXe siècle, mais décline au cours de la période maoïste. Les Quatre modernisations des années 1990 lui permettent ensuite un fantastique développement.
• Shanghai est aujourd'hui le **premier port mondial** avec 500 millions de tonnes de trafic annuel devant Singapour et Rotterdam, et le premier port de conteneurs du monde (29 millions par an). Ses activités industrialo-portuaires s'étendent désormais sur la mer avec le port en eaux profondes de Yangshan, relié à la mégapole par un pont de 32 km. Shanghai s'appuie sur le dynamisme industriel des villes de la région du delta du Yangzi (Nankin) qui regroupe 100 millions d'habitants, assure 20 % du PIB chinois et accueille 50 % des investissements étrangers. Avec Hangzhou et Nimbo, cet ensemble est devenu la première interface maritime du monde.
• Cet essor se traduit par une modernisation accélérée avec l'édification de son nouveau CBD de Lujiazui – 6e place financière mondiale – et de son aéroport international de Pudong (9e rang mondial). Les activités industrielles se diversifient et montent en gamme, s'appuyant sur le développement de pôles universitaires. L'organisation de l'exposition universelle de 2010 consacre l'avènement de cette nouvelle mégapole au rang de « ville monde ».

MÉTHODE

Réaliser un schéma

Un schéma est une représentation simplifiée de la réalité, limitée aux informations essentielles. Cet exercice utilise les figurés du croquis et peut vous être demandé dans la 2e partie de l'épreuve.

Exemple : « Londres, ville mondiale »

Questions :

1. Sélectionnez, dans votre cours, les caractéristiques qui identifient Londres comme une ville mondiale : lieux de pouvoir, de culture, carrefour de communication, etc. ;
2. Choisissez les figurés de représentation adaptés ;
3. Classez ces informations dans une légende organisée : A. Sites et lieux de commandement. B. Un pôle de convergence des réseaux et des flux ;
4. Choisissez une forme de représentation simplifiée et complétez-la.

Londres, ville mondiale

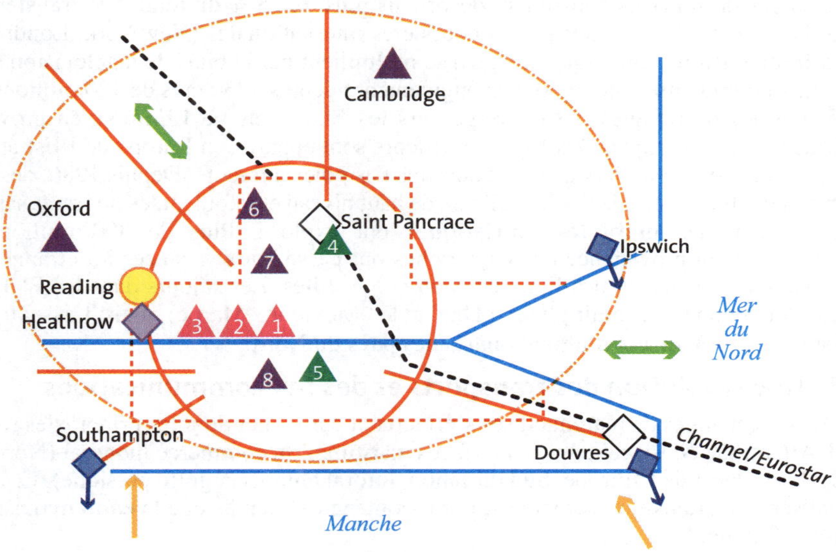

1. Downing Street
2. Westminster
3. Buckingham
4. City
5. London Bridge Quarter
6. Université de Londres
7. British Museum
8. Tate Modern

A. Londres : site et lieux de commandement
- Le Grand Londres
- Aire métropolitaine
- Tamise et son estuaire + littoral
- Principaux lieux du pouvoir politique
- Lieux du pouvoir économique
- Lieux de rayonnement culturel et universitaire
- Technopôles et R&D

B. Un pôle de convergence des réseaux et des flux
- Réseau autoroutier
- Réseau ferroviaire de TGV (Eurostar, ICE)
- Saint Pancrace, gare internationale
- Hubs - Heathrow
- Pôles industrialo-portuaires et ports
- Flux économiques (marchandises, services, capitaux)
- Flux humains (migrants, touristes...)

EXO

À partir de vos connaissances, élaborez un schéma avec sa légende en réponse au sujet suivant : « Shanghai, ville mondiale ».

12 La mondialisation (1)

COURS

Qu'est-ce que la mondialisation ?

Ce terme désigne **l'extension, à l'échelle planétaire, du commerce et de la libéralisation des échanges**. Ce processus s'est accéléré avec le GATT puis l'OMC, depuis 1995, par la suppression des obstacles douaniers. La mondialisation s'accompagne d'une marchandisation qui expose à la concurrence internationale toutes les activités (santé, éducation, culture), phénomène appelé précisément globalisation.

Une explosion des flux mondiaux

• Les exportations assurent 25 % du PIB mondial. Les flux de **marchandises**, dominés par les pays riches, représentent 75 % de leur valeur totale. Les flux de produits à forte valeur ajoutée, orientés Nord-Nord, dominent les flux de matières premières, orientés Sud-Nord. En revanche, les échanges de **services** constituent désormais plus de 25 % du total. Les transferts de **capitaux** s'établissent entre les grandes places boursières internationales (New York, Londres, Tokyo). Les flux d'**information** (reportages, images) se multiplient par le biais de la télévision et de l'Internet.
• Les flux de **migrants** internationaux augmentent : depuis 1950 près de 120 millions de travailleurs et 55 millions de réfugiés ont convergé vers les États-Unis ou l'Europe, en provenance d'Asie, d'Afrique ou d'Amérique. Des foyers émetteurs sont apparus en Europe de l'Est après 1991 et les pays pétroliers du golfe Persique sont devenus des pôles attractifs. Depuis 1986, des politiques plus sélectives facilitent l'entrée des travailleurs de haut niveau et refoulent les migrants sans qualification.
• En revanche les **mobilités touristiques** ont explosé. Plus de 800 millions de touristes internationaux en provenance des pays riches ont passé leurs vacances à l'étranger, à destination du bassin méditerranéen, des États-Unis ou des Antilles. Les séjours dans les PVD (pays en voie de développement) se multiplient (Thaïlande, Mexique, Maroc) mais l'essentiel des recettes touristiques profitent aux multinationales des pays du Nord.

Une révolution des transports et des télécommunications

• 75 % des échanges de marchandises s'effectuent par la mer dont les principales routes (Pacifique Nord, Atlantique Nord) relient les interfaces maritimes du commerce mondial (Nord-Est des États-Unis, Nord-Ouest de l'Europe, Sud du Japon, littoral chinois et golfe persique). Les navires se sont spécialisés (supertankers, méthaniers, porte-conteneurs), tandis que la **conteneurisation** facilite la gestion à flux tendus.
• Les réseaux terrestres (routes, trains, canaux et *tubes*) assurent les dessertes locales ; les transports aériens et les TGV accélèrent les transferts humains. Mais la véritable révolution tient dans l'interconnexion de ces réseaux au sein de gigantesques **plates-formes multimodales** qui constituent désormais les pôles dynamiques de l'économie mondiale.
• La complémentarité des réseaux (hertziens, câblés, numériques) et l'Internet ont créé un marché mondial de l'information : de 25 millions d'internautes en 1990 on est passé à 2,3 milliards en 2012.

La part croissante des trafics illicites

La mondialisation a supprimé une grande partie des instances étatiques de régulation (suppression du contrôle des changes ; déréglementation) au nom des principes libéraux (libre circulation ; libre concurrence). Les trafics illégaux (de drogues, d'humains, d'organes, de capitaux) sont en augmentation, posant le problème de zones de non droit (paradis fiscaux : Bahamas, îles Caïman).

MÉTHODE

Lire une carte pour répondre à une question

Question : D'après la carte ci-contre, en haut de page, comment les flux commerciaux hiérarchisent-ils l'espace mondial ?

Construire la réponse :

1. Répondre aux termes de la question posée :
– Que faut-il entendre par « flux commerciaux » ?
– Selon quel(s) critère(s) ces flux sont-ils « hiérarchisés » dans le document ?

Document. La valeur des échanges commerciaux

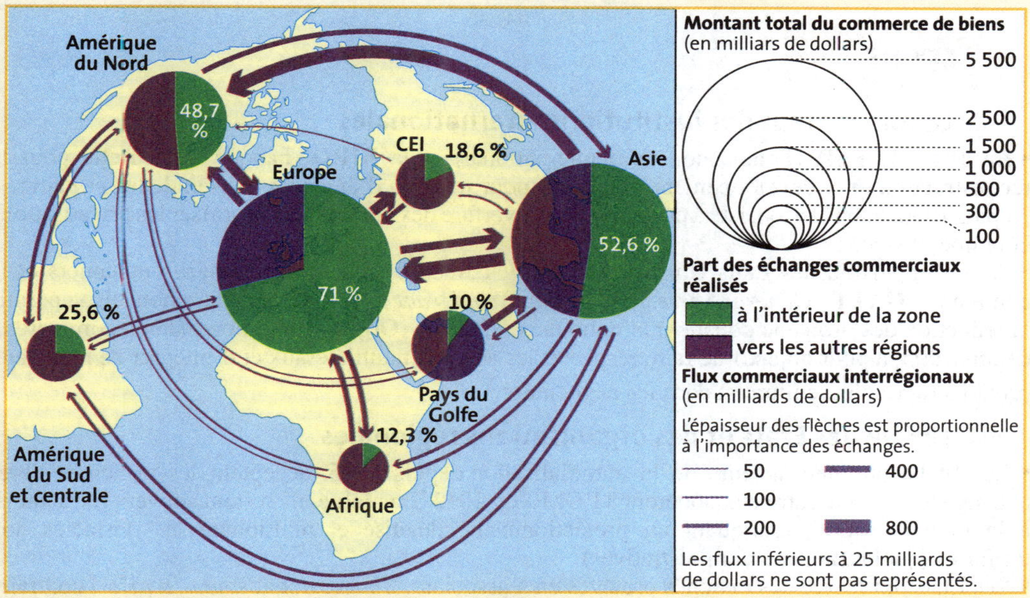

2. Ce qu'il faut retenir de la carte par rapport à la question posée :
Quels types de flux sont mis en évidence ici ? Par quels figurés ?
3. Hiérarchiser ces informations :
Que veut mettre en évidence le cartographe : les flux inter ou intra-zonaux ?

Réponse :
La valeur globale des échanges mondiaux est estimée à 22 000 milliards de dollars en 2010.
La carte montre que les grands flux commerciaux forment un gigantesque anneau qui relie l'Amérique du Nord, l'Europe occidentale et l'Asie orientale. Ces flux s'effectuent donc entre pays du Nord mais impliquent de plus en plus les BRICS (Brésil, Russie, Inde, Chine, Afrique du sud). Les échanges Nord-Sud paraissent secondaires : le Proche et le Moyen-Orient, l'Amérique latine, la CEI (Communauté des États Indépendants, organisée autour de l'URSS) et l'Afrique ne **représentent chacun que 4 % à 6 % de la valeur des échanges.**
La carte suggère la part croissante des échanges intra-zones, soulignant le rôle des associations de libre échange, telles l'Union européenne ou l'ALENA.
Le document donne l'impression d'une diffusion du processus de mondialisation et suggère ainsi **sa hiérarchie spatiale :** les pôles seraient constitués de la Triade, qui dynamiserait ses périphéries proches et les BRICS, tandis que de nombreux espaces du Sud resteraient en marge.

Quelle lecture critique peut-on faire de ce document ?
Cependant, cette carte ne montre qu'un seul type d'informations. Elle ne montre ni les routes du commerce – les principales interfaces maritimes, les plates-formes multimodales (voir p. 262) – ni la nature des produits échangés : les flux de produits manufacturiers à forte valeur ajoutée monopolisés par le Nord représentent 75 % de la valeur des échanges ; les échanges de produits agricoles représentent 15 % de la valeur totale ; les flux de matières premières représentent 10 % des échanges et sont orientés Sud-Nord.

EXO

Complétez cette analyse critique de la carte à l'aide de vos connaissances (cf. le cours). Quels autres types d'échanges ne sont pas mis en avant ? Comment s'organisent-ils ?

Géographie

13 La mondialisation (2)

COURS

Le rôle moteur des institutions internationales

• En 1944, le **FMI** (Fonds monétaire international) et la **BIRD** (banque industrielle pour la reconstruction et le développement) reçoivent pour mission d'aider les pays endettés et pauvres. Depuis 1980, leur rôle consiste à promouvoir l'ouverture des marchés et à favoriser les privatisations et le libéralisme.

• Sous l'impulsion des États Unis, depuis 1947, l'Accord général sur les tarifs douaniers et le commerce (**GATT** : *General Agreement on Tariffs and trade*), périodiquement renouvelé, a permis la réduction des droits de douane internationaux. L'**OMC** (Organisation mondiale du commerce), depuis 1995, a pour objectif de faire respecter les accords multilatéraux et d'intégrer de nouveaux produits (agricoles, culturels) dans les négociations.

Le rôle des États et des organisations régionales

• Les États, premiers acteurs de la mondialisation depuis 1945, acceptent les principes libre-échangistes ; 153 d'entre eux adhèrent à l'OMC en 2012. En réalité, ils restent souvent réfractaires à la mondialisation, pratiquant un protectionnisme déguisé et multipliant les obstacles non tarifaires (quotas, normes administratives).

• Les États ont recréé des marchés protégés en s'associant. Ce « régionalisme », *a priori* contraire aux principes libéraux, participe à l'accélération des échanges intra-zones. Les principales associations économiques régionales sont : l'**UE** (Union européenne fondée en 1993) qui regroupe, depuis 2013, 28 membres ; l'**ALENA** (Accord de libre échange nord américain) fondé en 1994, qui unit les États-Unis au Canada et au Mexique ; l'**ASEAN** (Association des nations de l'Asie du Sud-Est), créée en 1967, et le **Mercosur** (Marché commun sud-américain) fondé en 1991. Les flux intra-zonaux prennent désormais une large part dans le commerce mondial : l'UE représenterait 40 % des échanges mondiaux, le Pacifique plus de 40 %, l'Amérique du nord environ 14 % et l'Asie 29 % (le total ne fait pas 100 % car ces ensembles se chevauchent).

Les FTN-FMN sont les acteurs les plus puissants

• Ces très grosses firmes (FTN : firme transnationale ; FMN : firme multinationale), dont les sociétés mères restent dans les pays riches, participent activement au développement du commerce mondial et organisent une nouvelle division du travail à l'échelle de la planète. Le *Rapport sur l'investissement 2012* de la CNUCED estime qu'en 2011, plus de 850 000 « filiales étrangères de FTN ont employé 69 millions de personnes qui ont créé 28 000 milliards de dollars de chiffre d'affaires […]. », ce qui serait l'équivalent de 60 % du RNB planétaire. Les 2/3 du commerce international seraient constitués d'échanges entre sociétés mères et filiales. Ces firmes délocalisent pour bénéficier d'une main-d'œuvre peu chère ou s'assurer les débouchés d'un marché.

Une mondialisation mal régulée

Le dogme libéral de la mondialisation admet des exceptions : l'Europe et les États-Unis subventionnent leur agriculture, les PMA (pays les moins avancés) leur industrie ; mais en matière de santé publique, d'environnement, de protection de la main-d'œuvre, l'OMC ne prend aucune décision. Le refus de la mondialisation se solde par des **replis identitaires** parfois violents qui montrent la faiblesse des institutions internationales et le besoin de règles communes. Une globalisation mal contrôlée risque de détruire la mondialisation.

MÉTHODE

Dégager l'apport d'un document

Voir également Méthode fiche 6.

Sujet : La puissance des firmes multinationales. L'exemple de Wal-Mart

Questions

1. Qu'est-ce qu'une firme multinationale ? Montrez en quoi Wal-Mart répond à ces critères.

<u>Document</u> : Extrait de « Wal-Mart, symbole des multinationales », dans *Atlas du Monde diplomatique*, © Armand Colin, 2006.

A partir d'une petite boutique ouverte en 1962 dans un des États les plus pauvres du pays (l'Arkansas), Sam Walton a créé un empire dont les héritiers sont deux fois plus riches que Bill Gates [...]. La firme de Bentonville accueille aux États-Unis près de 130 millions de clients par semaine. [...] Elle a réinvesti ses profits (plus de 10 milliards de dollars en 2005) pour assurer son expansion géographique. Aujourd'hui, 5000 enseignes de la multinationale sont déployées dans le monde. [...] ALENA oblige, l'entreprise débarque d'abord au Mexique en 1991, puis au Canada trois ans plus tard. Le Brésil et l'Argentine suivent (en 1995). Ensuite, viennent la Chine (en 1996), l'Allemagne (en 1998), le Royaume-Uni (en 1999). L'Inde [...] figure déjà la nouvelle frontière de Wal-Mart, d'autant que le marché américain, qui représente encore 80 % des ventes de la firme, commence à être moins porteur.

Recherchant ses fournisseurs là où la main-d'œuvre est la moins chère, la plus surexploitée, Wal-Mart a largement profité de l'ouverture commerciale impulsée à Washington [...] puis par l'OMC. [...] Chaque fois qu'aux États-Unis les employés d'un magasin décident [...] de s'affilier à un syndicat, le magasin ferme. La firme, qui emploie plus de 1 % des salariés américains, contribue ainsi à la désyndicalisation. Laquelle est souvent la condition préalable à une politique de déflation salariale. [...]

2. Caractérisez la stratégie de cette firme : en quoi illustre-t-elle le processus de mondialisation ?
3. Quel est l'impact du développement de Wal-Mart aux États-Unis ? dans le monde ?

<u>Réponses rédigées :</u>

1. On entend par FTN (firme transnationale) des entreprises dont le chiffre d'affaires est supérieur à 500 millions de $ et qui réalisent plus de 25 % de leurs échanges avec leurs filiales localisées dans 6 pays différents au moins. Si l'un de ces critères n'est pas rempli on parle alors plutôt de FMN (firme multinationale). Wal-Mart, multinationale de la distribution, correspond à cette dernière définition car son chiffre d'affaires était inférieur à 300 milliards de $ en 2005, mais ses 5000 filiales employaient 1,6 millions de salariés dans plus de 8 pays.
2. Wal-Mart a « *largement profité de l'ouverture commerciale impulsée à Washington* [...], *mais aussi par l'accord général sur les tarifs douaniers et le commerce (GATT) puis par l'OMC.* [...]... » : elle a donc bénéficié de la pression libérale impulsée après 1990 par les institutions internationales et les États-Unis pour ouvrir les marchés aux produits et aux investissements étrangers. Sa stratégie reste caractéristique d'une entreprise américaine : elle s'est d'abord tournée vers sa zone d'influence, les périphéries de l'ALENA et de l'Amérique latine, puis elle s'est étendue vers les pays dynamisés par la mondialisation, les pays émergents (Inde, Chine).
3. « *Recherchant ses fournisseurs là ou la main-d'œuvre est la moins chère, la plus surexploitée* », cette multinationale utilise la concurrence des marchés pour installer ses filiales. Wal-Mart profite du processus de déréglementation aux États-Unis : « *La firme* [...] *contribue ainsi à la désyndicalisation. Laquelle est souvent la condition préalable à une politique de déflation salariale* [...] ». Cette logique contribue, au nom de la concurrence absolue, à faire disparaître les protections sociales des pays riches, accentuant la précarité et la pauvreté.

EXO

À l'aide des documents 1 et 2 ci-dessous, montrez en quoi les FMN - comme Wal-Mart - constituent des acteurs décisifs de la mondialisation.

<u>Document</u> 1. La puissance de Wal-Mart

Chifres d'affaires (2005) et PNB (2004)
(en milliards de dollars US)

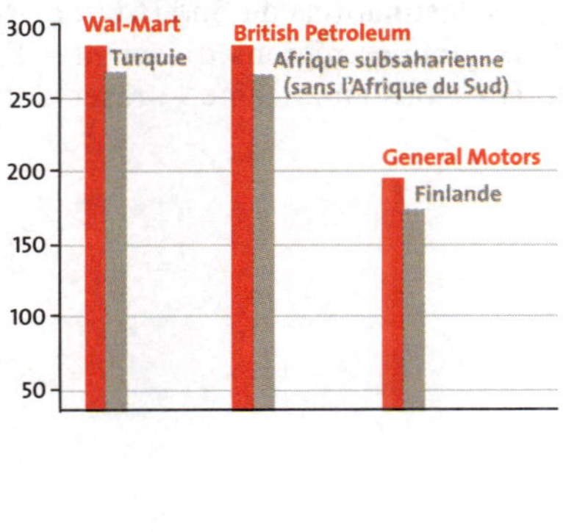

<u>Document</u> 2. Le nombre d'employés

Nombre d'employés
(en millions)

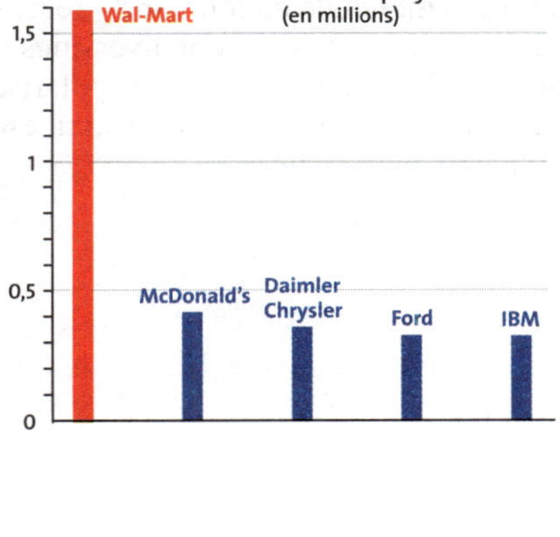

14 Les transports maritimes – Les migrations internationales

COURS

Le rôle fondamental des transports maritimes

• Le commerce maritime assure **71 % du fret marchand mondial**. Son expansion et ses mutations (capacités, vitesse des navires) ont participé à la mondialisation.
• Les principales routes maritimes (Pacifique-Nord, Atlantique-Nord, voie *circum* africaine) relient les principales interfaces (Nord-Est des États-Unis, Europe du Nord-Ouest, mégalopole japonaise, littoral chinois, golfe Persique). De grandes zones industrialo-portuaires polarisent les flux (Shanghai, Singapour, Rotterdam). Les canaux transocéaniques (Panama, Suez) et les détroits (Pas-de-Calais, Ormuz, Malacca) sont surveillés militairement en raison du développement de la piraterie (côtes somalienne ou nigériane).
• Les transports maritimes assurent la majeure partie des échanges de produits bruts : les navires vraquiers sont utilisés pour les matières agricoles ; les matières premières énergétiques représentent prés de 40 % des volumes maritimes transportés par *supertankers*, minéraliers ou méthaniers ; le trafic pétrolier mondial représente 1900 millions de tonnes de brut en 2011.

La révolution des conteneurs

Les flux de produits manufacturiers à forte valeur ajoutée s'effectuent entre pays du Nord et pays émergents, essentiellement par conteneurs (15 % des volumes transportés). La conteneurisation – ou transport par EVP/EQP (boîtes métalliques standardisées « équivalent vingt pieds ou quarante pieds ») – a permis l'**automatisation des systèmes de transbordement**, accélérant la circulation des flux. Ce processus a transformé les paysages portuaires (avant-ports) et favorisé la surcapacité de la flotte mondiale qui dépasse, depuis 2010, 1,2 milliard de tpl (tonnes de poids en lourds). De grandes compagnies maritimes européennes (MAERSK–Danemark ; CMA-CGM – France) dominent le secteur des porte-conteneurs.

Les migrations internationales

• 214 millions de personnes résideraient à l'étranger en 2010 et les migrations internationales auraient triplé en trente ans. Les principaux foyers d'accueil demeurent **les États-Unis et l'Europe** occidentale. La mondialisation a cependant un impact complexe sur les flux : elle stimule les flux de migrants qualifiés, mais les politiques sélectives menées par les pays riches endiguent l'accueil des migrants déqualifiés, favorisant l'augmentation des flux clandestins (plus de 30 millions de résidents sont en situation irrégulière à l'étranger). De nouvelles destinations sont apparues au Sud : les écarts de richesses alimentent des migrations vers les pays plus dynamiques ou émergents (Qatar, Afrique du Sud, Brésil) ; les filières clandestines favorisent des zones d'attente (Ceuta et Melilla, Canaries, Albanie, frontière américano-mexicaine).
• **10 millions de réfugiés** sont recensés par le HCR – haut commissariat aux réfugiés. Mais 15 millions seraient enfermés dans des camps dans leur propre pays (Kurdes en Turquie). Depuis vingt ans, de nouveaux facteurs accélèrent ces migrations : le HCR compte près de 25 millions de réfugiés climatiques, en raison de problèmes provoqués par la sécheresse ou la montée du niveau des eaux (Somalie, Bangladesh, Tuvalu).
• Les migrations touristiques internationales ont bénéficié de la révolution des transports : l'OMT – organisation mondiale du tourisme – recense **1 milliard d'arrivées touristiques internationales** en 2012. Mais si ces flux se sont diversifiés vers quelques destinations du Sud (Maroc, République dominicaine, Thaïlande), ils restent polarisés vers deux grandes régions d'accueil – l'Europe et les rivages de la méditerranée, les Caraïbes et la côte Est Nord américaine –, réservant la manne touristique aux pays riches.

MÉTHODE

Justifier une affirmation en proposant des arguments

Sujet : L'organisation des flux migratoires témoigne en partie de l'extension du processus de mondialisation. Vous vous appuierez sur la carte ci-dessus pour justifier cette affirmation.

Document : « Les flux migratoires mondiaux »

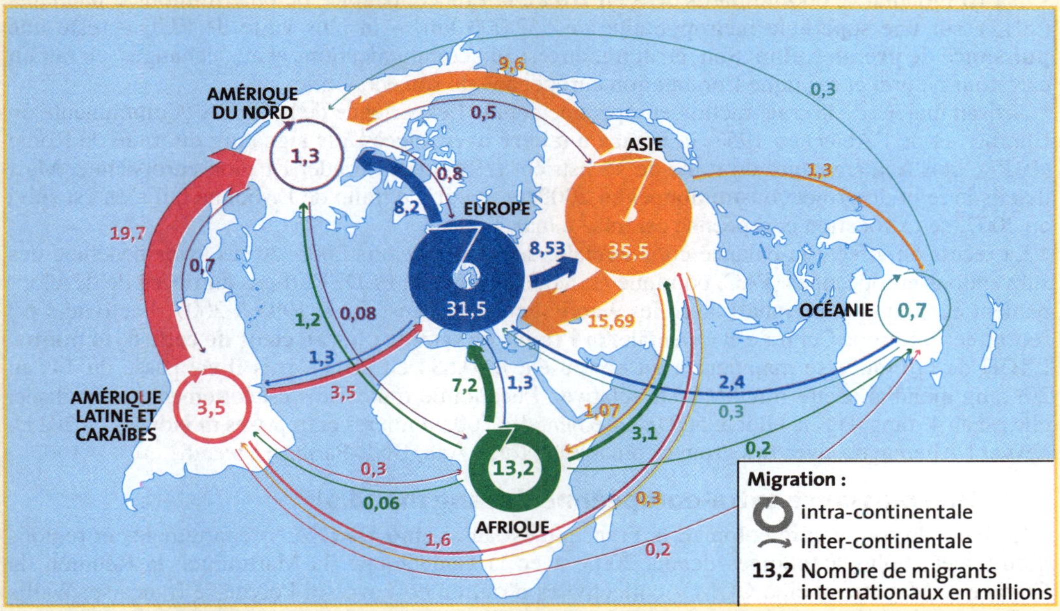

Réponse :

• La carte met en évidence l'intensification des flux et l'accroissement des mobilités humaines. Le phénomène migratoire s'est largement diffusé à travers le monde et ne semble plus monopolisé par des flux Sud/Nord. Ainsi, en 2009, on comptabilise :
– 61 millions de migrations Sud/Sud, 50 millions de migrations Nord/Nord et 62 millions de migrations Sud/Nord ;
– seules les migrations Nord/Sud (14 millions) et Ouest/Est restent en retrait.
Tous les territoires peuplés semblent affectés par cette mobilité, et ces migrations ne débouchent plus sur une installation définitive dans les pays d'accueil.

• Ces transferts de populations sont suscités par l' « appel d'air » des pays à faible fécondité et à fort vieillissement tels l'Allemagne, le Royaume-Uni, la Russie ou le Japon pour maintenir leur compétitivité ; mais à terme, ce sont l'ensemble des foyers développés qui devraient être affectés (Europe, Amérique du Nord, Asie-Pacifique).

• Ces migrations sont devenues un facteur de rééquilibrage des richesses : le PNUD – programme des nations unies pour le développement – estime qu'en 2009, les transferts de fonds des travailleurs émigrés dans les pays riches vers leur pays d'origine représentaient plus de 300 milliards de dollars, soit trois fois le montant de l'aide publique au développement. De nombreux facteurs récents contribuent à intensifier la mobilité : l'accélération et l'augmentation des capacités des moyens de transport ont fait chuter les coûts, l'effondrement du bloc de l'Est a favorisé les migrations Est/Ouest (15 millions).

EXO

Réfutez ou nuancez l'analyse précédente en proposant ou en choisissant d'autres arguments tirés du cours.

a. Quelle constante de l'organisation des migrations internationales semble peu affectée par la mondialisation ?

b. Quelles transformations la carte ne met-elle pas en évidence ?

Géographie

15 La place de la France dans le monde

COURS

Une puissance économique européenne

• 5e PIB mondial (2 600 milliards de $ en 2012), la France, peuplée de 63,7 millions d'habitants (2013), sur une superficie métropolitaine de 552 000 km² – la plus vaste de l'UE – reste une **puissance de premier plan**. Son territoire, ouvert aux communications et aux échanges, en fait un carrefour naturel et explique l'orientation européenne de son économie.
• Artisan majeur de la construction européenne depuis l'expérience de la CECA (Communauté du Charbon et de l'Acier) en 1951, la France **a œuvré avec succès** à la signature du traité de Rome (1957), puis à la signature du traité de Maastricht (1992) pour fonder l'Union européenne. Mais depuis le rejet du projet constitutionnel en 2005, et malgré le traité de Lisbonne qui s'en est suivi en 2007, cette vocation européenne est mise à mal.
• La récession affecte la balance commerciale, déficitaire depuis 2005. Après avoir bénéficié des subventions européennes (PAC, politique agricole commune ; FEDER, fonds européen de développement économique régional), avec les élargissements successifs de 1995 à 2007, l'activité s'est recentrée en Europe Centrale et Orientale, **la France ne semble plus au cœur de cette dynamique**. L'IDH de la France se maintient à un niveau élevé (0,884 en 2011) mais il est passé du 14e au 20e rang mondial. Cette fragilité reste relative : l'économie française s'est fortement mondialisée, elle est au 4e rang dans le Global 500 (classement des 500 premières entreprises mondiales en 2011), devant l'Allemagne, avec des groupes puissants (Total, Axa, BNP-Paribas, Vivendi…).

Une puissance extra-européenne de rang mondial

• Héritage de son empire colonial, la France, c'est aussi **cinq DROM** – départements et régions d'outremer – plus autonomes depuis 2003, avec la Guadeloupe, la Martinique, la Réunion, la Guyane et Mayotte et cinq COM – collectivités d'outremer – avec la Polynésie française, Wallis et Futuna, Saint-Pierre-et-Miquelon, Saint-Barthélémy, Saint-Martin, auxquelles s'ajoutent les Terres australes et antarctiques et Clipperton, et un Territoire à souveraineté partagée, la Nouvelle Calédonie. Ces « poussières d'empire » étendent la superficie à 664 000 km² et la population à 65,6 millions d'habitants en 2013, soit 1 % de la population planétaire.
• Ces territoires offrent de multiples potentialités mais restent dominés par les activités traditionnelles : agriculture de plantations, pêche côtière. A l'exception du tourisme de luxe aux Caraïbes ou de l'industrie extractive du nickel en Nouvelle Calédonie, rares sont les territoires bénéficiant d'une mise en valeur industrielle ou de pointe, comme Kourou en Guyane, base de lancement d'Arianespace.
• Mais ces ancrages territoriaux assurent d'une part un rayonnement culturel à travers la francophonie et ses 220 millions de locuteurs (voir méthode), d'autre part une présence sur les cinq océans qui offre à la France une **ZEE** – zone économique exclusive jusqu'à 200 miles nautiques – de 11 millions de km² et en fait la 2e puissance maritime derrière les États-Unis. 40 % cependant de cette ZEE dépend de la Polynésie et ces zones font l'objet de tensions : celle de Saint-Pierre-et-Miquelon est contestée par le Canada. Cette ZEE offre de belles perspectives en matière de pêche et de prospection, mais elle oblige aussi la France à s'engager dans de nombreuses missions de sauvegarde des milieux et des espèces, et opérations de sécurisation du trafic maritime (Mayotte).

MÉTHODE

Commenter/analyser une carte

1. **De quoi s'agit-il ?** Il vous faut identifier le phénomène cartographié, son échelle.
2. **Que constate-t-on ?** Vous devez relever les informations, les localiser et les expliquer.
3. **Quelles conclusions peut-on en tirer ?** Vous devez analyser le document par rapport à la problématique posée par l'intitulé de la carte.

Sujet : « La francophonie, expression de puissance culturelle pour la France ? » Analyser la carte suivante pour y répondre.

L'organisation mondiale de la francophonie

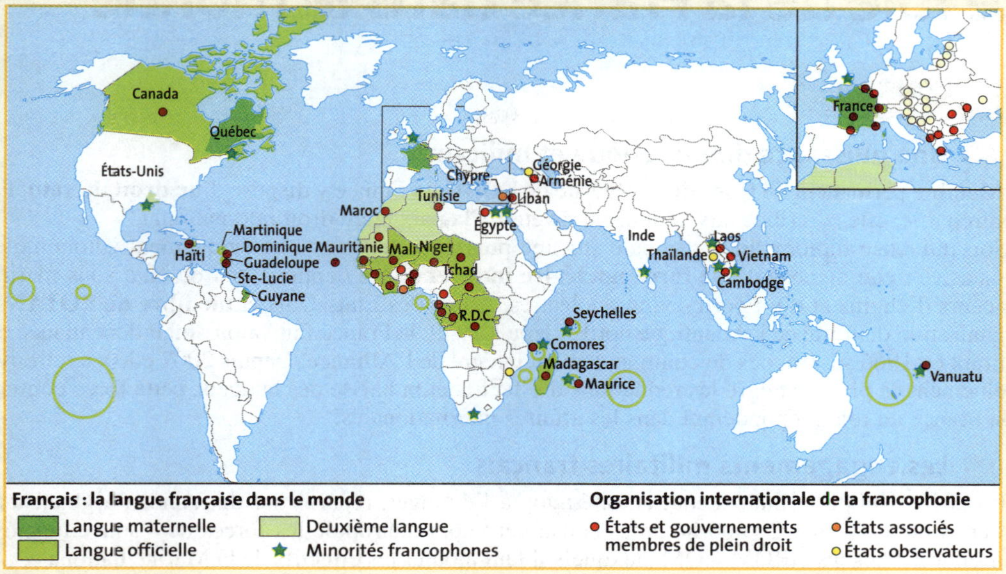

Réponses :

1. Il s'agit d'un planisphère des états membres de l'Organisation internationale de la francophonie et des principales minorités francophones dans le monde.

2. La communauté francophone regroupe l'ensemble des locuteurs qui utilisent le français comme langue maternelle (France, Québec, Suisse), comme langue officielle (Madagascar, Mali) ou comme seconde ou troisième langue (Maroc, Algérie) ; elle s'appuie aussi sur les nombreuses minorités ou communautés françaises expatriées (New York, Londres, Le Caire). Elle représenterait environ 220 millions de pratiquants d'un bon niveau, mais peut être plus de 900 millions si l'on tenait compte des apprenants et des locuteurs de niveau moyen. Cette communauté s'est organisée à travers l'Organisation Internationale de la Francophonie (OIF) fondée en 1970 à l'initiative de la France qui réunit désormais 56 États membres et 19 pays observateurs. Le document met en évidence la persistance d'une francophonie dans de nombreux anciens territoires colonisés avec lesquels la France a conservé des liens forts, en favorisant la diffusion de l'apprentissage à travers le réseau de l'Alliance française.

3. Paris est le siège de l'Unesco, et le français est la langue officielle de nombreuses institutions et manifestations internationales (ONU, JO). La francophonie est donc une composante majeure de la politique étrangère de la France. Mais d'autres pays francophones, comme la Belgique ou le Québec, se sont aussi saisis de la cause du « français » avec dynamisme : par exemple les universités de Toronto, 1er pôle universitaire nord-américain, imposent ainsi l'enseignement du français comme langue de référence culturelle dans certaines filières.

EXO

À l'aide des informations des parties cours et méthode, complétez le fond de carte ci-dessous « La présence de la France et du français dans le monde ».

a. Placez en rouge DROM, COM et autres territoires.

b. À l'aide d'un dégradé de couleur, représentez la francophonie en fonction du statut de la langue dans chaque pays.

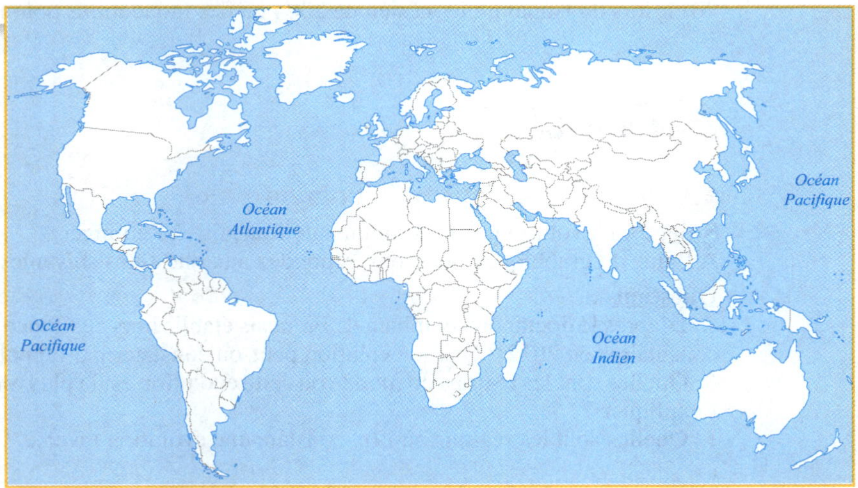

16 Le rôle de la France dans le monde

COURS

Une puissance diplomatique et militaire

• Membre permanent du Conseil de sécurité de l'ONU, la France y dispose d'un **droit de veto**. En contrepartie, elle contribue aux actions en faveur de la paix et du droit international.

• Son influence diplomatique s'appuie sur une puissance militaire stratégiquement autonome et dissuasive : elle dispose d'une **force nucléaire indépendante** depuis 1960, de cinq sous-marins lanceurs d'engins et d'un porte-avion nucléaires. Alliée des États-Unis et **membre de l'OTAN** – organisation du traité de l'Atlantique nord – depuis 1949, la France fait valoir son indépendance en retirant en 1966 ses troupes du commandement intégré de l'Alliance. Depuis 2007 elle y a retrouvé pleinement sa place. Malgré les réductions d'effectifs et la baisse des budgets, cette force confère à la France un rôle prépondérant dans les affaires internationales.

Les engagements militaires français

• En 2010, 10 000 militaires sont en opération à l'étranger, répartis sur dix zones (Afghanistan, Liban, Côte d'Ivoire). 20 000 hommes constituent hors métropole les forces de « souveraineté » stationnées dans les DROM-COM, auxquels il faut ajouter les effectifs de la Marine nationale.

• Les interventions militaires françaises s'inscrivent dans le cadre d'**engagements internationaux** ou multilatéraux, prévus par l'ONU d'une part – la France peut intervenir au titre d'une résolution du Conseil de sécurité (résolution 1386 créant le FIAS – force internationale d'assistance et de sécurité – en Afghanistan depuis décembre 2001), d'autre part par le Traité de l'Atlantique nord (sécurisation de l'espace aérien islandais depuis 2008).

• La France est également liée par plusieurs **accords bilatéraux** à la défense d'États africains (opération Serval au Mali en 2011). Des traités de coopération militaire maintiennent des forces en position en Afrique (Sénégal, Côte d'Ivoire), en Europe centrale et orientale pour des missions de formation ou d'exercices. Enfin, dans le cadre de la politique européenne de sécurité et de défense (PESD), 12 000 soldats français participent à des missions humanitaires et de maintien de la paix en République démocratique du Congo, en Macédoine ou en Bosnie.

Les engagements humanitaires français

• L'action humanitaire de la France vise à prendre en charge les populations victimes de conflits, d'oppressions et de catastrophes naturelles, technologiques ou épidémiologiques. Elle s'identifie à l'action, reconnue par l'ONU et l'UE, d'une multitude d'ONG (organisations non gouvernementales : MSF, Médecins du Monde, Secours populaire, etc.)

• Mais l'action humanitaire est devenue un volet de la diplomatie française. Depuis 2003, elle est coordonnée par un Comité interministériel qui met savoir-faire et matériel au service des pays et des populations en fonction de leur demande. Ces actions mobilisent les moyens de l'armée (logistique et service de santé), de la gendarmerie (brigade cynophile) ou de la Sécurité civile. Ces moyens ont été mis en œuvre entre autres lors des séismes à Haïti en 2010 ou à Sendai (Japon) en 2011, lors du tsunami indonésien de 2004 ou des inondations polonaises en 2010.

MÉTHODE

Lire un graphique ou un diagramme

Sujet : « L'évolution de la communauté française à l'étranger »
À l'aide du graphique ci-dessous, répondez aux questions suivantes :

Questions :

1. D'après le document, combien de Français établis hors de France étaient inscrits sur les registres consulaires en 2012 ? Quelle évolution peut-on constater par rapport à 2011 ?
2. Quelles sont les régions du monde où cette évolution est la plus remarquable ? Comment peut-on l'expliquer ?
3. Quelles sont les régions où l'on constate une évolution inverse ?

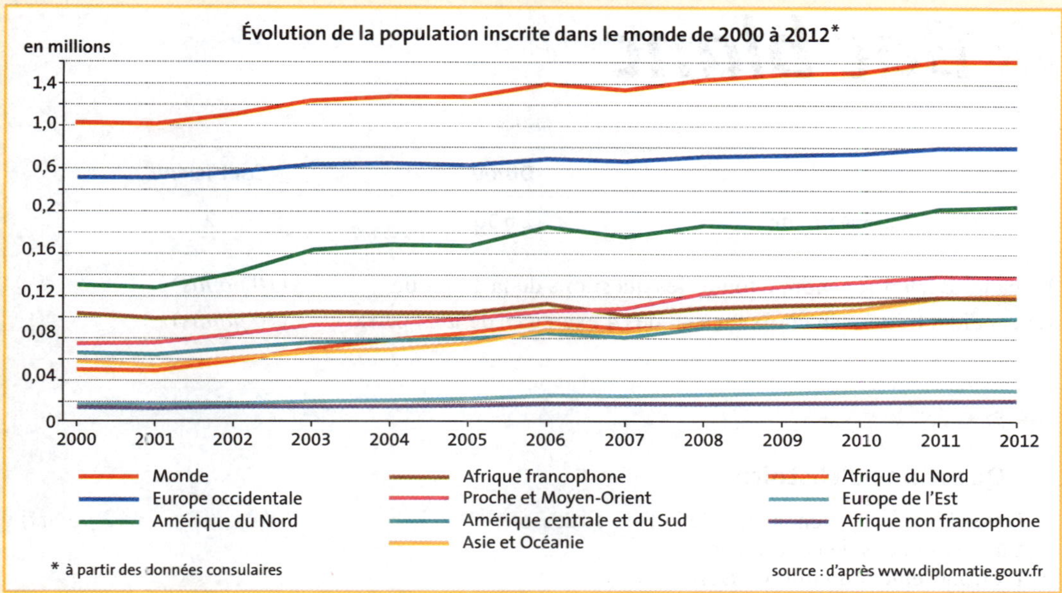

Réponses :

1. Au 31 décembre 2012, les registres consulaires enregistraient 1,6 millions de Français établis hors de France soit une augmentation de 1 % (+ 17 000 inscrits) par rapport à l'année 2011, mais le taux de croissance de l'année 2011 par rapport à 2010 était plus fort encore (+ 6 %). La croissance annuelle moyenne depuis 2000 s'établit autour de + 4 % ; les Français sont donc de plus en plus nombreux à choisir l'expatriation, soit, en 2012, 600 000 de plus qu'en 2010.
2. Les régions où le nombre d'inscrits a fortement progressé en 2012 sont l'Asie-Océanie et l'Afrique du nord (+ 3 % en moyenne) : les registres détaillés confirment que l'Indonésie, la Chine (1er foyer d'accueil pour l'Asie-Océanie), l'Australie et la Tunisie et le Maroc (1er foyer pour l'Afrique du nord), sont les destinations les plus attractives ; seule la Libye voit ses effectifs chuter en raison de la situation politique. L'Europe occidentale et orientale, l'Amérique dans son ensemble, l'Afrique francophone et non francophone connaissent une croissance proche de 1 % : dans le détail, les registres montrent les fortes attractivités de la Belgique (+ 3,8 %), de la Suisse (+ 2 %), du Royaume-Uni (+ 2,2 %), de la Russie (+ 2,1 %) et de la Turquie (+ 11 %) tandis que les effectifs baissent en Italie, en Grèce, en Allemagne et au Canada, ou se stabilisent ailleurs. Les premiers pays d'accueil pour les Français à l'étranger restent dans cet ordre : la Suisse, le Royaume-Uni et les États-Unis.
3. Les fortes baisses s'observent au Proche et au Moyen-Orient (Syrie, Yémen, Iran et Israël) allant de – 28,8 % à – 6 %. Mais on relève des exceptions : le nombre d'inscrits augmente aux Émirats Arabes Unis, à Jérusalem et en Irak (+ 46 %). Le premier foyer d'accueil de la zone reste Jérusalem avec près de 55 000 résidents.

EXO

Répondez aux questions suivantes en vous appuyant sur le graphique : « Répartition par âge de la population expatriée en 2012 »

a. Que nous apprennent les données du diagramme ci-contre, sur les motivations de l'expatriation des Français ?

b. Quelles explications complémentaires fournit ce document par rapport au graphique de la Méthode ?

Répartition par âge de la population expatriée en 2012

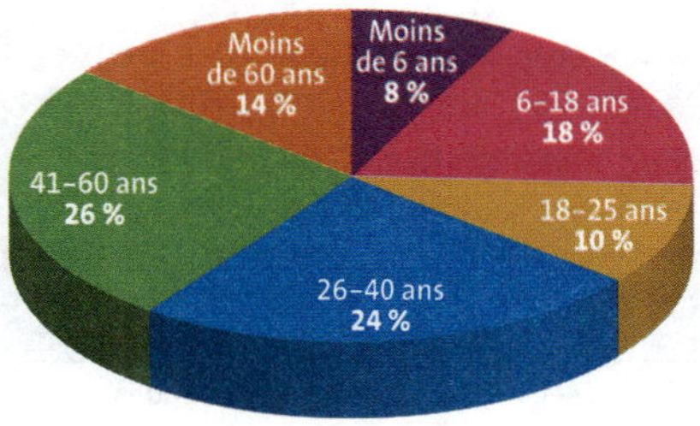

Géographie

Sujet du Bac

Bac blanc

	Durée	Coefficient
Épreuve écrite	2 h 30	2

Le candidat doit répondre à toutes les questions de la 1re partie (*10 points*)
Le candidat traitera au choix un seul des 4 exercices de la 2e partie (*10 points*)

Première partie

Questions d'Histoire

1. Datez les quatre événements de la liste ci-dessous : (*2 points*)
a. La création des deux Allemagne
b. L'effondrement du mur de Berlin
c. La doctrine Truman
d. La dissolution de l'URSS

2. Définissez l'expression « Tiers-monde ». (*2 points*)

3. « En 1986, les élections législatives créent, entre François Mitterrand et Jacques Chirac, une situation politique inédite sous la Ve République. »
Justifiez cette affirmation. (*1 point*)

Questions de Géographie :

1. Parmi les indicateurs suivants, choisissez celui qui permet le mieux de mesurer les écarts de développement dans le monde. Justifiez votre réponse.
a. PIB **b.** PNB **c.** IDH (*2 points*)
2. Caractérisez ce qu'est une « ville mondiale ». (*1 point*)
3 Complétez la légende de la carte fournie en Annexe puis localisez et nommez les informations. (*2 points*)

Annexe

Pôles de puissance traditionnels et puissances émergentes

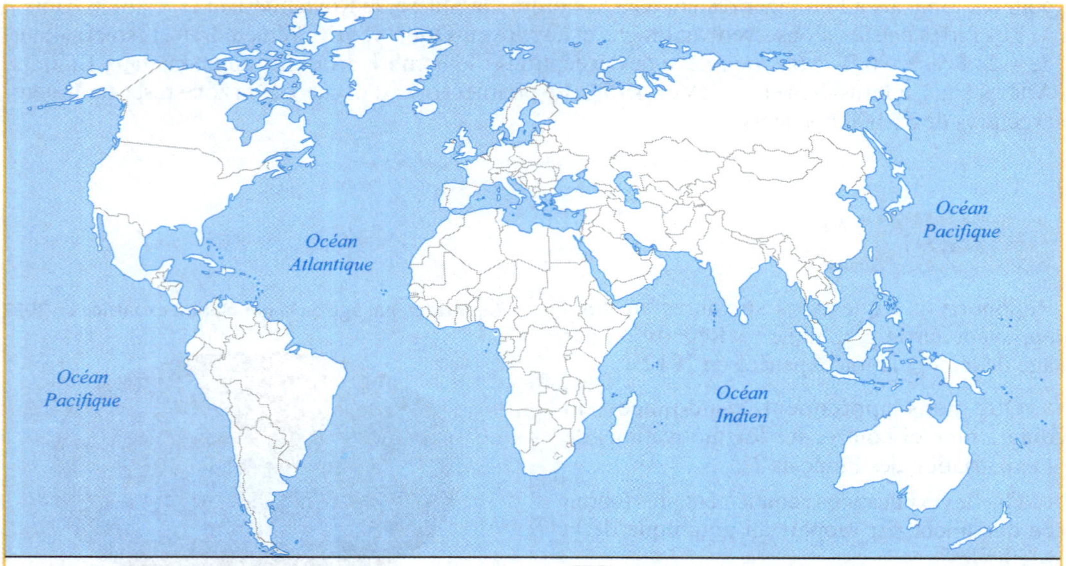

.... Mégalopoles (2 exemples attendus)
☐ Grands pays émergents (2 exemples attendus)

Deuxième partie

Questions d'Histoire

Sujet d'étude n°1 : L'Algérie à partir de 1954

Document : Discours de Houari Boumediene[1] lors de la première réunion des présidents des Assemblées populaires communales, le 27 février 1967.

« Nous devons protéger le socialisme et le sauvegarder. Pour ce faire, nous ne pouvons pas compter uniquement sur l'enthousiasme du peuple, sur ses nobles sentiments. Nous devons construire pour notre peuple un outil qui lui servira à triompher de ses ennemis à l'intérieur, et à défendre l'intégrité du territoire et l'expérience socialiste en cours. Nous ne saurions être un peuple romantique ou imaginaire, vivant dans un monde de rêves. Le socialisme ne signifie pas autre chose qu'une transformation radicale de la société algérienne, ce qui implique l'élimination des intérêts en opposition avec les intérêts supérieurs du peuple algérien. Ce qui implique également l'élimination des trusts[2] étrangers qui exploitent notre peuple depuis des dizaines d'années. Il est clair qu'une telle transformation ne peut se concevoir sans difficultés. Aussi s'avère-t-il indispensable d'édifier l'Armée nationale populaire, condition fondamentale pour la sauvegarde des acquis révolutionnaires de notre peuple laborieux et pour la défense du pays. »

Houari Boumediene, 1re réunion des présidents des Assemblées populaires communales, 27 février 1967.

1. Houari Boumediene (1932-1978) : combattant de l'Armée de Libération Nationale du FLN, il participe à la lutte pour l'indépendance de l'Algérie. D'abord ministre dans le gouvernement Ben Bella, il mène un coup d'état contre ce dernier en 1965 et prend le pouvoir, qu'il garde jusqu'à sa mort.
2. Grand groupe d'entreprises réunies sous une même direction.

1. Présentez le document (nature, auteur, date et contexte).
2. Quels objectifs Boumediene espère-t-il atteindre ?
3. Relevez les moyens évoqués pour parvenir à ces objectifs.
4. Expliquez la phrase soulignée.
5. En quoi ce document permet-il d'illustrer les choix de l'Algérie en matière de développement ?

Sujet d'étude n°2 : L'Inde à partir de 1947

Document : Discours radiodiffusé de Jawaharlal Nehru, Premier ministre indien, le 15 août 1947.

« Chers compatriotes,

Ce fut un grand honneur pour moi de servir l'Inde et la cause de la liberté de l'Inde pendant de nombreuses années. Aujourd'hui, je m'adresse à vous officiellement et pour la première fois en tant que le premier serviteur du peuple indien, dévoué à son service et à l'amélioration de sa condition. Je me trouve devant vous parce que telle était votre volonté et je resterai là aussi longtemps que vous choisirez de m'honorer de votre confiance. Nous sommes aujourd'hui un peuple libre et souverain [...]. Certes, le fardeau de l'occupation étrangère est maintenant loin, mais la liberté nous met face à d'autres responsabilités et d'autres fardeaux que seul l'esprit d'un peuple libre, autodiscipliné et déterminé peut relever afin de préserver et de promouvoir cette liberté [...]. Notre objectif premier et immédiat sera de mette fin à toutes les querelles internes et les violences qui défigurent, détériorent et minent la cause de la liberté. Cela sans oublier de prendre en considération les grandes difficultés économiques qu'endure une population en grande détresse [...]. Le gouvernement indien examine actuellement plusieurs grands projets pour le développement des vallées fluviales par le contrôle du flux des rivières grâce à la construction de barrages, de réservoirs et de structures d'irrigation ainsi que le développement de la production hydroélectrique. Des dispositions qui contribueront à un développement généralisé et qui constituent une étape préliminaire pour se compléter aussi rapidement que possible pour le bien être de tous. Tout cela nécessite des conditions de paix et la coopération de toutes les parties concernées, du travail dur et de la persévérance. Faisons alors tout ce qu'il faut pour mener à bien ces grandes et valeureuses tâches et oublions pour cela nos conflits et luttes mutuels [...]. »

Jawaharlal Nehru's Speeches (t. 1),
Publications Division, Ministry of Information and Broadcasting, trad. CVCE,
Government of India, Delhi, 1967.

Questions :

1. Présentez l'auteur du discours.
2. Expliquez la phrase soulignée.
3. Quels sont les deux objectifs principaux de la politique de Nehru ? Expliquez-les à l'aide de vos connaissances.
4. Quels sont les grands projets préparés par le gouvernement en matière économique ? Quelle politique agricole mise en place dans les années 1960 ces projets annoncent-ils ?

Questions de Géographie :

Sujet n° 3 :

Document : La Chine, deuxième économie du monde (sujet du baccalauréat 2012)

Le Japon a annoncé [...] que la Chine lui avait pris la place de deuxième économie du monde. Son produit intérieur brut (PIB) s'est élevé à 5 474 milliards de dollars en 2010 contre 5879 milliards de dollars pour son voisin. Et la machine ne va pas s'arrêter là. Un coup d'œil sur les chiffres du FMI montre que la Chine passera devant les États-Unis en 2017 ! 21 000 milliards de dollars pour le premier, 20 000 milliards pour le second. « Personne n'avait pensé que les choses iraient aussi vite. La place de la Chine dans l'économie mondiale est telle que les autres pays doivent s'adapter à cette situation », souligne Chen Xingdong, économiste chez BNP Paribas à Pékin. [...]

Quand et comment la machine s'est-elle mise en route ? Le point de départ se situe au début des années 1980, avec Deng Xiaoping. L'économie socialiste de marché devient la doctrine du Parti communiste chinois. L'État ne lâche pas une miette de pouvoir politique, mais abandonne la planification économique. La Chine n'invente pas [...] mais fabrique bien ; Pour le spécialiste français des tubes en acier, Vallourec, l'heure de travail, tout compris, revient à 4 € en Chine, contre 33 en Allemagne ou 36 en France. A ce tarif-là, les usines chinoises attirent petit à petit la production de jouets, de biens industriels, de téléviseurs, d'ordinateurs, de postes de radio à 10 € ou d'iPad à 500 €.

Si l'on fixe à 1980 le réveil de l'économie chinoise, le grand basculement intervient vingt ans plus tard. [...] En 2007, la Chine passe devant la France et l'Allemagne, trois ans plus tard, elle repousse le Japon à la troisième place. [...]

Mais si l'on prend le PIB par tête, ce n'est plus la même histoire. À l'heure actuelle, avec 7 200 $ par tête, un Chinois est en moyenne cinq fois moins riche qu'un Français, et les écarts sont immenses entre le paysan qui cultive la terre dans la Shanxi, au nord-est du pays et un trader de Shanghai. Alors que les grèves et les revendications salariales devraient se multiplier dans les prochains mois, la Chine va se transformer en une énorme cocotte-minute. L'inflation qui monte (+ 5,4 % en janvier officiellement) est annonciatrice des tensions sociales que Pékin assure être en mesure de maîtriser.

France Soir, 15 février 2011.

Questions :

1. Caractérisez l'évolution du PIB de la Chine depuis le début des années 2000.
2. Comment expliquez-vous le développement de l'économie chinoise ?
3. À quels défis économiques, sociaux et politiques la Chine doit-elle dorénavant faire face ?
4. À l'aide du document et de vos connaissances, montrez pourquoi il est difficile de classer la Chine dans les pays du Nord ou dans les pays du Sud.

Sujet n°4 : Londres, une ville mondiale

Document 1 : La City et le London Bridge Quarter

Document 2 : Londres, un hub mondial

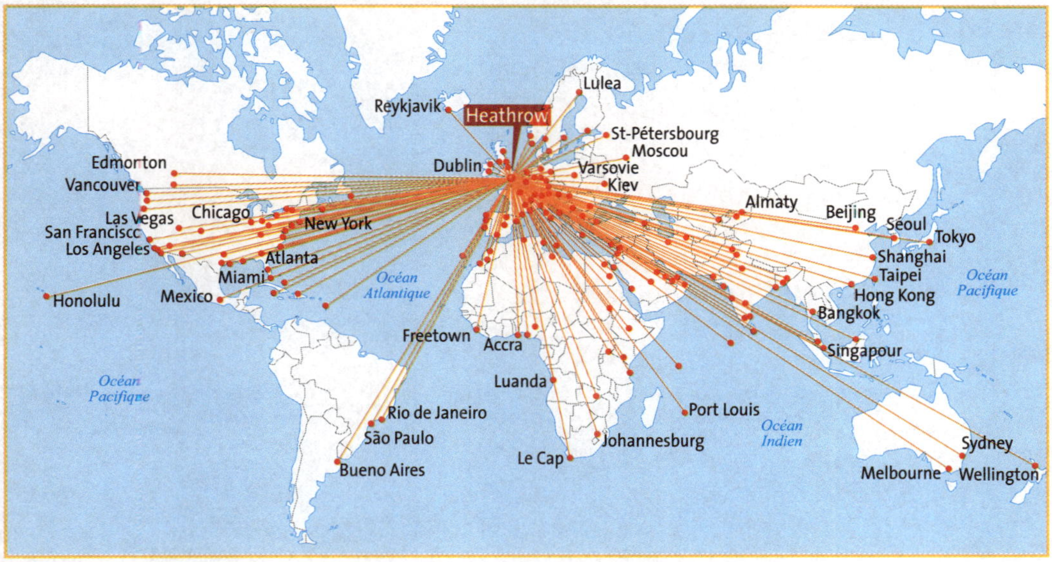

Questions :

1. À l'aide du document 1, identifiez dans le paysage urbain les éléments caractéristiques qui font de Londres une métropole de rang mondial.

2. À l'aide de vos connaissances précisez la place et les fonctions de la métropole londonienne dans le monde et en Europe.

3. D'après le document 2, quel autre fonction fait de Londres une capitale internationale incontournable ? Précisez la notion de hub.

4. En utilisant les deux documents et vos connaissances, justifiez l'expression suivante : « Londres : une ville monde au centre de l'économie mondiale ».

Histoire Géographie

Anglais

Point Bac L'épreuve d'anglais

Présentation des épreuves

	Type	Durée	Coefficient	Notation
LV1	Écrit	2 heures	2 (spécialité gestion des systèmes d'information) 3 (autres spécialités)	Écrit : note/20 Oral : note/20 Total = moyenne des deux notes
	Oral	2 fois 10 min		
LV2	Écrit	2 heures	3 (spécialité communication et gestion des ressources humaines) 2 (autres spécialités)	
	Oral	2 fois 10 min		

Épreuve écrite

Partie 1 : compréhension de l'écrit (LV1/LV2)

L'épreuve prend appui sur un, deux ou trois documents en langue étrangère. Ces documents peuvent relever de différents genres (extraits d'œuvre littéraire, articles de presse) et peuvent être informatifs, descriptifs, narratifs ou argumentatifs. **Certains documents peuvent comporter des éléments d'iconographie.**

Le protocole d'évaluation vise à vérifier votre aptitude à : identifier le sujet des différents documents, repérer les informations importantes relatives à un thème ou une problématique donnés, comprendre les événements ou informations essentiels, comprendre les liens logiques, chronologiques ou thématiques, comprendre les motivations et réactions des personnages, du narrateur ou de l'auteur, comprendre les conclusions d'une argumentation (pour la LV2, les aptitudes évaluées s'arrêtent là), comprendre les détails significatifs d'un document informatif ou factuel, percevoir les points de vue, les opinions, les contrastes.

Partie 2 : expression écrite (LV1/LV2)

1re sous-partie (LV1/LV2) : à partir des indications données, vous rédigerez un ou plusieurs textes construits prenant appui sur des événements, faits ou prises de position que vous aurez identifiés dans les documents de l'épreuve précédente. Vous devrez montrer votre aptitude à rédiger, dans une langue correcte, un ou des textes cohérents et clairement articulés.

2e sous-partie (LV1) : vous construirez une argumentation personnelle à propos d'un thème en relation avec les documents précédents ou à partir d'un nouveau document « tremplin ». Vous devrez montrer votre aptitude à exprimer de façon nuancée et argumentée une opinion, en présentant les avantages ou les inconvénients d'une proposition, les points forts et les limites d'une prise de position.

Épreuves orales

L'évaluation de l'oral se déroule pendant le temps scolaire. Deux situations d'évaluations sont organisées, le niveau attendu est « avancé » ou « indépendant » pour la LV1 et « seuil » pour la LV2.

- **Premier temps : la compréhension de l'oral**

Durée : 10 minutes (le temps d'écoute n'est pas inclus dans cette durée).

Cette évaluation a lieu au cours du deuxième trimestre de l'année de terminale. Elle vous est annoncée.

Elle s'appuie sur des documents audio ou vidéo enregistrés liés aux notions du programme mais non étudiés précédemment en classe. La durée de l'enregistrement n'excèdera pas 1 min 30. Il pourra s'agir de monologues, de dialogues, de discours, de discussions ou d'extraits d'émissions de radio ou de films ou de journaux télévisés. Le titre donné à l'enregistrement vous sera communiqué.

Vous aurez trois écoutes de l'enregistrement séparées chacune d'une minute. Vous pourrez prendre des notes pendant chaque écoute. Vous disposerez ensuite de dix minutes pour rendre compte, par écrit, et en français, de ce que vous aurez compris.

- **Deuxième temps : l'expression orale**

Durée : 10 minutes ; Temps de préparation : 10 minutes.

Cette évaluation est organisée à partir du mois de février de l'année de terminale. Elle vous est annoncée.

Vous tirez au sort une des notions du programme étudiées dans l'année. Après dix minutes de préparation, vous avez cinq minutes pour présenter cette notion.

Cette prise de parole en continu servira d'amorce à une conversation conduite par le professeur s'appuyant sur votre exposé. La conversation n'excèdera pas cinq minutes.

Méthode et conseils

La gestion du temps pendant l'épreuve écrite

Vous disposez de deux heures. Le temps consacré à chacune des parties de l'épreuve dépend, bien entendu, de vos capacités ou des difficultés que vous pouvez éprouver sur tel ou tel aspect. Mais il paraît raisonnable d'envisager environ une heure pour la partie **compréhension**, et environ quarante cinq minutes pour la partie **expression**.

Prévoyez qu'il vous faudra dix à quinze minutes en fin d'épreuve pour une **relecture** attentive. Cette étape est **indispensable**. Vous vérifierez d'abord que vous n'avez oublié aucune tâche, que vous avez respecté les consignes (nombre de mots, citations...).

Vous relirez ensuite ce que vous avez écrit en étant particulièrement vigilant sur les points grammaticaux qui sont sources d'erreurs récurrentes (vous connaissez vos travers habituels, tels que 's' de troisième personne oubliés, erreurs de temps, majuscules oubliées, par exemple).

La lecture des textes

Prenez tout le temps de faire, calmement, une première lecture. Celle-ci doit vous permettre de saisir le **thème général** de l'extrait. Appuyez-vous sur **le connu** et essayez de comprendre les termes inconnus en tenant compte du **contexte**. Mais ne faites pas de blocage sur ce que vous ne comprenez pas du premier coup, vous y reviendrez par la suite et il est vraisemblable que le sens s'éclairera grâce, notamment, aux questions de compréhension.

Pensez à prendre les **premiers repères** : source (littéraire ou journalistique), œuvre, date, auteur. Identifiez les **personnages**, les **lieux**, le moment de l'**action**. S'il s'agit d'un extrait de pièce de théâtre, relevez les indications scéniques.

Vous ferez ensuite une lecture orientée après avoir pris connaissance de l'ensemble des tâches à accomplir. Vous repérerez alors les **mots-clés** et les **passages pertinents** pour formuler vos réponses aux questions de **compréhension détaillée** du texte.

La compréhension

Lisez la **totalité** des indications et consignes. Une lecture rapide ou superficielle pourrait vous conduire à des erreurs ou de mauvaises interprétations et vous lancer sur de fausses pistes génératrices de perte de temps. Mais, comme pour les mots inconnus du texte, si vous *butez* sur une formulation, ne vous y attardez pas trop, vous y reviendrez plus tard. Il se peut d'ailleurs que les consignes suivantes vous aident à comprendre la question qui faisait problème.

Vous trouverez page 286 un panorama des principaux types de consignes rencontrées dans les questions de compréhension.

Quand un **nombre de mots** est imposé pour une réponse, mettez-le tout de suite en relief.

Repérez aussi les questions qui demandent explicitement de citer le texte, vous pourrez ainsi plus facilement vérifier que votre réponse comporte bien une **citation** lors de la relecture.

L'expression écrite

Les sujets d'expression écrite sont plus ou moins directement liés au document proposé. Vous aurez à rédiger plusieurs textes construits. Vos compétences linguistiques seront évaluées à travers votre production écrite. Vous devez y montrer votre capacité à vous exprimer dans un anglais clair, correct et riche sur le plan du vocabulaire et de la syntaxe. Votre travail doit être structuré, travaillez au brouillon les passages importants ou délicats mais tenez compte du temps, vous ne pouvez pas tout écrire deux fois. Soyez également attentif à la présentation, évitez ratures et ajouts.

Il est prudent de compter les mots à chaque paragraphe nouveau afin de contrôler régulièrement (et assez tôt) que le nombre imposé sera respecté. N'oubliez pas d'indiquer le nombre total de mots employés.

1

La compréhension de texte

COURS

La compréhension de texte suppose de passer d'une **compréhension globale** à une **analyse détaillée**. La première étape consiste à recueillir les informations qui apparaissent d'emblée. Vous aurez vite fait de repérer les dates, les nombres, les sigles, les noms propres (de personnes ou de lieux) et, bien entendu, les mots transparents qui vous seront très utiles.

Le contenu explicite

Il apparaît assez facilement **en suivant les consignes** qui sont données. Vous aurez généralement à :

– nommer lieux ou personnages :	*The story happens in different places. Name them. Give the narrator's name.*
– énumérer :	*Make a list of / List what each character usually reads.*
– mettre en relation des éléments donnés :	*Match the following characters with the way they are dressed.*
– répondre à des *Wh- questions* :	*What sort of narrative is it? Who are the main characters? Whose point of view is the episode told from?*
– compléter des grilles :	*Fill in the grid.*
– choisir entre vrai ou faux :	*True / False* ou *Right / Wrong*.
– faire des sélections en cochant, entourant, barrant :	*select, tick, circle, cross out.*
Justifiez votre choix par une citation :	*Justify by quoting the text. Justify with a quotation / Quote from the text.*
– relever des éléments dans le texte :	*Find / Pick out three elements describing the father's attitude.*
Résumer, commenter, expliquer, comparer, montrer, analyser, reformuler :	*sum up, comment, explain* ou *account for, compare* ou *contrast, show, analyse, rephrase.*

Le sens implicite

Le sens implicite tient à la **personnalité** des protagonistes ou du narrateur ou encore au **point de vue** de l'auteur, à ce qu'il veut communiquer au lecteur. Bien qu'il procède du non-dit et prête donc à interprétation, il est souvent suggéré dans le texte, de façon visible. Par exemple :

– intervention de l'auteur / narrateur par une incise, sorte de commentaire en « voix off » :

Carl Alter kept turning up – though never reliably – to take his daughter out for the day.

→ La remarque apporte une sorte de démenti à l'apparente constance du père dans ses visites à sa fille.

– utilisation d'adverbes comme : *obviously, unexpectedly, hesitantly, deliberately, probably, unusually*…

MÉTHODE

Déjouer les pièges de l'ordre des mots

L'ordre des mots joue un grand rôle dans la construction du sens en anglais.

• **L'adjectif épithète** se place avant le nom, vous le savez, et il peut y en avoir toute une série, simplement juxtaposés, avant que n'apparaisse le nom lui-même :

(a man) with cropped coarse graying red hair → Ce n'est qu'au cinquième mot que l'on sait qu'il s'agit de cheveux roux, grisonnants, etc.

They wanted him to go into a nice, respectable, secure white-collar job → Ici encore, le nom est en dernière position dans le groupe nominal : un travail en col blanc, sûr, etc.

• De même, dans un groupe composé d'une **série de** noms juxtaposés, l'ordre n'est pas indifférent et vous devez vous rappeler que le **dernier nom** est déterminé par les noms qui précèdent :

A Southern Plains States businessman → Un homme d'affaires des États des Plaines du Sud.

Ceci est doublement contraire aux habitudes du français : simple juxtaposition sans préposition et nom déterminé « en queue » au lieu d'être « en tête ». Allez bien jusqu'au bout du groupe nominal avant de faire une hypothèse de sens.

EXOS

1 TYPE BAC Lisez attentivement le passage ci-dessous et suivez les consignes données.

"The ambulance is coming."
"Who's the owner of the car?" said the policeman.
"I am," said the woman in the red dress. "The old guy stepped right out in front of me. I didn't have a prayer."
The expression seemed to trigger a reaction in Mr Walsh, who began to mutter the Act of Contrition under his breath. "Oh my God, I am heartily sorry for all my sins..." Kneeling beside him, Bernard felt his hand rising by conditioned reflex to perform the gesture of absolution, and, embarrassed, converted it into a soothing stroke of the old man's brow. "No need for that, Daddy," he said. "You're going to be all right." He turned to the policeman: "He looked the wrong way, I'm afraid. We drive on the left, you see, in England."
A man in a neat lightweight suit stepped forward and said to Bernard, "Take my advice – make no admissions." He took a card from his wallet and offered it to Bernard. "I'm a lawyer." [...]
"Keep your nose out of this, mister," said the woman in the red dress, snatching the card and tearing it in half. "You people make me sick, you're like vultures."
"That's actionable," said the lawyer calmly.
"Take it easy, lady," said the policeman.
"Listen, I'm driving along the road, minding my own business, and suddenly this old man throws himself under my wheels, out of nowhere. Now I'm being threatened with a lawsuit. And you tell me to take it easy. Jesus."
"Jesus mercy, Mary help," Mr Walsh muttered.
"Tell them," the woman appealed to Bernard. "You said it wasn't my fault, right?" "Yes," said Bernard.
"My client is in shock," said the lawyer. "He doesn't know what he is saying."
"He's not your client, asshole," said the woman in the red dress.

David Lodge, *Paradise News*, Random House, 1991.

a. Name the various characters in this scene.

b. How are the old man and Bernard related? Justify by quoting the text.

c. Where does the scene take place? Justify with a quotation.

d. Pick out the elements (words, gestures…) showing how the woman in the red dress feels.

2 TYPE BAC Lisez attentivement le passage ci-dessous et suivez les consignes données.

I was nearly six by the time Kwan came to this country. We were waiting for her at the customs area of San Francisco Airport. Aunt Betty was also there. My mother was nervous and excited, talking non-stop: "Now listen, kids, she'll probably be shy, so don't jump all over her... And she'll be skinny as a beanpole, so I don't want any of you making fun of her..."
When the customs official finally escorted Kwan into the lobby where we were waiting, Aunt Betty pointed out and said, "That's her. I'm telling you that's her." Mom was shaking her head. This person looked like a strange old lady, short and chubby, not exactly the starving waif Mom pictured or the glamorous teenage sister I had in mind. She was dressed in drab gray pajamas, and her broad brown face was flanked by two thick braids.
Kwan was anything but shy. She dropped her bag, fluttered her arms, and bellowed, "Hall-oo! Hall-oo!" Still hooting and laughing, she jumped and squealed the way our new dog did whenever we let him out of the garage. This total stranger tumbled into Mom's arms, then Daddy Bob's. She grabbed Kevin and Tommy by the shoulders and shook them. When she saw me, she grew quiet, squatted on the lobby floor, and held out her arms. I tugged on my mother's skirt. "Is that my big sister?"

Amy Tan, *The Hundred Secret Senses*, Ivy Books, 1995.

a. Identify the six members of the narrator's family and explain how they are related to the narrator.

b. Where is the scene set? Why has the family gone there?

c. What sort of person were they expecting to see? Justify by quoting from the text.

d. What is she really like? Answer and justify by quoting from the text.

2 L'expression écrite

COURS

Les types de sujets le plus souvent proposés à l'épreuve du bac sont les suivants.

La suite de texte

On peut vous demander :

– une suite directe :	*Continue the story* ou *Imagine what happened to the girl.*
– un dialogue :	*Imagine the mother is trying to persuade Polly to go with her father. Polly refuses and shows how angry she is. Write a dialogue.*

Cette forme d'expression suppose une compréhension en profondeur du contenu du texte. Elle tiendra compte de la **psychologie** des personnages, de leurs **attitudes** et **sentiments**. Elle ne devra pas être en rupture avec le ton du texte, son niveau de langue. Pour le dialogue, il faudra rechercher l'authenticité de la langue parlée, penser à marquer des pauses, à donner quelques indications scéniques.

La lettre

Ce type de sujet semi-guidé est très lié, lui aussi, au texte de compréhension. La lettre sera en **cohérence** avec ce que le texte nous révèle de son auteur et des liens qu'il ou elle a avec le destinataire. De plus, elle présentera les caractéristiques du genre : date, formule de salutation, formule de politesse…

A few weeks later, Kendall writes to her mother telling her about her difficulties to be accepted by people and do her job properly. Write her letter.

Le récit d'expérience personnelle

Vous serez particulièrement attentif à l'**emploi des temps**. Rappelons que le temps du récit est le passé, *simple past* – car le moment de l'action est connu et clairement identifié – ou *pluperfect* s'il y a plusieurs niveaux d'antériorité.

When you were a child, did you ever have a secret place you enjoyed being in? Describe it and say what it meant to you. Ou : *Remember circumstances in your childhood when someone in your own family had been "playing dumb on purpose" to amuse you. What were their reasons? What do you think today of their behaviour?*

Quelques verbes utiles

advocate: préconiser
allude to: faire allusion à
apply to: s'appliquer à
approve of: approuver
believe: croire
blame: reprocher
claim that: affirmer que
convey: exprimer
deal with: traiter de
depict: dépeindre
disapprove of: désapprouver
focus upon: se concentrer sur
highlight: mettre en évidence
imply: impliquer
intend: avoir l'intention de
mean: signifier, vouloir dire
mention: mentionner
point out: souligner
praise: vanter, louer
put forward: mettre en avant
question: (re)mettre en cause
refer to: faire référence à
reveal: révéler
stress: mettre l'accent sur
suggest: suggérer
wonder: se demander

Le commentaire de texte

Cette forme s'apparente à l'*essay*. Il s'agit de présenter ce que le **passage révèle de la situation** ou des intentions de l'auteur. Pensez à rattacher le passage à l'ensemble du texte, à faire apparaître ce qui va dans le même sens ou vient en contrepoint. Souvent, vous aurez aussi à commenter les sentiments des protagonistes.

Le texte argumentatif (*essay*)

La formulation du sujet peut prendre différentes formes :

– un simple impératif :	*There is no future for tradition. Discuss.*
– une question ouverte :	*To what extent can archaelogy be exciting?* Ou : *How compatible is the freedom of the press with celebrities' right to privacy?*
– un « pour ou contre » :	*What are the arguments for or against mass tourism?* Ou : *What are the advantages and drawbacks of being an only child?*

Quel que soit le sujet, il s'agit de présenter et développer **divers points de vue** puis d'exprimer votre **opinion personnelle**. Il vous faut argumenter de façon nuancée et organisée. Pour cela, il est important de faire un plan afin de construire les étapes et l'enchaînement de l'argumentation. Il n'est cependant pas indispensable de l'annoncer ; c'est surtout à vous qu'il doit servir. Le paragraphe d'introduction sera bref mais posera clairement le thème. Soyez attentif aux transitions entre les divers paragraphes, ce sont elles qui charpentent l'organisation de l'exposé (voir chapitre 8).

MÉTHODE

Respecter l'orthographe, la ponctuation et la grammaire

• N'oubliez pas les **majuscules** pour :
– les noms et adjectifs de nationalité : *an Irishman, the Dutch, Jamaican* ;
– les noms et adjectifs de religion : *a Catholic, the Muslims, Buddhism* ;
– les titres suivis d'un nom propre : *Queen Elizabeth II, President F. D. Roosevelt* ;
– les jours de la semaine et les mois de l'année.

• Les **formes contractées** sont caractéristiques de l'oral : vous les réserverez donc à la rédaction de **dialogue** ou à la transcription de **citation**.

• Prêtez une attention particulière à la **ponctuation** : une ponctuation négligée peut rendre un texte très difficile à comprendre.

• La **correction grammaticale** est importante, bien sûr. Vous vous épargnerez bien des déboires en traquant les erreurs sur les points élémentaires suivants :
– **'s'** à la 3e personne du présent simple d'un verbe (aux formes interrogative et négative : *does* et rien sur le verbe) ;
– **modaux** invariables et suivis d'une base verbale ;
– **adjectifs** invariables et épithète placée avant le nom ;
– noms communs ne renvoyant pas à une personne remplacés par un **pronom neutre** : *it* ;
– pronoms relatifs choisis en fonction de l'antécédent : *who* pour une personne, *which* dans les autres cas.

EXOS

1 TYPE BAC Lisez attentivement le passage ci-dessous et suivez la consigne donnée.

> I remember the day it first occurred to me to get rid of Kwan. It was summer, a few months after she had arrived. Kwan, Kevin, Tommy and I were sitting on our front lawn, waiting for something to happen. A couple of Kevin's friends sneaked to the side of our house and turned on the sprinkler system. My brothers and I heard the telltale of the spit and gurgle of water running into the lines, and we ran off just before a dozen sprinkler heads burst into spray. Kwan, however, simply stood there, getting soaked, marvelling that so many springs had erupted out of the earth all at once. Kevin and his friends were howling with laughter. I shouted, "That's not nice".
>
> Amy Tan, *The Hundred Secret Senses*, Ivy Books, 1995.

Imagine a conversation between the mother, Kwan and the children after this scene in the garden.

2 TYPE BAC Lisez attentivement le passage ci-dessous et suivez les consignes données.

> "Augustus Clement", he said, holding out his hand. I shifted the weight of the books into the crook of my left arm and shook his hand absently, for I was transfixed by the magnitude of his collection. "I've always imagined paradise as something like a library. Now I know what it looks like." I barely realized I had spoken aloud, but Mr. Clement laughed and clapped me on the shoulder.
>
> "We get a few of you men through here, or we used to, before my daughter married. I think she just liked to talk to young men, actually. But I've never come across one of you with an interest in books. Set them down there, would you?"
>
> I placed them on the rosewood desk, and he worked briskly through the pile. Now that I had seen the magnitude of his library, I doubted he would find anything of interest to him. But the Lavater *Physiognomy* caught his eye. "This is a later edition than the one I have; I am curious to see his revisions. Tell Grace what you require for it and she will see to your payment."
>
> "Sir, I don't sell the books for cash." "Oh?"
>
> "I trade for them – barter[1] – a book for a book, you know. That way I keep myself in something fresh to read along the journey."
>
> "Do you so! Capital idea!" he said. "Though no way to make a profit."
>
> "I am interested in money, of course sir; it is necessary for a young man in my circumstances to be so. But I trust you will not think me irresponsible if I tell you I am more interested in laying up the riches of the mind[2]."
>
> Abridged and adapted from *March*, Geraldine Brooks, DR, 2005.
>
> 1. Exchange merchandise for merchandise without using money. 2. Accumulating cultural knowledge.

a. For some people, books are the only possible form of culture. Do you agree with them? (150 words)

b. Could bartering be chosen as an interesting alternative to commerce? (300 words)

Anglais

3 Commenter un document iconographique

COURS

Il existe une grande variété de documents visuels, tous demandent à être observés avec méthode afin d'en dégager le sens ou le message.

Identifier

Voici les **noms des principaux types de documents** :

Ad, advert, advertisement: publicité
cartoon: dessin humoristique
chart: graphique
comic strip: bande dessinée
drawing: dessin
engraving: gravure
graph: graphique
painting: tableau (œuvre d'art)
photo(graph): photo(graphie)
poster: affiche
table: tableau (type de présentation de données)

Décrire

• Relevez tous les éléments concernant la **disposition dans l'espace**, les proportions, les divers plans, les perspectives, les jeux d'ombre et de lumière, les couleurs.
• S'il s'agit d'un tableau, mentionnez l'artiste, le courant artistique auquel il appartient, le moment où l'œuvre a été réalisée, éventuellement le lieu où elle est visible. Précisez si le tableau est un portrait, un paysage, une nature morte, une œuvre abstraite... S'il s'agit d'une photo, est-ce une photo de famille ? Une photo de presse ? Entrez dans le détail de la construction, de la « mise en scène », des contrastes, des mises en lumière.

artist: peintre
background: arrière-plan
balloon: bulle
bright: vif, vive (couleur)
caption: légende du document
cartoonist: dessinateur humoristique
close-up: gros plan
contrast: contraste
darkness: obscurité
dimensions: dimensions
famous: célèbre
foreground: premier plan
framing: cadrage
highlight: mettre en lumière, en évidence
landscape: paysage
layout: maquette, disposition
light: lumière
masterpiece: chef-d'œuvre
photographer: photographe
seascape: marine
self-portrait: auto-portrait
size: taille
still life: nature morte
well-known: connu

Donner votre point de vue

• Il s'agit d'exprimer **vos réactions** au document. Êtes-vous sensible aux intentions de l'artiste, du photographe, du publicitaire ? Partagez-vous sa vision ? Considérez-vous qu'il atteint son but ? Que la caricature est drôle ? Que la publicité est convaincante ? Avez-vous des critiques à formuler ? Tâchez de faire apparaître dans quel contexte l'œuvre a été réalisée et les intentions de l'artiste. A-t-il voulu informer, alerter, émouvoir, choquer le public... ou simplement exprimer sa propre vision du monde ? La drôlerie d'un dessin humoristique ou d'une caricature peut être immédiatement perçue.
• Mais, le plus souvent, la compréhension passe par la perception des références politiques, sociales ou culturelles. Faites appel à vos connaissances historiques et/ou sociologiques. Les références culturelles seront bienvenues.

MÉTHODE

Commenter une publicité

• Qu'elle soit sous forme d'affiche monumentale ou de page de magazine, une publicité présente généralement l'association d'un visuel et d'éléments textuels comportant une « accroche », un slogan, d'éventuelles informations, le nom du produit, la marque ou l'organisme à l'origine de la campagne publicitaire.

Vous devez inclure tous ces éléments dans votre description et préciser la place qu'ils occupent les uns par rapport aux autres.

advertise: faire de la publicité
brand: marque
campaign: campagne (de publicité)
catchphrase: accroche
copy: texte publicitaire
depict: dépeindre
effective: efficace
eye-catching: accrocheur
make fun of: se moquer de
mean: signifier, vouloir dire
meaning: sens, signification
moving: émouvant
praise: faire l'éloge de
purpose: but
refer to: renvoyer à, faire référence à
suggest: suggérer
target: cible, cibler

• Pour expliquer le message véhiculé par une publicité, il faut faire apparaître le lien ente la partie visuelle décrite et le texte. L'efficacité de la partie visuelle s'appuie souvent sur la célébrité des personnes ou des lieux représentés, sur des images-symboles. Le texte comporte souvent des superlatifs ou des mots comme *great* (*They're gonna taste great*, pour des céréales pour le petit déjeuner) ou *super* (*It's a supersaver!*, pour un lot de bulbes printaniers à planter).
Les slogans tirent leur force de leur **rythme** et de la facilité que l'on a à les mémoriser.
Ils sont basés sur :
– des **allitérations** ou des **assonances** :
Don't drink and drive ou *Never ever drink and drive* ou *Drinka pinta milka day!*
– des formules très équilibrées comportant souvent des **répétitions** :
An open box is an empty box ou *Have a break, have a Kitkat.*
– des **jeux de mots** comme dans ce slogan du *London transport Museum* : *Be moved*, qui joue à la fois sur le registre du déplacement et de l'émotion.
– des allusions à des **formules connues** de tous. Par exemple le slogan des transports publics londoniens : *A little thought from each of us, a big difference for everyone* ne peut pas ne pas évoquer la phrase que Neil Armstrong prononça en posant le pied sur la Lune en juillet 1969 : *A small step for man, a giant leap for mankind.*

EXO

Présentez, analysez et commentez le document ci-contre.

4 Le sens des mots

COURS

Connaître les procédés de formation des mots peut être très utile pour découvrir le sens d'un terme que vous n'avez encore jamais rencontré, en observant la racine et les préfixes et / ou suffixes qui le composent. Il serait cependant hasardeux de vous risquer à former vous-même des mots nouveaux.

La conversion

Un verbe anglais, utilisé comme base verbale ou au présent simple, n'offre aucune marque indiquant sa catégorie grammaticale. Il n'est pas rare de trouver la même forme pour :

– un nom et un verbe ;

*He broke his **chains**.* Il a brisé ses chaînes.	⇔	*He never **chains** the prisoners.* Il n'enchaîne jamais les prisonniers.
*They fell into the **trap**.* Ils sont tombés dans le piège/panneau.	⇔	*Did he **trap** her into marriage?* L'a-t-il forcée à l'épouser par ruse ?

– un adjectif et un verbe.

*We're **free**!* Nous sommes libres !	⇔	***Free** them!* Libérez-les !
*The plate is **empty**.* L'assiette est vide.	⇔	***Empty** your plates.* Videz vos assiettes.

La dérivation

Il y a dérivation quand un mot est formé à partir d'un autre mot à l'aide d'un préfixe ou d'un suffixe.

- **Les adverbes**

De nombreux adverbes (de manière, surtout) se forment en ajoutant le suffixe ***-ly*** à un adjectif, un adjectif verbal ou un participe passé.

convincingly : de manière convaincante ; *admittedly* : de l'aveu général.

- **Les adjectifs**

Il existe plusieurs combinaisons :

– nom + suffixe : ***-y*** ⇒ *brain**y*** (fam.): intelligent ; ***-ly*** ⇒ *time**ly***: opportun, à propos ;
-ful ⇒ *merci**ful***: clément ; ***-less*** ⇒ *motion**less***: immobile ;
-ish ⇒ *child**ish***: puéril ; ***-like*** ⇒ *life**like***: réaliste ;

– verbe + suffixe : ***-able, -ible*** ⇒ *renew**able***: renouvelable ; *convert**ible***: transformable
-ive ⇒ *impress**ive***: impressionnant ; *attract**ive***: attirant ;

– préfixe + adjectif : ***un-, in-, im-*** ⇒ ***un**fortunate*: malheureux ; ***in**secure*: fragile, manquant d'assurance ; ***im**proper*: indécent ;
dis- ⇒ ***dis**loyal*: déloyal ; ***dis**honest*: malhonnête.

- **Les noms**

De nombreux suffixes permettent la formation de noms. Certains désignent celui qui a une activité, qui exerce une profession. C'est le cas de : ***-er***, ***-or***, ***-ian***, ***-ist***, ***-ant***, que l'on trouve dans : *build**er*** (constructeur), *direct**or*** (metteur en scène), *librar**ian*** (bibliothécaire), *scient**ist*** (scientifique), *account**ant*** (comptable).

Autres suffixes : ***-al*** ⇒ *propos**al***: proposition ; ***-ness*** ⇒ *damp**ness***: humidité ;
-dom ⇒ *bore**dom***: ennui ; ***-ship*** ⇒ *leader**ship***: qualités de chef ;
-ism ⇒ *hero**ism***: heroïsme ; ***-hood*** ⇒ *neighbour**hood***: voisinage.

La composition

Ce procédé est très fécond en anglais, tant pour les adjectifs que pour les noms. Retenez que le premier terme détermine le second ; c'est donc le **dernier** élément qui est l'élément **principal**.
L'orthographe des mots composés est variable. On peut les écrire en deux mots : *wind turbine* (éolienne) ; en un seul mot : *seasick* (qui a le mal de mer) ; avec un trait d'union : *dressing-gown* (robe de chambre).

- **Les adjectifs**

– **adjectif + adjectif** : *pale blue*, *dark red* ;
– **adjectif / adverbe / nom + participe passé** : *far-fetched* (tiré par les cheveux) ; *well-known* (bien connu) ; *state-owned* (national, propriété de l'État) ;
– **adjectif / adverbe / nom + forme -*ing*** : *far-reaching* (d'une grande portée) ; *heart-breaking* (à fendre le cœur / l'âme) ;
– **adjectif / nom + -*ed*** (le sens est en général « qui a une caractéristique ») : *bare-footed* (aux pieds nus) ; *broad-minded* (large d'esprit) ; *dark-haired* (aux cheveux noirs) ;
– **nom + adjectif** : *air-tight* (hermétique) ; *ice-blue* (bleu glacier) ; *home-sick* (qui a le mal du pays).

- **Les noms**

Un nom composé peut être constitué de 2 à 5 éléments, voire plus : *a fifty-two storey office tower* (une tour de bureaux de cinquante-deux étages).
Les combinaisons sont nombreuses. Les principales sont :
– **nom + nom** : *spaceship* (vaisseau spatial) ; *teapot* (théière) ; *travel agency* (agence de voyage) ;
– **nom + nom** (dérivé d'un verbe) : *lawn mower* (tondeuse à gazon) ; *share holder* (actionnaire) ;
– **nom + forme en -*ing*** : *air-conditioning* (climatisation) ; *horse-riding* (équitation) ;
– **forme en -*ing* + nom** : *driving test* (examen du permis de conduire) ; *waiting room* (salle d'attente) ;
– **adjectif + nom** : *grandchildren* (petits-enfants) ; *greenhouse* (serre) ;
– **verbe + nom** : *pickpocket* ; *breakwater* (brise-lames, jetée) ; *cutthroat* (assassin, rasoir) ;
– **préposition / adverbe + nom** : *outlaw* (hors-la-loi) ; *afterthought* (réflexion après coup).

MÉTHODE

Reconnaître les dérivations dans un mot

Un mot est parfois le produit de plusieurs dérivations. Par exemple :
– dans ***undeniably***, la racine est *deny* (nier, refuser d'admettre, démentir). D'où *deni**able*** (niable, pratiquement pas employé), d'où ***un**deniable* (incontestable), d'où *undeniab**ly*** (incontestablement, indiscutablement) ;
– dans ***undeservedly***, la racine est *deserve* (mériter), d'où *deserv**ed*** (mérité, participe passé ayant valeur d'adjectif), d'où ***un**deserved* (non mérité), d'où *undeserved**ly*** (injustement, sans l'avoir mérité).
Entraînez-vous avec les mots suivants : *unemotionally*, *mercilessly*, *uneventfully*, *understandably*.

EXOS

1 Complétez avec un adjectif dérivé.

a. He always tells … stories. (stories which never end)
b. I was touched by her … attitude. (she behaved like a friend)
c. The old woman was making … gestures. (as if in a fever)
d. Yours is a … excuse. (we could laugh at it)
e. Barbara is a … young woman. (nothing frightens her)
f. I'll always be … to her. (filled with gratitude)

2 Complétez avec l'adjectif composé approprié.

a. Tina was a slim, tall, … girl. (with long legs)
b. They gave us a … welcome. (which warmed our hearts)
c. The murderer was … . (he used his left hand)
d. Many people fear … food. (organisms whose genes have been modified)
e. I'm allergic to make up which is not … . (with no fragrance)
f. The wine has been made with … grapes. (grapes picked by hand)

3 Traduisez les noms composés.

a. An oil lamp. **b.** Lamp oil. **c.** A horse saddle. **d.** A saddle horse. **e.** An ink drawing. **f.** drawing ink. **g.** A book-case. **h.** A case book.

4 Donnez le nom ou l'adjectif composé correspondant à chaque définition.

a. A village where most inhabitants are fishermen.
b. A hobby consisting in observing birds.
c. Not harmful to the ozone layer.
d. A construction at sea where workers drill for oil.
e. The wheel a car driver uses to drive his car.

5 L'expression d'un point de vue (1)

COURS

> Les principaux auxiliaires modaux sont : ***can***, ***may***, ***must***, ***shall*** et ***will***. Leurs formes au passé (prétérit) sont : ***could***, ***might***, ***should***, ***would*** (***must*** n'existe qu'au présent).

Les auxiliaires modaux jouent un rôle majeur dans l'expression d'un point de vue. Ils sont aussi présents dans l'expression du futur ou de la condition.
Leur prétérit est rarement utilisé pour situer un fait ou un événement dans le passé. C'est le verbe qui suit le modal qui est à l'infinitif parfait (*have* + participe passé) pour situer dans le passé.

*They **may come** today*. Il se peut qu'ils viennent aujourd'hui.
*They **may have come** yesterday*. Il se peut qu'ils soient venus hier.

N. B. : Dans la plupart des cas, le prétérit d'un modal a une valeur hypothétique.

*You **could** try*. Tu pourrais / Vous pourriez essayer.

La forme des modaux

> Quelques modifications à retenir :
> ***can → cannot / can't***
> ***will → will not / won't***
> ***shall → shall not / shan't***

• Les modaux sont des **opérateurs** :
– à la forme interrogative, on inverse modal et sujet : *Can you come?*
– à la forme négative, on place ***not* / *n't*** aussitôt après le modal : *He should not come*.
• La forme est la même à toutes les personnes.
• Un modal est suivi de *be* ou d'une base verbale ou d'un infinitif parfait.
• Un modal n'est pas combinable avec un autre auxiliaire modal.

La valeur des modaux

• Un modal exprime, dans l'énoncé, le **point de vue** de celui qui parle. Par le biais du modal, ce dernier porte un éclairage sur une action ou une situation, indiquant si elle est dans le domaine du plus ou moins **possible** ou **probable**, du plus ou moins **nécessaire** ou **contraint**.
• À partir de son sens de base, un même modal peut prendre des valeurs nuancées qui sont souvent rendues en français par un adverbe ou toute une expression :

*He'**ll** be in bed by now*. Il est <u>certainement</u> couché à cette heure-ci.
*The old man **would** have a nap after lunch*. Le vieil homme <u>avait coutume de</u> faire un somme après déjeuner.

Can – valeur de base : possibilité

Can peut exprimer une capacité, une aptitude (*He **can** read*. Il sait lire. *I **can** help*. Je peux aider.), une permission (***Can** I go?* Puis-je partir ?), une réalité occasionnelle (*It **can** be hard*. Il arrive que ce soit difficile. / C'est parfois difficile.), une forte probabilité, une quasi-certitude – à la forme négative uniquement (*She **can't** be wrong*. Elle ne peut pas se tromper.).

Could

• *Could* renvoie à :
– une **capacité** dans le passé ;

He could read at four. Il savait lire à quatre ans.

– une **réalité occasionnelle** dans le passé.

It could be hard. Il arrivait que ce soit difficile. / C'était parfois difficile.

• *Could* a souvent une **valeur hypothétique** dans le présent ou le futur.

Solar power could help with the energy supply. L'énergie solaire pourrait aider à la fourniture d'électricité.
If she came early the boss could see her. Si elle venait tôt, le patron pourrait la voir.

• *Could* est très souvent employé dans un souci de **politesse** pour une demande ou une suggestion.

Could I have a word with you? Pourrais-je vous parler ?

May – valeur de base : possibilité / éventualité

May peut exprimer :

– la **permission** dans un registre formel, au présent ;

May I speak? – You may. Puis-je prendre la parole ? – Je vous en prie.

– l'**éventualité**.

She may change her mind. Elle va peut-être changer d'avis.

Décalée dans le passé, cette déclaration devient :

She may have changed her mind. Elle a peut-être changé d'avis.

Might

Might ne peut pas renvoyer à une permission passée. On peut l'employer :

– dans le **discours indirect** ;

He asked if he might speak. Il a demandé s'il pouvait prendre la parole.

– pour exprimer une **éventualité**. Dans ce cas, il y a très peu de différence avec *may*.

She might change her mind. Il se peut qu'elle change d'avis.
She might have changed her mind. Elle a peut-être changé d'avis.

MÉTHODE

Utiliser les équivalents des modaux

Sachez utiliser les équivalents lorsqu'il est impossible d'employer les modaux : par exemple, capacité ou autorisation dans le futur, possibilité réalisée dans le passé.

- ***Can / be able to***

  *She couldn't come yesterday, she'll probably **be able to** come next week.*
  Elle n'a pas pu venir hier, elle pourra sans doute venir la semaine prochaine.
  ***Were** you **able to** meet the boss?* Avez-vous pu voir le patron ?
  *You should **be able to** understand Chinese within a few months.*
  Vous devriez / Tu devrais pouvoir comprendre le chinois d'ici quelques mois.

- ***May / be allowed to***

  *You **won't be allowed to** see the paintings.* Tu ne pourras pas voir les tableaux.
  *He **wasn't allowed to** enter the sanctuary.* On ne lui a pas permis d'entrer dans le sanctuaire.

EXOS

1 Replacez les modaux dans ces phrases extraites de *The Kite*, de Somerset Maugham.

can't – could – can – might – may

a. If I set it down in black and white it is only with the faint hope that I … get a clearer view of it.
b. He thought, quite wrongly as it happened, that I … be able to give him some advice that would help him.
c. I tell him he … let her starve, and all he says is, 'Why not?'
d. Mr Sunbury had given him a silver wristwatch, with hands that you … see in the dark.
e. 'Mum, … I have a kite?' he cried.

2 *Can* ou *could* ? Dans ces phrases extraites de *The Voice*, une nouvelle de V. S. Pritchett, barrez la forme inadaptée quand une seule est possible.

a. 'That's Mr Morgan all right,' the warden said. 'He *can / could* sing. He got silver medals for it.'
b. 'All the Welsh *can / could* sing,' the warden said.
c. To Lewis, Morgan was the nearest human thing to the devil. He *can / could* never pass that purple-gowned figure without a shudder of distaste and derision.
d. When he read out the word 'Hell' in the Scriptures he *can / could* see the flames rising.

3 Traduisez.

a. Tu ne peux pas l'avoir vue, elle était à York.
b. Peux-tu me prêter ton précieux manuscrit ?
c. Je leur ai dit qu'il se pourrait que Phil Mortimer fasse un discours.
d. Si tu sais nager, tu pourrais peut-être traverser la rivière pour récupérer la barque.

6

L'expression d'un point de vue (2)

COURS

Must – valeur de base : obligation / forte probabilité

• *Must* exprime l'idée d'obligation, de **pression** exercée sur le sujet.

You must stop immediately. Il faut que tu arrêtes tout de suite.

• *Mustn't* maintient l'idée d'obligation : c'est **l'obligation de ne pas…**

You mustn't come. Tu ne dois pas venir.
She mustn't send that letter. Il ne faut pas qu'elle envoie cette lettre.

L'absence d'obligation s'exprime par ***don't have to*** ou ***needn't***.

You don't have to come. Tu n'es pas obligé de venir.
You needn't come. Ce n'est pas la peine que tu viennes.

• *Must* exprime aussi la **forte probabilité**.

There must be an error. Il doit y avoir une erreur.

Décalée dans le passé, cette déclaration devient :

There must have been an error. Il a dû y avoir une erreur.

• *Must* n'est pas utilisé au passé.

Shall – valeur de base : engagement / pression

Shall est beaucoup moins fréquent que *will* pour exprimer une idée de futur. Il connote le plus souvent une idée d'engagement ou de pression.

You shall do as you are told. Tu feras ce qu'on te dit de faire.
I shall see to it. J'y veillerai (je m'y engage).

***Shall* et la suggestion**
On rencontre souvent *shall* à la **forme interrogative** pour faire une offre ou une suggestion.

Shall we have a drink?
On prend un verre ?
Shall I call the children?
J'appelle les enfants ?

Should

• La forme passée de *shall* exprime l'idée d'**obligation atténuée**, de **conseil**.

What should we do? Que devrions-nous faire ?
You shouldn't wait. Tu ne devrais pas attendre.

Décalée dans le passé, cette déclaration devient :

You shouldn't have waited. Tu n'aurais pas dû attendre.

Elle contient une nuance de reproche.

• *Should* est aussi employé pour exprimer une **probabilité**.

He should be at the station by now. Il devrait être arrivé à la gare, maintenant.

Will – valeur de base : prédiction

• *Will* (forme réduite : *'ll*) exprime l'idée de **futur**, soumise ou non à condition.

They'll start at ten. Ils commenceront à dix heures.
What will you do if they give you the money? Que feras-tu s'ils te donnent l'argent ?

• Il peut s'agir d'une simple **prédiction** ou d'une décision.

It'll be all right. Ça ira. *OK then, I'll help you.* Bon, d'accord, je vais t'aider.

• L'idée de **volonté** est perceptible dans les interrogations / invitations ou les négations.

Will you have coffee? Tu veux du café ? *He won't say anything.* Il ne veut rien dire.

• La **très forte probabilité** s'exprime aussi avec *will*, de même que le **comportement habituel**.

It will be my sister. C'est sûrement ma sœur.
When the cat is away the mice will play. Quand le chat n'est pas là, les souris dansent.

Would

• L'emploi le plus fréquent de *would*, forme passée de *will* (forme réduite : *'d*), se rencontre dans les **propositions hypothétiques**, quand la réalisation de la condition est considérée comme peu probable, voire impossible, dans le présent ou le futur.

If we had time we would tour the area. Si nous avions le temps, nous visiterions les environs.
What would you do if an extraterrestrial walked into the room? Que feriez-vous si un extraterrestre entrait dans la pièce ?

- On le trouve également dans le **discours indirect**.
  She said she would buy a computer. Elle a dit qu'elle allait acheter un ordinateur.
- *Would* sert aussi à évoquer un **comportement habituel dans le passé**.
  Dad would spend hours on the Internet. Papa passait des heures sur Internet.

Need

- Comme auxiliaire modal, *need* est surtout employé pour exprimer l'**absence d'obligation**.
  You needn't pay a deposit. Ce n'est pas la peine de verser des arrhes.
- Décalée dans le passé, cette déclaration devient :
  You needn't have paid a deposit. Ce n'était pas la peine de verser des arrhes.

Elle contient l'idée que cela a été fait néanmoins.

Dare

Comme auxiliaire modal, *dare* est surtout employé aux formes interrogative et négative, au présent.

How dare you? Comment osez-vous ? *She daren't speak*. Elle n'ose pas parler.

N. B. : *Need* et *dare* sont soit verbes ordinaires, soit auxiliaires modaux.

MÉTHODE

Savoir utiliser *have to*

Lorsqu'il n'est pas possible d'employer un modal, vous devez savoir utiliser son équivalent. *Have to* sert ainsi à exprimer l'obligation dans le passé ou le futur.

Passé	Présent	Futur
*I **had to** cancel the meeting.* J'ai dû annuler la réunion.	*I **must** cancel the meeting.* Je dois annuler la réunion.	*I'll **have to** cancel the meeting.* Je devrai annuler la réunion.

EXOS

1 Reformulez les énoncés en exprimant la partie en italique à l'aide d'un modal.

a. *I am certain it is* their dog in our garden.
b. *I advise you to* read the text carefully.
c. *It is unnecessary for you to* stay after eight.
d. *He refuses to* drink his medicine.
e. *It was wrong of her to be* so rude with the shop assistant.
f. *I am sure they* have received our card.
g. *I promise to* call you twice a week.

2 Replacez les modaux dans cet extrait d'une nouvelle de Somerset Maugham, *The Outstation*.

would – will / 'll – must – could – should

> My dear Warburton,
> I do not want to answer your letter officially and so I am writing you a few lines myself. Of course if you insist I ... put the matter up to the Sultan, but I think you ... be much wiser to drop it. I know Cooper is a rough diamond, but he is capable and I think he ... be given every chance. I think you are a little too much inclined to attach importance to a man's social position. You ... remember that times have changed. Of course it's a very good thing for a man to be a gentleman, but it's better that he ... be competent and hard-working. I think if you ... exercise a little tolerance you ... get on very well with Cooper.
> Yours very sincerely,
> Richard Temple

3 Traduisez.

a. Vous ne devez pas pénétrer dans la centrale nucléaire.
b. J'aurais dû leur dire que Mike ne parle pas le japonais.
c. Il doit y avoir quelqu'un ici qui sait où est la salle informatique.
d. Nous nous demandions à quelle heure l'équipe de secours arriverait.
e. Il nous faudra attendre, je le crains.
f. Comment osez-vous me parler ainsi ?
g. Ce n'est pas la peine de vous mettre en colère contre moi.

7 La formulation d'hypothèses

COURS

Répondre à des questions de compréhension ou construire un essai argumentatif vous conduit souvent à formuler des hypothèses, à considérer ce qui se passera ou se passerait si…
Pour cela, vous devez vous servir des subordonnées de condition, qui sont souvent introduites par la conjonction ***if*** (si). Mais d'autres conjonctions peuvent exprimer l'idée de condition (voir encadré ci-contre).
Il convient d'être attentif aux **temps** employés dans la **principale** et dans la **subordonnée**, pour distinguer entre les principaux types d'hypothèses.

Conjonctions de condition
- ***unless*** = à moins que, sauf si
Don't come unless I ask you to.
Ne viens pas, sauf si je te le demande.
- ***as long as*** = pourvu que, tant que, du moment que
I'm happy as long as you are.
Je suis content si tu l'es.
- ***in case*** = au cas où
Take your mobile phone in case we had to reach you.
Prends ton portable au cas où il faudrait te joindre.
- ***even if*** = même si (nuance de concession)
We won't stay even if you insist.
Nous ne resterons pas, même si tu insistes.

Réalisation de la condition probable

• Quand la réalisation de la condition est probable dans le présent ou le futur, on a le schéma suivant :

Subordonnée	**Principale**
if + verbe au présent simple	***will / can / may / might*** + base verbale

*If you **don't agree** we'**ll change** our plans.*
Si tu n'es pas d'accord (et cela est très possible), nous changerons nos plans.

• Parfois, le lien est quasi automatique, il s'agit d'une vérité générale ou il en va toujours ainsi. On a alors le schéma suivant :

Subordonnée	**Principale**
if + verbe au présent simple	verbe au présent simple

*If I **get** up early I **feel** fine.* Si je me lève de bonne heure, je me sens bien.

Décalée dans le passé, cette formule devient :

*If I **got** up early I **felt** fine.*
Si je me levais de bonne heure, je me sentais bien. (C'était toujours ainsi.)

Réalisation de la condition peu probable

• Quand la réalisation de la condition est **peu probable**, voire impossible dans le présent ou le futur, on a le schéma suivant :

Subordonnée	**Principale**
if + verbe au *simple past*	***would / could / might*** + base verbale

*If he **flew** there he **would** save time.*
S'il y allait par avion (c'est peu probable), il gagnerait du temps.

• Retenez que, dans une situation irréelle dans le présent, l'auxiliaire *be* aura la forme ***were*** à toutes les personnes. On parle de **prétérit modal**.

*If I **were** you **I'd** leave at once.* À votre place, je partirais immédiatement.

Condition non réalisée

• Si la condition ne s'est **pas réalisée dans le passé**, si la situation ne s'est pas présentée, on a le schéma suivant :

Subordonnée	**Principale**
if + verbe au *past perfect*	***would / could / might*** + have + participe passé du verbe

Attention, c'est le **verbe** qui est au passé (*have* + pp), le modal ne change en rien.

*If we **hadn't missed** the shuttle we **might have caught** our plane.*
Si nous n'avions pas raté la navette, nous aurions pu avoir notre avion.

• Le cas d'une situation qui **pourrait se produire dans le futur** du fait d'une volonté ou de circonstances extérieures répond au schéma suivant :

Subordonnée	Principale
if + ***should*** + base verbale	***would / could / might*** + base verbale

*If he **should** die we **would** tell his sons.*
S'il devait mourir (nous ne faisons aucun pronostic), nous préviendrions ses fils.

N. B. : Un changement dans l'ordre des propositions n'entraîne pas de changement de temps ou de sens.

*I **would** never sign that contract even if they **asked** me a hundred times a day.*
*= Even if they **asked** me a hundred times a day I **would** never sign that contract.*
Je ne signerais jamais ce contrat même s'ils me le demandaient cent fois par jour.

MÉTHODE

Reconnaître les propositions hypothétiques « de courtoisie »

Les phrases conditionnelles du type :

Subordonnée	Principale
if + verbe au *simple past*	***would / could / might*** + base verbale

sont très souvent employées dans un souci de politesse plutôt que pour formuler une hypothèse. On les trouve notamment dans les lettres au style soutenu.

I'd be grateful if you sent me a copy of your book.
Je vous serais reconnaissante de bien vouloir m'envoyer un exemplaire de votre ouvrage.

On pourrait aussi trouver : *if you could send me.*

EXOS

1 Complétez ces phrases de Michael Cunningham, dans *The Hours,* en mettant les verbes proposés à la forme appropriée.

a. If you (pass) … through the wrong door or down the wrong alley you would meet a fate.

b. It (not be) … entirely surprising if a small school of silver fish darted by in the half-light.

c. If it [*the chair*] were hauled out into the street, no one (pick) … it up.

d. 'But if you (not hear) … them or see them, you can rest.'

e. If anything (happen) … to Clarissa she will go on living, but she will not, exactly, survive.

f. 'If anybody (can save) … me it would have been you.'

g. If they stay together they (watch) … each other fade.

2 Traduisez.

a. Si je cessais de plaisanter, vous pourriez croire que je suis de mauvaise humeur.

b. À votre place, je quitterais cet endroit. Je chercherais un autre appartement.

c. Que diriez-vous si on vous proposait de travailler à l'étranger ?

d. Si j'avais su à quel point il est sensible, j'aurais surveillé mes paroles.

e. Si un accident devait arriver, ce serait terrible pour tout le monde.

f. Cela aurait pu être mieux si vous aviez pris le temps de vous relire.

g. Nous serions ravis si vous jouiez du piano pour nous.

3 Traduisez ces courts passages de *Out After Dark*, de Hugh Leonard.

a. If the sun shone, you saluted people on the street and said 'That's a grand day, thank God,' and they said 'Isn't it great, thank God' back to you. If it rained, however, no blame was attached to Him. Sunshine was a gratuity, not an entitlement.

b. On the occasions when his news was good, he would reply to this [*his wife's questions*] by removing his hat and flinging it ahead of him through the open door […]. And, even if he were to put a million pounds in front of her, she would say stonily, as she always did when the last coin was banged down: 'Is ***that*** all?'

Anglais

8 Les mots de liaison Les phrases complexes

COURS

Pour structurer et nuancer la pensée, pour organiser les idées et articuler le discours, l'utilisation de mots de liaison est indispensable. Il en est de plusieurs sortes.

Les conjonctions de coordination et les adverbes

Ils établissent un lien logique entre les différentes parties du discours. Les plus courants expriment :

• **l'addition :** *besides* (en outre), *in addition to* (en plus de), *moreover* (de plus), *not only... but also* (non seulement… mais) ;

*He **not only** owned the place **but** he **also** ran it efficiently.*
Non seulement il était propriétaire de l'endroit, mais il le gérait efficacement.

• **l'alternative :** *either... or* (soit… soit), *or* (ou), *whether... or* (si… ou si) ;

*He could not make up his mind **whether** he would go to England **or** stay in Ireland.*
Il n'arrivait pas à décider s'il irait en Angleterre ou s'il resterait en Irlande.

• **la chronologie / la hiérarchie :** *first* (d'abord), *then* (puis, ensuite), *finally* (enfin, pour finir), *eventually* (faux ami : finalement, en fin de compte), *previous to* (avant) ;

***Previous to** his departure he had to settle old scores. He **eventually** left in May.*
Avant son départ, il avait de vieux comptes à régler. Il partit finalement en mai.

• **la cause / la conséquence :** *as a result* (à la suite de), *consequently* (par conséquent), *owing to* (en raison de, à cause de), *therefore, thus* (donc) ;

*Our plane was delayed **owing to** bad weather conditions.*
Notre avion a été retardé en raison de mauvaises conditions météorologiques.

• **le contraste :** *conversely* (inversement), *unlike* (à la différence de) ;

***Unlike** his brothers he scandalised and fascinated us by his daring.*
À la différence de ses frères, il nous scandalisait et nous fascinait par son audace.

• **l'opposition / la concession :** *and yet* (et pourtant), *contrary to* (à l'inverse), *however* (cependant), *nonetheless* (néanmoins), *on the other hand* (d'autre part).

*I had never met them **and yet** I felt close to them.*
Je ne les avais jamais rencontrés et pourtant, je me sentais proche d'eux.

Les conjonctions de subordination

Elles établissent le lien entre la principale et les subordonnées, qui constituent des phrases complexes. On distingue différents liens logiques (exemples tirés de *Out After Dark,* de Hugh Leonard) :

• **temps :** *when* (quand), *as* (comme), *as soon as* (dès que), *since* (depuis que), *till, until* (jusqu'à ce que), *before* (avant que), *after* (après que), *while* (pendant que) ;

***When** I emerged at four thirty, it was raining.*
Quand j'émergeai, à quatre heures trente, il pleuvait.

• **cause :** *as* (comme), *because* (parce que), *for* (car), *since* (puisque) ;

*If I remember it forty years later it is **because** I can still feel my cold rage.*
Si je m'en souviens quarante ans après, c'est parce que je ressens encore ma rage froide.

• **but / résultat :** *so, so that* (de manière à, si bien que, de sorte que), *in order to* (afin de) ;

*I asked him for the afternoon off **so that** I could go to the Rotunda.*
Je lui demandai mon après-midi afin de pouvoir aller à la Rotonde.

• **concession / restriction :** *although / though* (bien que), *whereas / while* (alors que) ;

***Although** he did not seem to be well-read, he once told me that he had a library of two thousand books.*
Bien qu'il n'eût pas l'air d'être très érudit, il me dit un jour qu'il avait une bibliothèque de deux mille livres.

• **comparaison / manière :** *as if, as though* (comme si) ;

*Rubbing his nose **as if** it were Aladdin's lamp, he announced that he had arranged for a Sunday night performance.*
En se frottant le nez comme si ç'avait été la lampe d'Aladin, il annonça qu'il avait organisé une représentation pour le dimanche soir.

MÉTHODE

Différencier les valeurs des conjonctions

Vous devez être particulièrement attentif au contexte de certaines phrases complexes car un même mot de liaison peut avoir plusieurs sens.

• Les conjonctions ***as*** et ***since*** établissent, selon le cas :

– un lien temporel ;

*The demonstrators started shouting **as** he was finishing his speech.*
Les manifestants se mirent à crier, comme il finissait son discours.
*We haven't talked **since** he came back.* Nous ne nous sommes pas parlé depuis son retour.

– un lien causal.

***As** he was late he couldn't get in.* Comme il était en retard, il n'a pas pu entrer.
***Since** he can't be proved guilty he will be freed.*
Puisque sa culpabilité ne peut être établie, il sera libéré.

• La conjonction ***while*** peut indiquer :

– un lien temporel ;

*Could you type this for me **while** you're at it?*
Pourrais-tu taper cela pour moi, pendant que tu y es ?

– un lien restrictif.

*I'll ask her to do it **while** I admit it's difficult.*
Je lui demanderai de le faire, quoique je reconnaisse que c'est difficile.

EXOS

1 Replacez les mots de liaison (conjonctions ou pronoms relatifs) dans le texte (Maurice Shadbolt, *The People Before*).

but – yet – who – because – but – once – when – if

It was near the end of the Depression. ... we didn't know that then, of course. It might have been just the beginning, for all we knew. My father didn't have as much interest in finishing jobs as he used to have. He tired easily. He'd given his best to the land, and ... his best still wasn't good enough. [...] I'd been pulled out of school to help with the farm. Jim still more or less went to school. I say more or less ... he went irregularly. This was because of sickness. ... he was away in hospital two months. And of course it cost money; my father said we were to blame, we ... allowed Jim to become sick and sickly. ... the doctor thought otherwise. He thought Jim had worked hard enough already. And ... Jim returned to the farm he no longer helped with the herd. And this was why I had to leave school: ... he couldn't have both of us working part-time, my father wanted one full-time.

2 Complétez le texte en choisissant parmi les mots de liaison proposés.

when – but – nevertheless – and – thus – although

In economics, saving is defined as income received ... not spent; ... for any given income, a rise in saving implies a fall in current consumption. In layman's terms savings are the money put aside for future use. Voltaire once cynically remarked that ... it comes to money, we are all of the same religion. But ... the circles of saving ... of avarice may intersect, they ... remain distinct circles.

3 Traduisez.

a. Nous t'attendrons à l'entrée à moins qu'on ne nous dise de partir.

b. Certains spectateurs sifflaient alors que d'autres applaudissaient frénétiquement.

c. Ils se sentirent soulagés dès qu'ils virent les falaises blanches.

d. « Adieu », puisqu'il vous faut partir !

e. Nous étions là de bonne heure afin de ne rien manquer du spectacle.

Sujet du Bac

Bac blanc

Texte 1

Akira, I was delighted to learn, had returned to Shanghai not just for a visit, but for the foreseeable future, with plans to resume at his old school in the North Szechwan Road at the start of the summer term. I cannot remember if the two of us celebrated his return in any special way. I have the impression we simply picked up our friendship where we had left off the previous autumn with minimum fuss. [...] I guessed of course that all had not gone well for him in Japan, but did not begin to suspect the half of it until that warm spring day he tore the sleeve of his kimono.

When we played outside, Akira usually dressed much as I did – in shirt, shorts and, on the hotter days, sun hat. But on that particular morning we were playing on the mound at the back of our garden, he was wearing a kimono – not anything special, just one of the garments he often wore around his house. We had been running up and down the mound enacting some drama when he suddenly stopped near the summit and sat down with a frown. I thought he had injured himself but, when I came up to him, saw he was examining a tear on the sleeve of the kimono. He was doing so with the utmost concern and I believe I said to him something like: "What's wrong? Your maid or someone will sew that in no time."

He did not respond – he seemed for the moment to have forgotten my presence entirely – and I realised he was sinking into a deep gloom before my eyes. He went on examining the tear for a few more seconds, then letting down his arm, stared blankly at the earth in front of him as though a great tragedy had just occurred.

"This is third time," he muttered quietly. "Third time same week I do bad thing."

Then as I continued to gaze at him somewhat baffled, he said: "Third bad thing. Now mother and father, they make me go back Japan."

I could not, of course, see how a small tear in an old kimono could bring such consequences, but I was for the moment sufficiently alarmed by this prospect to crouch down beside him and urgently demand an explanation for his words. But I could get little more out of my friend that morning – he grew increasingly sulky and closed – and I seem to remember our parting not on the best of terms. Over the following weeks, however, I gradually discovered what had lain behind his odd behaviour.

From his very first day in Japan, Akira had been thoroughly miserable. Although he never admitted this explicitly, I surmised that he had been mercilessly ostracised for his "foreignness"; his manners, his attitudes, his speech, a hundred other things had marked him out as different, and he had been taunted not just by his fellow pupils, but by his teachers and even – he hinted at this more than once – by his relatives in whose house he was staying. In the end, so profound was his unhappiness, his parents had been obliged to bring him home in the middle of a school term.

The thought that he might have to return again to Japan was one that haunted my friend.[...] Things were very much in the balance, and any displeasure he incurred – any misdemeanour, any falling off of his schoolwork – could tip the scales against him. Hence his supposition that a small tear in a kimono sleeve might easily produce the gravest of consequences.

Kazuo Ishiguro, *When We Were Orphans*, © Vintage International, 2001.

Texte 2

Arun resisted even the overtures of his own country-men who had formed a small ghetto on the thirteenth floor of the dorm* where they could concoct the foods that they longed for over an illegal hot plate and sing to the tapes of music that were their most precious possession from home. He always managed to have a test to prepare for when they invited him to join them for a meal they had made, and a Bombay film they had found at the local video store.

In spite of that, they had generously offered, towards the end of that semester, 'You can join us if you like – we're taking a house for the summer – it'll work out cheap if we share.'

Arun pretended to have other plans. Not quite finalized, he muttered, he'd let them know.

The truth was he had no plans, only the hope that his time in the US would continue in this manner [...] , that he would attend lectures where the lecturer never even learnt his name, and find food in a cavernous cafeteria where no one tried to sit beside him. It was the first time in his life away from home, away from MamaPapa, his sisters, the neighbourhood of old bungalows, dusty gardens and straggling hedges where he had grown up, the only town he had ever known; he had at last experienced the total freedom of anonymity, the total absence of relations, of demands, needs, requests, ties, responsibilities, commitments. He was Arun. He had no past, no family and no country.

The summer in the US stretched out open, clear and blank. Arun had every intention of keeping it so.

Anita Desai, *Fasting, Feasting*, Vintage Random House, 1999

*dorm (US): building where university students live.

General comprehension

Text 1

1. Qualify this type of narrative. Justify your answer with one quote.

2. Is the following statement right or wrong? Justify.
Akira and the narrator are relatives.

3. Where do Akira's and the narrator's families live? Where does Akira's family come from?

4. What was the narrator's reaction upon Akira's return? Justify your answer with one quote.

5. Focus on : "That warm spring day he tore the sleeve of his kimono" (line 9)

a. Choose the right ending:
For the narrator the kimono
- A. is just an old garment.
- B. represents the Japanese culture.
- C. is something special.

b. To Akira, the incident was "as though a great tragedy had just occurred". Explain why.

6. Show how feelings of fear and friendship are present in the text.

Text 2

7. In which country does Arun live?

8. What is he doing there? Justify by quoting the text.

9. Which country do you think he comes from? Justify with a quote.

10. Which expression best suits Arun's attitude in the first three paragraphs?

a. Indifference towards other people.

b. Resistance to being included.

c. Feeling of loneliness.

11. Pick out the elements which explain why Arun enjoys his present life so much.

Text 1 and Text 2

12. Both Akira and Arun have experienced a feeling of "foreignness". Comment on their reactions to their situation.

Expression

Choose one of the following subjects. (300 words)

1. Akira is now back in Japan. Imagine the letter he writes to the narrator.

2. Is it an advantage or a drawback to spend one's childhood in one and the same place?

Espagnol

Point Bac

L'épreuve d'espagnol

Présentation des épreuves

	Type	Durée	Coefficient	Notation
LV1/LV2	Écrit Oral	Écrit : 3 h/2 h Oral : prépa 10 min Épreuve : 20 min	3/2	Écrit : moitié de la note globale Oral : moitié de la note globale

Épreuve écrite

Partie 1 : compréhension de l'écrit (LV1/LV2)

L'épreuve prend appui sur un, deux ou trois documents en langue étrangère. Ces documents peuvent relever de différents genres (extraits d'œuvres littéraires, articles de presse) et peuvent être informatifs, descriptifs, narratifs ou argumentatifs. **Certains documents peuvent comporter des éléments d'iconographie.**

Le candidat doit savoir identifier le sujet des différents documents, repérer les informations importantes relatives à un thème ou une problématique donnés, comprendre les liens logiques, chronologiques ou thématiques, comprendre les motivations et réactions des personnages, du narrateur ou de l'auteur, comprendre les conclusions d'une argumentation, comprendre les détails significatifs d'un document informatif ou factuel, percevoir les points de vue.

Partie 2 : expression écrite (LV1/LV2)

1re sous-partie (LV1/LV2) : à partir des indications données, le candidat rédige un ou plusieurs textes construits prenant appui sur des événements, faits ou prises de position qu'il aura identifiés dans les documents de l'épreuve précédente.

2e sous-partie (LV1) : le candidat construit une argumentation personnelle à propos d'un thème en relation avec les documents précédents ou à partir d'un nouveau document « tremplin ». Il doit montrer son aptitude à exprimer de façon nuancée et argumentée une opinion, en présentant les avantages ou les inconvénients d'une proposition.

Épreuve orale

- **Épreuve orale terminale (LV1/LV2)**

Le candidat présente la liste des notions étudiées dans l'année et les documents qui les ont illustrées. L'examinateur choisit l'une de ces notions. Le candidat dispose de 10 minutes pour la présenter. Cette prise de parole en continu est suivie d'une conversation conduite par l'examinateur (10 minutes).

Méthode et conseils

Gérer son temps

L'épreuve écrite dure trois heures (ou deux heures) et ce n'est pas par hasard : vous en aurez besoin pour mener à bien la tâche proposée.

1. La lecture

- **Prenez le temps de bien lire**

La lecture que vous allez entreprendre du texte fera la somme de ce que vous avez appris en espagnol durant votre scolarité : elle ne saurait donc mentir. Pour réaliser ce que Péguy appelait « une lecture bien faite », vous allez mettre en œuvre **tout ce que vous savez en espagnol pendant deux/trois heures** : conjugaison, règles grammaticales, vocabulaire, tournures idiomatiques, etc.

Vous allez travailler **à votre rythme**, en sachant que la première lecture reste un moment capital : découvrir le sens littéral du texte. Ne vous laissez pas déstabiliser par les mots inconnus : vous aurez la possibilité de revenir dessus à la lumière de l'ensemble et dites-vous que vous n'êtes pas obligés de tout connaître pour comprendre un texte.

- **Les questions**

Cette première lecture du texte se poursuivra par la lecture intégrale des questions que vous aurez à traiter. Celles-ci visent en général à vous guider dans la compréhension et non à semer le doute dans votre esprit. Lisez-les avec la plus grande attention : elles sont la clef de votre réussite dans cette première partie de l'épreuve. Dans les doubles-pages consacrées à cette première partie, nous reviendrons plus en détail sur la spécificité de l'exercice.

2. La relecture

Trop souvent négligée, faute de temps, il faut que vous lui consacriez une demi-heure. Cette relecture portera essentiellement sur les travaux d'écriture que sont les deux sujets d'expression personnelle. On est en droit d'exiger de vous une langue correcte, grammaticalement impeccable, une langue qui surprenne par la richesse de son vocabulaire, la pertinence de ses expressions (l'espagnol parlerait ici d'*agudeza* ou art de la pointe). Ce travail se fera avant **le passage au propre** afin d'éviter les ratures et tout ce qui pourrait donner l'impression d'un travail non soigné.

3. L'écriture

Ne perdez pas votre temps à rédiger ce qui n'a pas besoin de l'être : si, dans la première partie, on vous demande de citer telle ou telle phrase, contentez-vous de noter la ligne. Concentrez-vous sur les deux sujets de composition proposés dans la deuxième partie. Attention à l'orthographe : appliquez-vous, le correcteur n'en attend pas moins du candidat.

Travailler tout au long de l'année

Les épreuves du baccalauréat en langues vivantes portent pour l'essentiel sur des exercices de **lecture** et d'**écriture**.

De la qualité de votre lecture dépend en grande partie votre réussite à l'épreuve. Cette qualité est le fruit d'un travail régulier, appliqué et rigoureux tout au long de votre scolarité. N'oubliez pas que vous travaillez dans le temps et tout ce que vous assimilerez contribuera à faciliter les travaux qui vous seront demandés.

Lire, ce n'est pas se contenter de comprendre vaguement ce que dit le texte que vous avez sous les yeux mais **voir « de l'intérieur » comment cela fonctionne**. Par exemple, pourquoi l'auteur utilise un présent de l'indicatif à la place d'un subjonctif, ne respecte pas telle règle grammaticale ? Cette perception différente de la langue vous ouvrira de nouvelles perspectives, vous permettra, semaine après semaine, de découvrir ce qui contribue à former le style d'un auteur, l'empreinte du lieu sur la langue, etc.

Ayez la curiosité d'approfondir vos connaissances géographiques, historiques et littéraires en rapport avec le vaste monde hispanique. L'étude d'une langue ne se réduit pas à ses seules règles grammaticales et à l'appropriation du vocabulaire mais s'étend à tout ce qui la touche, de près ou de loin. Vous serez largement payé en retour.

Écrire ne s'improvise pas. C'est un travail patient, exigeant. Lorsqu'on vous demande, pendant l'année, un travail écrit, ne vous contentez pas d'aligner des phrases toutes faites mais recherchez une formulation la plus authentique possible qui saura susciter la bienveillance (*captatio benevolentiae*) de celui qui vous corrige. C'est au prix de ces efforts et de ces audaces que vous gagnerez en aisance.

1 Les pronoms personnels

COURS

Les pronoms personnels

Pron. pers. sujets	Réfléchis	Pron. pers. COD	Pron. pers. COI	Pron. pers. après prép.
yo	me	me	me	mí
tú	te	te	te	ti
él, ella, usted	se	le, lo, la	le	él, ella, usted
nosotros, -as	nos	nos	nos	nosotros, -as
vosotros, -as	os	os	os	vosotros, -as
ellos, ellas, ustedes	se	les, los, las	les	ellos, ellas, ustedes

• Les pronoms personnels sujets sont rarement usités en espagnol. On les emploie :
a) pour mettre en valeur *(yo mando, tú obedeces) ;*
b) pour éviter une confusion *(es posible que yo venga/él venga).*

• Les pronoms personnels compléments se placent en général devant le verbe conjugué *(me diste tu acuerdo).*

• Le pronom masculin *lo* représente aussi bien une chose qu'une personne, de même que le pronom féminin *la* (*le* ne peut désigner qu'une personne). La remarque s'applique aussi pour les pronoms COD de la 3e personne du pluriel.

• Le pronom COI se place toujours devant le pronom COD *(me lo dijo).*

• Lorsque deux pronoms compléments de la 3e personne se suivent, le pronom COI *le, les* prend la forme *se* (*se lo recordé* : je le lui rappelai).

L'emplacement des pronoms : l'enclise

• Les pronoms personnels compléments **se placent après le verbe et se soudent** à celui-ci sans trait d'union à l'impératif affirmatif (enclise obligatoire), à l'infinitif et au gérondif *(Dame la mano ; queremos verte ; estoy viéndolo).* Si l'infinitif ou le gérondif sont précédés d'un verbe auxiliaire ou semi-auxiliaire conjugué, les pronoms **peuvent aussi se placer devant** celui-ci *(puedo acompañarte / te puedo acompañar).*

• Il peut y avoir double enclise du pronom personnel : dans ce cas, l'ordre est toujours COI + COD et *le, les* devient *se*, sans oublier d'écrire l'accent tonique sur la voyelle normalement accentuée du verbe *(Recuérdaselo ; voy a decírtelo).*

À noter : À l'impératif, à la 1re personne du pluriel, le verbe perd le ***s*** lorsqu'il est suivi du pronom réfléchi *nos* ou du pronom *se (acostémo(s)nos ; devolvámo(s)selo).* **À la 2e personne du pluriel**, le ***d*** tombe lorsque le verbe est suivi du pronom réfléchi *os (lava(d)os).*

MÉTHODE

Savoir identifier le personnage grâce au pronom personnel

Lisez le passage suivant et trouvez la bonne affirmation :

> José miró a su alrededor. En la zodiac se agazapaban veintisiete personas, la mayoría marroquíes, pero también había nueve subsaharianos [...]
> El otro tipo de emigrantes que no pasaban por Marruecos eran los sudamericanos, entre los que podría contarse *él.*
> a) José es español, b) José es marroquí, c) José es subsahariano et d) José es latinoamericano.
>
> Sujet du Bac 2007

Le pronom personnel sujet *él*, inversé – c'est souvent le cas en espagnol –, renvoie au protagoniste du passage, José, présenté comme « *sudamericano(s)* ». La réponse exacte ne pouvait être que la d.

EXOS

1 Relevez dans le texte suivant les pronoms personnels COI.

Me lo regalaron un domingo; el lunes lo llevé al colegio; a las dos horas un compañero me dio un golpe, y el reloj se paró. – Yo sé arreglar relojes –, me dijo demudado[1]. Teníamos tu edad, un año quizá menos. – Déjamelo. Te lo traeré arreglado. – Tardó cerca de un mes. Me devolvió una bolsa. Una bolsa pequeña llena de un revoltijo[2] incomprensible: todas las piezas del reloj. No había sabido armarlo. – ¿Me perdonas? – Sí –, le contesté mordiéndome los labios. – ¿De verdad me perdonas?– Le repetí que sí con la cabeza. – Y cuando te compren otro reloj y se te estropee[3], ¿me lo darás para que te lo arregle? – Contesté que no, también con la cabeza, y las cejas fruncidas. Me parecía demasiado atrevimiento[4]. – Entonces es que no me perdonas. – Sí te perdono, pero no se me va a olvidar que no sabes ni una palabra de relojes. Y además, mi padre no tiene una relojería. Metí las piezas en la bolsa, despacio, y me la llevé a casa. De vez en cuando, mientras hacía los deberes, de noche, me llevaba la bolsa hasta la oreja con la ilusión de escuchar un tictac. El milagro no sucedió jamás.

Antonio Gala, *Dedicado a Tobías*,
Editorial Planeta, 1988

1. altéré 2. bazar 3. qu'il tombe en panne 4. audace

2 Relevez dans le texte suivant les pronoms personnels COD.

Hay que ganarse al enemigo, ésa es la enseñanza–, concluyó Taddeo Rosso. Se había vuelto a encasquetar la máscara del médico de la peste, y su voz retumbaba[1] en la oquedad[2] nasal, adquiriendo una resonancia antiquísima –. Si no puedes vencerlo, corrómpelo, perviértelo, inocúlale tus hábitos.
Giovanna Zanon me observaba con una curiosidad malsana:
– Pero el señor Ballesteros no es de los que se dejan pervertir – dijo, calculando por lo alto mi resistencia, quizá recriminando mi cobardía[3] –. Es de los que prefieren huir antes que complicarse la vida. ¿O me equivoco?
Estaba sentada justo enfrente de mí, y enarbolaba[4] los cubiertos como si fuesen herramientas quirúrgicas, o artefactos de dominación que me ensartaría[5], llegado el trance. Me había interpelado intimidatoriamente, pero fue Taddeo Rosso quien respondió:
– Vamos, mujer, no exageres. Sólo es un poco cohibido[6], pero eso se soluciona con el trato. ¿Le reservo entonces el disfraz del médico de la peste para el baile de máscaras?
Asentí, vacunamente. Taddeo Rosso ya se disponía a reanudar su cháchara[7] inepta, pero Giovanna Zanon lo despachó a sus aposentos, arguyendo[8] que tenía que discutir conmigo algunos asuntos privados. Me colmó de maligna felicidad asistir al azoramiento[9] de Rosso, que a duras penas logró limpiarse el bigotito con la servilleta y farfullar[10] una despedida; tanta sumisión reclamaba una explicación patológica. Cuando nos quedamos solos, Giovanna Zanon se levantó de la mesa y la rodeó, hasta situarse detrás de mí; había buscado un símil adecuado para sus andares zancudos[11], y por fin lo hallé: Giovanna Zanon caminaba como las mantis religiosas cuando se yerguen para iniciar la ceremonia del cortejo, que es también la ceremonia de la depredación.

Juan Manuel de Prada, *La tempestad*,
Editorial Planeta, 1997

1. résonnait 2. cavité 3. couardise 4. brandissait 5. avec lesquels elle me transpecerait 6. timide 7. bavardage 8. disant 9. trouble 10. balbutier 11. démarche de grand oiseau

3 Remplacez les compléments d'objet par les pronoms correspondants et réécrivez la phrase.

a. Voy a llamar <u>a papá</u> y le contarás <u>lo sucedido</u>.
b. ¡Cuenta <u>tus aventuras</u> <u>a los niños</u>!
c. Estamos explicando <u>el problema</u> <u>a Ana</u>.
d. Es fácil imaginar <u>su reacción</u>.
e. No les digas <u>lo que viste</u>.

4 Remplacez les pronoms personnels COD par les groupes nominaux correspondants et réécrivez la phrase.

a. No la desperdiciéis.
b. Pruébalo.
c. No lo olvides.
d. Ciérrala cuando salgas.
e. No se lo ensucies, por favor.

5 Traduisez.

a. Oublie-le.
b. Ne nous interromps pas.
c. C'est moi qui commande ici et c'est toi qui obéis.
d. Je ne veux pas t'entendre.
e. Tu continues d'avoir confiance en lui.

2 Les prépositions

COURS

Trop souvent négligées, les prépositions sont fondamentales car elles relient les mots entre eux. D'elles peut parfois dépendre le sens d'une phrase. De plus, la maîtrise de celles-ci permet une expression correcte, d'autant plus appréciée que trop de candidats témoignent d'une désinvolture qui frise l'incorrection, justement sanctionnée.

La préposition *a*

• Elle s'emploie devant les compléments d'objet direct de personnes déterminées (y compris *la gente*, *todo el mundo* et *nadie*) : *Conozco* ***a*** *Juan desde niño.*
Pour certains verbes, comme *gustar, doler, molestar, dar vergüenza, dar pena, apetecer, preocupar…*, le sujet devient complément d'objet, ce qui détermine la présence obligatoire de la préposition *a* : ***A*** *Diego le duelen las muelas*.

• Après les verbes de mouvement tels que *ir, venir, llegar, volver, viajar, subir, acercarse, bajar* ; devant le nom ou le verbe qui en indique le but : *Mañana iremos* ***a*** *bañarnos.*

À noter : a) Dans les expressions idiomatiques suivantes, *ir* est suivi de la préposition ***de*** : *ir de viaje* (partir en voyage), *ir de compras* (aller faire les courses), *ir de paseo* (aller se promener), *ir de vacaciones* (partir en vacances), *ir de luto* (porter le deuil), *ir de copas* (faire la tournée des bars).
b) Les verbes *venir, llegar, volver, bajar…*, peuvent être suivis de la préposition ***de*** : celle-ci indique alors le lieu de départ, la provenance : *Volvían de la playa*. Ils revenaient de la plage.

• On la trouve dans les expressions idiomatiques suivantes :
– pour indiquer le moyen de transport : ***a pie, a caballo…***
– pour marquer le moment précis : ***a las doce, al entrar, al salir, al principio, al final…***
– pour exprimer une période écoulée : ***a los tres días*** (au bout de trois jours).
– autres expressions : ***al pie de, a la entrada de, a la salida de, a la sombra de…***

La préposition *en*

• Elle indique la position dans l'espace, sans idée de mouvement : *Esta noche, papá se queda* ***en*** *casa.* (On emploie ***en*** après le verbe *entrar* et ses synonymes : *penetrar, meterse, introducirse*).

• La position dans le temps : ***En*** *agosto vienen muchos turistas.* ***En*** *1937 nació mi padre.*

• Dans les expressions idiomatiques suivantes :
– pour indiquer le moyen de transport : ***en bici, en coche…***
– après certains verbes et dans quelques locutions : ***pensar en, fijarse en, tener en cuenta…***

La préposition *de*

• Elle indique la provenance, l'origine : *Los pepinos vienen* ***de*** *España.*
• La caractéristique d'une personne ou d'une chose : *La niña* ***del*** *bello rostro.*
• La matière : *La mesa* ***de*** *madera.*
• La propriété, l'appartenance : *Retrato del caballero de la mano en el pecho* ***de*** *El Greco.*
• Elle est aussi utilisée pour marquer la cause : *cantar* ***de alegría,*** *morirse* ***de sed, de hambre…***

La préposition *por*

• Elle indique la cause : *Lo despidieron* ***por*** *perezoso.*
• Le déplacement à l'intérieur d'un espace : *Pasean* ***por*** *la playa.*
• Le prix : *Lo vende* ***por*** *muy poco dinero.*
• Elle introduit le complément d'agent : *América fue descubierta* ***por*** *Colón.*
• Elle est utilisée dans des expressions idiomatiques courantes : ***ir por*** (chercher), ***por lo tanto*** (par conséquent), ***por eso*** (c'est pourquoi).

La préposition *para*

• Elle exprime le but : ***Para*** *componer, exigía un silencio absoluto.*
• La destination : *Ése es el tren* ***para*** *Barcelona.*
• Le point de vue : ***Para*** *ti es importante.*

La préposition *con* (et son contraire *sin*)

- Elle traduit l'accompagnement : *Fueron al parque* ***con*** *los abuelos.*
- Le moyen : *Leía el periódico* ***con*** *las gafas puestas.*
- La manière, l'attitude : *Observaba a la niña* ***con*** *atención.*
- Attention aux tournures idiomatiques ***conmigo*** (avec moi), ***contigo*** (avec toi), mais ***sin mí, sin ti.***

MÉTHODE

Repérer les prépositions et en tenir compte

1. Lisez le texte et précisez où se passe la scène.

> Son las tres de la tarde y hace un calor de mil demonios. Tanto que al llegar del colegio Valentina ni siquiera ha comido. (l. 1-2)
> a) En el colegio. b) En casa de Valentina.
>
> Sujet du Bac 2008

Le piège est facilement évitable si l'on connait l'usage des principales prépositions.
Une lecture superficielle pousserait à choisir la réponse a). Le verbe *llegar* est ici suivi de la préposition *de*, qui indique *la provenance* : Valentina vient d'arriver du collège. La scène racontée dans ce texte ne peut pas avoir lieu au collège. La suite confirmera qu'elle a lieu chez Valentina.

2. Dans le sujet de la session 2009, on demandait de citer la phrase qui indiquait pour quel motif Mauricio était allé à la banque. On trouvait la réponse ligne 26, introduite par la préposition *para*, qui exprime *le but* : « *Para poner un consultorio decente.* »

EXOS

1 Remplacez les pointillés par les prépositions *por* ou *para*.

a. El autobús tiene capacidad … cincuenta personas.
b. Es famoso… su generosidad.
c. No hemos sido educados … esto.
d. No gastes tu dinero ahora, guárdalo … más tarde.
e. … la ventana se ve el mar.
f. No te dejes impresionar … su supuesta bondad.
g. Lo hizo ... puro instinto.
h. Se paseaban ... Madrid ... recordar los viejos tiempos.
i. Los amigos, que ... eso están, siempre se lo dijeron.

2 Complétez les phrases avec les prépositions qui conviennent *(a/al, de, en, por, para, con, sin).*

a. Da gusto estar ... ella ... lo simpática que es.
b. Los policías iban ... paisano.
c. Se fue ... hartarse ... sus quejas.
d. Mamá es muy aficionada ... la música.
e. Ana sale ... casa ... las siete y regresa ... la noche.
f. ... Julia le compraron un vestido parecido ... tuyo.
g. Se subió ... tren ... dificultad.
h. Le aprecian ... lo serio que es.
i. Se esmera ... escribir bien.
j. No se trata de estar ... favor o ... contra.
k. ... niño, José vivía ... sus padres ... el interior ... Doñana y una vez ... mes iba ... ellos ... Sanlúcar, ... un viaje ... caballo ... tres días. Ahora nos lleva ... coche ... caminos ... nosotros invisibles.

3 Les adverbes

COURS

Ces mots invariables jouent un rôle important : ils ajoutent une détermination à **un verbe**, **un adjectif**, **un adverbe**, **un nom** (quand celui-ci est utilisé comme qualificatif ou correspond à une situation : *es* ***muy torero*** *; el* ***otrora alcalde*** *de Barcelona*) comme le ferait un adjectif par rapport à un substantif. Il convient donc d'y être attentif, tout particulièrement dans la première partie de l'épreuve où l'on vérifie dans le détail le niveau de langue. Voici une liste des adverbes les plus utilisés :

• Adverbes de lieu		**• Adverbes de temps**	
donde	où	*¿Cuándo?*	quand ?
aquí, acá	ici	*ahora*	maintenant
ahí, allí	là	*ya*	déjà, à présent
allá	là-bas	*hoy*	aujourd'hui
lejos	loin	*ayer*	hier
cerca	près	*anteayer, antes de ayer*	avant-hier
dentro	dedans	*anoche*	hier soir
fuera	dehors	*anteanoche*	avant-hier soir
arriba	en haut	*mañana*	demain
abajo	en bas	*pasado mañana*	après-demain
adelante	en avant	*antaño*	jadis
atrás	en arrière	*antes*	avant
delante	devant	*antiguamente*	autrefois
detrás	derrière	*entonces*	alors
debajo	dessous	*luego*	puis
encima	dessus	*después*	ensuite
enfrente	en face	*pronto*	bientôt, vite
		temprano	tôt, de bonne heure
Locutions adverbiales		*tarde*	tard
(a, en) por todas partes	partout	*siempre*	toujours
(a, en) por ninguna parte	nulle part	*nunca, jamás*	jamais
(a, en) por otra parte	ailleurs	*aún, todavía*	encore
dondequiera	n'importe où		

• Adverbes de manière		**Locutions adverbiales**	
¿Cómo?	comment ?	*a hurtadillas, a escondidas*	en cachette
bien	bien	*a sus anchas*	à son aise
mal	mal	*a ciegas, a oscuras*	à l'aveuglette
mejor	mieux	*a tientas*	à tâtons
peor	pire	*a las claras*	au grand jour
así	ainsi	*a tontas y a locas*	à tort et à travers
casi	presque	*a duras penas*	à grand'peine
despacio	lentement	*a rienda suelta*	à bride abattue
aprisa, deprisa	vite	*a continuación*	à la suite
adrede	à dessein	*de buena gana*	volontiers
apenas	à peine	*de mala gana*	à contrecœur
		de veras	vraiment
		de broma	pour rire
		de antemano	par avance

• **Adverbes de quantité** *poco* *bastante* *mucho* *muy* *demasiado* *tan* *tanto* *cuan, cuanto* *más* *menos* *nada,* *algo* *apenas* *medio, a medias* **Locutions adverbiales** *cada vez más* *cada vez menos*	 peu assez beaucoup très trop aussi, si autant combien plus moins pas du tout un peu à peine à demi, à moitié de plus en plus de moins en moins	**À noter :** les mots ***poco***, ***bastante***, ***mucho***, ***demasiado***, ***tanto***, ***cuanto***, placés devant des noms, sont en espagnol des **adjectifs** et de ce fait s'accordent en genre et en nombre avec le nom qu'ils précèdent ou qu'ils remplacent : *Hay **poca gente** en las calles*. Il y a peu de gens dans les rues.

MÉTHODE

Où placer les adverbes ?

1. Les adverbes qui modifient un adjectif, un participe employé seul ou un autre adverbe se placent devant ces derniers : ***demasiado** pequeño, **medio** atontado, **mucho** mejor,* etc.
2. Les adverbes qui situent une action (adverbes de temps et de lieu) peuvent se placer soit après le verbe, soit au début de la phrase :
   Dentro de poco** lo veréis* ou *Lo veréis **dentro de poco. Vous le verrez sous peu.
   Delante** lo tienes* ou *Lo tienes **delante. Tu l'as devant toi.
3. Normalement, les adverbes de manière se placent après le verbe :
   *Habla **muy quedo***. Parle très doucement.
   *Escucha **atentamente***. Écoute avec attention.
   *Lo haría **de buena gana***. Je le ferais volontiers.

L'inversion répond au désir d'attirer l'attention sur l'adverbe :
   ***Apenas** se le oía respirar.* On l'entendait à peine respirer.

EXOS

1 Donnez un équivalent pour chacun des adverbes suivants :

A menudo, de repente, nunca, aprisa, de bruces, de espaldas, acaso, pronto.

2 Donnez le contraire des mots suivants :

Temprano, antes, fuera, cerca, atrás, encima, delante, por ninguna parte, de mala gana, poco, demasiado, menos, también.

3 Traduisez.

a. J'étais si content que j'oubliai de la remercier.
b. Aujourd'hui, il y a de plus en plus de jeunes mendiants.
c. Elle se tenait debout, sans rien dire.
d. De temps en temps, il prend son bateau et disparaît pendant plusieurs jours.
e. Demain, nous nous lèverons de bonne heure puis nous prendrons le train.
f. Vous avez déjà déjeuné ?
g. Reste ici, je viendrai te chercher le plus tôt possible.
h. Autrefois, les gens en profitaient-ils davantage ?
i. Ici, il fait trop chaud ; dedans, il fait plus frais.
j. Je ne le trouve nulle part, où peut-il être ?
k. Il parle souvent à tort et à travers.

4 Les conjonctions : raconter, structurer, nuancer

COURS

Les conjonctions, qu'elles soient de **coordination** (*y, pero, o…*) ou de **subordination** (*que, como, cuando…*) sont des outils indispensables à la construction et à la compréhension de la phrase car elles articulent le discours et donnent la cohérence nécessaire au texte.
Outre leurs multiples usages, les conjonctions s'avèrent précieuses aussi bien pour raconter une histoire, donner une suite à un récit que pour nuancer un raisonnement. On les utilise pour exprimer :

La simultanéité

• ***Cuando*** (quand, lorsque, au moment où) marque un moment précis et donc une simultanéité absolue :
***Cuando** lo vi, miraba algo en el cielo.* Quand je l'ai vu, il/elle regardait quelque chose dans le ciel.
• ***Como*** (comme, tandis que) se réfère à une action déjà commencée au moment où s'exécute la principale :

> ***Como** mamá preparaba la cena, sonó el teléfono.* Tandis que maman préparait le dîner, le téléphone sonna.

À noter : ces deux subordonnées temporelles peuvent être remplacées dans leurs nuances respectives par ***al* + infinitif**, pour la première, et le **gérondif** pour la seconde. Cette substitution est très fréquente en espagnol et permet une construction plus légère :

> ***Al salir**, miró algo en el cielo.*
> ***Preparando** mamá la cena, sonó el teléfono.*

• Nuances de la simultanéité
– ***Mientras, en tanto que*** (pendant que, tandis que) impliquent une idée de durée :

> ***Mientras dormías**, se fue.* Pendant que tu dormais, elle est partie.

– ***Mientras que*** marque souvent, mais pas nécessairement, une idée d'opposition :

> ***Mientras que se va perdiendo la memoria de lo sucedido**, recoge los testimonios de los que quedan.* Tandis que le souvenir de ce qui est arrivé se perd, il recueille le témoignage de ceux qui restent.

L'éventualité

En français, le futur du verbe dans les subordonnées temporelles présente un aspect d'éventualité, c'est-à-dire de chose prévue mais non réalisée. Ce futur doit être rendu en espagnol par le **présent du subjonctif** :

> ***Cuando vuelva**, díselo.* Quand il reviendra, dis-le lui.
> ***En cuanto se despierte**, no quiero que se hable más.* Dès qu'elle se réveillera, je ne veux plus que l'on en parle.
> ***Conforme vaya recibiendo noticias***, se las comunicaré. À mesure que j'aurai des nouvelles, je vous les communiquerai.
> ***Tan pronto lleguen**, avisadme.* Aussitôt qu'ils arriveront, prévenez-moi.

La causalité

• Les propositions causales peuvent être introduites par les conjonctions suivantes : ***porque*** (parce que, car), ***como que*** (étant donné que), ***puesto que*** (attendu que), ***ya que*** (puisque, du moment que), ***en vista de que*** (vu que), ***pues*** (car), ***cuando*** (du moment que) :

> *No vinisteis **porque llovía a cántaros**.* Vous n'êtes pas venus parce qu'il pleuvait à verse.
> ***Como que ya lo habíais visto**, seguisteis vuestro camino.* Étant donné que vous l'aviez déjà vu, vous ne vous êtes pas arrêtés.
> ***Ya que no iba a venir**, no hicieron el menor esfuerzo.* Du moment qu'il ne venait plus, ils n'ont plus fait d'efforts.

• La cause peut aussi se rendre de manière plus légère par la **préposition *por*** suivie d'un infinitif, d'un nom, d'un adjectif :

> *Le llamaron la atención **por levantar la voz**.* Ils le rappelèrent à l'ordre parce qu'il criait.
> *Ya no volvió a mencionarlo **por Pedro**.* Elle n'en parla plus à cause de Pierre.

La condition

• Cas de la condition réalisable

Comme en français, la condition est le plus souvent énoncée au présent de l'indicatif et la conclusion au futur :

***Si te portas bien**, iremos.* Si tu es gentil, nous irons.

• Cas de la condition irréalisable ou hypothétique

En français, l'hypothèse est énoncée à l'imparfait de l'indicatif et la conclusion ou proposition principale est au conditionnel. En espagnol, la condition doit être rendue par l'**imparfait du subjonctif** :

***Si tuvieras dinero**, ¿se lo darías a los pobres?* Si tu avais de l'argent, tu le donnerais aux pauvres ?

La restriction

• Les conjonctions ***a no ser que, como no sea que*** (à moins que), ***con tal que*** (pourvu que), ***con que, siempre que*** (à condition que), introduisent dans l'hypothèse exprimée un aspect restrictif. Elles sont suivies du subjonctif :

***A no ser que te espabiles**, te machacarán.* À moins que tu te secoues, ils t'écraseront.

La concession

• Concession sur un fait réel

L'idée de concession est exprimée par ***aunque, si bien, y eso que*** (quoique, bien que), ***a pesar de que*** (malgré que). Tandis que ces conjonctions sont toujours suivies du subjonctif en français, l'espagnol emploie l'**indicatif** chaque fois qu'elles se réfèrent à un fait réel :

***Aunque tiene los ojos abiertos**, duerme.* Bien qu'il ait les yeux ouverts, il dort.

• Concession sur un fait douteux ou supposé

Lorsque la concession porte sur un fait douteux ou supposé, les conjonctions ***aunque***, ***cuando***, ***aun cuando***, ***así***, sont suivies en espagnol du subjonctif :

***Aunque se lo digas**, no te creerá.* Même si tu le lui dis, il ne te croira pas.

Espagnol

EXOS

1

Remplacez dans le texte suivant les espaces par les conjonctions appropriées *(y, ya que, así y todo, a no ser que, hasta que, porque, tan pronto, mientras, cuando, como) :*

Un día en la vida de Pedro

Suelo levantarme temprano ... mi hermana y yo tenemos que coger el autobús para ir al instituto ... cada mañana.

... mamá nos prepara el desayuno, me ducho... me visto. ... hemos terminado de engullir las tostadas, mamá nos conduce hasta la parada. ... llegamos, mis amigos ya me están esperando para asistir a las clases: me encantan las de literatura ... las demás me aburren, la verdad; ... no me voy a quejar ... los profesores hacen lo posible para prepararnos de manera correcta al examen final.

Por la tarde, después de una merienda frugal, ... tenga muchos deberes, bajo al pueblo para juntarme con mis amigos y jugar un partido de fútbol ... llega la hora de volver a casa.

2

Traduisez.

a. Bien qu'il ne sache ni lire ni écrire, il a une vraie culture.

b. À mesure qu'il grandit, il devient plus responsable.

c. Après avoir vu le match chez des amis, ils revinrent à la maison euphoriques.

d. Dès qu'il se lève, il branche l'ordinateur et reste cloué devant l'écran toute la journée.

e. Avant qu'il ne pleuve, tu devrais rentrer le linge.

3

Justifiez l'emploi du subjonctif dans les phrases suivantes.

a. Si *viviéramos* en el campo, seríamos felices.

b. Te bañarás cuando *sepas* nadar.

c. Ganaría más bien poco aunque *me hiciese* célebre.

d. Siempre que no te *des* la vuelta, todo saldrá bien.

e. Mientras *duerma*, te pido que no hagas ruido.

5 La comparaison

COURS

Pour l'épreuve de fin d'année, vous aurez à travailler sur au moins deux documents. Il s'agira de les appréhender dans ce qui les rapproche et les différencie, en les contextualisant.

Le comparatif en espagnol

• Le **comparatif d'égalité** s'établit avec ***tan*** (aussi, si) devant l'adjectif et ***como*** (au lieu de *que*) devant le complément.

*Es **tan** generoso **como** mis padres.* Il est aussi généreux que mes parents.

*Sois **tan** imprudentes **como** inconscientes.* Vous êtes aussi imprudents qu'inconscients.

Lorsque ***tan*** (si) a le sens de « tellement », le complément indique une conséquence et s'établit avec ***que.***

*Es **tan** torpe **que siempre rompe algo**.* Il est si maladroit qu'il casse toujours quelque chose.

• Les **comparatifs de supériorité** et **d'infériorité** se construisent, comme en français, avec ***más*** (plus), ou ***menos*** (moins) devant l'adjectif et ***que*** devant le complément.

*Es **más** rapido **que** los demás.* Il est plus rapide que les autres.

*Es **más** cínico **que** grosero.* Il est plus cynique que grossier.

*Parece **menos** fatigado **que** la* última *vez.* Il paraît moins fatigué que la dernière fois.

• Les comparatifs **synthétiques** sont comme en français : ***mejor*** (meilleur), ***peor*** (pire), ***mayor*** (plus grand), ***menor*** (plus petit).

La langue parlée emploie très souvent comme plus expressives les formules : ***más bueno***, ***más malo***, ***más grande***, ***más pequeño***.

*Es **más malo** que Pernales.* C'est une peste.

• Le superlatif **relatif** n'a pas de forme propre en espagnol et s'identifie absolument avec le comparatif.

*El que **parece más joven**.* Celui qui semble le plus jeune.

*La que **más corre**.* Celle qui court le plus.

L'article ne peut apparaître que comme déterminatif du nom exprimé (***el*** niño ***más travieso)*** ou sous-entendu (***el más travieso).*** Il ne doit jamais être répété. Il n'apparaît pas non plus lorsque le nom est déterminé par un possessif.

***El más importante** mercado de la ciudad.* Le marché le plus important de la ville.

El peor enemigo. Le pire ennemi.

Disparition de l'article indéfini

• Dans les comparatifs d'égalité établis avec ***tan*** ou ***tanto*** :

*Caballero **tan gentil**.* Un si charmant chevalier.

*Lo dijo con **tanta delicadeza**.* Il le dit avec une telle délicatesse.

• Dans des comparatifs de supériorité ou d'infériorité présentés sous les formes négative, interrogative ou dubitative :

*No podía hallarse en **peor situación**.* Il ne pouvait pas se trouver en une plus mauvaise situation.

*¿Tuvo **mejor tiempo** esta vez?* Avez-vous eu un meilleur temps cette fois-ci ?

MÉTHODE

Comparer deux textes

1. Chercher ce qui les rapproche : trouver le **point commun.**

Selon la notion que vous aurez à traiter (*Mythes et héros, lieux et échanges, lieux et formes de pouvoir, l'idée de progrès*), différentes combinaisons peuvent se présenter. **Un même personnage, une même entité, une même période, une même situation**... apparaît dans les deux documents. Il peut s'agir par exemple, dans le cas de la notion de *lieux et échanges*, de la situation des immigrés espagnols au milieu des années 1960 en France comparée à la situation des immigrés en Espagne pendant les années de prospérité des années 1990.

MÉTHODE

2. Chercher ce qui les distingue

La différence peut être :

– **formelle :** les supports sont différents. On peut alors vous demander d'apprécier leurs avantages et leurs inconvénients : par exemple, s'agissant d'un texte et d'un tableau, on peut remarquer que l'illustration, plus immédiate en apparence, peut se présenter soit comme une interprétation fidèle du texte ou, au contraire, elle est une composition propre qui s'affranchit des données du texte pour donner à voir un univers singulier.

– **de fond : le regard**, le **point de vue** n'est pas le même. Ce peut être le cas d'un même héros de guerre vu par les deux camps : selon qu'il appartienne à l'un ou l'autre, il sera présenté différemment. On pourra vous demander où est la « **vérité** » du personnage.

Bien évidemment, ces questions n'auront pas pour but de vous mettre en difficulté mais plutôt de vous aider à saisir **au plus près** l'objet d'étude, à éduquer votre propre regard en lui offrant des éclairages différents.

3. Soyez attentif au contexte

Il permet de **dramatiser** l'action, la scène décrite. Les notions d'**espace-temps** s'avéreront précieuses au moment d'apprécier un personnage, une situation donnée, etc. Les mentalités ne sont pas les mêmes d'un pays à un autre, d'une culture à une autre, d'une époque à une autre. Demandez-vous si tel personnage « obéit » aux règles de conduite du groupe ou, au contraire, s'en affranchit parce que c'est la **marque** du héros. Ce n'est là qu'un exemple.

Ce travail de repérage des similitudes, des différences dans un contexte précis vous permettra de cerner au mieux la problématique du sujet proposé.

EXO

Comparez les deux documents suivants :

Document 1

La escena pasa en 1811, en la ciudad de Cádiz, sitiada por las tropas de Napoleón.

Esa mujer se llama Lolita Palma y tiene treinta y dos años: edad en la que cualquier gaditana medianamente lúcida ha perdido toda esperanza de casarse. En cualquier caso, el matrimonio no es, desde hace tiempo, una de sus principales preocupaciones; ni siquiera forma parte de ellas. [...] La hija de Tomás Palma. Así es como sus conocidos siguen describiéndola en tertulias, reuniones y saraos, o se refieren a ella en el paseo de la Alameda, por la calle Ancha o en la misa de doce de domingos y festivos en San Francisco [...]: niña de la mejor sociedad, excelente partido, que por circunstancias trágicas tuvo que hacerse cargo de la casa. Educación moderna, claro. Como casi todas las jóvenes de buena familia en Cádiz. Modesta y sin ostentaciones. Nada que ver, se lo aseguro, con esas zánganas de la nobleza rancia que sólo saben rellenar libretillas de baile con nombres de galanes y emperejilarse para cuando su papá las venda, con título incluido, al mejor postor. Porque en esta ciudad el dinero no lo tienen las antiguas familias de campanillas, sino el comercio. El trabajo es la única aristocracia respetada aquí, y a las muchachas las educamos como Dios manda: responsables de sus hermanos desde pequeñas, piadosas sin aspavientos, estudios prácticos y algún idioma. [...] Sabemos de buena tinta que a Lolita en concreto [...], su padre le hizo estudiar aritmética, cambio internacional, reducción de pesos, medidas y monedas extranjeras, y contabilidad en libros dobles de comercio. Además, habla, lee y escribe inglés, y se defiende en francés. Hasta de botánica dicen que sabe, la niña. De plantas, flores y eso. Lástima que se haya quedado soltera.

Arturo Pérez-Reverte, *El asedio*, © Ed. Alfaguara, 2010.

Document 2

Francisco de Goya, *La boda*, 1792, Museo Nacional del Prado, Madrid

Vocabulaire à utiliser : *un puente de piedra; un cortejo nupcial; los novios; una joven bella; el novio; un hombre gordo y feo, pero rico; una casaca roja; las risas; un matrimonio de conveniencia; los Ilustrados* (les hommes des Lumières).

Espagnol

6

Le document iconographique

• Au cours du deuxième trimestre de votre année, vous aurez à passer une épreuve orale : il s'agira de décrire et commenter une image (la plupart du temps une photo, une publicité, un dessin humoristique ou un article de journal relativement court) traitant de sujets divers : le travail des enfants à travers le monde, les nouvelles technologies, les addictions chez les jeunes, l'environnement…

• Dans un premier temps, décrivez le document de façon aussi rigoureuse que possible, puis commentez-le à la lumière de vos connaissances. Dans la conclusion, veillez à mettre en relation le document avec l'actualité, dans une thématique plus large.

COURS

La description

• **Identifier la nature du document**

Se trata de una foto (un cartel publicitario, una tira cómica). Il s'agit d'une photo (d'une affiche publicitaire, d'un dessin humoristique).

• **Cerner la thématique**

…que aborda el tema de… a través de… …qui aborde le thème du/de… à travers…

• **Analyser la structure et les modalités**

En el primer término podemos ver… Au premier plan, on peut voir…
En el fondo divisamos… Au fond, on aperçoit…
A la derecha, a la izquierda, arriba, abajo… A droite, à gauche, en haut, en bas…
En blanco y negro / en color. En noir et blanc / en couleur.

Le commentaire

• **Analyser les intentions de l'auteur**

El fotógrafo, el autor/los autores de esta campaña publicitaria alude/n aquí a… Le photographe, l'auteur/les auteurs de cette campagne publicitaire fait/font ici allusion à…
Mostrar, criticar, denunciar, exaltar, ridiculizar. Montrer, critiquer, dénoncer, exalter, ridiculiser.

• **Analyser les procédés utilisés**

Potenciar los efectos dramáticos con el uso del blanco y negro, del color, de los contrates, de la ocupación del espacio. Dynamiser les effets dramatiques par l'utilisation du noir et blanc, de la couleur, des contrastes, de l'occupation de l'espace.

• **Émettre des hypothèses**

Quizás + ind. Probablement. *Quizás + subj.* Peut-être.
Podemos suponer que + ind. On peut supposer que. *Es possible que + subj.* Il est possible que.

• **Donner son sentiment**

A mi parecer / me parece que. A mon avis / il me semble que.
Pienso / creo que + ind. Je pense / je crois que.
No pienso / no creo que + subj. Je ne pense pas / je ne crois pas que.

• **Mettre en relation avec l'actualité, avec une thématique plus large**

Aborda de manera original / poco original… Aborde de manière originale / peu originale…
Se puede relacionar este documento con… On peut mettre en relation ce document avec…
Hay una clara referencia a… Il y a une claire référence à …

MÉTHODE

Analyser une image

G.M.B. AKASH, *Angel in Hell*, 2009.

1. Décrire l'image

Se trata de una fotografía en color que aborda el tema doloroso del trabajo infantil a través de la figura de un niño de unos diez años, de piel morena. Tiene el rostro, el pelo y los brazos cubiertos de polvo color plata. La camiseta amplia que lleva encima también está manchada de ese mismo polvo. Apoya las manos a unos barrotes. Detrás, podemos divisar utensilios de plata para la cocina, máquinas, una mancha de sol a la izquierda que entra por una ventana -debe de ser la única fuente de luz. Se trata de un taller donde trabaja este niño de mirada triste.

2. Analyser les intentions de l'auteur

La utilización del plano americano (plan américain) logra no solo captar nuestra mirada a través de estos ojos que resaltan en medio de la negrura de la cara sino potenciar la emoción: los barrotes no son ninguna metáfora: se trata de una cárcel con unas condiciones de vida que nos devuelven a un pasado no muy remoto y que en nuestros países "ricos" no podríamos tolerar. Jóvenes esclavos modernos que por un salario irrisorio y doce horas de presencia ininterrumpida ponen en peligro su salud, sacrificados por la necesidad y la codicia de gente sin escrúpulos, sin posibilidad de recibir una educación que les permita soñar con un futuro diferente.

3. Mettre en relation avec l'actualité, dans une thématique plus large

La explotación infantil con fines lucrativos hiere nuestra sensibilidad, acostumbrada por la ficción a experimentar las más diversas y profundas emociones suscitadas por la maldad de los adultos para con los niños: ¿quién puede resultar insensible a la lectura o la visión de las aventuras de Oliver Twist? Que la ficción, entre otras cosas, nos ayude a tomar conciencia del vastísimo mundo que nos rodea, nunca acabaremos de agradecérselo, pero aquí solo se necesita tener los cinco sentidos en alerta para entender que los países ricos deben su envidiable nivel de vida al saqueo de los países pobres, del que participa el trabajo infantil. Mientras existan víctimas potenciales, seguirán al acecho los comedores de carroña.

No queremos terminar sobre una nota pesimista: esta foto, como otros muchos reportajes gráficos realizados a lo largo y ancho del planeta, nos mantiene despiertos, conscientes de la incansable labor que nos espera: estamos condenados, so pena de desaparecer, a inventar un mundo nuevo, más justo.

EXO

Describe, analiza y comenta el siguiente documento.

Vocabulaire à utiliser : *una viñeta; un torero; el traje de luces; cabizbajo; de espaldas; la osamenta de un toro; una lectura múltiple; la « muerte » anunciada de la corrida; un anacronismo; la crisis económica y financiera; pasarlas negras, pasarlas moradas, pasar las de Caín* (manger de la vache enragée), *la tasa de desempleo* (le taux de chomage).

Alex Ballaman, *La Liberté*, Fribourg (Suisse).

7 Expression personnelle : les personnages

COURS

La question concernant le ou les personnages comprend en réalité deux exercices bien distincts mais complémentaires : **analyser** et **commenter**.
Analyser, c'est démontrer l'intention de l'auteur en s'appuyant sur le texte ; **commenter**, c'est donner un point de vue raisonné.

Analyser un personnage

• **Travail préalable** important : **noter, sur une feuille de brouillon, tout ce qui se rapporte au personnage en question**. Description physique et/ou morale, attitude, propos tenus, gestes : toutes ces composantes liées au personnage s'expriment à travers **les mots** choisis par l'auteur, mots dont il faudra être particulièrement sensible (noms, adjectifs, verbes, adverbes…).
• Une fois ce travail accompli, opérer un tri en fonction de l'importance de chaque élément relevé : que cherche à mettre en évidence le narrateur ? Que veut-il nous montrer, nous faire comprendre ?
• Une **intention** se dégagera, qu'il s'agira de **démontrer**, donnant l'occasion de montrer que le texte a une tonalité comique (*cómica*), ironique (*irónica*), etc.
• Analyser un personnage, c'est repérer dans le texte tous les éléments qui participent de sa construction : description physique et morale, paroles, actions, pensées, etc.

Commenter

• Commenter, c'est **donner son point de vue**. Le commentaire sera l'occasion d'une réflexion **personnelle**, où le correcteur pourra s'attendre à voir sous votre plume l'emploi de tournures affectives dont l'espagnol fait grand usage.
• Les verbes **gustar**, **encantar**, **tocar** se conjuguent toujours à la 3e personne du singulier ou du pluriel en accord avec le sujet grammatical :
– un groupe nominal singulier : *Al personaje* ***le gusta el ambiente de mar***.
– un groupe nominal pluriel : *A la niña* ***le encantan las amapolas***.
– un verbe infinitif : *Hoy* ***te toca lavar*** *los platos.*
• Il est très fréquent de trouver aussi ***dar + nom*** (***dar pena***, faire de la peine ; ***dar lástima***, avoir pitié ; ***dar asco***, éprouver du dégoût ; ***dar vergüenza***, avoir honte ; ***dar coraje***, mettre en colère.).

> *A los mayores* ***les da vergüenza*** *contemplar este despilfarro.* Les personnes âgées ont honte de contempler un tel gaspillage.

• On peut ajouter à ces verbes, qui sont l'expression des affects, un grand nombre de locutions plus impersonnelles : ***parece increíble*** (il semble incroyable) ; ***es una lástima*** (il est dommage). Et des locutions formées du verbe ***ser*** suivi d'un adjectif : ***es necesario*** (il est nécessaire), ***es inútil / útil***, ***es difícil / fácil***, ***es preciso*** (il faut).
À noter : ces locutions sont suivies
– soit d'une complétive avec ***que + subjonctif***

> *Es urgente* ***que actuemos*** *de un modo más responsable.* Il est urgent d'agir d'une façon plus responsable.
> *Da vergüenza* ***que asistamos*** *a semejante espectáculo.* Il est honteux d'assister à un tel spectacle.

– soit d'un **infinitif**.
Ici, l'infinitif est considéré comme sujet du verbe ou de la locution impersonnelle, c'est pourquoi il ne doit jamais être précédé de la préposition ***de*** en espagnol :

> ***Es difícil juzgar*** *semejante actitud.* Il est difficile de juger une telle attitude (= juger une telle attitude est difficile).
> ***Importa responsabilizar*** *a los niños.* Il importe de rendre les enfants responsables.
> ***Conviene prepararse.*** Il convient de se préparer.

• Qu'ils possèdent une dimension affective (précédés du pronom personnel COI) ou se présentent de manière impersonnelle, ces verbes et locutions conviennent pour exprimer un sentiment, une impression, une opinion, etc.

MÉTHODE

Analyser un personnage

Analyser un personnage, c'est **répondre aux questions** suivantes : **qui ?, quoi ?, où ?, quand ?** et **comment ?**

1. La question **qui ?** (*¿quién?*) rend compte de l'**identité** du personnage. Ce sont tous les éléments, rares ou nombreux, permettant de le **singulariser** : un nom, un prénom, un surnom (*un apodo*), des détails physiques qui lui donnent corps, des expressions, un langage qui révèlent une éducation, une intention, etc.
2. La question **quoi ?** (*¿qué?*) peut paraître évidente même si parfois le personnage s'adonne à quelque chose d'inattendu, qui ne correspond pas à son « profil ». Il faudra s'interroger sur ses actions.
3. Les questions **où ?** (*¿dónde?*) et **quand ?** (*¿cuándo?*) (dans certains textes, ces données ne figurent pas ou sont présentées au début entre parenthèses) permettent d'appréhender le personnage dans son **contexte** : celui-ci éclaire le protagoniste **en situation**. Ces détails ne sont jamais gratuits : le texte met toujours en place une stratégie qui repose, en partie ou dans sa totalité, sur ces deux données qui vont mettre en lumière la **vérité** du personnage, ses **qualités**, ses **défauts**…
4. La question **comment ?** (*¿cómo?*), finalement, reste la plus difficile mais c'est celle qui fait tout l'**intérêt** du texte. Comment le texte dit-il ce qu'il dit ? Quelle est l'intention de l'auteur ? Utilise-t-il la veine comique et pourquoi ? Qu'est-ce qui motive l'ironie présente dans le texte ? A-t-il de l'empathie pour son personnage ou, au contraire, montre-t-il de l'aversion à son égard ?

Pour bien cerner un personnage, il faudra répondre à ces cinq questions fondamentales : là réside la clef.

EXO

Après avoir lu le texte, vous répondrez aux questions suivantes :

« Era la tía Holofernes limpia como el agua, y hacendosa como una hormiga, y por lo tanto no tenía poca cruz[1] con su hija Pánfila, la que a la contra era tan holgazana y tan amiga del padre Quieto, que no la movía un terremoto. Así es que la tía Holofernes empezaba riñendo con su hija cuando Dios echaba sus luces, y cuando las recogía aun duraba la fiesta. "Eres, le decía, floja como el tabaco de Holanda, y para sacarte de la cama se necesita una yunta de bueyes. Huyes del trabajo como de la peste, y te gusta más la ventana, chiquilla sin vergüenza, que a una mona. Más enamorada eres que el tío Cupido; pero o he de poder poco, o has de andar más derecha que un huso y más ligera que el viento." Pánfila, al oír esto, se levantaba, bostezaba, se desperezaba, y cogiéndole las vueltas a su madre[2], se iba a la puerta de la calle. La tía Holofernes, sin advertirlo, se ponía a barrer con una actividad desatinada, acompañando el ruido de la escoba con monólogos de este tenor:

– En mis tiempos las muchachas trabajaban como machos.

La escoba hacía "chis, chis, chis."

– Vivían recogidas como monjas.

Y la escoba: "chis, chis."

– Ahora son un hato de locas – "chis, chis."

– De haraganas – "chis, chis."

– No piensan más que en los novios – "chis, chis."

– Y éstos son un hato de perdidos – la escoba seguía otorgando[3] con sus "chis, chis."

Llegando a la sazón cerca del zaguán, veía a la hija haciendo señas a un mozuelo, y el baile de la escoba terminaba en un buen parado[4] sobre las espaldas de Pánfila, que obraba el milagro de hacerla correr."

Fernán Caballero, *La suegra del Diablo*, Obras completas, © Ed. Atlas, 1961

1. *No tenía poca cruz*: una "cruz" es una pena.
2 *Le cogía las vueltas*: se libraba de ella.
3. *Otorgando*: cf. el refrán: quien calla otorga.
4. *Un parado*: brusca interrupción del movimiento.

a. ¿Se parecían la tía Holofernes y su hija Pánfila? ¿En qué se diferenciaban?
b. ¿Cómo se pasaba el día Pánfila? ¿Y la tía Holofernes?
c. ¿Cuáles eran los quehaceres de Pánfila? ¿Se despertaba temprano?
d. ¿Por qué se iba Pánfila a la puerta de la calle?
e. ¿Le cuadraba bien el nombre? ¿Por qué?
f. ¿Qué hacia la tía Holofernes cuando veía a su hija hablando con un mozuelo?

8 Le sujet d'invention

Les sujets de création (écrire une lettre, imaginer un dialogue, écrire une suite…) ne sont pas exclus de l'épreuve d'expression écrite et feront référence aux problématiques du programme. Cet exercice obéit à des règles bien précises.

COURS

• L'espagnol observe avec plus de régularité que le français la distinction du « réel » et de « l'éventuel » par les modes. Ainsi, quand nous disons « Bien qu'il fasse chaud, (il ne transpire pas) », nous formulons une réalité, et l'espagnol a raison d'employer l'indicatif au lieu du subjonctif : ***Aunque hace calor***...
• À l'inverse, l'expression « Quand je serai grand, (je voyagerai) » ne formule qu'une éventualité, et de ce fait, l'espagnol reste dans la logique en employant le subjonctif : ***Cuando sea mayor***…

La concordance des temps du subjonctif

• Le français moderne n'est pas très rigoureux sur la concordance des temps du subjonctif avec le verbe de la proposition principale et tolère bien souvent l'emploi du présent au lieu de l'imparfait (Je voulais que tu viennes, que tu le lui dises, etc.).
• En espagnol, lorsque le verbe de la principale est au présent de l'indicatif, au passé composé, au futur ou à l'impératif, le verbe de la subordonnée est au présent du subjonctif :

*Algunos de ellos **prohiben** que **pueda** volver.*

• Lorsqu'il est au passé simple, à l'imparfait ou au conditionnel, le verbe est à l'imparfait du subjonctif :

*Se lo **dijo** varias veces para que no se le **olvidase**.*

Utiliser le passé simple et le passé composé

• L'emploi du passé composé et du passé simple ne coïncide pas dans les deux langues : le français manifeste une préférence pour le premier et l'espagnol pour le second. En espagnol, on emploie le passé composé quand l'action est située dans une période de temps qui dure encore au moment où l'on parle : ***este año**, en España **ha llovido** mucho* ; ou quand l'action est encadrée de circonstances ou de conséquences énoncées au présent : *cuando **no ha dormido**, este niño **es** insoportable.*
• On emploie le passé simple quand l'action est située dans une période de temps déjà écoulée au moment où l'on parle : ***ayer**, **apareció** el barco* ; ou quand l'action est encadrée de circonstances ou de conséquences énoncées à l'imparfait ou à un autre temps du passé : ***cuando** lo **vi**, **estaba mirando** por la ventana.*

La traduction des locutions emphatiques « c'est...qui, c'est...que »

• Tandis qu'en français, la formule « c'est » reste à la 3e personne du singulier ou du pluriel (ce sont), le verbe doit, en espagnol s'accorder avec le sujet (***soy yo**, **son ellos***) et en temps avec le verbe principal (***fue** él quien lo **dijo** primero*).

***Serás tú** quien se lo **dirás**.* C'est toi qui le lui dira.
***Fueron ellos** los que se lo **contaron**.* Ce sont eux qui le lui ont raconté.

• Le **relatif** « qui » se traduit par ***quien***, ***quienes*** s'il s'agit de personnes ; ou bien par ***el que***, ***la que***, ***los que*** qui peuvent aussi bien correspondre aux personnes et aux choses.

*Son **los padres quienes** deciden.* Ce sont les parents qui décident.
*Fue **el ejemplo de su tío el que** marcó toda su juventud.* C'est l'exemple de son oncle qui a marqué sa jeunesse.

• Lorsque « c'est…que » sert à détacher un complément circonstanciel, la conjonction « que » se rend par ***como*** après un complément de manière, par ***donde*** après un complément de lieu, par ***cuando*** après un complément de temps, par ***por que*** après un complément de cause.

*Fue **en mayo cuando** se casaron.* C'est en mai qu'ils se sont mariés.
*Será **en Chile donde** se reunirán.* C'est au Chili qu'ils se réuniront.
***Así** es **como** debemos entenderlo.* C'est ainsi que nous devons le comprendre.

MÉTHODE

Passer du discours direct au discours indirect

« – Me parece que debemos tutearnos; los novios de mis amigas se tutean con ellas.
– Bien, pues te tutearé... ya te estoy tuteando.
– También debemos escribirnos todos los días, todos, sin *faltar* uno...
– Corriente. Nos escribiremos. Me entenderé con la criada para que traiga y lleve la correspondencia.
– Y me darás un retrato tuyo. Puedo darte pelo para un medallón. ¿Me lo corto ya? — añadió jugueteando con las puntitas rizadas de la coleta.
– No, cuando yo te dé el retrato."

Emilia Pardo Bazán, *Morriña*, © Ed. Cátedra, 2007.

Sujet proposé : *Ya mayor, la niña le cuenta a una amiga lo que le dijo a su novio de entonces.*

À noter : il s'agit d'un dialogue entre deux enfants. La plupart des verbes de ce dialogue sont au présent de l'indicatif qu'il faudra rendre à l'imparfait de l'indicatif ; les verbes introducteurs de paroles tels que dire, répondre, murmurer, penser, croire, etc., seront quant à eux systématiquement conjugués au passé simple, suivis de la conjonction de subordination ***que*** ou du pronom relatif. **Attention à la concordance des temps du subjonctif.**

Réponse possible :
Le **dije** que **debíamos** tutearnos porque los novios de mis amigas **se tuteaban** con ellas. Él me **dijo** que me **tutearía**, que ya lo **estaba haciendo.** Le **recordé** que **debíamos** escribirnos todos los días, todos, sin faltar uno. Me **contestó** que **nos escribiríamos,** que **se entendería** con la criada *para que **trajera*** y ***llevara*** (subj. imp.) la correspondencia. Por fin, le **pedí** que me ***diera*** un retrato suyo, yo **podía** darle pelo para un medallón, y, jugueteando con las puntitas rizadas de la coleta, le **pregunté** si me lo **cortaba** ya. Me **contestó** que no, que me lo ***cortara*** cuando él me ***diera*** el retrato.

EXO

Años más tarde, Fermín cuenta a su amigo Daniel el diálogo que mantuvo con el doctor Sanahuja.

(La escena pasa en 1939, en la tristemente célebre cárcel de Montjuic, en Barcelona).
"– Si quiere que le diga la verdad, yo creo que para cuando lo trajeron aquí David Martín ya llevaba tiempo mal. ¿Ha oído hablar usted de la esquizofrenia, Fermín? Es una de las nuevas palabras favoritas del señor director.
– Es lo que los civiles gustan en referirse como "estar como una chota".
– No es cosa de broma, Fermín. Es una enfermedad muy grave. No es mi especialidad, pero he conocido algunos casos y a menudo los pacientes oyen voces, ven y recuerdan personas o eventos que no han sucedido jamás... La mente se va deteriorando poco a poco y los pacientes no pueden distinguir entre la realidad y la ficción.
– Como el setenta por ciento de los españoles... ¿Y cree usted que el pobre Martín sufre esa dolencia, doctor?
– No lo sé con seguridad. Ya le digo que no es mi especialidad, pero yo creo que presenta algunos de los síntomas más habituales.
– A lo mejor en este caso esa enfermedad es una bendición...
– Nunca es una bendición, Fermín.
– ¿Y sabe él que está, digamos, afectado?
– Al loco siempre le parece que los locos son los demás.
– Lo que yo decía del setenta por ciento de los españoles...
Un centinela los observaba desde lo alto de una garita, como si quisiera leerles los labios.
– Baje la voz, que aún nos va a caer una bronca.
El doctor indicó a Fermín que se dieran la vuelta y se encaminaran al otro extremo del patio.
– En los tiempos que corren, hasta las paredes tienen oídos – dijo el doctor.
– Ahora solo faltaría que tuviesen medio cerebro entre los dos y a lo mejor salíamos de ésta – replicó Fermín.
– ¿Sabe lo que me dijo Martín la primera vez que le hice un reconocimiento a instancias del señor director?
"– Doctor, creo que he descubierto el único modo de salir de esta prisión.
"– ¿Cómo?
"– Muerto.
"– ¿No tiene otro método más práctico?
"– ¿Ha leído usted *El conde de Montecristo*, doctor?
"– De chaval. Casi no lo recuerdo.
"– Pues reléalo usted. Está todo allí."

Carlos Ruiz Zafón, *El prisionero del cielo*, © Ed. Planeta, 2011.

Espagnol

Sujet du Bac

Bac blanc

Document 1

« Cuando Giorgio Morandi murió, el 18 de junio de 1964, en el caballete de su estudio se encontró su última obra, pulcra[1] y terminada, un lienzo de formato pequeño, como casi todos los suyos, con una firma nítida en el ángulo inferior izquierdo, "Morandi", escrita con una caligrafía algo escolar. [...]. Durante mucho tiempo se preparó él mismo los colores; se complacía en las tareas manuales, en tensar el lienzo sobre el bastidor, en disponer sobre la mesa del estudio los objetos que iba a pintar. Giorgio de Chirico dijo de él que vivía sumergido en la astronomía de las cosas: las más cercanas y vulgares, botellas, latas panzudas de aceite, jarras, tazas de porcelana, tarros de alimentos, cajas. Otros viven, vivimos, con el desasosiego[2] de lo no logrado o de lo perdido, de ir y volver, de estar en otra parte, de volver sobre nuestros pasos para explorar un camino que dejamos atrás; con la ambición insensata de decirlo todo. Giorgio Morandi, después de un periodo juvenil excepcionalmente corto de incertidumbre y tanteo, se convirtió muy pronto en lo que ya iba a ser siempre, pero en esa fidelidad a sí mismo no hay ni un rastro de autoindulgencia, igual que no hay repetición ni receta en el laconismo visual de su mundo: dos o tres autorretratos, algunos paisajes, una astronomía de objetos dispuestos sobre una mesa más frugal todavía que las de nuestro Sánchez Cotán[3] [...]. La atención distraída solo advierte monotonía, y huye en busca de entretenimiento. Lo que Morandi pide es, en un grado menor, lo mismo que se exige a sí mismo, la quietud fervorosa de una contemplación que suspende el tiempo, que permite ver simultáneamente la verdad y la apariencia de las cosas, su condición doble de presencia tangible y de ilusión de los sentidos. El último cuadro de Morandi, como casi todos, se llama *Natura morta*, y desprende una serenidad que se va volviendo más misteriosa según me voy dejando atraer por él. [...]. En el centro hay tres objetos, [...]. Las tres mismas cosas aparecen en otros cuadros de Morandi, y también en las fotografías que se conservan de su estudio, que parecía más bien una celda, la de un monje o la de un recluso voluntario, el cuarto con la cama estrecha que hace de sofá y que tal vez es la misma en la que este hombre durmió de niño, en el principio de su vida quieta, de su carrera de funcionario menor en una capital de provincias."

Antonio Muñoz Molina, *Astronomía de Morandi*, El País, 15.11.2008.

1. pulcra: *très soignée* – 2. el desasosiego: *l'intranquilité* – 3. pintor español (1560-1627).

Document 2

"Había grandes lagunas de semanas y semanas en la crónica de mi propio existir; temporadas que no me dejaban un recuerdo válido, la huella de una sensación excepcional, una emoción duradera; días en que todo gesto me producía la obsesionante impresión de haberlo hecho antes en circunstancias idénticas – de haberme sentado en el mismo rincón, de haber contado la misma historia, mirando al velero preso en el cristal de un pisapapel. Cuando se festejaba mi cumpleaños en medio de las mismas caras, en los mismos lugares, con la misma canción repetida en coro, me asaltaba invariablemente la idea de que esto sólo difería del cumpleaños anterior en la aparición de una vela más sobre un pastel cuyo sabor era idéntico al de la vez pasada. Subiendo y bajando la cuesta de los días, con la misma piedra en el hombro, me sostenía por obra de un impulso adquirido a fuerza de paroxismos – impulso que cedería tarde o temprano, en una fecha que acaso figuraba en el calendario del año en curso. Pero evadirse de esto, en el mundo que me hubiera tocado en suerte, era tan imposible como tratar de revivir, en estos tiempos, ciertas gestas de heroísmo o de santidad. Habíamos caído en la era del Hombre-Avispa, del Hombre-Ninguno, en que las almas no se vendían al Diablo, sino al Contable o al Cómitre[1]. Por entender que era vano rebelarse, luego de un desarraigo[2] que me hiciera vivir dos adolescencias – la que quedaba del otro lado del mar y la que aquí se había cerrado –, no veía dónde hallar alguna libertad fuera del desorden de mis noches, en que todo era buen pretexto para entregarme a los más reiterados excesos. Mi alma diurna estaba vendida al Contable – pensaba en burla de mí mismo –; pero el Contable ignoraba que, de noche, yo emprendía raros viajes por los meandros de una ciudad invisible para él, ciudad dentro de la ciudad, con moradas para olvidar el día, como el Venusberg y la Casa de las Constelaciones [...]. Atado a mi técnica entre relojes, cronógrafos, metrónomos, dentro de salas sin ventanas revestidas de fieltros[3] y materias aislantes, siempre en lugar artificial, buscaba, por instinto, al hallarme cada tarde en la calle ya anochecida, los placeres que me hacían olvidar el paso de las horas."

Alejo Carpentier, *Los pasos perdidos*, © Ed. Akal, 2008.

1. el cómitre: *le garde-chiourme* – 2. el desarraigo: *le déracinement* – 3. los fieltros: *les feutres*.

Compréhension

Contestar en español.

1. El protagonista es (texto 1 y 2):
   a. escritor;
   b. músico;
   c. pintor;
   d. escultor;
   e. arquitecto.

Justifica tu respuesta con tres elementos sacados del texto.

2. Cita cuatro elementos representados por Morandi (texto 1).
Cita cuatro elementos que justifican el sentimiento de repetición que experimenta el narrador (texto 2).
3. ¿En qué era había caído el protagonista? (texto 2)
4. ¿De qué manera el narrador hace partícipe al lector? (texto 1 y 2)
5. ¿Cómo olvidaba el narrador el paso de las horas? (texto 2)
6. ¿Qué frase del texto 1 podría resumir el texto 2?
7. ¿Qué frase del texto 2 podría resumir el texto 1?
8. Qu'est-ce qui rapprochent ces deux textes? Qu'est-ce qui les distingue?
Répondre en français.

Expression

1. Los dos textos evidencian dos maneras distintas de encarar la realidad. ¿Qué actitud te parece la más representativa de nuestra época? Justifica tu respuesta en unas quince líneas.

ou

2. "Pero evadirse de esto (…) era tan imposible como tratar de revivir, en estos tiempos, ciertas gestas de heroísmo o de santidad" (texto 2). Comenta esta frase en unas quince líneas.

Économie

1 page 9

1 Conséquences des évolutions démographiques sur l'emploi : les projections démographiques à l'horizon 2060 prévoient une population active plus âgée sous l'effet de l'allongement de la durée des études et donc l'entrée tardive sur le marché du travail, mais aussi du fait de la réforme des retraites. Ces changements auront donc un impact sur l'emploi des jeunes : ils seront confrontés à un déficit d'emplois, en Europe notamment.
2 Facteurs d'évolution de la population active : la démographie, le taux d'activité, l'immigration.

2 page 11

1 Le système de l'assurance maladie est déficitaire et contribue à augmenter l'endettement de la France. Les dépenses évoluent plus rapidement que les ressources.
2 Les principales mesures d'économie proposées par le rapport : la limitation de la hausse des dépenses, le déremboursement de certaines dépenses médicales, l'augmentation des franchises, la restructuration des hôpitaux, des pharmacies, l'encadrement des honoraires de médecins et la baisse des prix des laboratoires.
3 Non, ces mesures ne suffisent pas car seules celles limitant les dépenses sont prises en compte (efficacité limitée et de court terme), sans mener véritablement des réformes structurelles remettant en cause le système de santé actuel.

3 page 13

1 Les pays n'ont pas coordonné les mesures prises pour lutter contre la crise, pourtant mondiale.
2 La coordination des politiques est nécessaire pour permettre une meilleure efficience et donc une croissance forte et durable ; l'impact des mesures contribuera à remédier aux déséquilibres mondiaux. Face à une crise mondiale, la riposte doit être mondiale.

4 page 15

1 Le graphique 1 permet de visualiser l'évolution de la balance commerciale de la France depuis 1971 en milliards d'euros. Deux courbes présentent l'évolution des exportations et des importations, le solde (la différence entre les deux), lui, fait l'objet d'un histogramme, toujours sur la même période.
Le niveau des flux d'échanges a connu une croissance exponentielle en 40 ans. La tendance générale reste déficitaire hormis une période dans les années 1990 (1993 à 1999).
Sur le plan global, le déficit est dû essentiellement au poids croissant des importations d'énergie et des biens d'équipement. La situation défavorable des échanges commerciaux est également due à la spécialisation de l'appareil productif non adapté à la demande mondiale, ce qui pénalise les exportations. De surcroît la France reste tributaire des grands contrats (avions, TGV, centrales nucléaires, armement).
Cependant certains secteurs contribuent à conforter la puissance commerciale française : l'agroalimentaire, le luxe, le tourisme.
La spécialisation de l'appareil productif français reste cependant inadaptée à la demande mondiale avec une compétitivité coût et hors coût (recherche, innovation) insuffisante.
2 Le taux de couverture exprime le rapport entre les exportations et les importations. Lorsqu'il est supérieur à 100 cela signifie que les exportations françaises couvrent les importations. Lorsqu'il est inférieur, la France ne couvre pas ses importations par ses exportations. Ce ratio permet de comparer le solde des échanges commerciaux entre deux périodes.
Le graphique 2 présente les flux d'exportations et d'importations ainsi que le taux de couverture depuis 1971. On constate que ce taux de couverture est beaucoup plus heurté dans son évolution. Il atteint son point le plus bas en 2011 puisque les exportations ont couvert à 85,8 % seulement les importations.
Ce sont les contrecoups liés au renchérissement du coût des matières premières qui expliquent en grande partie ces taux, ainsi que la dernière crise financière (2007).

5 page 17

1 Le tableau, extrait du site internet de l'UE, présente les objectifs en terme d'emploi, de recherche et développement (R&D), d'efficacité énergétique et de réduction de la pauvreté pour les pays membres à l'horizon 2020. Cependant seuls les objectifs affichés pour la France et l'Allemagne sont retenus ici.
L'UE annonce des objectifs ambitieux dans des domaines clés susceptibles d'améliorer l'efficacité du système éducatif, l'utilisation des ressources énergétiques, tout en favorisant l'emploi et en réduisant la pauvreté.
Dans l'ensemble, les objectifs des deux pays sont aussi ambitieux que ceux de l'UE :
- pour l'emploi, il s'agit d'atteindre un taux d'emploi de 77 % pour l'Allemagne et de 75 % pour la France ; l'objectif de l'UE est lui de 75 % ;
- il est en de même pour les dépenses de R&D, 3 % du PIB, comme préconisé par l'UE ;
- pour l'enseignement supérieur, l'Allemagne et la France souhaitent respectivement que 42 % et 50 % de la population soit titulaire d'un diplôme du supérieur, contre 40 % pour l'ensemble de l'UE ;
- le taux de décrochement scolaire de 10 % maximum prôné par l'UE est sensiblement le même pour les deux pays ;
- en matière énergétique, réduction des émissions de CO_2, d'énergies renouvelables et d'efficacité énergétique, les objectifs sont similaires dans les grandes tendances, avec un niveau plus bas pour les émissions de CO_2 pour l'UE (– 20 %, au lieu de – 14 % pour l'Allemagne et la France) ;
- enfin, la France et l'Allemagne contribuent à la réduction de la pauvreté dans l'Union Européenne.

2 Ces objectifs participent à l'intégration économique des pays membres de l'UE en ce qu' :
- ils amélioreront l'efficacité du système éducatif pour une meilleure insertion professionnelle ;
- ils rendront à terme, plus compétitives les économies qui s'appuieront d'avantage sur la recherche et l'innovation, facteurs de croissance économique ;
- ils contribueront à lutter contre les changements climatiques et à favoriser les énergies renouvelables, sources également de croissance et d'emploi.

6 page 19

1 La notion de croissance verte est ainsi définie : une croissance qui satisfait les besoins essentiels du développement humain, qui repose sur un usage plus rationnel des ressources, des nouveaux produits et services, ces derniers formant l'essentiel de la valeur ajoutée.
2 Selon l'auteur, le modèle actuel de croissance n'est plus adapté puisqu'il n'est plus compatible avec la préserva-

tion de l'environnement et une utilisation rationnelle des ressources énergétiques. L'augmentation de la population mondiale et son aspiration au développement ne permettent pas de réduire efficacement les émissions de CO_2, ni d'obtenir des gains significatifs en matière d'efficacité énergétique.

Droit

7 page 21

1 La responsabilité est civile quasi délictuelle. On peut considérer ici qu'il s'agit d'un accident : comme le précise le sujet, nous n'envisageons pas ici la responsabilité pénale (infraction pénale). Le fondement de la responsabilité civile est la responsabilité du fait personnel. Les ayants droit devront prouver : – le dommage : le décès de la personne, ce qui constitue un préjudice matériel et moral pour l'entourage ; – le fait dommageable : le coup de fusil imprudent ; – le lien de causalité : le coup de feu qui a provoqué le décès de la personne.

2 La responsabilité civile quasi délictuelle est ici engagée du fait d'autrui, des enseignants du fait de leurs élèves : – le dommage est corporel (la blessure) ; – le fait dommageable réside dans la maladresse de manipulation des ciseaux ; – le lien de causalité existe : la blessure est provoquée par la manipulation inopportune des ciseaux.

3 La responsabilité civile quasi délictuelle repose sur le fondement de la responsabilité d'autrui, des employeurs du fait de leurs salariés. L'employeur est présumé fautif, c'est une présomption absolue fondée sur la notion de risque : – le dommage est corporel (la fracture) ; – le fait dommageable est le coup donné par l'un des salariés ; – le lien de causalité existe : la fracture résulte de la bagarre.

4 La responsabilité civile quasi délictuelle est engagée du fait des choses, et plus particulièrement du fait des animaux : – le dommage est corporel (la morsure) ; – le fait dommageable est l'intervention de l'animal ; – le lien de causalité existe : la morsure est provoquée par le chien. Il s'agit d'une responsabilité sans faute dont seule la force majeure (événement imprévisible, insurmontable et externe au responsable présumé), le fait d'un tiers ou la faute de la victime exonèrent le gardien.

5 Le producteur, ici le boucher, est responsable du dommage causé par un défaut de son produit, qu'il soit ou non lié par un contrat. Ici, il n'a pas de distinction entre responsabilité contractuelle et délictuelle. Le régime est celui de la responsabilité extracontractuelle (délictuelle), puisqu'il doit réparer, dans tous les cas : – le dommage est corporel (intoxication) ; – le fait dommageable est constitué par la viande contaminée (produit défectueux) ; – le lien de causalité existe : l'intoxication est provoquée par le défaut du produit (viande contaminée). Il existe des causes d'exclusion de la responsabilité du producteur, limitativement énumérées par la loi (art. 1386-11 du code civil).

8 page 23

1 Le fait de modifier le planning d'un salarié protégé constitue-t-il une modification de son contrat de travail, justifiant la nullité de la rupture du contrat de travail pour violation du statut protecteur du salarié ?

2 Selon la Cour de cassation, « *l'employeur avait modifié les conditions de travail du salarié protégé, ce dont il résultait un manquement grave à ses obligations, justifiant la nullité de la rupture du contrat de travail pour violation du statut protecteur du salarié* ».

En effet, la Cour de cassation confirme l'arrêt de la Cour d'appel, au motif que le salarié, alors qu'il était affecté au houssage des palettes un jour sur deux et une semaine sur deux, en alternance avec d'autres membres de l'entreprise, s'était vu imposer par son employeur un houssage des palettes toute la matinée, sans qu'une alternance ne soit organisée avec d'autres tâches, contrairement aux préconisations du médecin du travail.
Ainsi, le salarié protégé, qui a pris acte de la rupture de son contrat de travail, peut justifier des manquements de son employeur aux règles applicables au contrat de travail et aux exigences propres à l'exécution des mandats dont il est investi.

3 Deux situations sont à distinguer : les salariés représentants du personnel bénéficient d'une protection qui les couvre des éventuels changements des conditions de travail. Ainsi, un employeur ne peut pas leur imposer un changement de leurs conditions de travail ; il doit obtenir leur accord. Cependant, une modification des conditions de travail s'impose aux salariés non protégés. Seule une modification d'un élément essentiel de leur contrat nécessite leur accord (rémunération, qualification, lieu de travail, durée du travail).
Par conséquent, la solution de la Cour de cassation aurait été différente si le salarié n'avait pas été membre du CHSCT.

9 page 25

La méthodologie :

– les acteurs en présence : Madame Marie Recadot, salariée ; monsieur X, employeur ;
– les faits : Marie Recadot a été embauchée le 15 juin 2010 en qualité d'hôtesse d'accueil et travaille depuis un mois sans contrat à durée déterminée. Son employeur lui propose de la prolonger en CDD, voire de la garder en CDI ;
– la branche du droit concernée : le droit du travail ;
– la juridiction compétente : le Conseil de prud'hommes ;
– les problèmes juridiques posés : l'employeur peut-il rétablir la situation par la conclusion d'un CDD ? Madame Recadot peut-elle demander la rupture de son contrat de travail et solliciter des indemnités ?

Réponses aux problèmes juridiques posés :

• <u>L'employeur peut-il rétablir la situation par la conclusion d'un CDD ?</u>
Prémisse majeure : Le CDI est la règle, le CDD l'exception. Ainsi, le législateur organise des sanctions en cas de non respect de la loi pour faire respecter ce caractère d'exception. Parmi ces sanctions, il y a la requalification du CDD en CDI, qui permet au juge, à la demande du salarié, de considérer, en présence d'un CDD conclu en violation des dispositions spécifiques à ce type de contrat, et par le jeu de présomptions, qu'il s'agit en fait d'un CDI. Cette requalification découle d'une procédure judiciaire d'exception, laquelle doit être intentée devant le Conseil de prud'hommes.
Prémisse mineure : Une salariée est embauchée et travaille depuis un mois sans contrat de travail écrit.
Solution : Le CDD doit obligatoirement faire l'objet d'un écrit. Á défaut, il est réputé conclu à durée indéterminée. Ainsi, la seule solution pour l'employeur est donc la conclusion d'un CDI.

• <u>Madame Recadot peut-elle demander la rupture de son contrat de travail et solliciter des indemnités ?</u>
Prémisse majeure : En dehors de la période d'essai, le CDD peut être rompu avant le terme prévu, dans les cas suivants :
– accord entre l'employeur et le salarié ;
– demande du salarié qui justifie d'une embauche en CDI ;
– faute grave (ou faute lourde) du salarié ou de l'employeur ;
– force majeure ;
– inaptitude constatée par le médecin du travail.

Corrigés

L'indemnité de fin de contrat est versée au salarié si la rupture anticipée est obtenue soit à la suite d'un accord entre le salarié et l'employeur, soit pour cause d'inaptitude du salarié. Cette indemnité, dite « prime de précarité », n'est toutefois pas versée dans certains cas :
- si le salarié refuse un CDI pour occuper le même emploi ou un emploi similaire, avec une rémunération au moins équivalente ;
- si rupture anticipée du contrat à l'initiative du salarié ;
- si rupture anticipée du contrat due à la faute grave (ou faute lourde) du salarié ou à un cas de force majeure ;
- si rupture du CDD au cours de la période d'essai ;
- si emploi saisonnier ou emploi pour lequel l'usage exclut le recours à un CDI ;
- si contrat conclu dans le cadre des mesures pour l'emploi ou en vue d'assurer un complément de formation professionnelle ;
- si contrat conclu avec un jeune pendant ses vacances scolaires ou universitaires.

Prémisse mineure : une salariée souhaite rompre un contrat de travail formé verbalement, malgré les promesses de l'employeur de la garder en CDD ou CDI.

Solution : Considérant qu'aucun écrit n'a été établi et signé par les deux parties, employeur et salarié, dans les délais exigés par la loi, à savoir deux jours ouvrables suivant l'embauche, le contrat est réputé avoir été conclu pour une durée indéterminée. Il s'agit d'une présomption légale contre laquelle l'employeur ne peut apporter aucune preuve contraire.

Il suffit donc à la salariée, Madame Recadot, de déposer une demande de requalification auprès du Conseil des prud'hommes qui devra statuer dans le délai d'un mois.

Les juges devront alors accorder au salarié une indemnité au moins égale à un mois de salaire, à la charge de l'employeur (article L.1245-2 du code du travail).

10 page 27

1 Analyse de la décision de justice :
- les faits : en raison de la participation des salariés à un arrêt de travail le 3 juin 2003 ayant pour but d'obtenir la renégociation du projet gouvernemental de réforme des retraites, l'employeur ne leur règle pas la prime d'assiduité pour le premier semestre 2003, prévue par un accord collectif qui en conditionne le versement à la présence effective des salariés ;
- la procédure : il s'agit d'un pourvoi en cassation (décision de rejet) contre le jugement du Conseil de prud'hommes de Tourcoing en date du 25 mai 2004 ;
- les moyens invoqués par l'auteur du pourvoi (l'employeur) : pour l'employeur, « seule une cessation collective et concertée du travail en vue d'appuyer des revendications professionnelles constitue une grève ; qu'en l'espèce, il résulte du jugement que l'arrêt de travail observé par les salariés le 3 juin 2003 avait pour but d'obtenir la renégociation du projet gouvernemental de réforme des retraites ; qu'en affirmant qu'il reposait sur des revendications professionnelles et constituait une grève, le Conseil de prud'hommes a violé l'article L. 521-1 du code du travail ; […] » ;
- le problème de droit : une cessation concertée et collective du travail en vue de soutenir un mot d'ordre national pour la défense des retraites constitue-t-il une revendication professionnelle caractérisant l'exercice du droit de grève ?
- La solution :

Motifs : En premier lieu, la Cour de cassation affirme qu'une cessation concertée et collective du travail en vue de soutenir un mot d'ordre national pour la défense des retraites constitue une revendication à caractère professionnel et caractérise l'exercice du droit de grève.

Ensuite elle relève que l'employeur peut tenir compte des absences motivées par la grève pour l'attribution d'une prime d'assiduité, si toutes les absences, autorisées ou non, entraînent les mêmes conséquences.

Or, les absences pour événements familiaux ou les absences conventionnelles, prévues par l'accord d'entreprise, ne donnent pas lieu à retenue : il en résulte que la suppression de la prime d'assiduité en cas de grève constitue une mesure discriminatoire.

C'est ainsi qu'elle en conclut que le Conseil de prud'hommes a légalement justifié sa décision.

Dispositif : rejet du pourvoi.

2 Juridiquement, le droit de grève se définit comme une *« interruption concertée et collective du travail par des salariés afin d'assurer le succès de leurs revendications ».*

Selon la Cour de cassation, « l'exercice du droit de grève résulte objectivement d'un arrêt collectif et concerté du travail en vue d'appuyer des revendications professionnelles ».

Lorsqu'un arrêt de travail n'entre pas dans la définition du droit de grève, il doit être requalifié en mouvement illicite.

Sont considérées comme grèves illicites :
- la grève du zèle, qui se définit comme la diminution de l'efficacité du travail par l'application à la lettre des consignes données et l'observation minutieuse de toutes les formalités administratives ;
- une grève déclenchée à la suite d'un licenciement prononcé pour un motif strictement personnel et dont la légitimité ne peut justifier une réaction de défense collective ;
- la grève politique : il s'agit d'une grève dirigée non contre l'entreprise mais contre la politique menée par le gouvernement ;
- le piquet de grève qui aboutit au blocage des portes de l'établissement, empêchant les non grévistes d'entrer ;
- la grève sauvage qui éclate spontanément, sans initiative syndicale.

10 page 29

• Méthodologie :
- les acteurs en présence : Xavier, salarié ; La Poste, employeur ;
- les faits : Xavier, salarié dans une entreprise de sertissage de tuyaux industriels, emprunte du matériel de l'entreprise sans autorisation, pour faire des travaux de plomberie chez lui. Suite au constat de disparitions et pannes de matériels, l'employeur met en place des caméras sans en avertir son personnel. Les images relevant la prise de matériel par Xavier, l'employeur licencie ce dernier sans entretien préalable en raison de la gravité de l'acte ;
- la branche de droit concernée : le droit du travail ;
- la juridiction compétente : le Conseil de prud'hommes ;

• Le problème juridique : Xavier est-il en droit de contester son licenciement ? Si oui, en vertu de quel(s) fondement(s) juridique(s) ?

Prémisse majeure : Si l'employeur a la faculté de contrôler le travail réalisé par tout salarié de l'entreprise, il doit veiller au respect des dispositions de l'article L. 2323-3 du code du travail, s'il met en place un système de surveillance et de contrôle de l'activité des salariés. En effet, pour constituer un moyen de preuve licite, un dispositif de contrôle et de surveillance des salariés doit au préalable avoir été porté à leur connaissance.

Il ressort de l'arrêt de la chambre sociale de la Cour de cassation en date du 4 juillet 2012 que, pour identifier le salarié qui enfreint les usages de l'entreprise, l'employeur ne peut pas avoir recours, à l'insu du personnel, à un « *dispositif de contrôle clandestin et, à ce titre, déloyal* », ici, l'introduction dans le courrier de « *lettres dites « festives » (ayant la particularité de diffuser une encre bleue si elles sont ouvertes)* ».

Prémisse mineure : Un salarié a emprunté du matériel de l'entreprise sans autorisation. L'employeur l'a licencié sans entretien préalable, disposant d'un moyen de preuve vidéo non connu du salarié.

Solution : l'employeur a mis en place un système de vidéo-surveillance sans en informer le personnel. Le mode de preuve de la faute commise par le salarié est illicite, puisqu'il découle d'un stratagème. De surcroît, les règles de formes, liées à un licenciement individuel pour motif personnel, n'ont pas été respectées.

Le licenciement est donc sans cause réelle et sérieuse et il est également irrégulier.

Ainsi, Xavier peut contester son licenciement devant la juridiction prud'homale pour licenciement sans cause réelle et sérieuse.

12 page 31

1 Les libertés économiques dont jouissent les entreprises sont les suivantes :

- *la liberté de commerce et d'industrie ou liberté d'entreprendre* (décret d'Allarde, 1791) : tout individu peut exercer librement et sans contrainte le métier de son choix ;
- *la liberté de contracter* ;
- *la liberté de propriété* : les individus sont propriétaires de s moyens de production de leur entreprise ;
- *la liberté de concurrencer* : l'état ne doit pas fausser le jeu de la libre concurrence au travers de ses interventions.

2 Rôle de l'Autorité de la concurrence :

Autorité administrative indépendante (AAI), elle a pour mission de faire respecter l'ordre public économique, de veiller au bon fonctionnement du marché en sanctionnant les pratiques commerciales déloyales.

Les missions de l'Autorité de la concurrence sont de trois ordres :

- une *fonction décisionnelle* : la loi du 4 août 2008 transfère à l'Autorité de la concurrence le pouvoir décisionnel qui appartenait au ministère en matière de contrôle des concentrations. Un contrôle des concentrations d'entreprises est nécessaire car l'émergence de la structure économique renforcée par la fusion ou la prise de participation peut avoir des conséquences anticoncurrentielles.
- une *fonction consultative* : l'autorité peut être consultée pour avis par les commissions parlementaires sur les propositions de lois concernant la concurrence ; également pour avis par le gouvernement, par les organisations professionnelles et syndicales et par les organisations de consommateurs.

Depuis l'ordonnance du 13 novembre 2008, elle peut désormais prendre l'initiative de donner son avis sur toutes questions concernant la concurrence. Elle peut également faire des recommandations.

Elle peut être consultée par les juridictions civiles ou pénales, de jugement ou d'instruction, sur les pratiques anticoncurrentielles dont elles sont saisies.

Concernant les *consultations obligatoires*, le Gouvernement doit consulter l'Autorité de la concurrence sur les projets de textes règlementaires qui auraient pour effet de soumettre l'exercice d'une profession ou l'accès à un marché à des restrictions quantitatives, d'établir des droits exclusifs dans des zones géographiques ou d'imposer des pratiques uniformes en matière de prix. Enfin, elle doit obligatoirement être consultée avec avis conforme lorsque le Gouvernement envisage d'autoriser par décret certaines catégories d'accord restrictif de concurrence, mais de nature à améliorer la gestion des entreprises.

- une *fonction contentieuse* : elle a un réel pouvoir de sanction dans trois cas : en cas d'ententes, d'abus de domination ou de prix prédateurs, c'est-à-dire de prix abusivement bas ayant pour objet ou pour effet d'élimer un concurrent ou de l'empêcher d'accéder au marché.

3 Les pratiques restrictives de concurrence condamnées :

- produits Hi-Fi : pratiques commerciales discriminatoires ;
- parapharmacie : vente exclusive dans les pharmacies ;
- téléphonie mobile : entente et partage du marché ;
- parfumerie : entente sur les prix ;
- Iphone : distribution exclusive par Orange ;
- banques : commissions bancaires injustifiées.

4 L'Autorité de la Concurrence fait référence à l'ordre public économique.

13 page 33

1 Critères de choix des formes juridiques des entreprises : la taille, le type de direction, l'exercice du pouvoir, la propriété du capital.

2 Principales motivations d'un entrepreneur : la responsabilité indéfinie sur tous ses biens, le niveau de capitaux requis pour se développer, l'obtention de crédit, la participation d'investisseurs, la recherche de partenariats.

Sujets du Bac Économie page 34

Questions de nature méthodologique :

1 a. Le graphique « Davantage de secteurs dans le rouge » présente l'évolution annuelle de 2012 à 2013 de la valeur ajoutée en pourcentages par secteur économique en France, à partir des prévisions de l'institut Xerfi.

Globalement cet institut prévoit un recul de la production (une fois déduites les consommations intermédiaires) en 2013.

- Certains secteurs connaîtront une évolution positive, qui restera cependant inférieure ou égale à celle de 2012 : gestion de l'eau et des déchets, communication, agroalimentaire, services immobiliers ;
- d'autres secteurs résisteront mieux, en évolution par rapport à 2012 : les services financiers, les télécommunications -informatique, l'Administration, éducation, santé ;
- tous les autres secteurs subiront encore les conséquences de la crise et seront mal orientés.

La crise économique qui a suivi la crise financière a impacté d'abord l'industrie et semble aujourd'hui atteindre les services qui passent dans le rouge en raison de la faiblesse de la consommation.

1 b. Définitions des termes :

- Croissance : Augmentation de la quantité de biens et services produite sur le plan national. Elle est généralement exprimée en pourcentage et mesure l'évolution de la production nationale (PIB) d'une année sur l'autre.
- Récession : Diminution du taux de croissance du PIB
- Consommation des ménages : Satisfaction d'un besoin par l'usage d'un bien ou un service. La consommation d'un ménage est qualifiée de finale.
- Pouvoir d'achat : quantité de biens et services qu'un revenu permet d'obtenir. Il évolue avec l'inflation qui entraîne sa diminution si le revenu progresse moins vite.

1 c. Pourquoi la croissance française est-elle en panne ?

La consommation (des ménages), qui tire la croissance française, est en recul du fait de la perte de pouvoir d'achat des ménages. L'épargne, pourtant importante des Français bien qu'en baisse, ne sera pas utilisée pour compenser cette perte de pouvoir d'achat et maintenir le niveau de consommation d'avant la crise.

Autre facteur explicatif : la baisse prévisionnelle de l'investissement, qui semble s'amplifier malgré le pacte de compétitivité annoncé par le Gouvernement.

Enfin, les perspectives d'exportation ne sont guère rassurantes : la croissance des BRIC marque le pas, la crise affectant de surcroît les pays de l'Est, considérés comme des débouchés potentiels lors de l'élargissement de l'Union Européenne.

Questions de nature analytique :

2 a. La France est confrontée à une désindustrialisation liée à la conjonction de plusieurs facteurs. Une partie des emplois est transférée dans les services du fait de l'externalisation et de l'interim, tout en générant des gains de productivité, favorisant une pression à la baisse des prix. La compétitivité-coût de la France ne lui permet pas de consolider ses marges en Europe face l'Allemagne, ni de lutter contre la concurrence des pays à bas coûts. Il en résulte que sa capacité d'investir s'érode, entraînant à terme une désindustrialisation du pays. La France peut-elle redresser son industrie ? A-t-elle remédié aux insuffisances qui ont conduit à cette industrialisation ?

2 b. « *Au-delà des coûts* », la France doit 1°) innover autrement, 2°) investir d'avantage et réorienter l'épargne des ménages 3°) mieux former les salariés et améliorer le management dans les entreprises.

1) Innover autrement : la baisse du coût du travail reste déterminante, mais elle ne doit pas faire oublier que la « *compétitivité hors-coût* » de l'industrie est indispensable, c'est même le premier chantier à mener. Il convient donc de relancer *« la recherche et développement ((R&D)* », favoriser l'innovation des produits en stimulant les dépenses de R&D, en mettant en place un crédit impôt recherche ou innovation, notamment pour les PME. Néanmoins les PME devront s'inscrire dans une démarche de « *compétitivité hors coût 'open'* » c'est-à-dire ouverte à toute innovation, qu'elle porte sur les produits ou services, ou sur les processus, c'est-à-dire des méthodes de production permettant des gains de productivité, le marketing, l'organisation, etc.

2) Investir d'avantage : cela devrait permettre à la France de rattraper son retard, notamment en matière de robotisation pour relocaliser certaines activités industrielles.

Pour soutenir cette politique industrielle, il faut activer un autre levier : *celui du financement de cette compétitivité,* afin de développer le capital risque. La création d'une banque publique d'investissement (BPI) remédie à la frilosité des banques dans leur financement des PME. Parallèlement *l'épargne* des ménages va être « *réorientée vers les investissements productifs* » par une réforme de la fiscalité.

3) Mieux former les salariés et améliorer le management dans les entreprises : le système éducatif reste peu professionnalisant et plus élitiste en France qu'en Allemagne. La « refondation de l'école » lancée par le Ministre de l'éducation nationale participe de cette volonté d'évolution. En outre la formation des managers doit être démocratisée et les enseignements professionnels, de l'apprentissage et de la formation doivent être revalorisés, afin de forger une culture du dialogue social comme en Allemagne, avec une place pour le salarié dans le système décisionnel de l'entreprise.

Sujets du Bac — Droit page 38

1 a. Les obligations qui découlent du contrat de travail.

L'employeur doit :

– fournir un travail dans le cadre de l'horaire établi ;
– verser le salaire correspondant au travail effectué ;
– respecter les autres éléments essentiels du contrat de travail (qualification, lieu de travail…) ;
– faire effectuer le travail dans le respect du Code du travail et de la convention collective applicable à l'entreprise.

Le salarié doit :

– observer les horaires de travail ;
– réaliser le travail demandé conformément aux instructions données ;
– respecter les engagements mentionnés dans le contrat de travail et le règlement intérieur (s'il existe) ;
– ne pas faire de concurrence déloyale à son employeur.

1 b. L'article 1108 du code civil précise les conditions essentielles de validité de toute convention :

– le consentement des parties, concrétisé par la signature de l'employeur et du salarié. Il ne doit pas être vicié ;
– la capacité à contracter, c'est-à-dire l'aptitude d'une personne à être titulaire de droits et à les exercer : Madame Drumont est capable de contracter ; rien n'indique qu'elle est frappée d'une incapacité ;
– un objet certain, qui forme la matière de l'engagement. L'objet est ce à quoi le contractant s'est engagé ; il doit exister et être déterminé et licite. Ici, il s'agit de définir la relation de travail, avec les droits et obligations de chacun.
– une cause licite dans l'obligation, c'est-à-dire la raison pour laquelle le contractant s'engage : obtenir une rémunération en contrepartie de la fourniture d'un travail.

Le contrat de travail de Mme Drumont est donc valide.

2 a. Il s'agit d'un licenciement pour motif personnel. En effet il y a une rupture du contrat de travail à l'initiative de l'employeur pour une raison ou un fait inhérent à la personne du salarié. Comme pour tout motif de licenciement, le motif personnel invoqué par l'employeur doit être réel et sérieux.

2 b. Le motif de licenciement de Mme Drumont est le suivant : absences répétées causant une perturbation dans le fonctionnement de l'entreprise.

Le code du travail interdit le licenciement d'un salarié en raison de son état de santé (art. L. 1132-1). Le licenciement pour cause de maladie tombe en effet sous le coup de la discrimination, et est donc nul.

Toutefois, dans une situation objective de l'entreprise où le fonctionnement est perturbé par les absences du salarié malade, la maladie peut, dans ce cas, justifier son licenciement. Le salarié peut être licencié si la désorganisation est telle que l'employeur se voit dans l'obligation de procéder à son remplacement définitif.

La fréquence ou l'importance des absences est une question de fait qui, en cas de contentieux, doit être appréciée par les tribunaux en fonction des circonstances. Au cas par cas, les juges vont rechercher l'existence d'un trouble causé à l'entreprise. La jurisprudence utilise la notion de « trouble objectif ». Le licenciement doit donc reposer sur des motifs indépendants de la maladie du salarié. À défaut, le licenciement serait nul car discriminatoire.

En l'espèce, les absences répétées de Mme Drumont ont causé une perturbation dans le fonctionnement de l'entreprise. Le motif de licenciement est donc valable.

2 c. Pour qu'une procédure soit régulière, deux étapes doivent être respectées :

1) L'entretien préalable : il est obligatoire pour tout licenciement, sauf disposition légale particulière. Il doit être précédé d'une convocation écrite. Cet entretien a pour objet d'informer le salarié de la mesure de licenciement que compte prendre l'employeur à son égard, et de recueillir les réactions de ce salarié.

En l'espèce, ni convocation, ni tenue d'un entretien préalable n'ont été prévues avant que soit notifié le licenciement de Mme Drumont alors qu'il s'agit d'une obligation de l'employeur. La première étape de la procédure a donc été violée.

2) La lettre de licenciement : elle comporte obligatoirement la mention du motif de la rupture et fixe les principales dates d'effet du licenciement. La date de l'envoi de la lettre correspond à la date de la rupture du contrat et fixe donc la date à partir de laquelle l'ancienneté du salarié est décomptée. Le texte exige l'envoi d'une lettre recommandée, mais la jurisprudence accepte une lettre simple remise contre récépissé. L'absence de motif, l'imprécision, la mauvaise qualification de celui-ci ou, a fortiori, l'absence de lettre de licenciement équivalent à une absence de cause réelle et sérieuse de licenciement.

En l'espèce, une lettre de licenciement a été envoyée.

Le licenciement est donc irrégulier car aucun entretien préalable n'a été effectué.

2 d. Sanctions en cas de licenciement illicite :

– Si le licenciement est valable mais que la procédure n'a pas été observée, l'employeur devra accomplir la procédure et accorder au salarié 1 mois de salaire d'indemnité, selon l'article L. 1235-2 du code du travail (voir art. ci-dessous). C'est le cas en l'espèce.
– Si le licenciement est jugé non valable, le juge peut proposer la réintégration du salarié, selon l'article L. 1235-3 du code du travail. Si l'une ou l'autre des parties refuse, le juge octroie une indemnité au salarié, à la charge de l'employeur, indemnité qui ne peut être inférieure à 6 mois de salaire, indépendamment de l'indemnité de licenciement (voir art. ci-dessous).

Annexe :

Article L. 1235-2 du code du travail : « Si le licenciement d'un salarié survient sans que la procédure requise ait été observée, mais pour une cause réelle et sérieuse, le juge impose à l'employeur d'accomplir la procédure prévue et accorde au salarié, à la charge de l'employeur, une indemnité qui ne peut être supérieure à un mois de salaire. »

Art. L. 1235-3 du code du travail : « Si le licenciement d'*un salarié survient pour une cause qui n'est pas réelle et sérieuse, le juge peut proposer la réintégration du salarié dans l'entreprise, avec maintien de ses avantages acquis. Si l'une ou l'autre des parties refuse, le juge octroie une indemnité au salarié. Cette indemnité, à la charge de l'employeur, ne peut être inférieure aux salaires des six derniers mois. Elle est due sans préjudice, le cas échéant, de l'indemnité de licenciement prévue à l'article L. 1234-9.* »

Management

1 page 45

1 Profils des dirigeants de demain : expérience dans la direction d'usine, de filiale ; diversité dans les postes occupés, et donc adaptabilité lors du changement d'entreprise. Les aspects fonctionnel et opérationnel ainsi que la dimension internationale font également partie intégrante du profil du leader de demain.

2 La dimension personnelle du dirigeant quadragénaire de demain fait partie de son management, il ne joue pas un rôle, il conduit une organisation avec sa propre personnalité, il est « comme les autres » mais pour mener une mission qui lui est dévolue afin d'atteindre les objectifs de l'organisation. L'exercice du pouvoir est moins technocratique, plus authentique.

3 Les éléments déterminants de l'organisation GDF-SUEZ :

– la finalité : accompagner les villes et les entreprises en matière d'électricité, de gaz naturel et de services à l'énergie et à l'environnement, face aux exigences liées à la croissance de la population, à l'urbanisation, à l'élévation du niveau de vie et à la protection de l'environnement.
– les activités : électricité, gaz naturel, services. Electricité : 1er producteur indépendant dans le monde. Gaz naturel : 2e acheteur dans le monde. Services à l'énergie : 1er fournisseur de services d'efficacité énergétique et environnementale dans le monde.
– le statut : Entreprise ; groupe qui déploie ses activités dans 70 pays, avec un effectif de 217 550 collaborateurs.
– Pouvoir et prise de décisions : La Direction générale de GDF-SUEZ est composée de : Gérard Mestrallet, Président-Directeur Général, Jean-François Cirelli, Vice-Président, Directeur Général Délégué, en charge de la branche Energie Europe. GDF-SUEZ est administré par un Conseil d'Administration de 18 membres.

2 page 47

1 Les motivations des salariés sont financières et/ou non financières.

– La rémunération – et ses composantes – reste le facteur de motivation principal, issu d'une politique salariale équitable. Elle contribue à augmenter les revenus du salarié.
– D'autres facteurs interviennent également : la valorisation des salariés, la reconnaissance de l'entreprise envers ses salariés, l'appartenance à une entreprise, l'émulation positive.

2 Au-delà du travail qui lui est confié, le manager cherche à donner du sens à ce qu'il fait, à se sentir utile, pour son équipe, pour l'entreprise, pour ses clients, avec le sentiment qu'il aura de l'influence sur l'environnement sur lequel il agit. Or il ne ressent pas cet impact, cette influence, ce qui contribue à le démotiver, même s'il prend à cœur sa mission.

3 page 49

1 Michelin est fabricant de pneumatiques.

2 Objectifs stratégiques : une croissance en volume de 25 % à l'horizon 2015, un résultat de 2,5 miliards par an. La stratégie adoptée par Michelin est la croissance, avec une différenciation produits qui s'appuie sur la technologie et l'innovation.

3 Les facteurs clés de succès (FCS) de la stratégie de Michelin reposent sur : 1) la recherche et développement (R&D) ; 2) l'innovation produits (gamme, performance) ; 3) l'innovation services (mobilité durable).

4 page 51

1 Services juridiques : rédaction et authentification d'actes, négociation immobilière, conseil.
Le notaire par délégation de puissance publique authentifie les actes pour l'activité réglementée (droit de la famille, droit immobilier). Mais il a également la possibilité d'œuvrer dans le domaine du droit des affaires et du conseil, en concurrence avec d'autres intervenants.

2 Les FCS sont les éléments qui conditionnent la réussite sur le marché de la négociation :

– notoriété, image du notaire homme ou femme de confiance, connu(e) de la famille ;
– utilisation de la base de données professionnelle Perval (enregistrement de toutes les transactions immobilières reçues chez les notaires) et du logiciel Synotex pour l'exploitation de la base ;
– notaire, rédacteur obligé de l'acte final (authentification).

3 Les avantages concurrentiels du notaire en matière de négociation :

– compétences juridiques et fiscales ;
– meilleure connaissance du marché immobilier ;
– honoraires moins élevés.

5 page 53

1 Métier de la première organisation : Production et commercialisation du vin de Saint-Pourçain.
Métier de la seconde organisation : Transformation du bois.

2 Atouts et faiblesses de la première organisation :

– Atouts : représente deux tiers de la production et de la commercialisation de l'appellation Saint-Pourçain ; circuit de distribution multicanal : CHR, cave, grande distribu-

Corrigés

tion, magasin de la coopérative, y compris à l'international ; AOC gage de qualité, vecteur de communication à l'international ; produit issu de la tradition, vin des rois de France, qui a une histoire, donc authentique et moderne à la fois ; potentiel de développement à l'international.
– Faiblesses : Production limitée ; concurrence des vins du nouveau monde ; faible visibilité à l'international → nécessité de s'adapter rapidement à la demande extérieure, pour éviter de perdre des marchés, se différencier dans un pays de tradition vinicole forte et ancienne avec la présence de grands vins qui cannibalisent l'espace vinicole français et donc sa perception par le(s) client(s).

Atouts et faiblesses de la seconde organisation :
– Atouts : savoir faire familial dans la transformation du bois de qualité ; produits à forte valeur ajoutée (chêne pour l'oenologie).
– Faiblesses : baisse d'activité depuis 2009 ; perte de marchés étrangers ; forte concurrence des pays de l'Est et de la Chine ; même matière première utilisée par les concurrents.

3 Stratégies préconisées : pour les Vignerons de Saint-Pourçain : l'internationalisation ; pour la scierie Chignac : stratégie de spécialisation, de créneau (chêne de tonnellerie) reposant sur l'investissement dans de nouvelles techniques avec des produits à plus forte valeur ajoutée.

6 page 55

1 L'orientation stratégique adoptée par l'entreprise Joubert est la spécialisation. Elle s'est en effet spécialisée dans l'easy Grip, « la chaîne à neige pour les nuls », selon l'expression du journaliste. Le concept concilie l'innovation produit (textile et caoutchouc tressés) avec la facilité d'utilisation.
2 Option stratégique pour atteindre le niveau de performance souhaitée : la différenciation et le partenariat avec Michelin.
3 Les FCS : innovation produit, grande notoriété du partenaire Michelin, distribution sous licence Michelin, montage et démontage très faciles.

7 page 57

1 L'organisation publique : l'hôpital, établissement public de soins. Sa mission : satisfaire les besoins en soins de la population. C'est une mission publique qui relève de l'intérêt général.
2 Nécessité de la démarche stratégique : La principale raison est le déficit public qui ne peut croître indéfiniment. Cela oblige le secteur hospitalier à formuler des choix pour l'avenir (la stratégie) qui rationalise l'offre de soins, compte tenu des resserrements budgétaires.
3 Stratégie retenue : Aujourd'hui il semble que la complémentarité entre les établissements est préférée à la fusion donc à la croissance externe. Cette complémentarité prend la forme de coopération, de planification territoriale des soins. On peut ainsi parler de « partenariat stratégique » des établissements de soins, y compris avec des établissements privés.

Sujets du Bac page 58

I. L'organisation VVA

1 L'organisation est une communauté d'agglomération dont la mission est principalement la satisfaction des besoins collectifs de la population relevant de son territoire.
Ses objectifs sont rappelés dans son projet territorial :
– Renforcer l'attractivité de l'agglomération,
– Redynamiser l'économie locale,
– Améliorer la qualité du cadre de vie,
– Promouvoir la solidarité et la cohésion sociale.

2 VVA est une organisation publique, une communauté d'agglomération formée de 23 communes de l'agglomération de Vichy, dans le département de l'Allier en région Auvergne. Son champ d'action relève de l'action publique et concerne principalement le développement économique, l'aménagement de l'espace, l'habitat, l'assainissement, l'environnement, les équipements culturels et sportifs, l'enfance et la jeunesse.
3 Circuit de décision : Chaque commission traite des sujets qui la concernent, donne les grandes orientations et arrête le(s) projet(s). Les propositions sont ensuite soumises au bureau communautaire composé du Président et des vice-présidents de la communauté d'agglomération. Les projets de décisions ainsi préparés sont ensuite soumis au Conseil Communautaire réunissant l'ensemble des 72 conseillers communautaires. Le Conseil communautaire est l'organe délibérant de VVA. C'est lui qui valide ou non les projets.
4 Les principales ressources de VVA proviennent :
– des recettes fiscales,
– des revenus de ses biens meubles et immeubles,
– des sommes perçus des administrations publiques, associations, particuliers, en échange d'un service rendu,
– des dotations et subventions,
– du produit des taxes et redevances correspondant aux services d'assainissement et de collecte et traitement des ordures ménagères,
– du produit des emprunts et
– du produit de la redevance payée par les entreprises destinée aux transports en commun.

À la lecture des dépenses budgétaires, il apparaît que VVA exerce bien ses compétences en matière de développement économique, d'aménagement de l'espace, d'équilibre social de l'habitat, d'assainissement, d'équipements culturels et sportifs, d'enfance et de jeunesse. L'ensemble de ces actions s'inscrit dans la finalité de VVA : satisfaire les besoins collectifs de la population de son territoire.

II. La collecte et le traitement des déchets

5 Dans un contexte de développement durable, VVA cherche à réduire la quantité de déchets ménagers produites sur son territoire et donc à modifier les comportements en la matière.
6 La démarche retenue consiste à mettre en place un programme local de prévention qui permette de réduire à la source la production de déchets et qui sensibilise le consommateur afin qu'il soit plus responsable. L'augmentation des déchets pose en effet le problème de leur élimination tant sur le plan environnemental (enfouissement des déchets), que financier (coût important).
Le plan d'actions prévoit sur 5 ans :
– une sensibilisation des publics (grand public, scolaires, collectivités),
– une déclinaison des actions menées au niveau national,
– une promotion des actions d'évitements des déchets,
– la construction d'une recyclerie, avec un volet insertion (12 contrats aidés), dans le but de valoriser les déchets recyclables.

Mercatique

1 page 67

Pistes de réflexion pour construire le paragraphe.
Facteurs psychologiques : le consommateur est engagé, c'est un trait de sa personnalité. **Besoins :** appartenance à un groupe et estime. **Motivations :** éviter le travail des enfants (motivation oblative) ; respecter les conditions de travail des salariés ; aider le 1/3 monde (solidarité avec les

pays du Sud ; assurer un revenu équitable à tous ; s'affirmer à travers une consommation citoyenne (motivation d'auto-expression). **Freins :** sentiment que les entreprises mettent en avant des arguments éthiques pour des raisons commerciales ; le prix élevé des produits réduit le pouvoir d'achat. **Attitudes :** cognitives (meilleures connaissances de la dimension éthique), conatives (envie d'agir pour une consommation citoyenne) et affectives (éviter le travail des enfants). L'implication est variable en fonction des individus, on distingue les réfractaires, les occasionnels, les sensibilisés et les convaincus. **Facteurs socioculturels :** l'âge et l'appartenance à une classe sociale. Ainsi le profil type est : jeune, étudiant, cadre supérieur, diplômé du supérieur, revenu élevé, urbain (plutôt dans une grande agglomération). **Facteurs de situation/expérience de consommation/influence des participants** non présentés dans l'article. Enfin, l'article permet d'identifier les éléments suivants : les Français sont de plus en plus sensibles à la consommation engagée. 44 % déclarent tenir compte de la citoyenneté des entreprises lors de leurs achats. Ce taux est en progression de 6 points en moyenne par rapport à 2002. 61 % des consommateurs envisagent d'accepter de payer un supplément de prix de 5 % par produit à qualité égale venant d'une entreprise ayant montré un engagement citoyen. Ce taux est en augmentation de 9 points par rapport à 2002.

2 page 69

Étapes 1 : problème mercatique : lancement d'un nouveau produit sur le marché français et sa capacité à répondre aux besoins de la clientèle. Les objectifs de l'étude sont de s'assurer que ce produit plaît à un nombre suffisant de consommateur. Ensuite sont fixés le budget de l'étude et son délai de réalisation. Ces choix ont des incidences sur certaines décisions (taille de l'échantillon, méthode de collecte de l'information). **Étape 2 :** utilisation de sources d'informations internes et externes afin de collecter le maximum d'information aux moindres coûts (rationaliser sa gestion). **Étape 3 :** des entretiens qualitatifs auprès de personnes représentatives de la population sont conduits afin de finaliser le contenu de l'étude (les questionnaires, par exemple). **Étape 4 :** formalisation du questionnaire, fixation de la taille de l'échantillon, technique d'échantillonnage, méthode d'administration du questionnaire. **Étape 5 :** administration du questionnaire par entretiens directs en face à face, téléphone, courrier, Internet. **Étape 6 :** dépouillement et traitement des résultats à l'aide de logiciels spécialisés. **Étape 7 :** rapport final présentant la méthodologie de l'étude et le bilan sur l'opportunité du lancement du nouveau produit.

3 page 71

1 Deux personnages : Denis (l'interviewer) et Camille (la lycéenne de Seconde). **Denis :** Bonjour Camille, pourrais-tu me parler des parfums ? **Camille :** Vous voulez que je vous parle des parfums en général ? **Denis :** Ce qui te vient en tête quand tu entends le mot parfum. **Camille :** Je collectionne les miniatures, c'est pour ça que j'en achète souvent. En fait, je change de parfums en fonction des saisons et des circonstances. En ce moment, c'est l'été, je mets des parfums fleuris, frais alors qu'en automne, je mets des parfums plus épais et moins fruité. Dans tous les cas, je ne mets jamais le même que celui de maman. Elle, elle met des parfums de son âge. Ce qui m'attire d'abord, c'est le flacon avant la fragrance. D'ailleurs, quand on ne me donne pas la miniature avec, je n'achète pas. **Conclusion à tirer de cet entretien :** les motivations d'achat de la lycéenne sont donc purement hédonistes et d'auto-expression, c'est-à-dire qu'elle ne cherche pas à faire plaisir en achetant un parfum mais simplement à se faire plaisir et à acheter un parfum de sa génération et qui lui ressemble. **2** Une étude qualitative à permis d'identifier le problème du gaspillage causé par de multiples et mauvaises manipulations du tube de mayonnaise en observant le comportement du consommateur au sein d'une famille et à différents stades d'utilisation. Unilever a modifié son tube, désormais en plastique avec un gros bouchon doseur pour en faciliter l'utilisation.

4 page 73

1 **1.** En face à face : à domicile, dans la rue, sur le lieu de travail. Rapide, peu coûteux. Permet de toucher plus de personnes. Le questionnaire doit être court. Risque d'influence du sondeur. Peu confortable (bruit). **2.** Auto-administration : par courrier, Internet, en salle de réunion. Cout limité. Temps de réflexion pour le sondé. Couverture géographique importante. Taux de retour faible. Démonstration impossible. **3.** Par téléphone : via mobiles et fixes. Couverture géographique. Coût faible. Rapidité. Saturation des sondés. Qualité du sondé incertaine. Représentativité de l'échantillon (pas de fixe). **2** Opter pour une présentation claire et aérée, numéroter les questions et prévoir des cases de réponses.

TITRE (évitez les titres comportant les mots « enquête » ou « questionnaire » et choisissez un titre en rapport avec le sujet) : Vous et la restauration scolaire.
Numéro de questionnaire : Date de l'interview : Nom de l'interviewer :
Introduction (précisez le pourquoi de l'enquête) : Bonjour, je suis élève en terminale mercatique au lycée Grand Air de La Baule. Je réalise une enquête de satisfaction sur la restauration scolaire au lycée. Acceptes-tu de répondre à quelques questions ?
Questions ordonnées de façon logique (du général au particulier) **Tes habitudes** **1. En général, tu déjeunes au restaurant scolaire :** Une fois par semaine ☐ deux à trois fois ☐ tous les jours ☐ 2. Tu y déjeunes : Seul ☐ avec des camarades de classe ☐ avec des amis d'autres classes ☐ **3. L'accès y est :** Facile ☐ sécurisé ☐ long d'attente ☐ **Ton avis sur la restauration scolaire** **4. Trouves-tu les menus suffisamment diversifiés ?** Oui ☐non ☐ **5. Le service est-il ?** Rapide ☐ trop rapide ☐ correct ☐ lent ☐ trop lent ☐ **6. Le personnel de service est-il :** Très agréable ☐ agréable ☐ peu agréable ☐ désagréable ☐ très désagréable ☐ **7. Sur 10, quelle note donnerais-tu à la qualité des plats servis à la restauration scolaire ?** **8. Que voudrais-tu changer dans la restauration scolaire pour accroître ta satisfaction ?**
Fiche signalétique de l'enquêté **9. Tu es :** Une fille ☐ un garçon ☐ **10. Ta classe est :** Seconde ☐ première ☐ terminale ☐
Remerciements : merci d'avoir répondu à mes questions. Passe une bonne journée. Au revoir.

5 page 75

Étape 1 : Marché total en nombre de ménages = 24 millions. Ménages équipés = 4,5 millions de ménages. Ménages non équipés = Marché total – Ménages équipés = 24-4,5 = 19,5 millions de ménages. **Étape 2 :** Non consommateurs absolus : 20 % des ménages non équipés = 0,2 × 19,5 = 3,9 millions de ménages. **Étape 3 :** Demande effective

Corrigés

= 4,5 millions de ménages. **Étape 4 :** Non consommateurs relatifs. NCR = 24 – 4,5 – 3,9 = 15,6 millions de ménages. **Étape 5 :** Marché potentiel = 4,5 + 15,6 = 20,2 millions de ménages.

6 page 77

Marché étudié : Marché bio des produits alimentaires en France en 2010. **Tendance générale :** marché en progression : + 10 % en 2010. CA de 3,3 Mds €. **Aspects quantitatifs. Qui consomme ?** 4 Français sur 10. Des femmes. **Quand ?** Au moins une fois par mois. **Produits consommés :** fruits et légumes (80 % des consommateurs), produits laitiers, œufs. **Où sont-ils achetés ?** GMS (70 % des acheteurs), marchés (41 %), fermes (24 %). **Aspects qualitatifs. Motivations :** hédonistes : 91 % pour préserver la santé, 89 % pour la qualité et le goût, 87 % pour la sécurité. **Freins :** prix trop élevé (79 %), manque de réflexe (66 %). **Offreurs :** 20 600 agriculteurs bio fin 2010, soit + 50 % qu'en 2008 et + 25 % qu'en 2009. 30 000 acteurs toutes activités confondues (producteurs, préparateurs, distributeurs). **Distribution :** GMS (42 % PDM), magasins spécialisés, marchés, fermes. **Conclusion :** marché en croissance – Evolution des mentalités et modification des habitudes de consommation – Concurrence très vive entre les deux grands circuits de distribution.

7 page 79

1 **Étape 1 :** définitions. Revoir le cours. **Étape 2 : quantifier la gamme.** La largeur est de 4. La gamme est composée de 4 lignes : Mirabelle – Bellemira – Ramibelle – Mibelra. La ligne Mirabelle a une profondeur de 3 (3 conditionnements différents). La ligne Ramibelle a une profondeur de 2 (2 conditionnements différents). La ligne Bellemira a une profondeur de 1 (1 seul conditionnement). La ligne Mibelra a une profondeur de 1 (1 seul conditionnement). L'étendue ou l'ampleur est de 7 produits (somme des profondeurs). **Étape 3 : représentation graphique :**

Largeur (4 lignes)	LIGNE MIRABELLE	LIGNE RAMIBELLE	LIGNE BELLEMIRA	LIGNE MIBELRA
	Conditionnement 1	Conditionnement 1	Conditionnement 1	Conditionnement 1
	Conditionnement 2	Conditionnement 2		
	Conditionnement 3			
Étendue 3 + 2 + 1 + 1 = 7 produits	**Profondeur = 3**	**Profondeur = 2**	**Profondeur = 1**	**Profondeur = 1**

Étape 4 : produits **leaders** : produits MIRABELLE. Produits **tactiques** : produits RAMIBELLE.

2

	Phase	Niveau des ventes	Niveau de rentabilité	Niveau de concurrence	Stratégie marketing adaptée
Produit 4	Lancement	Très faible	Faible	Quasi inexistante	Prévoir d'importantes dépenses de communication.
Produit 3	Croissance	En augmentation rapide	En hausse	Apparition de concurrents	Améliorer la qualité, élargir la gamme et la distribution.
Produit 2	Maturité	En ralentissement	Vive	Fort	Baisser les prix pour relancer les ventes, modifier le produit (restyling), trouver de nouveaux segments, fidéliser.
Produit 1	Déclin	En diminution voire effondrement	En baisse	En baisse	Retrait du produit ou relance des ventes via la modernisation du produit.

8 page 81

Étape 1 : la marque Apple est à la fois un signe distinctif, un moyen d'expression, une signature et une valeur de référence. Elle permet aussi aux consommateurs de se différencier socialement. **Étape 2 :** Apple est une marque de producteurs apposée sur un produit par lui-même. **Étape 3 :** Apple est à la fois « un nom, un terme, un signe, un symbole, un dessin servant à la différencier des concurrents. **Étape 4 :** Apple rassure le client : elle garantie un niveau de qualité, gage de performance. Elle facilite le repérage du produit par le logo. Elle représente un signe de reconnaissance et d'appartenance à un groupe. **Étape 5 :** marque euphonique, mais n'est pas très évocatrice. Elle n'est à ce jour pas déclinée. Toutefois elle se prononce assez facilement dans toutes les langues et elle est facilement mémorisable. Elle est déposée auprès de l'INPI ; elle n'est pas générique ; est licite et ne nuit pas aux bonnes mœurs.

9 page 83

Piste de réflexion. Le prix unique clarifie le prix à payer pour le consommateur qui n'a plus à se demander où commence une zone et où elle finit. Tous les consommateurs quelle que soit la distance parcourue s'acquittent du pass au même prix. La circulation des voyageurs dans les transports en commun ne devient plus un obstacle et est ainsi encouragée.

10 page 85

Prix en euros	Lunettes de soleil	Spray nettoyant	Étui
PA HT	80	1,20	5
PV HT	106	7	15
Taux de TVA	19,6	19,6	19,6
PV TTC	126,78	8,37	17,94
TVA	20,78	1,37	2,94
Marge commerciale	26	5,8	10
Taux de marge	32,5 %	483,32 %	200

Explications du prix des lunettes. PV TTC = 106 x 1,196 = 126,78. **TVA** = PTTC-PVHT (126,78 – 106 = 20,78). **Marge commerciale** = PVHT – PAHT (106 – 80 = 26). **Taux de marge** = marge commerciale/PAHT (26/80 = 32,5 %).
Explications du prix du spray nettoyant. Partir du coefficient multiplicateur pour trouver le PVTTC, trouver ensuite le prix de vente HT. 6,97 = x/1,2 ou x = 8,37. PVHT = PVTTC/1,196. PVHT = 8,37/1,196 soit 7 €.
Explication du prix de l'étui. Partir du taux de marge pour déterminer la marge commerciale. Déterminer ensuite le PVHT. Taux de marge = marge co/PAHT. Soit 200 % = marge co/5. Alors marge co = 2 x 5 = 10. Marge co = PVHT – PAHT10 = x – 5 PVHT = 15.

11 page 87

1 Voir le cours. **2** **a.** Diversification des canaux de distribution sur un marché très concurrentiel, offre multicanale qui assure la complémentarité des différents canaux ; répond aux besoins des femmes modernes et actives ; permet de gagner en visibilité, et permet d'accroître la notoriété ; lutter contre la concurrence ; les sites marchands sont en pleine expansion et répondent aux attentes actuelles des consommateurs. **b.** Accès au site à faciliter, page d'accueil à soigner (attractive et informative). Reprendre le logo, la charte graphique des UC. Optimiser l'ergonomie du site, prévoir un panier de commande. Paiement en ligne à sécuriser. Prévoir des animations.

12 page 89

1 « La publicité socialise », elle renforce le phénomène d'adhésion aux marques analysées comme des moyens de « paraître ». Pourtant la publicité fait l'objet de critiques [...]. D'abord, l'affichage envahissant [...] et les excès de consommation d'énergie qu'elle nécessite [...] (publicités lumineuses) [...] renvoient au débat écologique sur le développement durable. Ensuite, certains mouvements critiques insistent sur la pollution visuelle à laquelle mène l'excès d'affichage au bord des routes ou dans les villes. Enfin, [...] elle renforcerait les clichés, les stéréotypes en particulier au niveau de la division des rôles féminins et masculins dans la société. Elle contribuerait à développer des valeurs matérialistes et formaterait les goûts. Elle est également accusée de manipuler les esprits, de désinformer les consommateurs en leur cachant les failles du produit vanté. (www.decisio.info).

2 **a. Offre :** le Nespresso Business. **Cible :** le monde de l'entreprise, et plus particulièrement les chefs d'entreprise qui veulent rester à la pointe de la technologie. **Canal :** la presse magazine professionnelle. **Support :** le magazine « Entreprise ». **b.** Pour analyser le message, il faut identifier l'axe, le concept et le thème. **Axe psychologique :** l'innovation. **Concept :** mise en scène (lumière laser) : idée de l'importance de la pause-café dans un monde où tout va vite. **Thème :** traduction de l'axe psychologique. Il faut définir le **style :** la tasse à café déjà remplie avant même que le rayon laser ait traversé la lumière. **Ton :** sérieux, comme le monde de l'entreprise. **Couleurs et graphisme :** le noir rappelle le monde des affaires.

3 **a.** Il s'agit d'une communication relevant de la mercatique directe et plus particulièrement d'un publipostage utilisé sous la forme d'une carte postale provenant d'une île paradisiaque. **b.** Le document crée une relation personnalisée (Madame THIBAULT Nadine) et durable avec la consommatrice. On y retrouve les caractéristiques de tous publipostages : pronoms (je – tu), une rédaction très intime entre l'émetteur et le récepteur, le « ps » pour rappeler l'offre dont va bénéficier la lectrice, la signature manuscrite. L'originalité réside toutefois dans la personnalité émettrice du message.

13 page 91

a. Revoir le cours.
b. Limites : les offres trop fréquentes ou sans avantages spécifiques perçus risquent d'irriter le consommateur et l'inciter à essayer d'autres marques ; Une politique de fidélisation excessive peut conduire à un vieillissement de la clientèle et à un dépositionnement de la marque ; L'investissement financier et humain (réorganisation et mobilisation des hommes) est important et fait hésiter les entreprises ; L'efficacité des programmes de fidélisation ne serait pas garantie. En effet, dans un marché concurrentiel, l'initiateur de ce type de programme est généralement imité. On assistera alors à une guérilla à coup de surenchères.
c. Revoir le cours.
d. Il semble pertinent de s'intéresser aux clients potentiels, ceux qui ne le sont pas encore mais qui pourraient le devenir. Car dans un contexte où l'information circule vite, le consommateur est en position de force face aux vendeurs. La personnalisation des offres requiert des outils performants de modélisation, d'analyse statistique et quantitative, doublés de puissants systèmes d'information et de professionnels rompus à l'analyse des données. La collecte des données ne constitue qu'une première étape : d'importantes ressources doivent être mobilisées pour en extraire en temps réel des connaissances qui seront ensuite diffusées dans l'ensemble de l'entreprise, permettant ainsi des décisions plus judicieuses qui seront autant de vecteurs de différenciation et de compétitivité. (http ://lecercle.lesechos.fr/cercle-entrepreneur/marketing-communication).
e. A la lecture du texte, « les programmes de fidélité ne suffisent plus ». L'augmentation de la valeur client dans un contexte largement ouvert au monde numérique passe par un client toujours plus satisfait qui renouvellera par sa confiance et donc sa fidélité à l'enseigne, à la marque, aux produits. L'espérance de revenus (ou de profits) qu'une entreprise peut attendre du développement d'une relation moyen et long terme avec un client est soumise aujourd'hui encore plus qu'hier à la fidélité du client.

14 page 93

a. Greenwashing : l'éco-blanchiment (greenwashing) désigne l'utilisation abusive de l'argument écologique par les entreprises. Ces dernières tentent en effet de valoriser des engagements durables souvent par de simples transformations de logo ou d'aménagement d'espace de vente. Cette technique peut être jugée sévèrement par le consommateur, peu enclin à se laisser duper.
b. L'arbre vert et le label vert monoprix : sont des labels utilisés dans le but d'attirer le client vers un produit ou une enseigne qui devrait revêtir toutes les caractéristiques d'une démarche de développement durable. **Land Rover :** met en scène un décor naturel pour démontrer le respect de l'environnement de son véhicule.

15 page 95

a Marketing sauvage : ensemble des techniques utilisées par une marque pour se rendre visible lors d'un événement, mais sans avoir versé l'argent nécessaire à ses organisateurs. Technique illégale qui peut conduire à des sanctions financières lourdes. **b.** Deux grandes raisons : gratuité ou presque + fort impact visuel, donc fortes retombées attendues + capital sympathie de la marque. **c.** Il contrefait les dispositions de la loi et entre directement en concurrence avec les agents de publicité officiels de la manifestation sportive ou de l'événement. **d.** La branding police sert à protéger la marque olympique et les grands sponsors qui lui assurent 45 % de ses revenus. En échange, les sponsors bénéficient d'une meilleure visibilité car ils sont limités en nombre. Chacun des sponsors doit veiller au respect de la charte olympique. **e.** Objectif cognitif : se faire connaître grâce à un événement mondial qui touche des millions de téléspectateurs. Objectif affectif : faire aimer la marque en l'associant aux valeurs véhiculées par le sport et les J.O. Objectif conatif : faire agir, c'est-à-dire faire acheter la marque pour accroître les ventes. **f.** Non, cela remet en cause les libertés individuelles.

16 page 97

1 **a** La Cour de cassation a estimé que cette clause était abusive, dès lors que le contenu de ces documents est de nature à déterminer le consentement du consommateur. **b.** Le tribunal de grande instance (TGI) de Bordeaux a jugé cette clause abusive : « Le produit ne se confond pas avec son emballage, lequel doit nécessairement être ouvert pour vérification, et peut être à cette occasion endommagé. Cette circonstance ne peut priver le client de sa faculté de retour. » Évidemment, l'appareil, lui, doit être renvoyé non endommagé afin de pouvoir être revendu par le commerçant.

2 **a.** La démarche ne relevait pas d'une démarche éthique car il y avait tromperie sur la nature et la composition du produit acheté par le consommateur. Findus a manqué de transparence vis-à-vis du consommateur. **b.** Conséquences financières : tous les plats ont été retirés de la vente ce qui à ébranlé l'équilibre financier de la marque. Conséquences commerciales : la confiance du consommateur est mise à mal après ce scandale. Celui-ci a fragilisé la marque dans sa capacité à rassurer le consommateur et à proposer de nouveaux produits. Le consommateur s'est détourné de la marque. **c.** Pour gagner des parts de marchés et profiter de la faiblesse de son concurrent d'une part mais aussi pour restaurer la confiance et montrer que la transparence dans la production de plats cuisinés est possible. Elle en fait même son slogan « la marque qui ne vous cache rien ». **d.** Par la mise en place d'un système de traçabilité en ligne afin que le consommateur puisse connaître la bête qu'il consomme. Retrouver une démarche éthique pour restaurer la confiance des consommateurs. **e.** Les objectifs d'une démarche éthique sont d'abord de ne pas tromper ou induire en erreur le consommateur sur la nature des produits qu'il consomme. Elle vise à le protéger de toutes les escroqueries et abus dont certaines entreprises sont friandes.

Gestion et finance

1 page 103

1

Utilisateurs	Exemples d'informations
Dirigeants	Évolution du chiffre d'affaires, du résultat, des charges. Montant de la trésorerie, niveau d'endettement et possibilités d'investissement. Coût des différentes activités et produits.
Associés	Montant des bénéfices que l'entreprise va leur apporter. Situation financière de l'entreprise.
Salariés	Trésorerie, résultat, croissance et situation financière de l'entreprise. Part de la valeur ajoutée qui leur revient
Fournisseurs	Montant de la trésorerie et situation financière pour savoir si l'entreprise pourra les payer.
Banques	Capacité de l'entreprise à rembourser un emprunt. Niveau d'endettement.
Administration fiscale	Montant des impôts dus par l'entreprise.

2 **a.** L'Union européenne a adopté un règlement obligeant les sociétés européennes cotées en bourse à établir des comptes selon les normes comptables internationales. **b.** Principaux avantages : simplification de l'interprétation des documents comptables (disparition des disparités d'établissement des documents comptables selon les pays) ; meilleure comparaison entre entreprises de nationalités différentes ; rapprochement des comptes des sociétés européennes avec les entreprises américaines.

2 page 105

Journal de l'entreprise Tri :

Compte	Libellé	Débit	Crédit
	04.01		
411	Client COLIN	2 870,40	
701	Ventes de produits finis		2 300,00
7085	Port et frais accessoires		100,00
44571	TVA collectée		470,40
	Facture n° 38		
	15.01		
411	Client COLIN	5 568,58	
701	Ventes de produits finis		4 656,00
44571	TVA collectée		912,58
	Facture n° 42		
	20.01		
512	Banque	3 722,62	
411	Client COLIN		3 722,62
	Chèque n° 23478		
	21.01		
701	Ventes de produits finis (900 × 0,97)	873,00	
44571	TVA collectée	171,11	
411	Client COLIN		1 044,11
	Facture d'avoir n° 129		

Journal de l'entreprise Colin :

Compte	Libellé	Débit	Crédit
	04.01		
607	Achats de marchandises	2 300,00	
624	Transport	100,00	
44566	TVA déductible	470,40	
401	Fournisseur TRI		2 870,40
	Facture n° 38		
	15.01		
607	Achats de marchandises	4 656,00	
44566	TVA déductible	912,58	
401	Fournisseur TRI		5 568,58
	Facture n° 42		
	20.01		
401	Fournisseur TRI	3 722,62	
512	Banque		3 722,62
	Chèque n° 23478		
	21.01		
401	Fournisseur TRI	1 044,11	
607	Achats de marchandises		873,00
44566	TVA déductible		171,11
	Facture d'avoir n° 129		

3 page 107

a. Coût d'acquisition de la machine = 17 000 + 200 + 150 = 17 350

b.

Compte	Libellé	Débit	Crédit
	25.10		
2154	Matériel industriel	17 350,00	
648	Autres charges de personnel	2 000,00	
44562	TVA déductible sur immobilisations (17 350 × 0,196)	3 400,60	
44566	TVA déductible sur abs (2 000 × 0,196)	392,00	
404	Fournisseurs d'immobilisations		23 142,60
	Facture n° 9862		
	15.11		
404	Fournisseurs d'immobilisations	23 142,60	
512	Banque		23 142,60
	Chèque n°425		

4 page 109

a. b.

411 – Client COLIN					
Date	Libellé	Débit	L	Crédit	L
01.01	Solde initial	852,22	A		
04.01	Facture n°238	2 870,40	A		
15.01	Facture n°42	5 568,58			
20.01	Chèque n°23 478			3 722,62	A
28.01	Facture d'avoir n°129			1 044,11	

c. Solde du compte 411 = 5 568,58 – 1 044,11 = **4 524,47 € (Solde débiteur)**
Ce solde représente le montant dû par le client COLIN au 31.01 (correspond à la facture n°42 restée impayée, diminuée de l'avoir n°129). **d.** Le lettrage et le contrôle d'un compte permettent de justifier son solde et de mettre en évidence les éventuelles factures impayées.

5 page 111

b. Le PGI permet une rationalisation (pas de saisie inutile) et une cohérence des informations. Il répond aussi à une logique économique, puisqu'il permet une réduction des coûts et des délais d'élaboration du traitement de l'information. Avec un PGI, l'entreprise s'appuie sur une structure informatique globale qui ne tient plus compte du cloisonnement entre les services : en effet, le PGI peut être utilisé par différents services de l'entreprise. Dans ce cas, il permet une meilleure réactivité et une plus grande responsabilité des salariés par rapport aux informations du domaine de la gestion.
a.

	Monsieur DEMANGEOT
Production	C I M S
Expédition	Aucun droit
Commercial	I
Comptabilité	I
Paye	Aucun droit

6 page 113

a.

Scie					Raboteuse					
Coût d'acquisition : 310 000 **Valeur résiduelle :** 10 000 **Mise en service** : 01.05.N			**Durée d'utilisation :** 8 ans **Mode d'amortissement :** linéaire **Taux d'amortissement :** 12,5 %		**Coût d'acquisition :** 60 000 **Valeur résiduelle :** 0 **Mise en service** : 15.03.N			**Durée d'utilisation :** 8 ans **Mode d'amortissement :** UO **UO :** poutres		
Exercice	**Base**	**Annuité**	**Amortissements cumulés**	**VNC**	**Base**	**UO**	**Annuité**	**Amortissements cumulés**	**VNC**	
N	300 000	25 000 (1)	25 000	285 000	60 000	200	3 000 (2)	3 000	57 000	
N+1	300 000	37 500	62 500	247 500	60 000	500	7 500	10 500	49 500	
N+2	300 000	37 500	100 000	210 000	60 000	500	7 500	18 000	42 000	
N+3	300 000	37 500	137 500	172 500	60 000	500	7 500	25 500	34 500	
N+4	300 000	37 500	175 000	135 000	60 000	500	7 500	33 000	27 000	
N+5	300 000	37 500	212 500	97 500	60 000	600	9 000	42 000	18 000	
N+6	300 000	37 500	250 000	60 000	60 000	600	9 000	51 000	9 000	
N+7	300 000	37 500	287 500	22 500	60 000	600	9 000	60 000	0	
N+8	300 000	12 500	300 000	10 000						

(1) 300 000 × 12,5 % × 8/12 (2) 60 000 × 200/4 000

b.

	31.12.N + 2		
6811	Dotations aux amortissements	45 000	
28131	Amortissement-Scie		37 500
28132	Amortissement-Raboteuse		7 500
	Dotation amortissements N + 2		

c. Compte de résultat au 31.12.N + 2

Charges	Montant
Exploitation ...[...] **Dotations aux amortissements et aux provisions** Sur immobilisations : dotations aux amortissements	 45 000

Bilan au 31.12.N + 2

ACTIF	Brut	Amortissements	Net
Actif immobilisé			
Scie	310 000	100 000	210 000
Raboteuse	60 000	18 000	42 000

7 page 115

a. Les immobilisations acquises au cours de l'exercice sont un terrain pour 50 000 € et des installations techniques pour 78 650 €. **b.** L'entreprise a cédé une construction et des installations techniques. **c.** Les dotations aux amortissements de l'exercice s'élèvent à 79 740 €. **d.** Les diminutions d'amortissement correspondent à l'annulation des amortissements pratiqués sur les immobilisations cédées. **e.** Valeur nette des installations techniques au 31.12.N = Valeur brute – Amortissements au 31.12.N = 257 695 – 87 350 = 170 345 €.
f. Bilan

ACTIF	Exercice N		
	Brut	**Amortissements et dépréciations**	**Net**
•Actif immobilisé			
Immobilisations corporelles			
Terrain	250 000		250 000
Construction	645 000	340 500	304 500
Installations techniques	257 695	87 350	170 345

Compte de résultat

Charges	Montant
Exploitation ...[...] **Dotations aux amortissements et aux provisions** Sur immobilisations : dotations aux amortissements	 79 740

8 page 117

1

	31.12.N		
416	Clients douteux ou litigieux	5 023,20	
411	Clients		5 023,20
	Transfert créance Miossec		
	31.12.N		
6817	Dotations aux dépréciations des actifs circulants	1 260,00	
491	Dépréciations des comptes clients		1 260,00
	Dépréciation Miossec		
	31.12.N		
491	Dépréciations des comptes clients	1 010,00	
7817	Reprises sur dépréciations des actifs…		1 010,00
	Reprises Ane, Murat		
	31.12.N		
654	Pertes sur créances irrecouvrables	1 100,00	
44571	TVA collectée	215,60	
416	Clients douteux ou litigieux		1 315,60
	Perte Murat		

2 a. Principes de prudence, d'indépendance des exercices, de permanence des méthodes et de continuité de l'exploitation.

b.

	31.12.N		
397	Dépréciations des stocks de marchandises	750,00	
7817	Reprises sur dépréciations des actifs…		750,00
	D'après état des stocks (2 500 – 1 750)		
	31.12.N		
6816	Dotations aux dépréciations des immobilisations	12 000,00	
2911	Dépréciations des terrains		12 000,00
	Dépréciation terrain (20000 – 8 000)		

9 page 119

	31.12.N		
418	Clients, factures à établir	5 453,76	
707	Ventes de marchandises		4 560,00
4458	TVA à régulariser		893,76
	Produits à recevoir		
	31.12.N		
486	Charges constatées d'avance (3 818 x 9/12)	2 863,50	
616	Primes d'assurances		2 863,50
	Prime d'assurance constatée d'avance		
	31.12.N		
486	Charges constatées d'avance	350,00	
606	Achats non stockés de MP et fournitures		350,00
	Consommation de fourn. constatée d'avance		
	31.12.N		
6037	Variation des stocks de marchandises	189 658,00	
37	Stocks de marchandises		189 658,00
	Annulation du stock initial		
	31.12.N		
37	Stocks de marchandises	175 943,00	
6037	Variation des stocks de marchandises		175 943,00
	Constatation du stock final		

Justifications :

Dépréciation en N : 1 750
(27 200 – 25 450)

Dépréciation en N : 20 000
(120 000 – 100 000)

10 page 121

a.

Produits (colonne 1)		Charges (colonne 2)		Indicateurs (col. 2 – col. 1)	N	N – 1
Excédent brut d'exploitation	376 631	ou insuffisance brute d'exploitation				
Reprise sur amort. dépréc. et prov. transferts de charge	1 014	Dotations aux amort., dépré. et prov.	41 553			
Autres produits	2 022	Autres charges	1 439			
Total	379 667	Total	42 992	**Résultat d'exploitation**	336 675	302 050
Résultat d'exploitation	336 675	ou Résultat d'exploitation				
Produits financiers	7 348	Charges financières	41 863			
Total	344 023	Total	41 863	**Résultats courant avant impôts**	302 160	323 467

b. La valeur ajoutée est en augmentation par rapport à l'an passé, tout comme l'EBE et le résultat d'exploitation. Ceci traduit une augmentation de la richesse créée ainsi que de meilleures performances au niveau de l'exploitation. En revanche, le résultat courant est inférieur à celui de l'exercice précédent : l'intégration des opérations financières montre une dégradation de la profitabilité. L'observation du tableau ci-dessus permet de relever notamment un poids important de charges financières, qui explique peut être l'écart observé. **c.** CAF à partir de l'EBE = 376 631 + (2 022 – 1 439) + (7 348 – 0) – (41 863 – 1 427) + (104 130 – 93 078 – 4 036) – (76 416 – 70 984 – 2 601) – 8 494 – 84 638 = 255 179 €. CAF à partir du résultat de l'exercice = 236 742 + (41 553 + 1 427 + 2 601) – (1 014 + 0 + 4 036) + 70 984 – 93 078 = 255 179 €.

11 page 123

a. Montant de la réserve légale (avant répartition N) = 88 000 €. Montant des autres réserves = 411 000 €. Il existe une perte antérieure de 83 000 €. **b.** Montant maximum de la réserve légale = 10 % du capital = 1 000 000 × 10 % = 100 000 €. Montant théorique de la dotation = (414 740 – 83 000) × 5 % = 16 587 €. Si on dote la réserve légale pour 16 587 €, celle-ci atteindra 104 587 € (88 000 + 16 587), ce qui est supérieur de 4 587 € à son montant maximum. Par conséquent, on ne peut doter que 12 000 € (16 587 – 4 587).

c.

Affectation du résultat	Montant
Bénéfice de l'exercice N	414 740
– Report à nouveau débiteur N – 1	83 000
– Dotation à la réserve légale	12 000
– Dotation aux réserves statutaires	-
+ Report à nouveau créditeur N – 1	-
= Bénéfice distribuable	319 740
– Dividendes (36,80 × 5 000)	184 000
– Dotation aux autres réserves	130 000
= Report à nouveau créditeur N	5 740

d.

	30.04.N + 1		
12	Résultat de l'exercice	414 740,00	
119	Report à nouveau débiteur N – 1		83 000,00
1061	Réserve légale		12 000,00
1068	Autres réserves		130 000,00
457	Associés, dividendes à payer		184 000,00
110	Report à nouveau créditeur N		5 740,00
	Affectation du résultat de l'exercice N		

e.

Postes	31.12.N (après répartition)
Capital	1 000 000
Réserve légale (88 000 + 12 000)	100 000
Autres réserves (411 000 + 130 000)	541 000
Report à nouveau (créditeur)	5 740
Résultat de l'exercice	–

12 page 125

a. FRNG = 644 087 – 464 245 = 179 842. BFR = 399 851 – 155 100 = 244 751. Trésorerie nette = 179 842 – 244 751 = – 64 909 (ou 3 442 – 68 351). **b.** Le fonds de roulement de l'entreprise est positif : les ressources stables financent les emplois stables. En revanche, le FRNG (179 842 €) est insuffisant pour couvrir la totalité du BFR (244 751 €). En conséquence, l'entreprise a dû recourir à des concours bancaires courants et se retrouve avec une trésorerie nette négative de 64 909 €. La situation est donc déséquilibrée. **c.** Ratio de rotation des créances clients = 272 294 / 3 063 307 × 360 = 32 jours ⇒ Les clients règlent en moyenne 32 jours après leurs achats. L'entreprise réalise une moins bonne performance que son secteur puisque son délai de règlement est supérieur. Elle devrait tenter de réduire ce ratio, ce qui aurait pour effet de réduire son BFR et améliorer son équilibre financier.

13 page 127

a.

	Hypothèse 1	Hypothèse 2	Hypothèse 3
Capitaux propres	200 000	130 000	100 000
Dettes financières	-	70 000	100 000
Capitaux investis	200 000	200 000	200 000
Résultat d'exploitation	20 000	20 000	20 000
Charges d'intérêt	-	8 400 (70 000 × 0,12)	12 000 (100 000 × 0,12)
Résultat courant	20 000	11 600 (20 000 – 8 400)	8 000 (20 000 – 12 000)
Rentabilité économique	**10 %**	**10 %**	**10 %**
Rentabilité financière	**10 %**	**8,92 % (11 600 ÷ 130 000 × 100)**	**8 % (8 000 ÷ 100 000 × 100)**

b. On constate que l'augmentation de l'endettement entraîne une diminution de la rentabilité financière. L'effet de levier est négatif : l'entreprise n'a pas intérêt à s'endetter lorsque la rentabilité économique est inférieure au taux d'intérêt. Par conséquent, l'entreprise a intérêt à privilégier la première solution : un financement intégral par augmentation de capital car c'est lui qui offre la meilleure rentabilité. **c.** Autres sources de financement : autofinancement et comptes courants d'associés.

14 page 129

a.

Budget des encaissements	Janvier	Février	Mars
Solde clients	6 200,00		
Ventes de janvier	5 980,00	5 980,00	
Ventes de février		5 681,00	5 681,00
Ventes de mars			6 279,00
Total	12 180,00	11 661,00	11 960,00

Budget des décaissements	Janvier	Février	Mars
Solde fournisseurs	6 000,00	4 000,00	
Achats marchandises janv.		3 707,60	5 561,40
Achats marchandises févr.			3 588,00
Achats marchandises mars			
Achats, charges externes	1 794,00	1 495,00	2 093,00
Charges de personnel	2 000,00	1 900,00	2 100,00
Acquisitions d'immobil.		5 980,00	
TVA à décaisser	300,00	147,00	
Total	10 094,00	17 229,60	13 342,40

Budget de trésorerie	Janvier	Février	Mars
Trésorerie initiale	800,00	2 886,00	– 2 682,60
Encaissements	12 180,00	11 661,00	11 960,00
Décaissements	10 094,00	17 229,60	13 342,40
Trésorerie finale	2 886,00	– 2 682,60	– 4 065,00

b. La trésorerie est négative pour les mois de février et mars. L'entreprise doit prévoir des solutions palliatives car en l'état, elle ne dispose pas d'assez de disponibilités pour faire face à ses engagements de février et mars. Elle peut tenter de diminuer son BFR (baisse des stocks, allongement des délais fournisseurs, baisse des délais clients), vendre s'il en elle dispose des VMP, demander aux associés un apport en comptes courants ou négocier auprès de sa banque un concours bancaire.

c. Compte de résultat d'exploitation prévisionnel. 1er trim. N+1.

ACHATS	Montant	PRODUITS	Montant
Achats de marchandises	23 250,00	Ventes de marchandises	30 000,00
Variation des stocks de marchandises	– 750,00		
Autres achats, charges externes	4 500,00		
Charges de personnel	6 000,00		
Dotations aux amortissements	1 600,00		
Résultat d'exploitation (bénéfice)		Résultats d'exploitation (perte)	4 600,00
Total	34 600,00	**Total**	34 600,00

Le résultat d'exploitation montre une perte prévisionnelle de 4 600 €.

15 page 131

a.

Compte de résultat différentiel	Montant
Chiffre d'affaires – Charges variables	210 000 84 000
= Marge sur coût variable – Charges fixes	126 000 115 000
= Résultat	11 000

b. Augmentation des charges variables : (500 × 28) + 8 000 = 22 000. Augmentation des charges fixes : 2 000 + 2 000 = 4 000.

c.

Compte de résultat différentiel	Montant
Chiffre d'affaires – Charges variables	235 000 (210 000 + 500 × 50) 106 000 (84 000 + 22 000)
= Marge sur coût variable – Charges fixes	129 000 119 000 (115 000 + 4 000)
= Résultat	10 000

Du point de vue du résultat, il ne faut pas accepter cette commande supplémentaire car elle entraîne une diminution du bénéfice de 1 000 €. **d.** Se fonder sur le résultat est une vision à très court terme qui peut masquer d'éventuelles retombées positives d'une commande supplémentaire à plus long terme : augmentation de la présence de l'entreprise sur le marché et de sa notoriété, occasion de fidéliser un nouveau client, etc. À l'inverse, lorsqu'une commande entraine des dépenses supplémentaires, il faut également prendre en compte les impacts éventuels sur la trésorerie de l'entreprise et sa capacité à supporter à long terme les éventuelles charges fixes supplémentaires engendrées.

Ressources humaines et communication

1 page 137

1 Une partie des managers n'a pas toujours conscience des attentes de ses équipes. En effet, ils ont une croyance erronée au sujet de la nature et de la quantité des signes de reconnaissance attendus. Pour nombre de managers, la reconnaissance attendue est forcément financière, sous forme de prime, d'augmentation ou de promotion. Toutefois, la reconnaissance au travail (une marque de confiance, ne pas être ignoré, être considéré, recevoir un feed-back constructif…) est la première priorité dans les attentes de 59 % des salariés français, selon une enquête BPI ; et d'après un récent sondage Ipsos, le premier facteur de démotivation des Français au travail est le « manque de reconnaissance », devant une « rémunération trop faible » et les « pratiques managériales » (Ipsos. fr, 04/04/2012). Le manque de reconnaissance est identifié parmi les facteurs de stress et les risques psycho-sociaux.
2 Il existe divers facteurs qui peuvent influer sur la motivation des salariés, ces facteurs peuvent concerner individuellement le salarié (ex. la formation, la promotion) et/ou les relations entre les salariés de l'entreprise (ambiance de travail).

2 page 139

1 L'ergonomie est l'étude scientifique des conditions (psychophysiologiques et socio-économiques) de travail et des relations entre l'homme et la machine.
2 L'employeur a des obligations légales et réglementaires (y compris dans le cadre européen). Il doit adapter le travail à l'homme, notamment en ce qui concerne la conception des postes, des procédures, des méthodes de travail, le choix des équipements, et se préoccuper de la santé et de la sécurité au travail.

3 page 141

Cette enquête montre que la rémunération n'est pas en soi un élément de motivation. « Ce n'est pas tant une modification de leur rémunération qu'une **meilleure reconnaissance** que les décideurs recherchent en changeant d'entreprise. » Cette étude montre l'importance grandissante pour les acteurs d'un meilleur équilibre entre **vie professionnelle et vie privée**.

4 page 143

a. La communication interne est un vecteur de mobilisation des RH, elle permet de réussir à développer l'implication des salariés, les fédérer autour de valeurs communes et du projet de l'entreprise. Elle favorise l'échange et la reconnaissance du travail, elle crée du lien, dynamise les échanges, décloisonne et favorise le travail en réseau…

b. Savoir saisir les bons moments pour communiquer, donner du sens en communiquant sur le projet d'entreprise, collaborer étroitement avec les managers…

5 page 145

Le profil de poste est le portrait idéal du candidat postulant à un emploi ou une fonction. Une fiche de poste est la photographie actuelle du poste, et non pas de l'agent. La fiche de poste se rédige en fonction du poste et non de l'agent qui occupe le poste. Les profils de poste servent à : classer les postes, définir les qualifications, mettre en place un système de rémunération, effectuer des comparaisons entre le profil du poste et les profils des divers candidats. Celui qui se rapproche le plus du profil ainsi défini sera choisi.

6 page 147

Les avantages pour l'individu : avoir en main un diagnostic objectif de ses compétences consigné dans un rapport professionnel clair et concis ; bénéficier d'une évaluation professionnelle ; prendre conscience de ses forces, de ses limites personnelles et des zones prioritaires d'amélioration ; amorcer l'élaboration d'un plan individuel de développement de compétences en gestion. **Pour l'organisation :** repérer les personnes à haut potentiel pour des fins d'identification et de développement de la relève-cadre de l'établissement ; optimiser les plans individuels de développement des compétences des cadres ; offrir à ses gestionnaires un outil de réflexion et d'investissement rentable dans le cadre du développement des compétences en gestion.

7 page 149

Agir sur la capacité d'apprentissage : développer l'autonomie décisionnelle, créer des occasions d'apprentissage, favoriser la confrontation des salariés à des situations de travail suffisamment riches et complexes, être attentif aux efforts des membres du groupe… ; **Agir sur la capacité d'auto-évaluation :** reconnaître et valoriser les métiers, systématiser les feed-back et l'évaluation des compétences ; **Agir sur la capacité de veille :** développer la prospective métier avec une gestion des compétences au service de l'employabilité en s'affranchissant en partie de l'organisation et des emplois existants pour s'orienter vers une réflexion prospective sur les métiers ; partager les informations utiles aux projections dans l'avenir ; favoriser l'accès aux réseaux de relations nécessaires au développement des compétences ; clarifier les principes et règles de mobilité, favoriser l'élaboration des projets professionnels.

8 page 151

a. S'il n'a pas besoin d'être expert sur le projet en question, le chef de projet doit être très organisé, savoir mobiliser et obtenir le consensus de son équipe. Pour maintenir le cap dans les difficultés qui ne manqueront pas de surgir, il vaut mieux qu'il sache gérer son stress. Enfin, ce rôle lui revient parce qu'il a des qualités d'animateur d'équipe et des capacités d'anticipation.
Engagement plus important à l'égard de cette décision ; responsabilité et motivation des membres de l'équipe ; implication et intérêt des membres de l'équipe.
b. Avantages : les décisions sont prises par tous les acteurs, En effet, un management par projet est forcément un style de management participatif donc plus impliquant, responsabilisant et motivant.
c. Il s'agit d'un groupe restreint, formel, temporaire.

9 page 153

a. Afin d'être efficace dans la gestion quotidienne des conflits, il est impératif d'en comprendre les ressorts, les composantes, les différentes dimensions à l'œuvre ; de découvrir qu'il existe des conflits de nature distincte ; d'anticiper en distinguant les situations tendues qui risquent d'évoluer vers des conflits latents ou ouverts.
b. Les conflits peuvent détruire l'organisation mais ils peuvent également renforcer le sentiment d'appartenance de ses membres et permettre à l'organisation d'être plus forte pour faire face aux problèmes qu'elle rencontre. Lorsque les conflits sont résolus, un sentiment de cohésion peut s'installer. Ainsi les effets sont : l'unité, la stabilité, la satisfaction et donc la cohésion du groupe et la dynamique interne.

10 page 155

1 S'entendre pour résoudre les problèmes au quotidien, s'écouter, se parler, trouver des compromis sur l'organisation du travail, les conditions de travail… Voilà des fonctions dévolues au dialogue social. En effet, un déficit de dialogue social peur exacerber le malaise social, comme le montre le cas de La Poste.
2 Le dialogue social n'est pas une contrainte. C'est une condition pour atteindre des objectifs. Le but ici est la sécurisation de l'emploi des salariés et l'amélioration de la compétitivité des entreprises françaises, face à la crise économique et la montée du chômage.

11 page 157

Critères de répartition des tâches : prise en compte de la durée légale du travail (c'est-à-dire nombre d'heures effectuées par semaine pour chaque vendeur = 35 h). Nature de la tâche affectée en fonction des compétences et du savoir-faire (ex. : 25 h pour le vendeur 2 en contact avec le client…). Le temps total nécessaire pour la tâche.

12 page 159

a. Leur rôle est avant tout de faire circuler une information entre deux collègues. C'est l'outil « de première nécessité ». Les outils des trois autres familles répondent à un besoin plus particulier, même s'ils incorporent nécessairement des fonctions de communication. **b.** Ils permettent à plusieurs personnes de travailler sur un même document ou sur une même application. (Le traitement de texte Word possède par exemple un outil qui permet d'annoter un texte pour proposer des corrections). Ce sont des outils de collaboration, puisque les différentes personnes qui les utilisent ont le sentiment d'avancer vers un but commun. **c.** Si un employé a fait l'effort de créer un document, ou de développer une expertise, il peut faire gagner beaucoup de temps à ses collègues : pourquoi créer plusieurs fois le même document - ou développer plusieurs fois la même expertise - lorsqu'on peut les trouver ailleurs dans l'entreprise ? Il faut donc faire en sorte que tous les employés puissent accéder à ces informations.

13 page 161

a. C'est un logiciel de classement et d'indexation de données, il permet la hiérarchisation par domaine afin de faciliter la diffusion des données. Les documents générés sont aussi bien au format Word qu'au format PDF et la gestion est multilingue. Enfin, les éditions de masse et l'industrialisation du processus documentaire sont rendues possibles (GED).
b. Ce type d'outil permet une plus grande collaboration entre les membres de l'organisation, avec le réseau de partenaires d'ACMN VIE et une rapidité de transmission des informations nécessaire à l'organisation.
c. Le choix d'un format de sauvegarde conditionne l'aspect du document, les possibilités de consultation (lecture sur la plupart des plates-formes informatiques) et la durée de conservation de l'information. Il doit être adapté à l'utilisation du document (lecture en ligne, impression…).

Systèmes d'information de gestion

1 page 167

a.

	Équipements informatiques	Logiciels installés	Infrastructure réseau
Le système informatique	Bornes interactives Serveurs Écrans tactiles	Logiciel métier Photo Pro	Réseau filaire et sans fil. Ligne sécurisée
	Facilité d'utilisation	**Niveau de formation**	**Avantages/ inconvénients**
Les utilisateurs	Écran tactile plus intuitif.	Clients formés « sur le tas » par l'équipe. Nécessité de reformer chaque année une équipe de saisonniers qui peut changer.	L'information est centralisée. Facilité d'accès au site Internet pour les clients. Cessation de l'activité en cas de panne du serveur.
	Stockage de l'information	**Collecte et traitement de l'information**	**Diffusion et communication de l'information**
Circulation de l'information	Stockage de l'information sur un serveur de bases de données	Collecte via l'application Photo Pro Tri et recherche par critères.	Diffusion via un site Internet et via le logiciel sur les bornes. Diffusion des photos vers le laboratoire.

Conclusion : Le système informatisé répond bien aux besoins de l'entreprise : vendre des photos ou communiquer entre des sites distants, par exemple. Cependant des pannes inopinées peuvent paralyser l'activité de l'entreprise. L'utilisation d'une application spécifique nécessite de former chaque année un personnel renouvelé. **b.** Les coordonnées des clients : nom, prénom, adresse, téléphone. Ces données sont récentes (fournies au moment de la commande), formatées (saisies à partir d'un logiciel), accessibles depuis un serveur de données sécurisé. On peut se demander si elles sont fiables car on relève des erreurs de saisie, la qualité de ses informations n'est donc pas complètement garantie.
c. Gagner en productivité (plus de bornes que de vendeurs), réduire les délais d'une commande, élargir sa clientèle (ici avec le site Internet), sécuriser l'accès aux données, automatiser la communication entre des sites distants…

2 page 169

a. L'objectif de ce processus est le recrutement de nouveaux salariés pour le groupe SAEnergy. Le domaine d'étude concerné est le service gestion des ressources humaines de l'entreprise SAEnergy. **b.** Acteurs internes : responsable RH, manager opérationnel. Acteurs externes : postulant, cabinet de recrutement.

c.

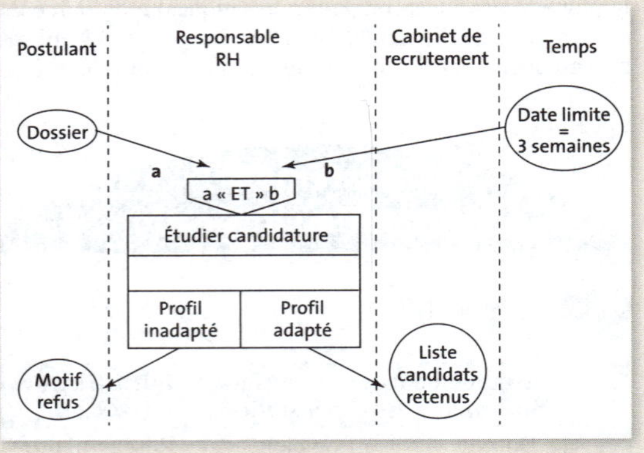

d. Non, car cet acteur est externe au domaine étudié, on ne représente donc pas son activité. **e.** C'est un processus support car il ne fournit pas directement un bien ou un service à un client de SAEnergy. **f.** Côté entreprise : Les données collectées sont automatiquement transmises à une base de données ce qui limite les risques d'erreur. Leur traitement peut être facilité par un logiciel applicatif qui permettra d'extraire les candidats dont les compétences sont en adéquation avec les offres d'emploi, donc gain de temps. Le dossier peut être télétransmis au cabinet de recrutement. Côté postulant : possibilité de compléter son dossier en ligne 24h/24h, sans frais ni délais d'expédition.

3 page 171

a. E-mail, Internet, intranet, téléphonie, logiciels (PGI), Netbook… **b.** Forte augmentation des volumes de données échangées grâce aux bases de données. Spécialisation des tâches et recentrage sur le cœur de métier de l'entreprise grâce à l'automatisation de certains processus. Intensification des rythmes de travail et des échanges interorganisationnels grâce aux réseaux. **c.** Le rapport met en évidence cinq principaux risques liés aux TIC et qui concernent les conditions de travail : une augmentation du rythme et de l'intensité du travail ; un renforcement du contrôle de l'activité pouvant réduire l'autonomie des salariés ; un affaiblissement des relations interpersonnelles et/ou des collectifs de travail ; le brouillage des frontières spatiales et temporelles entre travail et hors travail ; une surcharge informationnelle. **d.** Organiser des formations lors du déploiement de nouvelles technologies. Intégrer les utilisateurs dans les projets d'informatisation : prendre en compte leurs besoins, leurs avis… Établir une charte d'utilisation du réseau informatique détaillant les droits des utilisateurs.

4 page 173

a. Le ministère des Finances gère entre autres les données concernant le paiement des impôts (revenus des citoyens…). Lors de l'attaque il était en pleine préparation du G20 et détenait donc des informations politiques. **b.** Ils ont utilisé un programme malveillant de type cheval de Troie introduit au niveau des messageries des salariés. C'est un mode d'infection très courant en informatique qui permet de prendre le contrôle d'un ordinateur à l'insu de son utilisateur. Ces malwares ont été transmis grâce à un procédé de *social engineering* qui permet l'usurpation d'identité numérique. Les destinataires du PDF dans lequel était logé le logiciel malveillant ont été trompés sur l'émetteur du message. **c.** Les risques sont la divulgation de données stratégiques et confidentielles pour l'État français. **d.** La composante humaine et organisationnelle du système d'information est déficiente, en effet, les moyens engagés dans la sécurisation ne sont pas suffisants : manque d'ingénieurs (30) en regard du parc informatique à gérer (170 000 postes uniquement pour le ministère des Finances).

5 page 175

a. Variables d'entrée : distanceAR, PrixAuLitre. Variable de sortie : CoûtParcours. Variable intermédiaire : consommation. Constante : ConsoParKm. **b.** Ce sont des réels (double) sauf pour la distance qui est un nombre entier. **c.** Ce programme calcule le coût d'un trajet aller-retour en voiture. Il permettra d'automatiser le remboursement des frais de déplacement des commerciaux. **d.** Lignes 7 à 10 : Dim NbNuit as Integer. Dim CoûtNuitées as Double. Dim CoûtTotal as Double. Const forfait = 75. Ligne 19 : NbNuit = Inputbox (« Entrez le nombre de nuits »). Ligne 29 : CoûtNuitées = NbNuit*forfait. Ligne 30 : CoûtTotal = CoûtNuitées + CoûtParcours. Ligne 36 (modification) : MsgBox « Le montant total à rembourser est de : » & CoûtTotal & « € ».

6 page 177

a. Ligne 36 à 40 : si le salaire est inférieur à 2 000 € alors la prime est de 10 % du salaire sinon elle est de 20 %. **b.** Ligne 25 à 52 : les instructions à l'intérieur de ces lignes sont répétées autant qu'il y a de salariés, c'est-à-dire tant que i < n. **c.** La ligne 21 (i = 1) sert à initialiser la variable qui va servir de compteur dans la boucle Tant Que. La ligne 51 (i = i + 1) sert à mettre à jour le compteur en l'incrémentant de 1 afin de réévaluer la condition. **d.** Ligne 13 : Const taux3 = 0.3.
Ligne 36 : `if salaire < 2000 then prime = prime*taux1`

```
Else if salaire < = 2500 then prime = prime*taux2
Else prime = prime*taux3
End If
End If.
```

7 page 179

a. FAUX. « Tel » est un attribut de la relation PILOTE. Il est donc en dépendance fonctionnelle avec la clé primaire nopil. À un pilote ne correspond qu'un et un seul téléphone. **b.** VRAI. La clé primaire de la relation EFFECTUER est une clé composée par les attributs novol, noavion, nopil. À un numéro d'avion peut donc correspondre plusieurs numéros de vol. **c.** FAUX. Dans la relation EFFECTUER, nopil est clé étrangère en référence à nopil de la relation PILOTE, il y a donc une contrainte d'intégrité référentielle entre les deux relations : un pilote qui effectue un vol doit être référencé dans la relation PILOTE. **d.** FAUX. Il y a une contrainte de domaine sur l'attribut PO, qui est un booléen et ne peut prendre pour valeur que 1 ou 0.
e. CREATE TABLE PILOTE (nopil CHAR(5) NOT NULL, nom VARCHAR (20), prénom VARCHAR (20), CP CHAR (5), ville VARCHAR (20), tel CHAR(10), PRIMARY KEY (nopil));

8 page 181

a. SELECT nom, prénom, ville FROM PILOTE ; **b.** SELECT noavion FROM AVION WHERE PO = 1 ; **c.** SELECT COUNT (nopil) FROM PILOTE WHERE nom LIKE « BA* » ; **d.** SELECT typeavion FROM AVION, EFFECTUER WHERE AVION. noavion = EFFECTUER. noavion AND novol = 5120 ; **e.** SELECT nom FROM PILOTE, VOL, EFFECTUER WHERE PILOTE. nopil = EFFECTUER. nopil AND EFFECTUER. novol = VOL.

novol AND villedep = « Paris » AND heuredep > 18 ; **f.** SELECTnoavion, COUNT (novol) FROM EFFECTUER, VOL WHERE EFFECTUER. novol = VOL. novol AND villedep = « Toulouse » GROUP BY noavion HAVING COUNT (novol) > 3 ; **g.** UPDATE AVION SET localitéaff = « Marseille » WHERE noavion = 1857 ;

9 page 183

1 a. Le terme workflow peut se traduire par flux de travail : il fournit à chaque acteur les ressources nécessaires pour effectuer une tâche et la valider dans le cadre d'un processus métier (vu dans le programme de 1re). La GED est la gestion électronique de documents, elle regroupe toutes les activités d'acquisition, de stockage et de diffusion de documents numériques. **b.** Un document numérique a la même valeur qu'un document écrit en matière juridique mais son archivage doit répondre à certaines exigences citées dans l'article 1316 du code civil, afin que le document soit recevable devant un tribunal en tant que preuve. **c.** La législation précise que pour être recevable un document numérique doit permettre d'identifier la personne qui en est l'émetteur et doit garantir l'intégrité du document. Le format PDF permet de conserver dans le temps des éléments tels que la police, les images… et garantit la restitution à l'identique du document dans le temps malgré les évolutions technologiques possibles.

2 Ligne 17 :
```
< item >
<title > Actualités inscriptions postbac pour les terminales </title >
<link > www.admission-postbac.fr </link >
<description > Mise en ligne des dates limites d'inscription </description >
</item >
</channel >
```

10 page 185

a. Ce sont les États, les entreprises du secteur privé, la société civile et des organismes de régulation. **b.** La gouvernance est nécessaire car Internet permet de communiquer et de partager des ressources à l'échelle mondiale, il faut donc qu'une entente soit trouvée sur les protocoles et règles à utiliser lors de ces échanges. **c.** Les objectifs sont de définir des normes sur l'organisation des réseaux, d'en préciser les usages, de s'assurer que les différents constructeurs partagent les mêmes règles. La gouvernance permet aussi de définir les principes de fonctionnement d'Internet. **d.** La multiplicité des acteurs aux intérêts parfois antagonistes peut entraver les prises de décisions et ralentir les processus. **e.** ICANN (Internet Corporation for Assigned Names and Numbers), organisme américain en charge de la gestion de ressources techniques essentielles : adresses et noms de domaines principalement. Il assure la fonction dite IANA, au travers de ses décisions et de ses relations avec les différents acteurs économiques, l'ICANN structure fortement le marché des noms de domaines. FGI ou « Forum pour la Gouvernance de l'Internet », les préoccupations se décalent ici vers des sujets plus larges que les ressources techniques : lutte contre la cybercriminalité, protection de l'enfance, protection des données personnelles ou encore réduction de la fracture numérique entre pays du Nord et pays du Sud. ISOC (Internet Society) Cet univers intègre à la fois la gestion de problématiques techniques pointues au travers de l'IETF, qui élabore les standards de l'Internet, et les réflexions nées d'échanges entre les utilisateurs de l'Internet regroupés en « chapitres » dans le monde entier.

11 page 187

a. 192.170.20.0 classe C. **b.** Toute adresse comprise entre 192.170.20.1 et 192.170.20.253. **c.** Elle utilise l'interface 192.170.20.254 car il est situé sur le même réseau que son poste (192.170.20.0). **d.** C'est une adresse publique de classe A attribuée par une autorité mandatée au fournisseur d'accès Internet de l'entreprise YAGO. **e.** 1. Le vendeur tape l'URL du site dans son navigateur. 2. Le poste client regarde dans sa configuration IP et demande au serveur DNS (qui peut consulter d'autres serveurs DNS) l'adresse IP correspondant au nom de domaine fourni dans l'URL (par exemple '216.239.39.104' pour 'vol. fr'). 3. Une requête HTTP, comportant l'URL et éventuellement d'autres éléments est envoyée, grâce aux protocoles TCP/IP à travers le réseau local puis vers le serveur du site pointé par l'adresse IP précédemment obtenue. 4. Le serveur renvoie la page HTML avec les renseignements demandés toujours grâce au protocole HTTP vers le poste client.

12 page 189

a. Les données manipulées par le dossier médical sont des données sensibles : données personnelles relatives à la santé. Elles doivent donc être protégées conformément à la loi informatique et libertés du 6 janvier 1978 par la prise de mesures de sécurité physique et logique. **b.** Le dossier médical personnel permet une coordination des soins entre différents services et l'amélioration du suivi du patient. C'est donc un outil collaboratif utilisé par le personnel soignant. **c.** Des règles strictes sont mises en place concernant l'identification et l'authentification des personnes qui accèdent aux informations comme la gestion des droits d'accès aux données. **d.** Les risques humains : confidentialité des données, authentification. Les risques techniques : sécurité des locaux et des équipements, taux de disponibilité. Les risques liés aux programmes malveillants : protection contre les intrusions, intégrité des données. Les mesures de sauvegarde : conservation des données, dispositif de sauvegarde des données.

13 page 191

1 a. D'après le tableau de bord, on peut connaître au mois de novembre la répartition des types de connexion au site selon leur nature. Les flux directs et par moteur de recherche représentent 77 % des connexions, les flux depuis les sites partenaires ou les forums ne comptabilisent que 16 % des flux, ce qui est peu. Cependant le tableau de bord est insuffisant pour établir un bilan des opérations menées, il faudrait le comparer à un tableau antérieur pour mesurer les évolutions entre les deux. **b.** Le tableau de bord est insuffisant car il ne permet pas de faire des comparaisons à des dates différentes, de plus il ne différencie pas les sites partenaires, on ne peut donc pas tirer de bilan précis des opérations. D'autres indicateurs possibles peuvent être : l'origine des flux des personnes ayant acheté sur le site ou encore le temps resté sur le site. **2 a.** Année 1 : vente de 4 000 billets, Année 2 : vente de 4 000 × 1.15 = 4 600 billets, Année 3 : vente de 4 600 × 1.15 = 5 290 billets, Total : 13 890 billets vendus en 3 ans. **b.** Gain brut : 13 890 billets x 20 € x 3 % = 8 334 €. **c.** Coût d'investissement : licence = 4 500 €, Coûts de fonctionnement sur 3 ans : Mises à jour 500 × 2 = 1 000 €, maintenance : 250 × 3 × 3 = 2 250 €, assistance : 145 × 3 = 435 €, TOTAL = 8 185 €. Les gains du projet (8 334 €) sont supérieurs au coût du projet sur 3 ans (8 185 €). Le projet est donc opportun. **d.** La société peut aussi envisager un développement spécifique en interne (grâce aux équipes présentes dans l'entreprise ou grâce à un recrutement). Elle peut aussi avoir recours à un développement spécifique réalisé par une SSII (externalisation).

14 page 193

a. Les composantes techniques : progiciel lié au domaine de l'épargne et de la prévoyance. Les composantes organisationnelles : suivi des développements, vérification de l'application, ateliers de travail. Le cycle de vie de l'application : analyse des besoins, conception de l'application (fonctionnalités, développement), test de l'application (recettes, actions correctives), déploiement et suivi de la garantie. **b.** Animation de l'équipe du projet : « capacité à organiser des ateliers de travail » ; organisation du suivi, comptes-rendus des activités réalisées, contrôle des tâches : « Qualités rédactionnelles élevées », « suivi des recettes » ; maîtrise des outils de collaboration : « expérience d'un contexte progiciel » ; aptitudes de communication et de synthèse : « Aptitude forte à clarifier une expression de besoin ». **c.** Les étapes du projet concernant le développement de l'application sont confiées à un prestataire externe : suivi des développements applicatifs confiés à une Tierce Maintenance Applicative (TMA).

Maths

1 page 199

1 a. 1,36. **b.** 1,05. **c.** 3,42. **d.** 1,20.

2 a. Le coefficient multiplicateur global est : $\frac{53}{10} = 5{,}3$.

On a : $(1+t)^5 = 5{,}3$ donc $t = 5{,}3^{\frac{1}{5}} - 1 \approx 39{,}59\ \%$.

b. $53 \times (1 + 39{,}59\ \%)^{12} \approx 2\,901$.

Arthur mesurerait environ 29 mètres !

3 Soit t le taux cherché.

On a : $(1+t)^{100} = 4$ donc $t = 4^{\frac{1}{100}} - 1 \approx 1{,}4\ \%$.

4 a. $T = \frac{15 - 16}{16} = -\,0{,}0625 = -\,6{,}25\ \%$.

b. Le coefficient multiplicateur global est : $\frac{15}{16} = 0{,}9375$.

On note t le taux moyen.

On a : $(1+t)^{12} = 0{,}9375$;

donc $t = 0{,}9375^{\frac{1}{12}} - 1 \approx -\,0{,}536\ \%$.

c. $15 \times (1 - 0{,}536\ \%)^{20} = 15 \times 0{,}994\,64^{20} \approx 13{,}5$.

La superficie du glacier sera d'environ 13,5 millions de km².

5 a. Le coefficient multiplicateur global est de :

$1{,}03 \times 0{,}94 \times 1{,}05 \times 1{,}04 \times 1{,}065 \times 1{,}01 \approx 1{,}1373$.

Le taux d'évolution global est donc de :

$1{,}1373 - 1 = 0{,}1373 = 13{,}73\ \%$.

b. On note t le taux moyen.

On a : $(1+t)^6 = 1{,}1373$;

donc $t = 1{,}1373^{\frac{1}{6}} - 1 \approx 0{,}0217 = 2{,}17\ \%$.

6 a. + 1,53 %. **b.** + 1,17 %.
c. – 1,15 %. **d.** – 2,36 %.

7 a. $t = \frac{10{,}90 - 10{,}27}{10{,}27} \approx 0{,}0613 = +\,6{,}13\ \%$.

b. $100 \times \frac{10{,}9}{10{,}27} \approx 106{,}13$.

8

Année	Nombre d'articles (en milliers)	Indice
2006	220	100
2007	420	191
2008	610	277
2009	750	341
2010	900	409
2011	1 060	482
2012	1 200	545

9 a. +23,5 %. **b.** +14,7 %.
c. +0,4 %. **d.** –15,5 %.

10 a. 113,7. **b.** 250. **c.** 85,2. **d.** 52,4.

11 a.

	Gazole		Sans plomb 95	
Année	Prix	Indice	Prix	Indice
2008	1,22	100	1,37	100
2009	0,95	78	1,04	76
2010	1,06	87	1,26	92
2011	1,26	103	1,44	105
2012	1,40	115	1,56	114

b. $T = \frac{1{,}40 - 1{,}22}{1{,}22} \approx 0{,}1475 = +\,14{,}75\ \%$.

c. On a : $(1+t)^4 = 1{,}1475$;

donc $t = 1{,}1475^{\frac{1}{4}} - 1 \approx 0{,}0350 = +\,3{,}50\ \%$.

2 page 201

1 a. $u_n = 4 + 5n$.

b. u est croissante car c'est une suite arithmétique de raison positive.

c. $u_{24} = 4 + 5 \times 24 = 124$ et $u_{153} = 4 + 5 \times 153 = 769$.

2 a. $u_n = 20\,000 \times 0{,}8^{n-1}$.

b. u est décroissante car c'est une suite géometrique de raison comprise entre 0 et 1.

c. $u_{10} = 20\,000 \times 0{,}8^9 \approx 2\,684{,}35$

et $u_{57} = 20\,000 \times 0{,}8^{56} \approx 0{,}07$.

3 1. a. u est une suite arithmétique de premier terme $u_0 = 80$ et de raison – 3.

On a : $u_n = 80 - 3n$.

b. $u_{12} = 80 - 12 \times 3 = 44$. Thierry mangera 44 carrés.

2. a. « `=B2-3` ». **b.** « `=C2+B3` ».

4 1. a. u est une suite géométrique de premier terme $u_0 = 40$ et de raison $q = 1 + 10\ \% = 1{,}1$.

On a : $u_n = 40 \times 1{,}1^n$.

b. Le mois de juin correspond au rang $n = 9$.

$u_9 = 40 \times 1{,}1^9 \approx 94$.

Les élèves apprendront 94 nouveaux mots en juin.

2. a. « `=40*1.1^B2` ». **b.** « `=SOMME(C2:C11)` »

5 a. e est une suite géometrique de raison 2 car $e_{n+1} = 2e_n$.

b.

```
Début de l'algorithme
    épaisseur prend la valeur 0,1
    nb_pliage prend la valeur 0
    TANT QUE épaisseur ≤ E FAIRE
        épaisseur prend la valeur 2 × épaisseur
        nb_pliage prend la valeur nb_pliage + 1
    Fin TANT QUE.
    Afficher : « Il faut plier la feuille nb_pliage fois. »
Fin de l'algorithme.
```

c. Comme e est une suite géometrique de raison 2 et de premier terme 0,1, on a $e_n = 0{,}1 \times 2^n$.

En saisissant cette formule dans la table de la calculatrice, on voit qu'il « suffit » de plier la feuille 17 fois pour dépasser les 13 000 millimètres.

6 **a.** u et v sont des suites géométriques :
$u_n = 16\,800 \times 1{,}02^n$ et $v_n = 16\,000 \times 1{,}025^n$.
b. 2021.

3 page 203

1 a. $f'(x) = 20x^4 + 12x^3 + 2$.
b. $f'(x) = 56x^7 - 6x^5 + 5$.

2 a. $f(4) = 2 \times 4 + 1 - \frac{8}{4} = 7$.

b. $f'(x) = 2 + \frac{8}{x^2}$.

c. $f'(4) = 2 + \frac{8}{4^2} = 2{,}5$.

d. L'équation cherchée est donnée par :
$y = f'(4)(x-4) + f(4) = 2{,}5(x-4) + 7$.
Autrement dit, l'équation réduite de la tangente est :
$y = 2{,}5x - 3$.

3 a. $f'(x) = \frac{10}{7} + \frac{10}{7x^2}$.

b. $f'(x) = 4 - \frac{1}{4x^2}$.

c. $f'(x) = \frac{-2}{(2x+3)^2}$.

4 f est de la forme $\frac{1}{u}$ avec $u(x) = x^n$.

On a : $u'(x) = nx^{n-1}$;
donc $f'(x) = \frac{-nx^{n-1}}{(x^n)^2} = \frac{-nx^{n-1}}{x^{2n}} = \frac{-n}{x^{2n-(n-1)}} = \frac{-n}{x^{n+1}}$.

5 f est de la forme $u \times v$ avec $u(x) = x^2 + 3x + 1$ et $v(x) = x^2 + 3x - 5$.
On a $u'(x) = 2x + 3$ et $v'(x) = 2x + 3$.
On a donc :
$$f'(x) = u'(x)v(x) + u(x)v'(x)$$
$$= (2x+3)(x^2+3x-5) + (x^2+3x+1)(2x+3)$$
$$= (2x+3)(x^2+3x-5+x^2+3x+1)$$
$$= (2x+3)(2x^2+6x-4).$$

6 a. $f'(x) = \frac{4 \times (3x+4) - (4x-5) \times 3}{(3x+4)^2}$
$= \frac{12x + 16 - 12x + 15}{(3x+4)^2} = \frac{31}{(3x+4)^2}$.

b. $f'(x) = \frac{2(x^2+1) - 2x \times 2x}{(x^2+1)^2}$
$= \frac{2x^2 + 2x - 4x^2}{(x^2+1)^2} = \frac{-2x^2 + 2x}{(x^2+1)^2}$.

7 a. $f(0) = 2$, $f(2) = 1$ et $f(6) = 5$.
b. $f'(0) = -1$, $f'(2) = 0$ et $f'(6) = 2$.

8 a. $f'(x) = 3x^2 + 6x + 4$.
b. Si la tangente au point d'abscisse x est horizontale, alors $f'(x) = 0$.
L'équation $f'(x) = 0$ est une équation du second degré.
Calculons le discriminant :
$\Delta = 6^2 - 4 \times 3 \times 4 = 36 - 48 = -12$.
Le discriminant est négatif donc l'équation n'admet aucune solution. Il n'existe donc pas de tangente à C_f qui soit horizontale.

4 page 205

1 a. $C'_M(x) = 2x - 36$.

b. On a résumé les réponses dans le tableau suivant :

x	0		18		25
Signe de $C'_M(x)$		$-$	0	$+$	
Variations de C_M		↘		↗	

c. $C_M(18) = 18^2 - 36 \times 18 + 432 = 108$.
Le coût moyen minimum est de 108 € euros par tonne.

2 1. a.

x	0	1	2	3	4	5	6	7	8	9	10
$f(x)$	0,75	2,61	4,04	5,17	6,09	6,86	7,5	8,05	8,52	8,94	9,3

b. On peut conjecturer que f est croissante sur [0 ; 20].

c. f est de la forme $15 - 285 \times \frac{1}{u}$.

On rappelle que $\left(\frac{1}{u}\right)' = \frac{-u'}{u^2}$.

On a donc $f'(x) = -285 \times \frac{-3}{(3x+20)^2} = \frac{855}{(3x+20)^2}$.

d. Le numérateur et le dénominateur de $\frac{855}{(3x+20)^2}$ sont positifs, donc $f'(x)$ est positif sur [0 ; 20].
On en déduit que f est bien croissante sur [0 ; 20].

2. a. L'année 2015 correspond au rang $x = 13$.

On a $f(13) = 15 - \frac{285}{3 \times 13 + 20} \approx 10{,}17$.

On peut penser que l'entreprise vendra environ 10,17 millions de boissons énergisantes.
b. On sait que f est croissante.
On a $f(15) \approx 10{,}62$ et $f(16) \approx 10{,}81$.
La quantité de boissons vendues sera supérieure à 10,8 millions à partir de l'année de rang $x = 16$, c'est-à-dire en 2018.

3 1. Voici l'allure de la courbe obtenue à l'écran de la calculatrice.

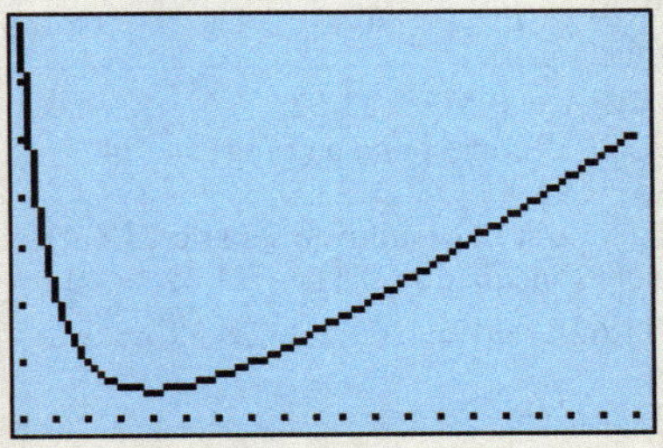

2. a. $C'_m(x) = 2 - \frac{2\,000\,000}{x^2} = \frac{2x^2 - 2\,000\,000}{x^2}$.

b. Résolvons l'équation $2x^2 - 2\,000\,000 = 0$. On a :
$2x^2 - 2\,000\,000 = 0 \Leftrightarrow 2x^2 = 2\,000\,000$
$\Leftrightarrow x^2 = 1\,000\,000$
$\Leftrightarrow x = \sqrt{1\,000\,000}$ ou $x = -\sqrt{1\,000\,000}$
$\Leftrightarrow x = 1\,000$ ou $x = -1\,000$.
On a donc $2x^2 - 2\,000\,000 = 2(x + 1\,000)(x - 1\,000)$.

x	200		1 000		4 000
Signe de $x + 1\,000$		$+$		$+$	
Signe de $x - 1\,000$		$-$	0	$+$	
Signe de x^2		$+$		$+$	
Signe de $C'_m(x)$		$-$	0	$+$	

c. Voici la tableau de variations de C_m.

x	200	1 000	4 000
Variations de C_m	11 900 ↘	5 500 ↗	10 000

$C_m(200) = 1\,500 + 2 \times 200 + \dfrac{2\,000\,000}{200} = 11\,900.$

$C_m(1000) = 1\,500 + 2 \times 1\,000 + \dfrac{2\,000\,000}{1\,000} = 5\,500.$

$C_m(4\,000) = 1\,500 + 2 \times 4\,000 + \dfrac{2\,000\,000}{4\,000} = 10\,000.$

d. La durée d'utilisation de l'équipement qui correspond à un coût moyen journalier minimal est de 1 000 jours. Le coût moyen journalier minimal est alors de 5 500 euros.

5 page 207

1 a. Voici le tableau complété :

Année	1992	1997	2002	2007	2010
Rang de l'année x_i	0	5	10	15	18

b. On trouve $y = 80x + 3\,245$.
c. L'année 2020 correspond au rang $x = 28$.
On a : $80 \times 28 + 3\,245 = 5\,485$; donc la population du Costa Rica sera d'environ 5 485 000 habitants.
d. On résout l'inéquation $80x + 3\,245 \geqslant 10\,000$:

$80x + 3\,245 \geqslant 10\,000 \Leftrightarrow 80x \geqslant 6\,755 \Leftrightarrow x \geqslant \dfrac{6\,755}{80}$.

Or $\dfrac{6\,755}{80} \approx 84{,}4$.

La population dépassera les 10 millions d'habitants au cours de l'année de rang 84, c'est-à-dire en 2076.

2 a. Voici le tableau complété :

Année	1992	1997	2002	2007	2009
Rang de l'année x_i	1	6	11	16	18

b. On trouve $y = 0{,}51x + 11{,}62$.
c. L'année 2015 correspond au rang $x = 24$.
On a : $0{,}51 \times 24 + 11{,}62 = 23{,}86$;
donc le taux de surface cultivée sera de 23,86 %.
d. On résout l'inéquation $0{,}51x + 11{,}62 \geqslant 40$:

$0{,}51x + 11{,}62 \geqslant 40 \Leftrightarrow 0{,}51x \geqslant 28{,}38 \Leftrightarrow x \geqslant \dfrac{28{,}38}{0{,}51}$.

Or $\dfrac{28{,}38}{0{,}51} \approx 55{,}6$.

Le taux de surface cultivée dépassera les 40 % au cours de l'année de rang 55, c'est-à-dire en 2046.

3 a. Voici le nuage de points.

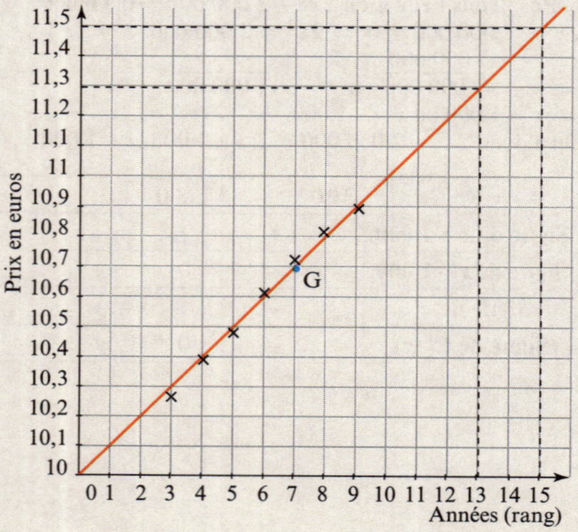

b. À l'aide de la calculatrice, on trouve G(6 ; 10,6).
c. Un ajustement affine semble envisageable car les points du nuage sont presque alignés.
d. À l'aide de la calculatrice, on trouve $y = 0{,}1x + 10$.
f. On trouve 11,30 €.
g. L'année 2013 correspond au rang $x = 13$.
On a donc : $y = 0{,}1 \times 13 + 10 = 1{,}3 + 10 = 11{,}3$.
On retrouve bien le résultat attendu.
h. Résolvons l'inéquation $y \geqslant 11{,}50$:

$y \geqslant 11{,}50 \Leftrightarrow 0{,}1x + 10 \geqslant 11{,}50 \Leftrightarrow 0{,}1x \geqslant 1{,}50$

$\Leftrightarrow x \geqslant \dfrac{1{,}50}{0{,}1} \Leftrightarrow x \geqslant 15.$

Le prix moyen d'un livre dépassera 11,50 € à partir de 2015.
i. Voir dessin. Le résultat est cohérent.

6 page 209

1 X suit la loi binomiale de paramètres $n = 3$ et $p = \dfrac{1}{3}$.

k	0	1	2	3
$P(X = k)$	0,296	0,444	0,222	0,037

$E(X) = 1$; $\sigma(X) = \sqrt{3 \times \dfrac{1}{3} \times \dfrac{2}{3}} = \sqrt{\dfrac{2}{3}} \approx 0{,}816.$

2 a. X suit la loi binomiale de paramètres $n = 5$ et $p = \dfrac{1}{8} = 0{,}125$.

Sa loi de probabilité obtenue avec un tableur est :

k	0	1	2	3	4	5
$P(X=k)$	0,51291	0,36636	0,10468	0,01495	0,00107	0,00003

$E(X) = 0{,}625$.
b. $P(X < 2) = P(X = 0) + P(X = 1) \approx 0{,}88$.
3 Réponse **b**.
Soit X la variable aléatoire égale au nombre d'appareils tombés en panne.
Dans une feuille de calcul d'un tableur, on entre dans une cellule :

```
=LOI.BINOMIALE(9;100;0,2;1).
```

$P(X < 10) \approx 0{,}002334$.

7 page 211

1 a.

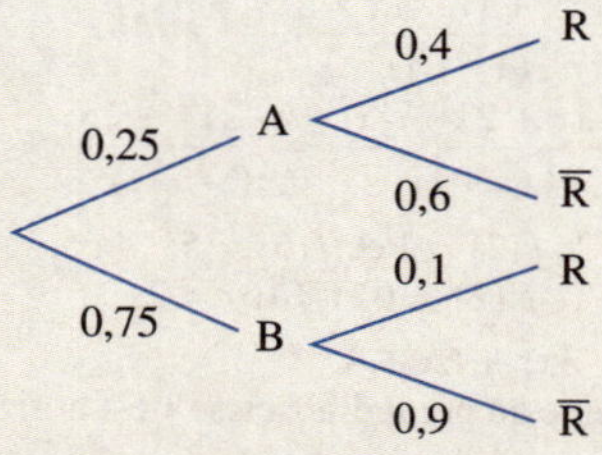

b. $P(\mathrm{R}) = 0{,}25 \times 0{,}4 + 0{,}75 \times 0{,}1 = 0{,}175$.

c. Oui, car : $P_{\mathrm{R}}(\mathrm{A}) = \dfrac{0{,}25 \times 0{,}4}{0{,}175} \approx 0{,}571$

et $P_{\mathrm{R}}(\mathrm{B}) \approx 0{,}429$.

2

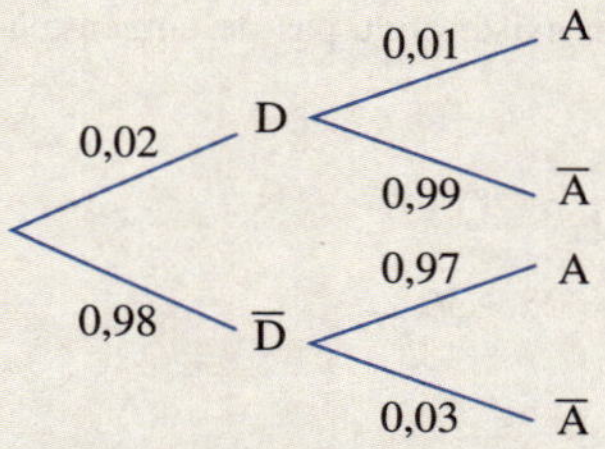

$P(\mathrm{A}) = 0{,}02 \times 0{,}01 + 0{,}98 \times 0{,}97 = 0{,}9508$.

3 a. $P_{\mathrm{F}}(\mathrm{A}) = \dfrac{50}{200} = 0{,}25$;

$P(F) = \dfrac{200}{320} = 0{,}625$; donc
$P(A \cap F) = P(F) \times P_F(A) = 0{,}625 \times 0{,}25 = 0{,}156\,25$.
b. $P(A) = P(F) \times P_F(A) + P(G) \times P_G(A)$
$= 0{,}625 \times 0{,}25 + 0{,}375 \times 0{,}2 = 0{,}23125$.
Ou directement, en utilisant les effectifs :
$P(A) = \dfrac{50 + 24}{320} = 0{,}23125$.
Environ 23 % des élèves sont d'accord avec le projet.
c. $P(A) = 0{,}23125$ et $P_F(A) = 0{,}25$. Ainsi, $P(A) \neq P_F(A)$, donc les événements F et A ne sont pas indépendants.

4 **a.** D'après l'énoncé : $P(A) = 0{,}6$; $P_A(L) = 0{,}7$;
$P_B(\overline{L}) = 0{,}55$ d'où $P_B(L) = 0{,}45$.
$P(A \cap L) = P(A) \times P_A(L) = 0{,}6 \times 0{,}7 = 0{,}42$.
La probabilité de l'événement $A \cap L$: « Elles ont gagné toutes les deux » est 0,42.
b. On utilise la formule des probabilités totales pour calculer $P(L)$:
$P(L) = P_A(L) \times P(A) + P_B(L) \times P(B)$
$= 0{,}7 \times 0{,}6 + 0{,}45 \times 0{,}4$; donc $P(L) = 0{,}6$.
c. La probabilité qu'Aricia gagne sachant que Lise a gagné est donnée par $P_L(A)$ et vaut :
$P_L(A) = \dfrac{P(A \cap L)}{P(L)} = \dfrac{0{,}42}{0{,}6} = 0{,}7$.
d. $P(A \cup L) = P(A) + P(L) - P(A \cap L)$
$= 0{,}6 + 0{,}6 - 0{,}42 = 0{,}78$.

5 **a.** $P_M(T) = 0{,}99$; $P_{\overline{M}}(\overline{T}) = 0{,}99$; $P(M) = 0{,}20$.
b. Arbre

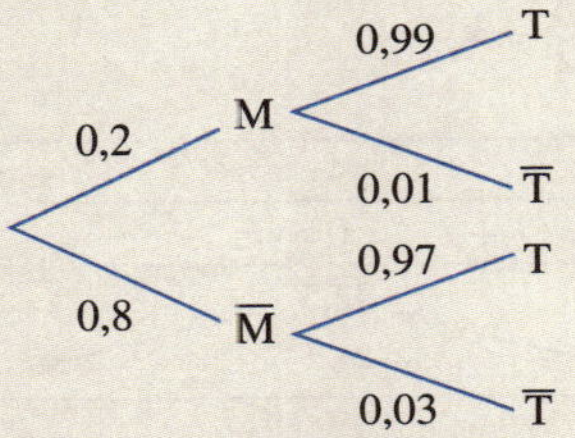

	Probabilités
$M \cap T$	0,198
$M \cap \overline{T}$	0,002
$\overline{M} \cap T$	0,016
$\overline{M} \cap \overline{T}$	0,784

c. $P(T) = 0{,}198 + 0{,}016 = 0{,}214$.
d. $P_T(M) = \dfrac{P(M \cap T)}{P(T)} = \dfrac{0{,}198}{0{,}214} = 0{,}925$.
La probabilité qu'un individu dont le test est positif soit malade est 0,925.
Ce nombre mesure la valeur diagnostique du test. Il est assez proche de 1, on peut donc considérer que ce test est adapté.

8 page 213

1 $P(X \leqslant 1) = 0{,}252$; $P(1 < X \leqslant 4) = 0{,}909 - 0{,}252 = 0{,}657$.

2 **a.** La courbe rouge correspond à $\sigma = 0{,}5$;
la courbe jaune correspond $\sigma = 1{,}5$;
la courbe bleue correspond à $\sigma = 3$.
b. Loi $\mathcal{N}(2\,;\,3^2)$
$P(X \leqslant 1) = 0{,}369$; $P(1 < X \leqslant 4) = 0{,}748 - 0{,}369 = 0{,}379$.
$[\mu - \sigma\,;\mu + \sigma] = [-1\,;5]$ et $P(\mu - \sigma \leqslant X \leqslant \mu + \sigma) \approx 0{,}683$
c. Loi $\mathcal{N}(2\,;\,1{,}5^2)$;
$[\mu - 3\sigma\,;\,\mu + 3\sigma] = [-2{,}5\,;\,6{,}5]$
et $P(\mu - 3\sigma \leqslant X \leqslant \mu + 3\sigma) \approx 0{,}997$.
d. Loi $\mathcal{N}(2\,;\,0{,}5^2)$;
$P(X \leqslant 1) = 0{,}023$, $P(1 < X \leqslant 3) = 0{,}977 - 0{,}023 = 0{,}954$.
$[\mu - 2\sigma\,;\,\mu + 2\sigma] = [1\,;\,3]$
et $P(\mu - 2\sigma \leqslant X \leqslant \mu + 2\sigma) \approx 0{,}954$.

3 Extrait de tableur de la loi normale $\mathcal{N}(11{,}2\,;\,2{,}8^2)$.

a	$P(X < a)$
10	0,334
11	0,472
12	0,612
13	0,740
14	0,841
15	0,913
16	0,957
17	0,981

a. $P(X \leqslant 10) = 0{,}334$.
$P(X > 15) = 1 - P(X \leqslant 15) = 1 - 0{,}913 = 0{,}087$.
b. $1\,850 \times 0{,}334 = 617{,}9$; donc 618 candidats ont eu une note inférieure à 10.
$1\,850 \times 0{,}087 = 160{,}95$; donc 161 candidats ont eu une note supérieure à 15.

4 Extrait du tableur de la loi normale $\mathcal{N}(4\,500;\,1\,200^2)$:

a	$P(X < a)$
4 500	0,500
5 000	0,662
5 500	0,798
6 000	0,894
6 500	0,952

$P(X > 6000) = 1 - P(X \leqslant 6\,000) = 1 - 0{,}894 = 0{,}106$.
La probabilité que Philippe gagne plus de 6 000 euros en un mois est d'environ 0,11.

9 page 215

1 **a.** $n = 35 \geqslant 30$; $np = 21 \geqslant 5$ et $n(1-p) = 14 \geqslant 5$.
$\left[0{,}6 - 1{,}96\dfrac{\sqrt{0{,}6 \times 0{,}4}}{\sqrt{35}}\,;\,0{,}6 + 1{,}96\dfrac{\sqrt{0{,}6 \times 0{,}4}}{\sqrt{35}}\right]$
$= [0{,}438\,;\,0{,}762]$.
$0{,}438 \times 35 = 15{,}33$ et $0{,}762 \times 35 = 26{,}67$.
Le nombre d'étudiants de BTS parmi les 35 n'ayant jamais pris l'avion est compris entre 15 et 27.
b. $n = 350 \geqslant 30$; $np = 210 \geqslant 5$ et $n(1-p) = 140 \geqslant 5$.
$\left[0{,}6 - 1{,}96\dfrac{\sqrt{0{,}6 \times 0{,}4}}{\sqrt{350}}\,;\,0{,}6 + 1{,}96\dfrac{\sqrt{0{,}6 \times 0{,}4}}{\sqrt{350}}\right]$
$= [0{,}549\,;\,0{,}651]$.

2 $n = 125 \geqslant 30$, donc $np = 75 \geqslant 5$ et $n(1-p) = 50 \geqslant 5$.
$\left[0{,}6 - 1{,}96\dfrac{\sqrt{0{,}6 \times 0{,}4}}{\sqrt{125}}\,;\,0{,}6 + 1{,}96\dfrac{\sqrt{0{,}6 \times 0{,}4}}{\sqrt{125}}\right]$
$= [0{,}514\,;\,0{,}686]$.
La fréquence observée est $f = \dfrac{86}{125} \approx 0{,}688$.

Comme $0{,}688 \notin [0{,}514\,;\,0{,}686]$, on rejette l'hypothèse $p = 0{,}66$ au seuil de risque 5 %.

3 **a.** $n = 350 \geqslant 30$ et $p = 0{,}30$, donc $np = 105 \geqslant 5$ et $n(1-p) = 245 \geqslant 5$.
$\left[0{,}3 - 1{,}96\dfrac{\sqrt{0{,}3 \times 0{,}7}}{\sqrt{350}}\,;\,0{,}3 + 1{,}96\dfrac{\sqrt{0{,}3 \times 0{,}7}}{\sqrt{350}}\right]$
$= [0{,}252\,;\,0{,}348]$.
b. $0{,}252 \times 350 \approx 88$; $0{,}348 \times 350 \approx 122$.
Le nombre de personnes susceptibles d'avoir réservé par internet dans l'échantillon est compris entre 88 et 122 avec une probabilité de 0,95.

4 $f = 0{,}104$.
$\left[0{,}104 - 1{,}96\dfrac{\sqrt{0{,}104 \times 0{,}896}}{\sqrt{750}}\,;\right.$
$\left.0{,}104 + 1{,}96\dfrac{\sqrt{0{,}104 \times 0{,}896}}{\sqrt{750}}\right]$
$= [\,0{,}0928\,;\,0{,}1152]$.

Donc $0,09 < p < 0,11$.

5 $f = 0,125$.

$$\left[0,125 - 1,96\frac{\sqrt{0,125 \times 0,875}}{\sqrt{144}} ; 0,125 + 1,96\frac{\sqrt{0,125 \times 0,875}}{\sqrt{144}}\right]$$

$= [0,071 ; 0,179]$.

Donc $0,07 < p < 0,18$.

6 Réponse a.

$n = 196$; $f = \frac{49}{196} = 0,25$.

$$\left[0,25 - 1,96\frac{\sqrt{0,25 \times 0,75}}{\sqrt{196}} ; 0,25 + 1,96\frac{\sqrt{0,25 \times 0,75}}{\sqrt{196}}\right]$$

$= [0,189 ; 0,311[$.

Sujets du Bac page 216

Exercice 1

1. (u_n) est une suite arithmétique de premier terme $u_0 = 2\,000$ et de raison 250 car chaque année, la population augmente de 250 personnes.

2. a. Le coefficient multiplicateur associé à une hausse de 4 % est : $1 + 4\,\% = 1 + 0,04 = 1,04$.
Chaque année, la population est multipliée par 1,04.
La suite (s_n) est donc une suite géométrique de premier terme $s_0 = 2\,700$ et de raison 1,04.

b. $s_n = 2\,700 \times 1,04^n$.

3. a. `=C2*1,04.`

b.

	A	B	C
1	n	u_n	v_n
2	0	2 000	2 700
3	1	2 250	2 808
4	2	2 500	2 920
5	3	2 750	3 037
6	4	3 000	3 159
7	5	3 250	3 285
8	6	3 500	3 416
9	7	3 750	3 553
10	8	4 000	3 695

c. La population d'Uranus dépassera pour la première fois celle de Saturne en 2016.

Exercice 2

Partie A.

1. `=(B3-B2)/B2*100.`

2. Le taux d'évolution global est de :
$\frac{62,47 - 58,86}{58,86} \approx 0,0613 = +\,6,13\ \%$.

3. Le coefficient multiplicateur global est : $\frac{62,47}{58,86}$.

Le coefficient multiplicateur moyen est donc $\left(\frac{62,47}{58,86}\right)^{\frac{1}{9}}$.

Le taux d'évolution moyen est donc :
$\left(\frac{62,47}{58,86}\right)^{\frac{1}{9}} - 1 \approx 0,0066 = +\,0,66\ \%$.

Partie B.

1. a. On trouve : $y = 0,41x + 58,88$.

b.

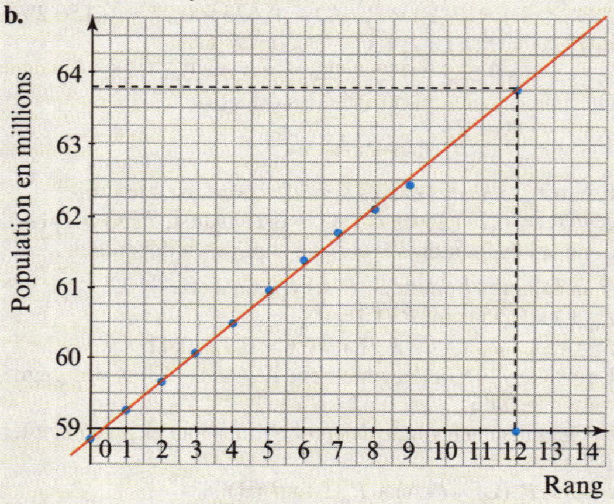

2. L'année 2012 correspond au rang $x = 12$.
On a $0,41 \times 12 + 58,88 = 63,8$.
On peut donc estimer la population française en 2012 à 63,8 millions d'habitants.

Partie C.

1. On ne peut pas envisager d'ajustement affine car les points ne semblent pas alignés.

2. a. $f'(x) = -\,0,02 \times 2x + 0,16 = -\,0,04x + 0,16$.
$f'(x) = 0 \Leftrightarrow -\,0,04x + 0,16 = 0 \Leftrightarrow -\,0,04x = -\,0,16$
$\Leftrightarrow x = \frac{-\,0,16}{-\,0,04} = 4$.

x	$-\infty$		4		$+\infty$
Signe de $f'(x)$		+	0	−	
Variations de f		↗	82,5	↘	

b. On peut placer plusieurs points en s'aidant du tableur de la calculatrice.

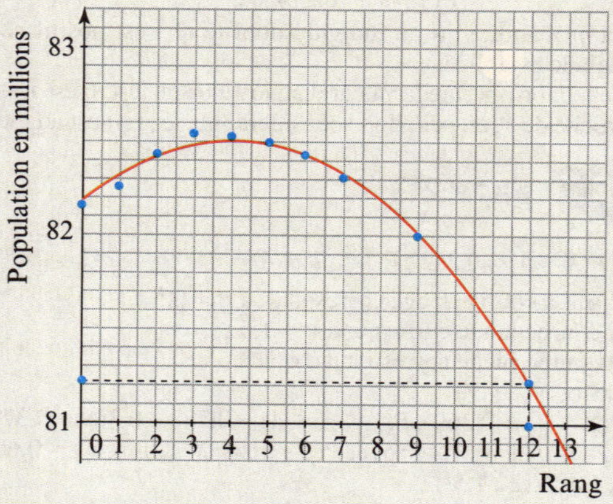

c. L'année 2012 correspond au rang $x = 12$.
On a $f(12) = -\,0,02 \times 12^2 + 0,16 \times 12 + 82,18 = 81,22$.
On peut donc estimer la population allemande en 2012 à 81,22 millions d'habitants.

Exercice 3

Partie A

On note I, A et S respectivement les événements « Le message est indésirable », « Le message est accepté », « Le message est supprimé ».

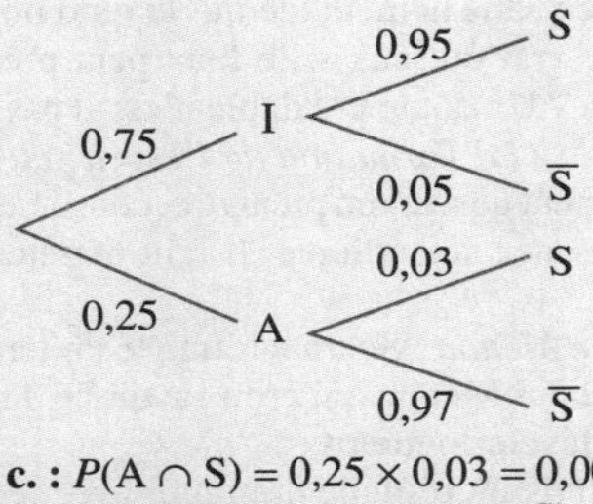

1. Réponse c. : $P(A \cap S) = 0{,}25 \times 0{,}03 = 0{,}0075$.
2. Réponse a. : $P(S) = P(I \cap S) + P(A \cap S)$
$= 0{,}75 \times 0{,}95 + 0{,}25 \times 0{,}03 = 0{,}72$.
3. Réponse b. : $P(A \cup \overline{S}) = P(A) + P(\overline{S}) - P(A \cap \overline{S})$
$= 0{,}25 + 0{,}28 - 0{,}2425 = 0{,}2875$.

Partie B
4. Réponse b. : $P(X \leqslant 30) = 0{,}773$.
5. Réponse a. :
$P(X \geqslant 34) = 1 - P(X \leqslant 34) = 1 - 0{,}960 = 0{,}04$.

Philosophie

2 page 227

1 Comprendre le sujet

a. Les mots clés du sujet et les définitions :
- « on » désigne aussi bien l'individu que l'espèce humaine.
- « gagner » : Idée d'intérêt, de gain : il y a deux sortes de « gains » : matériels et spirituels.
- « échanger » : l'idée d' « échange » suggère la réciprocité : donner pour recevoir. Il y a trois sortes d'échanges en société, comme le souligne Lévi Strauss : 1° échanges matériels : biens, cadeaux ; 2° échanges matrimoniaux : l'exogamie fait du mariage une relation d'échange entre différents groupes culturels et/ou linguistiques créant ainsi des liens plus ou moins durables ; 3° échanges linguistiques : échange de mots, communiquer des informations, dialoguer : échanges d'opinions, d'idées, de pensées.

Les échanges favorisent la sociabilité, donc la paix entre les peuples.

b. Les concepts associés ou opposés à ces mots clés :
La phrase : « Que gagne-t-on à échanger » suppose qu'on peut aussi perdre. Que peut-on perdre ? On peut certes être lésé dans l'échange, être trompé sur la marchandise et donner plus qu'on ne reçoit. Mais on peut aussi perdre son humanité, sa liberté.

2 Dégager le problème philosophique

- On gagne à échanger puisque c'est la réciprocité qui fonde les échanges, qu'ils soient commerciaux, linguistiques ou matrimoniaux. On peut gagner des biens matériels ou spirituels, acquérir ce qui nous manquait. On peut aussi gagner une certaine forme de reconnaissance comme, par exemple, dans l'échange de cadeaux.

Mais il y a un risque inhérent à tout échange. On peut être trompé sur la marchandise, être lésé, recevoir moins que ce que l'on donne.

→ La problématique : L'échange n'est-il qu'une source de gains ou peut-il être source de perte, d'aliénation ? Autrement dit, peut-il y avoir un échange fondé sur une véritable réciprocité, un respect mutuel ?

3 Textes vus pendant l'année

Marcel Mauss, *Essai sur le don* (1931), *Sociologie et anthropologie*, PUF, 1950 ; C. Lévi-Strauss, *Les Structures élémentaires de la parenté*, 1949 ; Montesquieu, *De l'esprit des lois*, 1748 ; Platon, *Gorgias* (vers 387 av. J.-C) ; Aristote, *Politique*, 1257b 30 - 1258a 2 ; R. Durkheim, *De la division du travail social*, 1893.

4 Ébaucher le plan

– Dans l'introduction, on reprendra des éléments qui nous ont permis de dégager le problème philosophique et on terminera par la question : À quelles conditions l'échange peut-il être source de gains ?
la thèse : Il semblerait qu'on gagne à échanger.
l'antithèse : On peut perdre à échanger.
la synthèse : À quelles conditions l'échange peut-il être source de gains ?
La conclusion : Si l'échange n'est pas toujours gagnant, c'est parce qu'il y a à l'œuvre une logique du profit ou une volonté de tromper l'autre. L'échange témoigne toutefois d'une relation à l'autre, d'un lien. Il ne peut être source de gain que s'il y a une véritable réciprocité et une reconnaissance mutuelle.

5 Rédiger

[Introduction] Il semblerait que dans tout échange l'on soit gagnant, puisque le but d'un échange est d'acquérir quelque chose qui nous manque ou de tirer quelque profit. Les échanges favorisent la sociabilité entre les individus et aussi la paix entre les peuples. Il vaut mieux échanger que faire la guerre.
Cependant, avec le développement des échanges, est apparue la propriété privée. S'est imposé alors un dualisme entre les activités intellectuelles, capables de développer la vie personnelle, et le travail, imposé par la force ou la nécessité, qui transforme la personne en simple moyen au profit d'autres personnes. Le travail manuel, jugé dans l'Antiquité indigne d'un homme libre, eut alors comme conséquence l'institution de l'esclavage. Aujourd'hui l'opposition passe entre ceux qui possèdent et ceux qui travaillent : les seconds sont dans une situation d'infériorité et reçoivent sous forme de salaire moins que ce qu'ils produisent. Une nouvelle forme d'esclavage a ainsi vu le jour avec le capitalisme. On peut donc perdre son humanité.
À quelle condition l'échange peut-il être source de gain ?
[1. Que gagne-t-on à échanger ?]
Les échanges économiques ont contraint les hommes à vivre en société et ont permis d'éviter la dispersion des individus et des groupes, qui aurait pu être mortelle pour l'espèce humaine. En outre, sans échange, chacun aurait été obligé de se procurer lui-même tous les biens nécessaires à la vie. Chacun aurait eu la même tâche à exécuter et les mêmes produits à réaliser, et il n'y aurait pas eu toute cette diversité d'occupations et de talents que nos sociétés connaissent. Si bien que de moyen de la société, les échanges en sont devenus la fin, en particulier sous la forme d'un grand nombre de plaisirs : conversations (échange de parole), jeux, fêtes, rencontres...
L'échange de biens et de richesses favorise aussi des relations pacifiques. Comme le souligne Montesquieu dans *De L'Esprit des lois :* « La paix passe par la démultiplication des échanges commerciaux […], le commerce guérit des préjugés destructeurs ». En effet les échanges commerciaux sont un facteur d'apaisement des relations entre États puisque l'intérêt est réciproque.
Enfin les échanges linguistiques permettent d'acquérir des connaissances mais aussi de s'éveiller à une pensée personnelle. On sait que la philosophie commence avec le dialogue. Le dialogue, comme le montre Platon, est le chemin qui mène à la vérité. La confrontation avec autrui permet de prendre du recul par rapport à sa pensée immédiate, à ce qu'on croit savoir, et de s'élever à une pensée supérieure. Quant aux échanges linguistiques entre les peuples, ils permettent une ouverture à d'autres manières de vivre et de penser.
[2. Que peut-on perdre à échanger ?]
Tant que l'échange économique se limite à nos besoins et a pour but de nous permettre de vivre, il est plutôt facteur de gains. Mais lorsque l'argent est le point de départ et le

terme de l'échange, tel est ce qu'Aristote nomme échange chrématistique, alors il y a des problèmes.
L'accumulation de l'argent est un processus sans limites et à vouloir ainsi s'enrichir, on peut perdre sa vie à la gagner. L'argent dénature aussi le travail lui-même qui ne se définit plus d'après son résultat mais d'après le gain qu'il procure. Ainsi, par exemple, originairement le résultat que vise la médecine est la santé, mais cet art est devenu un moyen de gagner de l'argent. La capacité elle-même du médecin est aliénée, c'est-à-dire vendue à autrui.
Comme le souligne Mauss, la surenchère de dons et contre-dons entre les tribus qui cherchent, sous couvert de politesse, à s'assurer une domination, conduit au gaspillage.
Dans les échanges linguistiques, on peut être dupé. Informations mensongères dans le cas de la communication. Duperie dans le cas du dialogue, lorsqu'il s'agit non pas de convaincre autrui avec des arguments rationnels mais de séduire et dominer. On songe aux rhéteurs ou sophistes que Platon, dans *Gorgias*, n'a cessé de critiquer. Peu soucieux de la vérité, il cherchait à flatter et à imposer leur point de vue à leur interlocuteur.
[3. À quelles conditions échanger peut-il être un gain ?]
L'échange est le fondement constitutif de toute société. Fondé sur l'acquisition de biens utiles à la vie ou de bien spirituels, il peut être un gain. Mais si la logique des intérêts privés et du profit règne, alors les échanges ne sont pas bénéfiques. L'argent devient le but. Ce sont, par exemple, le trafic d'organes et les spéculations de toutes sortes.
Quant à l'intérêt, s'il semble rapprocher les hommes, ce n'est pas un lien durable et véritable. Comme le souligne Durkheim dans *De la division du travail social*, les échanges économiques ne créent que des liens superficiels et peut-être même que toute cette harmonie des intérêts masque un conflit latent ou simplement remis à plus tard. Il y a donc la nécessité d'un Etat fort qui gouverne et régule les échanges dans le respect de la morale. Tel n'est pas le cas aujourd'hui. Restent les échanges personnels entre proches et les échanges spirituels qui, eux, exigent la sincérité.
[Conclusion] Derrière tout échange, il doit y avoir un respect mutuel. L'échange de cadeaux, de bienfaits, peut servir de modèle. Dans un tel échange, nous éprouvons une expérience de reconnaissance, le bonheur d'être reconnaissant et d'être reconnus pour ce que nous sommes, reconnus dans notre identité. Nous éprouvons aussi de la gratitude.
Les échanges d'idées, de sentiments contribuent à l'enrichissement spirituel lorsqu'ils sont fondés sur la sincérité. Les échanges économiques doivent être limités à la satisfaction des besoins et des désirs raisonnables.

3 page 229

1 Comprendre le sujet
La raison : la faculté de connaître ; le jugement rationnel, réfléchi, argumenté.
Les préjugés : l'opinion commune, les jugements tout faits, l'irrationnel ; ils s'opposent à la raison. Préjugés de race, de classe, préjugés religieux, etc. Y a-t-il de « bons » préjugés ?
En finir : détruire, mettre un terme. Est-ce possible ? Les préjugés ne changent-ils pas en même temps qu'avance la connaissance ? Le savoir lui même ne peut-il pas devenir, lui aussi, un préjugé ?
2 Dégager le problème philosophique
La raison peut-elle en finir avec tous les préjugés, ou bien cette tâche est-elle impossible ?
3 Rechercher les idées, faire l'inventaire de ses connaissances
Les auteurs auxquels faire principalement appel :
– DESCARTES, *Discours de la méthode,* 1637 : On croit tous avoir du bon sens, c'est-à-dire la faculté de distinguer le vrai du faux mais rares sont ceux qui l'appliquent bien. Le bon sens n'est rien sans la méthode qui le rend bon. Comment distinguer le vrai du faux si le faux peut prendre l'apparence du vrai ? Un doute préalable n'est-il pas nécessaire ?
– BACHELARD, *La Formation de l'esprit scientifique :* Le savoir établi peut devenir un préjugé et constituer un obstacle à la connaissance scientifique. Il faut maintenir vivace le doute.
– PLATON, *Le Ménon* : Socrate réfute le prétendu savoir de son interlocuteur Ménon qui croit savoir ce qu'est la vertu.
4 Plan du développement
[I. Thèse :] Il paraît difficile d'en finir avec les préjugés.
[II. Antithèse :] Il n'y a pas cependant d'avancée de la raison sans destruction des préjugés.
[III. Synthèse :] La raison ne semble pas pouvoir mettre fin à tous les préjugés.
5 Dissertation rédigée
[Introduction]
On entend souvent dire : « Cet homme est plein de préjugés » ou encore : « Les préjugés sont tenaces ». Ces expressions témoignent, d'une part, que les préjugés sont mauvais ; d'autre part, qu'il est difficile de s'en débarrasser. Toutefois, l'homme dispose de la raison. Ne pourrait-il pas réfléchir avant de juger au lieu de juger sans savoir, et en finir ainsi une fois pour toutes avec les préjugés ? Reste que le savoir rencontre des limites et qu'il y a peut-être de bons préjugés. Est-il possible, effectivement que la raison en finisse avec les préjugés ?
[Développement]
[Thèse : Il paraît difficile d'en finir avec les préjugés.]
[1. Les préjugés sont la chose la mieux partagée du monde.] Avoir des préjugés, c'est juger avant de savoir. C'est donc, en quelque sorte, croire savoir. Or celui qui croit savoir n'éprouve plus le besoin de rechercher la vérité. En ce sens, les préjugés sont un obstacle qui empêche l'accès à la vérité, c'est-à-dire à la connaissance.
[2. Les préjugés expriment le refus de penser.] Dans les domaines qui touchent les fins de l'action humaine, qu'il s'agisse de politique, de justice, du bien et du mal, etc., chacun revendique le droit d'avoir une opinion et de la donner, en étant persuadé que celle-ci en vaut bien une autre. Bref, rares sont ceux qui font l'effort de penser, mais tous veulent avoir des opinions sur la politique, l'art, la culture, tel ou tel fait divers. Que leur reste-t-il d'autre, alors, que de les emprunter à autrui, au lieu de se les former eux-mêmes ? Les préjugés sont souvent partagés par une même classe sociale, par une époque ou par une culture. Ils expriment la « dictature du 'on' » (Heidegger).
[3. La paresse intellectuelle favorise donc les préjugés de toutes sortes.] Les préjugés sont d'autant plus indéracinables que, loin d'être issus d'une réflexion critique, ils traduisent un intérêt, une passion, un état d'esprit momentané. Ils déterminent ce qu'on appelle l'état de l'opinion, c'est-à-dire l'opinion commune. Difficile de ne pas les partager sans s'isoler de son milieu social ou du reste de la société.
[II. Antithèse : Il n'y a pas, cependant, d'avancée de la raison sans destruction des préjugés.]
[1. La raison est la chose du monde la mieux partagée.] Dans le *Discours de la méthode*, Descartes affirme que « le bon sens est la chose la mieux partagée du monde ». Ce qui signifie que tout être dispose de la faculté de distinguer le vrai du faux. Mais, ajoute-t-il, il ne suffit pas d'avoir du bon sens, encore faut-il l'appliquer convenablement. La méthode est alors essentielle. Lorsqu'on juge, il faut éviter la précipitation et la prévention, c'est-à-dire les préjugés. Il faut examiner les idées à la lumière de la seule raison.
[2. La démarche philosophique détruit les préjugés.] Elle commence par une prise de distance à l'égard de ce qu'on croit savoir. Mais, si la philosophie ne peut se déployer qu'à partir de la critique radicale des préjugés, elle ne peut faire de cette critique son seul but. Le philosophe porte donc à

son tour des jugements. Mais il reste soucieux de la vérité argumentée qui implique que toute croyance soit subordonnée au résultat d'un examen rationnel.
[3. La science détruit les préjugés.] Dans le domaine scientifique, la vérité se définit toujours en opposition avec les préjugés. Dans *La Formation de l'esprit scientifique*, Bachelard s'applique à montrer comment la connaissance scientifique se fait toujours « contre une connaissance antérieure », c'est-à-dire par la destruction « des connaissances mal faites ». Quand il se présente à la culture scientifique, l'esprit n'est jamais jeune. Il est même très vieux, car il a l'âge de ses préjugés. « Accéder à la science, c'est spirituellement rajeunir, c'est accepter une mutation brusque qui doit contredire un passé. » L'esprit scientifique ne peut donc se former que par une rupture radicale avec les préjugés et plus généralement avec tout ce que l'on croyait savoir. Par exemple la théorie de l'évolution a bouleversé la thèse créationniste, longtemps tenue pour « la » vérité et néanmoins encore largement soutenue dans le monde.

[III. Synthèse : La raison ne semble pas pouvoir mettre fin à tous les préjugés.]

[1. Les préjugés sont un moment nécessaire mais qui doit être dépassé.] Le dialogue dialectique socratique consiste, en partant de préjugés contradictoires, à établir des vérités valables pour toutes les intelligences. C'est en détruisant telle proposition, en corrigeant telle autre, qu'on parvient à la vérité. Les préjugés sont donc une étape dans la recherche de la vérité. Celle-ci se construit dans le dialogue.
[2. Ce qui est savoir peut devenir préjugé.] Dans le domaine scientifique, un savoir établi peut devenir source de préjugés. Il faut alors le conduire à son terme pour le dépasser. Les crises de croissance de la pensée impliquent en effet une refonte totale du système du savoir. Un seul exemple suffit pour s'en convaincre : le passage de la théorie mécanique de Newton, pourtant bien assise, à celle de la relativité d'Einstein qui remet tout en cause et suscite des questions inimaginables auparavant. Ainsi un savoir qui s'est établi contre des préjugés peut à son tour devenir un préjugé auquel il faut s'opposer pour aller vers un nouveau savoir.
[3. Il est impossible de ne pas avoir de préjugés.] À moins d'en rester à l'ironie socratique (« Je ne sais qu'une chose c'est que je ne sais rien »), ou de pratiquer comme les sceptiques la suspension définitive du jugement, il est difficile – voire impossible – de ne pas porter de jugement. Or le savoir humain est limité. Pas plus qu'il n'y a de philosophie vraie – il n'existe plus aujourd'hui de conception du monde qui puisse s'imposer –, il n'y a de science susceptible d'atteindre une objectivité forte. Par ailleurs, aucun homme ne peut posséder tout le savoir de son époque. On ne peut donc éviter tout préjugé sans renoncer au plaisir de la discussion en société – à condition de ne pas les ériger en vérité scientifique mais de les affirmer sur le mode de la croyance : c'est ce que je crois à défaut de savoir (mais je peux le mettre en doute demain). Cependant, la recherche de la vérité reste un idéal aussi bien pour le savant que pour le philosophe.

[Conclusion]

La plupart des hommes refusent de penser par eux-mêmes. Ils préfèrent partager les préjugés, ceux de leur milieu social, de leur époque ou de leur culture. Détruire les préjugés est une tâche infinie. Même un savoir établi peut, si on se persuade de sa vérité définitive, devenir source de préjugés. Toutefois, la recherche de la vérité reste un idéal aussi bien pour le scientifique que pour le philosophe. Reste que, pour vivre en société, les hommes ont besoin d'un consensus. On ne peut tout examiner, ni non plus tout savoir. Bien des discussions sur l'art, la société, la politique tournent alors au débat d'opinion. Même de grands penseurs ne sont pas exempts de préjugés. La raison ne peut donc en finir avec tous les préjugés, mais elle suppose que nous sachions mettre en doute nos affirmations et réexaminer nos jugements.

5 page 233

L'état de nature n'a probablement jamais existé. Il s'agit d'une hypothèse, qui permet de voir quel genre de vie prévaudrait si les hommes vivaient sans lois civiles pour réguler leur liberté sauvage.
Ce que souligne ici Rousseau, c'est que dans un tel état, il y a néanmoins une loi qui commande à tous : la loi naturelle. Celle-ci commande à tous dans le sens où elle est inviolable. Le vieux mythe d'Icare, incarnation d'un des rêves les plus anciens de l'homme, nous rappelle à jamais que nous ne pouvons pas braver la loi de la nature : ici la pesanteur. Notre seule liberté est de transformer l'obstacle en tremplin. Si je me lance dans le vide d'une manière inerte, je risque, conformément aux faits et aux lois de la nature, la mort. Mais si je me lance dans le vide avec un parachute, conforme à des lois de dynamique des fluides, je peux atterrir normalement. Autrement dit, si nous ne pouvons pas supprimer la chaîne des effets et des causes, nous pouvons nous y insérer comme maillon initial d'une chaîne nouvelle. Ce que certaines conditions nous interdisent, à cause du déterminisme rigoureux d'une série de faits, d'autres conditions nous le permettent, grâce au déterminisme, non moins rigoureux, d'une série de faits d'un autre ordre. « On ne commande à la nature qu'en lui obéissant », dit Francis Bacon, mais alors on commande réellement.
Contrairement à la loi de la nature, la loi civile ne nous détermine pas. On peut la transgresser. La seule contrainte est la sanction pénale. Lorsque la loi est injuste, cela peut être un devoir de la transgresser. Mais dans la société idéale que propose Rousseau, la loi est juste car elle émane de la volonté générale. En y obéissant, on n'obéit qu'à soi-même et on est donc libre. Une telle loi devrait donc commander à tous comme la loi de la nature.

6 page 235

[Introduction] Il semble au premier abord qu'il n'y ait pas d'opposition entre le bonheur et la morale. En effet un homme possédant santé et richesse aura de meilleures chances de vivre moralement puisqu'il sera davantage à l'abri des tentations de la convoitise, du vol, du mensonge et même du meurtre.
Cependant l'homme qui est porté naturellement à faire le bien autour de lui est-il vraiment moral ? Supposons qu'un jour ce philanthrope soit assombri par un chagrin. Sera-t-il encore porté à faire le bien ? Agir moralement n'est-ce pas agir, en toutes circonstances, par pur respect du devoir, même s'il faut aller contre ses désirs ?
Y- a-t-il opposition entre le bonheur et la morale ?

[I. Il n'y a pas d'opposition entre le bonheur et la morale.]

[1. La vie heureuse consiste en l'exercice de la vertu.]
Si les Grecs considèrent que le plein accomplissement de soi-même est ce que tout homme recherche, le bonheur bien compris ne réside pas dans la satisfaction effrénée des penchants ou des désirs mais plutôt dans une vie réglée et maîtrisée par la raison. Aussi n'y-a-t-il pas de contradiction entre le bonheur et la vertu. Le bien est l'objet du désir juste. Chacun doit comprendre, après réflexion, que la vie heureuse consiste en l'exercice de la vertu comprise comme refus de tout excès.
[2. La recherche de la médiété]
Aristote, le sage, prône ainsi l'activité raisonnable et maîtrisée et nous conseille d'agir selon la vertu de prudence, en évitant les deux extrêmes de la démesure et de l'inertie. Il s'agit de discerner dans chaque situation où est la "médiété", le milieu juste, de manière à combiner harmonieusement le souhaitable et le possible. Le milieu juste doit se rechercher aussi bien pour les passions (ainsi le courage est-il le

Corrigés

juste milieu de la témérité et de la peur) que pour les actions (ainsi la générosité est-elle le juste milieu de la prodigalité et de l'avarice). La vertu morale s'oppose à des conduites non conformes à la mesure. Encadré par deux vices symétriques, selon l'excès et le défaut, elle consiste en une position moyenne. Mais la vertu est aussi un sommet. Le milieu juste est décalé par rapport aux vices. Il forme saillie, comme le sommet d'un triangle. Cette médiété, vrai sommet d'éminence, est bien le contraire de la médiocrité.

[3. Le souci de soi-même]

Dans l'Antiquité, la recherche du bonheur est dans la maîtrise totale des passions, des désirs vains et superflus. L'essentiel est d'être lucide, de faire un effort pour se connaître. Il s'agit de revenir à notre véritable moi, libéré de tout ce qui est extérieur à soi.

[II. La conciliation impossible du bonheur et du devoir]

[1. Seule est bonne la bonne volonté.]

La sagesse grecque unit étroitement l'aspiration au bonheur et la vertu. Prendre comme fin suprême une amélioration de soi, viser des actions les meilleures possible, n'exige pas le renoncement à tous les plaisirs. Mais ces dispositions intérieures de l'âme, comme la juste mesure, la maîtrise de soi, ont-elles cependant cette valeur absolue que croit devoir leur attribuer Aristote ? Ne peuvent-elles pas se prêter à un mauvais emploi : le courage d'un criminel ne le rend-il pas plus odieux ? Seul peut être véritablement bon ce qui l'est par soi, ce qui l'est absolument. Ainsi, comme Kant le souligne, dans les *Fondements de la métaphysique des mœurs*, il n'est rien qui puisse être tenu pour absolument bon, si ce n'est seulement une bonne volonté. Et ce qui fait que la volonté est bonne ou non, ce ne sont pas ses œuvres ou ses succès, ni son aptitude à atteindre tel ou tel but proposé, mais son vouloir même. La bonne volonté, c'est celle qui se détermine à agir par pur respect du devoir.

[2. Ne pas se rendre indigne du bonheur.]

Pratiquement, l'homme doit tenir ensemble aussi bien ce qui est de l'ordre du penchant, c'est à dire participer au bonheur que ce qui appartient à l'estime de l'humanité que nous portons en nous, autrement dit ne pas se rendre indigne du bonheur. On voit l'importance du penchant au bonheur. Il est le premier à être reconnu. Et il l'est. Pratiquement il ne s'agit pas de renoncer au bonheur, et à sa recherche. Ce serait peut-être une tâche impossible car surhumaine. Mais doit intervenir tout en même temps l'exigence de la **dignité**. Or il est bien connu qu'on peut être vertueux tout en étant malheureux, et être heureux sans être vertueux. On peut même dire que faire son devoir n'est pas le moyen le plus sûr d'être heureux : agir par devoir, c'est souvent aller contre ses inclinations, ses désirs. Certes, agir moralement n'implique pas l'ascétisme, et on peut considérer que c'est aussi indirectement un devoir de travailler à son bonheur car un minimum de bien-être est la condition de la vertu. Reste que pour Kant la recherche du bonheur n'a de valeur morale que lorsqu'elle n'est qu'un devoir.

[3.Le devoir d'abord, le bonheur peut-être]

S'il y a une certaine opposition entre le bonheur et la vertu, c'est parce que le bonheur obéit à des motivations empiriques rebelles par nature à toute universalisation, alors que le devoir commande universellement. En ce qui concerne le bonheur, des conseils empiriques sont toujours bons à recevoir : un régime alimentaire sévère, l'économie, la politesse, la réserve, toutes choses qui, selon les enseignements de l'expérience, contribuent pour la plus grande part au bien-être. Mais la moralité ne renvoie pas à l'inclination, à la subjectivité, à la particularité, elle ne distribue pas des conseils, elle énonce des commandements, elle dit la loi. Exemple : tu dois honorer tes dettes. Mais il y a pourtant, selon Kant, un lien entre le bonheur et la moralité : Le respect de la loi morale nous rend digne du bonheur… Laissons, pour terminer, la parole au Kant de *La Critique de la Raison Pure* : "A la question « Que dois-je faire ? », voici la réponse : « Fais ce qui te rends digne d'être heureux ».

[III Le bonheur ne s'oppose pas à la moralité.]

[1. On peut agir moralement par sentiment de bienveillance]

La conscience de ne se déterminer que par pur respect du devoir peut engendre un « contentement de soi-même » et pourquoi pas une certaine béatitude. Mais c'est oublier que l'homme ne peut jamais être sûr de la valeur morale de ses actions car il peut toujours y avoir à l'origine de celles-ci quelques inclinations inconscientes. La sainteté n'est pas de l'ordre de l'humain, elle n'existe pleinement qu'en Dieu. L'opposition kantienne entre la morale et le bonheur repose sur l'affirmation que la morale est de l'ordre de la raison et qu'elle suppose toujours des renoncements par rapports à nos désirs et intérêts. Or l'épanouissement personnel n'est-il pas lié au développement de l'affectivité, de la sexualité et du plaisir ? Peut-on concevoir, un seul acte où la recherche du plaisir soit absent ? Ne peut-on pas agir moralement par sentiment de bienveillance et en éprouver de la joie ?

[2. La morale du devoir n'est-elle pas une fermeture à autrui ?]

Plus fondamentalement, le respect de la Loi et du devoir, ne traduisent-il pas, en fait, une impuissance à aimer, une fermeture à autrui ? Un geste d'humanité sincère n'est-il pas préférable à un geste d'humanité accompli par devoir ? N'est-ce pas se mentir à soi-même que de faire son devoir avec répugnance ? La morale du devoir ne serait-elle pas une forme déguisée de politesse. Mon penchant ne me porte pas à t'aider, toi Paul, mais je m'incline devant la loi morale. Je fais mon devoir, peu importe ce qu'il advient. N'est-ce pas une manière de se mettre à l'abri de l'angoisse, de se donner bonne conscience, à peu de frais ? De sauvegarder à ses yeux l'image d'une âme pure et belle, tout en abandonnant le monde extérieur à ses difficultés et à ses souffrances ? La morale du devoir, derrière l'appel à la pureté et au refus de toute compromission, ne cache-t-elle pas en réalité un refus d'agir ? Une philosophie qui pose que le devoir est une idéalité, peut-être jamais réalisable, ne pulvérise-t-il pas la branche sur laquelle la morale est posée ? La morale du devoir, aussi belle soit-elle, ne peut constituer par elle-même une force capable de modifier les conduites humaines.

[3. Le bonheur, c'est de vivre bien avec et à côté d'autrui]

Certes, on ne peut exiger de quiconque qu'il voue son existence à autrui, mais qu'il vive bien avec et à côté d'autrui. Or une telle exigence ne peut se réaliser par la simple invocation des « obligations », des « injonctions » ni reposer sur une croyance subjective. Toute morale est impuissante sans l'acceptation volontaire du sujet. Seule l'insatisfaction, la répétition des échecs, la souffrance engendrées par l'indifférence ou le mépris d'autrui peuvent entraîner une conversion. Le désir de la joie est la force capable de modifier notre relation à autrui. Encore faut-il se déprendre de ses propres angoisses, de sa peur, pour être disponible et à l'écoute d'autrui. La joie de donner, d'offrir à l'autre ses soins, son attention, son appui ne peut venir de la réponse obéissante à l'injonction et au devoir, mais du fait que c'est seulement autrui qui peut donner un sens à mon existence. C'est seulement lorsque je n'attends plus un salaire ou un prix que je peux me réjouir de ma propre existence et de celle de l'autre sans calcul ni intérêt et établir ainsi avec cet autre une relation d'intériorité, de générosité.

[Conclusion]

Il y a une recherche du bonheur qui est repli sur soi, sa sphère privée, égoïsme.

Il y a parfois des désirs ou des inclinations auxquels il faut renoncer pour ne pas faire de tort à autrui. La joie et donc le bonheur ne peuvent advenir que si l'on comprend que ce n'est que par autrui que notre existence a un sens.

Histoire

1 page 243

a. Ce « mode de vie », qui repose sur la liberté politique et le pluralisme, la liberté d'expression, de conscience, etc., est la démocratie libérale.

b. Le modèle communiste est décrit comme « la volonté d'une minorité imposée par la force à la majorité » utilisant des « élections truquées » : Truman fait allusion au régime de parti unique, non pluraliste, et à la conquête du pouvoir en Europe de l'Est où l'armée rouge impose des dirigeants issus du mouvement communiste.

Ce modèle est aussi décrit comme un modèle de « terreur et [d'] oppression [...], sans liberté d'expression » ni « libertés personnelles », c'est-à-dire un « régime totalitaire ». Ce terme désigne alors les dictatures, fasciste et nazie, qui reniaient les principes des droits de l'homme et de la démocratie. Il est pour la première fois utilisé pour accuser le modèle communiste. En septembre 1947, considérant la « doctrine Truman » comme une véritable déclaration de guerre, Staline et son ministre de la propagande Jdanov ripostent par la création du Kominform, organisme de contrôle par Moscou du mouvement communiste international.

2 page 245

1 Les ennemis désignés de l'islamisme sont « *les agents de l'impérialisme et du sionisme* » (**document 2**), c'est-à-dire les États-Unis et leurs alliés – accusés d'étendre au Moyen-Orient leur zone d'influence (intervention en Afghanistan en 2002, en Irak en 2003) et de vouloir confisquer les ressources pétrolières – et Israël, le *sionisme* désignant le mouvement de retour des Juifs en Palestine ayant donné naissance à la création d'Israël en 1948.

Le réseau *al-Qaïda*, fondé par le Saoudien Ben Laden depuis 1979, a revendiqué la plupart des attentats commis depuis 1998 ; mais il n'est pas le seul groupe terroriste islamiste : d'autres groupes, parfois plus anciens, développent leurs actions, comme les Frères musulmans égyptiens (fondés en 1928), le *Hezbollah* libanais (depuis 1982), le *Hamas* palestinien (depuis 1989), le Groupe islamique armé algérien (1994) ou la *Jama'a al-Islamiyya* (Indonésie). Les cibles et les victimes désignées sont principalement occidentales (attentats du World Trade Center en 2001, de Bali en 2002, de Madrid en 2004, de Londres en 2005), comme le montre le **document 3**. Mais de nombreux spécialistes constatent que, devant le succès mitigé des islamistes en terres musulmanes, ceux-ci ont multiplié les attentats contre leurs propres coreligionnaires, au point que les communautés musulmanes sont devenues les principales victimes en nombre (Égypte, Pakistan, Irak : **document 3**) : il s'agit bien d'une entreprise de « terreur » politique.

2 Malgré les succès de la lutte anti-terroriste en Occident qui a permis de déjouer de nombreuses tentatives d'attentats (Chicago en 2006 ; New York en 2009), l'islamisme recrute désormais ses membres actifs parmi les populations natives, comme en attestent les récents événements de Liège ou de Toulouse. En dépit de sa condamnation par de nombreuses autorités islamiques et états musulmans, l'islamisme constitue bel et bien, par sa diffusion, une menace majeure de déstabilisation des relations internationales.

3 page 247

L'Égypte est un ancien protectorat britannique indépendant depuis 1936 ; mais le roi Farouk est renversé en 1952 par un groupe d'officiers dont le colonel Nasser qui devient « raïs » (président) en 1955. L'indépendance de l'Égypte est cependant très artificielle car l'Égypte reste sous le contrôle des anciennes métropoles coloniales. En 1956 Nasser décide de nationaliser le canal de Suez.

Les principaux protagonistes sont : Gamal Abdel Nasser (1918-1970) : officier égyptien qui s'empare du pouvoir en 1954 ; il se présente en leader du panarabisme et du non alignement, et se pose en défenseur de la cause palestinienne. Guy Mollet (1905-1975) : un socialiste français, président du Conseil sous la IVe République qui renforce l'intervention française en Algérie. David Ben Gourion (1886-1973) : le fondateur d'Israël.

Français et Britanniques se mettent d'accord sur une opération conjointe menée à partir de l'île de Chypre. Des parachutistes prennent le contrôle de Port-Saïd et de Suez. Les Israéliens, qui redoutent la menace égyptienne, lancent leur offensives « préventives » sur le désert du Sinaï et Gaza, comme le montre la carte. L'opération est une réussite totale, mais Nasser fait couler des navires dans le canal et paralyse un temps le ravitaillement pétrolier occidental. Les deux superpuissances interviennent : Khrouchtchev menace Paris et Londres de frappes nucléaires ; les États-Unis en profitent pour écarter la France et le Royaume-Uni des affaires du Proche-Orient et prendre sous leur protection Israël.

La crise de Suez a une triple portée : elle est un signal envoyé des superpuissances au monde colonisé. La France et le Royaume-Uni sont disqualifiés. Cette crise est le point de départ de l'implication plus grande au Proche et au Moyen-Orient de l'URSS et des États-Unis, pour lesquels la région devient un enjeu de la guerre froide. Elle constitue le deuxième conflit israélo-arabe : les Israéliens n'en sortent pas totalement vainqueurs, mêmes s'ils occupent le Sinaï jusqu'en 1982 ; Nasser a montré son habileté à utiliser la guerre froide pour faire valoir ses intérêts : il se pose en leader du monde arabe. Ce conflit en annonce hélas d'autres.

4 page 249

a. 3 ; **b.** 3 ; **c.** 1.

5 page 251

a. Des différences notables apparaissent entre les textes 1 et 2 à l'issue de la conférence de Bandung : dès le début de sa déclaration finale, le 24 avril 1955, Nehru énonce la doctrine du non-alignement : il refuse de choisir entre bloc de l'Est et de l'Ouest et préconise une « troisième voie » ; il recommande aussi aux deux grands la « coexistence pacifique » (idée reprise par Khrouchtchev en 1956).

b. Mais en 1955 ces propositions n'ont guère de succès auprès des pays du tiers-monde ; seul l'Egyptien Nasser le soutient dans cette politique. La « belle solidarité » affichée à Bandung n'est qu'apparente car les pays du Sud sont déjà idéologiquement divisés sous la pression des deux grands et de la guerre froide ; l'hôte indonésien, Sukarno, est lui-même un dictateur soutenu par les États-Unis. Il faut attendre la rencontre de Brioni (île de l'Adriatique) en 1956 et surtout la conférence de Belgrade en 1961, organisées par Tito avec Nehru et Nasser, pour assister à la fondation du mouvement des non alignés ; le succès du mouvement est donc tardif mais rapide : le tiers-monde obtient la fondation de la CNUCED (Conférence des Nations Unies pour la Coopération Économique et le Développement) qui se tient régulièrement après 1964. Après la conférence d'Alger en 1973, les pays du Sud – organisés en groupe de pression (G77) pour faire face aux pays du Nord (G7) – réclament la création d'un nouvel ordre économique international (NOEI) : celui-ci reconnaît aux pays du Sud un droit de regard sur la fixation du cours des matières premières.

6 page 253

a. Conception de la colonisation d'après F. M. : La colonisation française reste attachée, depuis Jules Ferry, à sa « mission de civilisation » et fidèle à une conception centralisatrice de la gestion de l'Empire. Contrairement à l'Empire britannique, l'Empire français s'appuie sur une administration coloniale centralisée. Mais depuis 1945 ces idées ont été aménagées : les populations colonisées disposent d'assemblées représentatives au sein de l'Union française, qui n'ont, certes, qu'un pouvoir consultatif. La France reste ainsi fidèle à son projet d'assimilation : « *... vous votez parce qu'il n'y a qu'un seul Parlement et qu'une nation dans les territoires d'outremer comme dans les départements d'Algérie comme dans la métropole* » (l. 11-14).

b. Situation particulière de l'Algérie : Le territoire algérien est divisé en trois départements. Il constitue un prolongement africain de la France en Afrique du Nord. Les autochtones restent cependant soumis au statut de l'indigénat et ne disposent pas de la citoyenneté française.

c. Contexte depuis 1945 : Le PPA (parti populaire algérien) de Messali Hadj déclenche les émeutes de Sétif dès le 8 mai 1945. Elles sont durement réprimées : les revendications algériennes se radicalisent. Les mouvements modérés sont dépassés par des leaders plus jeunes et plus radicaux comme M. Ben Bella, M. Boudiaf, Belkacem Krim, S. Aït Ahmed, fondateurs du FLN (Front de libération nationale).

d. Les grandes phases de la guerre d'Indépendance :

– 1954 : Toussaint rouge (vague d'attentats) ; émeutes en Kabylie et dans les Aurès.

– 1956 : envoi des appelés du contingent sous le gouvernement Mollet (au total 2 millions de soldats sont envoyés jusqu'en 1962) ; le débarquement français à Suez tente de couper l'insurrection algérienne du soutien de l'Égypte de Nasser à l'ALN (armée de libération nationale) dirigée par Boumediene. Guy Mollet offre de négocier, mais le FLN refuse et, sous la pression des États-Unis, la France doit lâcher prise en Égypte. La IVe République sombre dans l'incapacité de décision. Les colons se révoltent et appellent de Gaulle au pouvoir.

– 1957 : l'usage de la torture pendant la bataille d'Alger, le bombardement de Sakhiet en Tunisie déclenchent l'hostilité de l'opinion en France et dans le monde.

– 1958 : de Gaulle, au pouvoir depuis mai, lance en juin son « Je vous ai compris » à Alger et cherche une issue militaire au conflit.

– 1959 : convaincu de l'inéluctabilité de l'indépendance, de Gaulle reconnaît aux Algériens le droit à l'autodétermination.

– 1960-61 : de Gaulle évoque une « Algérie algérienne ». Ce revirement engendre de nombreuses violences en France et en Algérie, mais de Gaulle négocie avec le GPRA (gouvernement provisoire de la République algérienne), malgré la pression de l'OAS (Organisation armée secrète) et le putsch des généraux (avril 1961).

– 18 mars 1962 : accords d'Evian : la fin de la guerre.

– 3 juillet 1962 : l'indépendance algérienne est reconnue par référendum en France. Au cours de l'été 800 000 « pieds-noirs » rentrent en France. Le conflit aurait fait environ 500 000 morts du côté algérien et 45 000 du côté français.

7 page 255

a. Le régime institué par Michel Debré est un régime semi-présidentiel car ce n'est pas un régime « à l'américaine » dans lequel les pouvoirs sont strictement séparés, mais ce n'est pas non plus un régime parlementaire comme celui de la IVe République, dans lequel l'exécutif résulte entièrement du législatif. Ainsi le Président peut dissoudre l'Assemblée mais l'Assemblée peut renverser le gouvernement ; le Premier ministre et son gouvernement restent individuellement et collectivement responsables devant le Parlement, leur éventuelle démission protège l'exécutif présidentiel.

b. Le régime revêt un caractère présidentiel marqué lorsque le Président et son Premier ministre sont issus de la même majorité électorale, c'est-à-dire lorsque les majorités présidentielles et législatives sont identiques.

En 1958, les mandats présidentiels (7 ans) et législatifs (5 ans pour les députés) ont des durées différentes : il y a donc un risque « mécanique » de changement de majorité au cours du septennat, donc de « cohabitation ». Cela se produit à trois reprises après la disparition de Ch. de Gaulle : deux fois sous les présidences de F. Mitterrand (avec J. Chirac : 1986-1988, puis avec E. Balladur :1993-1995), et une fois sous la Présidence de J. Chirac (avec le socialiste L. Jospin :1997-2002). En 2000, l'adoption du quinquennat présidentiel et l'alignement des calendriers électoraux, présidentiel et législatif réduisent les risques de « cohabitation » mais ne les annihilent pas : rien n'empêche les électeurs de choisir des majorités différentes ou que les alliances politiques changent, obligeant un Président à dissoudre l'Assemblée.

8 page 257

Le document 1 est un extrait d'une revue d'information, *Regards sur l'actualité*, faisant le point sur les réformes de la décentralisation dans son numéro 308 « Décentralisation, acte II », publié par *La documentation française* en 2005 et mis en ligne sur le site *http://www.ladocumentation-francaise.fr*

Ce document est destiné aux étudiants et aux professeurs, ses intentions sont purement informatives ; les auteurs proposent un descriptif du contenu et des modalités de mise en œuvre des réformes adoptées en 2003-2004. Celles-ci s'inscrivent dans la continuité de celles de 1982.

En 2003, le gouvernement de J.-P. Raffarin accélère le processus de décentralisation en faisant voter une modification de la Constitution qui transfère de nouvelles responsabilités vers les régions. Les mesures font alors débat car elles ont pour corollaire une politique de réduction des dépenses publiques et des effectifs de fonctionnaires : les régions ne reçoivent pas en contrepartie les moyens de financement nécessaires ; ainsi, en 2004, J. Chirac annonçait la suppression progressive de la taxe professionnelle, principale ressource fiscale des collectivités locales, supprimée définitivement en 2007 par N. Sarkozy.

Le document 2 est de nature politique, il exprime une critique de ces réformes : il s'agit d'une caricature extraite du magazine hebdomadaire, *Rouge*, organe d'information de la LCR (Ligue communiste révolutionnaire).

Ce document conteste les réformes de 2004 en proposant une vision critique des intentions de la poursuite de la décentralisation et en envisage les conséquences administratives : disparition des services publics de proximité, etc. Cette caricature adopte évidemment un point de vue polémique : il s'agit d'une critique de gauche de réformes jugées ultralibérales. La nature du document et son support – un magazine politique – en réduisent la portée, il s'adresse d'abord à des sympathisants.

Pour autant des arguments similaires sont repris par des représentants des collectivités locales évoqués dans le doc. 1 : « *Mais la véritable pomme de discorde entre l'État et les élus locaux concerne le financement des compétences transférées.* » Ces documents ne sont donc pas totalement contradictoires sur le sujet : il semble facile de confronter leurs points de vue, mais en les opposant on tombe dans le piège d'une interprétation partisane qui ferait du doc. 1 le promoteur de la politique du gouvernement.

9 page 259

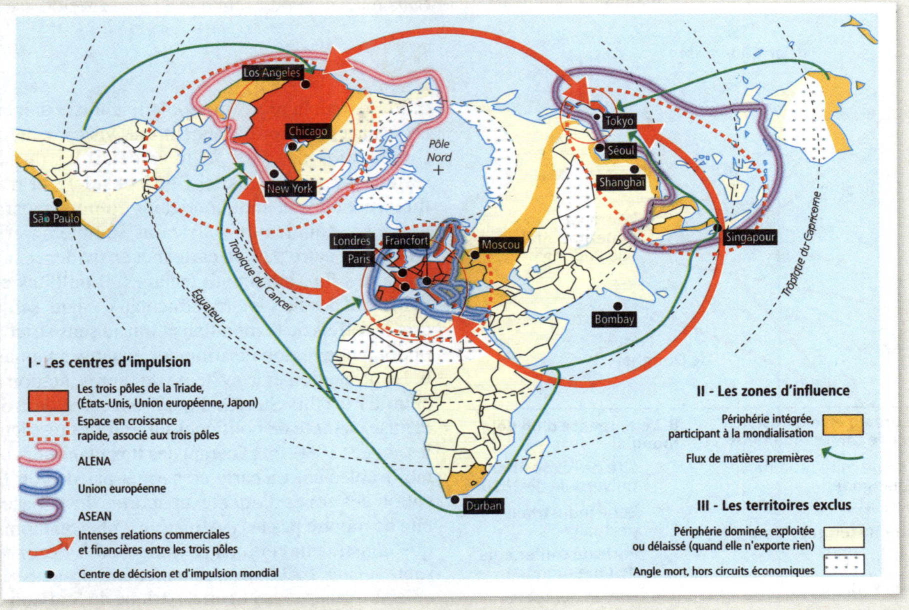

10 page 261

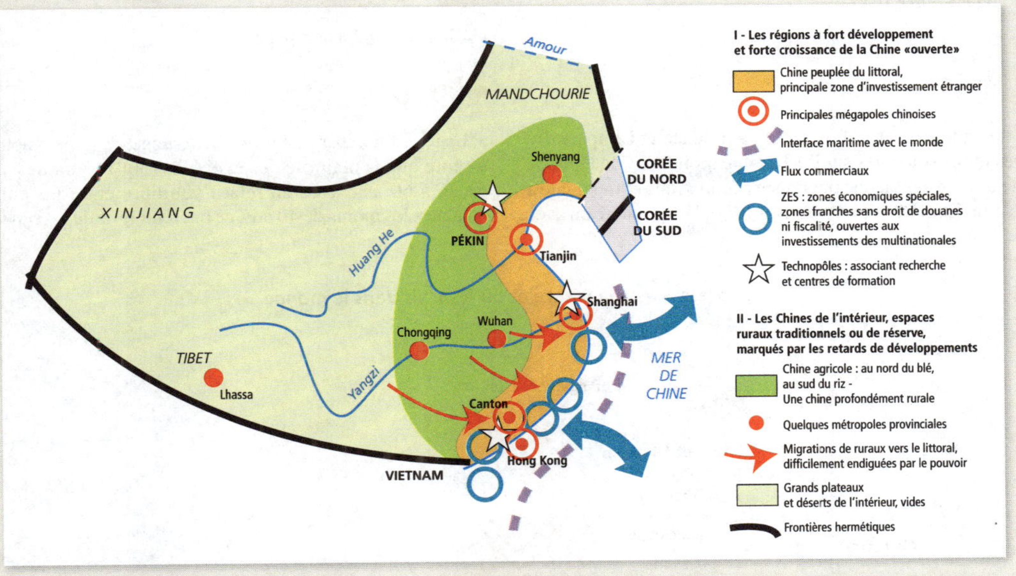

11 (Voir page suivante)

12 page 265

Les flux de capitaux, d'informations et de services s'effectuent entre les pôles de la Triade. Ils représentent plus de 25 % de la valeur totale des échanges.

– La multiplication des transferts de capitaux, liée à l'essor des télécommunications, au démantèlement des contrôles des changes, au développement des paradis fiscaux et aux délocalisations, a engendré de multiples services financiers (banque ; assurance). Les activités spéculatives ont quadruplé depuis 1990 : la capitalisation boursière et les spéculations monétaires sont estimées à plus de 2 000 milliards de $ par jour. Ces flux s'établissent entre les grandes places boursières internationales reliées en continu (Wall Street à New York, la City à Londres, Kabuto Cho à Tokyo), les paradis fiscaux (Suisse, Bahamas, îles Caïman) et les zones d'investissement lucratif (BRICS, NPI d'Asie, pays pétroliers).

– Les flux d'information (reportages, images d'événements, informations financières) ont proliféré par le biais de la télévision et de l'Internet.

11 page 263

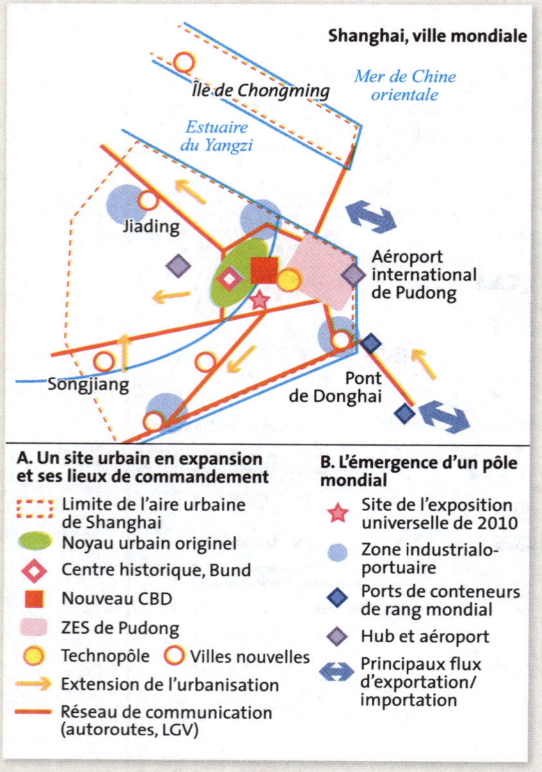

13 page 267

Les documents 2 et 3 illustrent la puissance et l'impact des firmes multinationales sur l'économie mondiale. Une grande partie d'entre elles a une puissance économique comparable à celle d'un État. Dans le cas de Wal-Mart, la comparaison avec le PNB de la Turquie est instructif : la Turquie est un pays de plus de 70 millions d'habitants, son poids économique équivaut à celui d'une FMN qui emploie 1,6 millions d'employés. Autre parallèle instructif : les 65 000FMN et leurs 850 000 filiales emploient 69 millions de salariés dans le monde et réalisent un chiffre d'affaires équivalent à 60 % du RNB mondial ; les États-Unis représentent 340 millions d'habitants mais ne produisent que 22 % de la richesse mondiale !

14 page 269

a. En réalité, la projection polaire choisie met en évidence les espaces du nord, donnant une vision « déformée » de l'orientation des flux : dans le détail les flux Sud /Nord restent prépondérants, si l'on considère la majorité des flux asiatiques et sud-américains comme appartenant à ce groupe ; seuls les flux africains semblent véritablement réduits. D'autre part, la carte met en évidence la prépondérance des flux intracontinentaux (90 millions environ) au détriment des flux intercontinentaux, ce qui semble contredire les effets de la mondialisation au sens strict : on assiste plutôt à une régionalisation des échanges humains.

b. La projection et le système de représentation a tendance à limiter les flux Sud /Sud qui n'ont cessé de croître depuis la mise en place de politiques migratoires restrictives depuis les années 1980, en générant des flux clandestins non comptabilisables ici. La carte ne permet pas de voir la multiplication des zones d'attente aux portes des espaces du Nord, elle ne montre pas les destinations, plus ou moins durables, que constituent certains pays du Sud à l'économie florissante (Qatar, EAU) ou simplement moins pauvres que leurs voisins (Venezuela, Nigeria, Afrique du Sud) qui constituent de nouveaux foyers migratoires.

15 page 271

(Voir carte en bas de page.)

16 page 273

a. La répartition par catégorie d'âge suggérée par le graphique montre que la majorité des expatriés (50 %) sont des actifs de 26 à 60 ans, avec un relatif équilibre entre les plus de 40 ans et les moins de 40 ans, ce qui témoigne de la recherche

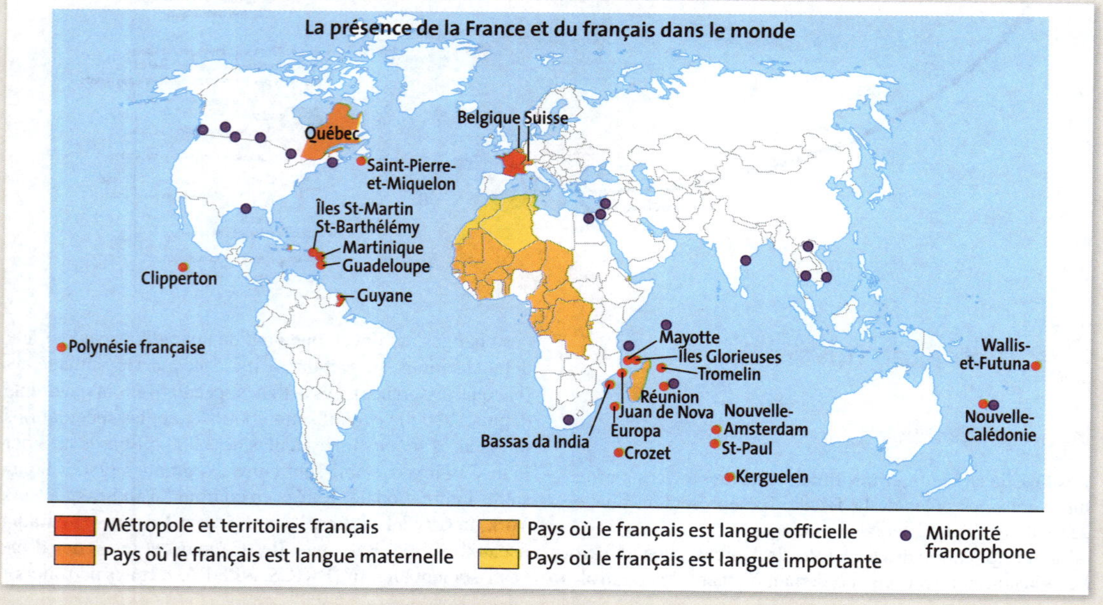

d'une certaine expérience professionnelle. Ces données semblent corroborées par la forte proportion des moins de 18 ans, 26 %, confirmant la maturité et la stabilité des familles expatriées : la vie à l'étranger est envisagée plus sereinement en couple.
Mais le diagramme apporte d'autres pistes : il montre qu'une partie de cette communauté française est constituée de jeunes retraités – 14 % de plus de 60 ans – à la recherche de lieux de villégiatures (Maroc, Grèce Indonésie...) : la part des 18-25 ans, 10 %, souligne aussi le nombre grandissant d'étudiants n'hésitant pas à aller chercher leurs spécialisations ou leur perfectionnement dans les universités du monde entier.
b. Ce deuxième graphique éclaire le précédent, car il confirme ce qui ne pourrait être interprété que comme une tendance conjoncturelle. En effet, l'année 2011 précédait une année d'élection présidentielle, ce qui explique peut-être la forte augmentation d'expatriation observée (+ 6 %), notamment vers des destinations frontalières (avantages fiscaux), et par conséquent le recul de 2012.
Observés sur une durée plus longue, ces chiffres confirment la propension nouvelle des Français à l'expatriation : les motivations semblent majoritairement économiques, et les expatriés sont d'abord des personnes d'expérience, vraisemblablement hautement qualifiées, recrutées pour leur profil. Cependant on peut y voir aussi l'impact de la mondialisation sur les comportements des jeunes comme des plus âgés. En conclusion, la communauté française établie hors de France a augmenté fortement pendant la dernière décennie, la population inscrite au registre s'étant accrue de 60 % depuis 2000.

Sujets du Bac page 274

Première partie - Histoire :

1 – La création des deux Allemagne : 21 septembre 1949 RFA ; 7 octobre 1949 RDA
– effondrement du mur de Berlin : 9 novembre 1989
– doctrine Truman : 12 mars 1947
– dissolution de l'URSS : 25 décembre 1991

2 L'expression « tiers-monde » a été forgée en 1952 par le démographe Alfred Sauvy, sur le modèle révolutionnaire de celle de « tiers état ». Elle désigne l'émergence, dans le contexte bipolaire de la guerre froide, d'un troisième bloc constitué de pays issus de la décolonisation, peuplé et fécond, sans puissance politique et frappé par le sous-développement. Cette expression identifie de manière unitaire cet ensemble de pays dans un contexte de revendications indépendantistes. Devant la diversité des pays, l'expression sera abandonnée au profit de celle de Sud.

3 « En 1986, les élections législatives créent une situation politique inédite sous la Vᵉ République [...]. » Cette citation fait allusion à la situation de cohabitation qui résulte du décalage entre le septennat présidentiel et le quinquennat de l'Assemblée nationale : au bout de cinq ans, le Président peut être confronté à une nouvelle majorité législative l'obligeant, s'il ne démissionne pas, à nommer un Premier ministre dans l'opposition. Cette alternative se produit une première fois en 1986 : J. Chirac devient alors le Premier ministre de F. Mitterrand ; elle se reproduit deux fois ensuite : en 1995 avec E. Balladur, puis en 1997 avec L. Jospin sous la présidence de J. Chirac.

Première Partie – Géographie :

1 Les PIB et le PNB sont des indicateurs de production de richesse qui ne prennent en compte que les critères économiques. Depuis 1990, le PNUD –programme des Nations Unies pour le développement – utilise un indice statistique composite, l'IDH – indice de développement humain. Cet indice tient compte de trois critères : l'espérance de vie à la naissance, le niveau d'instruction (taux d'alphabétisation des adultes et taux de scolarisation des enfants) et le niveau de vie. L'IDH permet de classer 180 pays selon une échelle de 0 à 1 : le plus élevé est celui de la Norvège (0,943 en 2011), le plus bas celui de la République démocratique du Congo (0,286 en 2011).

2 Une « ville mondiale » est un centre d'impulsion majeur de la mondialisation qui concentre des fonctions décisionnelles, économiques et financières (sièges sociaux de FMN – firmes multinationales –, places boursières, technopôles et activité de R&D). Elle exerce également des fonctions politiques et culturelles majeures (institutions internationales, musées) qui lui assurent un rayonnement mondial. Elle se caractérise enfin par des fonctions de logistique et de transport, en polarisant au sein de plates formes multimodales et de hubs, les flux humains, marchands et financiers mondiaux.

3 (Carte ci-dessous.)

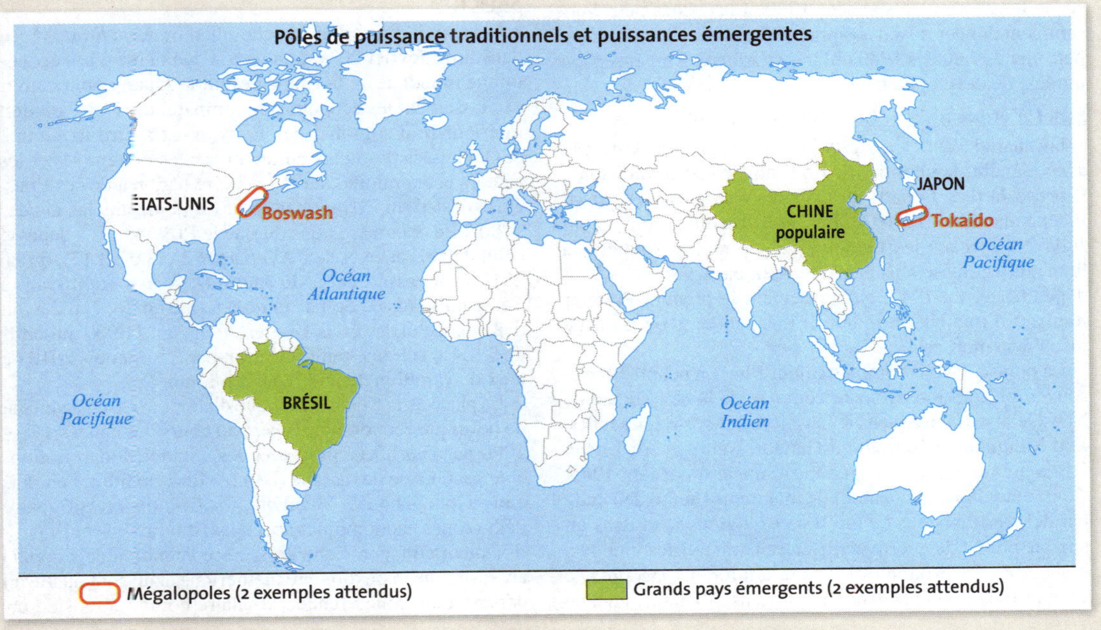

Corrigés

Deuxième partie – Histoire :

Sujet d'étude n°1 : L'Algérie à partir de 1954

1 Il s'agit du discours du général Boumediene, fondateur de l'ALN et leader de l'indépendance algérienne qui a renversé par un coup d'état en 1965 Ahmed Ben Bella, premier président de la République algérienne, discours prononcé le 27 février 1967 devant les présidents des assemblées communales – c'est-à-dire les représentants des pouvoirs locaux.

2 Le dictateur annonce son intention de fonder un régime militaire, afin de préserver les « acquis révolutionnaires ». Son objectif principal est de consolider un pouvoir personnel. Boumediene contrôle déjà l'Armée de libération nationale, mais est visiblement contesté par d'autres leaders de l'indépendance (il s'agit de « *triompher de ses ennemis à l'intérieur* »). Il proclame aussi son intention de « *protéger* […] *et de sauvegarder* » le socialisme : depuis son indépendance en 1962, l'Algérie s'est alignée sur un modèle communiste et s'est structurée comme une « démocratie populaire » avec un régime de parti unique (le FLN). Le troisième objectif est d'assurer un développement autocentré, fondé sur le développement des industries lourdes, selon les principes préconisés par le « Grand frère » soviétique.

3 Les moyens de contrôle politique sont ceux de la lutte (« *Nous devons construire* […] *un outil qui* […] *servira à triompher* [des] *ennemis à l'intérieur.* ») et ceux de la répression violente (« […] *l'élimination des intérêts en opposition avec les intérêts supérieurs du peuple algérien* […] ») ; ils s'appuient sur la militarisation annoncée du régime : « *Aussi s'avère-t-il indispensable d'édifier l'Armée nationale populaire.* » Le dictateur annonce également la violence des effets de ces transformations sur la société algérienne : « *Le socialisme ne signifie pas autre chose qu'une transformation radicale de la société algérienne…* ».

4 Boumediene annonce la nationalisation des ressources pétrolières et gazières algériennes dont l'exploitation était encore assurée par la Compagnie française des pétroles et d'autres consortiums internationaux. Comme d'autres leaders du Tiers-monde à l'époque, il revendique un droit de contrôle sur les ressources et les matières premières algériennes.

5 Ce discours de Boumediene met en évidence les choix d'un modèle de « développement autocentré », fondé sur l'exploitation et l'exportation des matières premières ; le but est d'assurer au régime des rentrées de devises, mais il n'envisage pas de programme de développement diversifié sur le long terme : les années 1970 et les chocs pétroliers semblent donner raison à Boumediene, mais le contre-choc pétrolier des années 1980 obligera l'Algérie à repenser son modèle de développement.

Sujet d'étude n°2 : L'Inde à partir de 1947

1 Jawaharlal Nehru – le « *pandit* » ou lettré en sanskrit – est, avec Gandhi, le chef de file de l'indépendance indienne ; il prend la tête du parti du Congrès – le plus vieux parti indépendantiste – en 1928. En 1942, son ultimatum « *Quit India* ! » menace les Britanniques de ne pas soutenir la lutte antijaponaise s'ils ne s'engagent pas à promettre l'indépendance. En 1947, Nehru devient le premier Premier ministre d'une Union indienne indépendante qu'il dirige jusqu'à sa mort en 1964.

2 La phrase « Nous sommes aujourd'hui un peuple libre et souverain […]. » renvoie au contexte de la conférence de New Delhi, organisée sous les auspices du vice-roi des Indes, lord Mountbatten, qui réunit Gandhi, Nehru et Ali Jinnah – le représentant de la Ligue musulmane fondée en 1945. Contre la volonté de Gandhi de maintenir l'unité de l'Inde par delà les divisions culturelles et religieuses, et dans un terrible climat de guerre civile entre nationalistes hindous, musulmans et britanniques, cette conférence accorde le 15 août 1947 l'indépendance à trois États : l'Union indienne et les Pakistan occidental et oriental qui se scindent en 1971 et donne naissance au Pakistan et au Bangladesh.

3 Les deux objectifs principaux de la politique de Nehru :
– Le premier objectif du Premier ministre est d'assurer la paix civile : « Notre objectif premier et immédiat sera de mette fin à toutes les querelles internes et les violences qui défigurent, détériorent et minent la cause de la liberté ». En effet, l'indépendance est marquée par d'effroyables massacres intercommunautaires ; la division en entité hindoue et musulmane se traduit par de nombreux transferts de populations, censés apaiser les exactions. Ce climat de guerre civile culmine avec l'assassinat à Delhi de Gandhi le 30 janvier 1948 par un nationaliste hindou.
– Le deuxième objectif de Nehru est « … *de prendre en considération les grandes difficultés économiques… (d') une population en grande détresse* … », d'engager l'« étape préliminaire » du développement économique pour assurer le minimum vital à une population indienne miséreuse. Mais pour réaliser cela, il faut d'abord la paix civile.

4 Les grands projets préparés par le gouvernement en matière économique : Nehru doit d'abord affronter les difficultés agricoles d'une Inde peuplée à 90 % de petits agriculteurs affamés. Les objectifs prioritaires sont la mise en culture de nouvelles superficies agricoles mises en valeur par l'irrigation : « *Le gouvernement indien examine actuellement plusieurs grands projets pour le développement des vallées fluviales par le contrôle du flux des rivières grâce à la construction de barrages, de réservoirs et de structures d'irrigation…* »

Ces projets annoncent la politique agricole qui sera mise en place dans les années 1960 :

En filigrane le discours du Premier ministre suggère que l'équipement en infrastructure devrait amorcer à terme le développement industriel du pays (« *ainsi que le développement de la production hydroélectrique* ») : Nehru, comme de nombreux autres leaders du tiers-monde, choisit un modèle socialiste.

La famine frappe ensuite le pays au début des années 1960 ; ainsi, la recherche de solutions agricoles envisagées dans ce discours de 1947, constante des préoccupations du développement indien jusqu'à nos jours, annonce les « révolutions vertes » de 1964 adoptées par Nehru à la fin de son règne et qui seront poursuivies avec succès par sa fille Indira Gandhi.

Deuxième partie – Géographie :

Sujet n° 3

1 Cet extrait d'un article du quotidien français *France Soir*, daté du 15 février 2011, annonce la deuxième place économique mondiale de la Chine devant le Japon ; pour établir ce classement les économistes comparent le PIB – produit intérieur brut – global des États, c'est-à-dire la somme des richesses produites en un an par les entreprises et les acteurs économiques sur le territoire national de ces États. Qu'en est-il du PIB global de la Chine depuis les années 2000 ? Le document nous dit que le PIB chinois a dépassé celui de la France et de l'Allemagne en 2007 (l.17), qu'en 2011 il dépassait celui du Japon (l.1) en s'établissant à 5 879 milliards de dollars et qu'à terme en 2017, il devrait dépasser celui des États-Unis en atteignant 21 000 milliards de $ (l.4) : soit une multiplication par 2,57 depuis 2010 ou taux de variation de 257 % au minimum !

2 La place de la Chine s'explique d'abord par le changement de politique économique, opéré au cours des années 1980-1990 par Deng Xiaoping avec les Quatre Modernisations et le socialisme de marché (l. 9) : le long du littoral chinois entre Guangzhou et Shanghai, les Chinois créent quatre ZES (zones économiques spéciales) qui favorisent l'investissement étranger. Cette croissance économique s'appuie aussi sur une main d'œuvre pléthorique et un coût du travail défiant toute concurrence : le salaire horaire d'un sidérur-

giste chinois est par exemple 8 à 9 fois moins élevé que celui d'un Allemand ou d'un Français (l.12-13). Rapidement la Chine devient « l'atelier du monde » et monte en gamme (« ...productions de jouets, de biens industriels, de téléviseurs, d'ordinateurs, de postes de radios...ou d'iPad »).

3 Cependant la Chine doit relever le défi de son retard technologique : « La Chine n'invente pas [...] mais fabrique bien » (l. 11). Elle doit désormais passer du statut de pays atelier à celui de pays industrialisé ; pour ce faire elle n'hésite pas à copier ou à exiger des transferts de technologie dans l'aéronautique ou le ferroviaire à grande vitesse par exemple. Elle doit aussi relever le défi des inégalités sociales et du mal développement : la Chine de l'intérieur, qui concentre encore les 2/3 de la population chinoise, dispose d'un niveau de vie insuffisant (PIB par tête 5 fois moins élevé que celui d'un Français : l. 20). Enfin, la forte croissance et l'occidentalisation de la société obligent l'État chinois à faire des concessions politiques ; le temps du communisme autoritaire – sans être totalement révolu – semble s'achever : les travailleurs chinois durement exploités sont désormais plus revendicatifs (l.22-23 : « les grèves et les revendications salariales devraient se multiplier dans les prochains mois... ») ; depuis les émeutes de 1989 place Tian An-Men, les revendications pour une démocratisation du régime ne cessent de croître.

4 Ainsi le niveau de développement réel de la Chine est difficile à estimer : si sa croissance économique la situe incontestablement du côté des pays du Nord – elle est devenue la première puissance commerciale en 2012 devant les États-Unis –, son IDH (indicateur de développement humain), encore faible en raison de l'hétérogénéité des niveaux de développement entre les régions intérieures et le littoral, et les nombreuses violations des droits de l'homme ne permettent pas de la considérer comme un pays du Nord.

Sujet n° 4

1 Londres est une agglomération de 12 millions d'habitants environ. C'est une capitale financière et boursière internationale ancienne : la City, le vieux centre d'affaire du XIXe siècle, apparaît à l'arrière-plan à droite de la photographie, sur la rive nord de la Tamise. Mais Londres a su conserver sa suprématie financière en se modernisant au cours des années 1980, d'abord avec la rénovation des Docklands et Canary Wharf, puis depuis 2010 avec le London Bridge Quarter, son nouveau « centre d'affaires » ou CBD (*Central business district*) à gauche de la photographie, dominé par la Tour Shard, ce qui place Londres au 1er rang des flux financiers et au 2e rang des centres d'affaires. La photographie souligne la concentration de services de haut niveau et renommés (bancaire, financier, d'assurance) dans un petit périmètre et bien desservis par des transports rapides (gare de l'Eurostar).

2 Mais Londres n'est pas qu'une capitale financière et boursière ; elle est à la fois une capitale politique de rang mondial, à la tête du Comonwealth, et celle de la 6e puissance économique (Downing street, bureau du Premier ministre ; Westminster, le Parlement). C'est aussi une capitale culturelle et un pôle touristique international majeur (Tate Modern, British Museum...) et un centre universitaire renommé (University of East London, Oxford, Cambridge...) au premier rang pour le nombre de chercheurs et de publications scientifiques. Ainsi, Londres est un pôle de décision mondial qui cumule des fonctions décisionnelles politiques, financières, universitaires et de recherches, culturelles, et de logistique des transports internationaux.

3 Un hub est un pôle aéroportuaire de connexion des réseaux des grandes lignes internationales du transport aérien de voyageurs, relié à toutes les destinations internationales par une convergence des lignes sous la forme de rayons (*spokes*). Avec 66 millions de passagers par an, la plateforme aéroportuaire de Londres Heathrow arrive ainsi au 1er rang européen et au 4e mondial, auquel s'ajoute les trafics de quatre autres aéroports internationaux (Gatewick) et les terminaux européens de l'Eurostar (Waterloo, St Pancrace ...). Ainsi Londres est une plaque tournante majeure des flux migratoires internationaux du « *brain drain* » qui acheminent la plupart des travailleurs hautement qualifiés.

4 Londres est donc une « ville monde », c'est-à-dire un centre d'impulsion majeur de la mondialisation qui concentre des fonctions décisionnelles économiques et financières, des fonctions politiques et culturelles qui lui permettent de rayonner. Londres polarise ainsi les flux de la mondialisation (doc. 2) : l'architecture verticale de son nouveau CBD cherche ainsi à exprimer cette puissance internationale maintenue (doc. 1). Londres est à la fois une capitale politique de rang national et international, mais elle est surtout la première place financière et boursière devant Wall Street et le Kabuto Cho depuis la construction du London Bridge Quarter en 2010. Londres exerce aussi une forte attractivité par la multitude de ses centres universitaires renommés qui la place au premier rang pour le nombre de chercheurs, d'étudiants et de publications scientifiques. Londres est enfin un carrefour de communication : extrémité nord-ouest de la mégalopole européenne à laquelle elle est reliée depuis 1992 par l'Eurostar, ce sont surtout ses 5 aéroports internationaux, dont celui de Heathrow qui concentre la quasi-totalité des lignes aériennes majeures, qui en font le 4e hub mondial.

Anglais

1 page 283

1 a. The policeman - The woman in the red dress - Mr Walsh, aussi désigné comme the old guy, the old man, this old man. - Bernard - A man in a neat lightweight suit, aussi désigné comme the lawyer. **b.** The old man is Bernard's father (No need for that Daddy). **c.** The scene takes place in a street, in an English speaking country but not in the United Kingdom (We drive on the left, you see, in England.) probably in the USA. **d.** The woman in the red dress feels nervous and angry. It is made obvious when she says: "Keep your nose out of this, mister" or when she snatches the card and tears it in half. Then she adds: "You people make me sick, you're like vultures." and exclaims "Now I'm being threatened with a lawsuit. And you tell me to take it easy, Jesus." In the end she is quite rude to the lawyer: "He's not your client, asshole." **2 a.** The six members of the narrator's family are: Mom (her mother), Daddy Bob (her stepfather), Aunt Betty (her aunt), Kevin and Tommy (her two brothers) and Kwan (her big sister). **b.** The scene is set in San Francisco airport. The family has come to meet Kwan. **c.** They were expecting to see a shy and thin teenager. (she'll probably be shy... skinny as a beanpole.) **d.** Actually Kwan was a loud, small and plump girl. (...looked like a strange old lady, short and chubby... bellowed, "Hall-oo"... still hooting and laughing, she jumped and squealed).

2 page 285

1 C'est un sujet d'invention lié au texte. Vous pouvez imaginer que la mère fera sans doute des reproches à ses enfants. Quant à Kwan, il est peu probable qu'elle les accable. Attention à la présentation du dialogue.

Hearing the boys howling with laughter, Mom came out of the house and we could see her face froze as she caught sight of Kwan still standing on the lawn, speechless, with water dripping down her hair and her clothes.

"What's going on here? What happened to you Kwan? Who turned the sprinklers on?"
She saw Kevin's friends scurry away and turned to him.
"You go and turn off the sprinklers at once!"
"But I didn't…" started my brother.
"Now!" she said in a cold voice, and he ran off to the side of the house. The spurts dried up.
"Come on Kwan!" she called, "Go and get some dry clothes."
I knew she would want to know more and I desperately stared at my feet, hoping she would ask Tommy – in vain.
"Now, dear, tell me what happened. Why is Kwan soaked to the bone?"
"We were sitting on the lawn, we didn't turn on the system." I muttered.
"How come none of you is wet then?"
I explained the noise in the lines and our escape.
"But you didn't warn Kwan. That's not fair, really. That was a bad trick you played on her. I don't understand you. Kwan is your sister. She does all she can for you, you should be grateful to her and stand on her side. And instead of that you... you'll be punished for it. You…"
She was interrupted by Kwan coming back from our room, wringing her hair, smiling pleadingly.
"I'm fine Mom. No problem. Don't punish little sister, please."
Mom turned to her, looking surprised. "You're a nice girl Kwan." She said. "Too kind, actually."

2 **a.** Il s'agit d'un sujet d'argumentation appuyé sur votre opinion personnelle. C'est, bien entendu, sur le mot « culture » que devront porter votre réflexion et vos arguments. La présentation des livres comme la « seule » forme de culture possible ouvre bien évidemment la voie à contestation et à d'autres propositions : culture artistique, musicale, technique, fondée sur les rapports humains...
Being well-read is generally considered as synonymous with having a high cultural standard. The more books you read the more knowledgeable you become. In that respect books might appear as primary sources for a good cultural background. However it is also commonly agreed that being cultured should enable us to understand the complexity and richness of the world we live in. An academic culture is indeed a significant asset but learning from books is not sufficient. Art, music, techniques are part of culture as they are part of life. Fortunately there are many ways by which we can nourish our mind, and enrich our experience. Food for thought can be found not only in books but also in the street, as well as in museums, theatres, cinemas, meetings, or else at work. Moreover modern technologies can now provide us with worldwide information and debates almost instantly although the overabundance of data calls for careful double-check. (155 words). **b.** La question posée conduit à une argumentation à propos des possibles avantages et inconvénients du troc (le sens du mot 'barter' est donné en note) par rapport aux échanges commerciaux « habituels » basés sur le paiement en argent. Une forme « non financière » d'échange a existé autrefois. A-t-elle complètement disparu ? Selon vous, dans quels domaines existe-t-elle encore ? Est-elle souhaitable ? Est-elle viable ?
The word 'barter' brings to mind the way our ancestors exchanged goods or services. It conjures up picturesque images of the form of trade in ancient tribes or nomadic groups. We imagine traditional, rural communities where farmers could swap their cattle or vegetables for the tools or linen they needed. That form of trade worked quite well and both farmers and craftsmen were satisfied as long as they agreed on the value of what they swapped. However money – whether cash, or banking operations, soon appeared as a much simpler form of payment. And it is nowadays the prevailing way to get what you need or want. But nonetheless, the bartering system still exists on an international scale, especially between countries when a partner state lacks hard currency and prefers to compensate the goods it purchases with raw material or agricultural products. Moreover a new and widespread trend towards bartering is developing on the web. Internet surfers swap all sorts of things from CDs or clothes to holiday homes. More and more dedicated websites have more and more visitors. Does it mean that money could be ruled out of exchanges? Could bartering be an alternative to selling and buying? Though it seems to be an attractive opportunity to escape the harmful effects of money in our society, it is easier said than done. Barter implies close communication and good relationship between partners. It relies upon honesty and trust, for both parties to benefit from it. This almost 'ideal' situation may be reached within small communities but how does it fit in a globalised market? Though some people might find it suitable or morally satisfying to exchange without money, it is bound to remain a marginal form of trade. Insofar as it could not apply to all situations bartering cannot be seen as a realistic alternative to money based commerce. (308 words).

3 page 287

The document is an advert in a magazine. It takes up a whole page whose layout is fairly simple. We can see a catchphrase on top, two pictures in the centre and a copy of a few lines at the bottom of the page. The strong colours of the catchphrase and pictures stand out against a light grey background. The catchphrase, written in big red letters (possibly as an echo to the logo of LIFE seen on the photo below), is built on the contrast: **50** to **1** and the impact of the word "**Wonders**". As for the word "**App**." it immediately calls up the image of an electronic device. The two pictures in the middle of the page are photos of an iPad. The one on the left is in the foreground; on the screen we can see a large view of an eye-catching spectacular waterfall and three smaller views of fabulous places whose names are known to everyone, echoing the words "Marvels" and "Wonders of the World". The other picture is slightly at the back, the screen shows a sort of table of contents with views of various places as links to various "chapters" thus inferring that there is a lot to see. The lines below briefly explain the content of the application: "a visual journey". It focuses on famous and prestigious places names. And the third line appears as an attempt to link the thousands of years old wonders of the world to a very modern electronic device through the use of the adjective "wondrous". At the very bottom of the page small logos of social networks invite the reader to follow on. This advert may be effective in so far as the availability of a book of beautiful photographs of beautiful places, anywhere, at any time, may appeal to many a user of a more and more popular device.

4 page 289

1 **a.** endless **b.** friendly **c.** feverish **d.** laughable **e.** fearless **f.** thankful / grateful **2** **a.** long-legged **b.** heart-warming **c.** left-handed **d.** genetically modified **e.** fragrance free **f.** hand-picked **3** **a.** Une lampe à huile / à pétrole **b.** Pétrole pour lampes **c.** Une selle de cheval **d.** Un cheval de selle **e.** Un dessin à l'encre **f.** De l'encre à dessin **g.** Une bibliothèque **h.** Un recueil de jurisprudence **4** **a.** A fishing village **b.** Bird-watching **c.** Ozone-friendly **d.** Oil rig **e.** Steering wheel.

5 page 291

1 **a.** may **b.** might **c.** can't **d.** could **e.** can **2** Barrer : **b.** could, **c.** can, **d.** can. **3** **a.** You can't have seen her, she was in York. **b.** Could you lend me your precious manuscript? **c.** I told them Phil Mortimer might deliver a speech. **d.** If you can swim you might swim across the river to get the boat.

6 page 293

1 a. It must be their dog in our garden. **b.** You should read the text carefully. **c.** You needn't stay after eight. **d.** He won't drink his medicine. **e.** She shouldn't have been so rude with the shop assistant. **f.** They must have received our card. **g.** I shall call you twice a week. **2** […] *Of course if you insist I **will** put the matter up to the Sultan, but I think you **would** be much wiser to drop it.* […] *I think he **should** be given every chance.* […] *You **must** remember that times have changed.* […] *it's better that he **should** be competent and hard-working. I think if you **would** exercise a little tolerance you **could** get on very well with Cooper.* **3 a.** You mustn't enter the nuclear power station / plant. **b.** I should have told them Mike doesn't speak Japanese. **c.** There must be someone here who knows where the computer room is. **d.** We were wondering what time the rescue team would come. **e.** We'll have to wait, I'm afraid. **f.** How dare you talk to me that way / like that? **g.** You needn't get angry with / at me.

7 page 295

1 a. passed **b.** would not be **c.** would pick **d.** don't hear **e.** happens **f.** could have saved **g.** will watch **2 a.** If I stopped joking you might think I am in a bad mood. **b.** If I were you I would leave that place, I would look for another flat. **c.** What would you say if you were offered a job abroad? **d.** If I had known how sensitive he is, I would have watched my words. **e.** If an accident should happen it would be dreadful for all of us. **f.** It could have been better if you had taken the time to read again. **g.** We would be delighted if you played the piano for us. **3 a.** S'il faisait soleil, on saluait les gens dans la rue en disant : « Ça, c'est une journée magnifique, grâce à Dieu » et ils répondaient : « Superbe, n'est-ce pas, grâce à Dieu. » Cependant, s'il pleuvait, on ne Lui en faisait pas le reproche. Le soleil était un cadeau, pas un droit. **b.** Les jours où il avait une bonne nouvelle, il y répondait [*aux questions de sa femme*] en enlevant son chapeau et en le jetant devant lui à travers l'ouverture de la porte […]. Et, même s'il devait poser un million de livres devant elle, elle dirait d'un ton glacial, comme elle le faisait toujours quand retentissait le bruit de la dernière pièce : « C'est **tout** ? »

10 page 297

1 But we didn't know that then, of course. […] He'd given his best to the land, and **yet** his best still wasn't good enough. […] I say more or less **because** he went irregularly. […] **Once** he was away in hospital two months. […] we **who** allowed Jim to become sick and sickly. **But** the doctor thought otherwise. […] And **when** Jim returned to the farm he no longer helped with the herd. […] **if** he couldn't have both of us working part-time, my father wanted one full-time. **2** In economics, saving is defined as income received **but** not spent; **thus** for any given income, a rise in saving implies a fall in current consumption. […] Voltaire once cynically remarked that **when** it comes to money, we are all of the same religion. But **although** the circles of saving **and** of avarice may intersect, they **nevertheless** remain distinct circles. **3 a.** We'll wait for you at the entrance unless we are told to go. **b.** Some spectators were booing whereas others frantically clapped their hands. **c.** They felt relieved as soon as they saw the white cliffs. **d.** 'Farewell', since you have to go! **e.** We were there early so as not to miss anything of the show.

Sujets du Bac page 299

Compréhension

Text 1. 1 This is a narrative in the first person. (ici plusieurs citations sont possibles, choisissez) "I was delighted to learn" "I cannot remember " "I have the impression" "I guessed" etc. **2** "Akira and the narrator are relatives." is a wrong statement. They are friends: "we simply picked up our friendship where we had left off…" "I could get little more out of my friend that morning". **3** Akira's and the narrator's families live in China, in Shanghai. Akira's family comes from Japan. **4** The narrator was extremely pleased when Akira returned to Shanghai: "I was delighted..." **5 a.** A. For the narrator, the kimono is just an old garment. **b.** To Akira, the incident was "as though a great tragedy had just occurred". The incident makes Akira desperate because he fears that, since it is the third time he has done something wrong this week, his parents will make him go back to Japan, which he, obviously, dreads. **6** All through the passage we can see how much the narrator cares for Akira whom he repeatedly refers to as "my friend". Their friendship is sincere. He is delighted to learn Akira is back to Shanghai for more than a visit and alarmed at the prospect of his being sent back to Japan. He sympathizes with the boy's distress and tries to comfort him but he respects his reluctance to be explicit about his feelings. As for Akira, he lives in anxiety. He is transfixed by the fear that doing something wrong or displeasing his parents in any way might cause a decision to move back to Japan. He constantly blames himself for any mishap and feels guilty for the slightest mistake. **7 Text 2.** Arun, presently, lives in the USA. **8** Arun is a student in the United States. "…his own country-men … on the thirteenth floor of the **dorm**" "He always managed to have a **test** to prepare…" **9** Arun, probably, comes from India. "they invited him to join them for a meal they had made, and a **Bombay film** they had found at the local video store." **10** The expression which best suits Arun's attitude in the first three paragraphs is b. : resistance to being included. **11** Arun enjoys his present life a lot because: "he had at last experienced the total freedom of anonymity" and also because of "the total absence of relations, of demands, needs, requests, ties, responsibilities, commitments." **12 Text 1 and Text 2.** Akira's stay in Japan has been quite an ordeal. The feeling of "foreignness" he has experienced there was extremely painful for him. He has been rejected and jeered at by classmates, teachers and even relatives and it has made him very unhappy and longing for going back to his friend. Conversely Arun's reaction is one of complete bliss. He probably felt the atmosphere of his life at home rather "heavy" or, possibly, unbearable and he thoroughly enjoys feeling a "stranger" with no relations, no ties. Being left alone, at last, seems to give him great pleasure.

Expression

Sujet 1

Nagasaki, October 15th

Dear Chan,

I have been wanting to write for weeks but I felt so miserable upon my return to Japan that I could not bring myself to put my pen to paper.

You know how I feared my parents would decide to move back here. It was a constant worry that spring in Shanghai but deep in my heart I had a faint hope it would never happen. I could not imagine they would make me leave Shanghai, and you, for good!

Alas!

At the beginning I had lost my bearings and thought I would never get used to my life in Nagasaki. In bed, at night, I made the craziest plans to go back to China!

But it has become bearable now though I miss you a lot and keep thinking of you and the good time we had playing at the back of your garden…
School here is very strict and very different from the one in North Szechwan Road. I am getting used to the teachers by now, but I keep to myself most of the time trying to stay away from the boys who mock my accent (though they tend to do it less and less often- getting tired of it I suppose).
My parents are quite happy to be back "home" as they say. They see a lot of our relatives and friends but I do not feel like talking to them at all.
The GOOD news is they are talking about spending a few weeks in Shanghai at some friends' next summer. I can hardly believe it. Maybe we will be able to see each other then! It would be such a fabulous holiday.
I hope you are doing well and I am really looking forward to going back to you this summer!

Forever your friend

Akira (308 words)

Sujet 2. Le sujet est posé sous forme de question directe. Il ne s'agit pas, bien entendu, d'y répondre par oui ou par non, mais d'envisager l'enfance passée toute entière au même endroit sous des angles positifs ou négatifs, avant d'exprimer votre opinion personnelle. L'énoncé même du sujet donne une amorce de plan puisque les termes : ***an advantage/a drawback*** y figurent. Avant de vous lancer dans la rédaction, pensez à faire une liste des avantages et inconvénients que vous souhaitez évoquer et construisez (schématiquement) les étapes et l'enchaînement de vos arguments. Pensez aussi à la direction à donner à votre conclusion en ayant à l'esprit qu'elle combine généralement synthèse et ouverture. On peut souligner qu'il ne s'agit que rarement d'un choix puis considérer : ***Advantages****: being familiar with the people and the neighbourhood ; having an in depth perception of colours, smells, atmospheres;having a feeling of safety ; having a feeling of belonging to a community, of "having roots" ; experiencing no trauma, no disruption ; having no shattering experience of losing your bearings or being deprived of what you loved…* ***Drawbacks****: having no escape if feeling unhappy ; having limited experience ; having a risk of narrow-mindedness ; having difficulty to adapt to new situations through fear of the unknown.* Puisqu'il s'agit d'opposer avantages et inconvénients veillez aux transitions. Par exemple : *Although* (bien que), *conversely* (inversement), *even if* (même si), *however* (cependant). *However, what is considered as an advantage could prove detrimental…* Votre conclusion pourrait souligner la nécessité de s'adapter à de nouvelles situations au cours de la vie : *beyond the advantages of personal enrichment, increased broad-mindedness, tolerance…;living in a globalized world means more contacts with other people, languages and cultures;changing jobs becomes more and more frequent and it is an asset to be able to adapt easily.*

Espagnol

1 page 305

1 **Me** lo regalaron un domingo; a las dos horas un compañero **me** dio un golpe. (…)- **me** dijo demudado. Déja**me**lo. **Te** lo traeré arreglado. **Me** devolvió una bolsa. ¿**Me** perdonas? -Sí, **le** contesté mordiéndome los labios. ¿De verdad **me** perdonas? **Le** repetí que sí. Y cuando **te** compren otro reloj y se **te** estropee, ¿**me** lo darás para que **te** lo arregle. **Me** parecía demasiado atrevimiento. Entonces es que no **me** perdonas. -Sí **te** perdono, pero no se **me** va a olvidar que no sabes ni una palabra de relojes. **Me** la llevé a casa. **2** Si no puedes vencer**lo**, corrómpe**lo**, perviérte**lo**, inocúla**le** tus hábitos. Giovanna Zanon **me** observaba… O artefactos de dominación que **me** ensartaría, llegado el trance. **Me** había interpelado… Pero Giovanna Zanon **lo** despachó a sus aposentos… Giovanna Zanon se levantó de la mesa y **la** rodeó,….; había buscado un símil adecuado para sus andares zancudos, y por fin **lo** hallé. **3** **a.** Voy a llamar**lo** y se **lo** contarás. **b.** ¡Cuénta**selas**! **c.** Estamos explicándo**selo.** **d.** Es fácil imaginar**la**. **e.** No se **lo** digas. **4** **a.** No desperdiciéis **el agua**. **b.** Prueba **este plato**. **c.** No olvides **lo que te he dicho**. **d.** Cierra **la puerta** cuando salgas. **e.** No le ensucies **el cristal**, por favor. **5** **a.** Olvídalo. **b.** No nos interrumpas. **c.** Aquí mando yo y tú obedeces. **d.** No te quiero oír. **e.** Sigues confiando en él.

2 page 307

1 **a.** para **b.** por **c.** para **d.** para **e.** por **f.** por **g.** por **h.** por, para **i.** para. **2** **a.** con/por **b.** de **c.** por/de **d.** a **e.** de/a/por **f.** A/al **g.** al/con **h.** por **i.** en **j.** a/en **k.** de/con/en/de/al/con/a/en/a/de/en/por/para.

3 page 309

1 muchas veces; de pronto; jamás; deprisa; boca abajo; boca arriba; quizás; rápido. **2** Tarde; después; dentro; lejos; adelante; debajo; detrás; por todas partes; de buena gana; mucho; apenas/poco; más; tampoco. **3** **a.** Tan contento estaba que se me olvidó darle las gracias/Se me olvidó darle las gracias de lo contento que estaba. **b.** Hoy en día, hay cada vez más mendigos jóvenes. **c.** Estaba de pie, sin decir nada. **d.** De vez en cuando coge el barco y desaparece durante varios días. **e.** Mañana nos levantaremos temprano y luego cogeremos el tren. **f.** ¿Ya habéis desayunado? **g.** Quédate aquí, vendré a buscarte lo antes posible. **h.** Antiguamente, ¿disfrutaba más la gente? **i.** Aquí hace demasiado calor; dentro hace más fresco. **j.** Por ningún sitio lo encuentro, ¿dónde estará? **k.** A menudo habla a tontas y a locas.

4 page 311

1 Porque, como; mientras, y; tan pronto; cuando, mientras que; así y todo, ya que; a no ser que, hasta que. **2** **a.** Aunque no sabe leer ni escribir, posee una cultura auténtica. **b.** Conforme va creciendo, se vuelve más responsable. **c.** Después de haber visto el partido en casa de unos amigos, volvieron a casa eufóricos. **d.** En cuanto se levanta, enciende el ordenador y se queda clavado ante la pantalla todo el santo día. **e.** Antes de que llueva, deberías recoger la ropa. **3** **a.** condition irréalisable ou hypothétique ; **b.** subordonnée temporelle présentant un aspect d'éventualité ; **c.** concession sur un fait douteux ou supposé ; **d.** concession ; **e.** subordonnée temporelle présentant un aspect d'éventualité.

5 page 313

La novela de Arturo Pérez-Reverte y el cuadro de Francisco de Goya son casi "contemporáneos"(es una manera de decir: si Goya nació en 1746 y murió en 1828 en Burdeos, Arturo Pérez-Reverte nace en Cartagena en 1951: en su novela recrea con maestría aquella época): principios del siglo XIX para la primera ya que la escena se desarrolla en 1812, durante la ocupación por las tropas napoleónicas de la Península Ibérica, postrimerías del siglo XVIII para la obra del pintor aragonés. Se trata de un periodo crucial en la Historia: las sociedades del Antiguo Régimen (el espectro de la Revolución francesa ha recorrido Europa como un fantasma) están dejando paso a sociedades dominadas por las clases burguesas, por un lado; la Ilustración ha tenido un papel relevante en este cambio al propugnar (*défendre*) la idea de progreso frente a las innumerables supersticiones que caracterizan aquel periodo, por otro lado.
El elemento común a los dos documentos es el papel de la mujer. Y la verdad es que los dos se aúnan en la defensa del llamado *sexo débil*. La novela nos brinda un espléndido retrato de una mujer en la plenitud de sus facultades, si no de su belleza: es la encarnación del ideal ilustrado, que podemos, sin muchas dificultades, suponer muy poco frecuente para la época: **"Educación moderna, claro. Como casi todas las jóvenes de buena familia de Cádiz. Modesta y sin ostentaciones. Nada que ver, se lo aseguro, con esas zánganas** (*flemmardes, molassonnes*) **de la nobleza rancia que solo saben rellenar libretillas de baile con nombres de galanes y emperejilarse** (*se pomponner*) **para cuando su papá las venda, con título incluido, al mejor postor."**
Como en el caso del cuadro de Goya, con la única diferencia -capital- que aquí, una joven y bella muchacha está obligada a contraer matrimonio con un hombre que viste casaca roja, feo y gordo, pero rico - quizás se trate de un **indiano**, emigrante que vuelve rico de América, que ya en su tiempo satirizó Cervantes en una de sus *Novelas ejemplares* titulada *El celoso extremeño* a través del personaje de Carrizales-. Si el novelista se solaza soñando con un personaje de mujer atractiva por sus dotes intelectuales, la modernidad del pintor salta a la vista con esta sátira de las bajezas de su época.

6 page 315

Un torero, de espaldas, cabizbajo, con un traje de luces de color rojo, presenta la capa a un toro que nunca vendrá: a unos pocos metros podemos ver la osamenta del animal en el suelo como si de un desierto se tratara. Esta viñeta publicada por el periódico suizo *La Liberté* admite varias lecturas. Propondremos aquí dos. La primera tiene que ver con el futuro de la corrida. La "fiesta nacional" suscita desde hace tiempo el debate. Sus detractores la presentan como un anacronismo bárbaro y repugnante, el gobierno catalán ha prohibido celebrar tales espectáculos en Cataluña. La sensibilidad contemporánea no entiende una manifestación que celebra la muerte de un animal con música y alcohol. Sus defensores se aferran por preservar lo que consideran como la manifestación más genuina de España. Sea lo que fuere, la corrida, por sus características, suscitarà siempre la controversia ya que, bien mirado, se presenta como una auténtica tragedia. La segunda nos habla del presente más inmediato de España: la crisis que desde 2008 sufre el país. La osamenta del animal en el suelo alude a expresiones como **pasarlas negras, pasarlas moradas, pasar las de Caín**, que traducidas al francés significan *manger de la vache enragée*. Se acabaron los años de bonanza y despilfarro, el país se despierta con una resaca que pone de manifiesto la irresponsabilidad de la clase política, un sistema financiero de lo más dudoso y una corrupción generalizada que convierte España en el hazmerreír de Europa. Las tensiones agudizan las pretensiones soberanistas de algunas comunidades autónomas, la Corona se tambalea mientras la gente sufre los efectos de la crisis: cinco millones de parados, una de las mayores tasas de desempleo de Europa, la juventud, sin trabajo, se ve obligada a salir del país y buscar trabajo en el extranjero. Para algunos, la situación es insostenible y se multiplican las tragedias. De momento, hay que aguantar la tempestad, ya vendrán tiempos mejores.

7 page 317

a. La tía Holofernes y su hija Pánfila eran completamente diferentes. Si la tía Holofernes "era limpia como el agua, y hacendosa como una hormiga", su hija Pánfila "era a la contra tan holgazana *(paresseuse)* **y tan amiga del padre Quieto, que no la movía un terremoto."** Es difícil imaginar oposición más marcada: recuerdan la fábula de Jean de la Fontaine *La cigarra y la hormiga*, que la comparación de la autora sugiere ("y hacendosa como una hormiga"). **b.** Pánfila se pasaba el día en la cama ("**y para sacarte de la cama se necesita una yunta de bueyes** *(une paire de bœufs)*" y cuando "se **levantaba, bostezaba, se desperezaba, y cogiéndole las vueltas a su madre, se iba a la puerta de la calle."** En cuanto a la tía Holofernes, se pasaba el día riñendo con su hija: **"empezaba riñendo con su hija cuando Dios echaba sus luces** (por la mañana), **y cuando las recogía** (por la noche) **aun duraba la fiesta." c.** Pánfila se pasaba el día en la cama, y cuando se levantaba, se asomaba a la ventana de su casa ("te gusta más la ventana, chiquilla sin vergüenza, que a una mona"). **d. "Se iba a la puerta de la calle"** a hablar con algún mozuelo del pueblo. **e.** Le cuadraba perfectamente el nombre ya que el adjetivo *pánfilo, pánfila* significa tanto *flojo, floja* (mou, molle) como *bobo, boba* (sot, sotte). La apreciación de su madre corrobora lo dicho: **"Eres, le decía, floja como el tabaco de Holanda. f.** Le daba escobazos: **"Llegando a la sazón cerca del zaguán, veía a la hija haciendo señas a un mozuelo, y el baile de la escoba terminaba en un buen parado sobre las espaldas de Pánfila, que obraba el milagro de hacerla correr."**

8 page 319

"El doctor **pensaba** que para cuando David Martín ingresó en la cárcel ya llevaba tiempo mal. Me **preguntó** si **había oído** hablar de la esquizofrenia, una de las nuevas palabras favoritas del señor director. **Le contesté** recordándole la expresión popular "estar como una chota" (*une chèvre)*. Me **replicó** que no **era** cosa de broma, que **era** una enfermedad muy grave. No **era** su especialidad, pero **había conocido** algunos casos y a menudo los pacientes **oían, veían y recordaban** personas o eventos que **no habían sucedido** jamás. **Añadió** que la mente **se iba deteriorando** poco a poco y los pacientes no **podían** distinguir entre la realidad y la ficción. Como el setenta por ciento de los españoles, **repliqué. Le pregunté** entonces al doctor si **creía** que el pobre Martín **sufría** esa dolencia. Me **contestó** que no **lo sabía** con seguridad ya que **no era** su especialidad, pero **creía** que **presentaba** algunos de los síntomas más habituales. Le **pregunté** entonces si David **sabía** que **estaba** afectado. La respuesta del doctor **fue** que al loco siempre le **parecía** que los locos **eran** los demás. Entonces **me pidió que bajara** la voz porque un centinela **nos** observaba desde lo alto de una garita, como si quisiera leerles los labios. **Nos dimos** la vuelta y **nos encaminamos** al otro extremo del patio. El doctor **sentenció** que en los tiempos que **corrían**, hasta las paredes **tenían** oídos. Me **recordó** el doctor que la primera vez que le **hizo** un reconocimiento a instancias del señor director, David Martín **le dijo** que **había descubierto** el único modo de salir de aquella prisión, es decir, muerto. David **le preguntó** si **había leído** *El conde de Montecristo*. El doctor **contestó** que casi no lo **recordaba**, que lo **había leído** de chaval. David **le dijo que lo releyera,** que **estaba** todo allí."

Sujets du Bac **page 321**

COMPRÉHENSION. 1. Texto 1: el protagonista es: **c.** pintor ("en el **caballete** de su estudio", un **lienzo** de formato pequeño", "los objetos que iba a **pintar**"). Texto 2: el protagonista es: **b.** músico ("atado a mi técnica entre **relojes**", "**cronógrafos**", "**metrónomos**"). **2.** Texto 1: "**botellas**", "**latas panzudas de aceite**", "**jarras**", "**tazas de porcelana**". Texto 2: "**las mismas caras**", "**los mismos lugares**", "**la misma canción repetida en coro**", "**un pastel cuyo sabor era idéntico al de la vez pasada**". **3.** El protagonista había caído "**en la era del Hombre-Avispa, del Hombre-Ninguno, en que las almas no se vendían al Diablo, sino al Contable o al Cómitre.**" **4.** El narrador hace participe al lector utilizando la primera persona del plural: "otros viven, **vivimos** con el desasosiego…" (texto 1); "**Habíamos caído** en la era del Hombre-Avispa…" (texto 2). **5.** El narrador olvidaba el paso de las horas buscando "por instinto, al hallarme cada tarde en la calle ya anochecida, **los placeres** que me hacían olvidar el paso de las horas." **6.** "**La atención distraída solo advierte monotonía, y huye en busca de entretenimiento.**" **7.** "**Pero evadirse de esto, en el mundo que me hubiera tocado en suerte, era tan imposible como tratar de revivir, en estos tiempos, ciertas gestas de heroísmo o de santidad.**" **8.** Ce qui les rapproche, c'est qu'ils sont tout deux parcourus par le mythe de Sisyphe auquel le texte de A. Carpentier fait allusion (« **Subiendo y bajando la cuesta de los días, con la misma piedra en el hombro** ») ; dans le cas de Morandi, la référence est plus discrète (« **las tres mismas cosas aparecen en otros cuadros de Morandi** »). Ce qui les distingue, c'est l'attitude par rapport à ce quotidien : si Morandi semble trouver dans cette perpétuelle transformation et nouveauté du même '**la quietud fervorosa de una contemplación que suspende el tiempo**', le protagoniste du roman de A. Carpentier éprouve la sensation déprimante de la répétition ('**todo gesto me producía la obsesionante impresión de haberlo hecho antes en circunstancias idénticas**').

EXPRESSION. 1. Parece ser que la actitud del protagonista de la novela de Carpentier goza de gran prestigio en nuestra época de novedades y rupturas. Por un lado, la abundancia a la que la sociedad de consumo nos tiene acostumbrados produce una especie de hastío que difícilmente llegamos a superar: nuestro apetito, ya saciado, se vuelve caprichoso y para sacudir la monotonía que nos caracteriza, vamos siempre en busca de algo *nuevo*, que poco tiempo después se volverá caduco. El aburrimiento es un sentimiento relativamente reciente: hasta la primera mitad del siglo XX, la mayoría de la gente trabaja en el campo y no tiene tiempo de aburrirse. Con la desaparición progresiva pero ineluctable de un mundo que nace con el neolítico, se acentúa el éxodo rural y la ciudad va cobrando un protagonismo cada vez mayor. Se invierte la proporción: si en 1800 el 92% de la población vivía en el campo, se calcula que en 2050 más del 70% de la población vivirá en las ciudades. Por otro lado, esta evolución viene acompañada de un desarraigo que ahonda en la pérdida de una identidad propia y singular: el anonimato y la soledad son también características de nuestras ciudades cada vez más tentaculares e indiferentes. Un profundo sentimiento de frustración se apodera de nosotros y nos hace volver la mirada hacia un pasado idílico que nunca existió, tenemos la sensación, sin duda no muy descaminada, que somos prisioneros de unos dioses sin piedad que exigen tributo: "Habíamos caído en la era del Hombre-Avispa, del Hombre-Ninguno, en que las almas no se vendían al Diablo, sino al Contable o al Cómitre". **2.** La novela de Alejo Carpentier transcurre pocos años después de finalizada la Segunda Guerra Mundial. El horror de lo sucedido acaba con cierta idea humanista del hombre: las hazañas bélicas dejan de ser heroicas, la impresión de naufragio es patente. En aquel mundo en ruinas resulta imposible soñar con un mundo de aventuras gloriosas. El mundo está al borde del precipicio: nunca hasta entonces había existido la posibilidad de una destrucción total del planeta. El panorama no puede ser más desolador. *Los pasos perdidos* cuestiona la posibilidad para el hombre moderno de un posible retorno a la naturaleza o, en palabras del propio Carpentier, un "viaje a la semilla" regenerador que le devuelva el anhelo por establecer una paz duradera entre el mundo y los seres humanos. La cuestión quizás nunca ha sido tan actual como hoy: los problemas medioambientales necesitan una respuesta urgente si no queremos precipitar catástrofes previsibles: está en juego nada menos que la supervivencia de la especie. Ahora bien, cada generación siente pesadumbre y lamenta no poder llevar a cabo lo que otros hicieron. Es una falacia reprobable porque el presente nos insta a inventar cada día un mundo nuevo, a ser inteligentes. La aventura, el heroísmo están a la vuelta de la esquina, por poco que prestemos la atención necesaria. Al llegar a cierta edad, uno lamenta no tener suficiente tiempo para explorar los innumerables caminos que hubieran podido ser.

MIXTE Papier issu de sources responsables FSC® C022030

N° projet : 10215842
Dépôt légal : juin 2015
Imprimé en Italie
par La Tipografica Varese Srl